西安鱼化寨

（叁）

西安市文物保护考古研究院　编著

科学出版社

北京

内容简介

本书系西安鱼化寨遗址田野考古发掘报告。鱼化寨遗址位于西安西郊皂河西岸的二级台地上，发现于1937年，是关中地区发现较早的史前遗址之一。2002年10月至2005年5月，西安市文物保护考古研究院对鱼化寨遗址进行了全面勘探和重点发掘，总发掘面积2861平方米，共发现各类遗迹531处，其中房址107座、灰坑255座、灶址29座、窑址1座、壕沟2条、土坑墓14座、瓮棺墓123座，文化内涵十分丰富，时间跨度较大，是一处大型史前环壕聚落遗址。本书全面系统地公布了此次考古发掘的遗迹与遗物，为研究关中地区老官台文化、仰韶文化和龙山文化提供了重要的实物资料。

本书适合于新石器时代考古、先秦史的研究人员以及大专院校相关专业师生参考、阅读。

图书在版编目（CIP）数据

西安鱼化寨 / 西安市文物保护考古研究院编著. —北京：科学出版社，2017.2
ISBN 978-7-03-044319-9

Ⅰ. ①西… Ⅱ. ①西… Ⅲ. ①史前文化-文化遗址-发掘报告-西安市 Ⅳ. ①K878.05

中国版本图书馆CIP数据核字（2015）第103290号

责任编辑：张亚娜 / 责任校对：邹慧卿　钟　洋　彭　涛
责任印制：肖　兴 / 封面设计：美光制版

科 学 出 版 社 出版
北京东黄城根北街16号
邮政编码：100717
http://www.sciencep.com

北京新华印刷有限公司 印刷
科学出版社发行　各地新华书店经销

*

2017年2月第　一　版　　开本：889×1194　1/16
2017年2月第一次印刷　　印张：97　插页：144
字数：3 290 000

定价：1800.00元（全四册）
（如有印装质量问题，我社负责调换）

第五章　仰韶文化第②层遗存

鱼化寨第②层下遗存数量较少，但分布范围较广，几乎遍布所有发掘区，与第③层、第④~⑧层的情况相近。该期共发现遗迹68处，遗迹种类有灰坑、土坑墓、瓮棺墓，其中灰坑65座，土坑墓2座，瓮棺墓1座（图一〇七六、图一〇七七、图一〇七八、图一〇七九、图一〇八〇）。

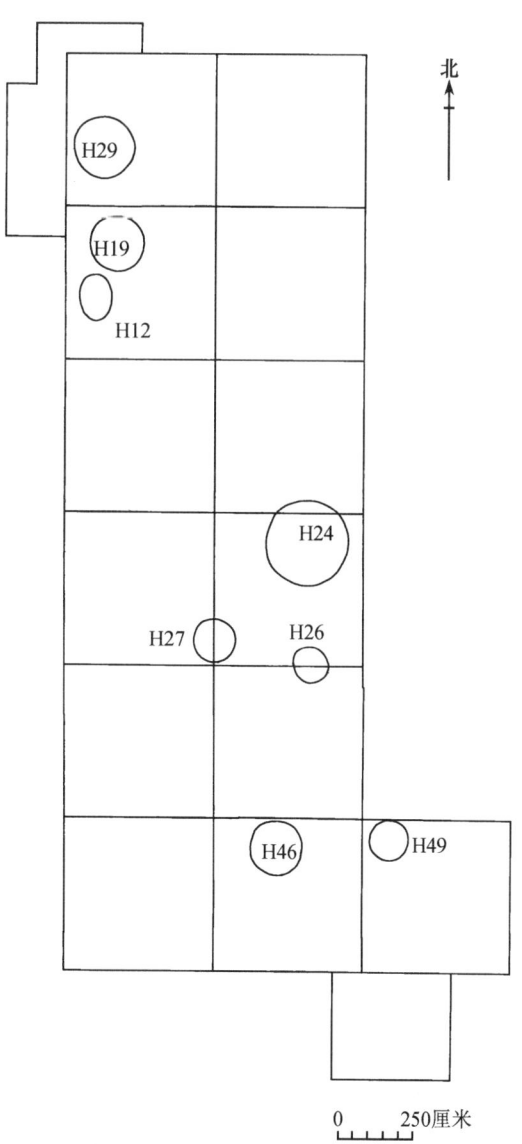

图一〇七六　Ⅱ区②层下遗迹分布图

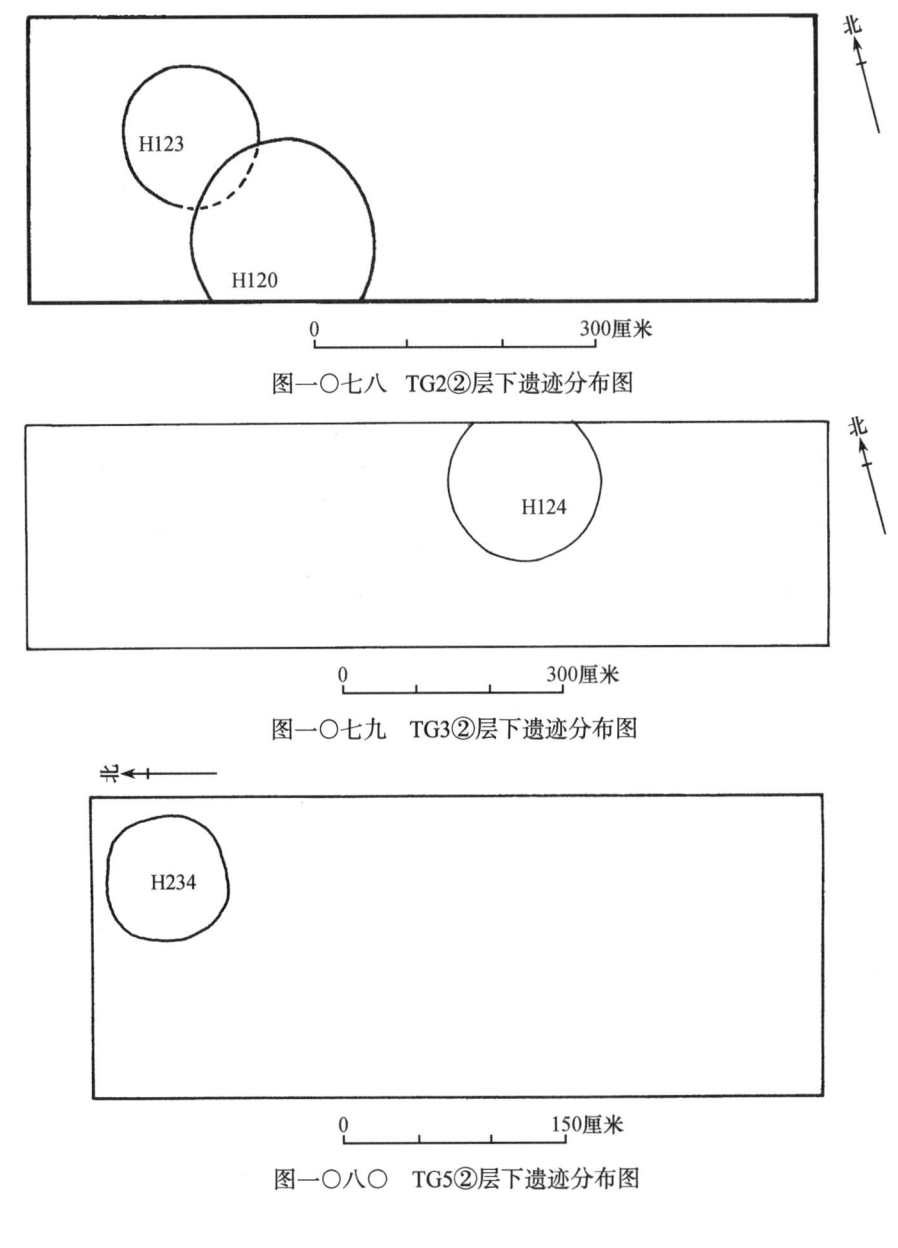

图一〇七八　TG2②层下遗迹分布图

图一〇七九　TG3②层下遗迹分布图

图一〇八〇　TG5②层下遗迹分布图

第一节　灰　坑

灰坑65座，编号为H12、H19、H24、H26、H27、H29、H35、H36、H37、H39、H40、H41、H44、H45、H46、H49、H59、H63、H64、H67、H69、H72、H75、H76、H83、H84、H86、H87、H89、H90、H100、H104、H110、H113、H118、H119、H120、H123、H124、H125、H126、H129、H130、H131、H132、H136、H137、H139、H140、H142、H184、H186、H187、H189、H204、H211、H212、H213、H214、H215、H221、H233、H234、H237、H246。灰坑的平面形状有圆形、椭圆形、（长）方形，其中圆形56座，椭圆形7座，（长）方形2座。结构有袋状、筒状、锅底状，其中袋状50座，筒状12座，锅底状3座。有13座的口、壁、底等保留有加工痕迹，有的保留有火烤痕迹，有的是底部有加工而成的硬面。

第五章　仰韶文化第②层遗存

鱼化寨第②层下遗存数量较少，但分布范围较广，几乎遍布所有发掘区，与第③层、第④~⑧层的情况相近。该期共发现遗迹68处，遗迹种类有灰坑、土坑墓、瓮棺墓，其中灰坑65座，土坑墓2座，瓮棺墓1座（图一〇七六、图一〇七七、图一〇七八、图一〇七九、图一〇八〇）。

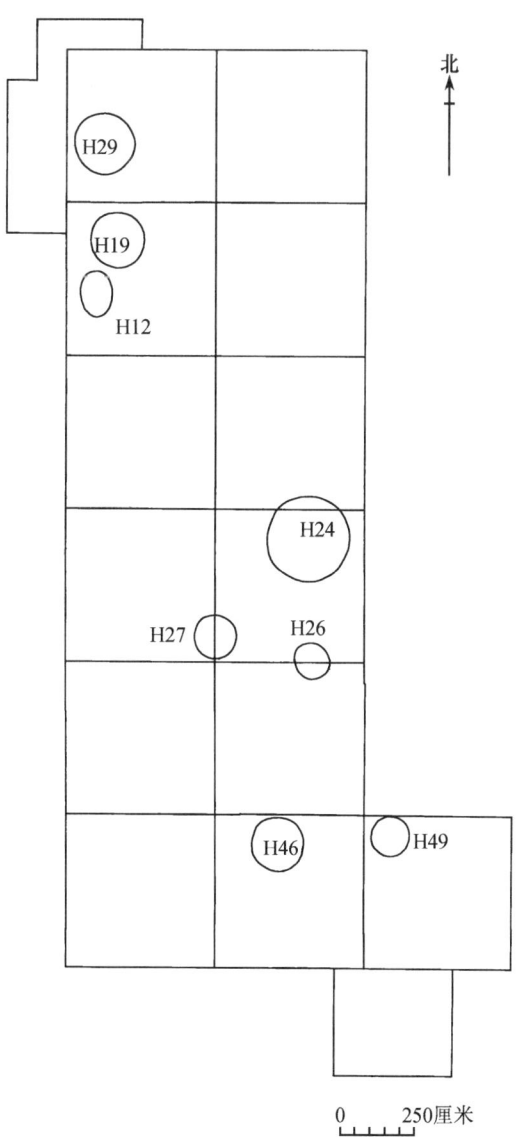

图一〇七六　Ⅱ区②层下遗迹分布图

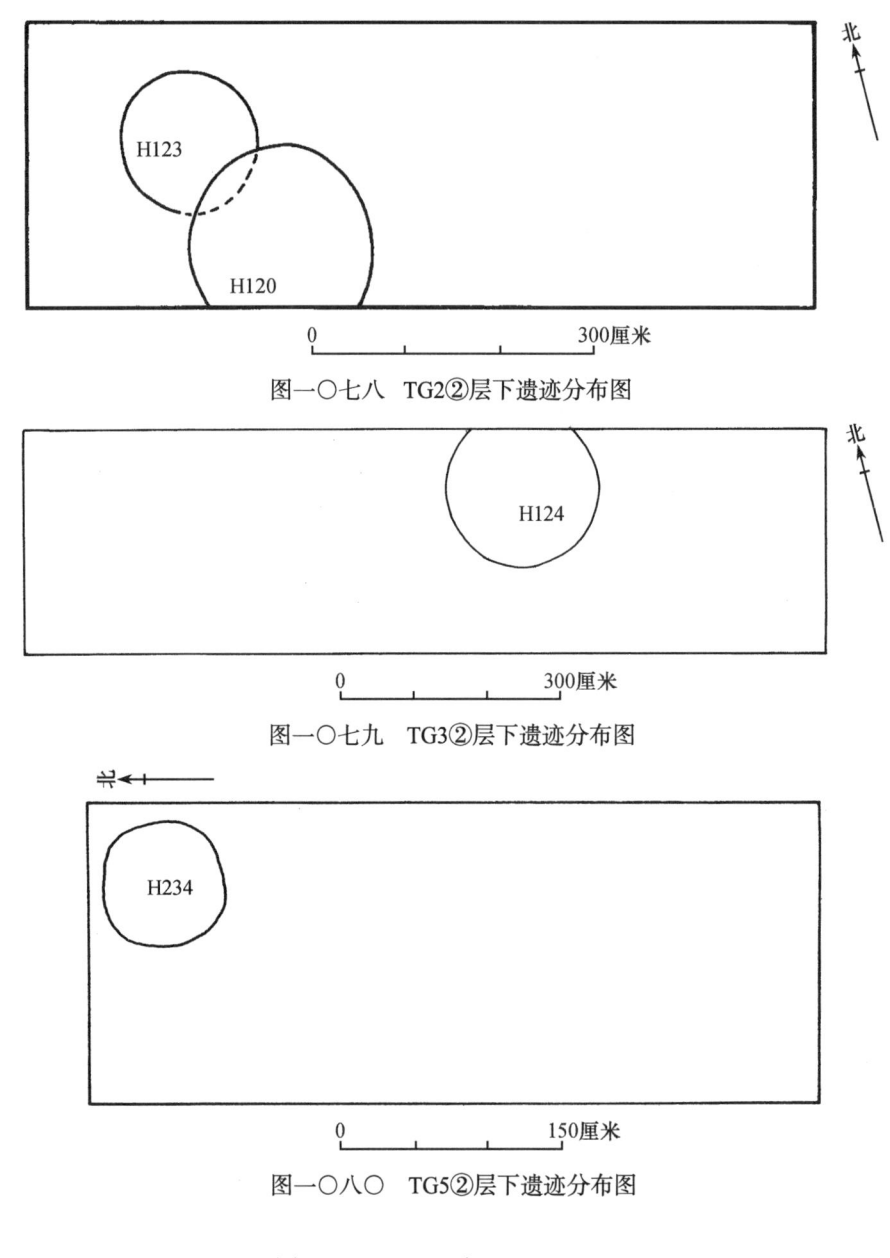

图一〇七八　TG2②层下遗迹分布图

图一〇七九　TG3②层下遗迹分布图

图一〇八〇　TG5②层下遗迹分布图

第一节　灰　　坑

灰坑65座，编号为H12、H19、H24、H26、H27、H29、H35、H36、H37、H39、H40、H41、H44、H45、H46、H49、H59、H63、H64、H67、H69、H72、H75、H76、H83、H84、H86、H87、H89、H90、H100、H104、H110、H113、H118、H119、H120、H123、H124、H125、H126、H129、H130、H131、H132、H136、H137、H139、H140、H142、H184、H186、H187、H189、H204、H211、H212、H213、H214、H215、H221、H233、H234、H237、H246。灰坑的平面形状有圆形、椭圆形、（长）方形，其中圆形56座，椭圆形7座，（长）方形2座。结构有袋状、筒状、锅底状，其中袋状50座，筒状12座，锅底状3座。有13座的口、壁、底等保留有加工痕迹，有的保留有火烤痕迹，有的是底部有加工而成的硬面。

1. H12

H12位于Ⅱ区T0105西南部，开口于②层下。平面呈椭圆形，袋状，斜直壁，底部中间略高。坑口长径1.5、短径1.1、底长径1.66、短径1.28、深0.68~0.84米（图一〇八一）。

坑内堆积可分为2层：第①层为浅灰色土，土质疏松，厚0.2米，无出土物；第②层为深灰色土，土质疏松，包含大量火烧土块，厚0.48~0.64米，出土大量陶片，另有石块、兽骨。

陶片为主要的出土物，以粗夹砂红褐陶为主，粗泥质橘红陶、细泥质橘红陶、细夹砂橘红陶次之，还有一定比例的粗泥质灰陶、细泥质灰陶和少量粗夹砂灰陶；纹饰以素面居多，绳纹次之，还有少量附加堆纹及彩陶（表二二一）。

H12共出土遗物10件。全部为陶器。器类有盆、罐、钵、缸、圆陶片、纺轮，另有器底。

盆　1件。标本H12:7，口、腹部残片。细泥质橘红陶。敛口，折沿，圆唇，弧腹。器表磨光。沿面饰黑色窄带纹彩绘。唇部可见轮修痕迹（图一〇八二，5）。

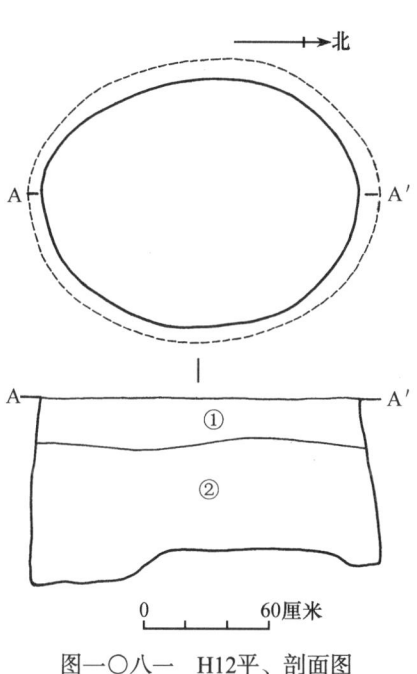

图一〇八一　H12平、剖面图

表二二一　H12陶系统计表　　　　　　　　　　（单位：kg）

陶质	细泥质		粗泥质		细夹砂	粗夹砂		合计	百分比（%）
陶色 纹饰	橘红	灰	橘红	灰	橘红	红褐	灰		
素面		0.03	0.61		0.60	0.84	0.10	2.18	42.91
素面+磨光	0.55	0.228		0.42				1.198	23.58
绳纹			0.19			1.17		1.36	26.77
附加堆纹						0.14		0.14	2.76
绳纹+附加堆纹						0.11		0.11	2.17
彩陶	0.09							0.09	1.77
合计	0.64	0.258	0.80	0.42	0.60	2.26	0.10	5.08	100
	5.08								
百分比（%）	12.60	5.08	15.75	8.27	11.81	44.49	1.97		
	100								

罐　4件。均口、腹部残片。形制相同，均粗夹砂红褐陶，侈口，折沿，圆唇，鼓腹。标本H12:11，素面。沿面与内壁均可见轮修痕迹。复原口径31.8、残高5.1厘米（图一〇八二，9）。标本H12:13，上腹部饰棱脊状附加堆纹。复原口径33.3、残高5.1厘米（图一〇八二，10）。标本H12:9，口沿以下饰右上至左下斜向绳纹。口沿内侧可见轮修痕迹（图一〇八二，2）。标

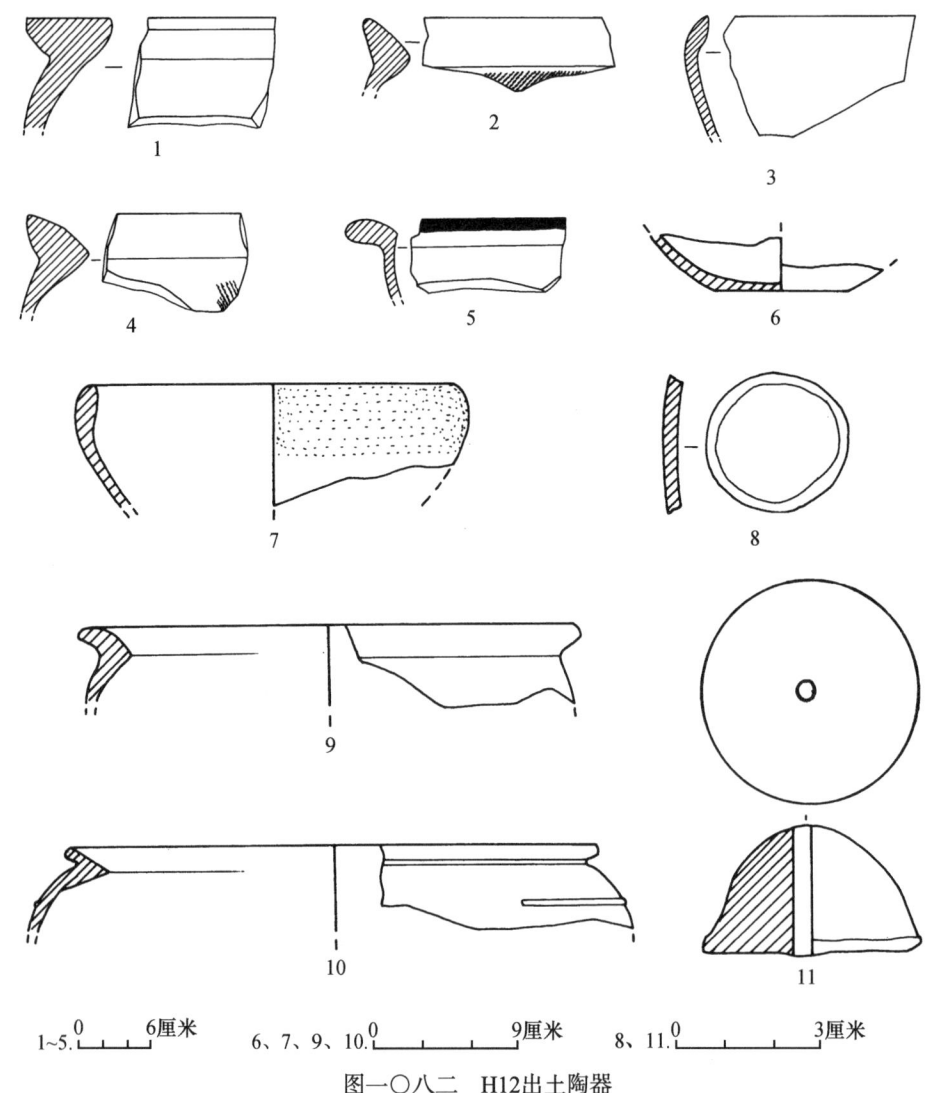

图一〇八二　H12出土陶器

1.缸（H12：15）　2、4、9、10.罐（H12：9、H12：14、H12：11、H12：13）　3、7.钵（H12：2、H12：1）
5.盆（H12：7）　6.器底（H12：5）　8.圆陶片（H12：16）　11.纺轮（H12：17）

H12：14，口沿以下饰左上至右下斜向绳纹。沿面可见轮修痕迹（图一〇八二，4）。

钵　2件。均口、腹部残片。形制相同，均敛口，斜直腹，器表磨光，素面。标本H12：2，细泥质橘红陶。尖唇，口沿内侧贴有一周泥片。器表可见刮抹痕迹，内壁可见轮修痕迹（图一〇八二，3）。标本H12：1，细泥质灰陶。厚圆唇。口下可见深褐色叠烧痕迹，内壁可见轮修痕迹。复原口径22.5、残高7.5厘米（图一〇八二，7）。

缸　1件。标本H12：15，口、腹部残片。粗夹砂灰褐陶。敛口，平折沿，方唇，鼓腹。素面。内壁可见轮修痕迹（图一〇八二，1）。

器底　标本H12：5，下腹、底部残片。细泥质灰陶。下腹斜直，平底。器表磨光。素面。可能为钵底。底径8.4、残高3.3厘米（图一〇八二，6）。

圆陶片　1件。标本H12：16，完整。细泥质橘红陶。系利用钵的残片打制而成。圆形，器身较薄，边缘较钝。直径3、厚0.3厘米（图一〇八二，8）。

纺轮　1件。标本H12：17，完整。粗泥质橘红陶。半球形，中间有一圆孔。直径4.6、孔径0.4、高2.7厘米（图一〇八二，11；图版一七〇，1）。

2. H19

H19位于Ⅱ区T0105西北部，开口于②层下。平面呈圆形，筒状，直壁，底部凹凸不平。坑口径1.8、深0.66~0.7米（图一〇八三）。

坑内堆积为浅褐色土，土质较为疏松，出土少量陶片，另有石块、兽骨。

陶片为主要的出土物，以粗夹砂红褐陶为主，细泥质橘红陶和粗泥质橘红陶次之，还有少量细泥质黑陶、细泥质灰陶及粗夹砂橘红陶；纹饰以素面和绳纹居多，还有少量彩陶及附加堆纹（表二二二）。

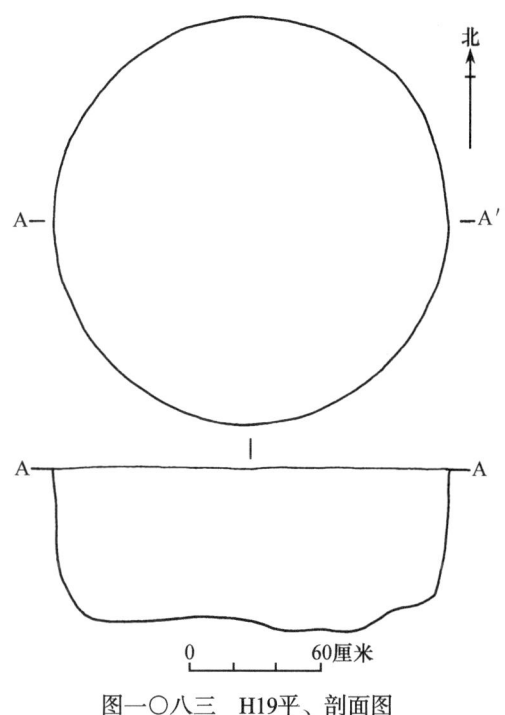

图一〇八三　H19平、剖面图

表二二二　H19陶系统计表　　　　（单位：kg）

陶质	细泥质			粗泥质	粗夹砂		合计		百分比（%）
陶色\纹饰	橘红	黑	灰	橘红	橘红	红褐			
素面	0.13		0.17	0.37	0.21	1.28	2.16		44.17
素面+磨光	0.51	0.09	0.114				0.71		14.52
绳纹	0.16			0.11		1.33	1.60	4.89	32.72	100
附加堆纹						0.33	0.33		6.75
彩陶	0.09						0.09		1.84
合计	0.89	0.09	0.28	0.48	0.21	2.94			
	4.89								
百分比（%）	18.20	1.84	5.73	9.82	4.29	60.12			
	100								

H19共出土遗物34件。以陶器为主，骨器次之。

（1）陶器

33件。器类有瓶、盆、罐、钵、缸、圆陶片、锉，另有器耳（表二二三）。

瓶　2件。均口、颈部残片。形制相同。标本H19：7，细泥质橘红陶。喇叭形口，平折沿，口部有一周矮棱，方唇，束颈。素面。沿面可见轮修痕迹，内壁可见泥条盘筑痕迹。口径10.2、残高11.1厘米（图一〇八四，1）。

盆　1件。标本H19：5，口沿残片。细泥质灰陶。侈口，折沿，圆唇。器表磨光。素面。口部可见轮修痕迹（图一〇八四，2）。

表二二三　H19器形统计表　　　　　　　　　　　　　　　　　　（单位：件）

陶质	细泥质					粗泥质		粗夹砂				合计	百分比（%）
陶色	橘红	橘红	橘红	黑	灰	橘红	橘红	橘红	红褐	红褐	红褐		
纹饰 / 器形	素面+磨光	素面	彩陶	素面+磨光	素面+磨光	素面	绳纹	素面	素面	绳纹	附加堆纹		
瓶		1				1						2	6.45
盆				1								1	3.23
罐　口								2	5	2	3	14	45.16
罐　底								1	2				
钵　口	6						1					13	41.93
钵　底	1		3		1								
缸									1			1	3.23
合计	7	1	3	1	2	1	1	3	7	2	3	31	100
百分比（%）	22.58	3.23	9.68	3.23	6.45	3.23	3.23	9.68	22.58	6.45	9.68		100

罐　14件。均口、腹部残片。标本H19：10，粗夹砂橘红陶。侈口，折沿，圆唇，鼓腹。素面。沿面可见轮修痕迹（图一〇八四，5）。

标本H19：12，粗夹砂橘红陶。侈口，卷沿，圆唇，鼓腹。素面。沿下可见轮修痕迹（图一〇八四，3）。

标本H19：8、H19：9、H19：13、H19：14、H19：15、H19：19形制相同，均粗夹砂红褐陶，侈口，折沿，圆唇，鼓腹。标本H19：8，口沿以下饰右上至左下斜向绳纹。沿面可见轮修痕迹（图一〇八四，7）。标本H19：9，陶土中掺夹有少许蚌壳碎片。口下饰鸡冠状附加堆纹。沿面可见轮修痕迹（图一〇八四，6）。标本H19：13，沿面有一周凸棱。口下饰鸡冠状附加堆纹。沿面可见轮修痕迹。复原口径32.1、残高6.3厘米（图一〇八四，10）。标本H19：14，口沿以下饰左上至右下斜向绳纹，局部饰交错绳纹。唇部可见轮修痕迹（图一〇八四，4）。标本H19：15，素面。内壁可见轮修痕迹。复原口径27.9、残高4.2厘米（图一〇八四，9）。标本H19：19，腹部饰多周条带状附加堆纹。器表、沿面与内壁均可见轮修痕迹，器表可见烟熏痕迹。复原口径28.2、残高6.9厘米（图一〇八四，8）。

钵　13件。均口、腹部残片。标本H19：4，粗泥质橘红陶。直口微敛，圆唇，弧腹。素面。内壁可见轮修痕迹（图一〇八五，4）。

标本H19：2、H19：3形制相同，均细泥质橘红陶，敛口，斜直腹，素面，器表磨光。标本H19：2，圆唇，口沿内侧贴有一周泥片。口下可见轮修痕迹（图一〇八五，3）。标本H19：3，厚圆唇。口部可见轮修痕迹（图一〇八五，1）。

缸　1件。标本H19：18，口、腹部残片。粗夹砂橘红陶。敛口，宽平沿，圆唇，鼓腹。素面。沿面可见轮修痕迹（图一〇八五，2）。

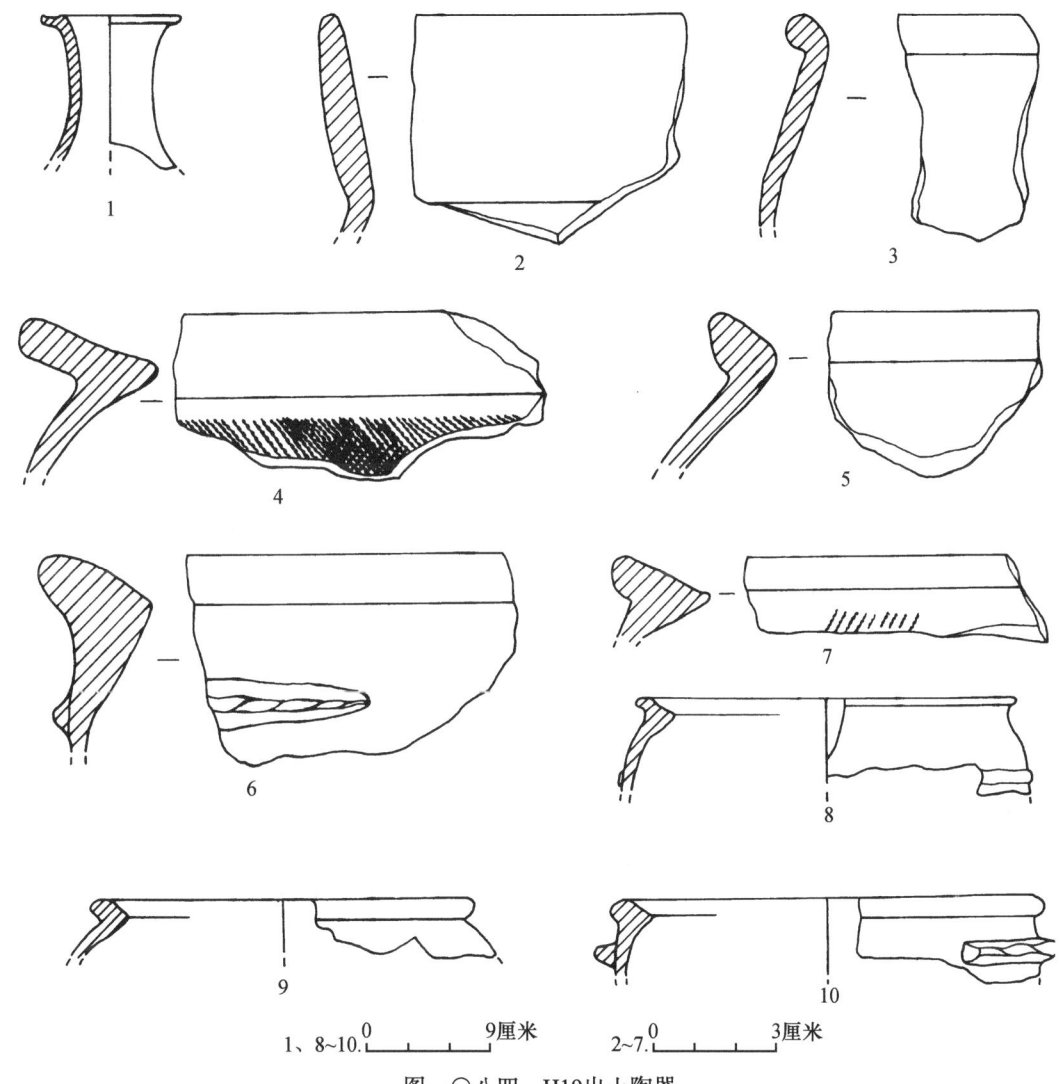

图一〇八四 H19出土陶器

1. 瓶（H19:7） 2. 盆（H19:5） 3~10. 罐（H19:12、H19:14、H19:10、H19:9、H19:8、H19:19、H19:15、H19:13）

器耳 标本H19:20，腹部残片。粗泥质橘红陶。腹部较直，有一竖向圆柱桥形耳。腹部饰右上至左下斜向绳纹。可能为瓶耳（图一〇八五，5）。

圆陶片 1件。标本H19:21，完整。细泥质橘红陶。系利用钵的残片打制而成。圆形，边缘较钝。直径4.2、厚0.7厘米（图一〇八五，6）。

锉 1件。标本H19:22，完整。粗泥质橘红陶。平面呈三角形，横断面呈长方形，两侧边稍弧，锐尖。器身麻点清晰，密度较小。长9.7、顶部宽3.4、厚1.3厘米（图一〇八五，8；图版一七〇，5）。

（2）骨器

1件。镞。标本H19:23，铤部稍残。系利用梅花鹿角的角尖磨制而成。体部与铤部分界不明显，体部较长，锋部扁尖，刃部锋利，铤部扁平。局部磨光。残长6.2厘米（图一〇八五，7）。

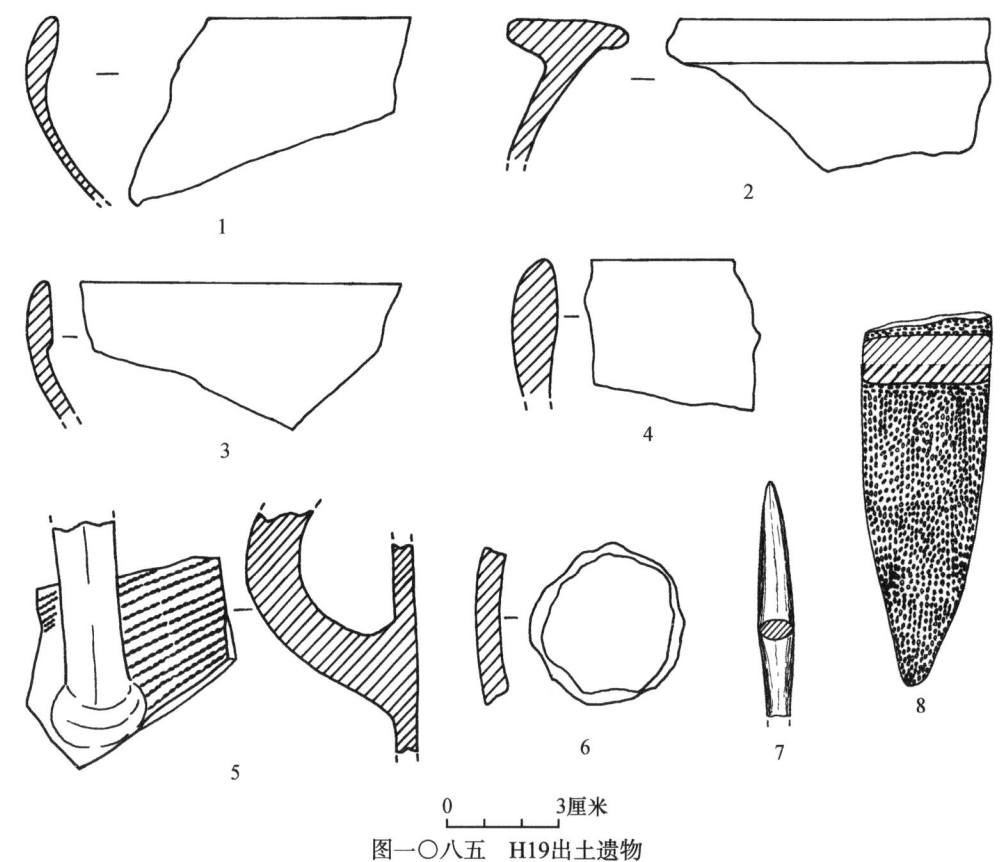

图一〇八五　H19出土遗物

1、3、4. 陶钵（H19：3、H19：2、H19：4）　2. 陶缸（H19：18）　5. 器耳（H19：20）　6. 圆陶片（H19：21）
7. 骨镞（H19：23）　8. 陶锉（H19：22）

3. H24

H24位于Ⅱ区T0203北部与T0204南部，开口于②层下。平面呈圆形，袋状，斜直壁，平底。坑口径2.8、底径3.28、深1.6米（图一〇八六）。

坑内堆积可分为2层：第①层为浅灰色土，土质疏松，厚0.2米，无出土物；第②层为深灰色土，土质疏松，厚1.4米，出土大量陶片，另有石块、兽骨。

陶片为主要的出土物，以粗夹砂红褐陶为主，细泥质橘红陶、粗泥质橘红陶次之，还有少量细泥质黑陶、细泥质灰陶、粗泥质灰陶和粗泥质橙黄陶；纹饰以绳纹及素面居多，还有少量弦纹、交错绳纹、附加堆纹（表二二四）。

H24共出土遗物24件。全部为陶器。器类有罐、钵、瓮、器盖、器座（表二二五）。

罐　2件。均口沿残片。形制相同，均粗夹砂红褐陶，侈口，折沿。标本H24：9，圆唇。唇部饰左上至右下斜向绳纹（图一〇八七，9）。标本H24：10，圆唇。口沿下侧饰竖向绳纹。沿面可见轮修痕迹。复原口径36、残高3.9厘米（图一〇八七，2）。

钵　17件。均口、腹部残片。形制相同，均敛口，斜直腹，器表磨光，素面。标本H24：1，细泥质橘红陶。圆唇，口沿内侧贴有一层泥片。唇部与内壁均可见轮修痕迹。复原口径21.6、残高5.4厘米（图一〇八七，1）。标本H24：4，细泥质橘红陶。圆唇。器表可见刮抹痕迹，内壁可见轮修痕迹（图一〇八七，4）。标本H24：5，细泥质橘红陶。圆唇，唇内侧有一道凸棱，断面呈三

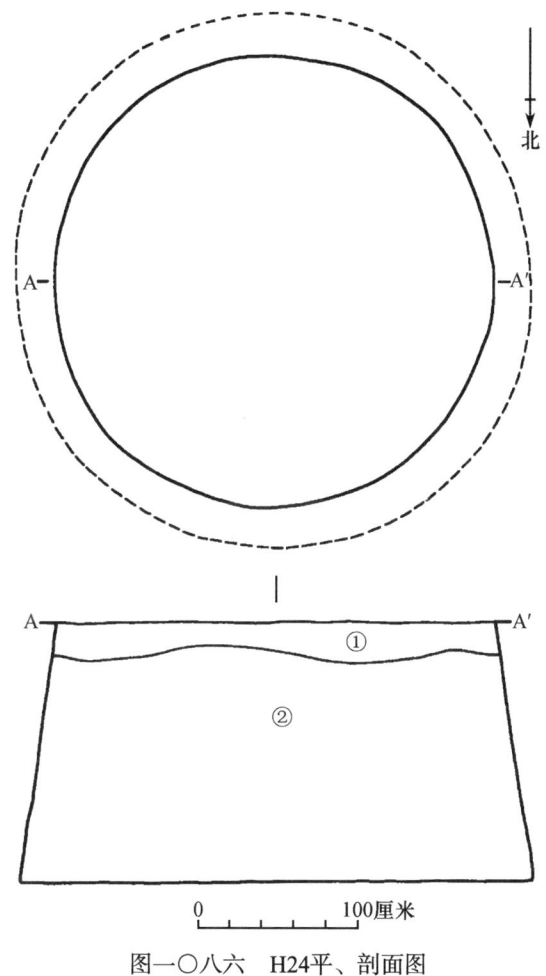

图一〇八六　H24平、剖面图

表二二四　H24陶系统计表　　　　　　　　　　　　　（单位：kg）

陶质	细泥质			粗泥质			粗夹砂	合计	百分比（%）	
陶色 纹饰	橘红	灰	黑	橘红	灰	橙黄	红褐			
素面				0.32	0.09		0.75	1.16	22.05	100
素面+磨光	0.79	0.12	0.17		0.114	0.114		1.31	24.90	
绳纹				0.19			2.09	2.28	43.35	
交错绳纹							0.20	0.20	3.80	
绳纹+弦纹							0.29	0.29	5.51	
绳纹+附加堆纹							0.03	0.03	0.57	
合计	0.79	0.12	0.17	0.51	0.20	0.114	3.36	5.26		
	5.26									
百分比（%）	15.02	2.28	3.23	9.70	3.80	2.17	63.88			
	100									

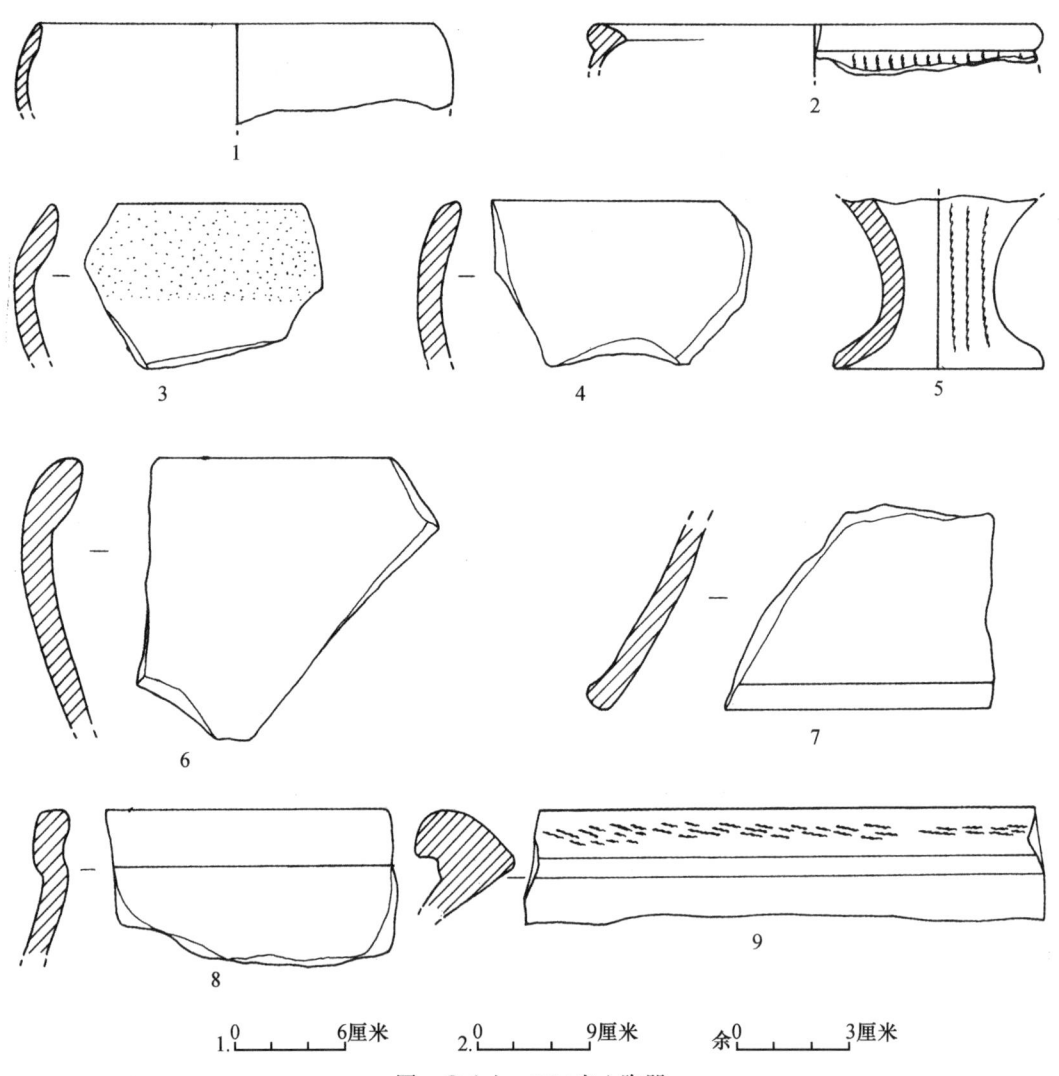

图一〇八七　H24出土陶器
1、3、4、6.钵（H24∶1、H24∶5、H24∶4、H24∶6）　2、9.罐（H24∶10、H24∶9）　5.器座（H24∶12）
7.器盖（H24∶11）　8.瓮（H24∶7）

角形。口下可见浅褐色叠烧痕迹，内壁可见轮修痕迹（图一〇八七，3）。标本H24∶6，粗泥质灰陶。尖圆唇。唇部可见轮修痕迹，器表与内壁均可见轮修痕迹（图一〇八七，6）。

瓮　3件。均口、腹部残片。形制相同。标本H24∶7，粗泥质橘红陶。敛口，圆唇，口沿内侧有一道宽浅凹槽，鼓腹。素面。唇部与内壁均可见轮修痕迹（图一〇八七，8）。

器盖　1件。标本H24∶11，口、壁残片。粗泥质橙黄陶。敞口，圆唇，斜直壁。器表磨光。唇部可见刮抹痕迹（图一〇八七，7）。

器座　1件。标本H24∶12，上部残。粗夹砂红褐陶。腰内收。器表饰稀疏的竖向绳纹。底径5.6、残高4.5厘米（图一〇八七，5）。

表二二五 H24器形统计表 （单位：件）

陶质	细泥质			粗泥质			粗夹砂		合计	百分比(%)	
陶色	橘红	灰	黑	橘红	橙黄	灰	红褐				
纹饰＼器形	素面+磨光	素面+磨光	素面+磨光	素面	素面+磨光	素面+磨光	素面	绳纹			
罐								2	2	8.33	100
钵 口	7	2	1			1			17	70.83	
钵 底	4	2									
瓮				1			1	1	3	12.50	
器盖					1				1	4.17	
器座							1		1	4.17	
合计	11	4	1	1	1	1	1	4	24		
	24										
百分比(%)	45.83	16.67	4.17	4.17	4.17	4.17	4.17	16.67			
	100										

4. H26

H26位于Ⅱ区T0202北部与T0203南部，开口于②层下。平面呈圆形，袋状，斜直壁，平底，坑壁经火烤呈红色，十分坚硬。坑口径1.2、底径2.2、深2.1米（图一○八八）。

坑内堆积可分为2层：第①层为浅灰色土，土质疏松，厚1.2米，出土大量陶片；第②层为深灰色土，土质疏松，厚约0.9米，出土大量陶片，另有石块、兽骨。

陶片为主要的出土物，以粗夹砂红褐陶为主，还有一定比例的粗泥质橘红陶、细泥质橘红陶、细泥质黑陶、细泥质灰陶、粗夹砂黑陶和少量细夹砂红褐陶、粗夹砂灰褐陶、粗夹砂橘红陶；纹饰以素面和绳纹为主，附加堆纹次之，还有少量交错绳纹、划纹、线纹、彩陶（表二二六）。

H26共出土遗物91件。以陶器为主，玉、石器次之。

（1）陶器

共89件。器类有盆、罐、钵、瓮、缸、甑、器盖、锉、球，另有刻划纹陶片（表二二七）。

盆 6件。均口、腹部残片。形制相同。标本H26：10，细泥质灰陶。侈口，卷沿，圆唇，弧腹。器表磨光。素面。沿下可见轮修痕迹（图一○八九，1）。

罐 42件。形制相同，均侈口，折沿，圆唇，鼓腹。标本H26：12，完整。粗夹砂红褐陶。唇部有一道浅细凹槽，

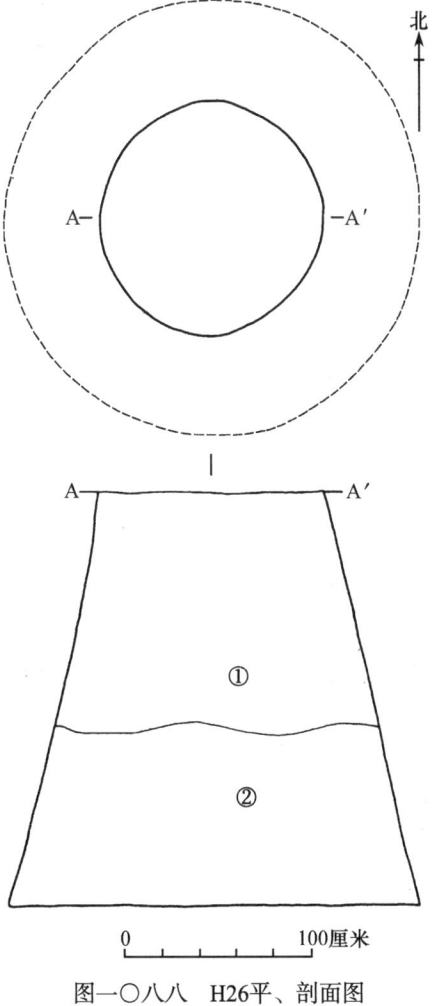

图一○八八 H26平、剖面图

上腹微鼓，下腹斜直，平底，最大腹径位于上腹部。上腹部饰左上至右下稀疏的斜向绳纹，并饰一对鸡冠状附加堆纹，下腹部饰竖向绳纹。口径6、腹径6.6、底径4、通高7厘米（图一〇八九，6；图版一七〇，2）。标本H26：13，口、腹部残片。粗夹砂红褐陶。口沿以下饰左上至右下斜向绳纹。沿面可见轮修痕迹。复原口径30、残高9厘米（图一〇八九，7）。标本H26：14，口、腹部残片。粗夹砂红褐陶。口沿以下饰左上至右下斜向绳纹，上腹部饰条带状附加堆纹。沿面可见轮修痕迹。复原口径18、残高4.8厘米（图一〇八九，5）。标本H26：17，口、腹部残片。粗夹砂红褐陶。口沿以下饰竖向绳纹，上腹部饰条带状附加堆纹。沿面可见轮修痕迹。复原口径24.9、残高3.9厘米（图一〇八九，4）。标本H26：22，口、腹部残片。粗夹砂灰褐陶。上腹部饰左上至右下斜向绳纹。沿面与唇部可见轮修痕迹（图一〇八九，2）。标本H26：26，口、腹部残片。粗夹砂红褐陶。口沿以下饰左上至右下斜向绳纹。沿面可见轮修痕迹（图一〇八九，3）。

表二二六　H26陶系统计表　　　　　　　　　　　　　　　　（单位：kg）

陶质 陶色 纹饰	细泥质			粗泥质	细夹砂	粗夹砂				合计	百分比（%）
	橘红	灰	黑	橘红	红褐	橘红	红褐	灰	黑		
素面	0.80	0.23		0.80			1.57		0.14	3.54	22.52
素面+磨光	0.74	0.58	0.53	0.23						2.08	13.23
绳纹	0.36			0.36	0.13	0.13	3.88	0.13		4.99	31.74
弦纹							0.02	0.13	0.29	0.44	2.80
交错绳纹							0.15			0.15	0.95
附加堆纹							0.38		0.06	0.44	2.80
划纹							0.76			0.76	4.83
线纹		0.15	0.01							0.16	1.02
绳纹+附加堆纹							2.85			2.85	18.13
交错绳纹+附加堆纹							0.21			0.21	1.34
彩陶	0.10									0.10	0.64
合计	2.00	0.81	0.68	1.40	0.13	0.13	9.82	0.26	0.49	15.72	100
	15.72										
百分比（%）	12.72	5.15	4.33	8.91	0.83	0.83	62.47	1.65	3.12		
	100										

钵　23件。均口、腹部残片。标本H26：2、H26：3、H26：4形制相同，均细泥质灰陶，敞口，浅弧腹。素面。标本H26：2，圆唇。器表磨光。复原口径33.3、残高9厘米（图一〇九〇，5）。标本H26：3，尖圆唇。器表经刮抹较为光滑。器表与内壁均可见刮抹痕迹（图一〇九〇，7）。标本H26：4，尖圆唇。器表磨光。口沿内侧可见轮修痕迹（图一〇九〇，2）。

标本H26：5、H26：6、H26：7形制相同，均直口微敛，圆唇，浅弧腹，器表磨光。标本H26：5，细泥质橘红陶。口下饰黑色宽带纹彩绘，腹部饰黑色窄带纹彩绘。宽带纹彩绘下侧可见浅红色叠烧痕迹（图一〇九〇，1）。标本H26：6，粗泥质橘红陶。素面（图一〇九〇，11）。标

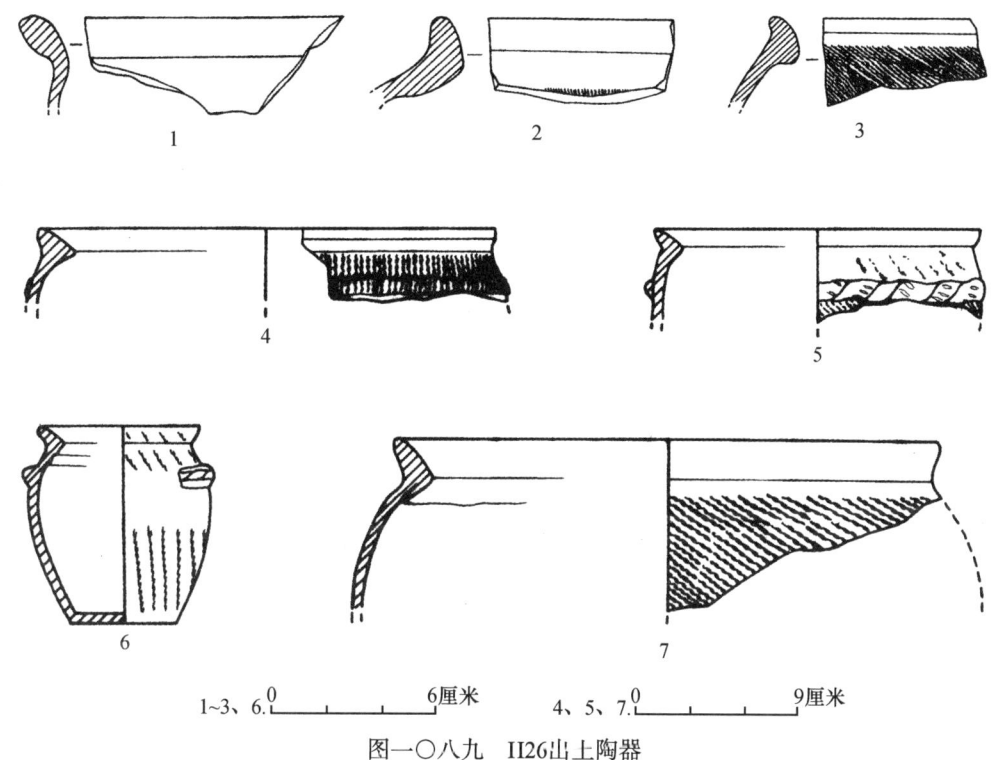

图一〇八九 II26出土陶器
1. 盆（H26：10） 2~7. 罐（H26：22、H26：26、H26：17、H26：14、H26：12、H26：13）

本H26：7，细泥质橘红陶。素面。口部可见轮修痕迹（图一〇九〇，8）。

标本H26：1、H26：8形制相同，均敛口，斜直腹，素面。标本H26：1，细泥质灰陶。厚圆唇。器表抹光。器表可见刮抹痕迹与轮修痕迹。复原口径27.6、残高8.4厘米（图一〇九〇，4）。标本H26：8，粗泥质橘红陶。圆唇，内侧有一道凸棱，断面呈三角形。器表磨光。口部可见轮修痕迹（图一〇九〇，10）。

瓮 7件。均口、腹部残片。标本H26：16、H26：18、H26：23形制相同，均粗夹砂红褐陶，侈口，卷沿，鼓腹。标本H26：16，方唇。口沿以下饰交错绳纹。沿内、外两侧与唇部均可见轮修痕迹（图一〇九〇，14）。标本H26：18，圆唇。口沿以下饰右上至左下斜向绳纹。沿面可见轮修痕迹（图一〇九〇，6）。标本H26：23，方唇。口沿以下饰右上至左下斜向绳纹。沿内、外两侧均可见轮修痕迹，器表可见烟熏痕迹（图一〇九〇，3）。

标本H26：20，粗夹砂红褐陶。侈口，折沿，沿面微曲，方唇，肩略鼓，并起一道显著棱脊，鼓腹。肩部以下饰横向绳纹（图一〇九〇，9）。

缸 4件。均口、腹部残片。标本H26：29，粗夹砂红褐陶。侈口，折沿，圆唇，腹部较直。素面。沿面可见轮修痕迹。复原口径45、残高6厘米（图一〇九〇，13）。

标本H26：9，粗夹砂灰褐陶。敛口，平折沿，圆唇，腹部较直。口沿下侧饰多周弦纹。器表抹光。复原口径43.5、残高9厘米（图一〇九〇，12）。

标本H26：28，粗夹砂红褐陶。敛口，厚圆唇，鼓腹。口沿下侧饰多周条带状附加堆纹，附加堆纹之上饰竖向短绳纹。内壁可见泥条盘筑痕迹，器表可见烟熏痕迹。复原口径51、残高5.4厘米（图一〇九〇，15）。

表二二七　H26器形统计表

（单位：件）

陶质	细泥质				粗泥质		细夹砂		粗夹砂											合计	百分比(%)
陶色	橘红		灰	黑	橘红		红褐	橘红				红褐				灰褐		黑			
纹饰	素面+磨光	彩陶	素面+磨光	素面+磨光	素面	绳纹	绳纹	绳纹	素面	绳纹	交错绳纹	绳纹+附加堆纹	交错绳纹+附加堆纹	附加堆纹	弦纹	绳纹	弦纹	素面	弦纹		
器形																					
盆　口		1																		6	6.98
盆　底			1	1	1																
罐　口	12	3	2	2	1				8	15	2	3	1		1					42	48.84
罐　底			2						3	6											
钵		1	1			1	1	1	1		1	1		1		1	1	1		23	26.74
缸									2	3	1	1								4	4.65
瓮										1										7	8.14
甑								1												1	1.16
器盖				2	1															3	3.49
合计	12	4	5	2	3	1	1	1	14	25	4	5	1	1	1	1	1	1	1	86	100
百分比(%)	13.95	4.65	5.81	2.33	3.49	1.16	1.16	1.16	16.28	29.07	4.65	5.81	1.16	1.16	1.16	1.16	1.16	1.16	1.16		100

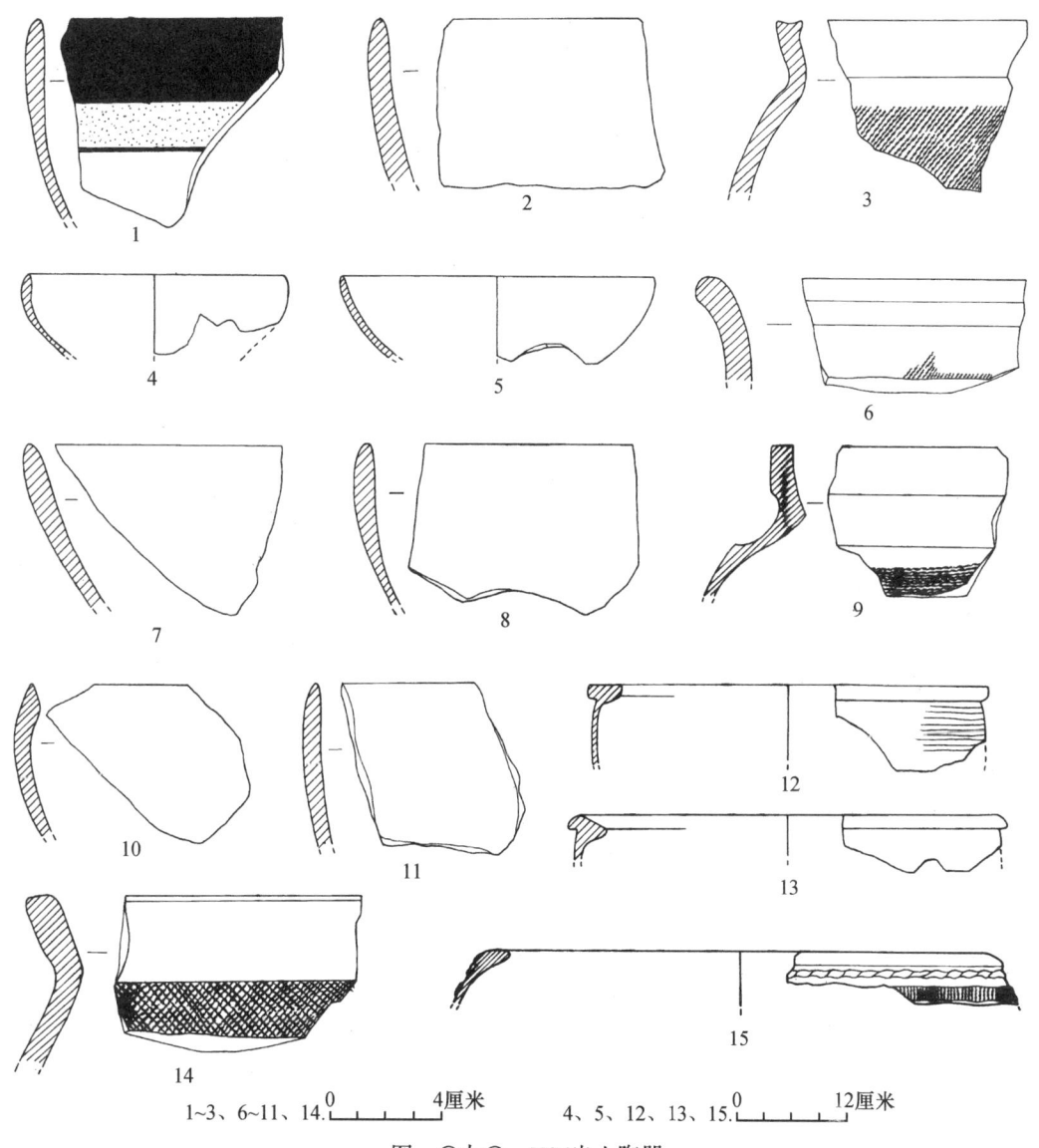

图一〇九〇　H26出土陶器

1、2、4、5、7、8、10、11.钵（H26∶5、H26∶4、H26∶1、H26∶2、H26∶3、H26∶7、H26∶8、H26∶6）
3、6、9、14.瓮（H26∶23、H26∶18、H26∶20、H26∶16）　12、13、15.缸（H26∶9、H26∶29、H26∶28）

甑　1件。标本H26∶30，下腹、底部残片。粗泥质橘红陶。弧腹，圜底，底部残存有三个圆孔，圆孔系在陶坯上由外向内单面戳成。底部饰绳纹（图一〇九一，10）。

器盖　3件。标本H26∶31，纽部残片。粗夹砂橘红陶。圆饼形纽，敞口，斜直壁，壁饰横向绳纹。纽径6.6、残高4.2厘米（图一〇九一，9）。

标本H26∶21、H26∶24均口、壁残片。形制相同，均覆盆状，敞口，卷沿，圆唇，弧壁，器表饰横向绳纹。标本H26∶21，细夹砂红褐陶（图一〇九一，1）。标本H26∶24，粗夹砂红褐陶（图一〇九一，4）。

刻划纹陶片　标本H26∶32，细泥质黑陶。器表刻划一圆圈，圆圈内有一"十"字形图案（图一〇九一，2）。

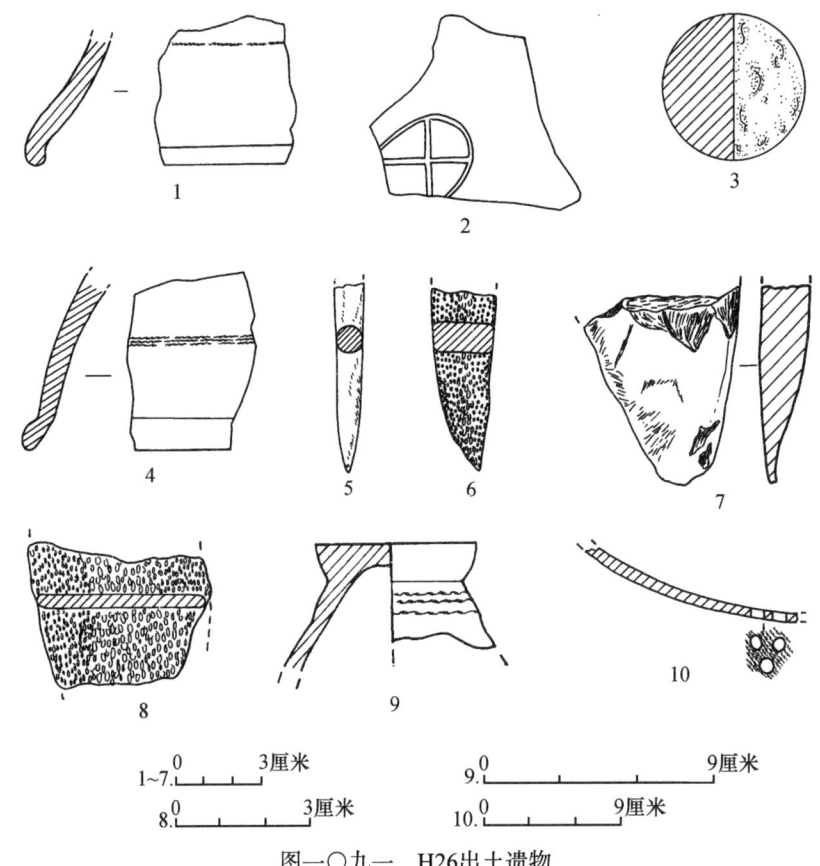

图一〇九一　H26出土遗物

1、4、9. 器盖（H26：21、H26：24、H26：31）　2. 陶片（H26：32）　3. 陶球（H26：33）　5. 玉笄（H26：34）
6、8. 陶锉（H26：36、H26：37）　7. 石刮削器（H26：35）　10. 陶甑（H26：30）

球　1件。标本H26：33，稍残。粗泥质灰陶。圆球状。器表有较多坑疤。直径5厘米（图一〇九一，3；图版一七〇，3）。

锉　2件。标本H26：36，一端残。粗泥质橘红陶。残存部分平面呈三角形，横断面呈长方形，两侧边较直。器表麻点清晰，较为稀疏。残长6、最宽处2.2、厚1厘米（图一〇九一，6）。

标本H26：37，两端均残。粗泥质橘红陶。残存部分平面呈梯形，器身较薄，器表一面麻点清晰，密度较大，另一面较平整，可能为从中部劈裂形成。残长3.2、宽2.6~4、厚0.3厘米（图一〇九一，8）。

（2）玉器

1件。笄。标本H26：34，一端残断。墨绿色，可见白色条斑。横断面呈圆形，尖部锐利。通体磨光。残长6.3厘米（图一〇九一，5；图版一七〇，6）。

（3）石器

1件。刮削器。标本H26：35，残。石英岩。残存部分平面呈三角形，一面较平坦，直刃，刃部较锋利。一面磨光。器表可见打制修理形成的疤痕。残长6.7厘米（图一〇九一，7；图版一七〇，4）。

5. H27

H27位于Ⅱ区T0103东南部与T0203西南部，开口于②层下。平面呈圆形，袋状，斜直壁，平底。坑口径1.4、底径2.2、深1.5米（图一〇九二）。

坑内堆积可分为2层：第①层为浅灰色土，土质疏松，厚约1.3米，出土大量陶片，另有石块、兽骨；第②层为深灰色土，土质致密，厚0.2米，出土少量陶片。

陶片为主要的出土物，以粗夹砂红褐陶为主，细泥质橘红陶次之，粗泥质灰陶再次，还有少量细夹砂橘红陶、细泥质黑陶、细泥质灰陶、粗泥质橘红陶和粗夹砂灰褐陶；纹饰以素面居多，绳纹次之，还有少量弦纹、划纹、附加堆纹及彩陶（表二二八）。

H27共出土遗物46件。以陶器为主，骨器次之。

（1）陶器

共44件。器类有盆、罐、钵、瓮、缸、盂、圆陶片、纺轮、环（表二二九）。

盆 5件。标本H27：9，口、腹部残片。细泥质灰陶。侈口，折沿，圆唇，斜直腹。器表磨光。口沿以下饰多周弦纹。沿面与器表均可见轮修痕迹（图一〇九三，4）。

标本H27：10，口沿残片。细泥质灰陶。侈口，折沿，圆唇。器表磨光。素面。沿面可见轮修痕迹（图一〇九三，6）。

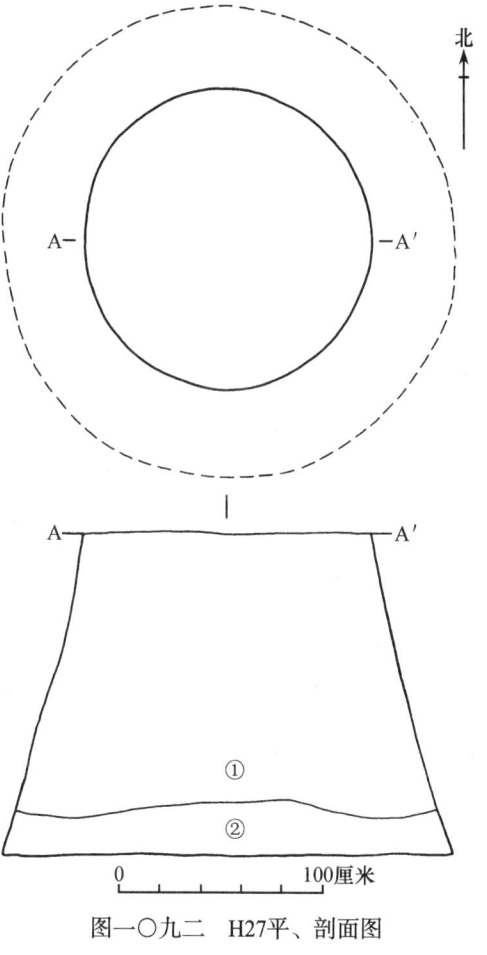

图一〇九二 H27平、剖面图

罐 11件。均口、腹部残片。标本H27：19，粗夹砂红褐陶。侈口，折沿，圆唇，鼓腹。口沿以下饰多周弦纹。沿面可见轮修痕迹。复原口径18、残高6.2厘米（图一〇九三，2）。

标本H27：12、H27：17形制相同，均粗夹砂红褐陶，侈口，折沿，鼓腹。标本H27：12，圆唇。外沿面饰右上至左下斜向划纹，口沿以下饰右上至左下斜向绳纹。沿面可见轮修痕迹。复原口径20.2、残高5.4厘米（图一〇九三，1）。标本H27：17，方唇，唇部有一道浅细凹槽。口沿以下饰右上至左下斜向绳纹。沿面可见轮修痕迹，器表可见烟熏痕迹。复原口径30、残高5厘米（图一〇九三，5）。

钵 21件。形制相同，均敛口，圆唇，斜直腹。标本H27：1，可复原。细夹砂橘红陶。平底。器表经刮抹较为光滑。腹部饰一周弦纹。口部可见轮修痕迹，腹部可见刮抹痕迹。口径20.8、底径12、通高10厘米（图一〇九三，3；图版一七一，1）。标本H27：3，口、腹部残片。细泥质橘红陶。口沿内侧有一道凸棱，断面呈三角形。器表磨光。素面。器表可见刮抹痕迹，内壁可见轮修痕迹。复原口径23、残高4.2厘米（图一〇九三，7）。标本H27：6，口、腹部残片。细泥质灰陶。厚圆唇，内壁有一道凸棱。器表磨光。素面。器表可见刮抹痕迹，内壁可见轮修痕迹（图一〇九三，8）。

表二二八　H27陶系统计表　　　　　　　　　　　　　　　　　　（单位：kg）

陶质	细泥质			粗泥质		细夹砂	粗夹砂		合计	百分比（%）
陶色 纹饰	橘红	灰	黑	橘红	灰	橘红	红褐	灰褐		
素面	0.58			0.24	0.126	0.35	0.83		2.126	19.70
素面+磨光	2.13	0.32	0.38		1.35				4.18	38.74
绳纹							3.79	0.126	3.916	36.29
弦纹		0.114				0.06	0.12		0.294	2.72
绳纹+划纹							0.15		0.15	1.39
绳纹+附加堆纹							0.02		0.02	0.19
彩陶	0.10								0.10	0.93
合计	2.81	0.434	0.38	0.24	1.476	0.41	4.91	0.126	10.79	100
百分比（%）	26.04	4.02	3.52	2.22	13.68	3.80	45.51	1.17	100	

表二二九　H27器形统计表　　　　　　　　　　　　　　　　　　（单位：件）

陶质	细泥质				粗泥质		细夹砂			粗夹砂				合计	百分比（%）
陶色	橘红		灰		橘红	灰	橘红		灰褐	红褐					
纹饰 器形	素面+磨光	彩陶	素面+磨光	弦纹	素面	素面	素面	弦纹	绳纹	素面	绳纹	弦纹	绳纹+划纹		
盆		2	1	1	1									5	12.20
罐					1	2				3	2	2	1	11	26.83
钵	16	1	1			1	1	1						21	51.22
缸							1			1				2	4.88
瓮										1				1	2.44
盂									1					1	2.44
合计	16	3	2	1	2	3	2	1	1	5	2	2	1	41	100
百分比（%）	39.02	7.32	4.88	2.44	4.88	7.32	4.88	2.44	2.44	12.2	4.88	4.88	2.44	100	

瓮　1件。标本H27:16，口沿残片。粗夹砂红褐陶。敛口，圆唇，口内侧有一道宽浅凹槽。素面。唇部与内壁均可见轮修痕迹（图一〇九三，10）。

缸　2件。标本H27:14，口沿残片。粗夹砂红褐陶。直口，窄平折沿，圆唇。素面。沿面、内壁、外壁均可见轮修痕迹（图一〇九三，9）。

标本H27:20，口、腹部残片。粗泥质灰陶。侈口，折沿，圆唇，上腹微鼓，下腹斜直，最大腹径位于上腹部。器表经刮抹较为光滑。素面。沿面与唇部均可见轮修痕迹，内壁可见泥条盘筑痕迹，器表可见刮抹痕迹。复原口径26、残高13厘米（图一〇九三，12）。

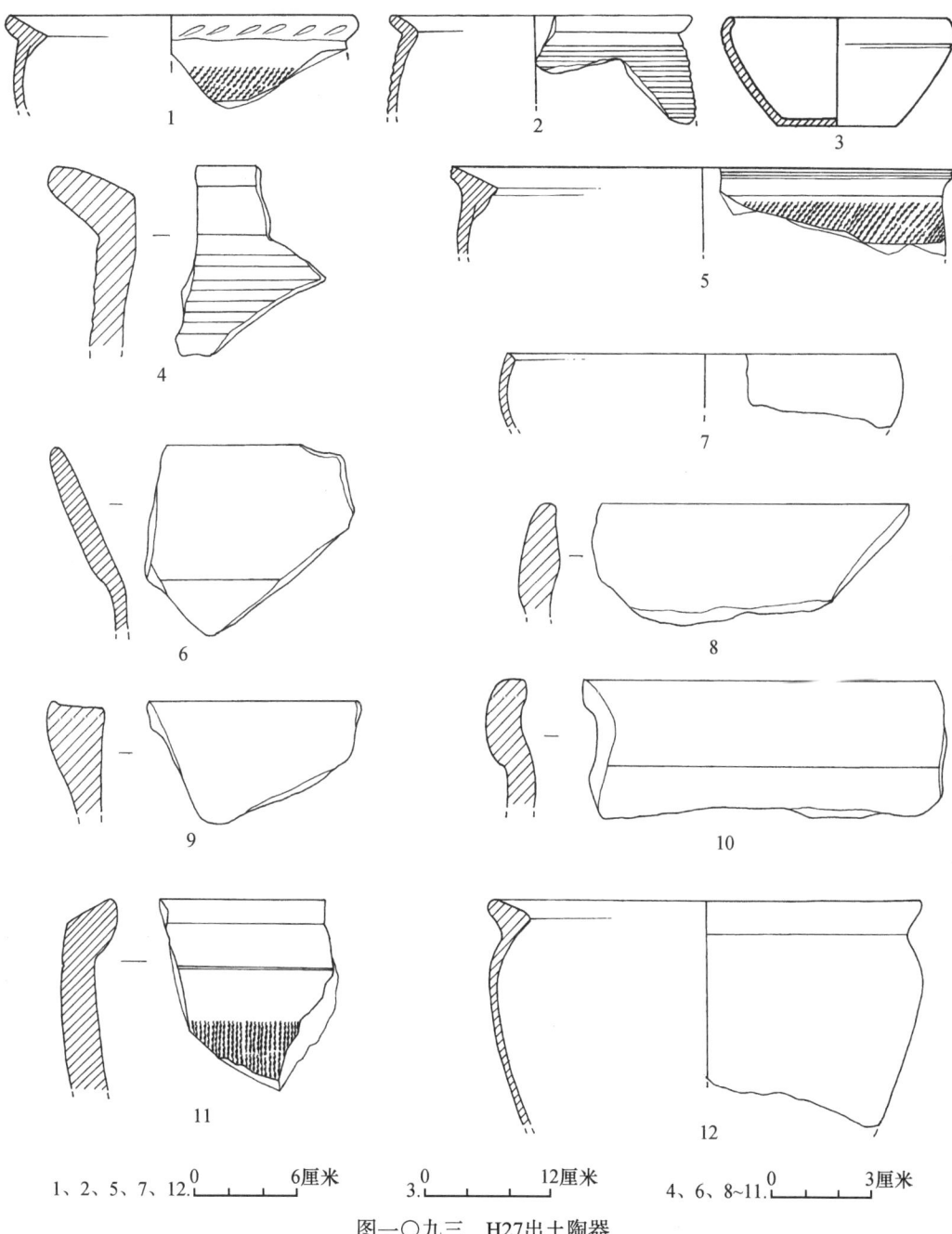

图一〇九三 H27出土陶器
1、2、5.罐（H27：12、H27：19、H27：17） 3、7、8.钵（H27：1、H27：3、H27：6）
4、6.盆（H27：9、H27：10） 9、12.缸（H27：14、H27：20） 10.瓮（H27：16） 11.盂（H27：21）.

盂 1件。标本H27：21，口、腹部残片。粗夹砂灰褐陶。敛口，折沿，沿面向外侧下斜，圆唇，直腹。口沿下侧饰一道弦纹，腹部饰竖向绳纹（图一〇九三，11）。

圆陶片 1件。标本H27：23，完整。细泥质橘红陶。系利用钵的口部残片打制而成。椭圆形，边缘稍钝。器表可见灰白色叠烧痕迹。长径6、短径4.5、厚0.6厘米（图一〇九四，2）。

纺轮 1件。标本H27：26，残。细泥质橘红陶。系利用陶钵或盆的残片打磨而成。圆形，中部有一两面对钻而成的圆孔。通体磨光。直径4.5、孔径0.6、厚0.5厘米（图一〇九四，3；图版一七一，2）。

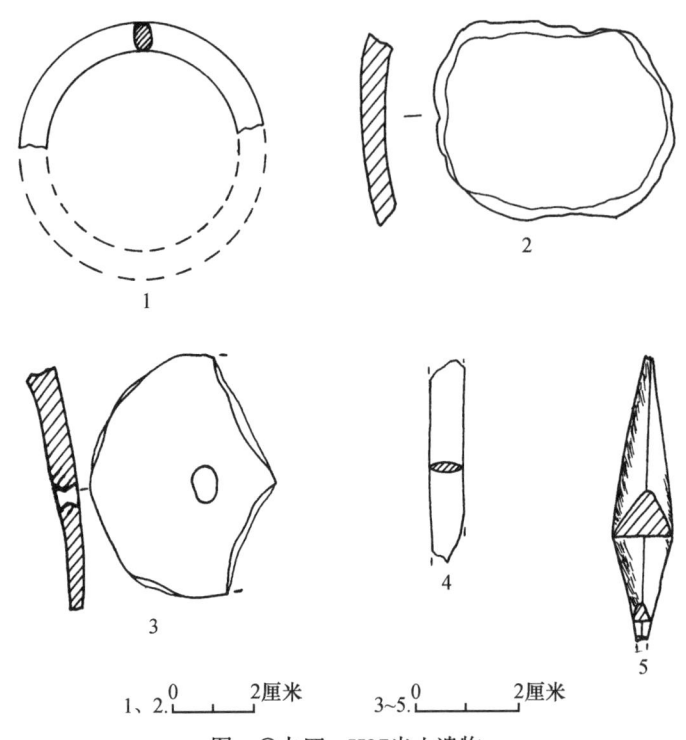

图一〇九四　H27出土遗物

1.陶环（H27：28）　2.圆陶片（H27：23）　3.陶纺轮（H27：26）　4.骨锥（H27：25）　5.骨镞（H27：27）

环　1件。标本H27：28，残。细泥质灰陶。圆环状，横断面呈椭圆形。通体磨光。复原直径6.1、厚0.7厘米（图一〇九四，1；图版一七一，3）。

（2）骨器

2件。器类有锥、镞。

锥　1件。标本H27：25，两端均残。器身扁平。通体磨光。残长3.8厘米（图一〇九四，4）。

镞　1件。H27：27，铤部残。体部平面呈柳叶形，一面有脊，横断面呈三角形，锋部扁尖，刃部锋利，铤部呈扁圆柱状。残长5.3厘米（图一〇九四，5；图版一七一，5）。

6. H29

H29位于Ⅱ区T0106西部，开口于②层下。平面呈圆形，锅底状，口部边缘经火烧呈红色，斜直壁，平底。坑口径1.96、底径1.4、深0.6米（图一〇九五）。

坑内堆积为浅色灰土，包含有少量火烧土颗粒，出土有少量陶片。

陶片为主要的出土物，以粗夹砂橘红陶为主，细夹砂红褐陶次之，还有一定比例的细泥质橘红陶、粗泥质橘红陶、粗夹砂灰褐陶、细泥质黑陶和少量细夹砂橘红陶、粗夹砂红褐陶；纹饰以绳纹居多，素面次之，附加堆纹再次，还有少量弦纹、线纹、戳印纹（表二三〇）。

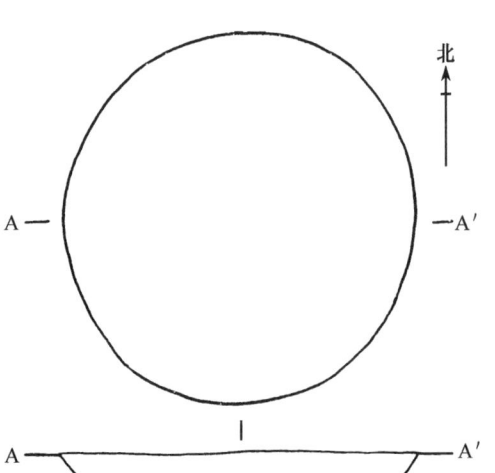

图一〇九五　H29平、剖面图

H29共出土遗物25件。以陶器为主，石器次之。

（1）陶器

23件。器类有盆、罐、缸、圆陶片（表二三一）。

表二三〇　H29陶系统计表　　　　　　　　　　　　　　　　　　　（单位：kg）

陶质	细泥质		粗泥质	细夹砂		粗夹砂			合计	百分比（%）
陶色纹饰	橘红	黑	橘红	橘红	红褐	橘红	红褐	灰褐		
素面	0.67		0.54	0.126		1.32			2.656	26.72
素面+磨光	0.21	0.05							0.26	2.62
绳纹						4.41	0.33		4.74	47.69
弦纹			0.15			0.45			0.60	6.04
绳纹+附加堆纹						0.27	0.13		0.40	4.02
绳纹+戳印纹+附加堆纹					1.24				1.24	12.47
线纹			0.04						0.04	0.40
合计	0.88	0.05	0.73	0.126	1.24	6.46	0.13	0.33	9.94	100
					9.94					
百分比（%）	0.85	0.50	0.34	1.27	12.47	64.99	1.31	3.32		
					100					

表二三一　H29器形统计表　　　　　　　　　　　　　　　　　　　（单位：件）

陶质	细泥质		粗泥质	细夹砂		粗夹砂				合计		百分比（%）
陶色	橘红	橘红	橘红	橘红	红褐	橘红		红褐	灰褐			
纹饰器形	素面	素面+磨光	素面	素面	绳纹+戳印纹+附加堆纹	素面	绳纹	弦纹	绳纹+附加堆纹	绳纹		
盆	1	1	1								3	13.64
罐 口				1		4	5	1			15	68.18
罐 底						1	2			1	22	100
缸				1			2		1		4	18.18
合计	1	1	1	1	1	5	9	1	1	1	22	
						22						
百分比（%）	4.55	4.55	4.55	4.55	4.55	22.73	40.91	4.55	4.55	4.55		
						100						

盆　3件。均口沿残片。形制相同，均敛口，宽平折沿，圆唇，素面。标本H29：3，粗泥质橘红陶。口沿下侧表面有部分剥落，器表经刮抹较为光滑。沿面可见轮修及刮抹痕迹。复原口径37.8厘米（图一〇九六，3）。标本H29：5，细泥质橘红陶。器表磨光。沿下可见刮抹痕迹（图一〇九六，1）。

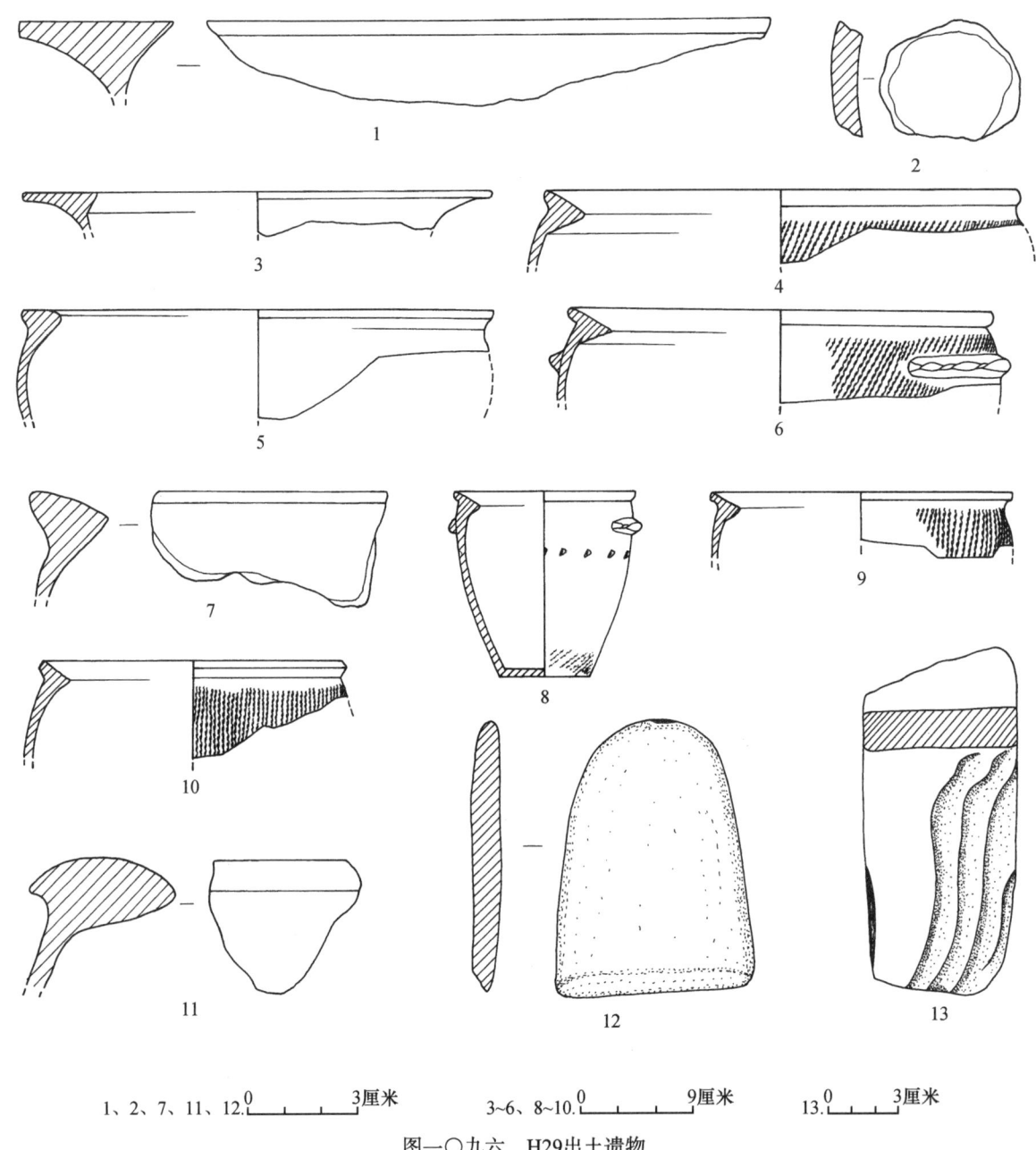

图一〇九六 H29出土遗物

1、3.陶盆（H29：5、H29：3） 2.圆陶片（H29：22） 4~6、11.陶缸（H29：20、H29：18、H29：19、H29：21）
7~10.陶罐（H29：16、H29：7、H29：9、H29：10） 12.石锛（H29：23） 13.磨石（H29：24）

罐 15件。形制相同，均侈口，折沿，腹微鼓。标本H29：7，可复原。细夹砂红褐陶。圆唇，上腹微鼓，下腹斜直，平底，最大腹径位于上腹部。上腹部饰一对鸡冠状附加堆纹，附加堆纹之下饰一周戳印纹，近底部饰右上至左下斜向绳纹。沿面可见轮修痕迹，器表可见烟熏痕迹。口径14.5、腹径14.1、底径7.2、通高14.4厘米（图一〇九六，8；图版一七一，4）。标本H29：16，口、腹部残片。粗夹砂橘红陶。圆唇。素面。沿面可见轮修痕迹（图一〇九六，7）。标本H29：10，口、腹部残片。粗夹砂橘红陶。圆唇。口沿以下饰竖向绳纹。沿面可见轮修痕迹。复原口径24、残高7.5厘米（图一〇九六，10）。标本H29：9，口、腹部残片。粗夹砂灰褐陶。方唇。

口沿以下饰竖向绳纹。沿面可见轮修痕迹。口径24、残高5.1厘米（图一〇九六，9）。

缸　4件。均口、腹部残片。标本H29：21，粗夹砂橘红陶。敛口，唇外叠，鼓腹。素面。唇部可见轮修痕迹（图一〇九六，11）。

标本H29：18、H29：19、H29：20形制相同，均侈口，折沿，鼓腹。标本H29：18，细夹砂橘红陶。沿面近平，方唇。器表经刮抹较为光滑。素面。沿面可见烟熏痕迹与轮修痕迹，器表可见刮抹痕迹。复原口径37.8、残高8.4厘米（图一〇九六，5）。标本H29：19，粗夹砂红褐陶。圆唇。口沿以下饰右上至左下斜向绳纹，上腹部饰鸡冠状附加堆纹。沿面可见轮修痕迹，器表可见烟熏痕迹。复原口径33.9、残高7.2厘米（图一〇九六，6）。标本H29：20，粗夹砂橘红陶。圆唇。口沿以下饰右上至左下斜向绳纹。复原口径37.8、残高5.7厘米（图一〇九六，4）。

圆陶片　1件。标本H29：22，稍残。细泥质橘红陶。系利用钵的残片打制而成。圆形，边缘较钝。直径3.7、厚0.7厘米（图一〇九六，2）。

（2）石器

2件。器类有锛、磨石。

锛　1件。标本H29：23，完整。角岩。平面呈近梯形，横断面呈圆角长方形，刃缘较锋利。一面与刃部磨光。通体可见琢制痕迹，刃部可见打制修理形成的疤痕。长7.1、宽4~5.3、厚0.8厘米（图一〇九六，12；彩版三〇，5；图版一七一，6）。

磨石　1件。标本H29：24，完整。石英粗砂岩。平面呈长条形，两面均较平，其中一面略向内凹。器表可见磨制使用痕迹。长14.3、宽6.5、厚1.6厘米（图一〇九六，13；图版一七二，1）。

7. H35

H35位于Ⅲ区T0717西部，开口于②层下。平面呈圆形，袋状，斜直壁，平底。坑口径1.2、底径2.14、深1.2米（图一〇九七）。

坑内堆积为浅灰色土，土质疏松，包含少量火烧土颗粒，出土大量陶片。

陶片为主要的出土物，以粗夹砂红褐陶为主，粗泥质红褐陶、粗泥质橘红陶、粗夹砂橘红陶次之，还有一定比例的粗夹砂灰陶、细夹砂橘红陶、细泥质橘红陶、细泥质灰陶及少量粗泥质灰陶、细夹砂红褐陶、细泥质黑陶、细夹砂灰陶、细泥质红褐陶；纹饰以素面为主，绳纹次之，附加堆纹、线纹、彩陶再次，还有少量弦纹（表二三二）。

H35共出土遗物121件。以陶器为主，石器次之，玉器再次。

（1）陶器

117件。器类有瓶、盆、罐、钵、缸、瓮、刀，另有器底（表二三三）。

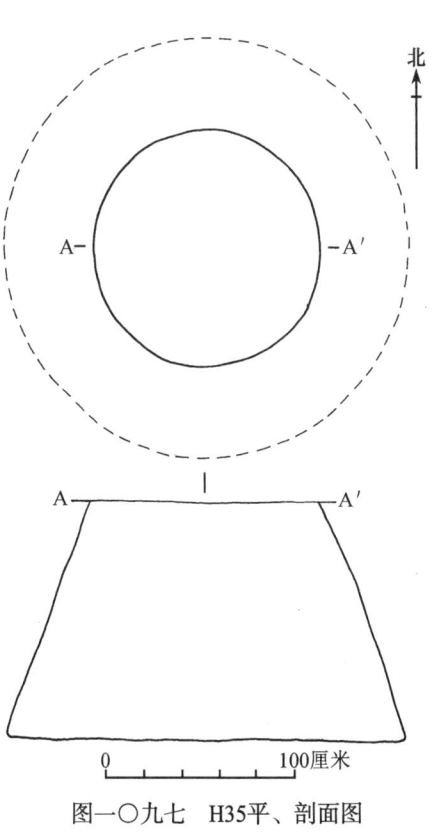

图一〇九七　H35平、剖面图

表二三二　H35陶系统计表　　　　　　　　　　　　　　　　　　　　（单位：kg）

陶质	细泥质				粗泥质			细夹砂			粗夹砂			合计	百分比（%）
陶色 纹饰	橘红	红褐	灰	黑	橘红	红褐	灰	橘红	红褐	灰	橘红	红褐	灰		
素面	0.228		0.114		3.12	3.60		0.80	0.27	0.21	1.70	5.43	0.49	15.962	54.18
素面+磨光	0.37	0.114	0.67	0.114	0.228		0.34							1.836	6.23
绳纹											1.44	5.08	0.46	6.98	23.69
弦纹			0.11				0.114							0.224	0.76
交错绳纹												1.23		1.23	4.18
附加堆纹			0.114		0.11			0.15				0.126		0.50	1.70
绳纹+附加堆纹												0.92		0.92	3.12
线纹					0.34	0.50								0.84	2.85
彩陶	0.51				0.21									0.72	2.44
绳纹+弦纹												0.126		0.126	0.43
交错绳纹+附加堆纹												0.126		0.126	0.43
合计	1.108	0.114	1.008	0.114	4.008	4.10	0.454	0.95	0.27	0.21	3.14	13.038	0.95	29.46	100
	29.46														
百分比（%）	3.76	0.39	3.42	0.39	13.60	13.92	1.54	3.22	0.92	0.71	10.66	44.26	3.22		
	100														

　　瓶　3件。均口、颈部残片。标本H35：29、H35：30形制相同，均喇叭形口，平折沿，束颈。标本H35：29，细泥质灰陶。圆唇。器表磨光。颈部饰圆饼状附加堆纹。复原口径12.6、残高5.6厘米（图一〇九八，5）。标本H35：30，粗泥质橘红陶。方唇。素面。器表可见轮修痕迹，内壁可见泥条盘筑痕迹。复原口径9.4、残高9.4厘米（图一〇九八，1）。

　　标本H35：31，细夹砂橘红陶。敞口，圆唇，束颈。素面。复原口径7、残高6.4厘米（图一〇九八，4）。

　　盆　6件。标本H35：23、H35：24均口、腹部残片。形制相同，均侈口，卷沿，弧腹。标本H35：23，细泥质橘红陶。方唇。唇部饰黑色彩绘。器表磨光。口沿下侧可见轮修痕迹（图一〇九八，3）。标本H35：24，粗泥质橘红陶。圆唇。器表磨光。素面。口沿下侧可见轮修痕迹（图一〇九八，6）。

　　标本H35：27、H35：28、H35：65形制相同，敛口，平折沿，圆唇，斜直腹。标本H35：27，可复原。细夹砂橘红陶。腹部较深，平底。口沿下侧饰一对鸡冠状附加堆纹，上腹部饰一周条带状附加堆纹。器表可见刮抹痕迹。口径32.8、底径15.9、通高21厘米（图一〇九八，2；彩版一三，6；图版一七二，3）。标本H35：28，口、腹部残片。粗夹砂红褐陶。素面。器表可见刮抹痕迹（图一〇九八，7）。标本H35：65，可复原。粗泥质橘红陶。唇部有一道浅细凹槽，平底。器表刮抹光滑。沿面可见轮修痕迹，器表可见刮抹痕迹。口径31.5、底径15、通高13.2厘米（图一〇九八，8；图版一七二，4）。

表二三三　H35器形统计表

（单位：件）

陶质	细泥质						粗泥质					细夹砂				粗夹砂									合计	百分比(%)
陶色	橘红		红褐	黑	灰		橘红				灰	橘红		红褐	灰褐	橘红		红褐					灰			
纹饰\器形	素面+磨光	彩陶	素面+磨光	素面+磨光	素面	附加堆纹	素面+磨光	素面	附加堆纹	彩陶	弦纹	附加堆纹	素面	素面	素面	素面	绳纹	素面	绳纹	交错绳纹	绳纹+附加堆纹	交错绳纹+附加堆纹	素面	绳纹		
瓶						1		1		1															3	2.61
盆		1	1	1	1			1	1																6	5.22
罐	2		1	1	2	1	1	18				1	7	1	1	7	9	14	4		5		2	6	57	49.57
钵	5	6	1	1						1			1		1	14		2		1		1			40	34.78
缸											1									1					5	4.35
瓮								1					1	1		1	3	17	12	4					4	3.48
合计	7	2	1	1	2	1	1	21	1	1	1	1	8	2	1	17	9	14	12	4	5	1	2	6	115	100
百分比(%)	6.09	1.74	0.87	0.87	1.74	0.87	0.87	18.26	0.87	0.87	0.87	0.87	6.96	1.74	0.87	14.78	6.09	10.43	10.43	3.48	4.35	0.87	1.74	5.22	115	100

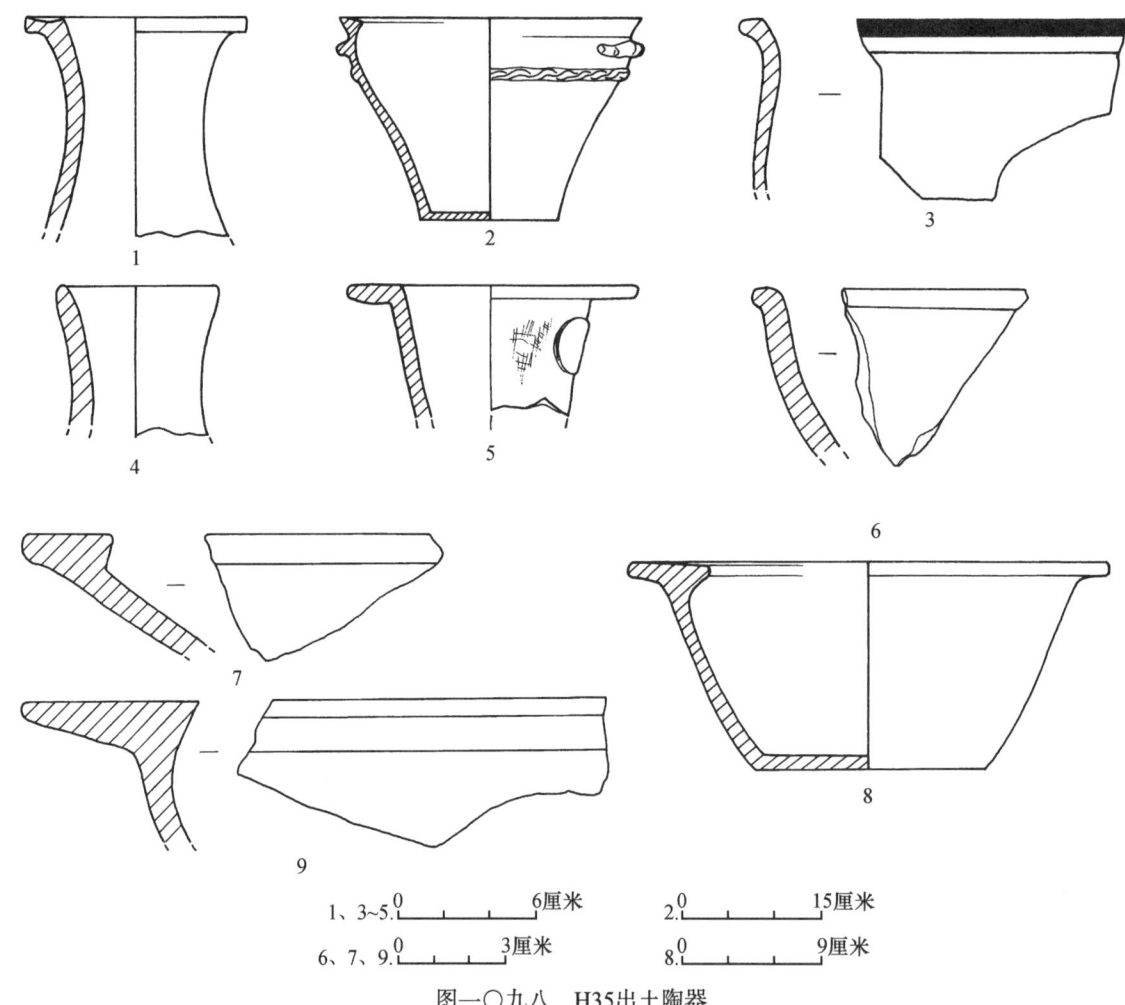

图一〇九八　H35出土陶器

1、4、5.瓶（H35：30、H35：31、H35：29）　2、3、6～9.盆（H35：27、H35：23、H35：24、H35：28、H35：65、H35：25）

标本H35：25，口、腹部残片。细夹砂灰褐陶。敛口，宽平折沿，圆唇，斜直腹，素面。外沿面可见轮修痕迹（图一〇九八，9）。

罐　57件。均口、腹部残片。标本H35：35、H35：48形制相同，均粗夹砂红褐陶，侈口，卷沿，沿面内曲，方唇，唇部有二道浅细凹槽，鼓腹。标本H35：35，腹部饰右上至左下斜向绳纹。外沿面可见轮修痕迹（图一〇九九，4）。标本H35：48，鼓肩，并起一道显著棱脊。棱脊以下饰右上至左下斜向绳纹（图一〇九九，1）。

标本H35：38、H35：42、H35：43、H35：45、H35：46、H35：47形制相同，均粗夹砂红褐陶，侈口，卷沿，鼓腹。标本H35：38，圆唇，唇部有二道浅细凹槽。上腹部饰一道弦纹，弦纹以下饰右上至左下斜向绳纹（图一〇九九，7）。标本H35：42，圆唇，腹微鼓。腹部饰竖向绳纹。口下可见轮修痕迹（图一〇九九，10）。标本H35：43，方唇，口沿下侧有一道显著棱脊。棱脊以下饰右上至左下斜向绳纹（图一〇九九，2）。标本H35：45，沿面有一道凸棱，圆唇。腹部饰左上至右下斜向绳纹（图一〇九九，3）。标本H35：46，圆唇，唇部有二道浅细凹槽，肩略鼓，并起一道不显著棱脊。棱脊以下饰右上至左下斜向绳纹（图一〇九九，6）。标本H35：47，方唇。腹部饰横向绳纹（图一〇九九，8）。

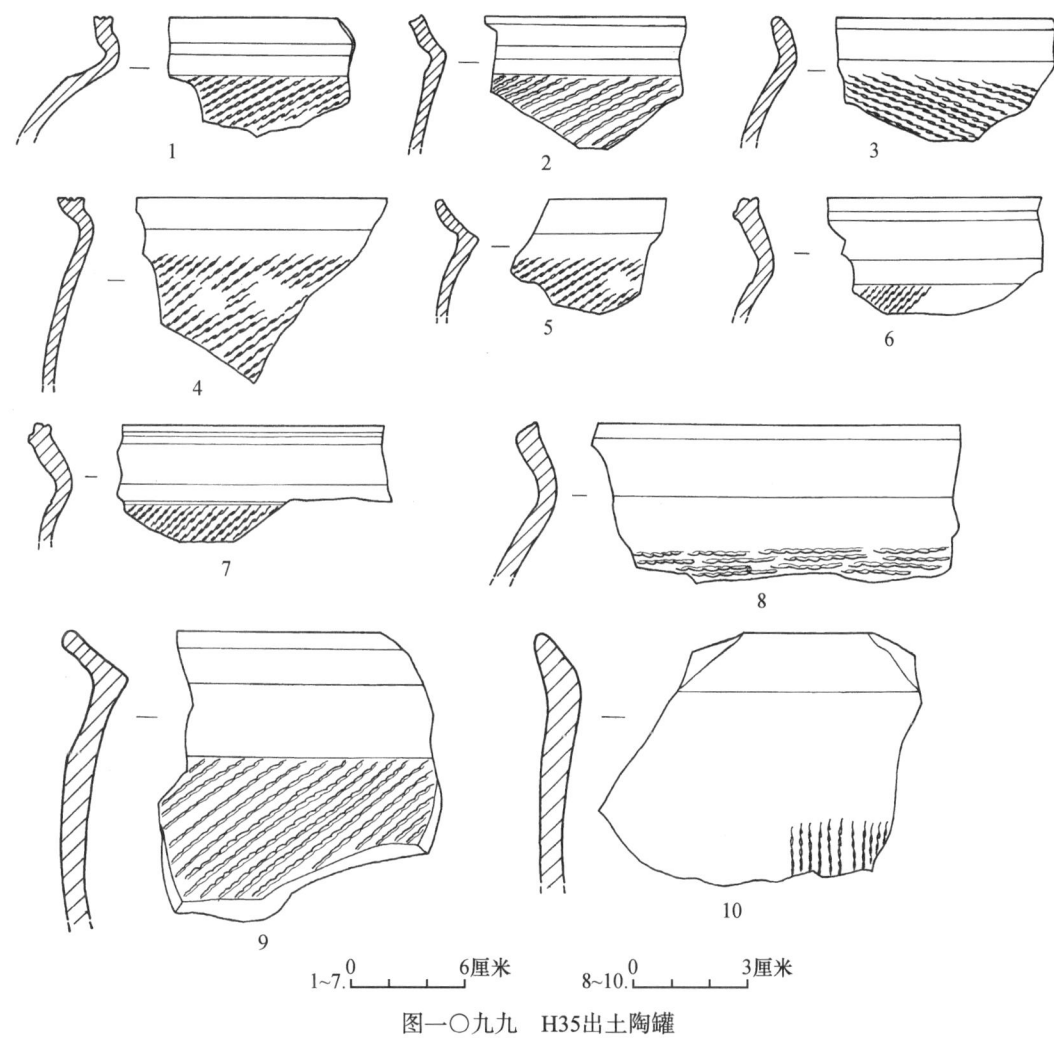

图一〇九九　H35出土陶罐

1~10.（H35：48、H35：43、H35：45、H35：35、H35：44、H35：46、H35：38、H35：47、H35：39、H35：42）

标本H35：39、H35：44形制相同，均粗夹砂红褐陶，侈口，折沿，圆唇，鼓腹。标本H35：39，肩略鼓，并起一道不显著棱脊。棱脊以下饰右上至左下斜向绳纹。口沿下侧可见轮修痕迹（图一〇九九，9）。标本H35：44，腹部饰右上至左下斜向绳纹（图一〇九九，5）。

标本H35：32、H35：33、H35：36、H35：41、H35：49、H35：50、H35：51、H35：53、H35：54、H35：56、H35：58、H35：59形制相同，均粗夹砂红褐陶，侈口，折沿，鼓腹。标本H35：32，厚圆唇。口沿以下饰交错绳纹。口沿下侧可见轮修痕迹，内壁可见泥条盘筑痕迹（图一一〇〇，12）。标本H35：33，圆唇。口沿下侧饰左上至右下斜向绳纹，上腹部饰鸡冠状附加堆纹，附加堆纹以下饰右上至左下斜向绳纹。沿面可见轮修痕迹（图一一〇〇，5）。标本H35：36，沿面有一道折棱，尖圆唇。沿下抹泥。腹部饰竖向绳纹（图一一〇〇，9）。标本H35：41，圆唇。口沿以下饰交错绳纹（图一一〇〇，11）。标本H35：49，圆唇。素面。内壁可见轮修痕迹。复原口径20、残高3.4厘米（图一一〇〇，7）。标本H35：50，圆唇。素面。沿面可见轮修痕迹，器表可见刮抹痕迹。复原口径27.9、残高6.3厘米（图一一〇〇，6）。标本H35：51，圆唇。口沿以下饰左上至右下斜向绳纹。器表可见烟熏痕迹（图一一〇〇，10）。标

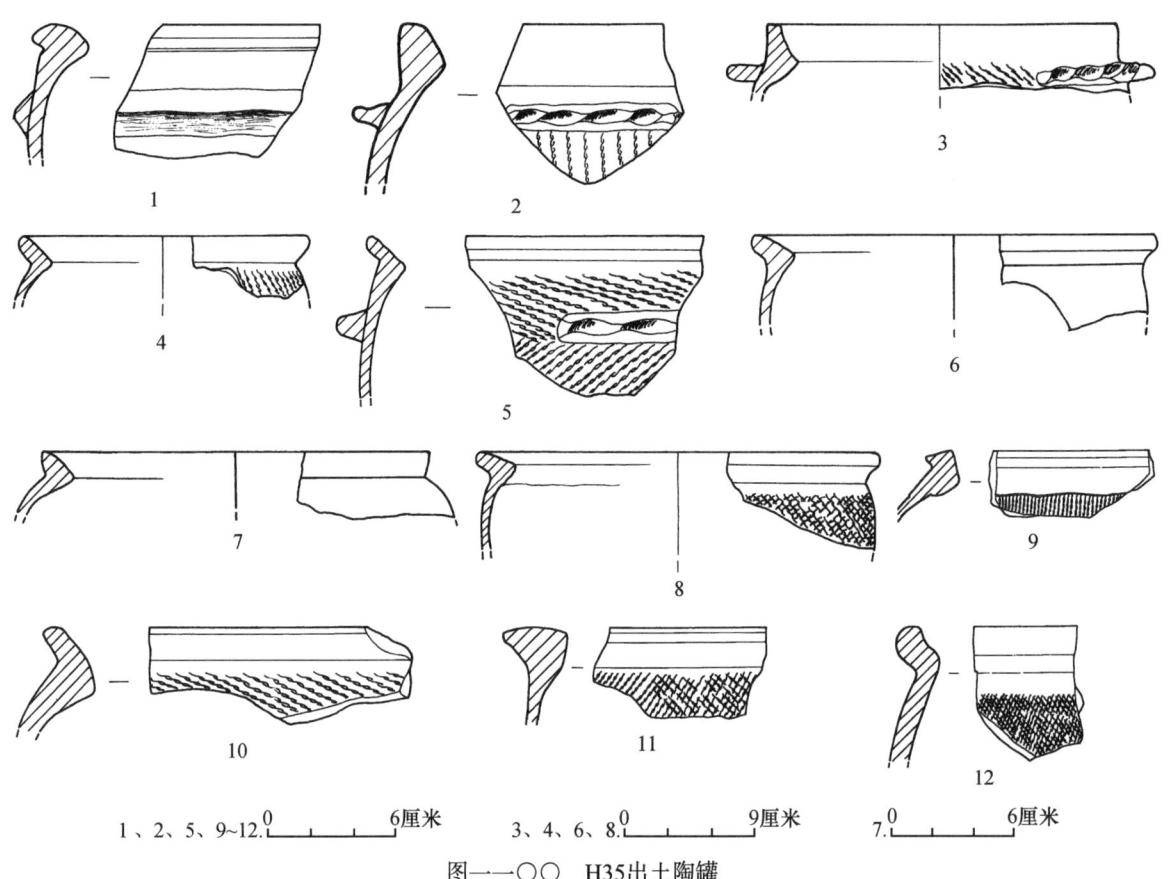

图一一〇〇 H35出土陶罐

1~12.（H35：56、H35：58、H35：59、H35：54、H35：33、H35：50、H35：49、H35：53、H35：36、H35：51、H35：41、H35：32）

本H35：53，圆唇。腹部饰交错绳纹。口沿下侧可见轮修痕迹。复原口径27.9、残高6.6厘米（图一一〇〇，8）。标本H35：54，圆唇。口沿以下饰左上至右下斜向绳纹。口沿下侧可见轮修痕迹。复原口径20.1、残高4.2厘米（图一一〇〇，4）。标本H35：56，厚圆唇。上腹部饰鸡冠状附加堆纹（图一一〇〇，1）。标本H35：58，圆唇。口沿下侧饰鸡冠状附加堆纹，腹部饰竖向绳纹（图一一〇〇，2）。标本H35：59，方唇。口沿以下饰左上至右下斜向绳纹，口沿下侧饰鸡冠状附加堆纹。复原口径24、残高4.5厘米（图一一〇〇，3）。

钵 40件。均口、腹部残片。标本H35：16，细泥质橘红陶。直口微敛，尖圆唇，深弧腹。器表磨光。素面。口下可见深红色叠烧痕迹（图一一〇一，3）。

标本H35：3、H35：5、H35：7、H35：8、H35：11、H35：15、H35：17、H35：18形制相同，均直口微敛，浅弧腹，器表磨光。标本H35：3，粗泥质橘红陶。圆唇。表层有部分剥落。素面。器表可见轮修痕迹（图一一〇一，4）。标本H35：5，细泥质橘红陶。圆唇。器表磨光。素面（图一一〇一，8）。标本H35：7，细泥质橘红陶。方唇。器表磨光。素面。口下可见轮修痕迹（图一一〇一，1）。标本H35：8，细泥质橘红陶。圆唇。器表磨光。口下饰黑色宽带纹彩绘。彩绘下侧可见浅红色叠烧痕迹（图一一〇一，9）。标本H35：11，细泥质黑陶。圆唇。器表磨光。素面。内壁可见轮修痕迹（图一一〇一，2）。标本H35：15，细泥质红褐陶。圆唇。素面。口下可见浅红色叠烧痕迹。内壁可见轮修痕迹（图一一〇一，7）。标本H35：17，细泥质橘

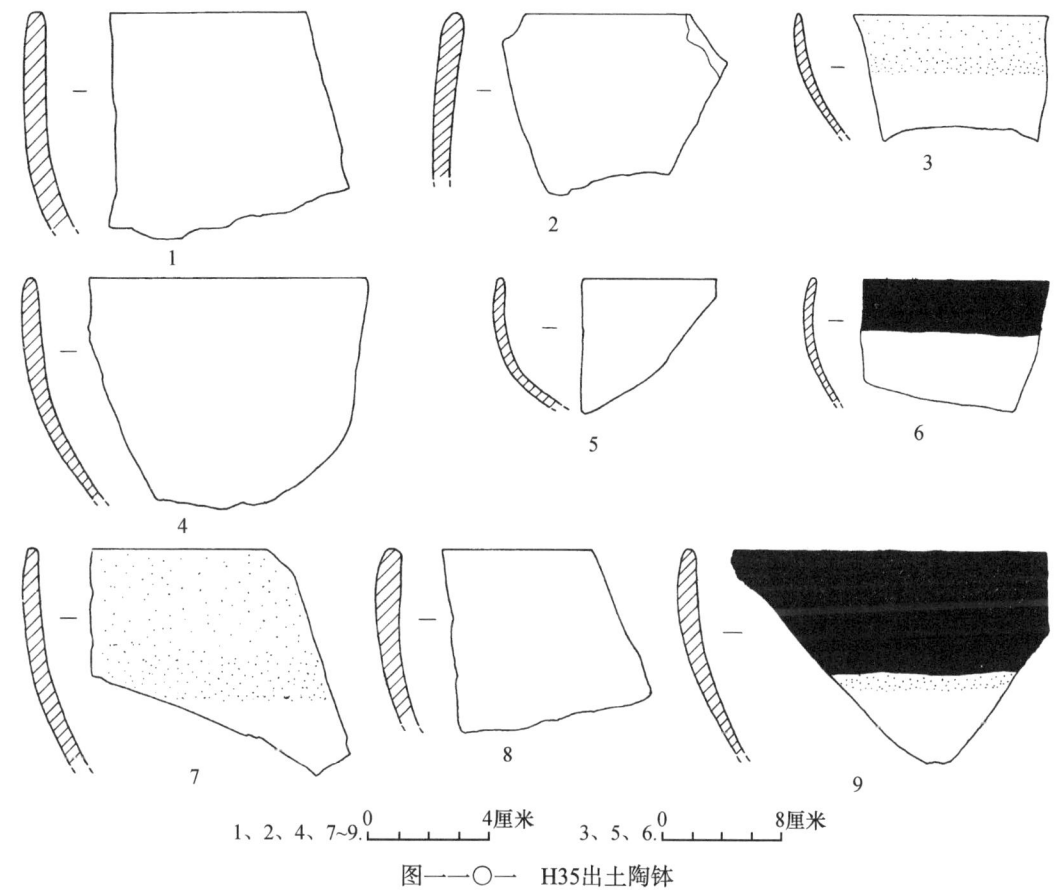

图一〇一 H35出土陶钵

1~9.（H35：7、H35：11、H35：16、H35：3、H35：17、H35：18、H35：15、H35：5、H35：8）

红陶。圆唇。器表磨光。素面。口下可见轮修痕迹，腹部可见刮抹痕迹（图一一〇一，5）。标本H35：18，细泥质橘红陶。圆唇。器表磨光。口下饰黑色宽带纹彩绘（图一一〇一，6）。

标本H35：1、H35：2、H35：4、H35：6、H35：9、H35：10、H35：12、H35：13、H35：19、H35：20、H35：22形制相同，均敛口，斜直腹。标本H35：1，细夹砂红褐陶。圆唇。器表刮抹光滑。素面（图一一〇二，2）。标本H35：2，粗泥质橘红陶。厚圆唇。素面。器表可见刮抹痕迹，内壁可见轮修痕迹（图一一〇二，6）。标本H35：4，细泥质橘红陶。圆唇。素面。器表可见刮抹痕迹与烟熏痕迹，内壁可见轮修痕迹（图一一〇二，1）。标本H35：6，粗泥质橘红陶。圆唇。器表磨光。上腹部饰黑色弧线纹彩绘。内壁可见轮修痕迹，腹部可见刮抹痕迹（图一一〇二，8）。标本H35：9，细泥质橘红陶。圆唇。器表磨光。口下饰黑色弧带纹彩绘。内壁可见轮修痕迹。复原口径30、残高6厘米（图一一〇二，11；彩版四九，4）。标本H35：10，细泥质橘红陶。尖圆唇。素面。口下可见轮修痕迹，腹部可见刮抹痕迹。复原口径18.9、残高7.2厘米（图一一〇二，9）。标本H35：12，细泥质灰陶。圆唇。器表磨光。素面。内壁可见轮修痕迹（图一一〇二，4）。标本H35：13，细泥质灰陶。圆唇。器表磨光。素面。复原口径9、残高4.8厘米（图一一〇二，10）。标本H35：19，细泥质灰陶。尖圆唇，口沿内测有一道凸棱，断面呈三角形。素面。口下与内壁均可见轮修痕迹，腹部可见刮抹痕迹（图一一〇二，3）。标本H35：20，细泥质橘红陶。圆唇。素面。器表磨光（图一一〇二，5）。标本H35：22，粗泥质橘红陶。圆唇。上腹

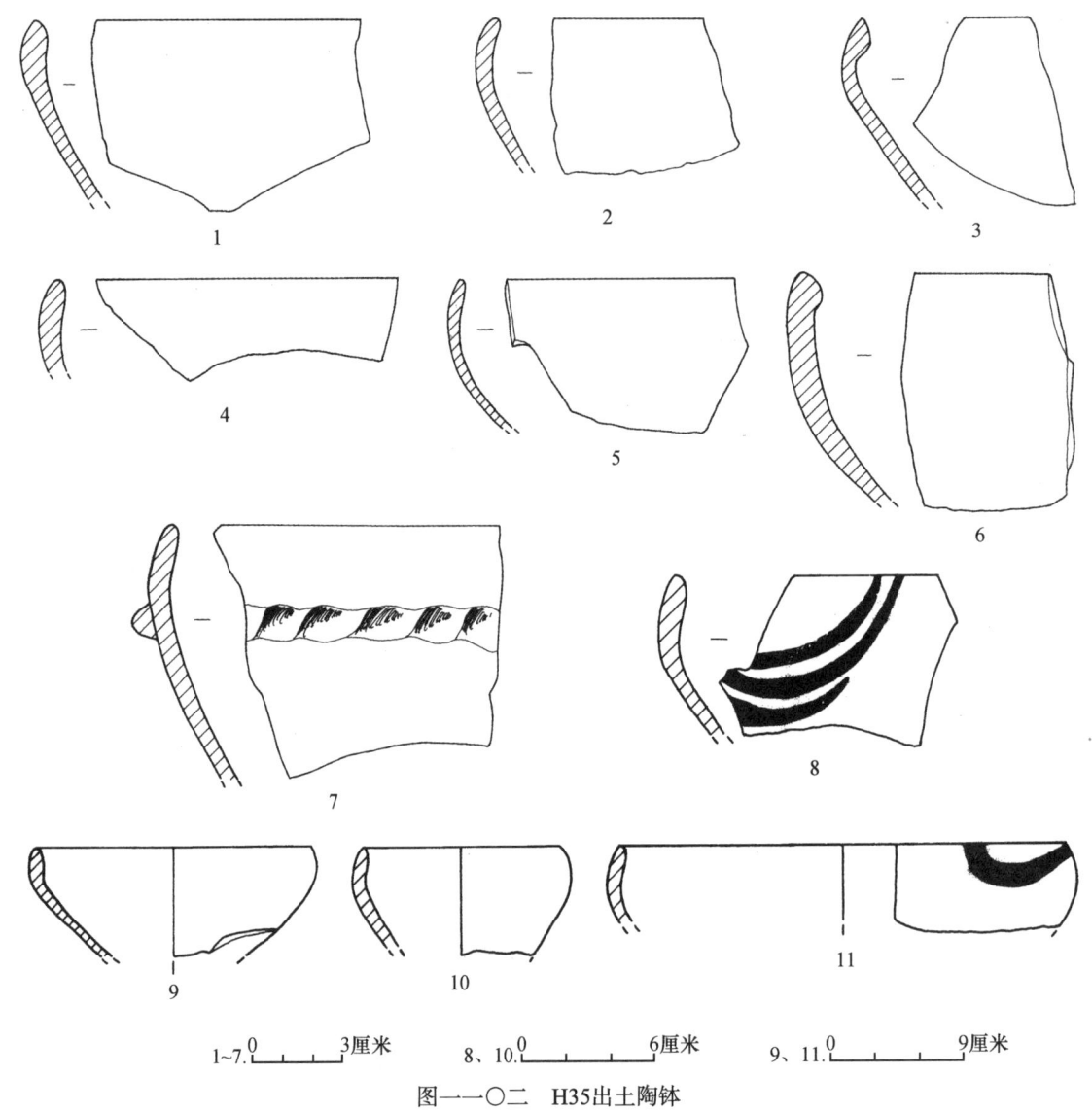

图一一〇二 H35出土陶钵

1~11.（H35：4、H35：1、H35：19、H35：12、H35：20、H35：2、H35：22、H35：6、H35：10、H35：13、H35：9）

部饰鸡冠状附加堆纹。器表可见刮抹痕迹（图一一〇二，7）。

缸 5件。均口、腹部残片。标本H35：57、H35：60形制相同，均侈口，折沿，圆唇，腹微鼓，素面。标本H35：57，粗夹砂红褐陶。器表可见刮抹痕迹。复原口径36、残高5.4厘米（图一一〇三，4）。标本H35：60，细夹砂红褐陶。沿下抹泥。复原口径45、残高9.9厘米（图一一〇三，3）。

标本H35：62，粗夹砂橘红陶。敛口，宽平折沿，方唇。器表可见刮抹痕迹，内壁可见轮修痕迹。复原口径45.9、残高7.5厘米（图一一〇三，5）。

标本H35：55、H35：61形制相同，均粗夹砂红褐陶，敛口，厚唇，直腹。标本H35：55，窄平折沿。口沿以下饰交错绳纹，上腹部饰鸡冠状附加堆纹。复原口径42、残高9.3厘米（图一一〇三，6）。标本H35：61，素面。沿面可见轮修痕迹（图一一〇三，1）。

瓮 4件。均口、腹部残片。标本H35：34，粗夹砂红褐陶。侈口，折沿，沿面微曲，圆唇，鼓腹。腹部饰竖向绳纹。口沿下侧可见轮修痕迹（图一一〇三，9）。

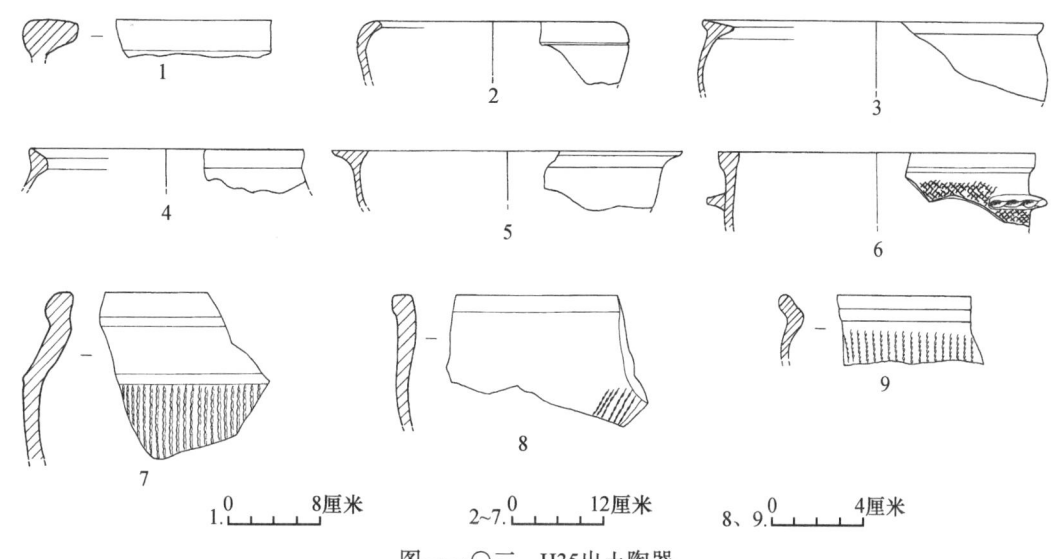

图一〇三 H35出土陶器

1、3~6.缸（H35:61、H35:60、H35:57、H35:62、H35:55） 2、7~9.瓮（H35:14、H35:37、H35:40、H35:34）

标本H35:37，粗夹砂红褐陶。敛口，圆唇，折肩，斜直腹。肩部以下饰竖向绳纹。唇部可见轮修痕迹（图一〇三，7）。

标本H35:40，粗夹砂红褐陶。直口，窄平折沿，方唇，直腹。腹部饰右上至左下斜向绳纹。内壁可见轮修痕迹（图一〇三，8）。

标本H35:14，粗泥质灰陶。敛口，方唇，圆肩，斜直腹。器表磨光。上腹部饰一周弦纹。内壁可见轮修痕迹。复原口径30、残高8.1厘米（图一〇三，2）。

器底 标本H35:26，下腹、底部残片。粗夹砂红褐陶，下腹斜直，平底，腹、底相接处有一道凸棱。腹部饰左上至右下斜向绳纹，近底部饰竖向绳纹，底部内壁饰交错绳纹。底径24.6、残高16.5厘米（图一〇四，2）。标本H35:64，下腹、底部残片。粗夹砂红褐陶，下腹斜直，平底。下腹部饰多周条带状附加堆纹，并饰右上至左下斜向绳纹。内壁可见泥条盘筑痕迹与垫窝痕迹。底径25.5、残高13.5厘米。2件可能均为缸或罐的底（图一〇四，1）。

刀 2件。形制相同，均细泥橘红陶，系利用钵的口部残片磨制而成，长方形，两侧各有一打制而成的缺口。标本H35:66，完整。直刃，刃部为向两面打击而成，稍钝。器表可见深褐色叠烧痕迹。长5.8、宽4.7、厚0.3厘米（图一〇四，3；图版一七二，5）。标本H35:67，残。保留少量口沿。直刃，刃部为单面打击而成，较为锋利。器表可见轮修痕迹。残长5.1、宽4.8、厚0.8厘米（图一〇四，4）。

（2）玉器

1件。笄。标本H35:71，一端残。墨绿色，夹杂白色条斑。器身呈圆柱状，横断面呈圆形，尖部锐利。通体磨光。残长5.7厘米（图一〇四，7；彩版二九，3；图版一七二，2）。

（3）石器

3件。器类有球、磨石、雕刻器。

球 1件。标本H35:75，完整。石灰岩。圆球状。通体磨光。器表有较深的坑疤。直径4.4厘米（图一〇四，5；图版一七二，6）。

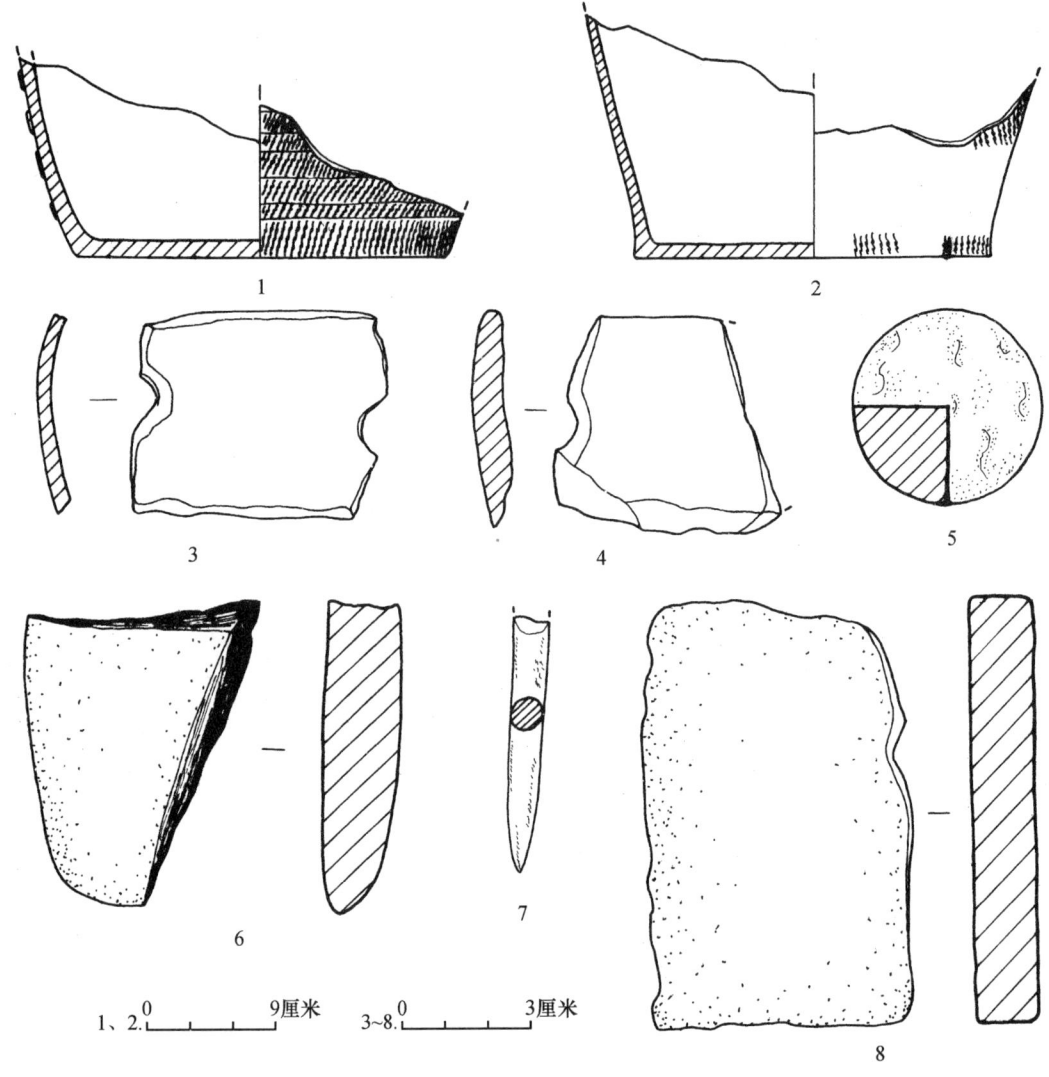

图一一〇四　H35出土遗物

1、2.器底（H35：64、H35：26）　3、4.陶刀（H35：66、H35：67）　5.石球（H35：75）　6.雕刻器（H35：69）
7.玉笄（H35：71）　8.磨石（H35：68）

磨石　1件。标本H35：68，完整。石英细砂岩。平面呈长方形，两面平坦，均较光滑。边缘有磨制形成的凹槽。长9.5、宽6、厚1.5厘米（图一一〇四，8；图版一七三，1）。

雕刻器　1件。标本H35：69，完整。石灰岩。平面呈近三角形，两劈裂边相交形成一横刃，两面均较平坦。通体磨光。刃部可见打制疤痕及细小的使用疤痕，器表可见磨制痕迹。长7、厚1.8厘米（图一一〇四，6）。

8. H36

H36位于Ⅲ区T0716西部，开口于②层下。平面呈圆形，袋状，斜直壁，底部不甚平整，有一层硬面。坑口径1.8、底径2、深0.52~0.59米（图一一〇五）。

坑内堆积为浅灰色土，土质较疏松，包含零星的火烧土块，出土大量陶片。

陶片为主要的出土物，以粗夹砂红褐陶为主，粗泥质橘红陶和细夹砂橘红陶次之，并有一定比例细泥质橘红陶、细泥质黑陶及少量细泥质灰陶、粗泥质红褐陶、细夹砂灰陶、细夹砂红褐陶、粗夹砂橘红陶；纹饰以素面居多，绳纹、附加堆纹次之，还有少量弦纹、交错绳纹和彩陶（表二三四）。

H36共出土遗物49件。全部为陶器。器类有盆、罐、钵、缸、器盖、环、陶塑，另有磨光陶片（表二三五）。

盆　5件。均口、腹部残片。形制相同，均侈口，卷沿，弧腹，器表磨光。标本H36∶11，细泥质橘红陶。方唇。唇部与外沿面均饰黑色彩绘。外沿面可见轮修痕迹（图一一〇六，1）。标本H36∶12，细泥质橘红陶。圆唇。沿面饰黑色彩绘（图一一〇六，5）。标本H36∶13，细泥质黑陶。圆唇。素面。口沿下侧可见轮修痕迹（图一一〇六，2）。

罐　6件。均口、腹部残片。标本H36∶14，粗泥质橘红陶。直口微敛，圆唇，鼓腹。口沿下侧饰多周弦纹，弦纹下侧饰一周鼓钉状附加堆纹。内壁可见轮修痕迹（图一一〇六，6）。

标本H36∶15、H36∶16形制相同，均粗夹砂红褐陶，侈口，折沿，圆唇，鼓腹。标本H36∶15，素面。沿面可见轮修痕迹，器表可见烟熏痕迹（图一一〇六，3）。标本H36∶16，口沿以下饰左上至右下斜向绳纹。外沿面可见轮修痕迹（图一一〇六，4）。

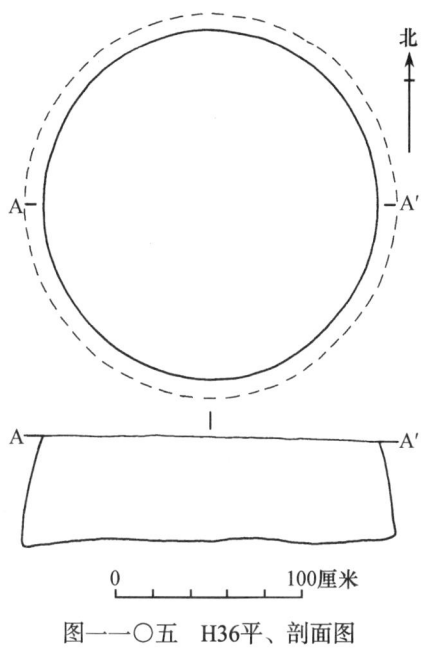

图一一〇五　H36平、剖面图

表二三四　H36陶系统计表　　（单位：kg）

陶质	细泥质			粗泥质		细夹砂			粗夹砂		合计	百分比（%）
陶色 纹饰	橘红	灰	黑	橘红	红褐	橘红	红褐	灰	橘红	红褐		
素面	0.114	0.114		0.84		0.92	0.252			1.394	3.634	37.81
素面+磨光	0.65	0.10	0.15		0.114						1.014	10.55
绳纹				0.23			0.04		0.126	1.186	1.582	16.46
弦纹	0.01					0.03				0.04		0.42
交错绳纹		0.07		0.09						0.31	0.47	4.89
附加堆纹					0.14				0.126	0.09	0.356	3.70
绳纹+弦纹									0.12	0.12		1.25
绳纹+附加堆纹										1.22	1.22	12.70
弦纹+附加堆纹				0.73		0.13				0.86		8.95
彩陶	0.02		0.17								0.19	1.98
弦纹+附加堆纹 +交错绳纹										0.126	0.126	1.31
合计	0.794	0.284	0.32	1.89	0.114	1.22	0.252	0.04	0.252	4.446	9.61	100
	9.61											
百分比（%）	8.26	2.96	3.33	19.67	1.19	12.70	2.62	0.42	2.62	46.26		
	100											

表二三五　H36器形统计表

（单位：件）

器形	细泥质						粗泥质			细夹砂		粗夹砂							合计	百分比(%)
	橘红		彩陶	黑		灰	橘红		红褐	橘红	红褐	橘红		红褐						
	素面+磨光	素面		素面+磨光	彩陶	素面	素面	弦纹+附加堆纹	素面+磨光	素面	素面	绳纹	附加堆纹	素面	绳纹	交错绳纹	绳纹+附加堆纹	弦纹+交错绳+附加堆纹		
盆			2	1	1	1													5	11.90
罐		1				1	2	1	1										6	14.29
钵						1	2			1	1	1	1	3					10	23.81
缸	4		2	1		1	3	1		1	1			2	6	3	4	1	20	47.62
器盖														1				1	1	2.38
合计	4	1	2	1	1	1	3	1	1	1	1	1	1	6	8	3	4	1	42	
百分比(%)	9.52	2.38	4.76	2.38	2.38	2.38	7.14	2.38	2.38	2.38	2.38	2.38	2.38	14.29	19.05	7.14	9.52	2.38		100

钵 10件。标本H36：5、H36：6均口、腹部残片。形制相同，均细泥质橘红陶，直口微敛，深弧腹，器表磨光，素面。标本H36：5，尖圆唇。口下可见浅红色叠烧痕迹（图一一〇七，1）。标本H36：6，圆唇。口下可见深褐色叠烧痕迹（图一一〇七，2）。

标本H36：1、H36：2、H36：3、H36：4、H36：7、H36：8、H36：9形制相同，均敛口，斜直腹，素面。标本H36：1，可复原。粗泥质橘红陶。敛口，厚圆唇，唇部有一道浅细凹槽，平底。口下可见轮修痕迹，腹部可见刮抹痕迹。口径22、底径10、通高10.4厘米（图一一〇七，5；图版一七三，2）。标本H36：2，口、腹部残片。细泥质橘红陶。圆唇。器表刮抹光滑。内壁可见轮修痕迹。复原口径24、残高5.8厘米（图一一〇七，9）。标本H36：3，口、腹部残片。粗泥质

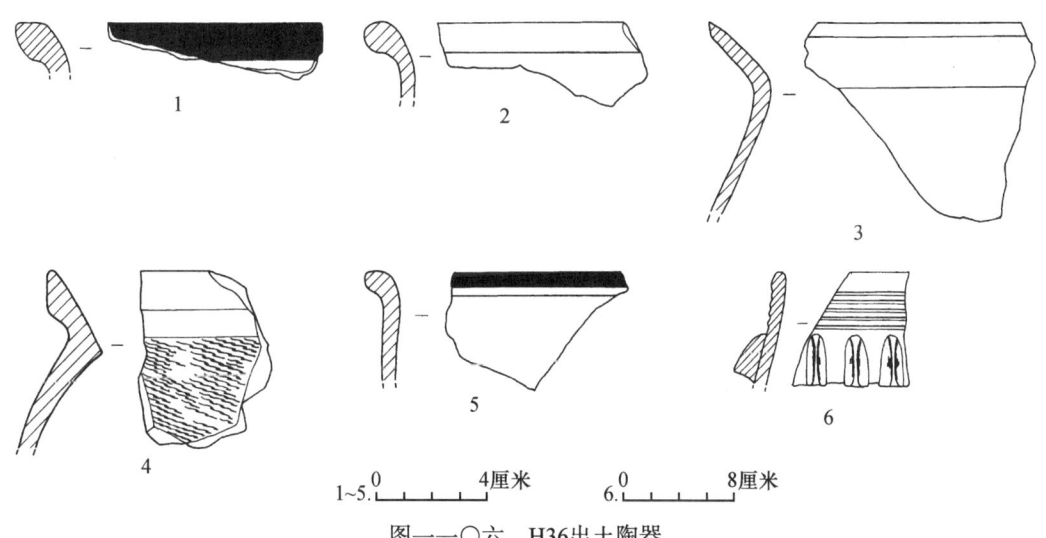

图一一〇六 H36出土陶器
1、2、5.盆（H36：11、H36：13、H36：12） 3、4、6.罐（H36：15、H36：16、H36：14）

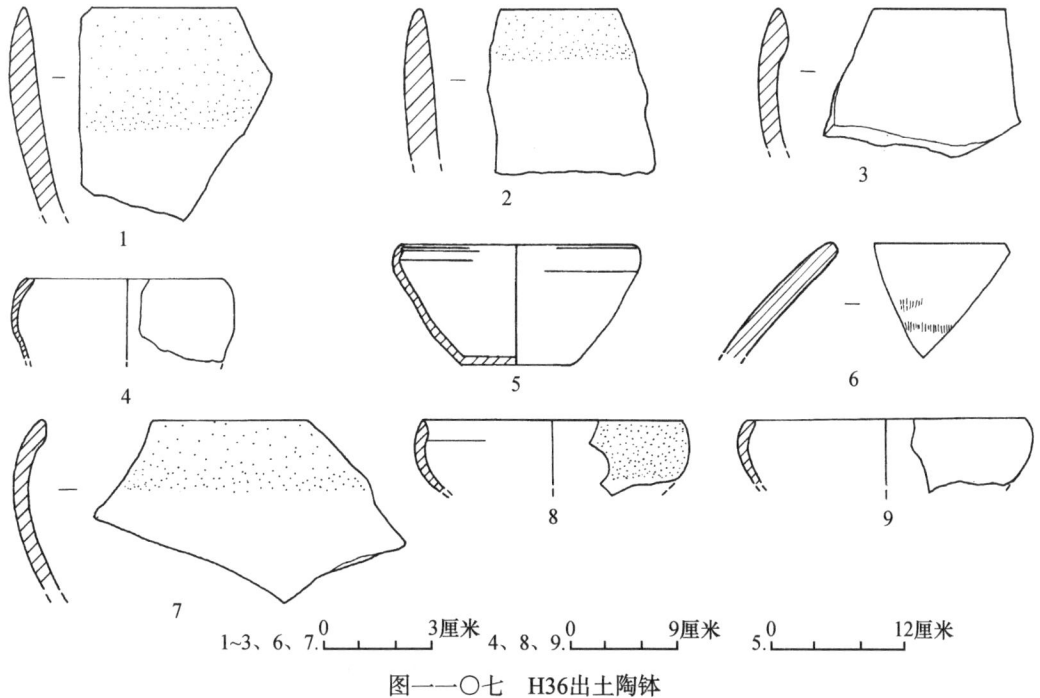

图一一〇七 H36出土陶钵
1~9.（H36：5、H36：6、H36：8、H36：3、H36：1、H36：7、H36：9、H36：4、H36：2）

橘红陶。方唇。器表刮抹光滑。腹部可见刮抹痕迹。复原口径16.5、残高7.2厘米（图一一〇七，4）。标本H36:4，口、腹部残片。细泥质橘红陶。圆唇，口沿内侧贴有一周泥片。器表磨光。口下可见浅红色叠烧痕迹与轮修痕迹。复原口径21.9、残高6.2厘米（图一一〇七，8）。标本H36:7，口、腹部残片。细泥质橘红陶。圆唇。器表磨光。内壁可见轮修痕迹（图一一〇七，6）。标本H36:8，口、腹部残片。粗泥质红褐陶。圆唇，口沿内侧贴有一周泥片。器表磨光。内壁可见轮修痕迹（图一一〇七，3）。标本H36:9，口、腹部残片。细泥质灰陶。厚圆唇。口下可见深灰色叠烧痕迹与烟熏痕迹（图一一〇七，7）。

缸 20件。均口、腹部残片。标本H36:17、H36:20形制相同，均侈口，折沿，沿面近平，圆唇，腹微鼓。标本H36:17，粗夹砂橘红陶。上腹部饰鸡冠状附加堆纹。内壁可见轮修痕迹（图一一〇八，5）。标本H36:20，粗夹砂红褐陶。外沿面饰交错绳纹，口沿下侧饰一周弦纹，弦纹下侧饰交错绳纹，上腹部饰鸡冠状附加堆纹（图一一〇八，6）。

标本H36:18、H36:19、H36:21形制相同，均敛口，平折沿，圆唇。标本H36:18，粗夹

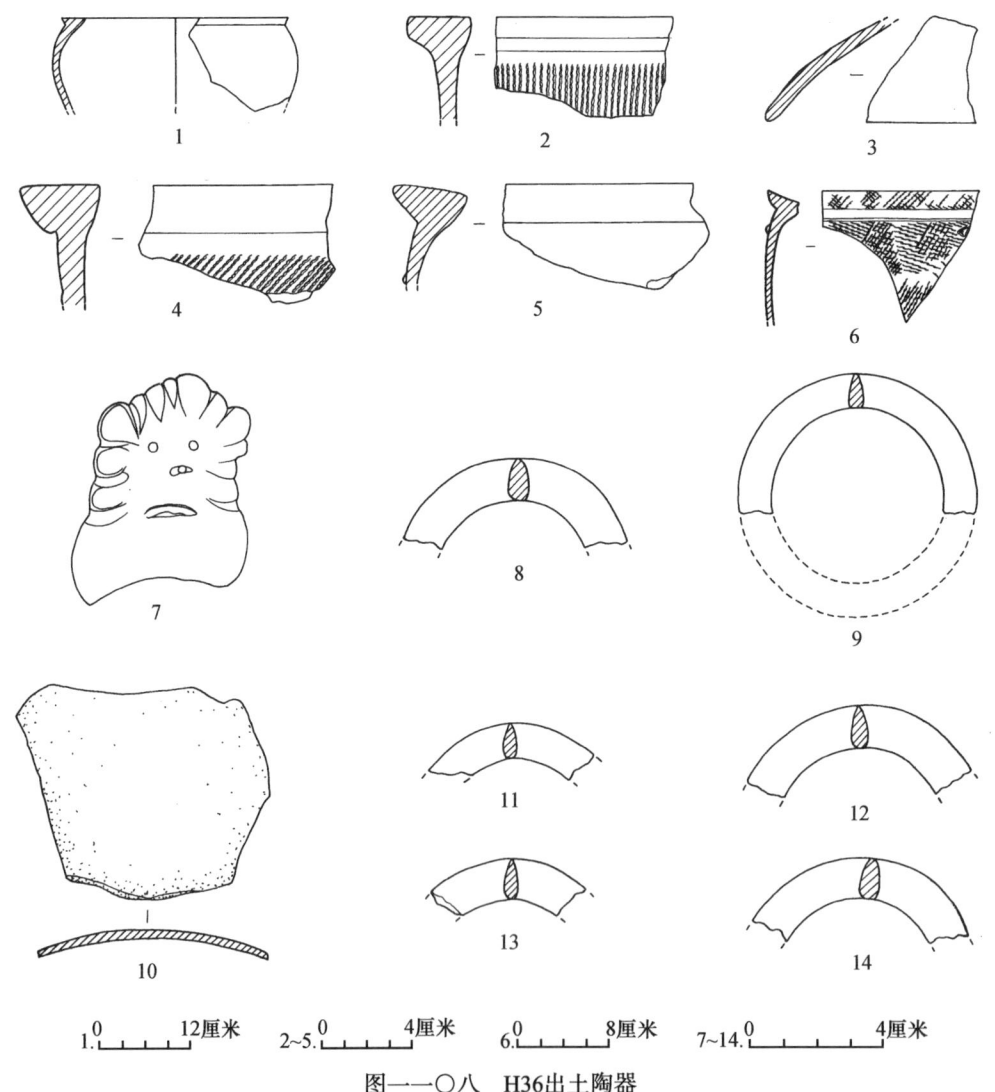

图一一〇八 H36出土陶器

1、2、4~6.缸（H36:21、H36:19、H36:18、H36:17、H36:20） 3.器盖（H36:10） 7.陶塑（H36:29）
8、9、11~14.环（H36:27、H36:26、H36:23、H36:24、H36:25、H36:28） 10.磨光陶片（H36:22）

砂橘红陶。直腹。口沿以下饰右上至左下斜向绳纹。唇部可见轮修痕迹（图一一〇八，4）。标本H36：19，粗夹砂红褐陶。直腹。口沿以下饰竖向绳纹，沿面饰交错绳纹（图一一〇八，2）。标本H36：21，细夹砂红褐陶。腹微鼓。器表刮抹光滑。素面。复原口径30、残高12厘米（图一一〇八，1）。

器盖　1件。标本H36：10，口、壁残片。细夹砂红褐陶。敞口，圆唇，斜直壁。素面。内壁可见轮修痕迹（图一一〇八，3）。

磨光陶片　标本H36：22，残。细泥质橘红陶。平面呈不规则形。边缘磨圆。用途不明。长径7.5、短径6.6、厚0.3厘米（图一一〇八，10）。

环　6件。均残。形制相同，均圆环状。标本H36：23，细泥质灰陶。断面呈近三角形，内圈稍厚。厚0.9厘米（图一一〇八，11）。标本H36：24，细泥质橘红陶。断面呈近三角形，内圈稍厚。厚1.3厘米（图一一〇八，12）。标本H36：25，细泥质灰陶。断面呈近三角形，内圈稍厚。厚1.2厘米（图一一〇八，13）。标本H36：26，细泥质灰陶。断面呈近椭圆形，内圈稍厚。复原直径7.2、厚1厘米（图一一〇八，9）。标本H36：27，细泥质灰陶。断面呈近三角形，内圈稍厚。厚1.3厘米（图一一〇八，8）。标本H36：28，细泥质灰陶。断面呈近椭圆形，内圈稍厚。厚1.2厘米（图一一〇八，14）。

陶塑　1件。标本H36：29，完整。细夹砂红褐陶。手工捏制而成。口、鼻、眼均较清晰，脸部两侧及头顶部划出数道凹槽，表示毛发。底部有一利用两指戳出的洞。类似指偶。高7厘米（图一一〇八，7；彩版二七，6；图版一七三，3）。

9. H37

H37位于Ⅲ区T0617东部，开口于②层下。平面呈圆形，袋状，斜直壁，平底，坑壁经火烧烤，较为坚硬。坑口径1.2、底径1.8、深1.4米（图一一〇九）。

坑内堆积为浅灰色土，土质较疏松，包含少量火烧土颗粒，出土大量陶片。

陶片为主要的出土物，以细泥质橘红陶和粗夹砂红褐陶为主，并有少量的粗泥质橘红陶、细夹砂橘红陶、细泥质灰陶、细泥质黑陶；纹饰以素面居多，绳纹次之，还有少量弦纹、附加堆纹、线纹、划纹、彩陶（表二三六）。

H37共出土遗物47件。全部为陶器。器类有盆、罐、钵、瓮、器盖、环，另有器耳（表二三七）。

盆　4件。均口、腹部残片。标本H37：13，细泥质橘红陶。直口，窄平折沿，圆唇，弧腹。表层有部分剥落。素面（图一一一〇，1）。

标本H37：11、H37：12、H37：14形制相同，均侈口，卷沿，浅弧腹。标本H37：11，细泥质橘红陶。方唇。器表磨光。唇部及外沿面饰黑色彩绘。内壁可见刮抹痕迹（图一一一〇，4）。

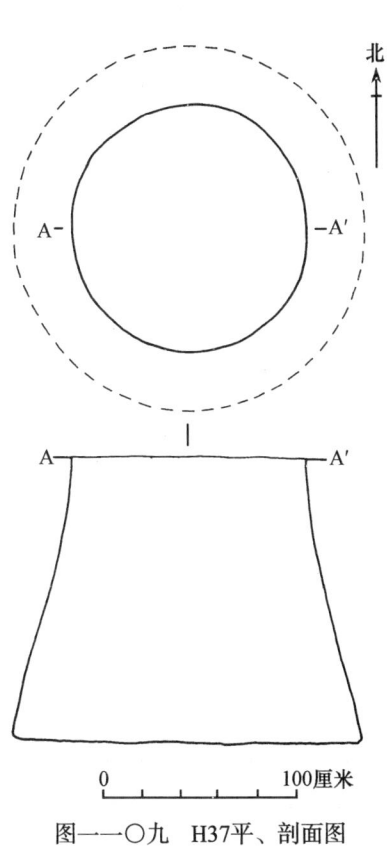

图一一〇九　H37平、剖面图

表二三六　H37陶系统计表　　　　　　　　　　　　　　　　　　　　（单位：kg）

陶质\陶色\纹饰	细泥质			粗泥质	细夹砂	粗夹砂	合计	百分比（%）	
	橘红	灰	黑	橘红	橘红	红褐			
素面	0.228	0.114		0.07	0.22	0.616	1.248	22.65	
素面+磨光	1.95	0.17	0.15				2.27	41.20	
绳纹				0.20	0.06	1.31	1.57	28.49	
弦纹	0.04						0.04	0.73	
交错绳纹						0.04	0.04	0.73	100
附加堆纹						0.06	0.06	1.09	
绳纹+附加堆纹						0.06	0.06	1.09	
线纹				0.08			0.08	1.45	
划纹						0.01	0.01	0.18	
彩陶	0.13						0.13	2.36	
合计	2.348	0.284	0.15	0.35	0.32	2.056	5.51		
	5.51								
百分比（%）	42.61	5.15	2.72	6.35	5.81	37.31			
	100								

表二三七　H37器形统计表　　　　　　　　　　　　　　　　　　　　（单位：件）

陶质	细泥质			粗泥质	细夹砂			粗夹砂			合计	百分比（%）	
陶色	橘红			灰	橘红			红褐					
纹饰\器形	素面+磨光	素面	彩陶	素面+磨光	素面	绳纹	交错绳纹	素面	绳纹	划纹			
盆		1	2	1							4	8.89	
罐　口						1		9	1	1	17	37.78	
底									5				100
钵　口	11	1									17	37.78	
		1		2	1								
底	1												
瓮							1	1	4		6	13.33	
器盖					1						1	2.22	
合计	12	2	3	3	1	1	1	10	10	1	45		
	45												
百分比（%）	26.67	4.44	6.67	6.67	2.22	2.22	2.22	22.22	22.22	2.22			
	100												

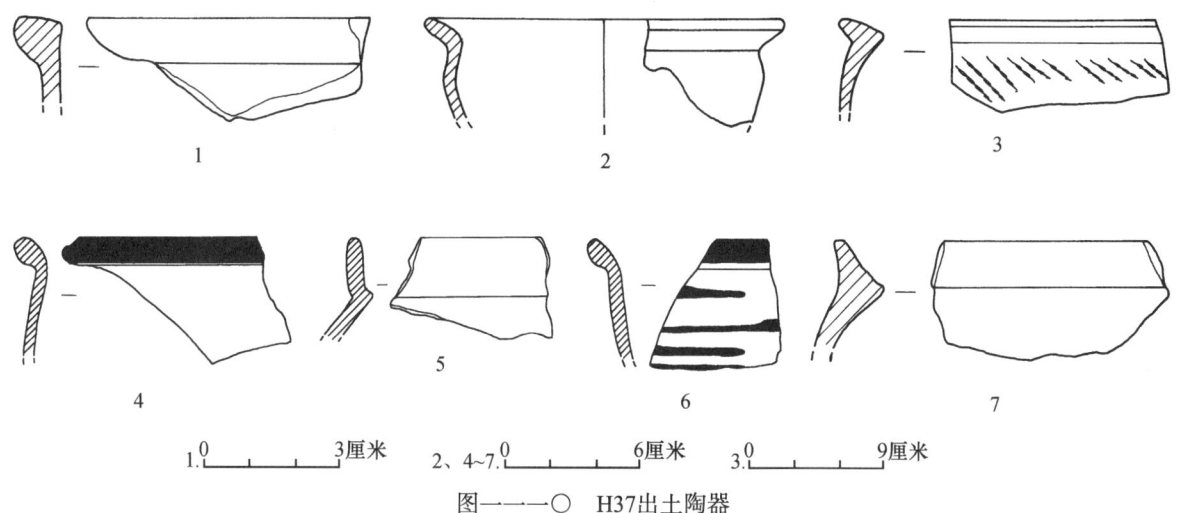

图一一〇 H37出土陶器

1、2、4、6. 盆（H37：13、H37：14、H37：11、H37：12） 3、5、7. 罐（H37：18、H37：17、H37：19）

标本H37：12，细泥质橘红陶。方唇。器表磨光。唇部及外沿面饰黑色彩绘，器表饰黑色窄带纹彩绘。内壁可见轮修痕迹（图一一〇，6）。标本H37：14，细泥质灰陶。圆唇。沿面磨光，器表经刮抹较为光滑。素面。沿面可见轮修痕迹。复原口径16、残高4.8厘米（图一一〇，2）。

罐 17件。均口、腹部残片。标本H37：17，粗夹砂红褐陶。侈口，折沿，内沿面与腹部相接处有一道凸棱，圆唇，鼓腹。素面。内、外沿面均可见轮修痕迹，内壁可见烟熏痕迹（图一一〇，5；图版二〇四，6）。

标本H37：18、H37：19形制相同，均粗夹砂红褐陶，侈口，折沿，圆唇，鼓腹。标本H37：18，口沿以下饰左上至右下斜向绳纹。沿面可见轮修痕迹（图一一〇，3）。标本H37：19，素面。外沿面可见轮修痕迹（图一一〇，7）。

钵 17件。标本H37：8，口、腹部残片。细泥质橘红陶。直口，方唇，深弧腹。器表磨光。素面。口下可见深红色叠烧痕迹与轮修痕迹（图一一一，3）。

标本H37：3、H37：4、H37：5、H37：6、H37：9均口、腹部残片。形制相同，直口微敛，浅弧腹。标本H37：3，细泥质橘红陶。圆唇。表层有部分剥落。素面（图一一一，7）。标本H37：4，细泥质橘红陶。圆唇。器表磨光。素面。口下可见轮修痕迹（图一一一，2）。标本H37：5，细泥质橘红陶。方唇。器表磨光。素面。内、外壁均可见轮修痕迹（图一一一，4）。标本H37：6，细泥质橘红陶。圆唇。器表磨光。口下饰黑色宽带纹彩绘。内壁可见烟熏痕迹（图一一一，6）。标本H37：9，细泥质灰陶。圆唇，口下有一个由外向内单面钻成的圆孔。器表磨光。素面（图一一一，5）。

标本H37：10，口沿残片。细泥质灰陶。敞口，圆唇。器表磨光。素面。口下可见轮修痕迹（图一一一，11）。

标本H37：1、H37：2、H37：7形制相同，均敛口，圆唇，斜直腹，素面。标本H37：1，可复原。细泥质橘红陶。厚圆唇，平底。器表磨光。口下可见轮修痕迹，下腹部可见烟熏痕迹。口径27、底径11.2、通高14.7厘米（图一一一，1；图版一七三，4）。标本H37：2，口、腹部残片。粗泥质橘红陶。器表经刮抹较为光滑。内壁可见轮修痕迹。复原口径30.6、残高6厘米（图

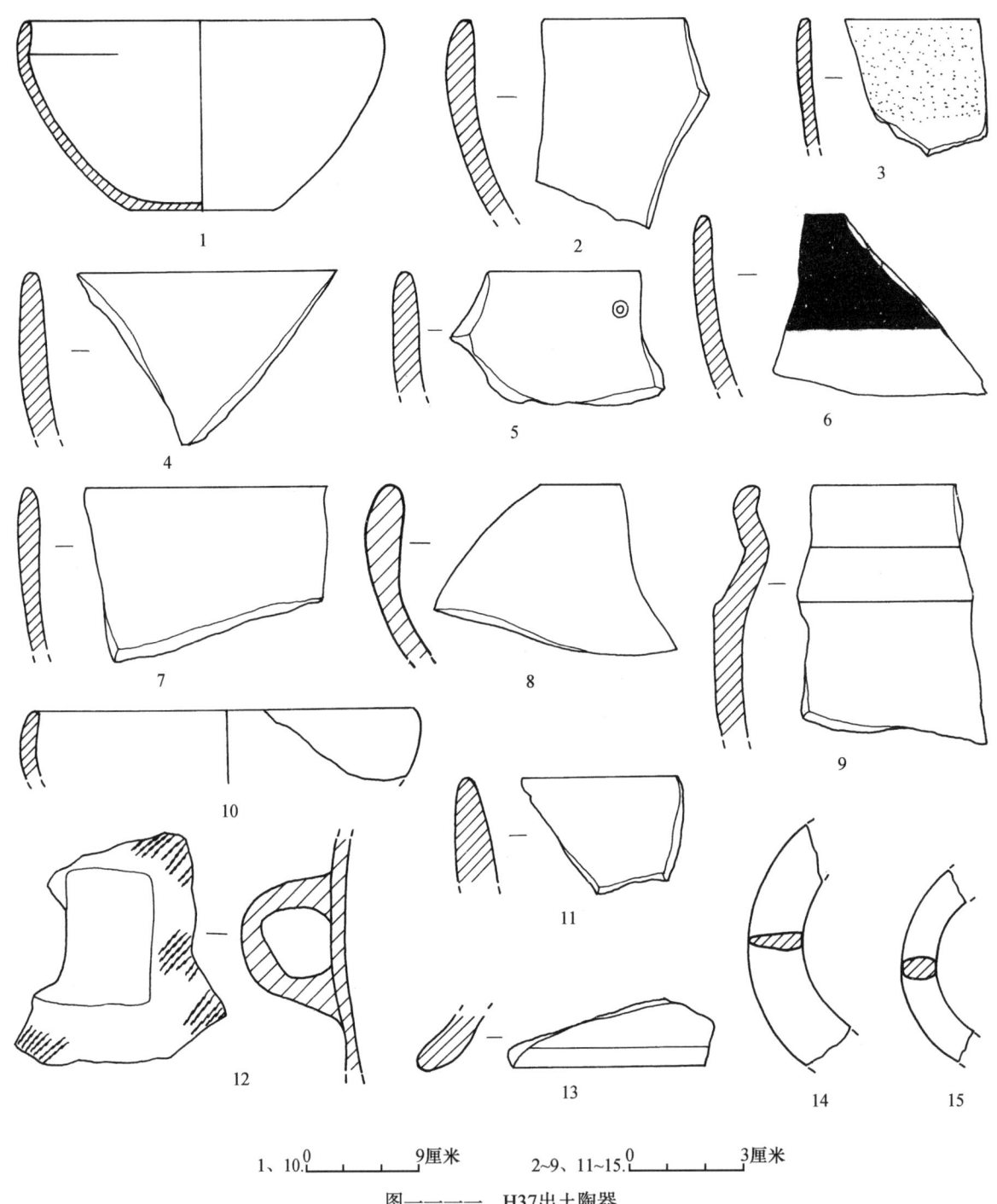

图一一一一 H37出土陶器

1~8、10、11. 钵（H37：1、H37：4、H37：8、H37：5、H37：9、H37：6、H37：3、H37：7、H37：2、H37：10）
13. 器盖（H37：15） 9. 瓮（H37：16） 12. 器耳（H37：20） 14、15. 环（H37：21、H37：22）

一一一一，10）。标本H37：7，口、腹部残片。细泥质橘红陶。器表磨光。内、外壁均可见轮修痕迹（图一一一一，8）。

瓮 6件。形制相同。标本H37：16，口、腹部残片。粗夹砂红褐陶。敛口，圆唇，折肩，斜直腹。素面。唇部与内壁均可见轮修痕迹（图一一一一，9）。

器盖 1件。标本H37:15，口、壁残片。细夹砂橘红陶。敞口，圆唇，斜直壁。素面。唇部可见轮修痕迹（图一一一，13）。

器耳 标本H37:20，腹部残片。粗泥质橘红陶。腹部较直，有一竖向扁圆桥形耳。器表饰右上至左下斜向绳纹。可能为瓶耳（图一一一，12）。

环 2件。均残。形制相同，均细泥质灰陶，圆环状，通体磨光。标本H37:21，器身较扁平，内圈稍厚。厚1.4厘米（图一一一，14）。标本H37:22，横断面呈椭圆形。厚0.9厘米（图一一一，15）。

10. H39

H39位于Ⅲ区T1011东北部，开口于②层下。平面呈圆形，筒状，直壁，平底。坑口径0.6、深0.4米（图一一二）。

坑内堆积为浅灰色土，土质疏松，包含少量料姜石块，出土少量陶片。

陶片为主要的出土物，以粗夹砂橘红陶为主，细夹砂白陶次之，并有一定比例的细泥质橘红陶、粗泥质橘红陶和粗夹砂红褐陶；纹饰以绳纹居多，素面次之，还有少量弦纹（表二三八）。

H39共出土遗物10件。全部为陶器。器类有罐、钵、缸（表二三九）。

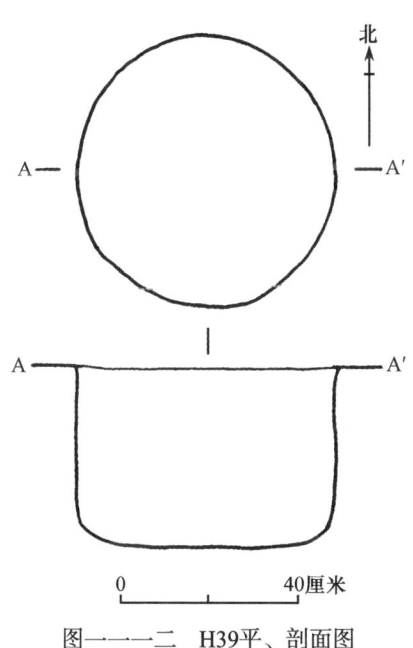

图一一二 H39平、剖面图

罐 4件。均口、腹部残片。形制相同，均侈口，折沿，鼓腹。标本H39:5，粗夹砂橘红陶。方唇。素面。复原口径31.4、残高5.8厘米（图一一三，1）。标本H39:6，粗夹砂红褐陶。口沿以下饰竖向绳纹。沿面可见轮修痕迹，器表可见烟熏痕迹（图一一三，7）。标本H39:9，粗夹砂红褐陶。素面。沿面可见轮修痕迹，器表可见烟熏痕迹（图一一三，4）。标本H39:10，细夹砂白陶。沿面近平，中部有一道折棱，圆唇。腹部饰竖向绳纹。沿面可见轮修痕迹与烟熏痕迹（图一一三，5）。

钵 3件。均口、腹部残片。标本H39:1，粗泥质橘红陶。敞口，圆唇，弧腹。器表经刮抹较为光滑。素面。内、外壁均可见轮修痕迹。复原口径16、残高4厘米（图一一三，2）。

标本H39:2，细泥质橘红陶。敛口，圆唇，斜直腹。器表磨光。素面。内壁可见刮抹痕迹（图一一三，3）。

缸 3件。均口、腹部残片。标本H39:11、H39:12形制相同，均粗夹砂橘红陶，敛口，平沿，腹微鼓，素面。标本H39:11，圆唇，口沿下侧贴有泥条。沿面可见轮修痕迹（图一一三，6）。标本H39:12，方唇。沿面与内壁均可见轮修痕迹（图一一三，8）。

标本H39:7，粗夹砂红褐陶。敛口，平沿，厚圆唇，腹部较直。素面。沿面可见轮修痕迹（图一一三，9）。

表二三八　H39陶系统计表　　　　　　　　　　　　（单位：kg）

陶质	细泥质	粗泥质	细夹砂	粗夹砂		合计	百分比（%）	
陶色 纹饰	橘红	橘红	白	橘红	红褐			
素面		0.114		0.63	0.03	0.774	2.19	35.34	100
素面+磨光	0.12					0.12		5.48
绳纹			0.32	0.90	0.04	1.26		57.53
弦纹					0.04	0.04		1.83
合计	0.12	0.114	0.32	1.53	0.11	2.19		
百分比（%）	5.48	5.21	14.61	69.86	5.02	100		

表二三九　H39器形统计表　　　　　　　　　　　　（单位：件）

陶质	细泥质	粗泥质	细夹砂	粗夹砂			合计	百分比（%）	
陶色	橘红	橘红	白	橘红		红褐			
纹饰 器形	素面+磨光	素面	绳纹	素面	素面	绳纹			
罐		1	1	1		1	4	10	40.00	100
钵	2	1					3		30.00
缸				2	1		3		30.00
合计	2	1	1	3	2	1	10		
百分比（%）	20.00	10.00	10.00	30.00	20.00	10.00	100		

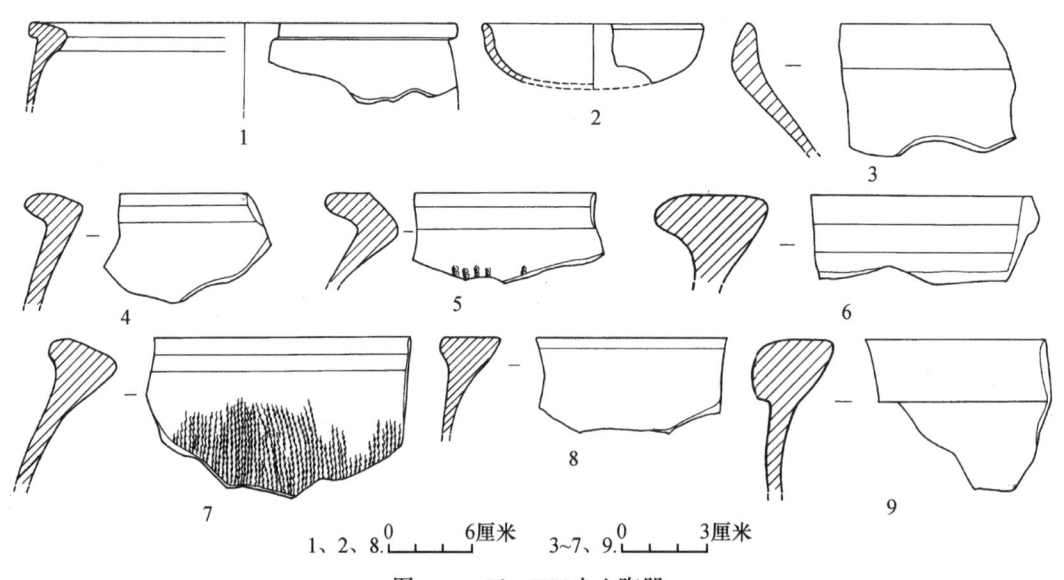

1、2、8. 0 ——— 6厘米　　3~7、9. 0 ——— 3厘米

图一一三　H39出土陶器

1、4、5、7. 罐（H39：5、H39：9、H39：10、H39：6）　2、3. 钵（H39：1、H39：2）
6、8、9. 陶缸（H39：11、H39：12、H39：7）

11. H40

H40位于Ⅲ区T0816北部和T0817南部，开口于②层下。平面呈圆形，袋状，斜直壁，平底。坑口径1.6、底径2.52、深1.6米（图一一四）。

坑内堆积为灰褐色土，土质较为致密，出土少量陶片、石块、兽骨。

陶片以粗夹砂红褐陶为主，细泥质红褐陶次之，还有少量细泥质橘红陶、粗泥质橘红陶、粗泥质红褐陶与细泥质灰陶；纹饰以素面为主，绳纹次之。

H40共出土遗物18件。以陶器为主，石器次之、骨器再次。

（1）陶器

12件。器类有盆、罐、钵、球、环、纺轮，另有器底。

盆　1件。标本H40：22，口、腹部残片。细泥质红褐陶。敛口，圆唇，弧腹。器表磨光。素面。唇部可见轮修痕迹（图一一五，5）。

罐　4件。均口、腹部残片。标本H40：30，粗泥质橘红陶。直口，方唇，腹微鼓。口沿以下饰横向绳纹。内壁可见轮修痕迹（图一一五，1）。

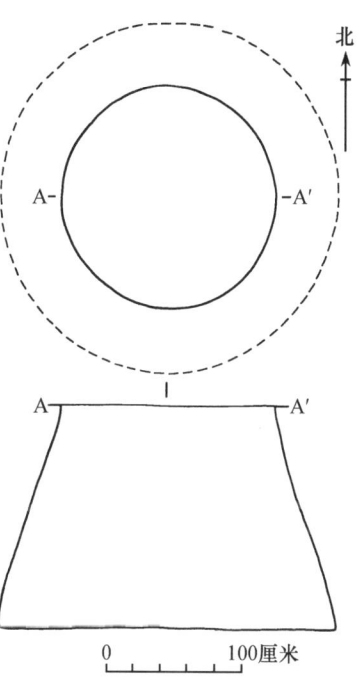

图一一四　H40平、剖面图

标本H40：32、H40：34形制相同，均粗夹砂红褐陶，侈口，折沿，圆唇，鼓腹。标本H40：32，口沿以下饰竖向绳纹（图一一五，4）。标本H40：34，素面。口沿下侧有泥抹痕迹（图一一五，2）。

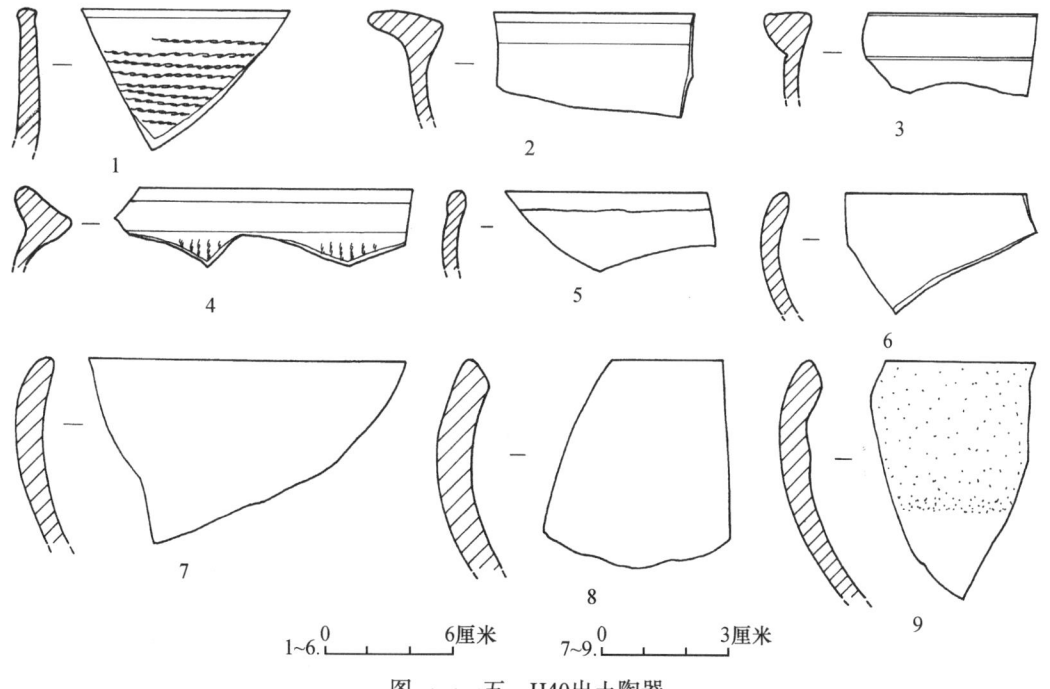

图一一五　H40出土陶器

1~4.罐（H40：30、H40：34、H40：31、H40：32）　5.盆（H40：22）　6~9.钵（H40：9、H40：5、H40：8、H40：7）

标本H40:31，粗夹砂红褐陶。敛口，窄平折沿，圆唇，口沿下侧有一道较矮棱脊，鼓腹。素面。内壁可见轮修痕迹（图一一一五，3）。

钵　4件。均口、腹部残片。形制相同，均敛口，斜直腹，素面。标本H40:5，细泥质红褐陶。圆唇。器表经刮抹较为光滑（图一一一五，7）。标本H40:7，粗泥质橘红陶。厚圆唇，口下可见深褐色叠烧痕迹，内壁可见轮修痕迹（图一一一五，9）。标本H40:8，细泥质橘红陶。尖圆唇，口沿内侧有一道凸棱，断面呈三角形。器表磨光（图一一一五，8）。标本H40:9，粗泥质红褐陶。圆唇。器表经刮抹较为光滑。内壁可见轮修痕迹（图一一一五，6）。

器底　标本H40:35，底部残片。细泥质橘红陶。尖底，较为圆钝。素面。器表可见烟熏痕迹。可能为瓶底。残高4.8厘米（图一一一六，7）。

球　1件。标本H40:36，残。细泥质红褐陶。圆球状。器表较为光滑。复原直径5.6厘米（图一一一六，8）。

环　1件。标本H40:41，残。细泥质灰陶。圆环状，断面呈三角形，内圈较厚。通体磨光。厚0.5厘米（图一一一六，9）。

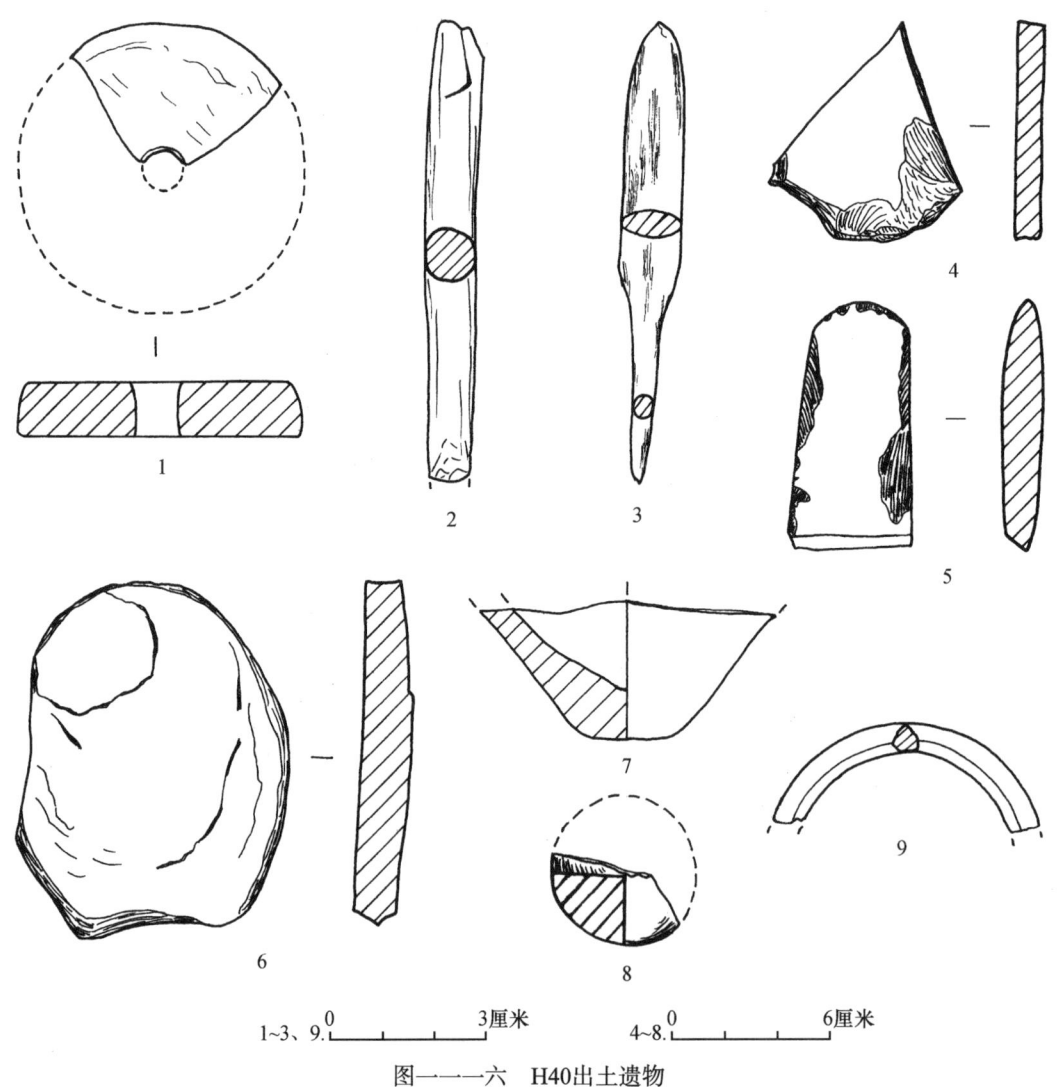

图一一一六　H40出土遗物
1.陶纺轮（H40:43）　2.骨锥（H40:40）　3.骨镞（H40:42）　4.残石器（H40:39）　5.石锛（H40:37）
6.研磨器（H40:38）　7.器底（H40:35）　8.陶球（H40:36）　9.陶环（H40:41）

纺轮　1件。标本H40∶43，残。细泥质灰陶。圆饼状，中心有一管钻而成的圆孔。通体磨光。复原直径5.5、孔径0.8、厚1厘米（图一一一六，1）。

（2）石器

3件。器类有锛、研磨器、残石器。

锛　1件。标本H40∶37，完整。石英岩。平面呈近长方形，横断面呈长方形，刃部较为锋利。刃部磨光。刃部可见使用形成的疤痕，器表可见打制痕迹。长9.2、宽4.6、厚1.6厘米（图一一一六，5）。

研磨器　1件。标本H40∶38，完整。闪长岩。平面呈圆饼状。器身较薄，一面较平坦，可见红色颜料及磨光痕迹。周缘可见打制痕迹。残长13.2、厚2厘米（图一一一六，6）。

残石器　1件。标本H40∶39，石英细砂岩。残存部分呈扇形，器身较薄，一面较平坦。器表磨光。周缘可见打制痕迹。残长8、厚1厘米（图一一一六，4）。

（3）骨器

3件。器类有锥、镞。

锥　2件。标本H40∶40，尖部残。器身呈圆柱状，横断面呈圆形。可能为半成品。器身可见刮削痕迹。残长8.6厘米（图一一一六，2）。

镞　1件。标本H40∶42，完整。器身较厚，体部平面略呈柳叶形，刃部圆钝，铤部呈圆柱状。通体磨光。长8.6厘米（图一一一六，3；图版一七三，5）。

12. H41

H41位于Ⅲ区T0817西北部，开口于②层下。平面呈圆形，筒状，直壁，平底。坑口径1.8、深1.52米（图一一一七）。

坑内堆积为红褐色土，土质疏松，出土大量陶片，另有石块、兽骨。

陶片为主要的出土物，以细泥质橘红陶和粗夹砂红褐陶为主，粗泥质橘红陶次之，并有少量细泥质橙黄陶、细泥质灰陶、细泥质黑陶、粗泥质灰陶、细夹砂橘红陶、细夹砂灰褐陶、细夹砂红褐陶；纹饰以素面居多，绳纹和附加堆纹次之，并有少量弦纹、划纹、交错绳纹、戳印纹、指窝纹、彩陶（表二四〇）。

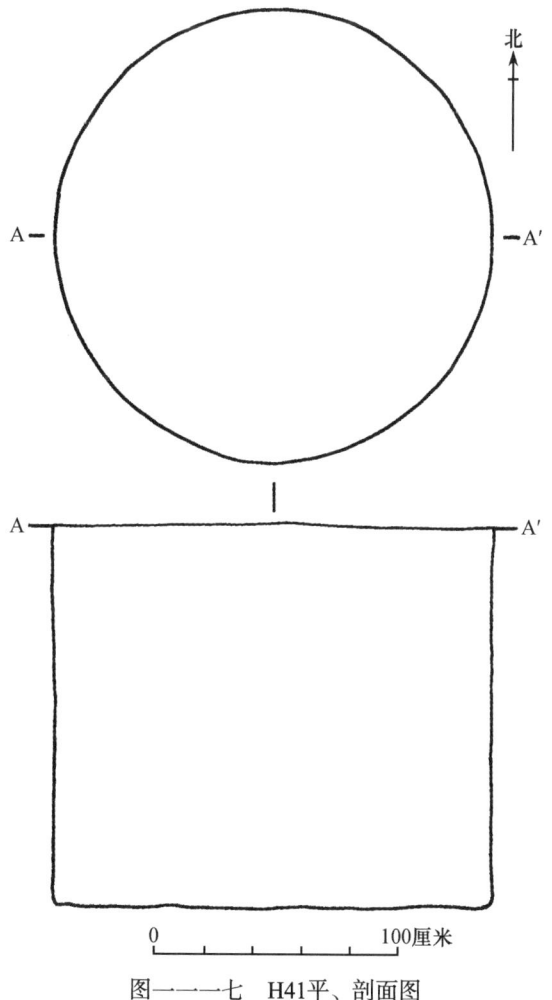

图一一一七　H41平、剖面图

H41共出土遗物115件。以陶器为主，玉、石、骨器次之。

（1）陶器

112件。器类有瓶、盆、罐、钵、缸、甑、器盖、环、笄，另有器耳、残陶片（表二四一）。

表二四〇　H41陶系统计表　　　　　　　　　　　　　　　　　　　　　　（单位：kg）

陶质	细泥质				粗泥质		细夹砂			粗夹砂	合计		百分比（%）	
陶色 纹饰	橘红	橙黄	灰	黑	橘红	灰	橘红	红褐	灰褐	红褐				
素面	0.114		0.114		1.55	0.114	0.34	0.472	0.126	4.00	6.83		18.45	
素面+磨光	11.21	1.23	1.336	0.41		0.52					14.706		39.72	
绳纹	0.114				1.15		0.11			3.48	4.854		13.11	
弦纹			0.114		0.02					0.126	0.26		0.70	
绳纹+弦纹			0.114								0.114		0.31	
附加堆纹	2.306				0.32		0.21			3.68	6.516	37.02	17.60	100
绳纹+ 附加堆纹										1.66	1.66		4.48	
交错绳纹+ 附加堆纹										0.52	0.52		1.40	
划纹					0.114					0.22	0.334		0.90	
戳印纹					0.12						0.12		0.32	
绳纹+指窝纹										0.13	0.13		0.35	
彩陶	0.86	0.12			0.02						1.00		2.70	
合计	14.604	1.35	1.678	0.41	3.294	0.634	0.66	0.472	0.126	13.796	37.02			
百分比（%）	39.45	3.65	4.53	1.11	8.90	1.71	1.78	1.27	0.34	37.27	100			

瓶　1件。标本H41：24，口、颈部残片。粗泥质橘红陶。葫芦形口，圆唇，束颈，颈中部有一周矮棱。矮棱上饰一周右上至左下斜向划纹。口下可见轮修痕迹。口径6、残高9.6厘米（图一一八，1）。

盆　12件。标本H41：60，口、腹部残片。细泥质黑陶。侈口，折沿，圆唇，弧腹。器表磨光。素面。唇部可见轮修痕迹（图一一八，2）。

标本H41：19、H41：21均口、腹部残片。形制相同，均侈口，宽折沿，圆唇，斜直腹，素面。标本H41：19，粗夹砂红褐陶。沿下抹泥。沿面可见轮修痕迹（图一一八，8）。标本H41：21，粗泥质橘红陶。外沿面可见轮修痕迹，器表可见刮抹痕迹（图一一八，6）。

标本H41：23，口、腹部残片。细夹砂橘红陶。敞口，窄折沿，圆唇，斜直腹。器表刮抹光滑。上腹部饰鸡冠状附加堆纹。沿面可见轮修痕迹。复原口径20.4、残高10厘米（图一一八，3）。

标本H41：13、H41：14、H41：15、H41：18形制相同，均敛口，平折沿，圆唇，斜直腹，素面。标本H41：13，可复原。粗泥质橘红陶。平底。沿面可见轮修痕迹，腹部可见刮抹痕迹。口径30.8、底径10.8、通高8.6厘米（图一一八，5；图版一七三，6）。标本H41：14，口、腹部残片。粗泥质橘红陶。沿面磨光。外沿面可见轮修痕迹。复原口径28、残高3.2厘米（图一一八，7）。标

表二四一 H41器形统计表

(单位：件)

器形\陶质	细泥质							粗泥质				细夹砂	灰褐	粗夹砂							合计	百分比(%)
	橘红			灰			黑	橘红		灰	橘红	红褐		红褐								
陶色\纹饰	素面+磨光	附加堆纹	彩陶	素面+磨光	素面	弦纹	素面+磨光	素面	划纹	素面	附加堆纹	素面	素面	素面	绳纹	弦纹	附加堆纹	绳纹+附加堆纹	指窝纹+绳纹	交错绳纹+附加堆纹		
瓶 口																					1	0.92
瓶 底																						
盆 口			4				1	3	1												12	11.01
盆 底					1					1	1											
罐 口							1	1					1	10	19		4	5	1	2	58	53.21
罐 底														18								
钵	8	2		7		1	1	2				2									25	22.94
缸								1						1	1	1	1	2	1		8	7.34
甑														1							1	0.91
器盖														1						2	4	3.67
合计	8	2	4	11	1	1	2	6	1	1	1	2	1	31	20	1	5	7	1	2	109	100
百分比(%)	7.34	1.83	3.67	10.10	0.92	0.92	1.83	5.50	0.92	0.92	0.92	1.83	0.92	28.44	18.35	0.92	4.59	6.42	0.92	1.83	100	

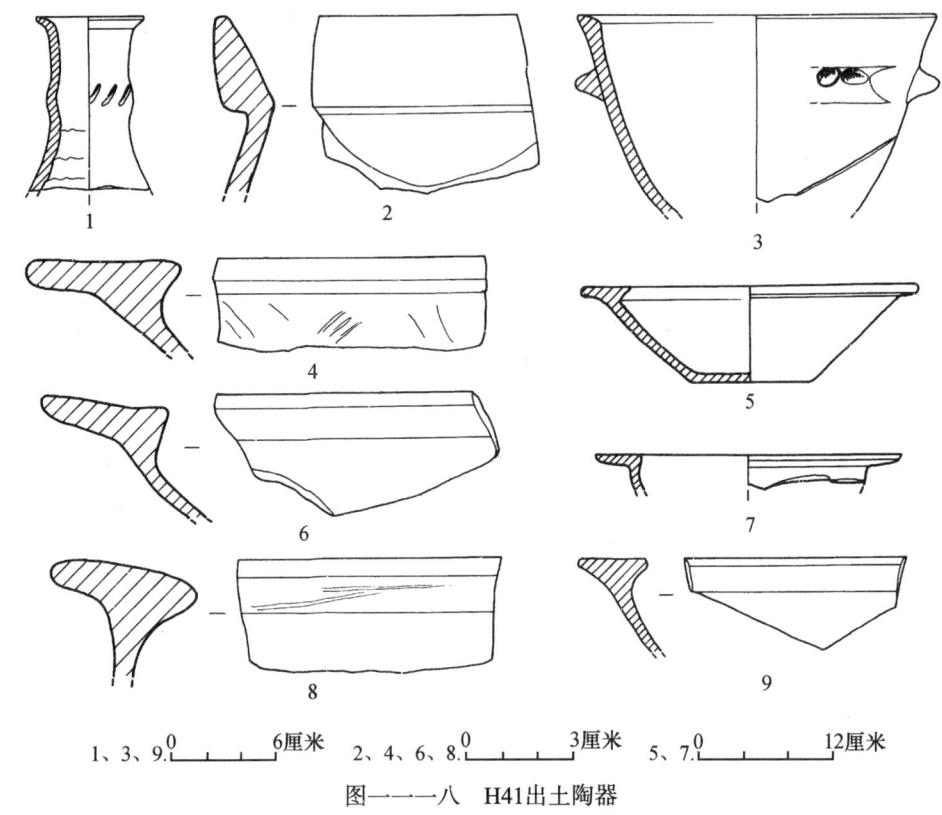

图一一一八 H41出土陶器
1. 瓶（H41：24） 2~9. 盆（H41：60、H41：23、H41：18、H41：13、H41：21、H41：14、H41：19、H41：15）

本H41：15，口、腹部残片。细夹砂灰褐陶。沿下抹泥，器表可见刮抹痕迹（图一一一八，9）。标本H41：18，口、腹部残片。粗泥质灰陶。沿面可见轮修痕迹（图一一一八，4）。

罐 58件。均口、腹部残片。形制相同，均粗夹砂红褐陶，侈口，折沿，鼓腹。标本H41：27，圆唇。口沿以下饰左上至右下斜向绳纹。沿面可见轮修痕迹（图一一一九，11）。标本H41：28，圆唇。素面（图一一一九，3）。标本H41：29，方唇。口沿下侧饰左上至右下斜向绳纹，上腹部饰鸡冠状附加堆纹，附加堆纹下侧饰右上至左下斜向绳纹。沿面可见轮修痕迹（图一一一九，6）。标本H41：30，圆唇。口沿以下饰左上至右下斜向绳纹，上腹部饰鸡冠状附加堆纹。复原口径20、残高6厘米（图一一一九，10）。标本H41：32，圆唇。素面。沿面可见轮修痕迹（图一一一九，2）。标本H41：33，圆唇，沿下抹泥。口沿以下饰左上至右下斜向绳纹（图一一一九，5）。标本H41：34，圆唇，沿下抹泥。上腹部饰鸡冠状附加堆纹，口沿以下饰右上至左下斜向绳纹，绳纹斜度较小。复原口径26、残高6.8厘米（图一一一九，4）。标本H41：35，圆唇。口沿下侧饰交错绳纹，交错绳纹下侧饰鸡冠状附加堆纹，附加堆纹下侧饰右上至左下斜向绳纹。器表可见烟熏痕迹。复原口径32、残高8厘米（图一一一九，8）。标本H41：26，圆唇。口沿以下饰右上至左下斜向绳纹（图一一一九，12）。标本H41：36，圆唇，口沿下侧抹泥。口沿以下饰左上至右下斜向绳纹。唇部可见轮修痕迹。复原口径28、残高4.8厘米（图一一一九，1）。标本H41：41，圆唇，口沿内侧抹泥，口沿下侧有一道不显著棱脊。素面。口部可见烟熏痕迹（图一一一九，9）。标本H41：42，圆唇，沿下抹泥。腹部饰左上至右下斜向绳纹（图一一一九，7）。标本H41：43，方唇。口沿以下饰竖向绳纹。唇部可见轮修痕迹（图一一一九，13）。标本

第二编 发掘资料

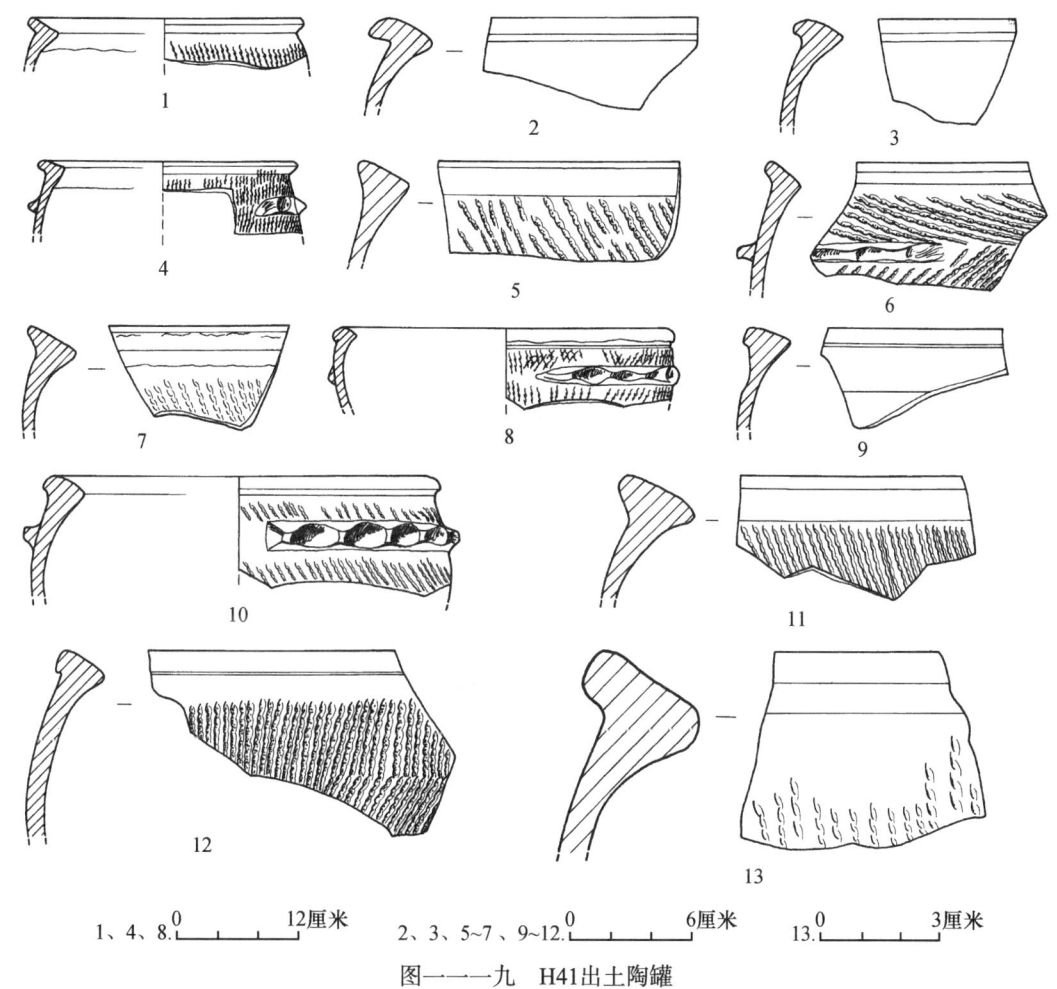

图一一一九 H41出土陶罐

1~13.（H41：36、H41：32、H41：28、H41：34、H41：33、H41：29、H41：42、H41：35、H41：41、H41：30、H41：27、H41：26、H41：43）

H41：44，圆唇，沿下抹泥。口沿下侧饰一周条带状附加堆纹，腹部饰竖向绳纹（图一一二〇，1）。标本H41：45，圆唇。素面。器表可见烟熏痕迹，内壁可见泥条盘筑痕迹。复原口径26、残高8厘米（图一一二〇，2）。标本H41：46，沿面有一道矮棱，圆唇。腹部饰横向绳纹，口沿以下饰多周条带状附加堆纹，附加堆纹上饰右上至左下斜向短绳纹（图一一二〇，4）。标本H41：47，圆唇。素面。器表可见烟熏痕迹（图一一二〇，5）。标本H41：58，圆唇。口沿以下饰右上至左下斜向绳纹（图一一二〇，6）。标本H41：76，圆唇。腹部饰左上至右下斜向绳纹。器表可见烟熏痕迹（图一一二〇，7）。标本H41：77，沿面有一道较矮棱脊，圆唇。口沿以下饰竖向绳纹，上腹部饰鸡冠状附加堆纹。沿面与口沿下侧均可见轮修痕迹。复原口径12.4、残高4.6厘米（图一一二〇，3）。

钵 25件。形制相同，均敛口，圆唇，斜直腹。标本H41：12，可复原。细泥质橘红陶。平底。器表刮抹光滑。上腹部饰一对鸡冠状附加堆纹。口下可见轮修痕迹，器表可见刮抹痕迹。口径13、底径7、通高7.2厘米（图一一二一，14；图版一七四，1）。标本H41：3，口、腹部残片。细泥质灰陶。器表刮抹光滑。素面。口下可见浅红色叠烧痕迹与轮修痕迹，器表可见刮抹痕迹（图一一二一，8）。标本H41：5，口、腹部残片。细泥质灰陶。器表刮抹光滑。口下饰一周弦纹。

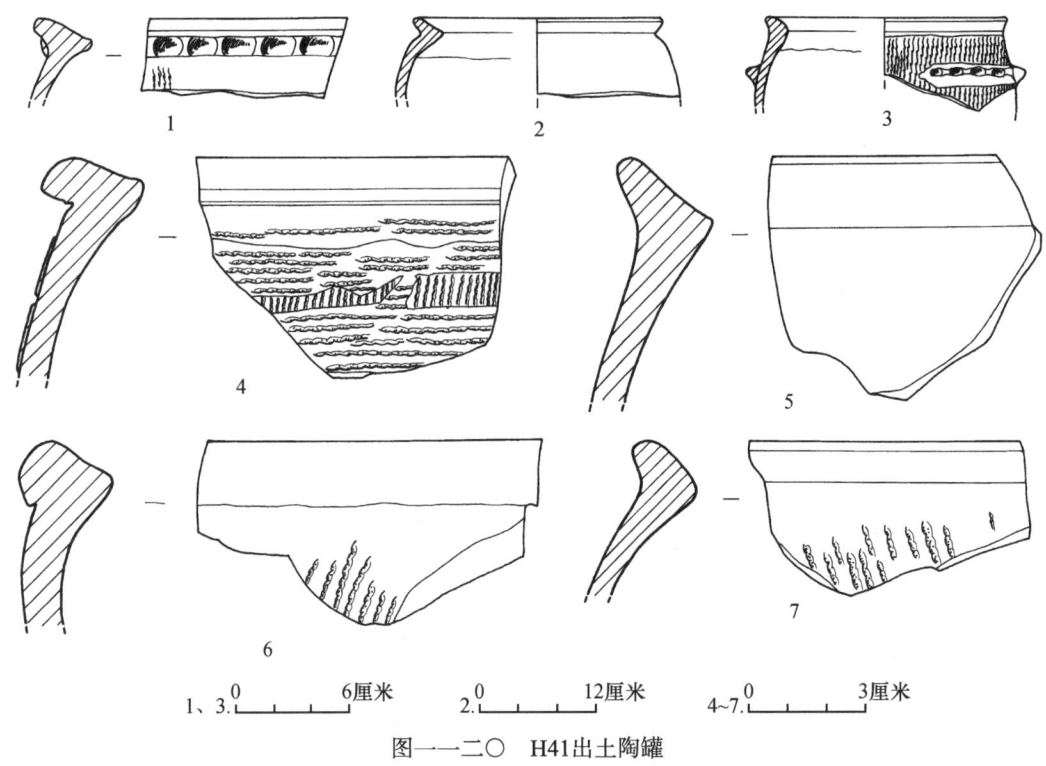

图一一二〇 H41出土陶罐
1~7.（H41：44、H41：45、H41：77、H41：46、H41：47、H41：58、H41：76）

口下可见轮修痕迹，器表可见刮抹痕迹（图一一二一，4）。标本H41：9，口、腹部残片。细泥质橘红陶。器表刮抹光滑。素面。口下可见轮修痕迹，器表可见刮抹痕迹（图一一二一，1）。标本H41：10，口、腹部残片。细泥质橘红陶。器表磨光。素面。内、外壁均可见轮修痕迹（图一一二一，7）。标本H41：20，口、腹部残片。细泥质橘红陶。上腹部饰鸡冠状附加堆纹。内、外壁均可见轮修痕迹（图一一二一，5）。

缸 8件。均口、腹部残片。标本H41：25，粗夹砂红褐陶。敛口，平折沿，圆唇，鼓腹。唇缘饰一周浅窝纹，口沿下侧饰左上至右下斜向绳纹（图一一二一，6）。

标本H41：31，粗夹砂红褐陶。侈口，折沿，圆唇，腹较直。口沿下侧饰圆饼状附加堆纹，腹部饰竖向绳纹。沿面可见轮修痕迹。复原口径36、残高7.6厘米（图一一二一，12）。

标本H41：37、H41：38、H41：49、H41：54、H41：59形制相同，敛口，厚唇，腹较直。标本H41：37，粗夹砂红褐陶。素面。沿面与内壁均可见轮修痕迹（图一一二一，3）。标本H41：54，粗夹砂红褐陶。口沿下侧饰一周弦纹（图一一二一，2）。标本H41：59，粗夹砂红褐陶。口沿下侧饰一周条带状附加堆纹。唇部可见轮修痕迹（图一一二一，11）。标本H41：38，粗夹砂红褐陶。腹部饰多周条带状附加堆纹，附加堆纹上饰竖向短绳纹。唇部可见轮修痕迹（图一一二一，13）。标本H41：49，粗泥质橘红陶。素面。唇部与内壁均可见轮修痕迹（图一一二一，10）。

标本H41：50，粗夹砂红褐陶。直口，方唇，直腹。腹部饰右上至左下斜向绳纹，绳纹斜度较小。内壁可见轮修痕迹（图一一二一，9）。

甑 1件。标本H41：61，下腹、底部残片。粗夹砂红褐陶。下腹斜直，平底，底部残存8个由外向内戳成的圆孔，圆孔系在陶坯上戳成。素面。器表可见刮抹痕迹。复原底径8、孔径1、残高

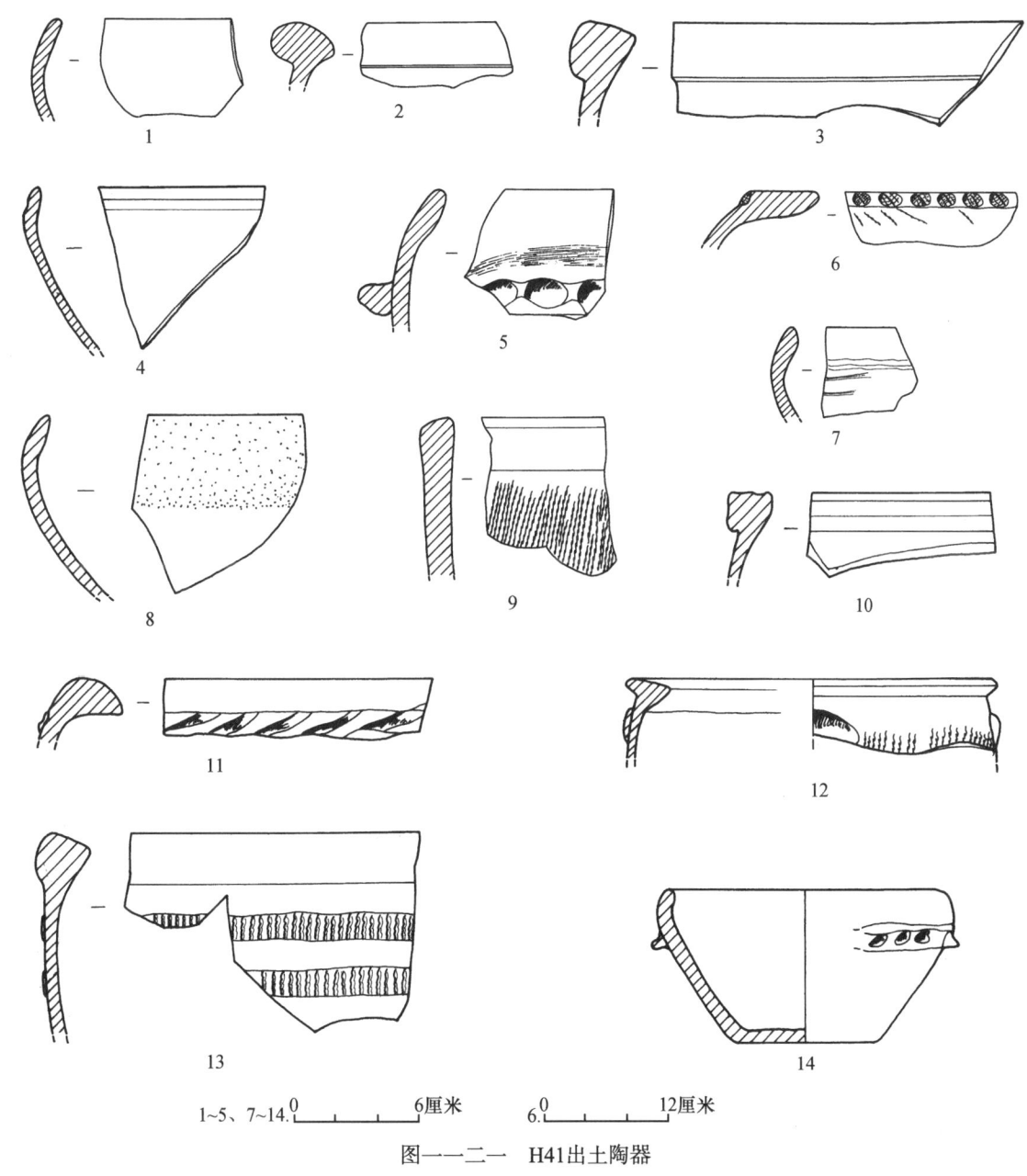

图一一二一　H41出土陶器

1、4、5、7、8、14.钵（H41：9、H41：5、H41：20、H41：10、H41：3、H41：12）
2、3、6、9~13.缸（H41：54、H41：37、H41：25、H41：50、H41：49、H41：59、H41：31、H41：38）

6.4厘米（图一一二二，1）。

器盖　4件。标本H41：62、H41：63形制相同，均细夹砂红褐陶，喇叭口状，敞口，素面。标本H41：62，纽、壁残片。圆饼形纽，壁中部有一层弧形隔挡，纽下有一个圆孔。孔径3、纽径8、残高10厘米（图一一二二，10）。标本H41：63，口、壁残片。方唇。器表可见烟熏痕迹，内壁可见轮修痕迹（图一一二二，4）。

标本H41：64、H41：65均口、壁残片。形制相同，均粗泥质橘红陶，敞口，方唇，斜直壁，素面。标本H41：64，器表可见刮抹痕迹，内壁可见轮修痕迹（图一一二二，6）。标本H41：65，内壁可见轮修痕迹（图一一二二，5）。

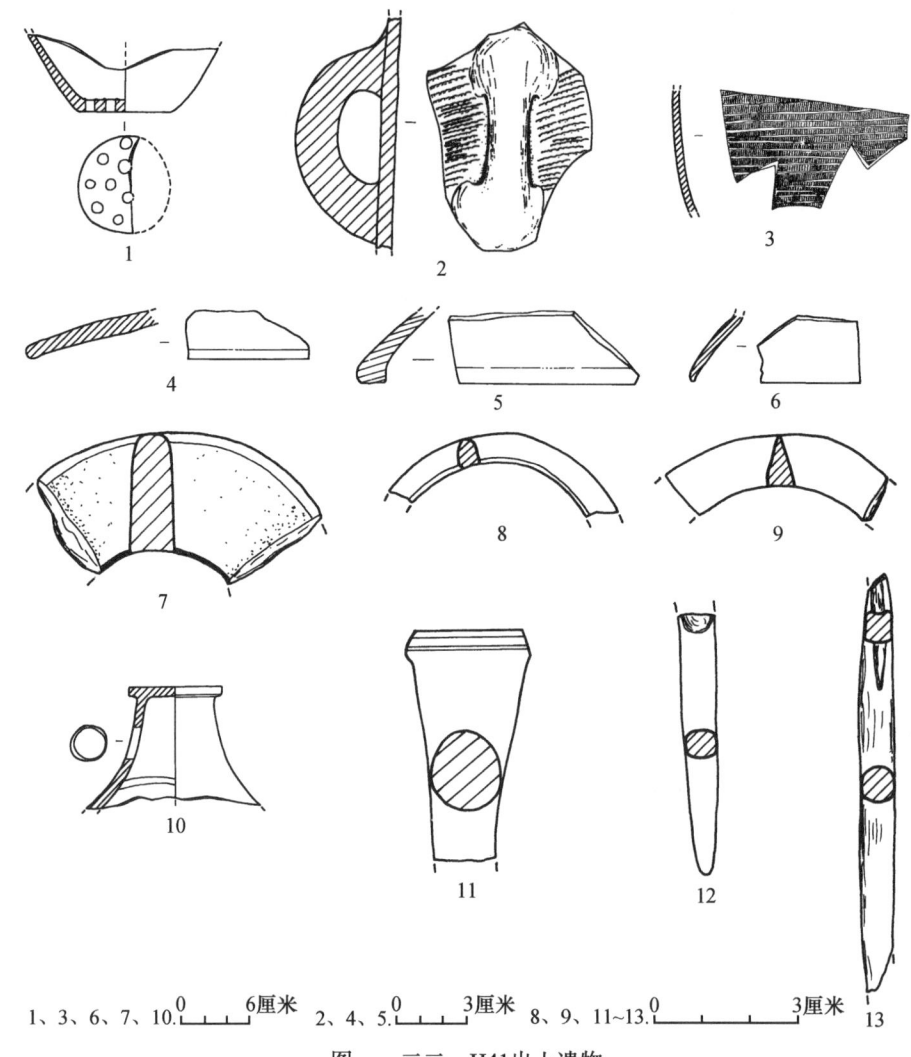

图一一二二　H41出土遗物

1. 陶瓿（H41∶61）　2. 器耳（H41∶66）　3. 陶片（H41∶68）　4～6、10. 器盖（H41∶63、H41∶65、H41∶64、H41∶62）
7. 石环（H41∶72）　8、9. 陶环（H41∶71、H41∶70）　11. 陶笄（H41∶73）　12. 玉笄（H41∶74）　13. 骨笄（H41∶75）

器耳　标本H41∶66，腹部残片。细泥质橘红陶。腹部较直，有一竖向圆柱桥形耳。腹部饰右上至左下斜向绳纹。内壁可见刮抹痕迹。可能为瓶耳（图一一二二，2）。

残陶片　标本H41∶68，腹部残片。细泥质灰陶。弧腹。器表饰竖向绳纹，并饰多周弦纹。器表可见较密的横向刮抹痕迹。可能为瓶的残片（图一一二二，3）。

环　2件。均残。形制相同，均细泥质黑陶，圆环状，通体磨光。标本H41∶70，断面呈三角形，内圈较厚。厚1.1厘米（图一一二二，9）。标本H41∶71，断面呈近椭圆形，内圈稍厚。厚0.6厘米（图一一二二，8）。

笄　1件。标本H41∶73，残。细泥质灰陶。"T"字形，笄身呈圆柱状，断面呈圆形，上有扁平笄帽。通体磨光。残长4.8厘米（图一一二二，11；图版一七四，2）。

（2）玉器

1件。笄。标本H41∶74，一端残。墨绿色，可见白色条斑。断面呈圆形，尖部稍扁，较钝。通体磨光。残长5.4厘米（图一一二二，12）。

（3）石器

1件。环。标本H41:72，残。石英岩。圆环状，断面呈近椭圆形，内圈稍厚。通体磨光。一面可见红色颜料痕迹。厚2.4厘米（图一一二二，7；图版一七四，3）。

（4）骨器

1件。笄。标本H41:75，两端均残。断面呈圆形。通体磨光。残长8.5厘米（图一一二二，13）。

13. H44

H44位于Ⅲ区T0916东南部，开口于②层下。平面呈圆形，袋状，斜直壁，平底。坑口径1.6、底径2、深0.9米（图一一二三）。

坑内堆积为灰褐色土，土质较为疏松，出土大量陶片，另有少量兽骨。

陶片为主要的出土物，以粗夹砂红褐陶及细泥质橘红陶为主，粗泥质橘红陶次之，并有一定比例的细泥质黑陶、细夹砂红褐陶、细泥质红褐陶；纹饰以素面居多，绳纹次之，还有少量弦纹、附加堆纹、彩陶（表二四二）。

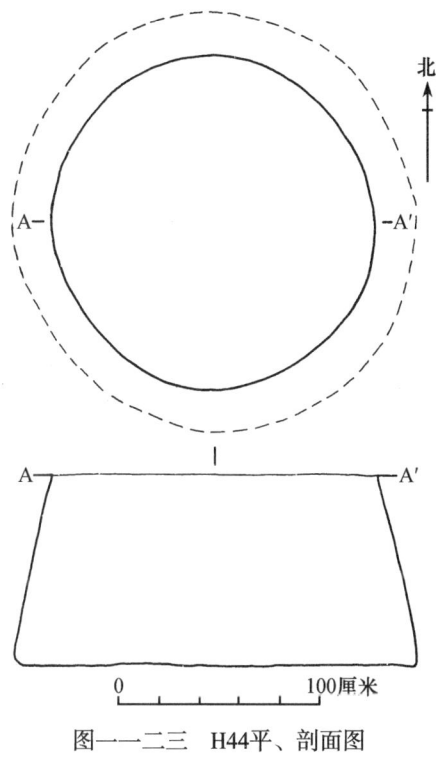

图一一二三 H44平、剖面图

H44共出土遗物34件。全部为陶器。器类有瓶、盆、罐、钵、缸、环（表二四三）。

瓶 1件。标本H44:11，口、颈部残片。粗泥质橘红陶。喇叭形口，平折沿，束颈。素面。内壁可见泥条盘筑痕迹与轮修痕迹。残口径10、残高5.7厘米（图一一二四，10）。

表二四二　H44陶系统计表　　　　　　　　　　　　　　　　（单位：kg）

陶质	细泥质			粗泥质	细夹砂	粗夹砂	合计		百分比（%）	
陶色 纹饰	橘红	黑	红褐	橘红	橘红	红褐				
素面	0.114	0.37	0.11	0.53	0.29	0.62	2.034		37.25	
素面+磨光	1.32	0.228	0.114	0.114			1.776		32.53	
绳纹				0.14		0.65	0.79	5.46	14.47	100
弦纹	0.23				0.03	0.126	0.386		7.07	
附加堆纹				0.12		0.24	0.36		6.59	
彩陶	0.11						0.11		2.01	
合计	1.774	0.598	0.224	0.904	0.32	1.636	5.46			
	5.46									
百分比 （%）	32.49	10.95	4.10	16.56	5.86	29.96				
	100									

表二四三　H44器形统计表　　　　　　　　　　　　　　　　　　（单位：件）

陶质	细泥质						粗泥质			粗夹砂				合计		百分比(%)
陶色	橘红				红褐	黑	橘红			红褐						
纹饰＼器形	素面+磨光	素面	弦纹	彩陶	素面+磨光	素面	素面+磨光	素面	附加堆纹	素面	绳纹	弦纹	附加堆纹			
瓶								1						1		3.03
盆					2	1			1					4		12.12
罐　口								3		5		1	2	16	33	48.48
底								4	1							
钵	7	1	1	1	1									11		33.33
缸										1				1		3.03
合计	7	1	1	1	1	2	1	1	1	8	6	1	2	33		
百分比(%)	21.21	3.03	3.03	3.03	3.03	6.06	3.03	3.03	3.03	24.24	18.18	3.03	6.06	100		

盆　4件。均口、腹部残片。标本H44：9，细泥质黑陶。侈口，卷沿，圆唇，弧腹。器表磨光。素面。唇部可见轮修痕迹（图一一二四，2）。

标本H44：10，细泥质黑陶。侈口，折沿，圆唇，折腹。器表磨光。素面。外沿面可见轮修痕迹。复原口径23.6、残高9厘米（图一一二四，11）。

标本H44：18，粗泥质橘红陶。敛口，平折沿，圆唇，沿下抹泥，斜直腹。上腹部饰鸡冠状附加堆纹。唇部可见轮修痕迹，内壁可见刮抹痕迹。复原口径37.6、残高5厘米（图一一二四，9）。

标本H44：8，粗泥质橘红陶。直口，平折沿，尖圆唇，斜直腹。器表磨光。素面。外沿面可见轮修痕迹（图一一二四，1）。

罐　16件。标本H44：13，口、腹部残片。粗夹砂红褐陶。侈口，折沿，方唇，唇部有三道浅细凹槽，鼓腹。口沿以下饰多周弦纹。外沿面可见轮修痕迹（图一一二四，6）。

标本H44：14、H44：15均口、腹部残片。形制相同，均粗夹砂红褐陶，侈口，卷沿，鼓腹。标本H44：14，圆唇。外沿面、口沿以下均饰右上至左下斜向绳纹（图一一二四，7）。标本H44：15，方唇，唇部有一道浅细凹槽。腹部饰右上至左下斜向绳纹。外沿面可见轮修痕迹（图一一二四，8）。

标本H44：12、H44：16、H44：17均口、腹部残片。形制相同，均粗夹砂红褐陶，侈口，折沿，圆唇，鼓腹。标本H44：12，口沿以下饰右上至左下斜向绳纹。口部可见烟熏痕迹（图一一二四，3）。标本H44：16，沿下抹泥。上腹部饰鸡冠状附加堆纹（图一一二四，4）。标本H44：17，口沿以下饰右上至左下斜向绳纹。外沿面可见轮修痕迹（图一一二四，5）。

标本H44：20，可复原。粗夹砂红褐陶。侈口，折沿，方唇，斜直腹，平底。素面。口径9.6、底径5.8、通高8.7厘米（图一一二四，12；图版一七四，4）。

钵　11件。均口、腹部残片。标本H44：1、H44：2、H44：3、H44：4、H44：5、H44：7形制相同，均细泥质橘红陶，直口微敛，圆唇，浅弧腹。标本H44：1，器表磨光。口下饰黑色宽带纹彩绘。内壁可见轮修痕迹（图一一二五，2）。标本H44：2，器表磨光。素面（图一一二五，

5）。标本H44：3，器表磨光。素面。口下可见灰白色叠烧痕迹（图一一二五，1）。标本H44：4，器表磨光。素面。内壁可见轮修痕迹（图一一二五，6）。标本H44：5，上腹部饰一周弦纹。腹部可见刮抹痕迹（图一一二五，9）。标本H44：7，素面。器表可见轮修痕迹，内壁可见烟

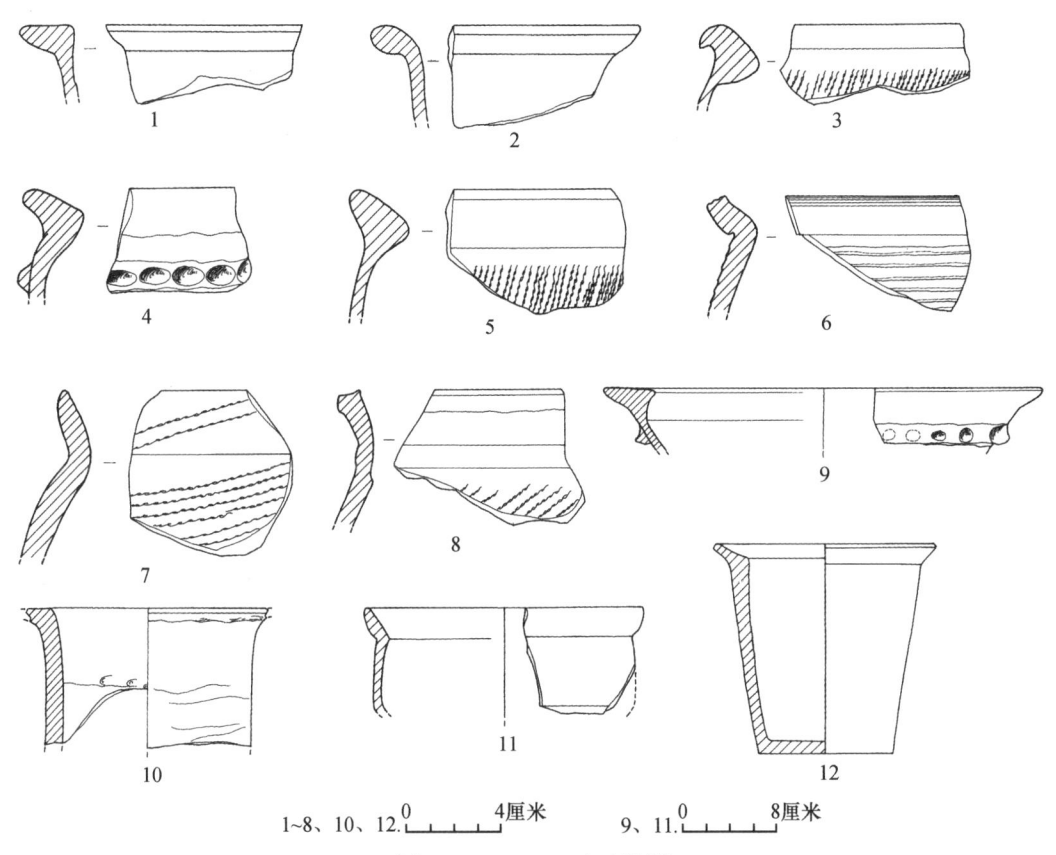

图一一二四　H44出土陶器

1、2、9、11.盆（H44：8、H44：9、H44：18、H44：10）　3~8、12.罐（H44：12、H44：16、H44：17、H44：13、H44：14、H44：15、H44：20）　10.瓶（H44：11）

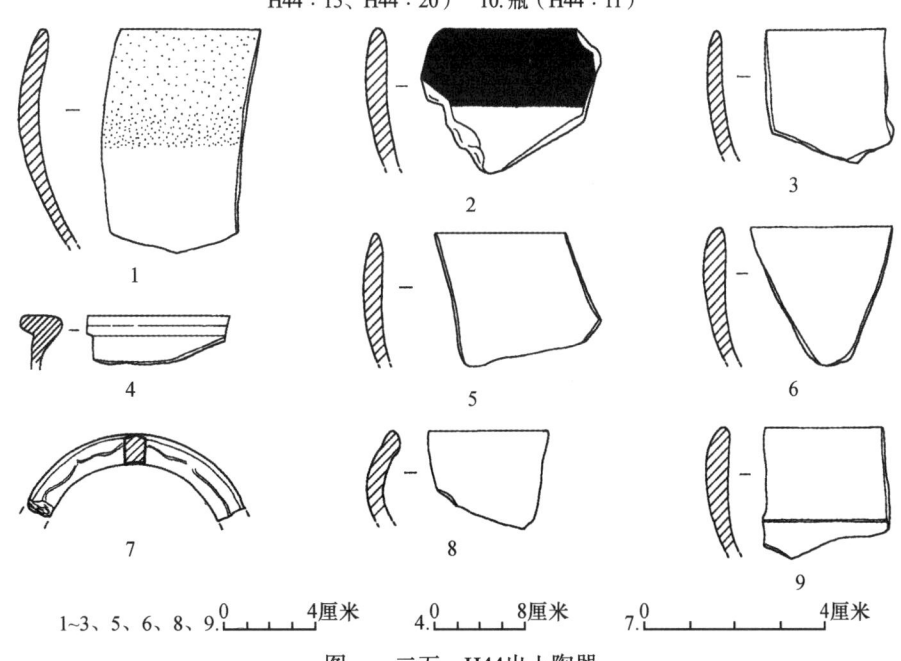

图一一二五　H44出土陶器

1~3、5、6、8、9.钵（H44：3、H44：1、H44：2、H44：4、H44：6、H44：5）　4.缸（H44：19）　7.环（H44：21）

熏痕迹（图一一二五，3）。

标本H44∶6，细泥质红褐陶。敛口，圆唇，口沿内侧有一道凸棱，断面呈三角形，斜直腹。器表磨光。素面。内、外壁均可见轮修痕迹。器表可见烟熏痕迹（图一一二五，8）。

缸　1件。标本H44∶19，口、腹部残片。粗夹砂红褐陶。敛口，平折沿，圆唇，腹部较直。素面（图一一二五，4）。

环　1件。标本H44∶21，残。细泥质黑陶。圆环状。横断截面呈近长方形，外壁有一圈突出的棱脊。通体磨光。厚0.6厘米（图一一二五，7）。

14. H45

H45位于Ⅲ区T0516东南部，开口于②层下。平面呈圆形，筒状，直壁，平底。坑口径1.5、深1米（图一一二六）。

坑内堆积为灰褐色土，土质较为疏松，出土大量陶片。

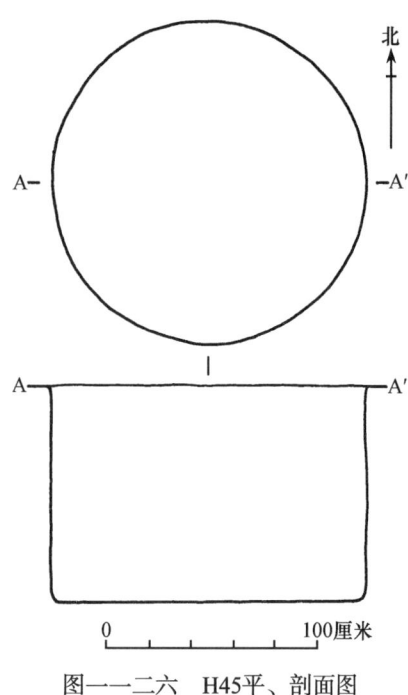

图一一二六　H45平、剖面图

陶片为主要的出土物，以粗夹砂红褐陶和细泥质橘红陶为主，粗夹砂橘红陶次之，还有一定比例的细夹砂橘红陶、粗泥质橘红陶、细泥质黑陶和少量细泥质红褐陶、细夹砂红褐陶、细泥质橙黄陶；纹饰以素面居多，绳纹和附加堆纹次之，并有少量弦纹、交错绳纹、线纹、划纹、席纹、指甲纹和彩陶（表二四四）。

表二四四　H45陶系统计表　　　　　　　　　　　　　　　　（单位：kg）

陶质	细泥质				粗泥质	细夹砂		粗夹砂		合计	百分比（%）
陶色 纹饰	橘红	红褐	橙黄	黑	橘红	橘红	红褐	橘红	红褐		
素面	0.38			0.52	0.72	0.98	0.126		1.27	3.996	23.13
素面+磨光	2.04	0.228		0.342	0.114					2.724	15.76
绳纹	1.05					0.52	0.126	0.30	1.90	3.896	22.55
弦纹	0.07		0.04							0.11	0.64
交错绳纹									0.91	0.91	5.27
线纹	0.25									0.25	1.45
附加堆纹					0.18					0.18	1.04
绳纹+附加堆纹					0.114			2.99	0.21	3.314	19.18
绳纹+交错绳纹+ 附加堆纹									0.91	0.91	5.27
划纹	0.59									0.59	3.41
席纹	0.07									0.07	0.41
指甲纹							0.04			0.04	0.23
彩陶	0.29									0.29	1.68
合计	4.74	0.228	0.04	0.862	1.128	1.54	0.252	3.29	5.20	17.28	100
	17.28										
百分比（%）	27.43	1.32	0.23	4.99	6.53	8.91	1.46	19.04	30.09		
	100										

H45共出土遗物98件。以陶器为主，骨器次之。

（1）陶器

97件。器类有瓶、盆、罐、钵、瓮、缸、器盖、圆陶片、环，另有器耳（表二四五）。

瓶　2件。均口、颈部残片。形制相同。标本H45∶24，细夹砂红褐陶。直杯口微敛，较为短矮，圆唇，束颈。素面。颈部可见轮修痕迹。复原口径8.2、残高5.6厘米（图一一二七，7）。

盆　8件。均口、腹部残片。标本H45∶19、H45∶21形制相同，均细泥质橘红陶，均直口，平折沿，沿面略向外侧下斜，弧腹。标本H45∶19，尖圆唇。素面。外沿面可见轮修痕迹（图一一二七，6）。标本H45∶21，口微敛，圆唇。口沿以下饰多周弦纹（图一一二七，4）。

标本H45∶18、H45∶20、H45∶22、H45∶23形制相同，均侈口，卷沿，弧腹，器表磨光。标本H45∶18，细泥质橘红陶。唇部与外沿面均饰黑色窄带纹彩绘，腹部饰黑色彩绘（图一一二七，2）。标本H45∶20，细泥质红褐陶。方唇。素面。唇部可见轮修痕迹（图一一二七，3）。标本H45∶22，粗泥质橘红陶。圆唇。素面（图一一二七，5）。标本H45∶23，细泥质黑陶。圆唇。素面。唇部可见轮修痕迹（图一一二七，1）。

罐　28件。均口、腹部残片。标本H45∶31、H45∶35形制相同，均粗夹砂红褐陶，侈口，折沿，沿面内曲，方唇，鼓腹。标本H45∶31，素面。唇部可见轮修痕迹，沿下可见抹泥痕迹（图一一二八，2）。标本H45∶35，腹部饰右上至左下斜向绳纹（图一一二八，10）。

标本H45∶29、H45∶32、H45∶36形制相同，均粗夹砂红褐陶，侈口，卷沿，鼓腹。标本H45∶29，圆唇，外沿面有一道凸棱。口沿以下饰右上至左下斜向绳纹（图一一二八，4）。标本H45∶32，圆唇。口沿以下饰右上至左下斜向绳纹。沿面可见轮修痕迹（图一一二八，6）。标本H45∶36，方唇，唇部有一道浅细凹槽。口沿以下饰左上至右下斜向绳纹。沿面可见轮修痕迹（图一一二八，11）。

标本H45∶26、H45∶28、H45∶30、H45∶33、H45∶38形制相同，均侈口，折沿，鼓腹。标本H45∶26，粗夹砂红褐陶。圆唇。口沿以下饰右上至左下斜向绳纹。沿面可见轮修痕迹（图一一二八，12）。标本H45∶28，粗夹砂红褐陶。方唇。素面。沿面可见轮修痕迹（图一一二八，9）。标本H45∶30，粗夹砂红褐陶。内沿面与腹部相接处有一道凸棱，圆唇。素面（图一一二八，7）。标本H45∶33，粗夹砂红褐陶。圆唇，唇部有一道浅细凹槽。腹部饰右上至左下斜向绳纹。沿面可见轮修痕迹（图一一二八，3）。标本H45∶38，粗泥质橘红陶。圆唇。素面。沿面可见轮修痕迹（图一一二八，1）。

标本H45∶34、H45∶37形制相同，均粗夹砂红褐陶，侈口，折沿，圆唇，鼓腹。标本H45∶34，口沿以下饰交错绳纹（图一一二八，5）。标本H45∶37，沿面饰斜向绳纹，口沿下侧饰一周条带状附加堆纹（图一一二八，8）。

钵　43件。均口、腹部残片。标本H45∶4、H45∶5形制相同，均细泥质橘红陶，直口微敛，深弧腹，器表磨光，素面。标本H45∶4，尖唇（图一一二九，4）。标本H45∶5，圆唇。口下可见灰白色与浅红色叠烧痕迹及轮修痕迹（图一一二九，6）。

标本H45∶2，细泥质橘红陶。敛口，方唇，深弧腹，最大腹径位于中下腹部。器表磨光。素面（图一一二九，8）。

标本H45∶3、H45∶6、H45∶7、H45∶12、H45∶13、H45∶14、H45∶15、H45∶16形制

表二四五　H45器形统计表

（单位：件）

陶质	细泥质						粗泥质		细夹砂			粗夹砂						合计	百分比(%)
陶色	橘红				红褐	黑	橘红		橘红		红褐	橘红	红褐						
纹饰 器形	素面+磨光	素面	弦纹	彩陶	素面+磨光	素面+磨光	素面	附加堆纹+绳纹	素面	指甲纹	素面	绳纹+附加堆纹	素面	绳纹	交错绳纹	绳纹+附加堆纹	交错绳纹+附加堆纹		
瓶			1		1													2	2.15
盆	3	3		1		2												8	8.60
罐　口	6	17		8	1	3	1		2									28	30.11
底		2					4		1	1	1								
钵		1						1				4	12	10		1	1	43	46.24
缸														2	2			7	7.53
瓮										1								4	4.30
器盖																		1	1.08
合计	9	24	1	9	1	5	5	1	3	2	1	4	12	12	2	1	1	93	
百分比(%)	9.68	25.81	1.08	9.68	1.08	5.38	5.38	1.08	3.23	2.15	1.08	4.30	12.90	12.90	2.15	1.08	1.08		100

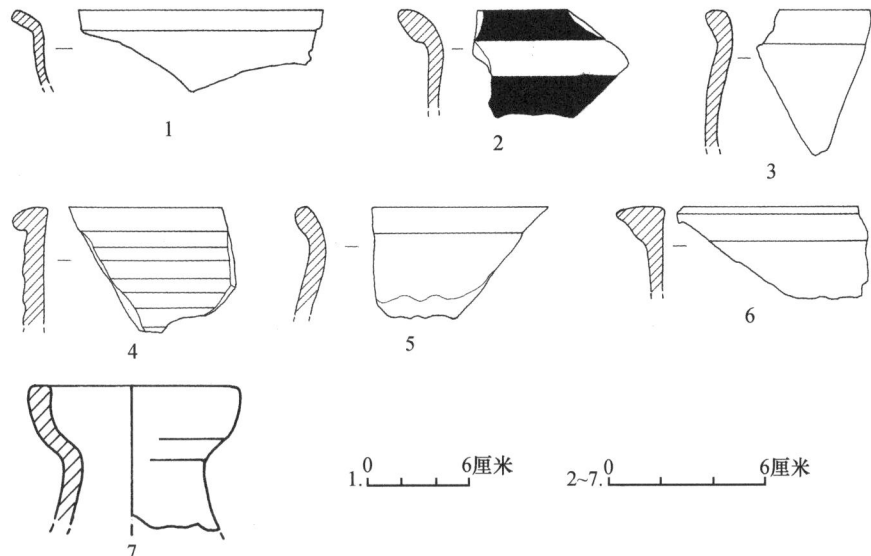

图一一二七　H45出土陶器
1~6.盆（H45：23、H45：18、H45：20、H45：21、H45：22、H45：19）　7.瓶（H45：24）

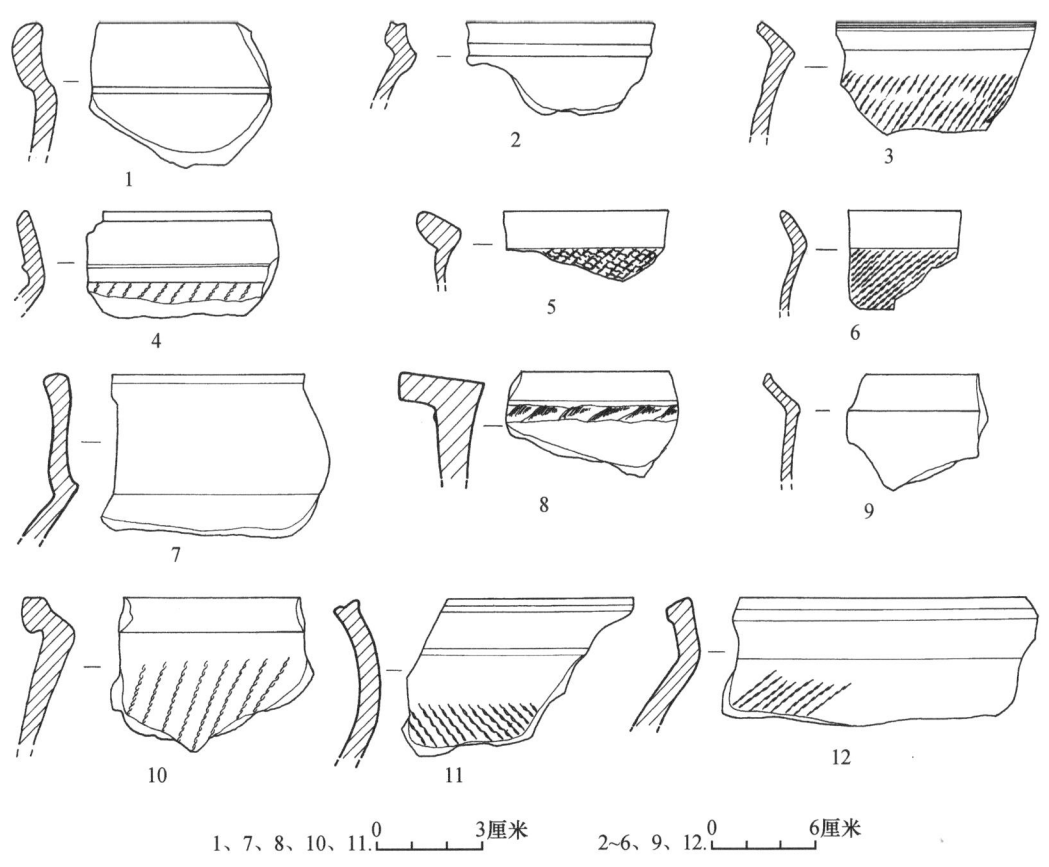

图一一二八　H45出土陶罐
1~12.（H45：38、H45：31、H45：33、H45：29、H45：34、H45：32、H45：30、H45：37、H45：28、H45：35、H45：36、H45：26）

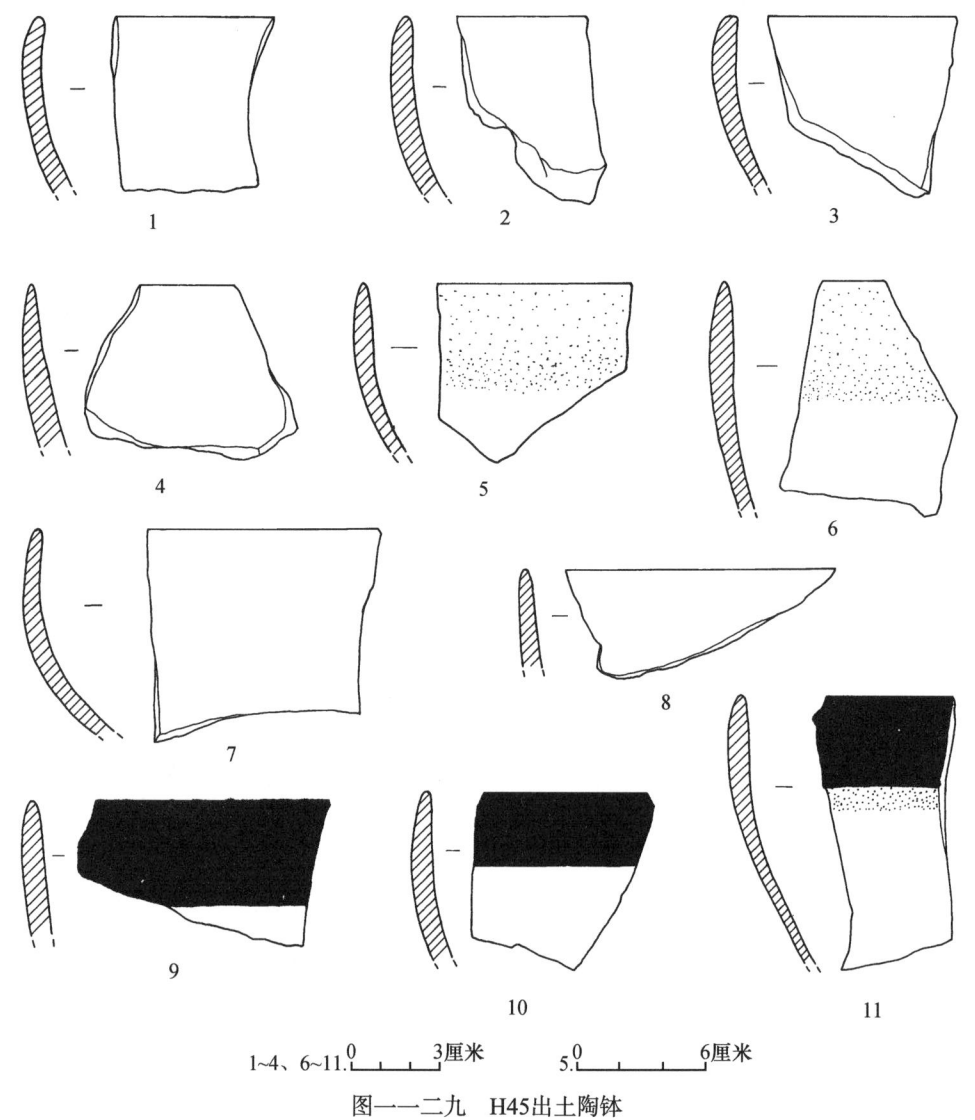

图一一二九 H45出土陶钵

1~11.（H45：15、H45：16、H45：7、H45：4、H45：6、H45：5、H45：3、H45：2、H45：13、H45：12、H45：14）

相同，均直口微敛，浅弧腹。标本H45：3，细泥质橘红陶。圆唇。素面。口下可见轮修痕迹（图一一二九，7）。标本H45：6，细泥质橘红陶。圆唇。器表磨光。素面。口下可见浅红色叠烧痕迹（图一一二九，5）。标本H45：7，细泥质橘红陶。方唇。器表磨光。素面（图一一二九，3）。标本H45：12，细泥质橘红陶。方唇。器表磨光。唇部与口下饰黑色宽带纹彩绘。内壁可见轮修痕迹（图一一二九，10）。标本H45：13，细泥质橘红陶。器表磨光。圆唇。口下饰黑色宽带纹彩绘（图一一二九，9）。标本H45：14，细泥质橘红陶。尖圆唇。器表磨光。口下饰黑色宽带纹彩绘。彩绘下侧可见浅红色叠烧痕迹（图一一二九，11）。标本H45：15，细泥质黑陶。圆唇。器表磨光。素面（图一一二九，1）。标本H45：16，细泥质黑陶。圆唇。器表磨光。素面。内壁可见轮修痕迹（图一一二九，2）。

标本H45：1、H45：8、H45：9、H45：10、H45：11形制相同，均敛口，斜直腹，素面。标本H45：1，粗泥质橘红陶。圆唇。内壁可见轮修痕迹，器表可见刮抹痕迹。复原口径21.6、残高

6厘米（图一一三〇，1）。标本H45：8，粗泥质橘红陶。圆唇。器表刮抹光滑。内壁可见轮修痕迹（图一一三〇，6）。标本H45：9，细泥质橘红陶。尖唇，口沿内侧有一道凸棱，断面呈三角形。器表磨光，内壁可见轮修痕迹（图一一三〇，4）。标本H45：10，细泥质橘红陶。方唇。器表刮抹光滑。内、外壁均可见刮抹痕迹。复原口径14、残高4.4厘米（图一一三〇，2）。标本H45：11，细泥质红褐陶。圆唇，口沿内侧有一道凸棱，断面呈三角形。器表磨光。内壁可见轮修痕迹，器表可见轮修痕迹与刮抹痕迹（图一一三〇，5）。

瓮 4件。均口、腹部残片。形制相同，均粗夹砂红褐陶，侈口，卷沿，沿面内曲，折肩，斜直腹。标本H45：25，方唇。肩部以下饰横向绳纹（图一一三〇，8）。标本H45：27，圆唇。肩部以下饰右上至左下斜向绳纹，并饰一道横向绳纹（图一一三〇，9）。

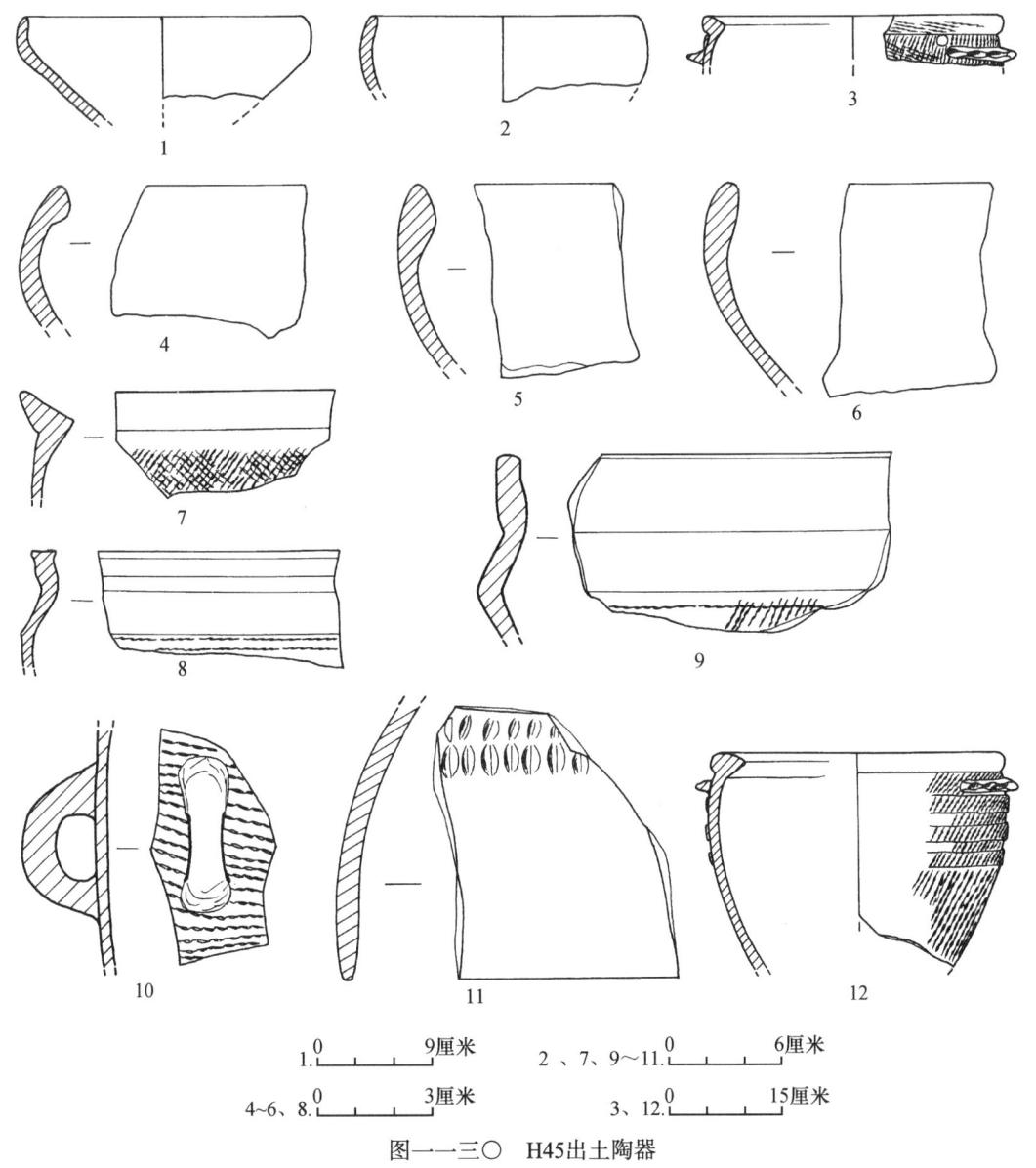

图一一三〇 H45出土陶器
1、2、4～6.钵（H45：1、H45：10、H45：9、H45：11、H45：8） 3、7、12.缸（H45：40、H45：41、H45：39）
10.器耳（H45：42） 11.器盖（H45：17） 8、9.瓮（H45：25、H45：27）

缸　7件。均口、腹部残片。标本H45:40、H45:41形制相同，均粗夹砂红褐陶，侈口，折沿，圆唇，腹微鼓。标本H45:40，沿面及唇部饰左上至右下斜向绳纹，口沿以下饰交错绳纹，并饰圆饼状、鸡冠状附加堆纹。沿面与唇部均可见轮修痕迹。复原口径40、残高6.5厘米（图一一三〇，3）。标本H45:41，口沿以下饰交错绳纹。沿面、唇部与外沿面均可见轮修痕迹（图一一三〇，7）。

标本H45:39，粗泥质橘红陶。敛口，厚唇，上腹微鼓，下腹斜直，最大腹径位于上腹部。腹部饰三周条带状附加堆纹，口沿以下饰右上至左下斜向绳纹，口沿下侧饰一对鸡冠状附加堆纹。唇部可见轮修痕迹。复原口径39、残高27.5厘米（图一一三〇，12）。

器盖　1件。标本H45:17，口、壁残片。细夹砂橘红陶。覆钵状，敞口，圆唇，弧壁。器表饰多排整齐的指甲纹。器表可见轮修痕迹（图一一三〇，11）。

器耳　标本H45:42，腹部残片。细夹砂红褐陶。腹部较直，有一竖向圆柱桥形耳。腹部饰左上至右下斜向绳纹，绳纹近平。可能为瓶耳（图一一三〇，10）。

圆陶片　2件。均完整。形制相同，均细泥质橘红陶，圆形。标本H45:43-1，系利用钵的口部残片打制而成。边缘稍钝。器表饰黑色宽带纹彩绘。直径6.2、厚0.7厘米（图一一三一，1）。标本H45:43-2，系利用钵的残片打制而成。边缘稍钝。直径5、厚0.7厘米（图一一三一，4）。

环　2件。均残。形制相同，均细泥质灰陶，圆环状。标本H45:44，断面呈近三角形，内圈稍厚。直径6、厚0.7厘米（图一一三一，5）。标本H45:45，器身扁平，内圈稍厚。直径7.4、厚1.2厘米（图一一三一，2）。

（2）骨器

1件。锥。标本H45:46，尾端残。横断面呈圆形，尖部较锐利。通体磨光。残长7.1厘米（图一一三一，3；图版一七五，1）。

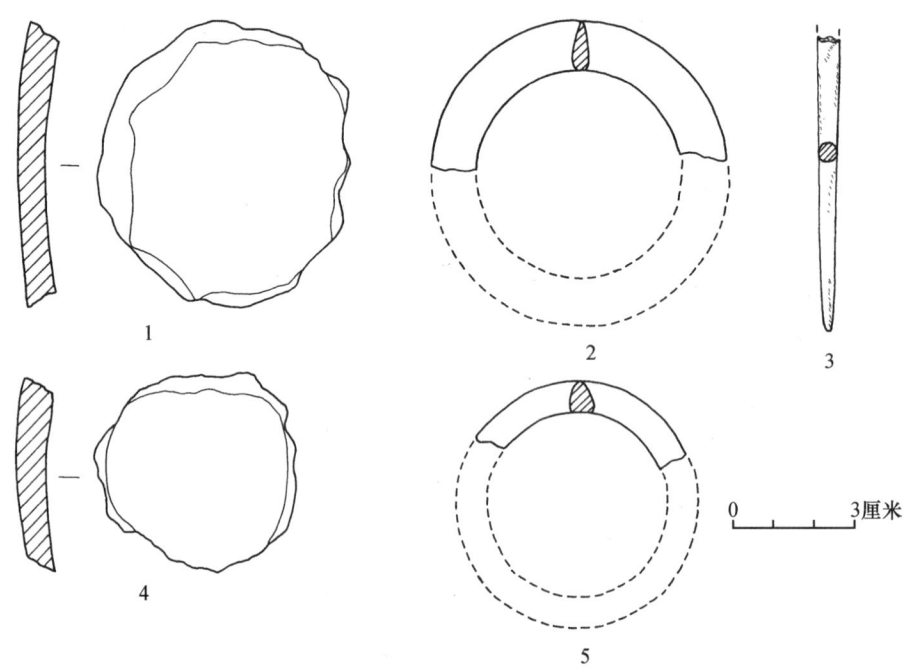

图一一三一　H45出土遗物

1、4.圆陶片（H45:43-1、H45:43-2）　2、5.陶环（H45:45、H45:44）　3.骨锥（H45:46）

15. H46

H46位于Ⅱ区T0201北部，开口于②层下。平面呈圆形，袋状，斜直壁，平底，底部有一层硬面。坑口径1.76、底径1.95、深1.5米（图一一三二）。

坑内堆积为浅灰色土，土质疏松，出土大量陶片，另有石块。

陶片为主要的出土物，粗夹砂红褐陶占绝大多数，并有一定比例的粗泥质橘红陶及细泥质橘红陶，还有少量细泥质黑陶、细夹砂橘红陶、细泥质灰陶、粗泥质黑陶、粗夹砂灰褐陶；纹饰以附加堆纹居多，素面和绳纹次之，并有一定比例交错绳纹和交错线纹，及少量弦纹、线纹、彩陶等（表二四六）。

H46共出土遗物59件。全部为陶器。器类有罐、钵、缸（图版一七四，5）、刀、环（表二四七）。

罐　29件。标本H46：9、H46：14形制相同，均粗夹砂红褐陶，侈口，卷沿，鼓腹。标本H46：9，可复原。厚圆唇，口下有一周棱脊，中腹微鼓，下腹斜收，平底，最大腹径位于中腹部。中腹部饰右上至左下斜向绳纹。下腹部可见竖向刮抹痕迹，器表可见烟熏痕迹。复原口径30、腹径31.2、底径18、通高36厘米（图一一三三，9；图版一七五，2；图版一九八，6）。标本H46：14，口、腹部残片。圆唇，唇部有一道浅细凹槽。口沿以下饰竖向绳纹。内壁可见轮修痕迹，器表可见烟熏痕迹。复原口径14.1、残高6.3厘米（图一一三三，4）。

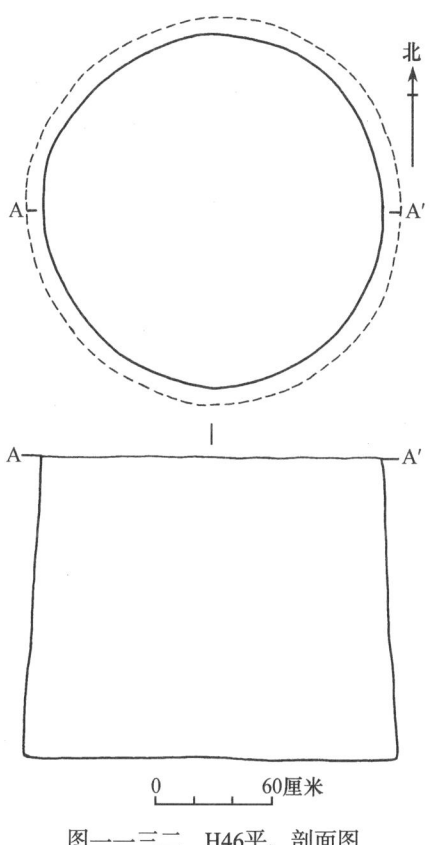

图一一三二　H46平、剖面图

标本H46：8、H46：10、H46：11、H46：15、H46：16、H46：21、H46：22形制相同，均粗夹砂红褐陶，侈口，折沿，鼓腹。标本H46：8，可复原。圆唇，上腹微鼓，下腹斜收，平底，最大腹径位于上腹部。上腹部饰一对鸡冠状附加堆纹，中腹部饰一周条带状附加堆纹。沿面可见轮修痕迹，器表可见刮抹痕迹及烟熏痕迹。口径31.5、腹径33、底径16、通高36厘米（图一一三三，8；图版一七五，3；图版二〇一，3）。标本H46：15，口、腹部残片。粗夹砂红褐陶。圆唇，中腹微鼓，下腹斜收。口沿以下饰交错绳纹，上腹部饰一对鸡冠状附加堆纹，中腹部饰两周条带状附加堆纹，其上饰右上至左下斜向划纹。沿面可见轮修痕迹，器表可见烟熏痕迹。口径14.1、残高12厘米（图一一三三，3）。标本H46：10，口、腹部残片。粗夹砂红褐陶。圆唇。口沿以下饰交错绳纹，上腹部饰鸡冠状附加堆纹。沿面可见轮修痕迹。复原口径12、残高5.7厘米（图一一三三，5）。标本H46：16，口、腹部残片。粗夹砂红褐陶。圆唇。口沿以下饰交错绳纹。沿面可见轮修痕迹。复原口径31.8、残高6厘米（图一一三三，7）。标本H46：11，口、腹部残片。粗夹砂红褐陶。圆唇。口沿以下饰左上至右下斜向绳纹。沿面及内壁可见轮修痕迹。复原口径36、残高5.7厘米（图一一三三，6）。标本H46：21，口、腹部残片。粗夹砂红褐陶。方唇。口沿以下饰竖向绳纹。沿面及内壁均可见轮修痕迹（图一一三三，2）。标本H46：22，口、腹部残片。粗夹砂红褐

表二四六 H46陶系统计表　　　　　　　　　　（单位：kg）

陶质	细泥质			粗泥质		细夹砂	粗夹砂		合计	百分比（%）
陶色\纹饰	橘红	灰	黑	橘红	黑	橘红	红褐	灰褐		
素面	0.61			0.43		0.22	0.85		2.11	14.20
素面+磨光	0.21	0.43	0.21						0.85	5.72
绳纹	0.11						1.62		1.73	11.64
弦纹	0.02								0.02	0.13
交错绳纹							1.30	0.126	1.426	9.60
附加堆纹	0.26						5.89		6.15	41.39
交错绳纹+附加堆纹							1.21		1.21	8.14
线纹				0.49	0.09				0.58	3.90
交错线纹				0.72					0.72	4.85
彩陶	0.06								0.06	0.40
合计	1.27	0.43	0.21	1.64	0.09	0.22	10.87	0.126	14.86	100
	14.86									
百分比（%）	8.55	2.89	1.41	11.04	0.61	1.48	73.15	0.85		
	100									

表二四七 H46器形统计表　　　　　　　　　　（单位：件）

陶质	细泥质				粗夹砂						合计	百分比（%）
陶色	橘红				红褐					灰褐		
纹饰\器形	素面+磨光	素面	附加堆纹	彩陶	素面	绳纹	交错绳纹	附加堆纹	交错绳纹+附加堆纹	交错绳纹		
罐 口					3	10	7	2	3		29	52.73
罐 底						2	2					
钵	6	13	1	2							22	40.00
缸						1	1	1		1	4	7.27
合计	6	13	1	2	4	13	10	2	3	1	55	100
					55							
百分比（%）	10.91	23.64	1.82	3.64	7.27	23.64	18.18	3.64	5.45	1.82		
	100											

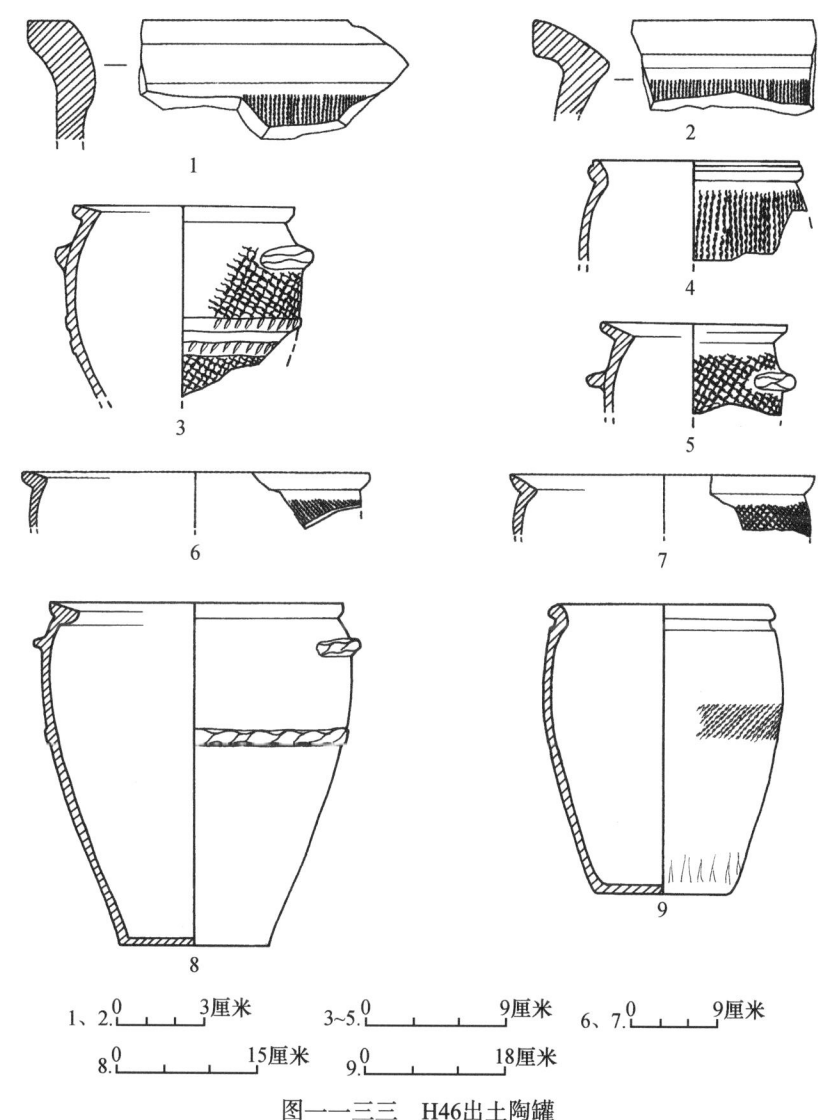

图一一三三 H46出土陶罐

1~9.（H46:22、H46:21、H46:15、H46:14、H46:10、H46:11、H46:16、H46:8、H46:9）

陶。沿近平，圆唇。口沿以下饰竖向绳纹。沿面及口沿下侧可见轮修痕迹（图一一三三，1）。

钵　22件。形制相同，均细泥质橘红陶，敛口，圆唇，斜直腹。标本H46:1，可复原。口沿内侧有一凸棱，断面呈三角形，平底。口下及下腹部各有一对两面对钻而成的圆形穿孔，可能是作为修补之用。器表经刮抹较为光滑。上腹部饰一对鸡冠状附加堆纹。器表与内壁均可见轮修痕迹，器表可见刮抹痕迹。口径23.4、底径10.8、通高10.8厘米（图一一三四，1；图版一七五，4）。标本H46:2，可复原。口沿内侧有一矮棱，平底微凹，上腹部有一对两面对钻而成的圆形穿孔，可能是作为修补之用。器表磨光。素面。器表可见刮抹痕迹。口径19.8、底径10.2、通高9.6厘米（图一一三四，2；图版一七五，5）。标本H46:3，口、腹部残片。厚圆唇。器表磨光。素面。器表与内壁均可见轮修痕迹，器表可见刮抹及烟熏痕迹。复原口径21.9、残高9.3厘米（图一一三四，3）。

缸　4件。均口、腹部残片。标本H46:17，粗夹砂灰褐陶。敛口，平折沿，圆唇，鼓腹。口

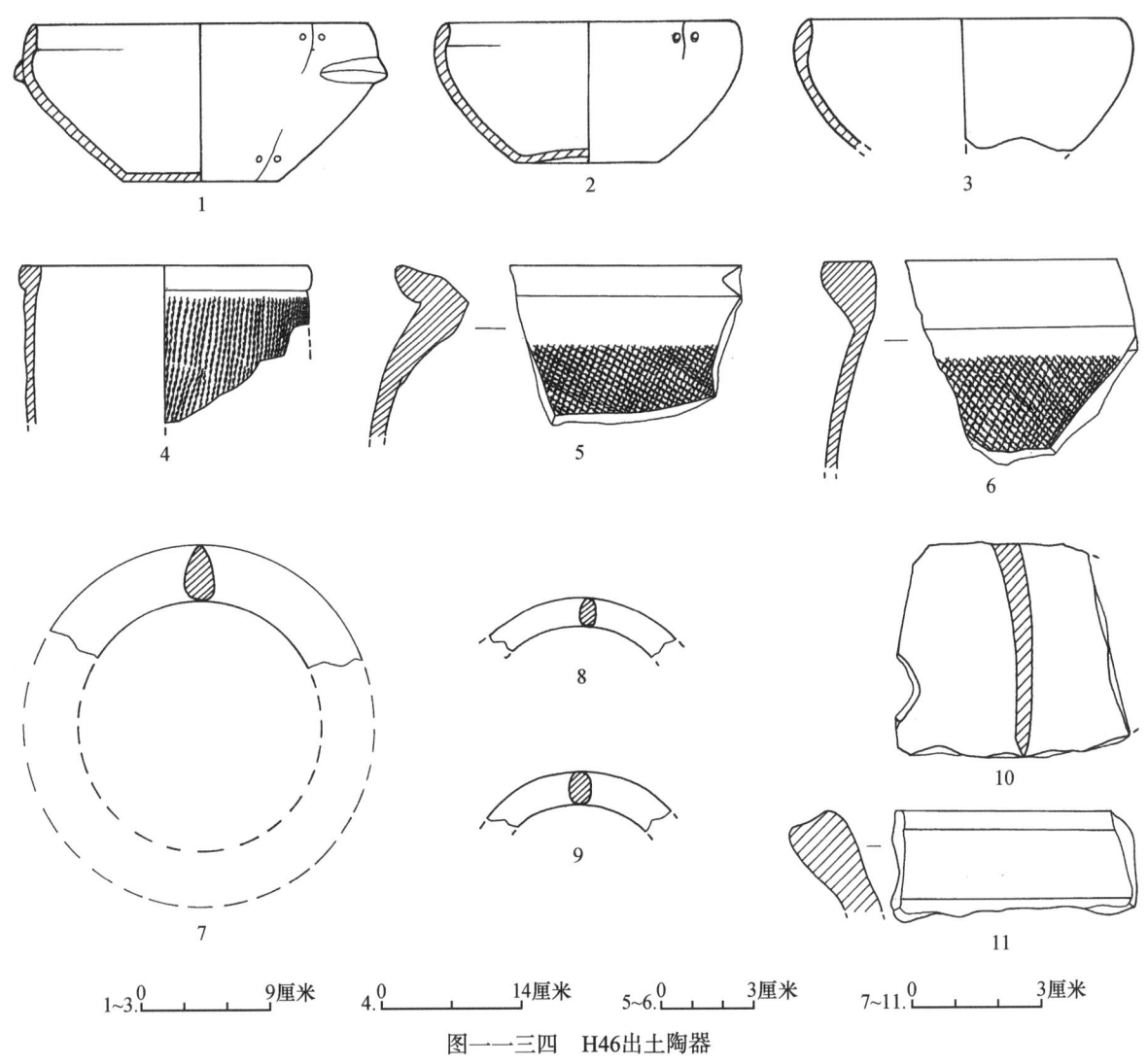

图一一三四　H46出土陶器

1~3. 钵（H46：1、H46：2、H46：3）　4~6、11. 缸（H46：20、H46：12、H46：17、H46：18）
7~9. 环（H46：26、H46：24、H46：25）　10. 刀（H46：23）

沿以下饰交错绳纹。沿面及内壁可见轮修痕迹，沿面及器表均可见烟熏痕迹（图一一三四，6）。

标本H46：20，粗夹砂红褐陶。敛口，窄平折沿，厚唇，直腹。口沿以下饰右上至左下斜向绳纹，绳纹斜度较小。沿面可见轮修痕迹，内壁可见刮抹痕迹。复原口径28.5、残高15厘米（图一一三四，4）。

标本H46：12，粗夹砂红褐陶。侈口，折沿，沿面有一道凸棱，圆唇，鼓腹。口沿以下饰交错绳纹。沿面可见轮修痕迹（图一一三四，5）。

标本H46：18，粗夹砂红褐陶。侈口，卷沿，厚方唇。素面。沿内外两侧均可见轮修痕迹（图一一三四，11）。

刀　1件。标本H46：23，残。细夹砂红褐陶。两侧截面较光滑，一端有一打制的缺口，刃部较锋利。外壁磨光。刃部可见向两面的打制疤痕，表面可见烟熏痕迹。残长4.9、宽5.5、厚0.6厘米（图一一三四，10）。

环　3件。均残。形制相同，均圆环状。标本H46：24，细泥质橙黄陶。横断面呈近椭圆形，内圈稍厚。通体磨光。厚0.6厘米（图一一三四，8）。标本H46：25，细泥质灰陶。横断面呈长方形。通体磨光。厚0.7厘米（图一一三四，9）。标本H46：26，细泥质灰陶。横断面呈近三角形，内圈稍厚。通体磨光。复原直径8.2、厚1.25厘米（图一一三四，7）。

16. H49

H49位于Ⅱ区T0301西北部，开口于②层下。平面呈圆形，袋状，斜直壁，平底。坑口径1.5、底径2.12、深1.2米（图一一三五）。

坑内堆积可分为2层：第①层为浅灰色土，土质疏松，厚0.3米，无出土物；第②层为深灰色土，土质疏松，厚0.9米，出土少量陶片、石块、兽骨。

H49共出土遗物3件。全部为陶钵。均可复原。形制相同，均敛口，圆唇，斜直腹。标本H49：1，细夹砂红褐陶。平底。素面。器表可见斜向刮抹痕迹，口沿内侧可见轮修痕迹。口径28、底径13.2、通高13.6厘米（图一一三六，1）。标本H49：2，细泥质灰陶。口下饰一周弦纹，平底内凹。器表磨光。口下可见灰白色叠烧痕迹，下腹部可见刮抹痕迹，内壁可见轮修痕迹。口径28、底径12、通高11.8厘米（图一一三六，3）。标本H49：3，细泥质灰陶。凹底。器表磨光。素面。唇部可见轮修痕迹，下腹部可见刮抹痕迹。口径19、底径6.8、通高9.4厘米（图一一三六，2）。

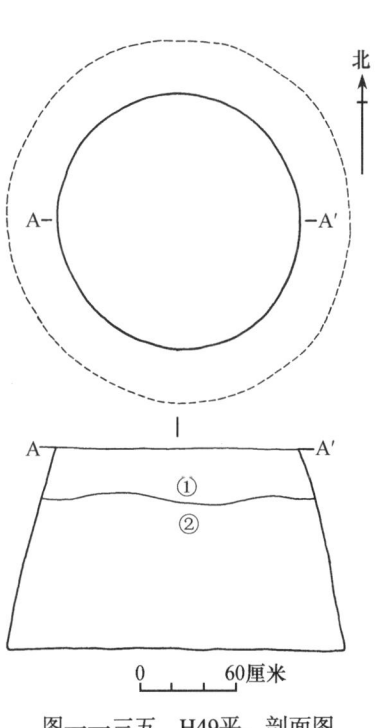

图一一三五 H49平、剖面图

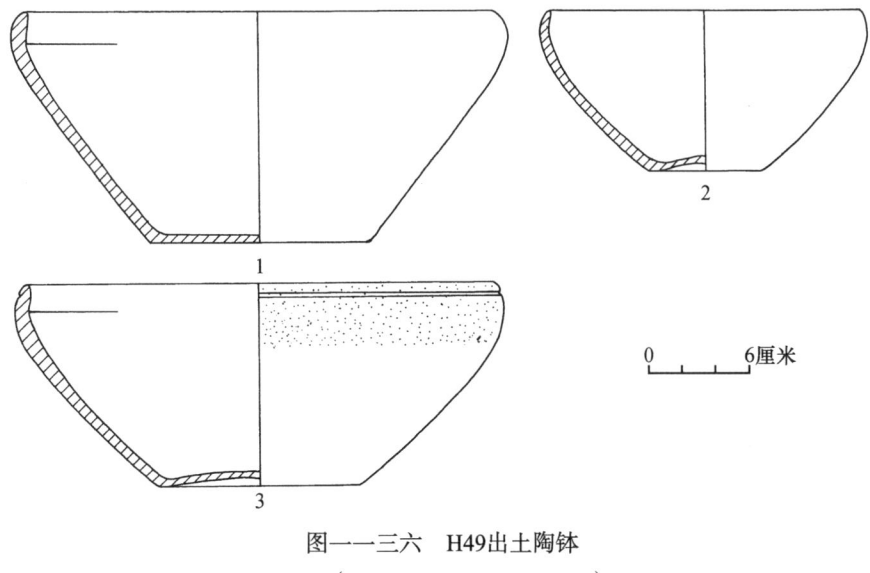

图一一三六 H49出土陶钵

1～3.（H49：1、H49：3、H49：2）

17. H59

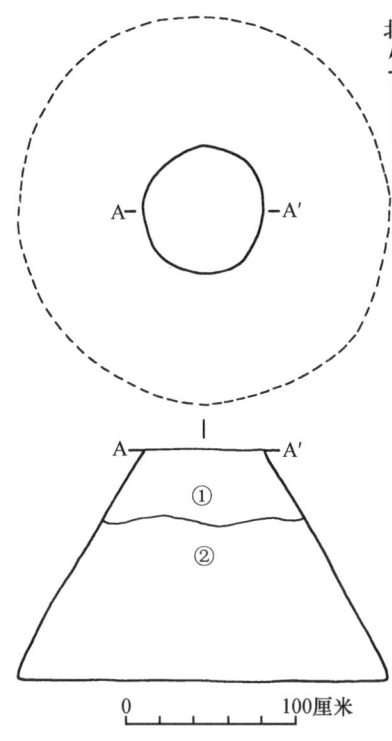

图一一三七 H59平、剖面图

H59位于Ⅲ区T0613西南部，开口于②层下。平面呈圆形，袋状，斜直壁，平底。坑口径0.7、底径2.2、深1.3米（图一一三七）。

坑内堆积可分为2层：第①层为浅褐色土，土质疏松，厚0.38～0.4米，包含少量火烧土块；第②层为深灰色土，土质较致密，厚0.9～0.92米，出土少量陶片、兽骨。

陶片为主要的出土物，以粗夹砂红褐陶和细泥质橘红陶为主，细夹砂橘红陶次之，并有一定比例的细泥质灰陶、粗泥质橘红陶、细夹砂红褐陶及少量粗泥质红褐陶、粗泥质灰陶、细泥质黑陶、粗泥质橙黄陶、粗夹砂橘红陶、粗夹砂灰褐陶；纹饰以素面居多，绳纹次之，还有少量弦纹、附加堆纹、划纹、线纹及彩陶（表二四八）。

H59共出土遗物59件。全部为陶器。器类有瓶、盆、罐、钵、缸、杯、圆陶片、锉、环，另有附加堆纹陶片（表二四九）。

瓶　2件。均口、颈部残片。标本H59∶19，粗泥质橘红陶。喇叭形口，折沿，圆唇，唇部有一道浅细凹槽，束颈。素面。外沿面可见轮修痕迹。复原口径11.4、残高3.4厘米（图一一三八，1）。

标本H59∶20，细泥质橘红陶。葫芦形口，圆唇，细长颈，颈中部有一道凸棱，凸棱上饰右上至左下斜向划纹。内壁可见轮修痕迹与泥条盘筑痕迹。口径7、残高7.4厘米（图一一三八，7）。

表二四八　H59陶系统计表　　　　　　　　　　　　　　　　（单位：kg）

陶质 陶色 纹饰	细泥质			粗泥质				细夹砂		粗夹砂		合计	百分比（%）
	橘红	灰	黑	橘红	橙黄	灰	红褐	橘红	红褐	橘红	红褐	灰褐		
素面	0.45	0.40	0.06	0.53	0.05	0.21	0.31	0.53	0.16	0.126	1.24		4.066	36.12
素面+磨光	1.87	0.22	0.114										2.204	19.58
绳纹	0.16							0.71			1.88	0.126	2.876	25.55
弦纹	0.05												0.05	0.44
附加堆纹	0.02			0.114				0.38	0.32				0.834	7.41
绳纹+附加堆纹											0.36		0.36	3.20
划纹	0.21												0.21	1.87
线纹	0.35										0.03		0.38	3.38
彩陶	0.13												0.13	1.15
绳纹+弦纹											0.126		0.126	1.12
合计	3.24	0.62	0.174	0.644	0.05	0.21	0.31	1.62	0.48	0.126	3.636	0.126	11.256	100
百分比（%）	28.78	5.51	1.55	5.72	0.44	1.87	2.75	14.39	4.26	1.12	32.32	1.12	100	

表二四九　H59器形统计表

（单位：件）

陶质	细泥质							粗泥质		细夹砂				粗夹砂						合计	百分比（%）
陶色	橘红					灰	黑	橘红	灰	橘红			红褐	橘红	红褐				灰褐		
纹饰\器形	素面+磨光	素面	彩陶	弦纹	划纹	素面+磨光	素面	素面	素面	素面	绳纹	附加堆纹	素面	素面	素面	绳纹	绳纹+弦纹	绳纹+附加堆纹	绳纹		
瓶	2																			2	3.70
盆		3		1				2	1											7	14.81
罐　口	15					2				1	2	1		1	2	3	1	2	1	15	27.78
罐　底	15									1										16	
钵		6	1		1				2						1					25	46.30
缸													1							3	5.56
杯		11	1	1	1	2	1	3	1	3			1	1	3		1	2	1	1	1.85
合计	15																			54	100
百分比（%）	27.78	20.37	1.85	1.85	1.85	3.70	1.85	5.56	1.85	1.85	5.56	1.85	1.85	1.85	5.56	5.56	1.85	3.70	1.85		100

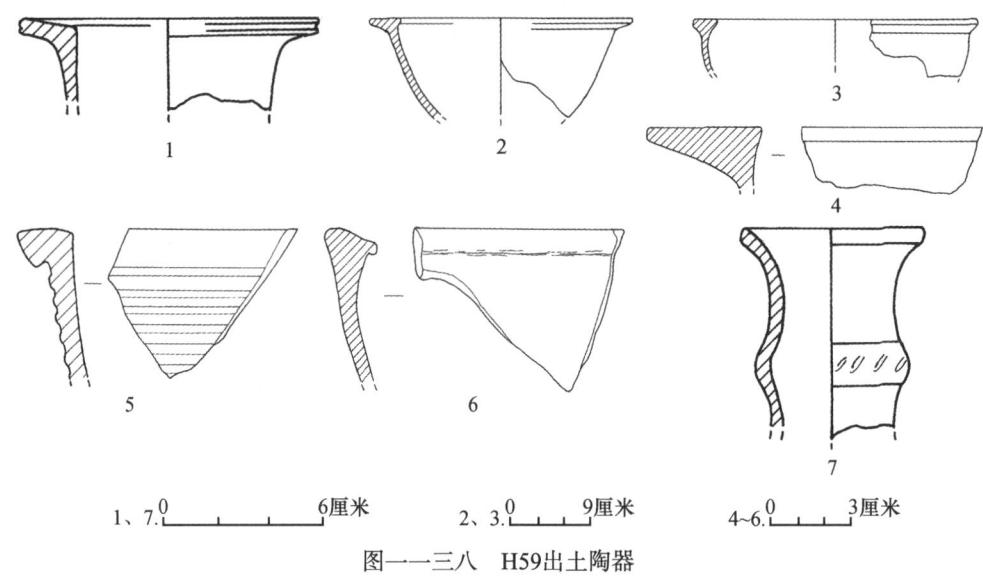

图一一三八　H59出土陶器
1、7. 瓶（H59：19、H59：20）　2~6. 盆（H59：14、H59：15、H59：17、H59：18、H59：16）

盆　8件。均口、腹部残片。标本H59：18，细泥质橘红陶。直口，平折沿，方唇，弧腹。口沿以下饰多周弦纹。唇部可见轮修痕迹（图一一三八，5）。

标本H59：14、H59：15、H59：17形制相同，均敛口，平折沿，斜直腹，素面。标本H59：14，细夹砂橘红陶。圆唇。器表刮抹光滑。沿面可见轮修痕迹，器表可见刮抹痕迹。复原口径30、残高10.4厘米（图一一三八，2）。标本H59：15，粗泥质灰陶。圆唇。沿面磨光。内、外壁均可见轮修痕迹。复原口径32.1、残高6.6厘米（图一一三八，3）。标本H59：17，粗泥质橘红陶。方唇。沿面磨光。内壁可见轮修痕迹（图一一三八，4）。

标本H59：16，粗泥质橘红陶。侈口，折沿，圆唇，斜直腹。器表刮抹光滑。素面。沿面可见轮修痕迹（图一一三八，6）。

罐　15件。均口、腹部残片。标本H59：31，粗夹砂橘红陶。侈口，折沿，方唇，鼓腹。素面。沿面可见轮修痕迹（图一一三九，5）。

标本H59：22、H59：23、H59：25、H59：26、H59：28、H59：30、H59：32、H59：33形制相同，均侈口，折沿，圆唇，鼓腹。标本H59：22，粗夹砂红褐陶。口沿以下饰竖向绳纹，上腹部饰鸡冠状附加堆纹。复原口径21.9、残高5.1厘米（图一一三九，1）。标本H59：23，粗夹砂红褐陶。口沿以下饰左上至右下斜向绳纹，上腹部饰鸡冠状附加堆纹。复原口径24、残高6厘米（图一一三九，4）。标本H59：25，粗夹砂红褐陶。口沿以下饰左上至右下斜向绳纹。沿面可见轮修痕迹（图一一三九，6）。标本H59：26，粗夹砂红褐陶。素面。沿面与器表均可见轮修痕迹，器表可见烟熏痕迹。复原口径15.9、残高3.9厘米（图一一三九，7）。标本H59：28，粗夹砂红褐陶。沿面有一道折棱。腹部饰右上至左下斜向绳纹（图一一三九，8）。标本H59：30，粗夹砂红褐陶。口下饰一周弦纹，弦纹以下饰竖向绳纹。唇部可见轮修痕迹（图一一三九，3）。标本H59：32，粗夹砂红褐陶。素面。唇部可见轮修痕迹（图一一三九，2）。标本H59：33，粗夹砂灰褐陶。腹部饰左上至右下斜向绳纹（图一一三九，9）。

钵　25件。均口、腹部残片。标本H59：5、H59：7、H59：8、H59：9、H59：13形制相同，均直口微敛，浅弧腹，器表磨光。标本H59：5，细泥质橘红陶。圆唇。口下饰黑色宽带纹彩绘，

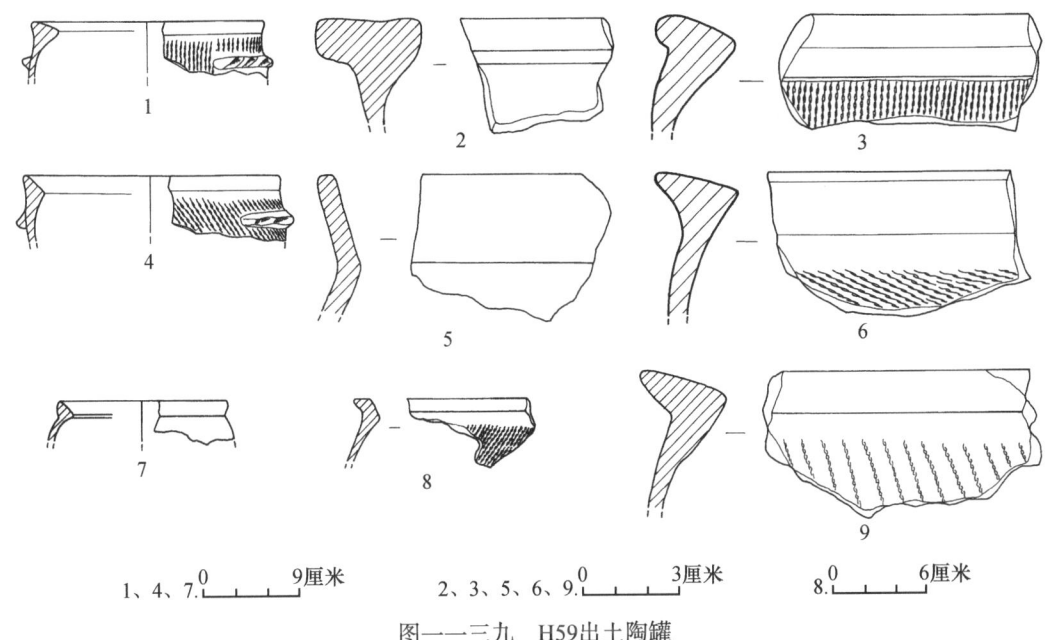

图一一三九 H59出土陶罐

1~9. (H59：22、H59：32、H59：30、H59：23、H59：31、H59：25、H59：26、H59：28、H59：33)

部分彩绘剥落（图一一四〇，1）。标本H59：7，细泥质橘红陶。圆唇。素面（图一一四〇，7）。标本H59：8，细泥质橘红陶。圆唇。素面。口下可见浅褐色叠烧痕迹（图一一四〇，3）。标本H59：9，细泥质橘红陶。圆唇。素面。口下可见轮修痕迹（图一一四〇，11）。标本H59：13，细泥质黑陶。尖圆唇。素面（图一一四〇，2）。

标本H59：1、H59：2、H59：3、H59：4、H59：6、H59：10、H59：11、H59：12形制相同，均敛口，斜直腹，素面。标本H59：1，细泥质橘红陶。厚圆唇。口下可见深褐色叠烧痕迹，口沿内侧可见轮修痕迹，腹部可见刮抹痕迹（图一一四〇，10）。标本H59：2，细泥质橘红陶。尖圆唇，口沿内侧贴有一周泥片。器表刮抹光滑。内壁可见轮修痕迹，口下可见刮抹痕迹（图一一四〇，4）。标本H59：3，细泥质橘红陶。尖圆唇。器表可见烟熏痕迹，内壁可见轮修痕迹，口下可见刮抹痕迹（图一一四〇，12）。标本H59：4，细泥质橘红陶。圆唇。器表磨光。内壁可见刮抹痕迹（图一一四〇，8）。标本H59：6，细泥质灰陶。圆唇。内、外壁均可见轮修痕迹（图一一四〇，5）。标本H59：10，细泥质橘红陶。圆唇。器表可见刮抹痕迹，内壁可见轮修痕迹（图一一四〇，6）。标本H59：11，细泥质橘红陶。圆唇。内、外壁均可见轮修痕迹（图一一四〇，13）。标本H59：12，细泥质橘红陶。厚圆唇。器表可见刮抹痕迹，内壁可见轮修痕迹（图一一四〇，9）。

缸 3件。均口、腹部残片。H59：24、H59：27形制相同，均细夹砂橘红陶，侈口，折沿，圆唇，腹微鼓，素面。标本H59：24，唇部可见轮修痕迹（图一一四一，1）。标本H59：27，器表可见刮抹痕迹（图一一四一，3）。

标本H59：29，粗夹砂红褐陶。敛口，厚唇，直腹。素面。内壁可见轮修痕迹（图一一四一，2）。

杯 1件。标本H59：34，完整。细夹砂红褐陶。敛口，圆唇，斜直壁，平底。素面。口径4、底径4.4、通高5.6厘米（图一一四一，10；彩版二六，6；图版一七五，6）。

附加堆纹陶片 标本H59：35，颈部残片。粗泥质橘红陶。颈部饰一周条带状附加堆纹。可能

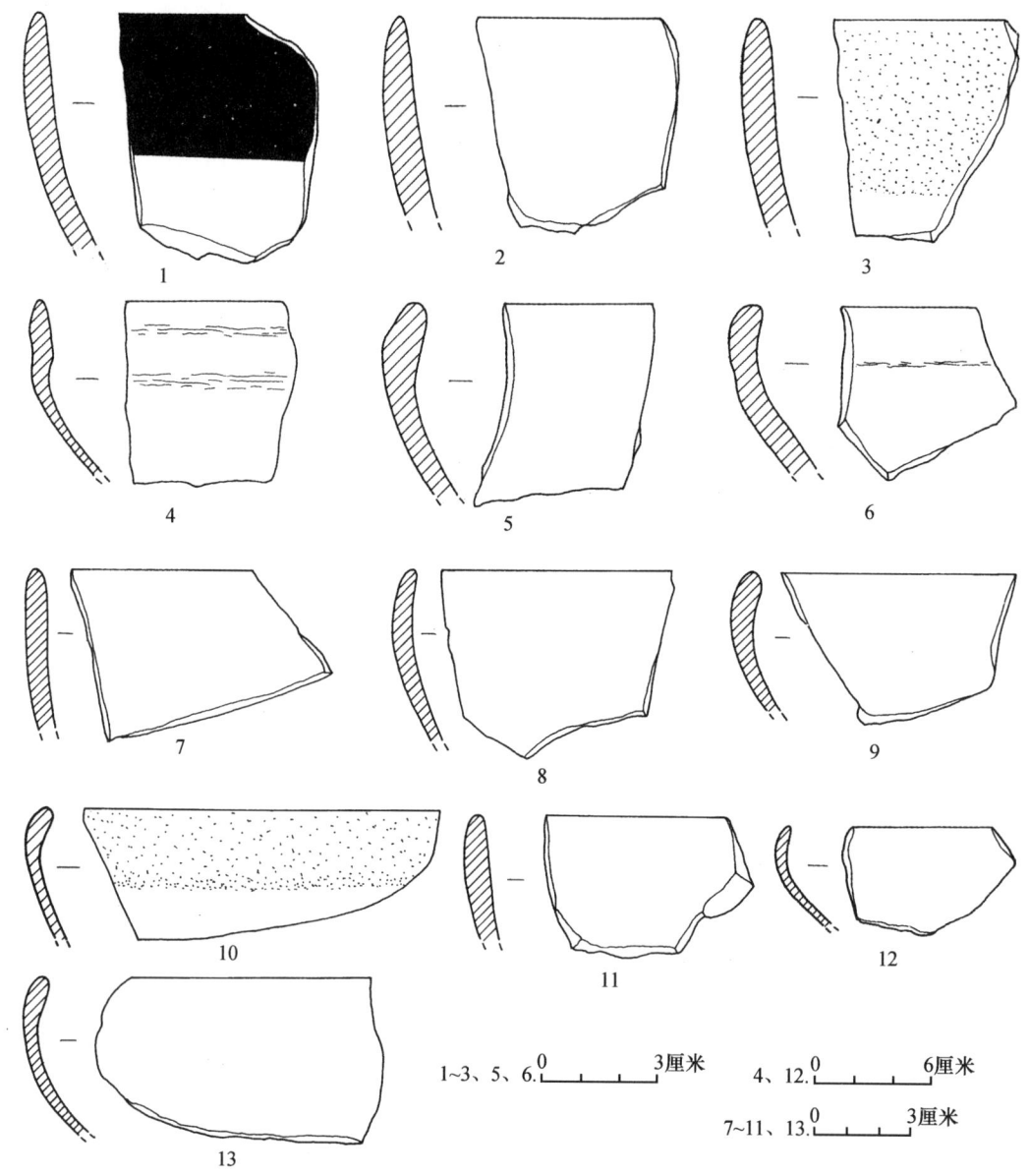

图一一四〇 H59出土陶钵

1~13.（H59：5、H59：13、H59：8、H59：2、H59：6、H59：10、H59：7、H59：4、H59：12、H59：1、H59：9、H59：3、H59：11）

为瓶的残片（图一一四一，4）。

圆陶片 1件。标本H59：36，稍残。细泥质橘红陶。系利用钵的口部残片加工而成，先打制，然后对周缘进行磨制。椭圆形，边缘较钝。长径6、短径4.9、厚0.5厘米（图一一四一，5）。

锉 1件。标本H59：37，两端均残。细泥质橘红陶。残存部分平面呈长方形，横断面呈圆角长方形，两侧边稍弧。器表麻点清晰，密度较小。残长6.8、宽3.4、厚0.9厘米（图一一四一，6）。

环 3件。均残。形制相同，均细泥质灰陶，圆环状。标本H59：38，横断面呈近三角形。复原直径5.6、厚0.5厘米（图一一四一，9）。标本H59：39，横断面呈近椭圆形。厚0.7厘米（图一一四一，7）。标本H59：40，横断面呈圆形。厚0.5厘米（图一一四一，8）。

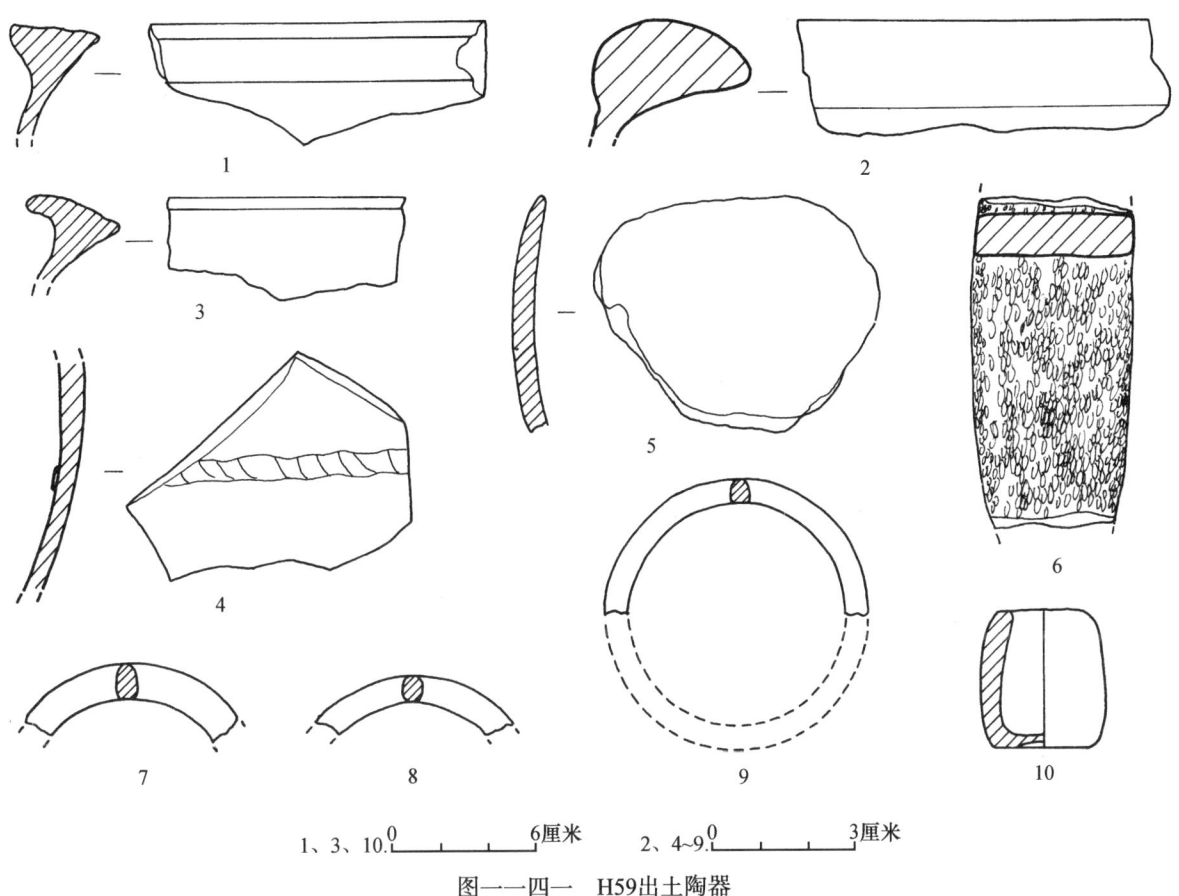

1、3、10. 0—6厘米 2、4~9. 0—3厘米

图一一四一 H59出土陶器

1~3.缸（H59:24、H59:29、H59:27） 4.陶片（H59:35） 5.圆陶片（H59:36） 6.锉（H59:37）
7~9.环（H59:39、H59:40、H59:38） 10.杯（H59:34）

18. H63

H63位于Ⅲ区T0411北部与T0412南部，开口于②层下。平面呈圆形，袋状，斜直壁，平底。坑口径1.35、底径2、深1.58米（图一一四二）。

坑内堆积为浅灰色土，土质较为疏松，包含有零星火烧土颗粒，出土大量陶片，另有兽骨。

陶片为主要的出土物，以粗夹砂红褐陶为主，有一定比例的细夹砂橘红陶、粗泥质橘红陶和少量细泥质橘红陶、粗泥质灰陶、细泥质黑陶、细夹砂红褐陶、粗泥质红褐陶、粗泥质白陶、细夹砂灰陶；纹饰以附加堆纹和素面居多，并有一定比例的绳纹及少量弦纹、交错绳纹、彩陶（表二五〇）。

H63共出土遗物45件。以陶器为主，石器次之。

（1）陶器

44件。器类有盆、罐、钵、缸、器盖、圆陶片、钏，另有器耳（表二五一）。

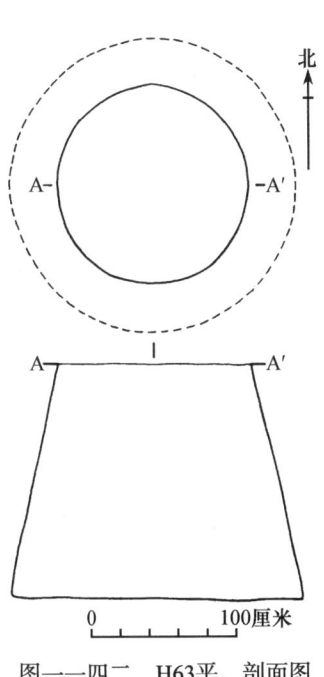

图一一四二 H63平、剖面图

表二五〇 H63陶系统计表　　　　　　　　　　　　　　　　　　（单位：kg）

陶质	细泥质		粗泥质				细夹砂			粗夹砂	合计	百分比（%）	
陶色\纹饰	橘红	黑	橘红	红褐	白	灰	橘红	红褐	灰	红褐			
素面			0.67		0.114	0.114	0.95	0.31	0.126	1.64	3.924	34.24	
素面+磨光	0.37	0.09	0.114		0.02	0.34					0.934	8.15	
绳纹			0.17	0.114						0.72	1.004	8.76	
弦纹			0.03					0.126			0.156	1.36	
交错绳纹			0.08				0.23				0.31	2.71	11.46 / 100
附加堆纹										5.04	5.04	43.98	
绳纹+附加堆纹										0.02	0.02	0.17	
彩陶	0.07										0.07	0.61	
合计	0.44	0.09	1.064	0.114	0.134	0.454	1.18	0.436	0.126	7.42	11.46		
百分比（%）	3.84	0.79	9.28	0.99	1.17	3.96	10.30	3.80	1.10	64.75	100		

表二五一 H63器形统计表　　　　　　　　　　　　　　　　　　（单位：件）

陶质	细泥质		粗泥质						细夹砂		粗夹砂					合计	百分比（%）	
陶色	橘红	黑	橘红				红褐	白	灰	橘红	红褐	红褐						
纹饰\器形	素面+磨光	素面+磨光	素面+磨光	素面	绳纹	弦纹	交错绳纹	绳纹	素面	素面	素面	交错绳纹	弦纹	素面	绳纹	附加堆纹	绳纹+附加堆纹		
盆	1	1	1		1			1			1	1						7	16.67
罐				1	1					1				5	3	3	2	16	38.10
钵	6	2		1				1										10	23.81
缸														1	3	2	2	8	19.05
器盖							1											1	2.38
合计	7	3	1	1	1	1	1	1	1	1	1	1	1	6	6	5	4	42	100
百分比（%）	16.67	7.14	2.38	2.38	2.38	2.38	2.38	2.38	2.38	2.38	2.38	2.38	2.38	14.29	14.29	11.90	9.52	100	

盆　7件。均口、腹部残片。标本H63：11，粗泥质白陶。敛口，折沿，沿面略鼓，圆唇，弧腹。沿面磨光。素面。外沿面可见轮修痕迹，口部可见烟熏痕迹（图一一四三，5）。

标本H63：32，细夹砂红褐陶。敛口，平折沿，圆唇，斜直腹。口沿下侧饰多周弦纹（图

——四三，3）。

标本H63∶5、H63∶25形制相同，均敛口，圆唇，唇外叠，弧腹。标本H63∶5，粗泥质橘红陶。口沿下侧有一道浅细凹槽。素面。器表磨光。内壁可见轮修痕迹（图一一四三，4）。标本H63∶25，细夹砂橘红陶。腹部饰交错绳纹。唇部可见轮修痕迹（图一一四三，1）。

罐 16件。均口、腹部残片。标本H63∶14，粗夹砂红褐陶。敞口，方唇，唇部有一道浅细凹槽，斜直腹。素面。复原口径18、残高6厘米（图一一四三，12）。

标本H63∶17、H63∶19、H63∶20、H63∶21、H63∶22、H63∶23、H63∶26、H63∶28形制相同，均粗夹砂红褐陶，侈口，折沿，鼓腹。标本H63∶17，沿面有一道棱脊，圆唇。素面。沿面可见轮修痕迹。复原口径14.1、残高3厘米（图一一四三，11）。标本H63∶19，圆唇。腹部饰竖向绳纹（图一一四三，6）。标本H63∶20，圆唇。口沿以下饰竖向绳纹。内壁可见轮修痕迹。复原口径12、残高3.3厘米（图一一四三，9）。标本H63∶21，圆唇。表层有部分剥落。上腹部饰鸡冠状附加堆纹。沿面可见轮修痕迹。复原口径18、残高4.2厘米（图一一四三，10）。标本H63∶22，圆唇。素面。复原口径15.9、残高3厘米（图一一四三，8）。标本H63∶23，圆唇。口沿下侧饰鸡冠状附加堆纹（图一一四三，7）。标本H63∶26，方唇。素面。沿面可见轮修痕迹（图一一四三，2）。标本H63∶28，圆唇。腹部饰一周条带状附加堆纹。内壁可见泥条盘筑痕迹，器表可见烟熏痕迹。复原口径22.1、残高12厘米（图一一四三，13）。

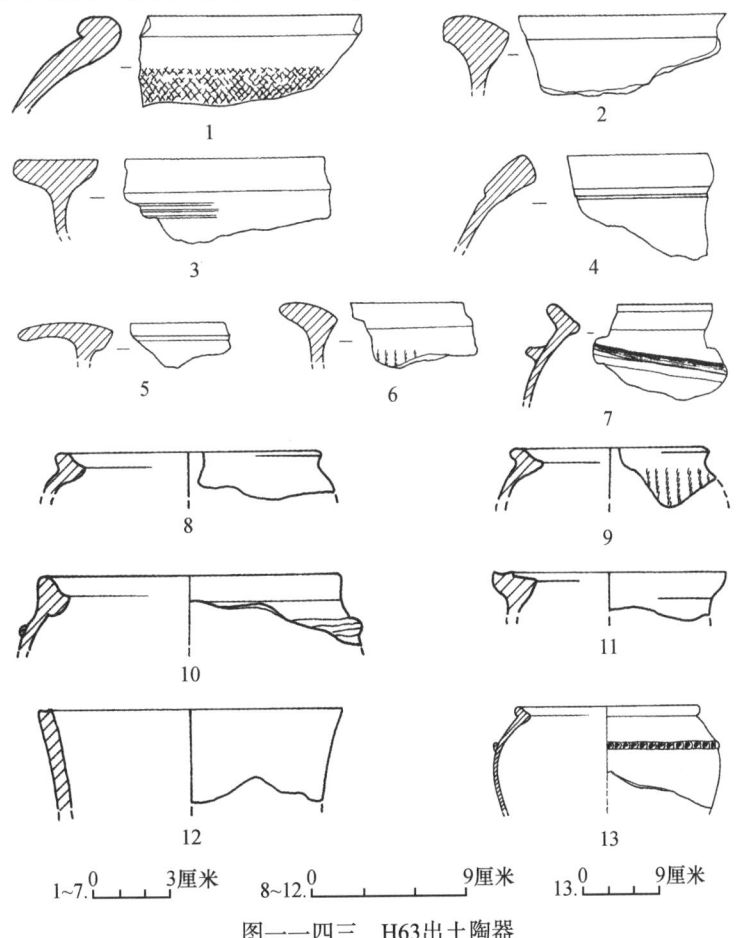

图一一四三 H63出土陶器

1、3～5.盆（H63∶25、H63∶32、H63∶5、H63∶11） 2、6～13.罐（H63∶26、H63∶19、H63∶23、H63∶22、H63∶20、H63∶21、H63∶17、H63∶14、H63∶28）

钵　10件。均口、腹部残片。形制相同，均敛口，斜直腹，素面。标本H63:1，粗泥质橘红陶。圆唇。器表经刮抹较为光滑。内壁可见刮抹痕迹。复原口径25.8、残高9厘米（图一一四四，10）。标本H63:8，细泥质橘红陶。尖唇，口沿内侧贴有一周泥片。器表磨光。口下可见轮修痕迹（图一一四四，1）。标本H63:9，粗泥质灰陶。圆唇。器表刮抹光滑。内、外壁均可见轮修痕迹（图一一四四，2）。

缸　8件。均口、腹部残片。标本H63:31，粗夹砂红褐陶。侈口，折沿，方唇，腹微鼓。沿面与唇部饰左上至右下斜向绳纹，腹部饰右上至左下斜向绳纹，绳纹斜度较小。沿面可见轮修痕迹（图一一四四，6）。

标本H63:33，粗夹砂红褐陶。敛口，平折沿，方唇，腹微鼓。素面。沿面可见轮修痕迹。复原口径42、残高5.4厘米（图一一四四，11）。

标本H63:29、H63:30形制相同，均粗夹砂红褐陶，敛口，厚唇，上腹微鼓，下腹斜直。标本H63:29，口沿下侧饰鸡冠状附加堆纹与圆饼状附加堆纹，腹部饰多周条带状附加堆纹，并饰左上至右下斜向短绳纹。沿面磨光，可见轮修痕迹。口径34.2厘米，残高15厘米（图一一四四，8）。标本H63:30，口沿下侧饰鸡冠状附加堆纹与圆饼状附加堆纹，腹部饰多周条带状附加堆纹，并饰竖向短绳纹。复原口径37.5、残高11.1厘米（图一一四四，7）。

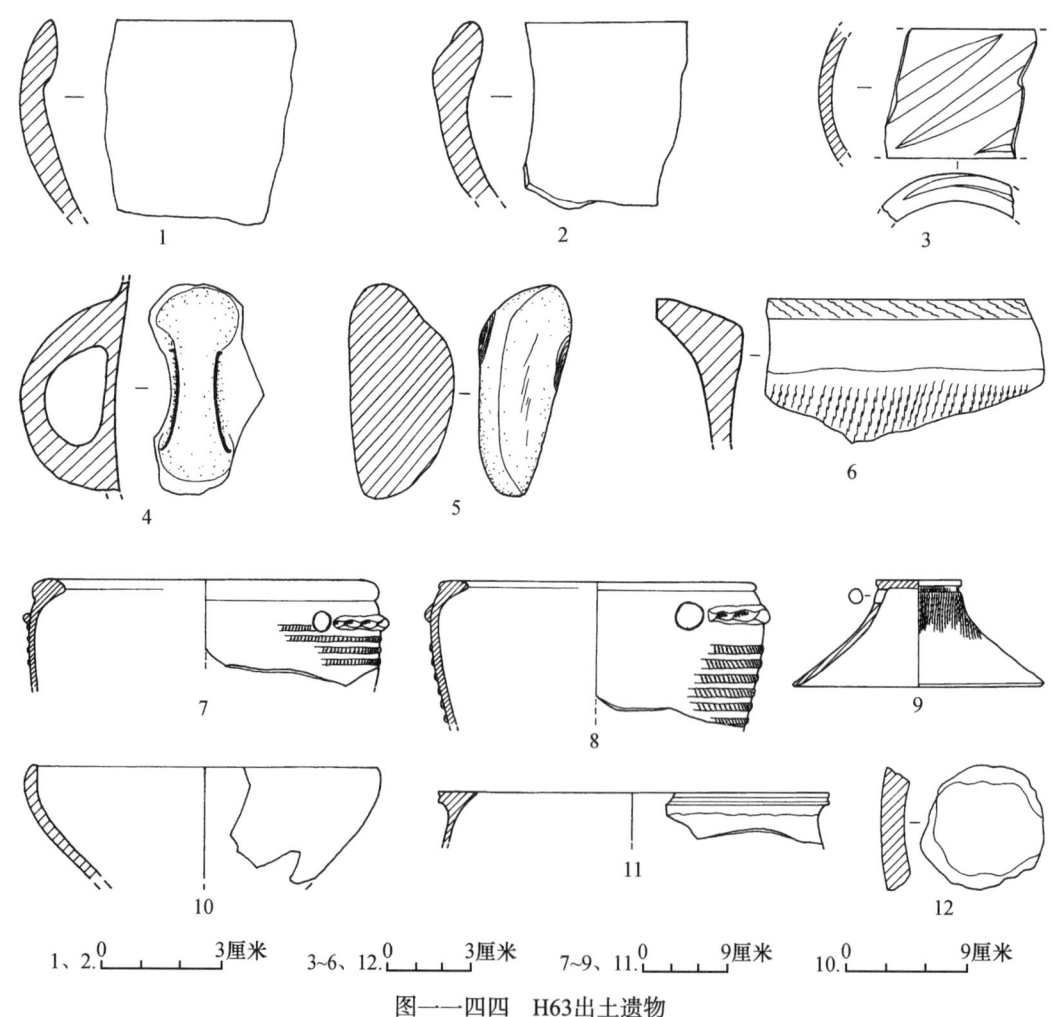

图一一四四　H63出土遗物

1、2、10. 陶钵（H63:8、H63:9、H63:1）　3. 陶钏（H63:38）　6、7、8、11. 陶缸（H63:31、H63:30、H63:29、H63:33）　4. 器耳（H63:36）　5. 石锤（H63:39）　9. 器盖（H63:35）　12. 圆陶片（H63:37）

器盖　1件。标本H63：35，可复原。粗泥质红褐陶。喇叭口状，敞口，圆唇，反弧壁，圆饼状纽，纽下侧有一个由外向内单面戳成的圆孔，圆孔系在陶坯上戳成。器表饰竖向绳纹。内壁可见泥条盘筑痕迹。口径27、纽径9、孔径1.5、通高11.1厘米（图一一四四，9；彩版二七，3；图版一七五，7）。

器耳　标本H63：36，腹部残片。细夹砂灰陶。弧腹，有一竖向扁圆桥形耳。素面。可能为瓶耳（图一一四四，4）。

圆陶片　1件。标本H63：37，完整。细泥质橘红陶。系利用钵的残片打制而成。圆形，边缘较锋利。直径4.4、厚0.8厘米（图一一四四，12）。

钏　1件。标本H63：38，残。细泥质灰陶。圆筒形。外壁饰螺旋状刻划纹（图一一四四，3；图版一七六，1）。

（2）石器

1件。锤。标本H63：39，完整。石英。器身呈不规则形。器表可见多处密集坑疤。长7.4厘米（图一一四四，5）。

19. H64

H64位于Ⅲ区T0413东部与T0513西部，开口于②层下。平面呈圆形，袋状，斜直壁，平底，底部有一层硬面。坑口径1.92、底径2.32、深1.06米（图一一四五）。

坑内堆积为浅灰色土，土质较为疏松，包含大量火烧土颗粒，出土大量陶片，另有骨头。

陶片为主要的出土物，以粗夹砂红褐陶为主，粗泥质橘红陶次之，细泥质橘红陶和粗泥质灰陶再次，还有少量细夹砂橘红陶；纹饰以素面居多，绳纹次之，附加堆纹再次，还有少量弦纹和彩陶（表二五二）。

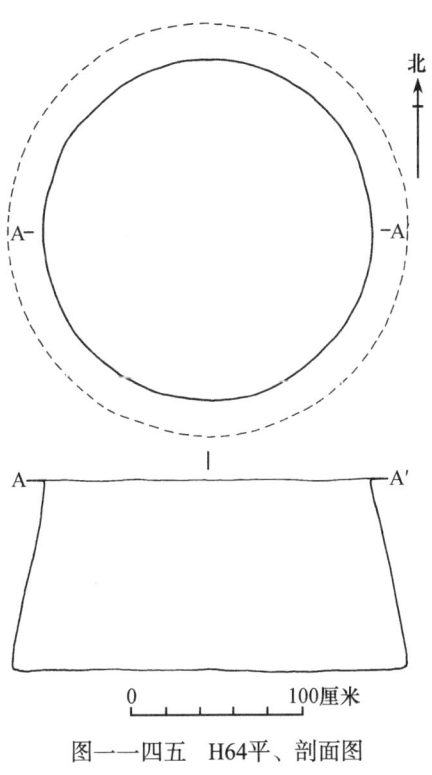

图一一四五　H64平、剖面图

表二五二　H64陶系统计表　　　　　　　　　　　　　　　　　　　（单位：kg）

陶质 陶色 纹饰	细泥质 橘红	粗泥质 橘红	粗泥质 灰	细夹砂 橘红	粗夹砂 红褐	合计	百分比（%）
素面		0.95			0.43	1.38	34.50
素面+磨光	0.58		0.41		0.99		24.75
绳纹				0.09	0.91	1.00	25.00
绳纹+弦纹				二	0.02	0.02	4.00	0.50	100
附加堆纹		0.07				0.07	1.75
绳纹+附加堆纹					0.49	0.49	12.25
彩陶	0.05					0.05	1.25
合计	0.63	1.02	0.41	0.09	1.85	4.00	
百分比（%）	15.75	25.50	10.25	2.25	46.25	100	

H64共出土遗物33件。全部为陶器。器类有瓶、罐、钵、缸、漏斗、圆陶片、锉（表二五三）。

表二五三　H64器形统计表　　　　　　　　　　（单位：件）

陶质	细泥质			粗泥质		粗泥质	粗夹砂			合计	百分比（%）
陶色	橘红			橘红		灰	红褐				
纹饰 \ 器形	素面+磨光	素面	彩陶	素面	附加堆纹	素面+磨光	素面	绳纹	绳纹+附加堆纹		
瓶				1	1					2	7.14
罐　口							2	2	2	14	50.00
底							4	3	1		
钵	8	1								9	32.14
缸	1					1				2	7.14
漏斗		1								1	3.57
合计	9	1	1	1	1	1	6	5	3	28	100
	28										
百分比（%）	32.14	3.57	3.57	3.57	3.57	3.57	21.43	17.86	10.71		
	100										

瓶　2件。均口、颈部残片。形制相同。标本H64：5，粗泥质橘红陶。喇叭形口，折沿，方唇，束颈。器表经刮抹较为光滑。素面。沿面可见轮修痕迹，内壁可见泥条盘筑痕迹。复原口径10.8、残高4.4厘米（图一一四六，1）。

罐　14件。形制相同，均粗夹砂红褐陶，侈口，折沿，腹微鼓。标本H64：6，下腹稍残。圆唇，上腹微鼓，下腹斜直，平底，最大腹径位于中上腹部。口沿下侧饰一对鸡冠状附加堆纹，口沿以下饰右上至左下斜向绳纹。沿面可见轮修痕迹。复原口径14.4、腹径16.2、底径11.4、复原高度16.5厘米（图一一四六，2）。标本H64：8，口、腹部残片。沿面有一道浅凹槽。圆唇。沿面可见轮修痕迹（图一一四六，11）。标本H64：11，口、腹部残片。尖圆唇。口沿下侧饰鸡冠状附加堆纹，口沿以下饰右上至左下斜向绳纹，局部饰左上至右下斜向绳纹。复原口径23.1、残高6.6厘米（图一一四六，3）。

钵　9件。均口、腹部残片。形制相同。标本H64：2，细泥质橘红陶。敛口，厚圆唇，斜直腹。器表磨光。素面。口下可见轮修痕迹，腹部可见刮抹痕迹。复原口径17.7、残高6.9厘米（图一一四六，4）。

缸　2件。均口、腹部残片。形制相同。标本H64：4，粗泥质灰陶。敛口，平折沿，圆唇，腹微鼓。器表磨光。素面。器表可见刮抹痕迹，内壁可见轮修痕迹。复原口径39.9、残高5.4厘米（图一一四六，12）。

漏斗　1件。标本H64：12，口、颈、壁残片。细泥质橘红陶。直口，圆唇，细长颈，弧壁。素面。器表可见刮抹痕迹，内壁可见泥条盘筑与轮修痕迹。口径4.2、残高19.5厘米（图一一四六，9；彩版二七，5；图版一七六，2）。

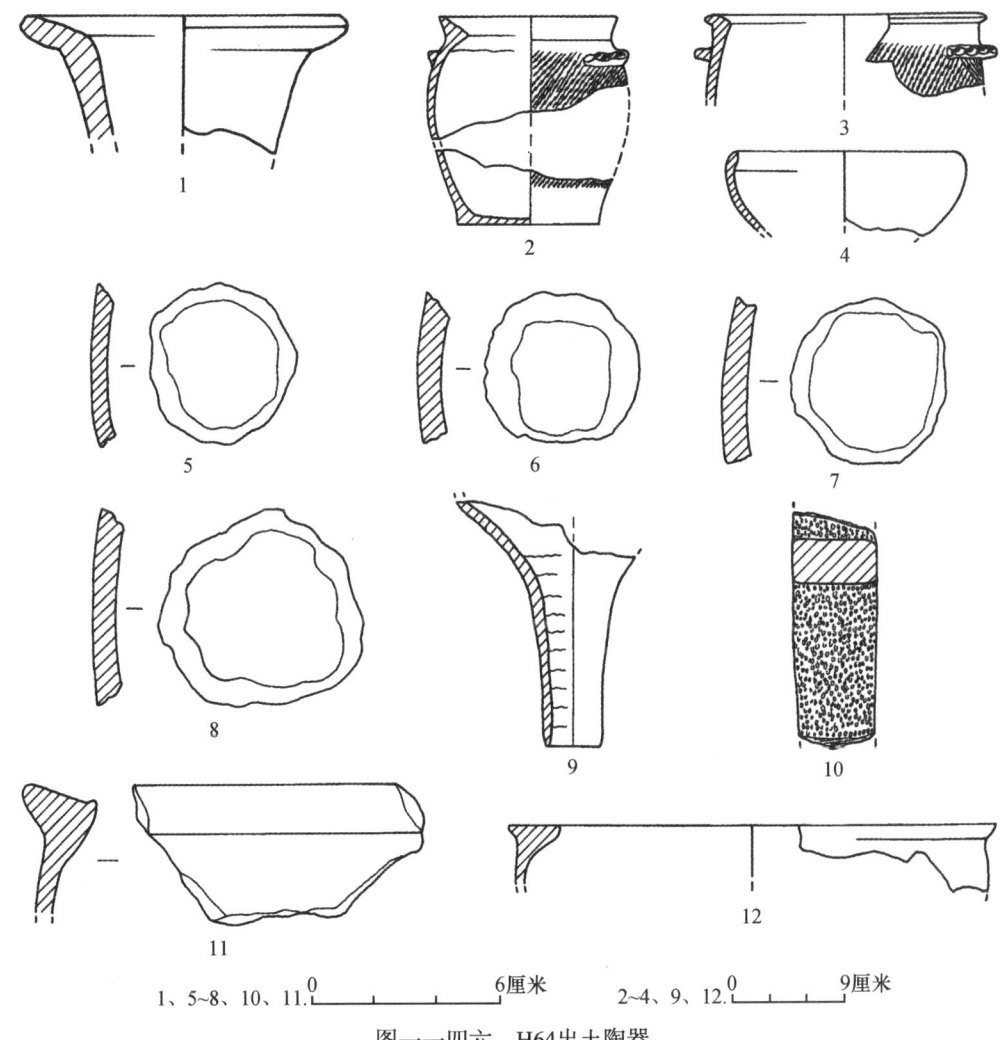

图一一四六 H64出土陶器

1.瓶（H64：5） 2、3、11.罐（H64：6、H64：11、H64：8） 4.钵（H64：2） 5~8.圆陶片（H64：13-4、H64：13-3、H64：13-2、H64：13-1） 9.漏斗（H64：12） 10.锉（H64：14） 12.缸（H64：4）

圆陶片 4件。均完整。形制相同，均细泥质橘红陶，圆形。标本H64：13-1，系利用钵的残片打制而成。边缘较锋利。直径5.6、厚0.6厘米（图一一四六，8）。标本H64：13-2，系利用钵的残片打制而成。边缘稍钝。直径4.3、厚0.7厘米（图一一四六，7）。标本H64：13-3，系利用钵的口部残片打制而成。边缘较锋利。器表可见深红色叠烧痕迹。直径4.2、厚0.6厘米（图一一四六，6）。标本H64：13-4，系利用钵的底部残片打制而成。器表较为粗糙，边缘较锋利。直径4、厚0.4厘米（图一一四六，5）。

锉 1件。标本H64：14，两端均残。细泥质灰陶。残存部分平面略呈长方形，横断面呈圆角长方形，器身较窄厚。器表麻点浅细，密度较大。残长6、宽2.3、厚1.2厘米（图一一四六，10）。

20. H67

H67位于Ⅲ区T0912东北角、T0913东南角、T1013西南角、T1012西北角，开口于②层下。平

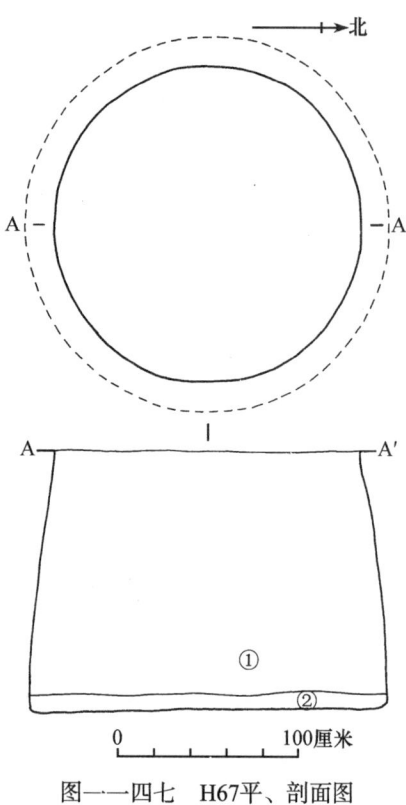

图一一四七 H67平、剖面图

面呈圆形，袋状，斜直壁，平底。坑口径1.7、底径2、深1.4米（图一一四七）。

坑内堆积可分为2层：第①层为深灰色土，土质疏松，厚1.3米；第②层为黄褐色土，土质较致密，包含少量火烧土颗粒，厚0.1米，出土大量陶片，另有兽骨。

陶片为主要的出土物，以粗夹砂红褐陶为主，细泥质橘红陶次之，并有一定比例的粗泥质橘红陶、细泥质灰陶、细泥质红褐陶及少量细泥质橙黄陶、细泥质黑陶、粗泥质红褐陶、细夹砂橘红陶、细夹砂红褐陶、细夹砂灰陶、细夹砂橙黄陶；纹饰以素面为主，绳纹和附加堆纹次之，弦纹再次，另有少量线纹、指甲纹、锥刺纹和彩陶（表二五四）。

H67共出土遗物46件。全部为陶器。器类有瓶、盆、罐、钵、缸、瓮、器盖、圆陶片、锉、笄（表二五五）。

瓶　1件。标本H67：16，口、颈部残片。粗泥质橘红陶。喇叭形口，宽平折沿，尖唇，外沿面有一道浅细凹槽，束颈。颈上部饰一周条带状附加堆纹。沿面、器表均可见轮修痕迹。复原口径12、残高3.6厘米（图一一四八，4）。

表二五四　H67陶系统计表　　　　　　　　　　　　　　　　（单位：kg）

陶质	细泥质				粗泥质		细夹砂				粗夹砂	合计	百分比（%）
陶色 纹饰	橘红	橙黄	灰	黑	红褐	橘红	红褐	橘红	橙黄	红褐	灰	红褐		
素面	0.10		0.60		0.50	0.55		0.126	0.006	0.07	0.13	1.23	3.366	42.08
素面+磨光	1.14			0.09								1.23		15.38
绳纹												1.21	1.21	15.13
弦纹	0.18					0.22				0.126			0.526	6.58
附加堆纹	0.22	0.35				0.228						0.15	0.948	11.85
交错绳纹												0.33	0.33	4.13
锥刺纹	0.04												0.04	0.50
线纹							0.10						0.10	1.25
彩陶	0.01												0.01	0.13
指甲纹	0.114												0.114	1.43
绳纹+附加堆纹												0.126	0.126	1.58
合计	1.804	0.35	0.60	0.09	0.50	0.998	0.10	0.126	0.006	0.196	0.13	3.046	8.00	100
百分比（%）	22.55	4.38	7.50	1.13	6.25	12.48	1.25	1.58	0.75	2.45	1.63	38.08	100	

表二五五 H67器形统计表

(单位：件)

陶质	细泥质							粗泥质			细夹砂				粗夹砂					合计	百分比(%)
陶色	橘红						黑	橘红			红褐		橙黄	灰	红褐						
纹饰\器形	素面	素面+磨光	弦纹	锥刺纹	指甲纹	彩陶	素面+磨光	弦纹	附加堆纹		素面	弦纹	素面	素面	素面	绳纹	交错绳纹	附加堆纹	绳纹+附加堆纹		
瓶	1																			1	2.33
盆		1	1	1		2	1		1					1						8	18.60
罐 口	2	4			1			1			1	1	1		4	3				18	41.86
罐 底							1		1						3	1	2	2	1	11	25.58
钵											2							1		3	6.98
缸											1									1	2.33
瓮																				1	2.33
器盖																				1	2.33
合计	3	5	2	1	1	2	2	1	2		4	1	1	1	7	4	2	3	1	43	100
百分比(%)	6.98	11.63	4.65	2.33	2.33	4.65	4.65	2.33	4.65		9.30	2.33	2.33	2.33	16.28	9.30	4.65	6.98	2.33		100

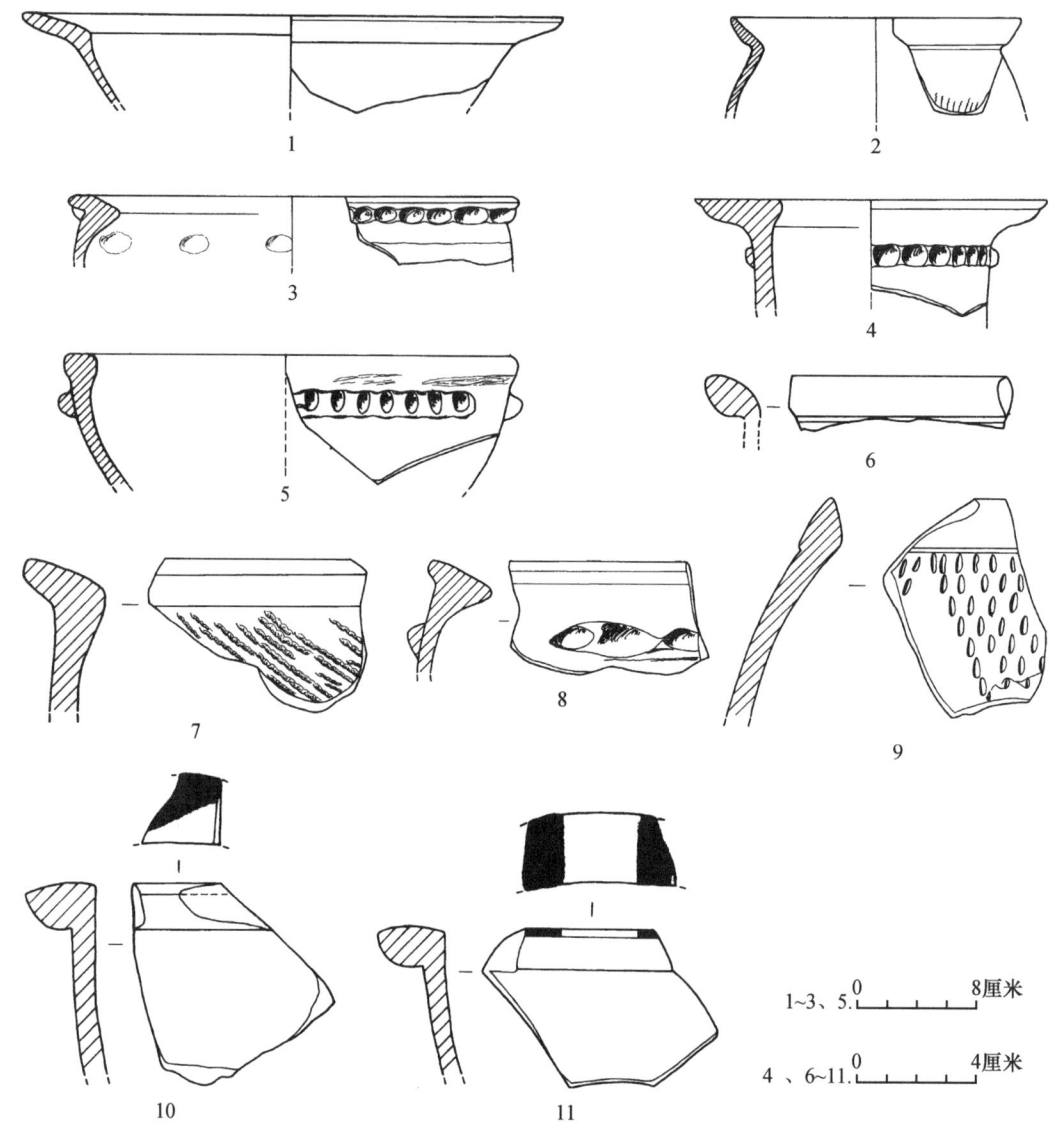

图一一四八 H67出土陶器

1、5、6、10、11.盆（H67：14、H67：17、H67：15、H67：12、H67：11）
2、3、7~9.罐（H67：21、H67：20、H67：23、H67：24、H67：25） 4.瓶（H67：16）

盆 8件。均口、腹部残片。标本H67：11、H67：12形制相同，均细泥质橘红陶，直口，平折沿，圆唇，弧腹，器表磨光。标本H67：11，口微敞。沿面饰黑色短线纹彩绘。唇部与器表均可见轮修痕迹（图一一四八，11）。标本H67：12，沿面饰黑色三角纹彩绘（图一一四八，10）。

标本H67：15，细泥质黑陶。侈口，卷沿，圆唇，弧腹。器表磨光。素面。唇部可见轮修痕迹（图一一四八，6）。

标本H67：14，细夹砂灰陶。侈口，折沿，圆唇，弧腹。器表刮抹光滑。素面。外沿面可见轮修痕迹，口沿下侧可见泥抹痕迹。复原口径36.6、残高6.4厘米（图一一四八，1）。

标本H67：17，粗泥质橘红陶。敛口，折沿，圆唇，弧腹。器表磨光。口下饰鸡冠状附加堆纹。复原口径31、残高8.4厘米（图一一四八，5）。

罐 18件。均口、腹部残片。标本H67：25，细泥质橘红陶。侈口，折沿，尖圆唇，圆鼓腹。

口沿以下饰多周整齐的指甲纹。内壁可见轮修痕迹（图一一四八，9）。

标本H67：21，粗夹砂红褐陶。侈口，卷沿，尖圆唇，鼓腹。腹部饰右上至左下斜向绳纹。外沿面可见轮修痕迹。复原口径19.4、残高6厘米（图一一四八，2）。

标本H67：20、H67：23、H67：24形制相同，均粗夹砂红褐陶，侈口，折沿，圆唇，鼓腹。标本H67：20，口沿下侧饰一周条带状附加堆纹。内壁可见泥条盘筑与垫窝痕迹。复原口径30.8、残高4厘米（图一一四八，3）。标本H67：23，口沿以下饰左上至右下斜向绳纹。沿面可见轮修痕迹（图一一四八，7）。标本H67：24，上腹部饰鸡冠状附加堆纹。器表可见烟熏痕迹（图一一四八，8）。

钵　11件。均口、腹部残片。标本H67：7，细夹砂红褐陶。敛口，方唇，斜直腹。素面。内、外壁均可见轮修痕迹（图一一四九，6）。

标本H67：1，粗泥质橘红陶。直口微敛，圆唇，斜直腹。器表刮抹光滑。腹部饰三周弦纹（图一一四九，9）。

标本H67：3、H67：4形制相同，均细泥质橘红陶，直口微敛，深弧腹，器表磨光，素面。标本H67：3，圆唇（图一一四九，3）。标本H67：4，尖唇。口下可见浅褐色叠烧痕迹（图一一四九，5）。

标本H67：2、H67：5、H67：9形制相同，均直口微敛，圆唇，浅弧腹，器表磨光，素面。标本H67：2，细泥质橘红陶。表层有部分剥落。口下可见深红色叠烧痕迹（图一一四九，1）。标本H67：5，细泥质橘红陶。口下可见浅褐色叠烧痕迹（图一一四九，2）。标本H67：9，细泥质黑陶。口下有一个由外向内单面钻成的圆孔（图一一四九，8）。

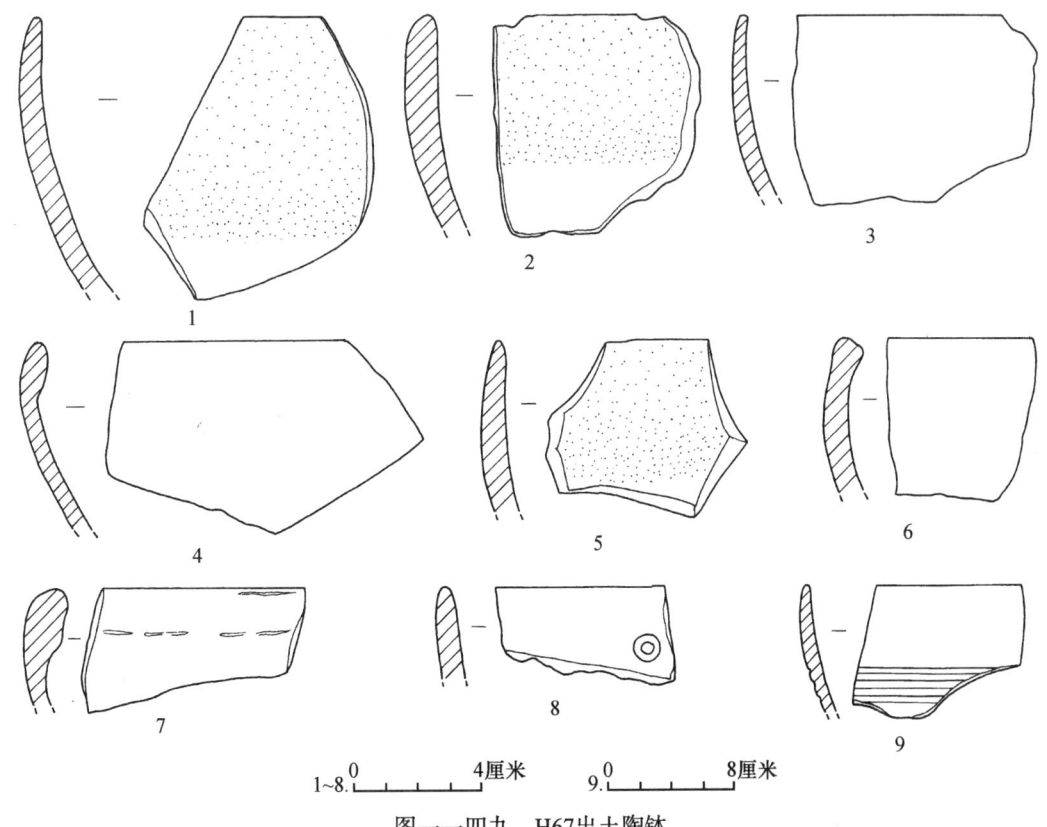

图一一四九　H67出土陶钵

1~9.（H67：2、H67：5、H67：3、H67：6、H67：4、H67：7、H67：8、H67：9、H67：1）

标本H67：6、H67：8形制相同，均细泥质橘红陶，敛口，圆唇，口沿内侧贴有一周泥片，斜直腹，器表磨光，素面。标本H67：6，内、外壁均可见轮修痕迹（图一一四九，4）。标本H67：8，内壁可见轮修痕迹，器表可见刮抹痕迹（图一一四九，7）。

缸　3件。均口、腹部残片。标本H67：13、H67：18形制相同，均敛口，平折沿，沿面稍内斜，圆唇，直腹。标本H67：13，细夹砂红褐陶。素面。沿面可见轮修痕迹。复原口径41.6、残高6厘米（图一一五〇，1）。标本H67：18，粗夹砂红褐陶。口沿下侧饰一周条带状附加堆纹，其下侧饰竖向绳纹。复原口径34、残高4厘米（图一一五〇，2）。

标本H67：19，细夹砂橘红陶。敛口，平折沿，圆唇，直腹。器表刮抹光滑。素面（图一一五〇，7）。

瓮　1件。标本H67：22，口、腹部残片。细夹砂红褐陶。敛口，折沿，沿面向外侧下斜，方唇，口沿内侧有一道浅细凹槽，腹部较直。口沿以下饰多周弦纹（图一一五〇，4）。

器盖　1件。标本H67：10，口、壁残片。细夹砂红褐陶。侈口，圆唇，弧壁。素面（图一一五〇，3）。

圆陶片　1件。标本H67：26，完整。细泥质橘红陶。系利用钵的残片打制而成。圆形，边缘较钝。直径4、厚0.7厘米（图一一五〇，8）。

锉　1件。标本H67：28，一端残。粗泥质橘红陶。残存部分平面呈三角形，两侧边稍弧，锐尖。器表麻点清晰，密度较大。残长7、厚0.7厘米（图一一五〇，6）。

笄　1件。标本H67：27，残。细泥质灰陶。"T"字形，笄身呈圆柱形，横断面呈圆形，上有长扁平笄帽。通体磨光。残长5.1厘米（图一一五〇，5）。

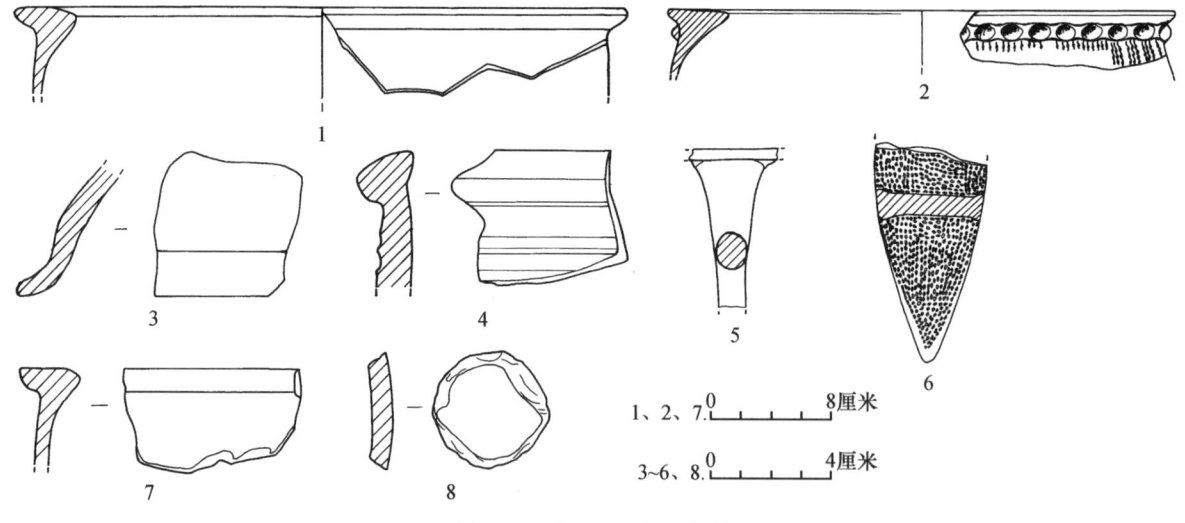

图一一五〇　H67出土陶器
1、2、7.缸（H67：13、H67：18、H67：19）　3.器盖（H67：10）　4.瓮（H67：22）　5.笄（H67：27）
6.锉（H67：28）　8.圆陶片（H67：26）

21. H69

H69位于Ⅲ区T1012东北部与T1013东南部，开口于②层下。平面呈圆形，袋状，斜直壁，平底。坑口径2.1、底径2.5、深0.74米（图一一五一）。

坑内堆积可分为2层：第①层为深灰色土，土质疏松，厚0.6米；第②层为黄褐色土，土质较致密，厚0.14米，出土少量陶片。

陶片为主要的出土物，以粗夹砂红褐陶为主，细泥质橘红陶次之，并有一定比例的细夹砂橘红陶、细泥质黑陶和少量细泥质灰陶、粗泥质橘红陶；纹饰以素面居多，附加堆纹和绳纹次之，还有少量弦纹、交错绳纹、彩陶（表二五六）。

H69共出土遗物19件。全部为陶器。器类有罐、钵、瓮、锉（表二五七）。

罐　8件。均口、腹部残片。形制相同，均粗夹砂红褐陶，侈口，折沿，圆唇，鼓腹。标本H69：6，腹部饰左上至右下斜向绳纹。沿面与口沿下侧均可见轮修痕迹（图一一五二，2）。标本H69：7，口沿以下饰交错绳纹。唇部可见轮修痕迹。复原口径28、残高5厘米（图一一五二，1）。

钵　9件。均口、腹部残片。形制相同，均敛口，斜直腹，素面。标本H69：3，细泥质橘红陶。厚圆唇。器表经刮抹较为光滑。器表可见刮抹痕迹。复原口径27.4、残高6厘米（图一一五二，3）。标本H69：4，细泥质灰陶。尖圆唇，口沿内侧有一道凸棱，断面呈三角形。器表磨光。内壁可见轮修痕迹（图一一五二，6）。

瓮　1件。标本H69：5，口沿残片。细泥质橘红陶。敛口，圆唇，折肩。唇部有三道浅细凹槽（图一一五二，4）。

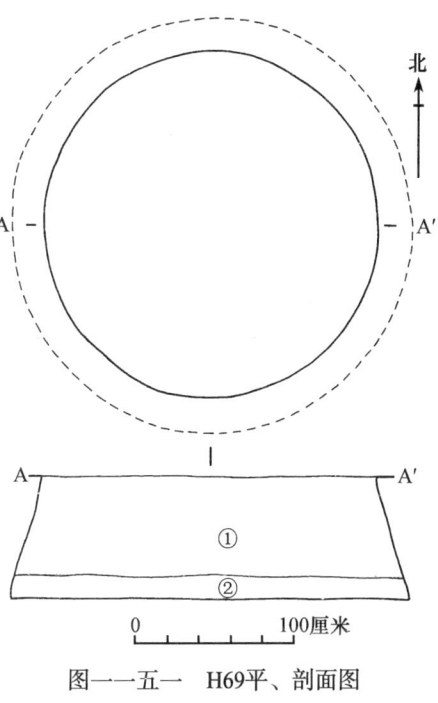

图一一五一　H69平、剖面图

表二五六　H69陶系统计表　　　　　　　　　　　　　　　　　　（单位：kg）

陶质	细泥质			粗泥质	细夹砂	粗夹砂	合计		百分比（%）	
陶色 纹饰	橘红	灰	黑	橘红	橘红	红褐				
素面	0.35			0.10		0.354	0.804		23.72	
素面+磨光	0.44	0.13	0.26				0.83		24.48	
绳纹					0.31	0.43	0.74		21.83	
弦纹						0.04	0.04	3.39	1.17	100
绳纹+附加堆纹						0.83	0.83		24.48	
彩陶	0.02						0.02		0.59	
交错绳纹						0.126	0.126		3.72	
合计	0.81	0.13	0.26	0.10	0.31	1.78				
	3.39									
百分比（%）	23.89	3.83	7.67	2.95	9.14	52.51				
	100									

表二五七　H69器形统计表　　　　　　　　　　　　　　　　　（单位：件）

陶质	细泥质				粗夹砂			合计		百分比（%）	
陶色	橘红		灰	黑	红褐						
器形＼纹饰	素面+磨光	素面	素面+磨光	素面+磨光	素面	绳纹	交错绳纹				
罐　口					3	2	1	8	18	44.44	100
底						2					
钵	5	1	1	2				9		50.00	
瓮		1						1		5.56	
合计	5	2	1	2	3	4	1	18			
百分比（%）	27.78	11.11	5.56	11.11	16.67	22.22	5.56	100			

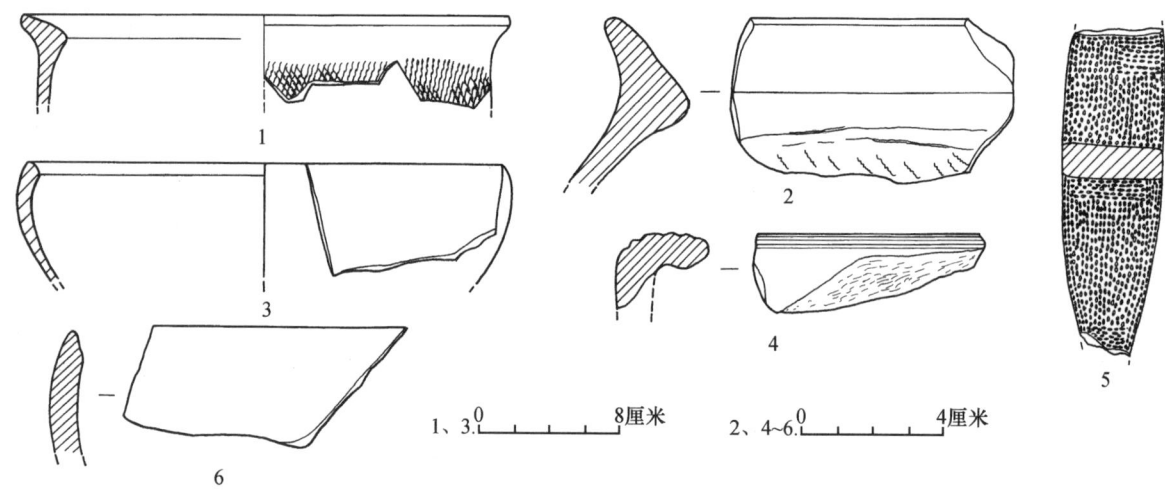

图一一五二　H69出土陶器
1、2.罐（H69：7、H69：6）　3、6.钵（H69：3、H69：4）　4.瓮（H69：5）　5.锉（H69：12）

锉　1件。标本H69：12，两端均残。粗泥质橘红陶。残存部分平面呈梭形，横断面呈圆角长方形，两侧边稍弧。器表麻点清晰，密度较大。残长9、中部宽2.9、厚0.9厘米（图一一五二，5）。

22. H72

H72位于Ⅲ区T0812东北部，开口于②层下。平面呈圆形，袋状，斜直壁，平底。坑口径2.2、底径2.48、深0.56米（图一一五三）。

坑内堆积为灰褐色土，土质疏松，包含有火烧土颗粒，出土大量陶片。

陶片为主要的出土物，粗夹砂红褐陶占绝大多数，并有少量细泥质橘红陶、细泥质灰陶、粗泥质橘红陶、细夹砂红褐陶；纹饰以附加堆纹占绝大多数，素面及绳纹次之，并有少量弦纹、线纹和彩陶（表二五八）。

H72共出土遗物19件。全部为陶器。器类有盆、罐、缸、器盖（图版一七六，3；表二五九）。

盆　1件。标本H72：4，可复原。粗夹砂红褐陶。敛口，平折沿，圆唇，斜直腹，平底。上腹部饰一对鸡冠状附加堆纹。沿面可见轮修痕迹，器表可见烟熏痕迹。口径23.2、底径8、通高12.2厘米（图一一五四，4；图版一七六，4）。

罐　12件。形制相同，均粗夹砂红褐陶，侈口，折沿，圆唇，鼓腹。标本H72：7，可复原。上腹稍鼓，下腹斜直，平底，最大腹径位于上腹部。器表抹光。口下饰一对鸡冠状附加堆纹，上腹部饰一周条带状附加堆纹。沿面可见轮修痕迹，下腹部可见刮抹痕迹，器表可见烟熏痕迹。口径21、腹径25.5、底径13、通高27.5厘米（图一一五四，1；图版一七六，5）。标本H72：8，可复原。上腹稍鼓，下腹斜直，平底，最大腹径位于上腹部。通体饰左上至右下斜向绳纹，绳纹斜度较小，口下饰一对鸡冠状附加堆纹，上腹部饰一周条带状附加堆纹。沿面可见轮修痕迹，器表可见烟熏痕迹。口径19.5、腹径25、底径14、通高26.5厘米（图一一五四，2；彩版一八，5；图版一七七，1；图版二〇一，2）。标本H72：5，口、腹部残片。口沿以下饰左上至右下斜向绳纹，上腹部饰一对鸡冠状附加堆纹。沿面可见轮修痕迹，器表可见烟熏痕迹。口径16、残高7.5厘米（图一一五四，5）。标本H72：6，下腹残。沿下抹泥，腹微鼓，平底。上腹部饰一对鸡冠状附加堆纹，上、中腹部饰竖向绳纹。口径14、腹

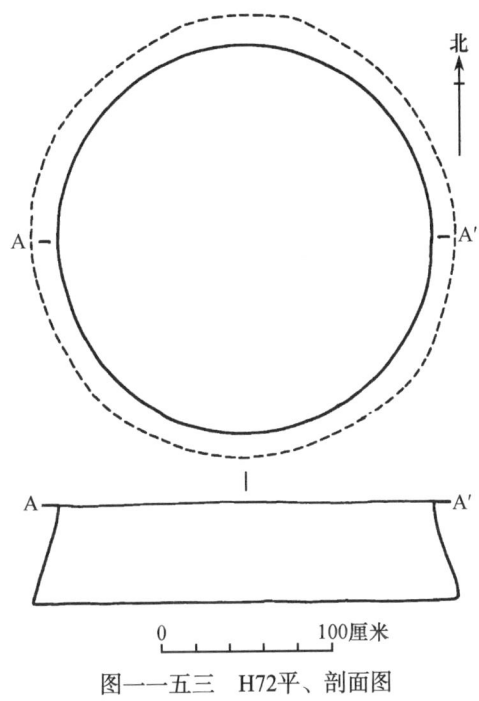

图一一五三　H72平、剖面图

表二五八　H72陶系统计表　　　　　　　　　　　　　　　　　　　　（单位：kg）

陶质 纹饰	细泥质		粗泥质	细夹砂	粗夹砂	合计	百分比（%）
陶色	橘红	灰	橘红	红褐	红褐		
素面	0.15			0.252	2.86	3.262	12.73
素面+磨光	0.14					0.14	0.55
绳纹			0.06		2.11	2.17	8.47
弦纹					0.05	0.05	0.20
附加堆纹					13.65	13.65	53.26
绳纹+附加堆纹					5.77	5.77	22.51
线纹	0.04	0.53				0.57	2.22
彩陶	0.02					0.02	0.08
合计	0.35	0.53	0.06	0.252	24.44	25.63	100
百分比（%）	1.37	2.07	0.23	0.98	95.36	100	

表二五九　H72器形统计表　　　　　　　　　　　　　　　　　　（单位：件）

陶质	细夹砂	粗夹砂				合计		百分比（%）	
陶色	红褐	红褐							
纹饰＼器形	素面	素面	绳纹	附加堆纹	绳纹＋附加堆纹				
盆			1			1	19	5.26	100
罐			6	2	4	12		63.16	
缸	1	1	1	1		4		21.05	
器盖	2					2		10.53	
合计	3	1	7	4	4	19			
百分比（%）	15.79	5.26	36.84	21.05	21.05	100			

径13.2、底径7、复原高度15.4厘米（图一一五四，3）。标本H72：9，口、腹部残片。口沿以下饰右上至左下斜向绳纹。外沿面可见轮修痕迹（图一一五四，6）。标本H72：11，口、腹部残片。素面。沿面可见轮修痕迹，器表可见烟熏痕迹。复原口径31.5、残高4厘米（图一一五四，7）。标本H72：12，口、腹部残片。口下饰一对鸡冠状附加堆纹，腹部饰多周条带状附加堆纹，口沿以下饰左上至右下斜向绳纹。沿面可见轮修痕迹，器表可见烟熏痕迹。复原口径27.4、残高11.1厘米（图一一五四，9）。标本H72：13，口、腹部残片。口下饰一对鸡冠状附加堆纹，上腹部饰三周棱脊状附加堆纹。口部可见烟熏痕迹。口径30、残高13.2厘米（图一一五四，8）。

缸　4件。标本H72：16，口、腹部残片。细夹砂红褐陶。敛口，平折沿，圆唇，腹微鼓。素面。沿面可见轮修痕迹。复原口径40、残高8厘米（图一一五五，2）。

标本H72：14、H72：15、H72：17形制相同，均粗夹砂红褐陶，敛口，厚唇，腹微鼓。标本H72：17，可复原。平底，最大腹径位于上腹部。上腹部饰三周棱脊状附加堆纹。唇部可见轮修痕迹，器表可见烟熏痕迹。口径40、腹径42.5、底径24、通高45厘米（图一一五五，1；图版一七七，2）。标本H72：14，口、腹部残片。素面。沿面可见轮修痕迹（图一一五五，3）。标本H72：15，口、腹部残片。口沿以下饰左上至右下斜向绳纹，局部饰右上至左下斜向绳纹（图一一五五，5）。

器盖　2件。形制相同。标本H72：18，可复原。细夹砂红褐陶。喇叭口状，圆唇，斜直壁，圆饼形纽，纽下有一个由外向内单面戳成的圆孔。素面。器表可见刮抹痕迹，口部可见烟熏痕迹。口径26.4、纽径11.8、通高12.6厘米（图一一五五，4；彩版二七，4；图版一七七，3）。

23. H75

H75位于Ⅲ区T0713东南部和T0813西南部，开口于②层下。平面呈椭圆形，袋状，斜直壁，平底。坑口长径1.54、短径1.4、底长径2、短径1.9、深0.96米（图一一五六）。

坑内堆积为灰褐色土，土质疏松，包含有少量火烧土颗粒，出土大量陶片，另有骨头。

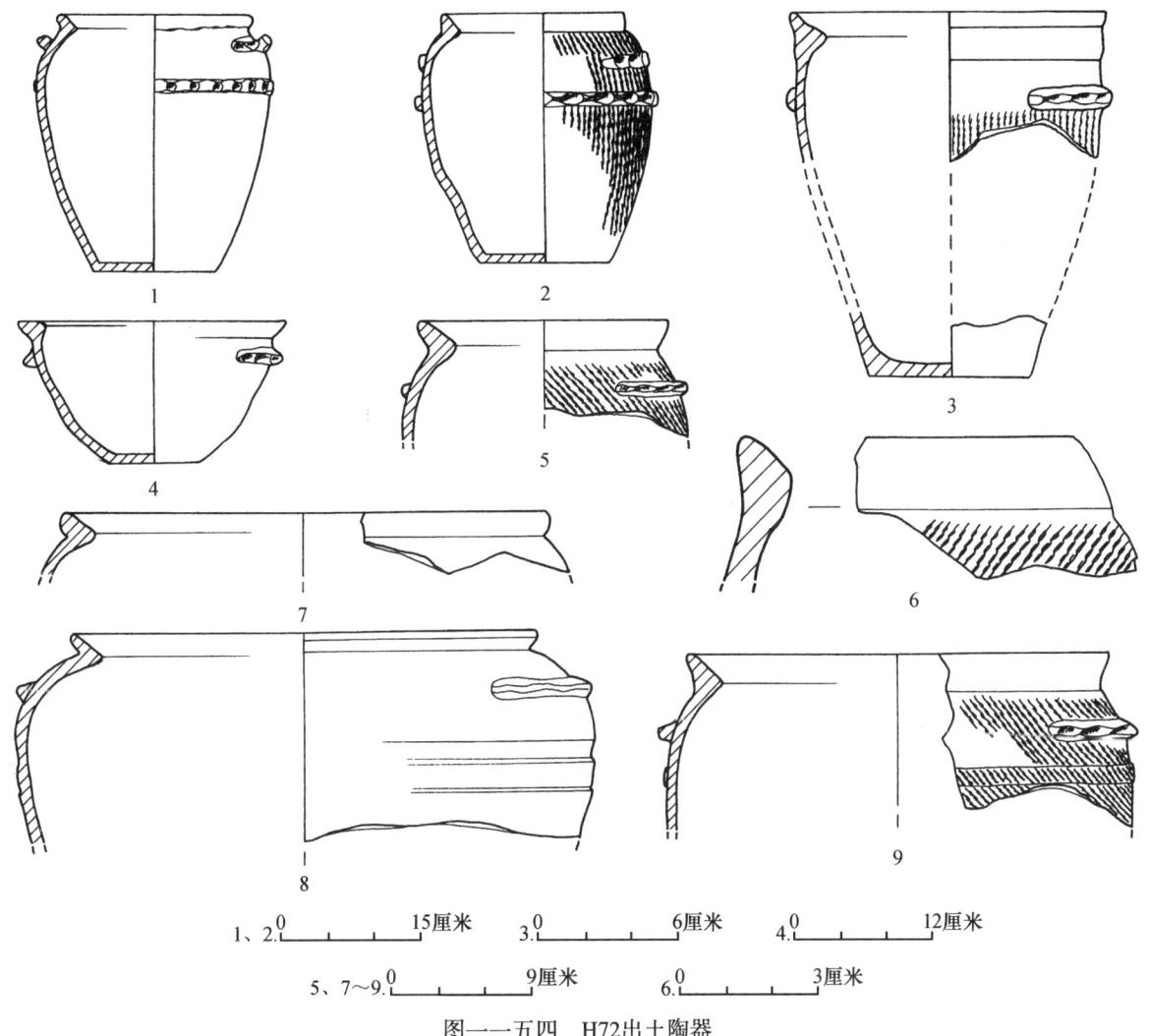

图一一五四　H72出土陶器

1~3、5~9.罐（H72：7、H72：8、H72：6、H72：5、H72：9、H72：11、H72：13、H72：12）　4.盆（H72：4）

陶片为主要的出土物，以粗夹砂红褐陶为主，细泥质橘红陶次之，并有少量细泥质灰陶、粗泥质橘红陶、细夹砂灰陶、细夹砂橘红陶、细夹砂红褐陶；纹饰以素面居多，绳纹和附加堆纹次之，并有一定比例交错绳纹、弦纹和线纹（表二六〇）。

H75共出土遗物40件。全部为陶器。器类有瓶、盆、罐、钵、缸、环，另有器耳（表二六一）。

瓶　2件。均口、颈部残片。形制相同。标本H75：8，粗泥质橘红陶。喇叭形口，方唇，束颈。颈部饰多周弦纹。唇部与颈部均可见轮修痕迹，内壁可见泥条盘筑痕迹。口径5、残高6厘米（图一一五七，7）。

盆　1件。标本H75：7，口、腹部残片。细泥质橘红陶。敛口，折沿，沿面微鼓，略向外侧下斜，斜直腹。器表磨光。素面。复原口径31.5、残高4.8厘米（图一一五七，1）。

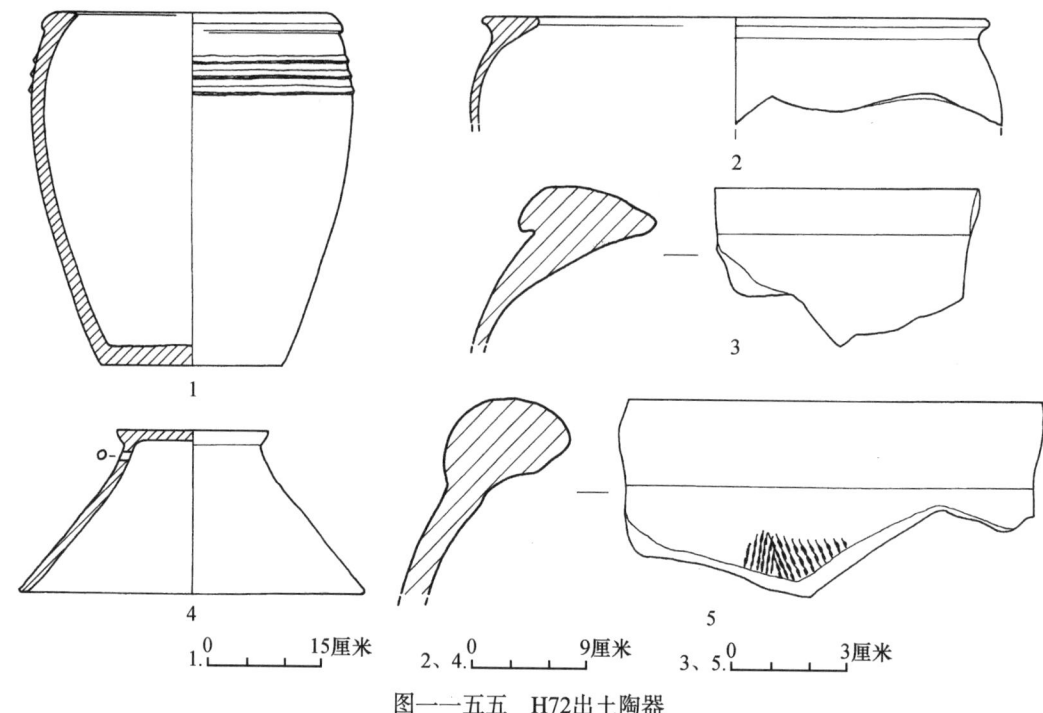

图一一五五 H72出土陶器

1~3、5.缸（H72∶17、H72∶16、H72∶14、H72∶15） 4.器盖（H72∶18）

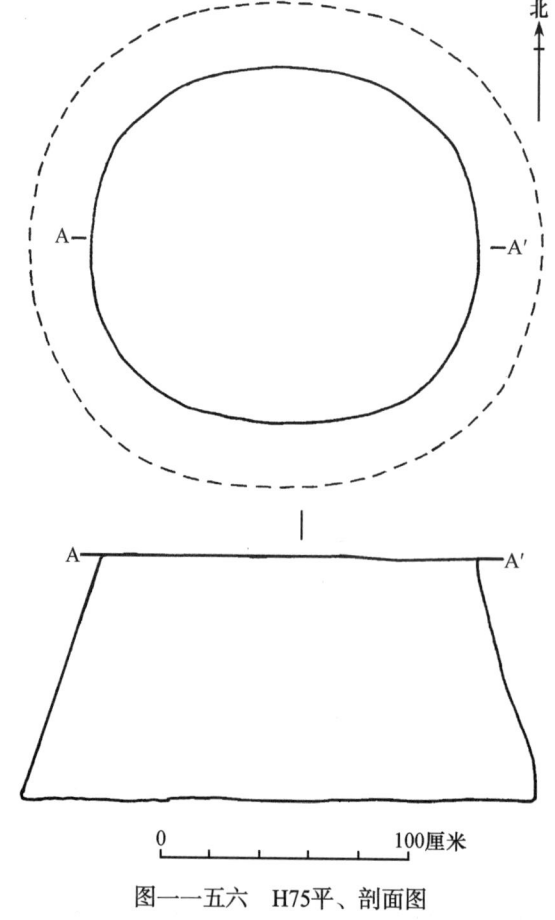

图一一五六 H75平、剖面图

表二六〇　H75陶系统计表　　（单位：kg）

陶质	细泥质	细泥质	粗泥质	细夹砂	细夹砂	细夹砂	粗夹砂	合计		百分比（%）	
陶色 纹饰	橘红	灰	橘红	橘红	红褐	灰	红褐				
素面		0.13		0.15		0.17	0.99	1.44		26.13	
素面+磨光	1.74							1.74		31.58	
绳纹					0.126		0.554	0.68		12.34	
弦纹	0.03		0.07					0.10		1.81	
附加堆纹		0.02					0.55	0.57	5.51	10.34	100
交错绳纹							0.34	0.34		6.17	
绳纹+弦纹							0.07	0.07		1.27	
绳纹+附加堆纹							0.28	0.28		5.08	
线纹							0.29	0.29		5.26	
合计	1.77	0.15	0.07	0.15	0.126	0.17	3.074				
	5.51										
百分比（%）	32.12	2.72	1.27	2.72	2.29	3.09	55.79				
	100										

表二六一　H75器形统计表　　（单位：件）

陶质	细泥质	粗泥质	细夹砂	粗夹砂					合计		百分比（%）	
陶色	橘红	橘红	灰	红褐								
纹饰 器形	素面+磨光	弦纹	素面	素面	绳纹	线纹	交错绳纹	附加堆纹				
瓶		1			1				2		5.13	
盆	1								1		2.56	
罐				14	3				17	39	43.59	100
钵	13	1							14		35.90	
缸			1	2		1	1		5		12.82	
合计	14	2	1	16	3	1	1	1				
	39											
百分比（%）	35.90	5.12	2.56	41.23	7.69	2.56	2.56	2.56				
	100											

罐　17件。均口、腹部残片。形制相同，均粗夹砂红褐陶，侈口，折沿，圆唇，鼓腹。标本H75：10，口沿以下饰左上至右下斜向绳纹。口沿下侧可见轮修痕迹（图一一五七，8）。标本H75：11，素面。沿面可见轮修痕迹。复原口径36、残高3厘米（图一一五七，2）。

钵　14件。形制相同，均细泥质橘红陶，敛口，口沿内侧贴有一周泥片，斜直腹，器表磨光，素面。标本H75：1，口、腹部残片。尖圆唇。内壁可见轮修痕迹（图一一五七，9）。标本H75：4，口、腹部残片。圆唇。内、外壁均可见轮修痕迹，腹部可见刮抹痕迹。复原口径24、残高

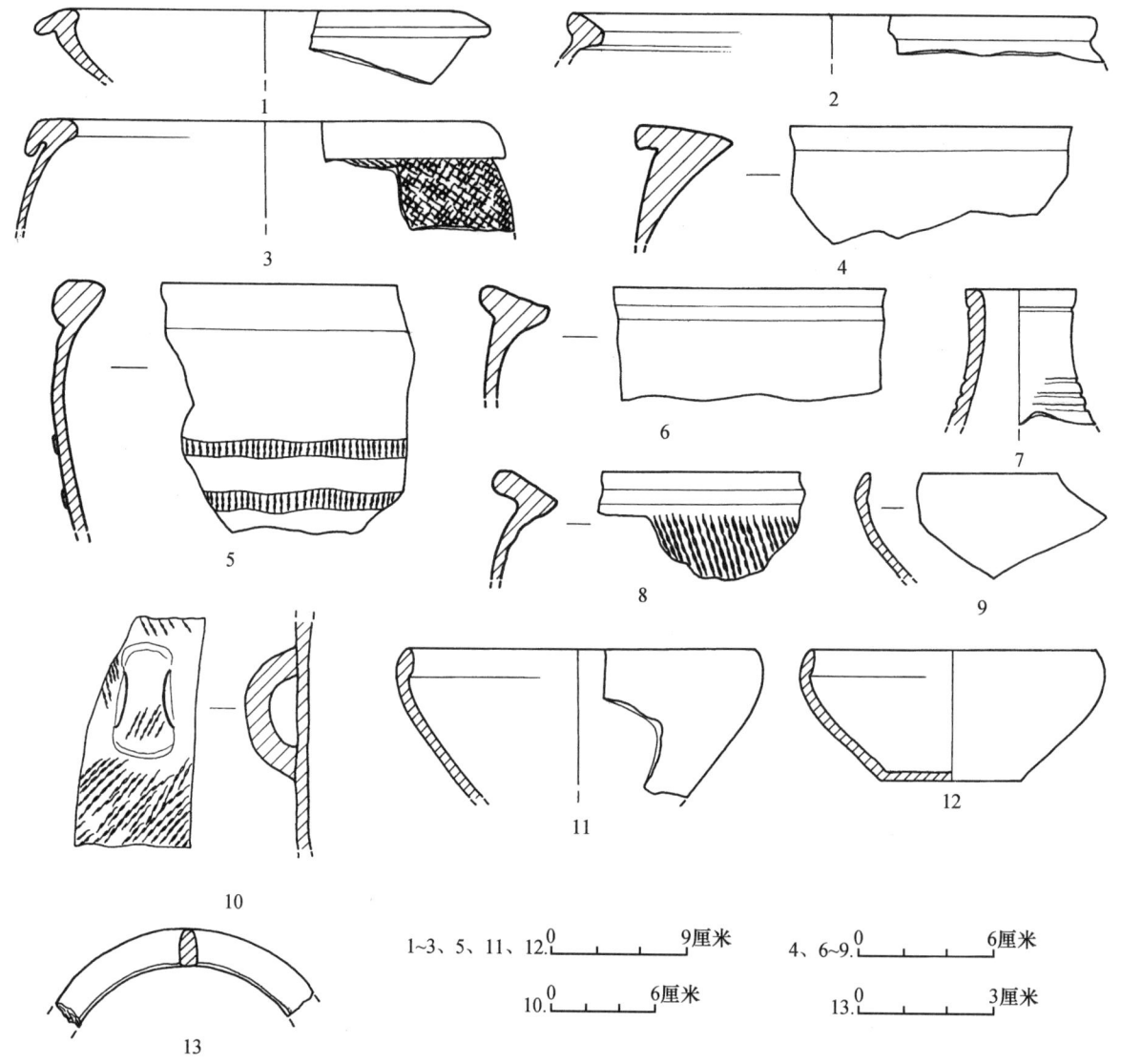

图一一五七　H75出土陶器

1. 盆（H75：7）　2、8. 罐（H75：11、H75：10）　3~6. 缸（H75：14、H75：16、H75：13、H75：15）
7. 瓶（H75：8）　9、11、12. 钵（H75：1、H75：4、H75：6）　10. 器耳（H75：17）　13. 环（H75：19）

9.9厘米（图一一五七，11）。标本H75：6，可复原。圆唇，平底。器表可见刮抹痕迹。口径19.5、底径9.6、通高8.7厘米（图一一五七，12；图版一七七，4）。

缸　5件。均口、腹部残片。标本H75：15、H75：16形制相同，均粗夹砂红褐陶，侈口，折沿，腹微鼓，素面。标本H75：15，圆唇。唇部可见轮修痕迹，器表可见烟熏痕迹（图一一五七，6）。标本H75：16，沿面近平，方唇。沿面可见轮修痕迹（图一一五七，4）。

标本H75：13、H75：14形制相同，均敛口，厚圆唇，腹微鼓。标本H75：13，粗夹砂红褐陶。平沿。腹部饰二周条带状附加堆纹，其上饰竖向短绳纹。器表可见烟熏痕迹（图一一五七，5）。标本H75：14，粗夹砂红褐陶，掺杂有少量蚌壳碎片。口沿以下饰交错绳纹。唇部可见轮修痕迹。复原口径33、残高7.2厘米（图一一五七，3）。

器耳　标本H75：17，腹部残片。细夹砂红褐陶。直腹，有一竖向扁圆桥形耳。耳以上饰左上至右下斜向绳纹，耳以下饰右上至左下斜向绳纹。内壁可见泥条盘筑痕迹。可能为瓶耳（图一一五七，10）。

环 1件。标本H75：19，残。细泥质灰陶。圆环状，断面呈月牙形。通体磨光。厚0.9厘米（图一一五七，13）。

24. H76

H76位于Ⅲ区T0413北部，开口于②层下。平面呈圆形，袋状，斜直壁，平底。坑口径0.88、底径1.50、深0.94米（图一一五八）。

坑内堆积为浅灰色土，土质较为疏松，包含有火烧土颗粒及草木灰，出土大量陶片。

陶片为主要的出土物，以粗夹砂红褐陶为主，细泥质橘红陶次之，细泥质灰陶和粗泥质橘红陶再次之，还有少量细夹砂橘红陶、细夹砂红褐陶；纹饰以素面居多，绳纹次之，并有少量弦纹、划纹、线纹、指甲纹、交错绳纹、彩陶（表二六二）。

H76共出土遗物80件。全部为陶器。器类有瓶、盆、罐、钵，另有器底（表二六三）。

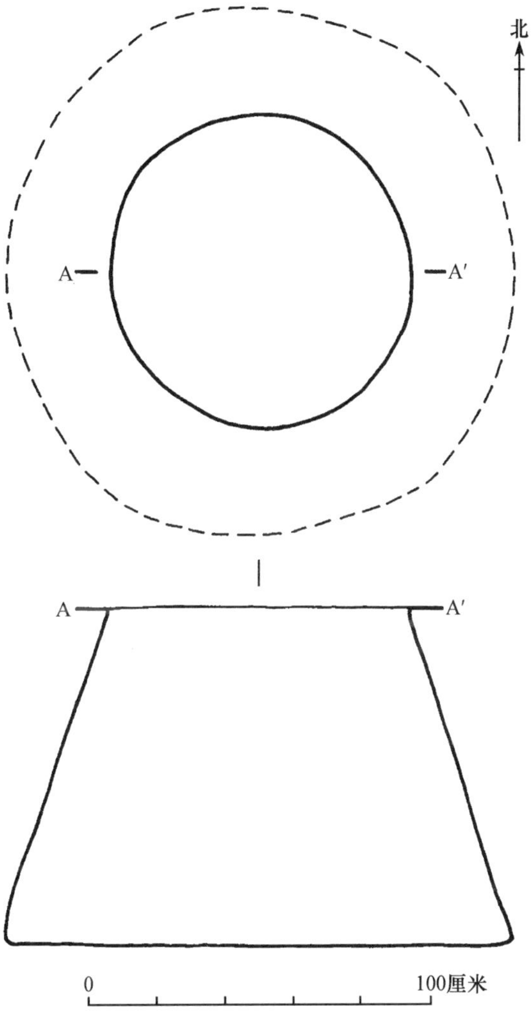

瓶 1件。标本H76：23，口、颈部残片。细夹砂红褐陶。直口，尖圆唇，细长颈。颈中部饰一周右上至左下斜向划纹。器表可见竖向刮抹痕迹，内壁可见泥条盘筑痕迹。口径4.5、残高9厘米（图一一五九，1；彩版一一，5；图版一七七，5）。

图一一五八 H76平、剖面图

盆 8件。标本H76：13，可复原。细泥质橘红陶。敛口，平折沿，圆唇，斜直腹，平底。器表磨光。素面。沿面可见轮修痕迹。口径27.1、底径10.4、通高12.8厘米（图一一五九，8；图版一七七，6）。

标本H76：14、H76：15均口、腹部残片。形制相同，均粗泥质橘红陶，侈口，折沿，圆唇，弧腹。素面。标本H76：14，器表磨光。唇部可见轮修痕迹，内壁可见刮抹痕迹。复原口径27.6、残高6.9厘米（图一一五九，7）。标本H76：15，器表刮抹光滑。外沿面可见轮修痕迹（图一一五九，2）。

罐 43件。均口、腹部残片。形制相同，均粗夹砂红褐陶，侈口，折沿，鼓腹。标本H76：17，圆唇。腹部饰交错绳纹。唇部可见轮修痕迹（图一一五九，3）。标本H76：18，圆唇。素面。沿面可见轮修痕迹。复原口径33.9、残高4.2厘米（图一一五九，5）。标本H76：19，沿面有一道较矮棱脊，圆唇。沿面可见轮修痕迹。复原口径42、残高3厘米（图一一五九，4）。标本H76：21，圆唇。口沿以下饰右上至左下斜向绳纹。沿面可见轮修痕迹，内壁可见泥条盘筑痕迹。复原口径14.1、残高2.4厘米（图一一五九，6）。

表二六二　H76陶系统计表　　（单位：kg）

陶质	细泥质		粗泥质	细夹砂		粗夹砂	合计	百分比（%）
陶色 纹饰	橘红	灰	橘红	橘红	红褐	红褐		
素面	0.56	0.31	0.05			1.65	2.57	28.46
素面+磨光	2.02	0.92	0.114				3.054	33.82
绳纹			0.04			1.72	1.76	19.49
弦纹	0.114		0.70				0.814	9.01
交错绳纹						0.09	0.09	1.00
绳纹+弦纹			0.03				0.03	0.33
绳纹+附加堆纹						0.04	0.04	0.44
划纹			0.09		0.126		0.216	2.39
线纹			0.08	0.17			0.25	2.77
彩陶	0.21						0.21	2.33
合计	2.904	1.23	1.104	0.17	0.126	3.50	9.03	100
	9.03							
百分比（%）	32.16	13.62	12.23	1.88	1.40	38.76		
	100							

表二六三　H76器形统计表　　（单位：件）

陶质	细泥质			粗泥质		细夹砂	粗夹砂			合计	百分比（%）
陶色	橘红		灰		橘红	红褐	红褐				
纹饰 器形	素面+磨光	素面	彩陶	素面+磨光	素面	素面+磨光	素面	划纹	素面	绳纹	交错绳纹		
瓶							1				1	1.25
盆	2	1	1		2	1	1				8	10.00
罐									27	12	4	43	53.75
钵 口	13	2	6	4	1						28	35.00
钵 底	1	1										
合计	16	4	7	4	3	1	1	1	27	12	4	80	
	80											
百分比（%）	20.00	5.00	8.75	5.00	3.75	1.25	1.25	1.25	33.75	15.00	5.00		
	100											

钵　28件。标本H76∶12，口、腹部残片。细泥质橘红陶。直口微敛，圆唇，浅弧腹。器表磨光。素面。唇部可见轮修痕迹（图一一六〇，6）。

标本H76∶5，口、腹部残片。细泥质橘红陶。敛口，圆唇，弧腹，最大腹径位于中下腹部。器表磨光。素面（图一一六〇，5）。

标本H76∶1、H76∶9、H76∶10形制相同，均敛口，斜直腹，素面。标本H76∶1，可复原。细泥质橘红陶。圆唇，口沿内侧贴有一周泥片，平底。器表经刮抹较为光滑。口下可见浅红色叠烧痕迹与轮修痕迹，腹部可见刮抹痕迹。口径21.8、底径7.6、通高10.6厘米（图一一六〇，2；图版

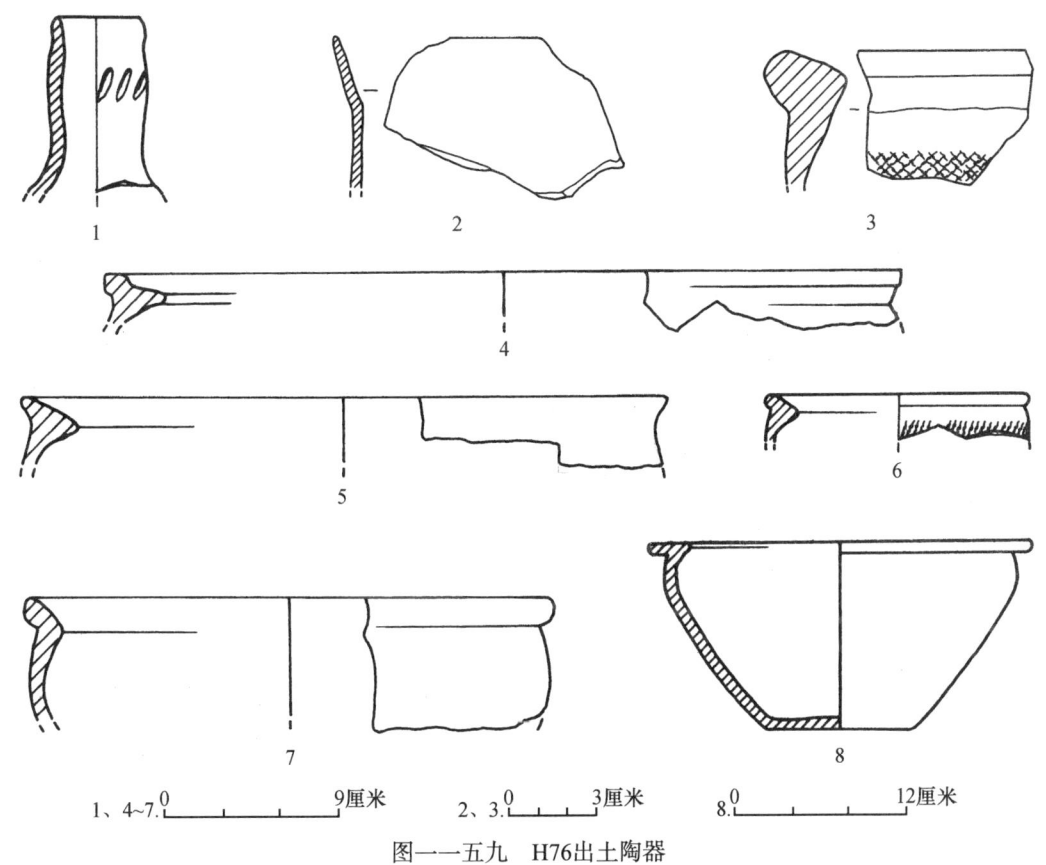

图一一五九　H76出土陶器

1. 瓶（H76:23）　2、7、8. 盆（H76:15、H76:14、H76:13）　3~6. 罐（H76:17、H76:19、H76:18、H76:21）

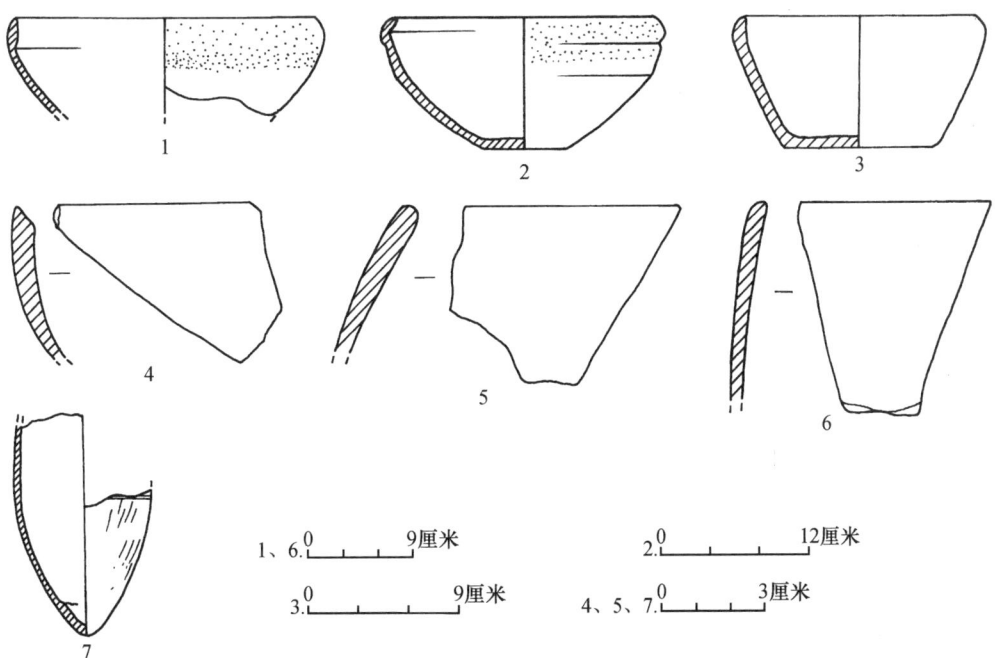

图一一六〇　H76出土陶器

1~6. 钵（H76:10、H76:1、H76:2、H76:9、H76:5、H76:12）　7. 器底（H76:16）

一七八，1）。标本H76：9，口、腹部残片。细泥质橘红陶。尖唇，口沿内侧有一道凸棱，断面呈三角形。器表磨光。素面。口下可见轮修痕迹（图一一六〇，4）。标本H76：10，口、腹部残片。细泥质灰陶。圆唇，口沿内侧贴有一周泥片。器表经刮抹较为光滑。口下可见灰白色叠烧痕迹与轮修痕迹，腹部可见刮抹痕迹。复原口径25.5、残高8.7厘米（图一一六〇，1）。

标本H76：2，可复原。细泥质灰陶。敛口，尖圆唇，斜直腹，大平底。素面。器表磨光。唇部可见轮修痕迹，器表可见刮抹痕迹。口径14.4、底径9.6、通高7.8厘米（图一一六〇，3；图版一七八，2）。

器底　标本H76：16，下腹、底部残片。细泥质橘红陶。弧腹，尖底。腹部饰多周弦纹。内壁可见泥条盘筑痕迹，器表可见刮抹痕迹。可能为瓶底。残高18.6厘米（图一一六〇，7）。

25. H83

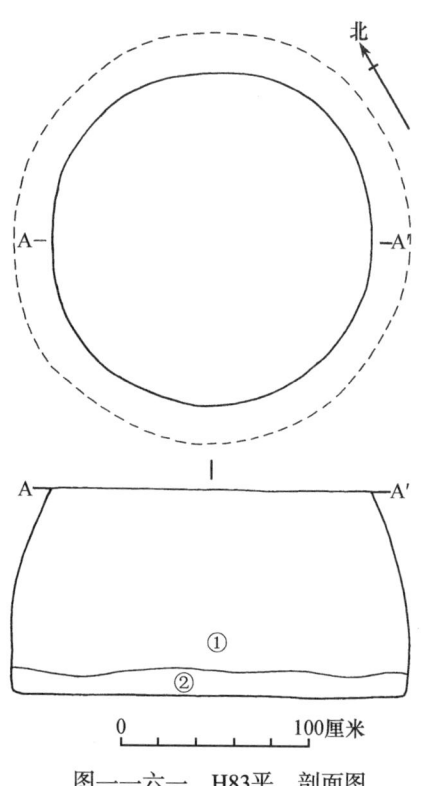

图一一六一　H83平、剖面图

H83位于Ⅲ区T1113中部，开口于②层下。平面呈圆形，袋状，弧壁，平底。坑口径1.7、底径2.1、深1.05米（图一一六一）。

坑内堆积可分为2层：第①层为浅灰色土，土质疏松，厚0.93～0.97米，出土大量陶片；第②层为黄褐色土，土质较致密，厚0.08～0.12米。

陶片为主要的出土物，以粗夹砂红褐陶为主，粗泥质橘红陶次之，细夹砂红褐陶及细泥质橘红陶再次，并有少量细泥质黑陶、细泥质灰陶、粗泥质灰陶、细泥质红褐陶、细夹砂灰陶、细夹砂橘红陶、粗夹砂灰陶；纹饰以素面居多，绳纹和附加堆纹次之，并有少量弦纹、划纹、线纹、指甲纹、交错绳纹、彩陶（表二六四）。

H83共出土遗物159件。全部为陶器。器类有瓶、盆、罐、钵、缸、瓮、器盖、圆陶片、锉、环，另有器耳、附加堆纹陶片（表二六五）。

瓶　5件。均口、颈部残片。标本H83：37、H83：38形制相同，均细夹砂橘红陶，平唇口，口部边缘有一周凸棱，沿面有一周宽浅凹槽，方唇，束颈。标本H83：37，颈部饰多周不规则弦纹。沿面与器表均可见轮修痕迹，内壁可见泥条盘筑痕迹。复原口径11、残高6.2厘米（图一一六二，5）。标本H83：38，素面。沿面与器表均可见轮修痕迹，内壁可见泥条盘筑痕迹。口径10、残高6厘米（图一一六二，4）。

标本H83：34、H83：35、H83：36形制相同，均喇叭形口，平折沿，束颈。标本H83：34，粗泥质橘红陶。圆唇。颈部饰圆饼状附加堆纹。沿面可见轮修痕迹，内壁可见泥条盘筑痕迹。复原口径12、残高6.6厘米（图一一六二，1）。标本H83：35，粗泥质灰陶。圆唇。颈部饰圆饼状附加堆纹。沿面可见轮修痕迹，内壁可见泥条盘筑痕迹。复原口径12、残高6厘米（图一一六二，2）。标本H83：36，细夹砂红褐陶。圆唇，溜肩。颈上部饰三个圆饼状附加堆纹，颈、肩相接处饰一周条带状附加堆纹，肩部以下饰多周浅弦纹，并饰右上至左下斜向划纹。器表可见轮修痕迹，内壁可见泥条盘筑痕迹。口径11.1、残高15厘米（图一一六二，3）。

表二六四　H83陶系统计表　　　　　　　　　　　　　　　（单位：kg）

陶质 / 陶色 / 纹饰	细泥质				粗泥质		细夹砂			粗夹砂		合计	百分比（%）
	橘红	灰	黑	红褐	橘红	灰	橘红	红褐	灰	红褐	灰		
素面	0.684	0.342		0.21	3.34		0.126	1.78	0.126	3.95		10.558	36.79
素面+磨光	2.01	0.03	0.95		0.114							3.104	10.82
绳纹					0.59			0.56		5.75		6.90	24.04
弦纹	0.02						0.126	0.31		0.34		0.796	2.77
线纹					0.114							0.114	0.40
交错绳纹										0.07		0.07	0.24
附加堆纹	0.05				0.55	0.14				0.27	0.126	1.136	3.96
绳纹+附加堆纹										5.14		5.14	17.91
彩陶	0.16											0.16	0.56
绳纹+指甲纹										0.126		0.126	0.44
划纹+附加堆纹										0.126		0.126	0.44
交错绳纹+附加堆纹										0.378		0.378	1.32
弦纹+划纹+附加堆纹								0.126				0.126	0.44
合计	2.924	0.372	0.95	0.21	4.708	0.14	0.252	2.776	0.126	16.15	0.126	28.70	100
	28.70												
百分比（%）	10.19	1.30	3.31	0.73	16.40	0.49	0.88	9.67	0.44	56.27	0.44		
	100												

盆　12件。标本H83：33，口、腹部残片。细泥质橘红陶。直口，平折沿，沿面略向外侧下斜，尖圆唇，弧腹。器表磨光。沿面饰黑色短线与弧边三角纹彩绘。外沿面可见轮修痕迹。复原口径30.8、残高4.4厘米（图一一六三，1）。

标本H83：23、H83：24、H83：27均口、腹部残片。形制相同，均侈口，卷沿，圆唇，弧腹，器表磨光，素面。标本H83：23，粗泥质橘红陶。唇部可见轮修痕迹。复原口径18.6、残高4厘米（图一一六三，2）。标本H83：24，细泥质橘红陶。外沿面可见轮修痕迹。复原口径29.4、残高6.8厘米（图一一六三，4）。标本H83：27，细泥质黑陶。外沿面可见轮修痕迹。复原口径46.5、残高6厘米（图一一六三，6）。

标本H83：26，口沿残片。细泥质黑陶。侈口，折沿，圆唇。素面。沿面磨光（图一一六三，12）。

标本H83：22、H83：31均口、腹部残片。形制相同，均敛口，平折沿，斜直腹。标本H83：22，细夹砂红褐陶。方唇，唇部有一道浅细凹槽。素面。器表可见轮修痕迹（图一一六三，

表二六五　H83器形统计表

（单位：件）

陶质	细泥质								粗泥质				细夹砂					粗夹砂									合计	百分比(%)
陶色	橘红				红褐	灰	黑	素面+磨光	橘红			灰	橘红		红褐		灰	红褐								灰		
纹饰	素面+磨光	弦纹	彩陶	附加堆纹	素面+磨光	素面+磨光	素面+磨光	素面+磨光	素面	绳纹	附加堆纹	附加堆纹	素面	弦纹	素面	弦纹+划纹+附加堆纹	素面	素面	绳纹	弦纹	指甲纹+绳纹	附加堆纹	划纹	绳纹+附加堆纹	交错绳纹+附加堆纹	附加堆纹		
瓶	2								1				1		1												5	3.27
盆		1	1	1		1	1	1	2	1				1	1	1					1			1	1		12	7.84
罐	17	1		1	1	1	12	1	3			1	25		6				26	1	1	2	1	8	2	1	77	50.33
钵		1			1			1	2		1		2		3				2					1	1		47	30.72
缸						1							1														8	5.23
瓮		2					1	1							1												3	1.96
器盖		1																									1	0.65
合计	19	6	1	2	1	2	14	1	8	2	1	1	27	1	11	1	1	1	28	1	1	2	1	9	4	1	153	100
百分比(%)	12.42	3.92	0.65	1.31	0.65	1.31	9.15	0.65	5.23	1.31	0.65	0.65	17.65	0.65	7.19	0.65	0.65	0.65	18.30	0.65	0.65	1.31	0.65	5.88	2.61	0.65	100	

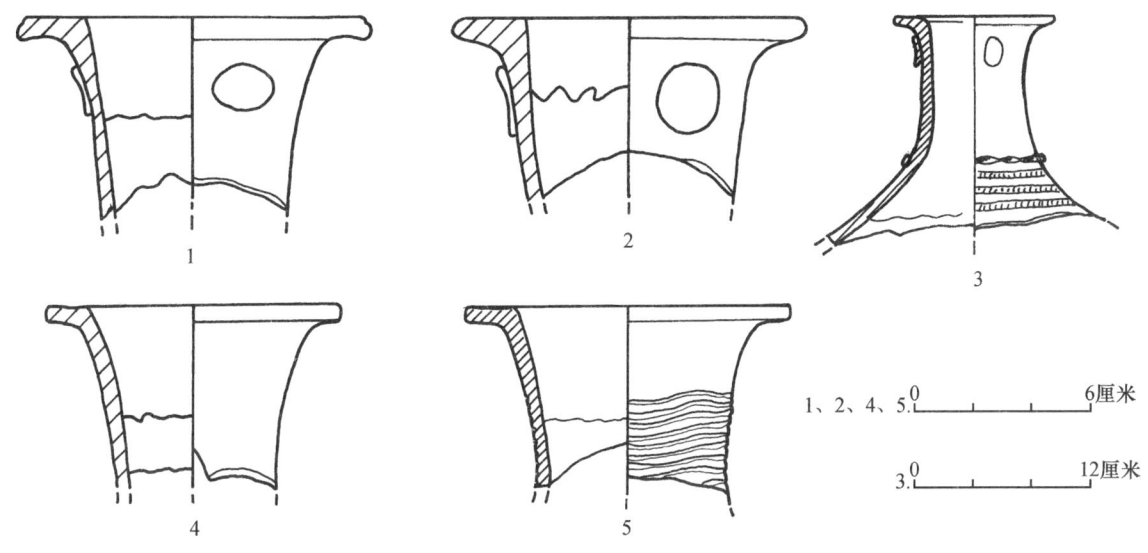

图一一六二　H83出土陶瓶
1~5.（H83：34、H83：35、H83：36、H83：38、H83：37）

3）。标本H83：31，细夹砂灰陶。圆唇。外沿面可见轮修痕迹（图一一六三，5）。

标本H83：20、H83：25、H83：28、H83：30均口、腹部残片。形制相同，均侈口，折沿，弧腹，素面。标本H83：20，粗泥质橘红陶。尖唇。沿面磨光。外沿面可见轮修痕迹（图一一六三，9）。标本H83：25，细泥质橘红陶。圆唇。器表磨光（图一一六三，10）。标本H83：28，细泥质灰陶。尖唇。器表磨光。内、外壁均可见轮修痕迹（图一一六三，7）。标本H83：30，细泥质灰陶。尖唇。外沿面与内壁均可见轮修痕迹（图一一六三，11）。

标本H83：32，可复原。粗夹砂红褐陶。侈口，折沿，圆唇，斜直腹，平底。口下饰一对鸡冠状附加堆纹，腹部饰右上至左下斜向绳纹，近底部饰交错绳纹。口径32、底径16、通高19.5厘米（图一一六三，8；图版一七八，3）。

罐　77件。均口、腹部残片。标本H83：54，粗夹砂红褐陶。侈口，折沿，沿面内曲，方唇，腹微鼓。素面。沿面可见轮修痕迹（图一一六四，3）。

标本H83：57，粗夹砂红褐陶。侈口，折沿，圆唇，腹微鼓。口沿以下饰多周弦纹（图一一六四，2）。

标本H83：56，粗夹砂红褐陶。直口，方唇，鼓肩，并起一道显著棱脊，鼓腹。棱脊以下饰右上至左下斜向绳纹。外沿面可见轮修痕迹（图一一六四，1）。

标本H83：45、H83：55、H83：59形制相同，均粗夹砂红褐陶，侈口，折沿，圆唇，鼓腹，素面。标本H83：45，内沿面与腹部相接处有一道凸棱。外沿面可见轮修痕迹（图一一六四，5）。标本H83：55，唇部可见轮修痕迹（图一一六四，6）。标本H83：59，外沿面有一道凸棱。外沿面与口沿下侧均可见轮修痕迹（图一一六四，4）。

标本H83：42，粗夹砂灰陶。敛口，圆唇，鼓腹。口沿下侧饰圆饼状附加堆纹。唇部可见轮修痕迹。复原口径22、残高5厘米（图一一六五，13）。

标本H83：39、H83：41、H83：43、H83：44、H83：46、H83：47、H83：48、H83：50、H83：51、H83：52、H83：53、H83：58、H83：61、H83：62、H83：63形制相同，均粗夹砂红褐

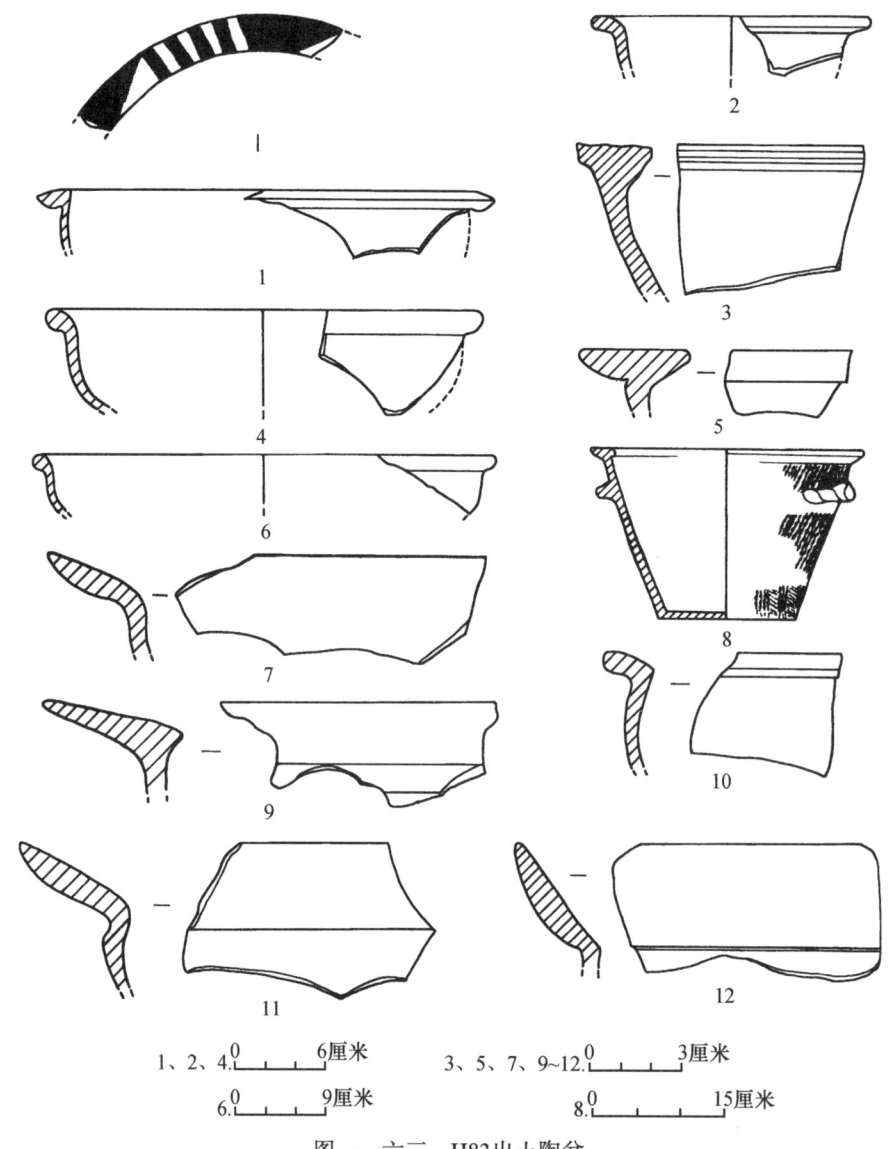

图一一六三 H83出土陶盆

1~12.（H83：33、H83：23、H83：22、H83：24、H83：31、H83：27、H83：28、H83：32、H83：20、H83：25、H83：30、H83：26）

陶，侈口，折沿，鼓腹。标本H83：39，圆唇。外沿面饰右上至左下斜向划纹，口下饰鸡冠状附加堆纹。口部可见烟熏痕迹。复原口径13.6、残高6厘米（图一一六五，11）。标本H83：41，圆唇。口沿以下饰左上至右下斜向绳纹，腹部饰条带状附加堆纹。内壁可见泥条盘筑与垫窝痕迹，沿面可见轮修痕迹。复原口径35、残高10.6厘米（图一一六五，14）。标本H83：43，方唇，腹微鼓。外沿面饰一周指甲纹，口沿以下饰右上至左下斜向绳纹。沿面可见轮修痕迹。复原口径21、残高10厘米（图一一六五，15）。标本H83：44，方唇，唇部有一道浅细凹槽。口沿以下饰左上至右下斜向绳纹，绳纹斜度较小。沿面可见轮修痕迹。复原口径24、残高3.8厘米（图一一六五，10）。标本H83：46，圆唇。素面。沿面可见轮修痕迹。复原口径14、残高4.7厘米（图一一六五，8）。标本H83：47，圆唇。口沿以下饰左上至右下斜向绳纹，并饰鸡冠状附加堆纹。口沿下侧可见泥抹痕迹，唇部可见轮修痕迹（图一一六五，6）。标本H83：48，圆唇。口沿以下饰竖向绳纹，

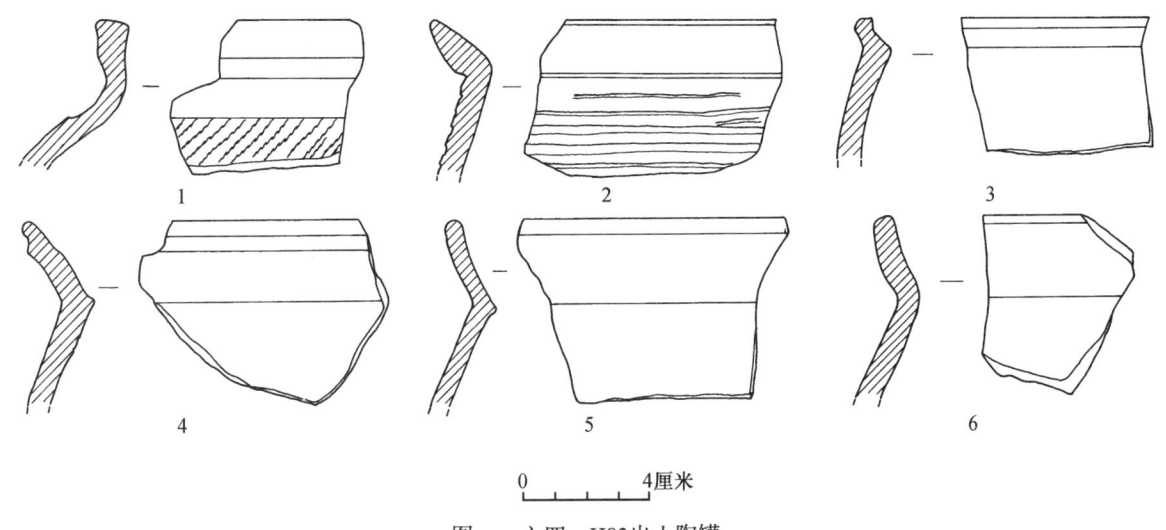

图一一六四 H83出土陶罐
1~6.（H83：56、H83：57、H83：54、H83：59、H83：45、H83：55）

并饰鸡冠状附加堆纹。口部可见烟熏痕迹。复原口径18.8、残高4厘米（图一一六五，9）。标本H83：50，圆唇。腹部饰左上至右下斜向绳纹。口沿下侧可见泥抹痕迹，内壁可见轮修痕迹（图一一六五，4）。标本H83：51，圆唇。口沿以下饰竖向绳纹。沿面可见轮修痕迹（图一一六五，3）。标本H83：52，圆唇。口沿以下饰左上至右下斜向绳纹，上腹部饰鸡冠状附加堆纹（图一一六五，5）。标本H83：53，沿面有一道折棱，圆唇。口沿以下饰左上至右下斜向绳纹（图一一六五，2）。标本H83：58，圆唇。素面。唇部可见轮修痕迹，口沿下侧可见泥抹痕迹（图一一六五，1）。标本H83：61，圆唇。素面。内壁可见泥条盘筑与垫窝痕迹。复原口径25、残高5.4厘米（图一一六五，7）。标本H83：62，圆唇。口沿以下饰左上至右下斜向绳纹，并饰鸡冠状附加堆纹。内壁可见泥条盘筑与垫窝痕迹。复原口径39、残高6.8厘米（图一一六五，12）。标本H83：63，圆唇。口沿以下饰交错绳纹，上腹部饰鸡冠状附加堆纹，其下侧饰三周棱脊状附加堆纹。复原口径32、残高15.6厘米（图一一六五，16）。

钵 47件。标本H83：2、H83：7、H83：12、H83：18均口、腹部残片。形制相同，均直口微敛，圆唇，浅弧腹，素面。标本H83：2，细泥质橘红陶。器表磨光。口下可见浅红色叠烧痕迹。复原口径28.6、残高7厘米（图一一六六，1）。标本H83：7，细泥质橘红陶。口下可见浅红色叠烧痕迹与轮修痕迹（图一一六六，4）。标本H83：12，粗泥质橘红陶。器表刮抹光滑。内壁可见轮修痕迹（图一一六六，5）。标本H83：18，细泥质黑陶。器表磨光（图一一六六，3）。

标本H83：1、H83：3、H83：4、H83：5、H83：6、H83：8、H83：9、H83：10、H83：11、H83：13、H83：14、H83：15、H83：16、H83：17、H83：19形制相同，均敛口，斜直腹。标本H83：1，可复原。细泥质橘红陶。圆唇，平底。素面。内壁可见刮抹痕迹，器表可见烟熏痕迹。口径15.2、底径8、通高7.4厘米（图一一六六，2；图版一七八，4）。标本H83：3，口、腹部残片。细泥质橘红陶。圆唇。素面。口下可见轮修痕迹，腹部可见刮抹痕迹。复原口径21.6、残高5厘米（图一一六六，6）。标本H83：4，口、腹部残片。粗泥质橘红陶。圆唇。素面。口下可见浅褐色叠烧痕迹，器表可见刮抹痕迹。复原口径23.4、残高4厘米（图一一六六，7）。标本H83：5，

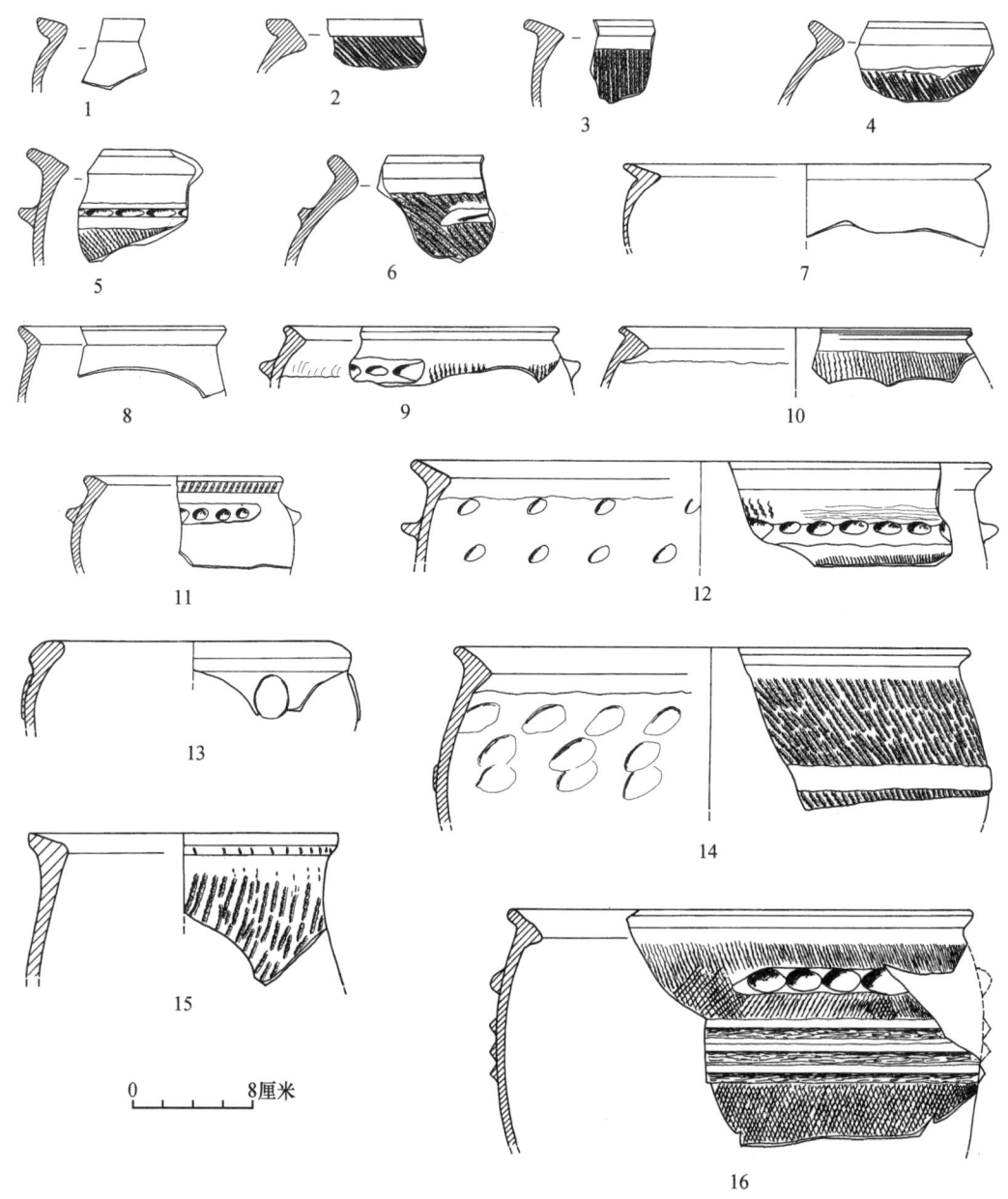

图一一六五　H83出土陶罐

1~16.（H83：58、H83：53、H83：51、H83：50、H83：52、H83：47、H83：61、H83：46、H83：48、H83：44、H83：39、H83：62、H83：42、H83：41、H83：43、H83：63）

口、腹部残片。细夹砂红褐陶。圆唇，口沿内侧贴有一周泥片。素面。内壁可见轮修痕迹，器表可见刮抹痕迹。复原口径22.4、残高6.6厘米（图一一六七，7）。标本H83：6，口、腹部残片。细泥质橘红陶。圆唇，口沿内侧贴有一周泥片。素面。口下可见轮修痕迹。复原口径29.6、残高5.8厘米（图一一六七，12）。标本H83：8，口、腹部残片。细泥质橘红陶。圆唇。腹部饰鸡冠状附加堆纹。口下可见轮修痕迹（图一一六七，4）。标本H83：9，口、腹部残片。细夹砂红褐陶。圆唇，口沿内侧贴有一周泥片。素面。口下与内壁可见轮修痕迹（图一一六七，1）。标本H83：10，口、腹部残片。细泥质橘红陶。圆唇。口沿内侧贴有一周泥片。素面。口下与内壁可见轮修痕迹（图

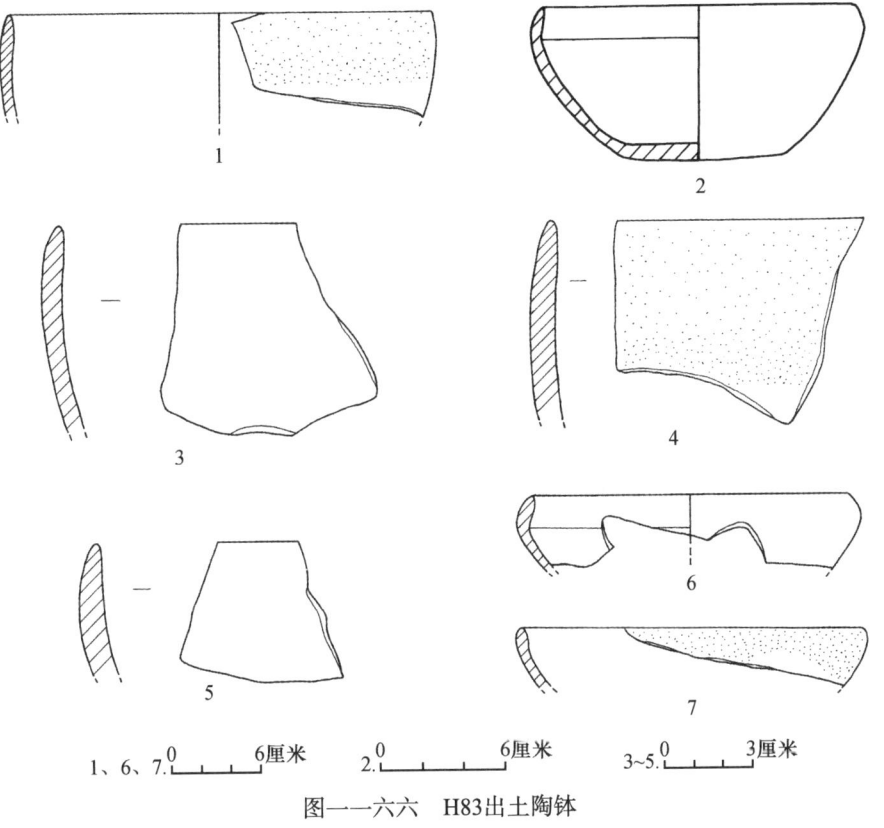

图一一六六 H83出土陶钵
1~7.（H83:2、H83:1、H83:18、H83:7、H83:12、H83:3、H83:4）

一一六七，10）。标本H83:11，口、腹部残片。粗泥质橘红陶。圆唇。素面。器表可见刮抹痕迹（图一一六七，3）。标本H83:13，口、腹部残片。细泥质橘红陶。圆唇，口沿内侧有一道浅细凹槽。素面。口下与内壁均可见轮修痕迹（图一一六七，5）。标本H83:14，口、腹部残片。细泥质灰陶。圆唇，口下有一个由外向内单面钻成的圆孔。器表磨光。素面。复原口径26.8、残高7厘米（图一一六七，11）。标本H83:15，口、腹部残片。细泥质灰陶。厚圆唇。素面。口下与内壁可见轮修痕迹。复原口径22.6、残高4.6厘米（图一一六七，6）。标本H83:16，口、腹部残片。细泥质红褐陶。圆唇，口沿内侧贴有一周泥片。素面。口下与内壁可见轮修痕迹（图一一六七，8）。标本H83:17，口、腹部残片。细泥质红褐陶。尖圆唇，口沿内侧贴有一周泥片。素面（图一一六七，9）。标本H83:19，口、腹部残片。细夹砂红褐陶。方唇。素面（图一一六七，2）。

缸　8件。均口、腹部残片。标本H83:21，粗泥质橘红陶。敛口，叠唇，腹较直。素面。器表可见轮修痕迹。复原口径28.6、残高3.8厘米（图一一六八，7）。

标本H83:64、H83:70形制相同，均粗夹砂红褐陶，敛口，平折沿，鼓腹。标本H83:64，圆唇。上腹部饰横向绳纹（图一一六八，1）。标本H83:70，宽平沿，方唇，唇部有一道浅细凹槽，素面。内壁可见轮修痕迹（图一一六八，6）。

标本H83:69，粗泥质橘红陶。侈口，折沿，圆唇，腹微鼓。素面。唇部可见轮修痕迹（图一一六八，3）。

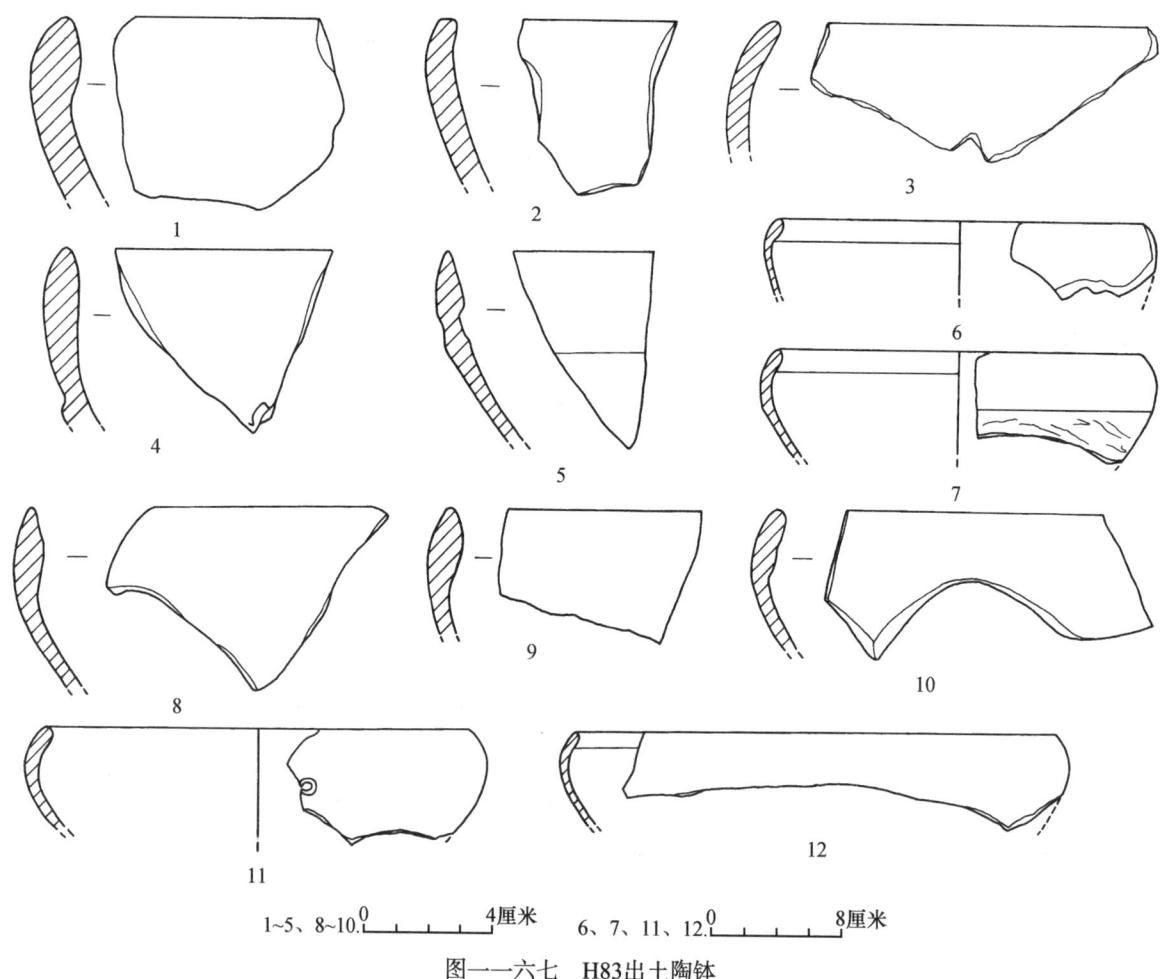

图一一六七　H83出土陶钵

1~12.（H83：9、H83：19、H83：11、H83：8、H83：13、H83：15、H83：5、H83：16、H83：17、H83：10、H83：14、H83：6）

标本H83：65、H83：66、H83：67、H83：68形制相同，均粗夹砂红褐陶，敛口，厚唇，直腹。标本H83：65，口沿以下饰右上至左下斜向绳纹。沿面可见轮修痕迹（图一一六八，2）。标本H83：66，素面。内壁可见轮修痕迹（图一一六八，9）。标本H83：67，上腹部饰鸡冠状附加堆纹，其下侧饰条带状附加堆纹，口沿以下饰竖向绳纹。唇部可见轮修痕迹，内壁可见泥条盘筑痕迹。复原口径38、残高10.6厘米（图一一六八，10）。标本H83：68，上腹部饰鸡冠状附加堆纹，其下侧饰多周条带状附加堆纹，口沿下侧饰交错绳纹，腹部饰右上至左下斜向绳纹，附加堆纹以下饰左上至右下斜向绳纹。唇部可见轮修痕迹，内壁可见泥条盘筑痕迹。复原口径50、残高21.2厘米（图一一六八，5）。

瓮　3件。均口、腹部残片。标本H83：40，粗泥质橘红陶。侈口，折沿，沿面内曲，圆唇，鼓腹。腹部以下饰右上至左下斜向绳纹。外沿面可见轮修痕迹（图一一六八，4）。

标本H83：49，粗夹砂红褐陶。敛口，圆唇，口沿内侧有一道宽深凹槽，鼓腹。素面。唇部可见轮修痕迹。复原口径31.6、残高5厘米（图一一六八，8）。

标本H83：29，细泥质灰陶。敛口，圆唇，唇外有一道凹槽，圆折肩。素面。沿面磨光。内壁可见轮修痕迹。复原口径36、残高2.2厘米（图一一六八，11）。

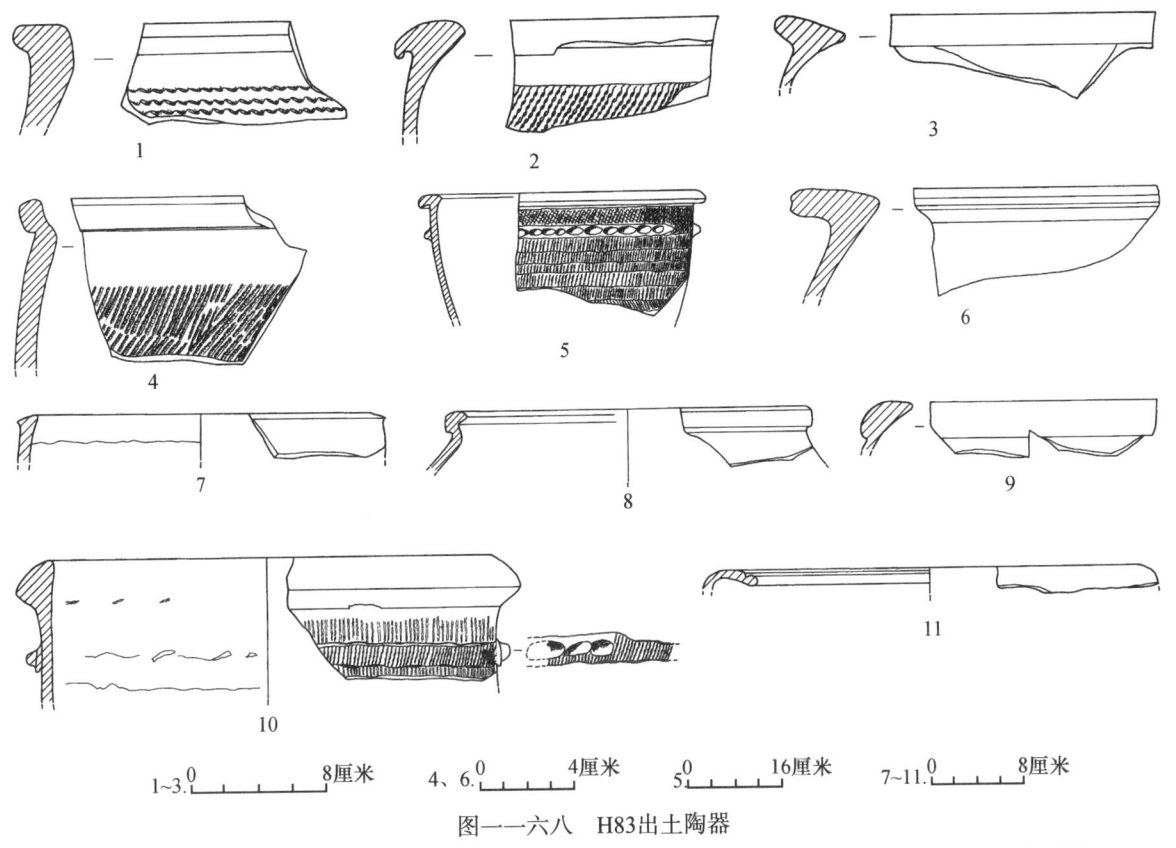

图一一六八 H83出土陶器

1~3、5~7、9、10.缸（H83：64、H83：65、H83：69、H83：68、H83：70、H83：21、H83：66、H83：67）

4、8、11.瓮（H83：40、H83：49、H83：29）

器盖 1件。标本H83：71，纽、壁残片。细夹砂红褐陶。喇叭口状，斜直壁，圆饼形纽，纽下有一个由内向外单面戳成的圆孔。素面。器表可见刮抹痕迹。纽径10、残高6.6厘米（图一一六九，1）。

器耳 标本H83：72，腹部残片。粗泥质橘红陶。腹部较直，有一竖向扁圆桥形耳。器表饰横向线纹。内壁可见泥条盘筑痕迹。可能为瓶耳（图一一六九，7）。

附加堆纹陶片 标本H83：73，腹部残片。粗泥质橘红陶。弧腹。器表饰鸡冠状附加堆纹。内壁可见轮修痕迹。可能为钵的残片（图一一六九，4）。

圆陶片 4件。均完整。形制相同，均圆形。标本H83：74-1，细泥质橘红陶。系利用钵的口沿残片打制而成，保留少量沿面。边缘较钝。器表可见深红色叠烧痕迹。直径4.4、厚0.5厘米（图一一六九，2）。标本H83：74-2，细泥质橘红陶。系利用钵的残片打制而成。边缘稍钝。直径4.4、厚0.7厘米（图一一六九，3）。标本H83：74-3，细泥质橘红陶。系利用钵的残片打制而成。边缘稍钝。直径5、厚0.5厘米（图一一六九，5）。标本H83：74-4，粗夹砂红褐陶。系利用罐类器残片打制而成。边缘较钝。直径5.8、厚1.3厘米（图一一六九，9）。

锉 1件。标本H83：75，两端均残。粗泥质橘红陶。残存部分平面呈梯形，横断面呈圆角长方形。器表麻点清晰，密度较大。残长5.8、宽2.8~3.6、厚1.4厘米（图一一六九，6）。

环 1件。标本H83：76，残。细泥质灰陶。圆环状，横断面呈近椭圆形，外壁有一道凸棱。厚0.8厘米（图一一六九，8）。

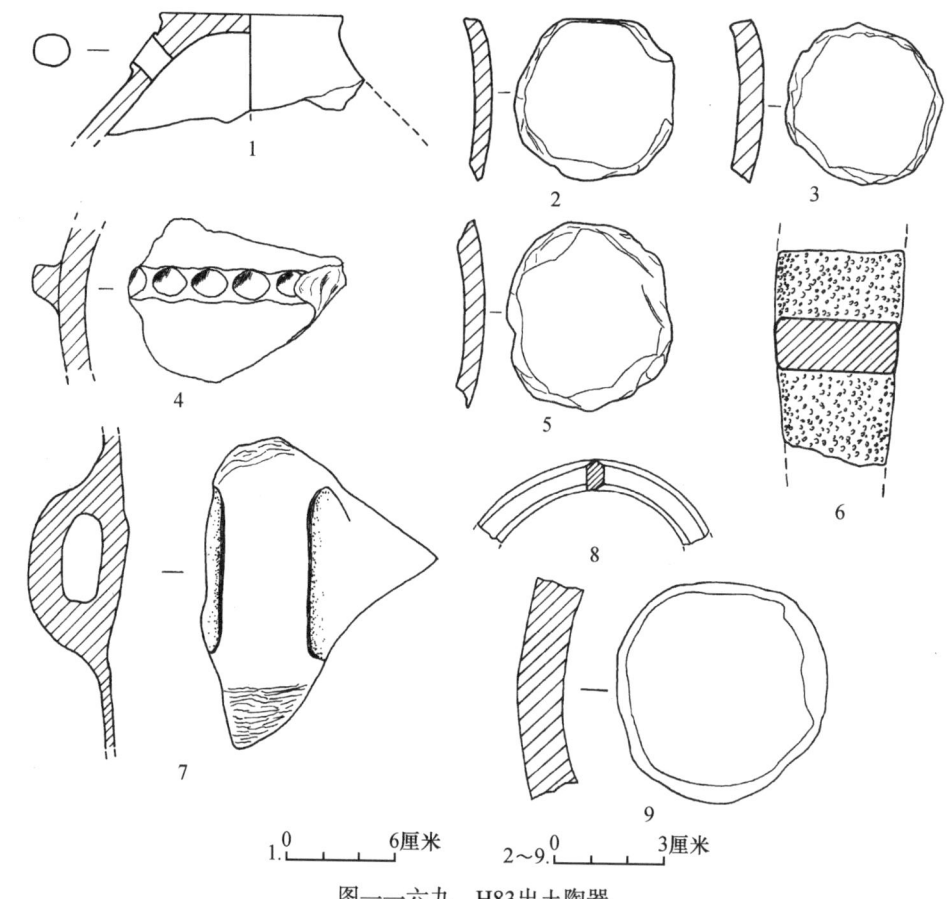

图一一六九　H83出土陶器

1.器盖（H83∶71）　2、3、5、9.圆陶片（H83∶74-1、H83∶74-2、H83∶74-3、H83∶74-4）　4.陶片（H83∶73）
6.锉（H83∶75）　7.器耳（H83∶72）　8.环（H83∶76）

26. H84

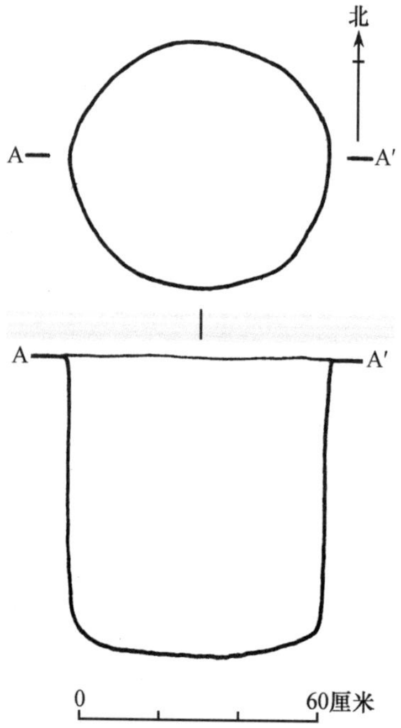

H84位于Ⅲ区T0712西南部，开口于②层下。平面呈椭圆形，筒状，直壁，平底。坑口长径0.64、短径0.6、深0.7米（图一一七〇）。

坑内堆积为深灰色土，土质疏松，出土少量陶片。

陶片以细泥质橘红陶为主，粗夹砂红褐陶次之，还有少量粗泥质橘红陶；纹饰以素面为主，绳纹次之，还有少量交错绳纹、彩陶、指甲纹。

H84共出土遗物10件。全部为陶器。器类有瓶、盆、罐、钵。

瓶　1件。标本H84∶5，口、颈部残片。细泥质橘红陶。重唇敛口，内唇略高，呈斜面与外唇相接，束颈。口沿内侧饰一周指窝纹，颈部饰右上至左下斜向线纹，颈部以下饰交错线纹。唇面可见轮修痕迹，内壁可见泥条盘筑痕迹。口径10.9、残高9.6厘米（图一一七一，5；图版一七八，5）。

盆　2件。均口沿残片。标本H84∶4，细泥质橘红陶。直

图一一七〇　H84平、剖面图

口微敞，平折沿，沿面微鼓，圆唇。沿面饰黑色短线与三角纹彩绘。唇部可见轮修痕迹（图一一七一，9）。

标本H84:3，粗泥质橘红陶。敛口，唇外叠。素面。沿面可见轮修痕迹（图一一七一，8）。

罐 4件。均口、腹部残片。标本H84:7，细泥质橘红陶。敛口，折沿，圆唇，鼓腹。口沿以下饰多周整齐的指甲纹。外沿面可见轮修痕迹，内壁可见刮抹痕迹（图一一七一，3）。

标本H84:8，粗夹砂红褐陶。侈口，折沿，沿面内曲，圆唇，鼓腹。腹部饰右上至左下斜向绳纹。沿面可见轮修痕迹（图一一七一，2）。

标本H84:6，粗夹砂红褐陶。侈口，卷沿，方唇，鼓腹。素面。沿面可见轮修痕迹，器表可见

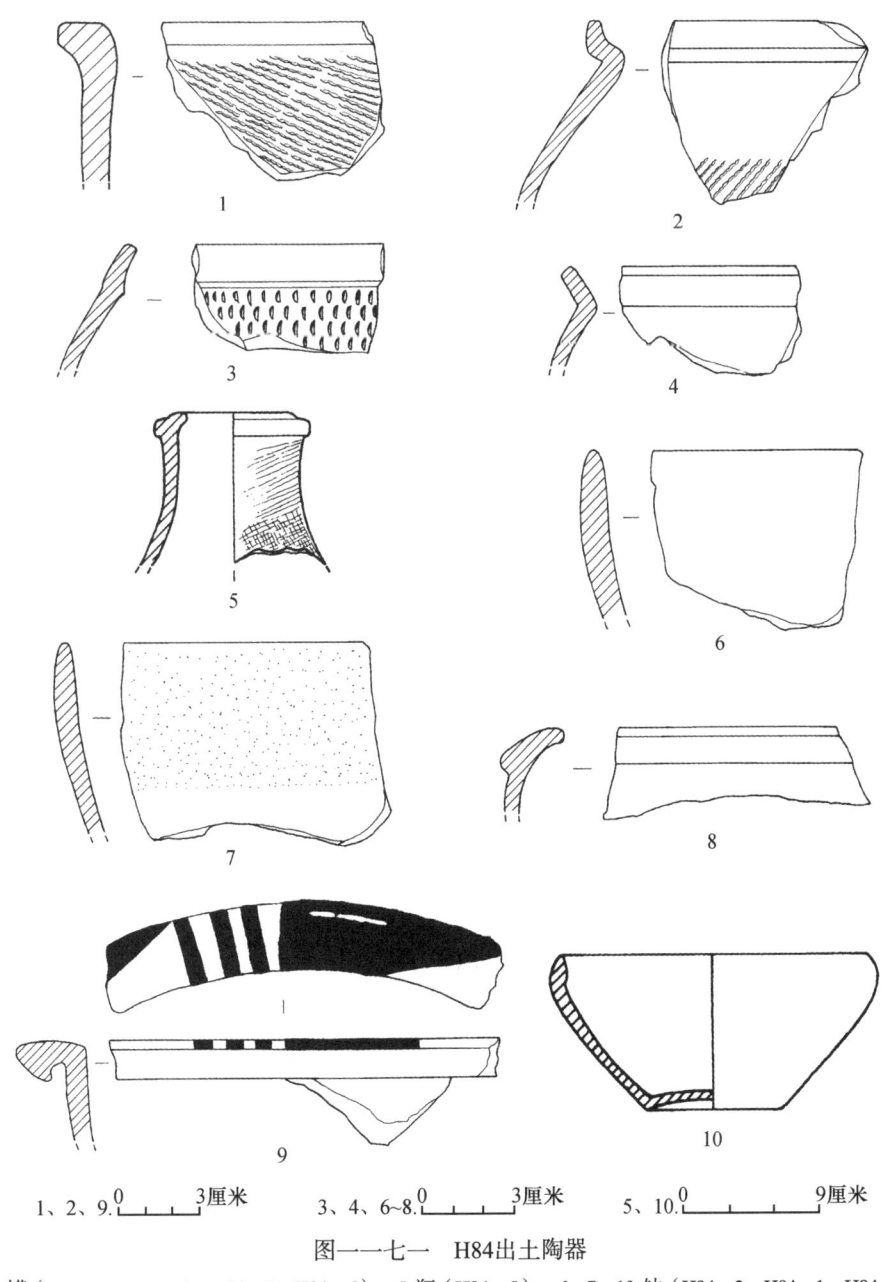

图一一七一 H84出土陶器

1~4.罐（H84:9、H84:8、H84:7、H84:6） 5.瓶（H84:5） 6、7、10.钵（H84:2、H84:1、H84:10）
8、9.盆（H84:3、H84:4）

烟熏痕迹（图一一七一，4）。

标本H84：9，粗夹砂红褐陶。敛口，平折沿，圆唇，微鼓腹。口沿以下饰左上至右下斜向绳纹。沿面可见轮修痕迹（图一一七一，1）。

钵　3件。标本H84：1、H84：2均口、腹部残片。形制相同，均细泥质橘红陶，直口微敛，浅弧腹，器表磨光，素面。标本H84：1，方唇。口下可见浅褐色叠烧痕迹，内壁可见轮修痕迹（图一一七一，7）。标本H84：2，圆唇。口下可见轮修痕迹（图一一七一，6）。

标本H84：10，可复原。细泥质橘红陶。敛口，尖圆唇，斜直腹，底内凹。器表磨光。素面。口下可见轮修痕迹，腹部可见刮抹痕迹。口径20、底径8.9、通高9.2厘米（图一一七一，10；图版一七八，6）。

27. H86

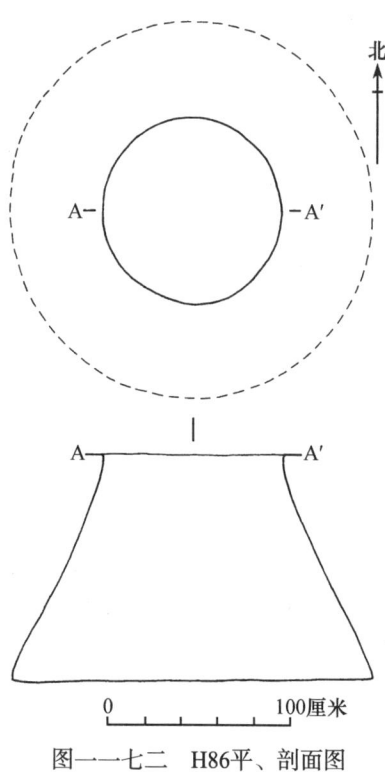

图一一七二　H86平、剖面图

H86位于Ⅲ区T0809西南部，开口于②层下。平面呈圆形，袋状，斜直壁，平底。坑口径1、底径2、深1.2米（图一一七二）。坑内堆积为灰褐色土，土质疏松，出土大量陶片，另有石块、兽骨。

陶片为主要的出土物，以粗夹砂红褐陶为主，细泥质橘红陶和粗夹砂橘红陶次之，并有少量细泥质灰陶、细泥质黑陶、细夹砂橘红陶、粗泥质橘红陶、细夹砂红褐陶；纹饰以绳纹居多，素面次之，附加堆纹再次，并有少量弦纹、交错绳纹（表二六六）。

H86共出土遗物54件。全部为陶器。器类有瓶、盆、罐、钵、瓮、圆陶片、环、笄（表二六七）。

瓶　1件。标本H86：10，口、颈部残片。细泥质橘红陶。喇叭形口，平折沿，沿面有一道宽浅凹槽，方唇，束颈。器表磨光。素面。口沿下侧与内壁均可见轮修痕迹，内壁可见泥条盘筑痕迹。复原口径10、残高7.8厘米（图一一七三，1）。

盆　3件。均口、腹部残片。标本H86：8、H86：9形制相同，均侈口，卷沿，圆唇，弧腹。标本H86：8，细夹砂红褐陶。腹部饰二道横向绳纹。外沿面可见轮修痕迹（图一一七三，4）。标本H86：9，细泥质黑陶。器表磨光。素面。唇部可见轮修痕迹（图一一七三，3）。

标本H86：7，细泥质黑陶。侈口，折沿，圆唇，弧腹。器表磨光。素面。口沿下侧可见轮修痕迹（图一一七三，8）。

罐　30件。均口、腹部残片。标本H86：17，粗夹砂红褐陶。侈口，卷沿，沿面内曲，方唇，鼓腹。素面。外沿面可见轮修痕迹（图一一七三，2）。

标本H86：12、H86：13、H86：14形制相同，均粗夹砂红褐陶，侈口，卷沿，方唇，鼓腹。标本H86：12，腹部饰左上至右下斜向绳纹。外沿面可见轮修痕迹（图一一七三，10）。标本

H86：13，唇部有二道浅细凹槽。腹部饰右上至左下斜向绳纹。内壁可见轮修痕迹（图一一七三，7）。标本H86：14，腹部饰右上至左下斜向绳纹（图一一七三，9）。

表二六六 H86陶系统计表 （单位：kg）

陶质	细泥质			粗泥质	细夹砂		粗夹砂		合计	百分比（%）	
陶色 纹饰	橘红	灰	黑	橘红	橘红	红褐	橘红	红褐			
素面	0.114	0.15		0.21	0.16		0.41	1.31	2.354	26.36	
素面+磨光	0.50	0.13	0.19	0.114					0.934	10.46	
绳纹				0.10	0.23	0.126	1.59	1.72	3.766	42.17	
弦纹				0.02					0.02	0.22	
交错绳纹				0.02					0.02	0.22	8.93	100
附加堆纹				0.13					0.13	1.46	
绳纹+附加堆纹								0.14	0.14	1.57	
素面+附加堆纹	1.57								1.57	17.58	
合计	2.184	0.28	0.19	0.594	0.39	0.126	2.00	3.17			
	8.93										
百分比（%）	24.46	3.14	2.13	6.65	4.37	1.41	22.40	35.50			
	100										

表二六七 H86器形统计表 （单位：件）

陶质	细泥质			粗泥质			细夹砂		粗夹砂			合计	百分比（%）	
陶色	橘红	灰	黑	橘红	橘红	红褐	橘红		红褐					
纹饰 器形	素面+磨光	素面	素面	素面+磨光	素面	弦纹	附加堆纹	绳纹	绳纹	素面	绳纹	素面	绳纹	
瓶	1												1	2.00
盆				2					1				3	6.00
罐 口			1		1		1	1	5		8	5	30	50	60.00	100
罐 底									1		7				
钵	7	1			1		1				1		11	22.00
瓮									1		3	1	5	10.00
合计	8	1	1	2	1	1	1	1	1	2	6	19	6	
	50													
百分比（%）	16.00	2.00	2.00	4.00	2.00	2.00	2.00	2.00	2.00	4.00	12.00	38.00	12.00	
	100													

标本H86：15、H86：16、H86：18形制相同，均侈口，折沿，鼓腹。标本H86：15，粗夹砂红褐陶。内沿面与腹部相接处有一道凸棱，圆唇，唇部有二道浅细凹槽。口沿以下饰右上至左下斜

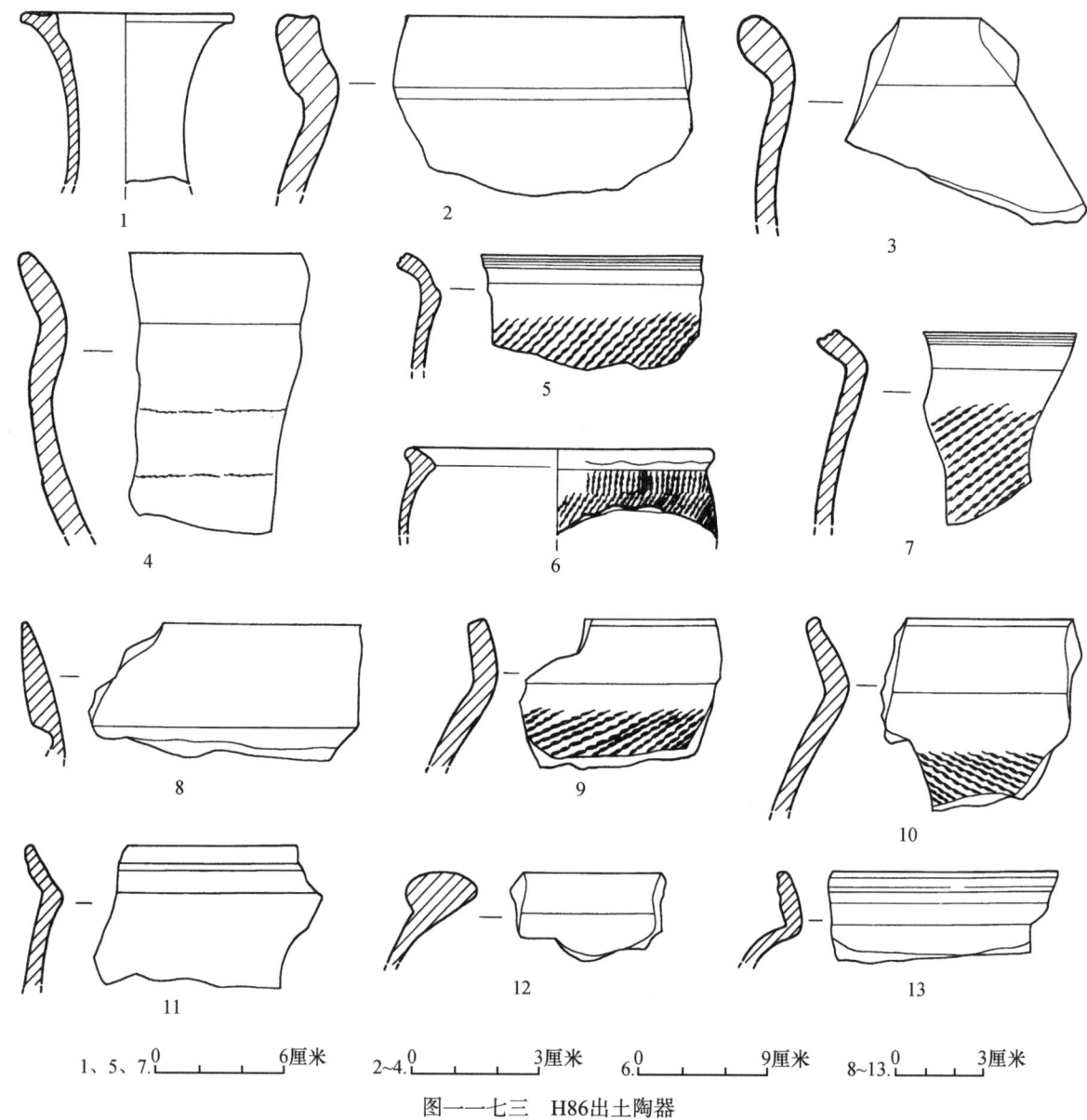

图一一七三 H86出土陶器

1.瓶（H86：10） 2、5～7、9～13.罐（H86：17、H86：15、H86：11、H86：13、H86：14、H86：12、H86：16、H86：20、H86：18） 3、4、8.盆（H86：9、H86：8、H86：7）

向绳纹（图一一七三，5）。标本H86：16，粗夹砂红褐陶。内沿面与腹部相接处有一道凸棱，圆唇。素面。外沿面可见轮修痕迹（图一一七三，11）。标本H86：18，粗泥质橘红陶。方唇，圆鼓腹。外沿面饰一周弦纹（图一一七三，13）。

标本H86：11、H86：20形制相同，均粗夹砂红褐陶，侈口，折沿，圆唇，鼓腹。标本H86：11，口沿以下饰右上至左下斜向绳纹，绳纹斜度较小。沿面可见轮修痕迹，器表可见烟熏痕迹。复原口径21、残高6厘米（图一一七三，6）。标本H86：20，厚圆唇。素面。唇部可见轮修痕迹（图一一七三，12）。

钵 11件。标本H86：3、H86：5、H86：6均口、腹部残片。形制相同，均直口微敛，深弧腹，素面。标本H86：3，细泥质橘红陶。尖圆唇。器表磨光（图一一七四，1）。标本H86：5，粗夹砂红褐陶。

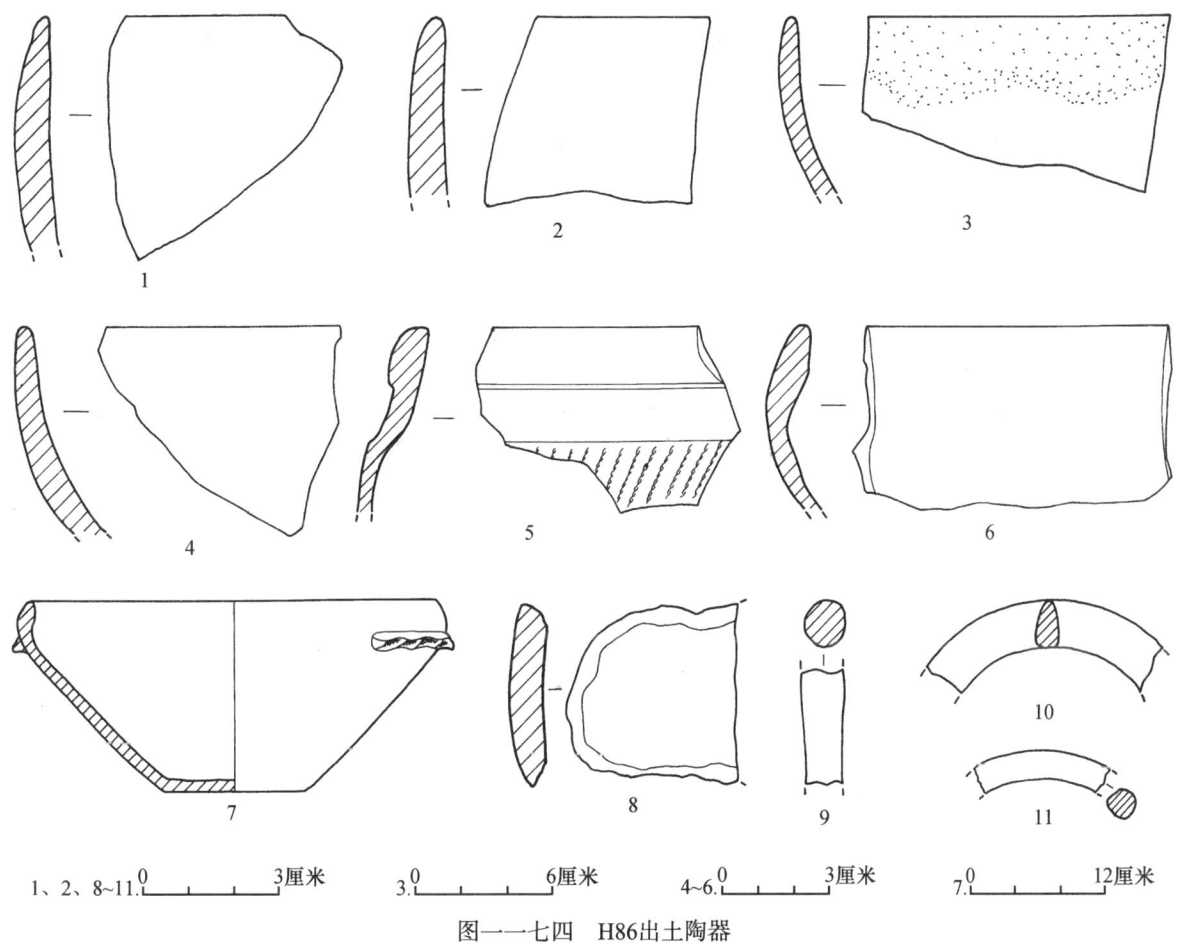

图一一七四 H86出土陶器

1~4、6、7.钵（H86：3、H86：6、H86：2、H86：5、H86：4、H86：1） 5.瓮（H86：19） 8.圆陶片（H86：21）
9.笄（H86：24） 10、11.环（H86：22、H86：23）

圆唇。内壁可见轮修痕迹（图一一七四，4）。标本H86：6，细泥质橘红陶。圆唇（图一一七四，2）。

标本H86：2，口、腹部残片。细泥质橘红陶。直口微敛，圆唇，浅弧腹。器表磨光。素面。口下可见深红色叠烧痕迹与轮修痕迹（图一一七四，3）。

标本H86：1、H86：4形制相同，均粗泥质橘红陶，敛口，圆唇，口沿内侧贴有一周泥片，斜直腹，器表磨光。标本H86：1，可复原。平底。上腹部饰一对鸡冠状附加堆纹。腹部可见刮抹痕迹。口径36.4、底径12、通高16厘米（图一一七四，7；图版一七九，1）。标本H86：4，口、腹部残片。素面。内壁可见轮修痕迹（图一一七四，6）。

瓮 5件。均口、腹部残片。形制相同。标本H86：19，粗夹砂红褐陶。敛口，圆唇，折肩，斜直腹。肩部以下饰右上至左下斜向绳纹（图一一七四，5）。

圆陶片 1件。标本H86：21，残。泥质橘红陶。系利用钵的残片打制而成。残存部分大体呈椭圆形，边缘较钝。直径3.7、厚0.7厘米（图一一七四，8）。

环 2件。均残。形制相同，均细泥质黑陶，圆环状。标本H86：22，断面呈三角形。厚1.1厘米（图一一七四，10）。标本H86：23，断面呈近方形，内圈稍厚。厚0.6厘米（图一一七四，11）。

笄 1件。标本H86：24，两端均残。细泥质灰陶。横断面呈圆形。残长2.5、直径1厘米（图一一七四，9）。

28. H87

H87位于Ⅲ区T1113西北部，开口于②层下。平面呈圆形，筒状，直壁，平底，底部经火烧烤，形成一层硬面。坑口径1.2、深0.66米（图一一七五）。

坑内堆积为浅黄色土，土质较疏松，出土零星陶片。

29. H89

H89位于Ⅲ区T0613东北部与T0713西北部，开口于②层下。平面呈圆形，袋状，斜直壁，平底。坑口径1.8、底径2.1、深1.16米（图一一七六）。

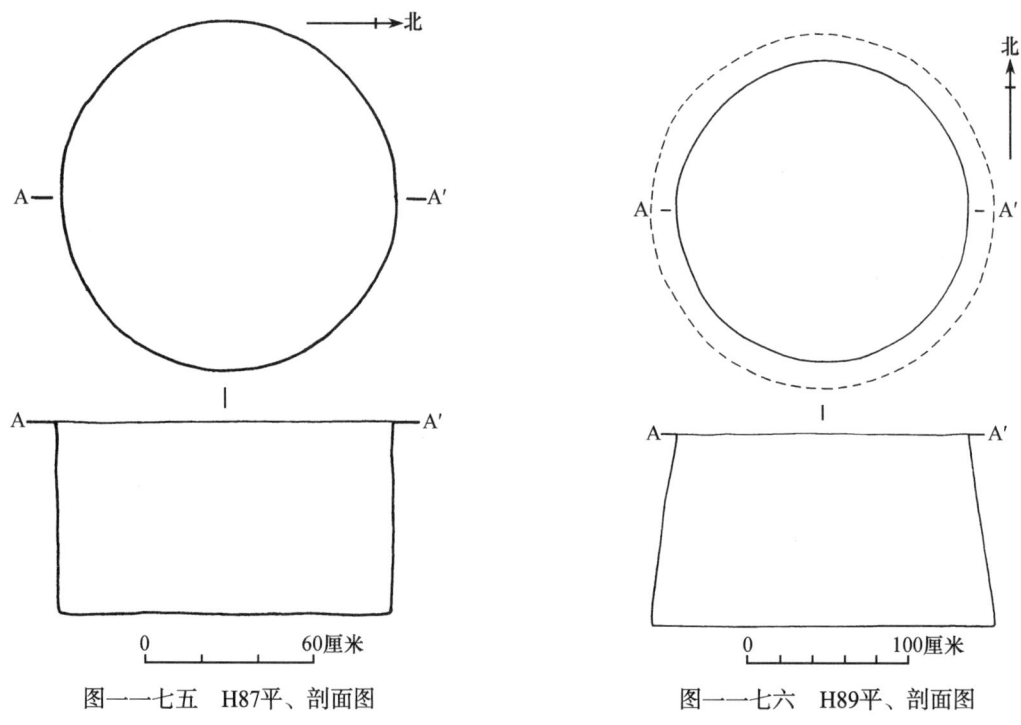

图一一七五　H87平、剖面图　　　　　图一一七六　H89平、剖面图

坑内堆积为深灰色土，土质较为致密，包含有少量黄土块，出土大量陶片，另有兽骨。

陶片为主要的出土物，以粗夹砂红褐陶和细夹砂橘红陶为主，细泥质橘红陶次之，并有少量细泥质灰陶、细泥质黑陶、粗泥质橘红陶、细夹砂红褐陶；纹饰以素面居多，附加堆纹次之，绳纹再次，还有少量弦纹、线纹、交错绳纹、彩陶（表二六八）。

H89共出土遗物50件。全部为陶器。器类有盆、罐、钵、缸、瓮、盂、圆陶片，另有器底（表二六九）。

盆　1件。标本H89：15，可复原。细夹砂红褐陶。敛口，平折沿，圆唇，斜直腹，平底。口下饰一对鸡冠状附加堆纹，上腹部饰一周条带状附加堆纹，近底部饰左上至右下斜向绳纹。腹部可见刮抹痕迹。口径36.4、底径10.8、通高18.4厘米（图一一七七，1；图版一七九，2）。

罐　25件。标本H89：22、H89：23均口、腹部残片。形制相同，均粗夹砂红褐陶，侈口，折沿，沿面内曲，鼓腹。标本H89：22，方唇。腹部饰竖向绳纹。器表可见烟熏痕迹（图一一七七，6）。标本H89：23，圆唇。素面。口沿下侧可见轮修痕迹（图一一七七，7）。

表二六八　H89陶系统计表　　　　　　　　　　　　　　（单位：kg）

陶质	细泥质			粗泥质	细夹砂		粗夹砂	合计	百分比（%）	
陶色 纹饰	橘红	灰	黑	橘红	橘红	红褐	红褐			
素面	2.05	0.22		0.21		0.126	0.95	3.556	34.23	
素面+磨光	0.57		0.02	0.114	1.00			1.704	16.40	
绳纹	0.11						1.30	1.41	13.57	
弦纹				0.08		0.14	0.22		2.12	
附加堆纹					2.37			2.37	22.81	100
绳纹+附加堆纹					0.126		0.69	0.816	7.85	
线纹	0.05							0.05	0.48	
彩陶	0.01							0.01	0.10	
交错绳纹							0.126	0.126	1.21	
绳纹+弦纹							0.126	0.126	1.21	
合计	2.79	0.22	0.02	0.404	3.37	0.252	3.332	10.39		
	10.39									
百分比（%）	26.85	2.12	0.19	3.89	32.44	2.43	32.07			
	100									

表二六九　H89器形统计表　　　　　　　　　　　　　　（单位：件）

陶质	细泥质			粗泥质	细夹砂			粗夹砂					合计	百分比（%）	
陶色	橘红		灰	橘红	橘红		红褐	红褐							
纹饰 器形	素面+磨光	素面	彩陶	素面	素面+磨光	素面	弦纹	素面	绳纹+附加堆纹	素面	绳纹	弦纹	交错绳纹	绳纹+弦纹	绳纹+附加堆纹	
盆							1									1	2.04	
罐 口					1	1		6	6		3	1	1		4	25	51.02	
底									2									
钵 口	7	6														19	49	38.78	100
底	1		1	1	2		1											
缸								1		1						2	4.08	
瓮				1												1	2.04	
盂					1											1	2.04	
合计	8	6	1	1	1	3	1	1	1	7	9	3	1	1	4			
	49																	
百分比（%）	16.33	12.24	2.04	2.04	2.04	6.12	2.04	2.04	2.04	14.29	18.37	6.12	2.04	2.04	8.16			
	100																	

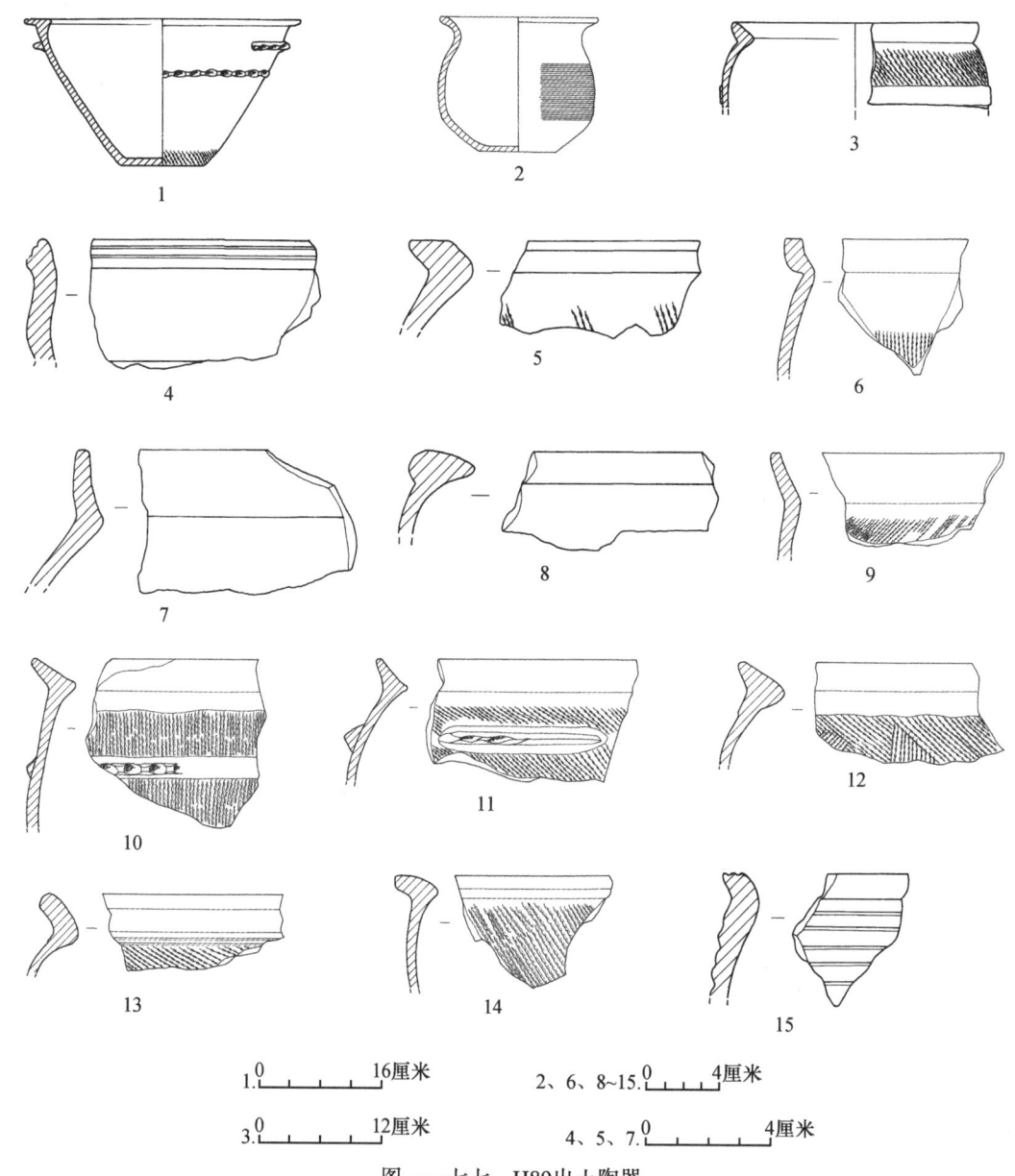

图一一七七 H89出土陶器

1. 盆（H89：15） 2~15. 罐（H89：18、H89：28、H89：21、H89：25、H89：22、H89：23、H89：30、H89：19、H89：29、H89：26、H89：27、H89：24、H89：20、H89：31）

标本H89：18、H89：19、H89：31形制相同，均粗夹砂红褐陶，侈口，卷沿，鼓腹。标本H89：18，可复原。尖圆唇，中腹圆鼓，下腹斜收，平底，最大腹径位于中下腹部。中、上腹部饰多周弦纹。下腹部可见刮抹痕迹。口径8.7、腹径8.6、底径4.4、通高7.3厘米（图一一七七，2；图版一七九，3）。标本H89：19，口、腹部残片。方唇。腹部饰右上至左下斜向绳纹。外沿面可见轮修痕迹（图一一七七，9）。标本H89：31，口、腹部残片。方唇，唇部有二道浅细凹槽。口沿以下饰多周弦纹（图一一七七，15）。

标本H89：21，口沿残片。粗夹砂红褐陶。侈口，折沿，方唇，唇部有二道浅细凹槽。素面。外沿面可见轮修痕迹（图一一七七，4）。

标本H89：20、H89：24、H89：25、H89：26、H89：27、H89：28、H89：29、H89：30均口、腹部残片。形制相同，均粗夹砂红褐陶，侈口，折沿，圆唇，鼓腹。标本H89：20，口沿以下饰左上至右下斜向绳纹。沿面可见轮修痕迹（图一一七七，14）。标本H89：24，口沿下侧饰二周弦纹，弦纹以下饰左上至右下斜向绳纹（图一一七七，13）。标本H89：25，沿面中部有一道折棱。口沿以下饰左上至右下斜向绳纹。沿面可见轮修痕迹（图一一七七，5）。标本H89：26，口沿以下饰左上至右下斜向绳纹，上腹部饰鸡冠状附加堆纹。沿面可见轮修痕迹（图一一七七，11）。标本H89：27，腹部饰交错绳纹。沿面可见轮修痕迹（图一一七七，12）。标本H89：28，口沿以下饰左上至右下斜向绳纹，腹部饰条带状附加堆纹。复原口径24、残高8.1厘米（图一一七七，3）。标本H89：29，口沿以下饰竖向绳纹，上腹部饰鸡冠状附加堆纹（图一一七七，10）。标本H89：30，素面（图一一七七，8）。

钵　19件。标本H89：2、H89：4、H89：6均口、腹部残片。形制相同，均细泥质橘红陶，直口微敛，圆唇，浅弧腹，器表磨光。标本H89：2，素面。内壁可见轮修痕迹（图一一七八，1）。标本H89：4，口下饰黑色宽带纹彩绘。内壁可见轮修痕迹（图一一七九，9）。标本H89：6，素面。器表可见烟熏痕迹（图一一七八，3）。

标本H89：10、H89：13均口、腹部残片。形制相同，均敛口，圆唇，深弧腹，最大腹径位于中下腹部，素面。标本H89：10，细泥质橘红陶。器表磨光（图一一七八，4）。标本H89：13，细夹砂红褐陶。器表可见轮修痕迹（图一一七八，2）。

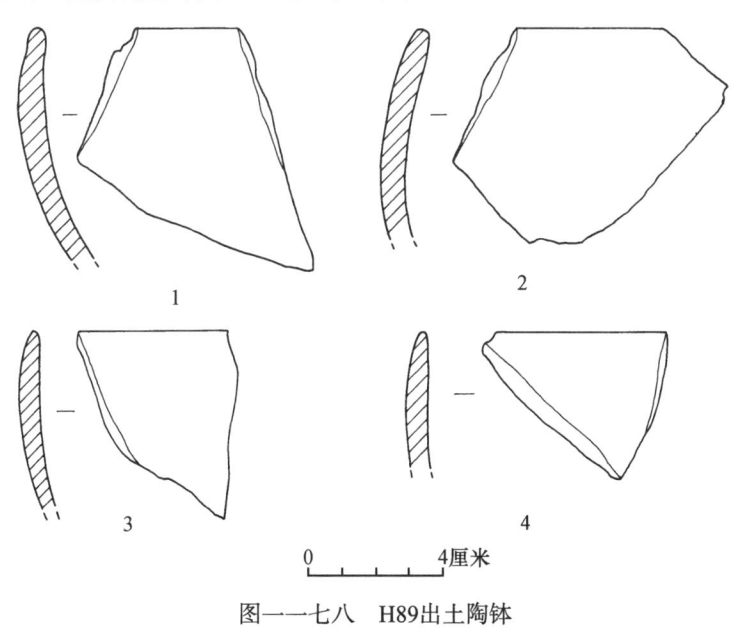

图一一七八　H89出土陶钵
1~4.（H89：2、H89：13、H89：6、H89：10）

标本H89：1、H89：3、H89：5、H89：7、H89：8、H89：9、H89：11、H89：12、H89：14形制相同，均敛口，斜直腹，素面。标本H89：1，可复原。细泥质橘红陶。尖圆唇，平底微凹。口下可见浅红色叠烧痕迹与轮修痕迹。口径25.2、底径10、通高11.6厘米（图一一七九，10；图版一七九，4）。标本H89：3，口、腹部残片。粗泥质橘红陶。厚圆唇。器表刮抹光滑。内壁可见轮修痕迹（图一一七九，8）。标本H89：5，口、腹部残片。细泥质橘红陶。圆唇。口下可见浅红色

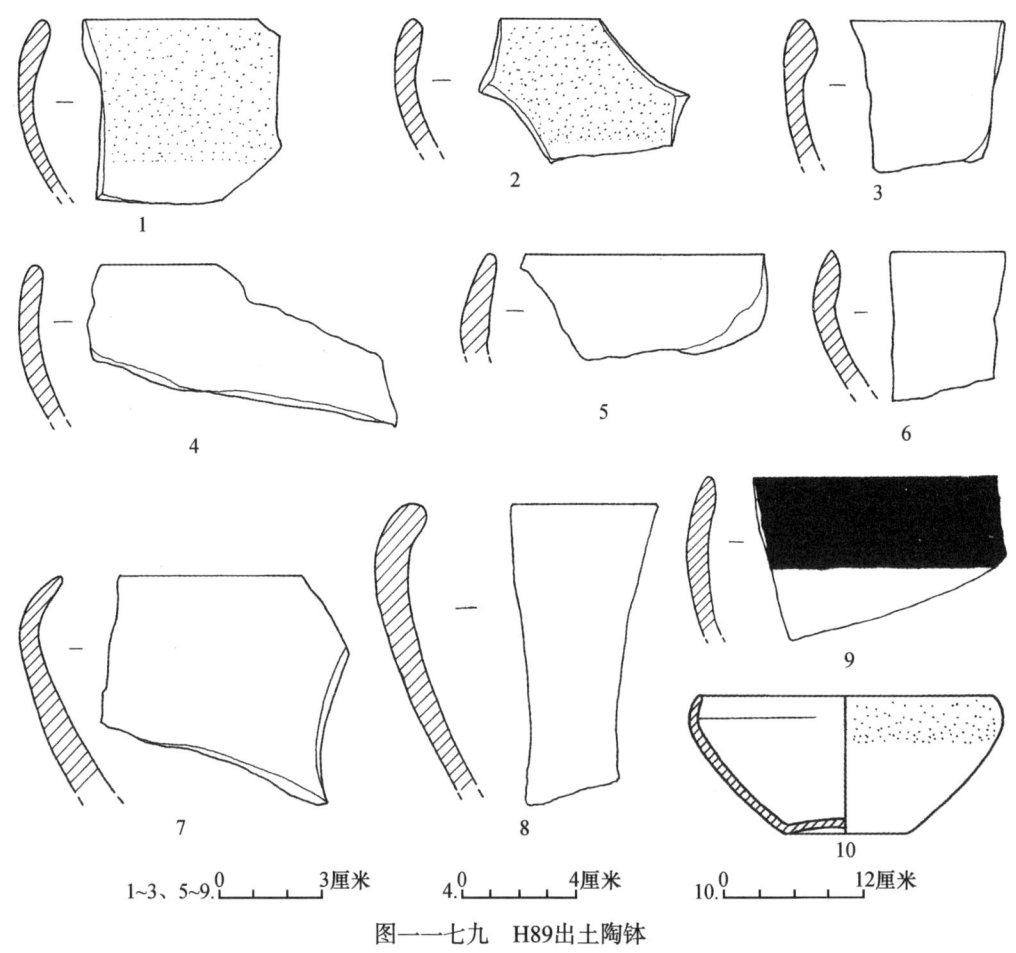

图一一七九 H89出土陶钵

1~10.（H89：5、H89：12、H89：9、H89：7、H89：8、H89：11、H89：14、H89：3、H89：4、H89：1）

叠烧痕迹，内壁可见轮修痕迹（图一一七九，1）。标本H89：7，口、腹部残片。细泥质橘红陶。圆唇。器表刮抹光滑（图一一七九，4）。标本H89：8，口、腹部残片。细泥质橘红陶。尖圆唇，口沿内侧贴有一周泥片。器表磨光。内壁可见轮修痕迹（图一一七九，5）。标本H89：9，口、腹部残片。细泥质橘红陶。厚圆唇。器表磨光。内壁可见轮修痕迹（图一一七九，3）。标本H89：11，口、腹部残片。粗泥质橘红陶。尖圆唇，口沿内侧贴有一周泥片。内、外壁均可见轮修痕迹（图一一七九，6）。标本H89：12，口、腹部残片。细泥质橘红陶。圆唇。口下可见深褐色叠烧痕迹，内壁可见轮修痕迹（图一一七九，2）。标本H89：14，口、腹部残片。细泥质灰陶。圆唇。器表刮抹光滑。内壁可见轮修痕迹（图一一七九，7）。

缸 2件。均口、腹部残片。标本H89：33，粗夹砂红褐陶。侈口，折沿，厚圆唇，沿下抹泥，直腹。口沿以下饰竖向绳纹（图一一八〇，1）。

标本H89：32，粗夹砂红褐陶。敛口，厚圆唇，腹微鼓。素面。内壁可见轮修痕迹（图一一八〇，2）。

瓮 1件。标本H89：16，口、腹部残片。粗泥质橘红陶。敛口，圆唇，圆鼓腹。器表刮抹光滑。素面。唇部与内壁均可见轮修痕迹（图一一八〇，3）。

盂 1件。标本H89：34，口、腹部残片。粗泥质橘红陶。敛口，尖唇，口沿内侧有一周凸棱，

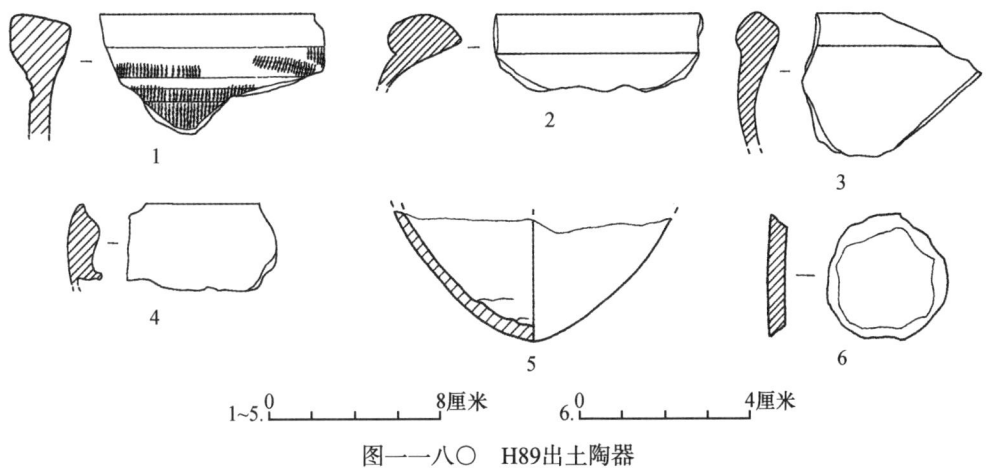

图一一八〇 H89出土陶器

1、2.缸（H89：33、H89：32） 3.瓮（H89：16） 4.盂（H89：34） 5.器底（H89：17） 6.圆陶片（H89：35）

断面呈三角形，内壁有一扳。器表磨光。素面。内壁可见轮修痕迹（图一一八〇，4）。

器底 标本H89：17，下腹、底部残片。粗泥质橘红陶。下腹斜直，钝尖底。器表刮抹光滑。素面。内壁可见泥条盘筑痕迹。可能为瓶底。残高6厘米（图一一八〇，5）。

圆陶片 1件。标本H89：35，完整。细泥质橘红陶。系利用钵的残片打制而成。圆形，边缘稍钝。直径2.9、厚0.4厘米（图一一八〇，6）。

30. H90

H90位于Ⅲ区T1212东北部，开口于②层下。平面呈圆形，袋状，斜直壁，平底，壁、底均经火烧烤，十分规整。坑口径2、底径2.7、深1.36米（图一一八一）。

坑内堆积可分为3层：第①层为深灰色土，土质疏松，厚0.48～0.72米，出土较多陶片，另有少量兽骨、石块；第②层为灰褐色土，土质较疏松，厚0.32～0.46米，包含少量火烧土块，出土少量陶片；第③层为浅灰色土，土质疏松，厚0.36～0.44米，出土大量陶片、石块。

陶片为主要的出土物，以细泥质橘红陶和粗夹砂橘红陶为主，粗夹砂红褐陶、细夹砂橘红陶次之，并有少量细泥质灰陶、细泥质黑陶、粗泥质橘红陶、粗泥质灰陶、细泥质橙黄陶；纹饰以素面居多，绳纹次之，还有少量附加堆纹、弦纹、划纹、戳印纹、彩陶（表二七〇）。

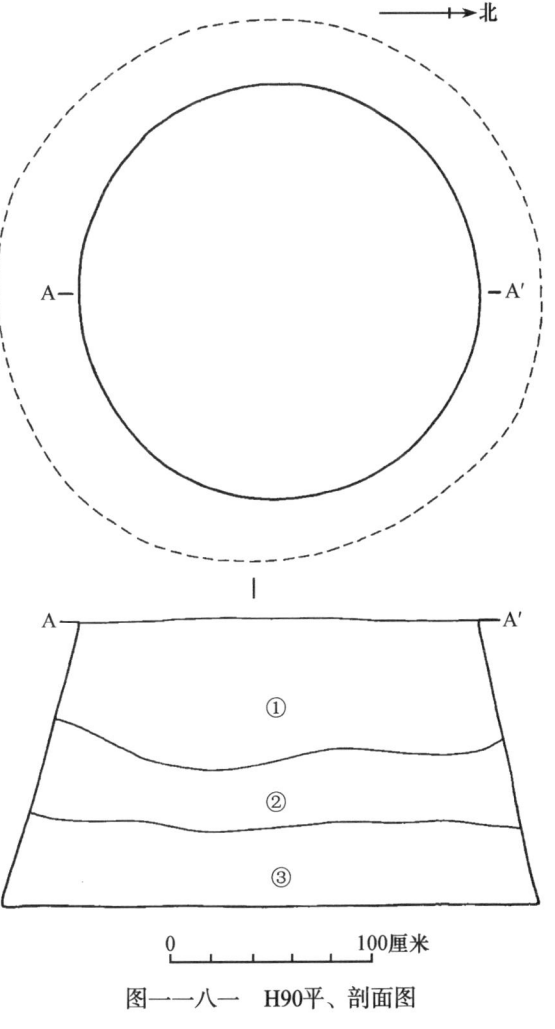

图一一八一 H90平、剖面图

H90共出土遗物127件。以陶器为主，玉器次之。

表二七〇　H90陶系统计表　　　　　　　　　　　　　　　　（单位：kg）

陶质	细泥质				粗泥质		细夹砂	粗夹砂		合计	百分比（%）
陶色 纹饰	橘红	灰	黑	橙黄	橘红	灰	橘红	橘红	红褐		
素面	0.114	0.29			0.54	0.12	0.32	0.53	0.49	2.404	21.39
素面+磨光	2.20	0.114	0.52	0.16	0.114	0.114				3.222	28.67
绳纹							0.86	2.13	0.44	3.43	30.52
弦纹								0.61	0.61		5.43
附加堆纹								0.21	0.21		1.87
绳纹+弦纹							0.21	0.13	0.34	11.24	3.02
绳纹+附加堆纹	0.32							0.252	0.572		5.09
划纹+附加堆纹	0.13		0.05						0.18		1.60
戳印纹+绳纹+附加堆纹								0.01	0.01		0.09
彩陶	0.26									0.26	2.31
合计	3.024	0.404	0.52	0.21	0.654	0.234	1.39	2.66	2.142		100
	11.24										
百分比（%）	26.90	3.59	4.63	1.87	5.82	2.08	12.37	23.67	19.06		
	100										

（1）陶器

126件。器类有瓶、盆、罐、钵、缸、瓮，另有器底（表二七一）。

瓶　2件。均口、颈部残片。标本H90:11，细泥质橘红陶。直杯口，微敛，较为短矮，圆唇，唇部有一道浅细凹槽，束颈。器表磨光。素面。口沿内侧可见轮修痕迹，内壁可见泥条盘筑痕迹。复原口径9、残高6.6厘米（图一一八二，1）。

标本H90:12，细泥质橘红陶。喇叭形口，平折沿，圆唇，束颈。颈部饰圆饼状附加堆纹，并饰竖向细绳纹。沿面可见轮修痕迹，内壁可见泥条盘筑痕迹。复原口径12、残高5.4厘米（图一一八二，2）。

盆　7件。均口、腹部残片。标本H90:6，细泥质橘红陶。敞口，折沿，沿面略向外侧下斜，尖唇，弧腹。器表磨光。沿面饰黑色弧边三角与短线纹彩绘。唇部与器表均可见轮修痕迹（图一一八二，12）。

标本H90:8、H90:9形制相同，均侈口，卷沿，圆唇，弧腹，器表磨光。标本H90:8，细泥质黑陶。素面（图一一八二，3）。标本H90:9，细泥质橘红陶。唇部与外沿面饰黑色彩绘，腹部饰黑色三角纹彩绘（图一一八二，11）。

标本H90:31，粗泥质灰陶。敛口，圆唇，唇部外叠，弧腹。器表磨光。素面。唇部可见轮修痕迹，内、外壁均可见刮抹痕迹（图一一八二，8）。

表二七一　H90器形统计表

（单位：件）

陶质	细泥质							粗泥质				细夹砂			粗夹砂							合计	百分比(%)
陶色	橘红			灰		黑	橙黄	橘红		灰	橘红	橘红	红褐		橘红		红褐						
纹饰\器形	素面+磨光	彩陶	绳纹+附加堆纹	素面+磨光	素面	素面+磨光	素面+磨光	素面+磨光	素面	素面+磨光	素面	素面	绳纹	绳纹+弦纹	绳纹	素面	绳纹	弦纹	附加堆纹	绳纹+弦纹	绳纹+附加堆纹+戳印纹		
瓶	1		1																			2	1.59
盆		2		1		1		1		1	1											7	5.56
罐	20	2	1		2	4	2		3			1		1	5		8	1	2	3	1	46	36.51
钵													3			22		1				32	25.40
缸																21	12	1				37	29.37
瓮																	1					2	1.59
合计	21	4	2	1	2	5	2	1	3	1	1	1	3	1	5	43	21	3	2	3	1	126	100
百分比(%)	16.67	3.17	1.59	0.79	1.59	3.97	1.59	0.79	2.38	0.79	0.79	0.79	2.38	0.79	3.97	34.13	16.67	2.38	1.59	2.38	0.79	126	100

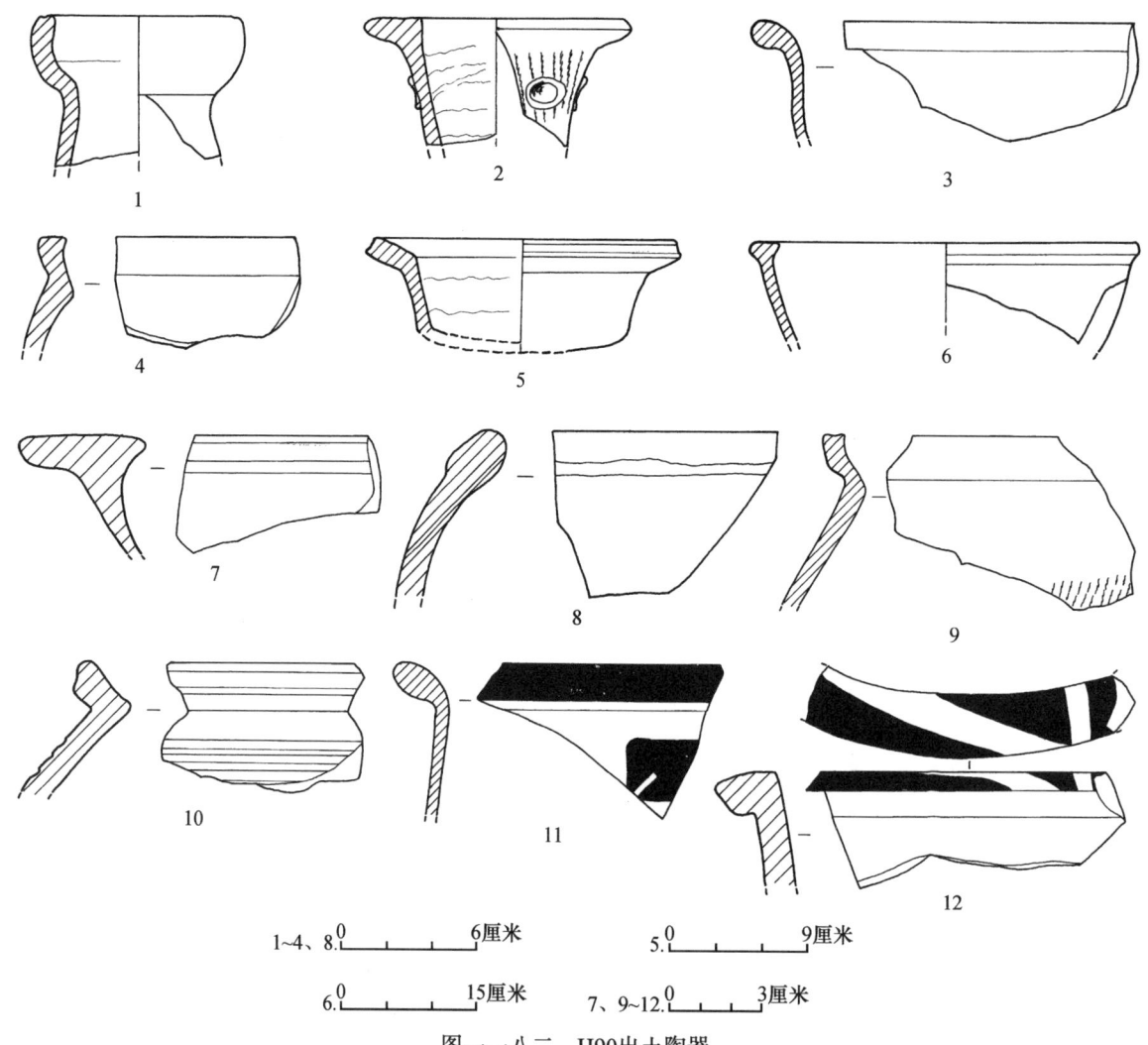

图一一八二 H90出土陶器
1、2.瓶（H90：11、H90：12） 3、5~8、11、12.盆（H90：8、H90：10、H90：38、H90：7、H90：31、H90：9、H90：6）
4、9、10.罐（H90：14、H90：23、H90：24）

标本H90：10，粗泥质橘红陶。侈口，折沿，方唇，唇部有一道浅细凹槽，直腹。器表磨光。素面。沿面可见轮修痕迹，内壁可见泥条盘筑痕迹。复原口径21、残高7.5厘米（图一一八二，5）。

标本H90：7，细泥质灰陶。敛口，宽平折沿，圆唇，斜直腹。器表磨光。素面。内壁可见轮修痕迹（图一一八二，7）。

标本H90：38，细夹砂橘红陶。敛口，折沿，沿面近平，圆唇，斜直腹。素面。内壁可见刮抹痕迹，唇部可见轮修痕迹。复原口径43.5、残高11厘米（图一一八二，6）。

罐 46件。标本H90：23，口、腹部残片。粗夹砂红褐陶。侈口，卷沿，沿面微曲，方唇，唇部有一道浅细凹槽，鼓腹。腹部饰右上至左下斜向绳纹。口沿下侧可见轮修痕迹（图一一八二，9）。

标本H90：14、H90：24均口、腹部残片。形制相同，均粗夹砂红褐陶，侈口，折沿，沿面内曲，鼓腹。标本H90：14，方唇。素面。唇部可见轮修痕迹（图一一八二，4）。标本H90：24，圆唇，外沿面有一道浅细凹槽。口沿以下饰多周弦纹（图一一八二，10）。

标本H90：19，口、腹部残片。粗夹砂红褐陶。侈口，卷沿，方唇，唇面上有两道浅细凹槽，口沿内侧有一道宽浅凹槽，鼓腹。腹部饰右上至左下斜向绳纹。口沿下侧可见轮修痕迹（图一一八三，10）。

标本H90∶17、H90∶20、H90∶22均口、腹部残片。形制相同，均粗夹砂红褐陶，侈口，折沿，圆唇，鼓腹。标本H90∶17，口沿以下饰右上至左下斜向绳纹（图一一八三，13）。标本H90∶20，腹部饰右上至左下斜向绳纹。沿面可见轮修痕迹。器表可见烟熏痕迹（图一一八三，2）。标本H90∶22，腹部饰横向绳纹。口沿下侧可见轮修痕迹（图一一八三，6）。

标本H90∶16、H90∶21、H90∶25、H90∶26、H90∶27、H90∶28、H90∶30、H90∶32形制相同，均粗夹砂红褐陶，侈口，折沿，圆唇，鼓腹。标本H90∶16，口、腹部残片。上腹部饰二周条带状附加堆纹，口沿以下饰左上至右下斜向绳纹。口径22、腹径24.8、残高20厘米（图一一八三，1）。标本H90∶30，腹、底部残片。下腹斜直，平底。腹部饰竖向绳纹。底径12、残高11.1厘米（图一一八三，3）。标本H90∶21，口、腹部残片。口沿下侧抹泥。外沿面饰左上至右下斜向细线纹，腹部饰右上至左下斜向绳纹，上腹部饰鸡冠状附加堆纹。沿面可见轮修痕迹

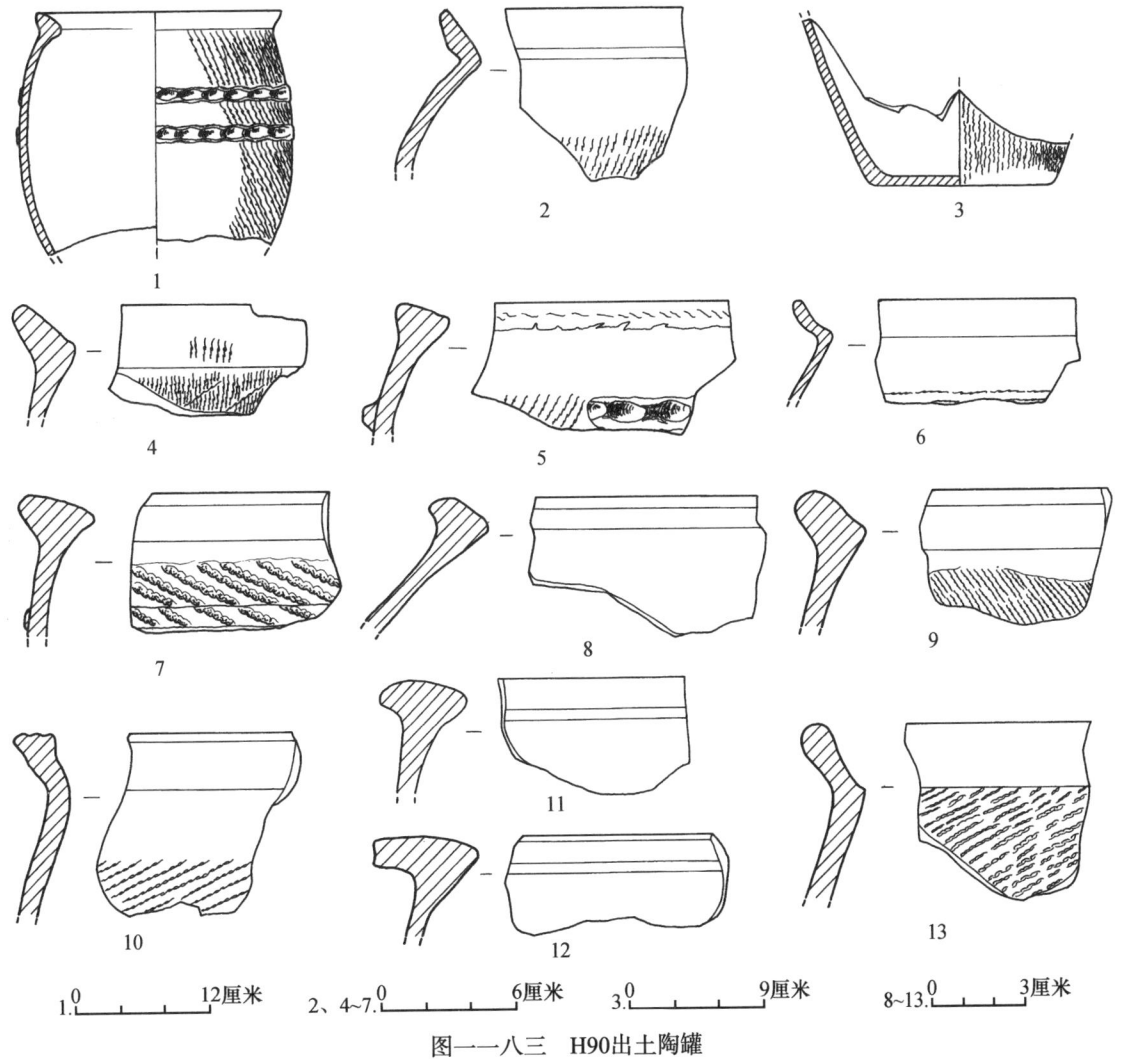

图一一八三　H90出土陶罐

1~13.（H90∶16、H90∶20、H90∶30、H90∶27、H90∶21、H90∶22、H90∶32、H90∶26、H90∶28、H90∶19、H90∶25、H90∶29、H90∶17）

（图一一八三，5）。标本H90：25，口、腹部残片。素面。沿面可见轮修痕迹（图一一八三，11）。标本H90：26，口、腹部残片。圆鼓腹。素面。内壁可见轮修痕迹（图一一八三，8）。标本H90：27，口、腹部残片。外沿面饰竖向绳纹，口沿以下饰交错绳纹。沿面可见轮修痕迹（图一一八三，4）。标本H90：28，口、腹部残片。口沿以下饰左上至右下斜向绳纹（图一一八三，9）。标本H90：32，口、腹部残片。口沿以下饰左上至右下斜向绳纹，上腹部饰一周条带状附加堆纹（图一一八三，7）。

标本H90：29，口、腹部残片。粗夹砂红褐陶。敛口，平折沿，方唇，唇部有一道浅细凹槽，鼓腹。素面。沿面可见轮修痕迹，内壁可见烟熏痕迹（图一一八三，12）。

钵　32件。均口、腹部残片。标本H90：5，细泥质橘红陶。直口微敛，圆唇，深弧腹。器表磨光。口下饰黑色宽带纹彩绘（图一一八四，1）。

标本H90：1，细泥质橘红陶。直口微敛，圆唇，浅弧腹。器表磨光。口下饰黑色宽带纹彩绘。彩绘下侧可见浅红色叠烧痕迹（图一一八四，2）。

标本H90：2、H90：3、H90：4形制相同，均粗泥质橘红陶，敛口，斜直腹，素面。标本H90：2，圆唇，口沿内侧有一道凸棱，断面呈三角形。器表刮抹光滑。口下可见浅红色叠烧痕迹，内壁可见轮修痕迹，器表可见刮抹痕迹（图一一八四，4）。标本H90：3，圆唇。口下可见深褐色叠烧痕迹，内、外壁均可见轮修痕迹。复原口径21.6、残高6厘米（图一一八四，3）。标本H90：4，圆唇。口下与内壁均可见轮修痕迹，腹部可见刮抹痕迹。复原口径21.2、残高8厘米（图一一八四，14）。

缸　37件。均口、腹部残片。标本H90：35、H90：36形制相同，均粗夹砂红褐陶，敛口，平折沿，圆唇，腹微鼓。标本H90：35，口沿下侧饰条带状附加堆纹。沿面可见轮修痕迹（图一一八四，8）。标本H90：36，素面。沿面、唇部、内壁均可见轮修痕迹（图一一八四，10）。

标本H90：33、H90：34、H90：37形制相同，均粗夹砂红褐陶，敛口，厚唇，腹微鼓。标本H90：33，口下饰鸡冠状附加堆纹。内壁可见泥条盘筑痕迹、垫窝痕迹、轮修痕迹，器表可见烟熏痕迹。复原口径33、残高6.5厘米（图一一八四，7）。标本H90：34，素面。沿面可见轮修痕迹。复原口径45、残高5.5厘米（图一一八四，9）。标本H90：37，素面。内壁可见泥条盘筑痕迹（图一一八四，6）。

瓮　2件。均口、腹部残片。标本H90：15，细夹砂橘红陶。敛口，方唇，唇部有一道浅细凹槽，口沿内侧有一道宽深凹槽，折肩，斜直腹。口沿下侧饰三周弦纹，肩部以下饰右上至左下斜向绳纹。外沿面可见轮修痕迹（图一一八四，5）。

标本H90：18，粗夹砂红褐陶。敛口，圆唇，圆鼓腹。腹部饰右上至左下斜向绳纹。唇部可见轮修痕迹（图一一八四，12）。

器底　标本H90：13，下腹、底部残片。细泥质橘红陶。斜直腹，尖底，较为圆钝。器表刮抹光滑。素面。内壁可见泥条盘筑痕迹。可能为瓶底。残高11厘米（图一一八四，13）。

（2）玉器

1件。笋。标本H90：40，一端残。白色，半透明。横断面呈圆形，尖部锐利。通体磨光。残长6厘米（图一一八四，11；彩版二九，4；图版一七九，5）。

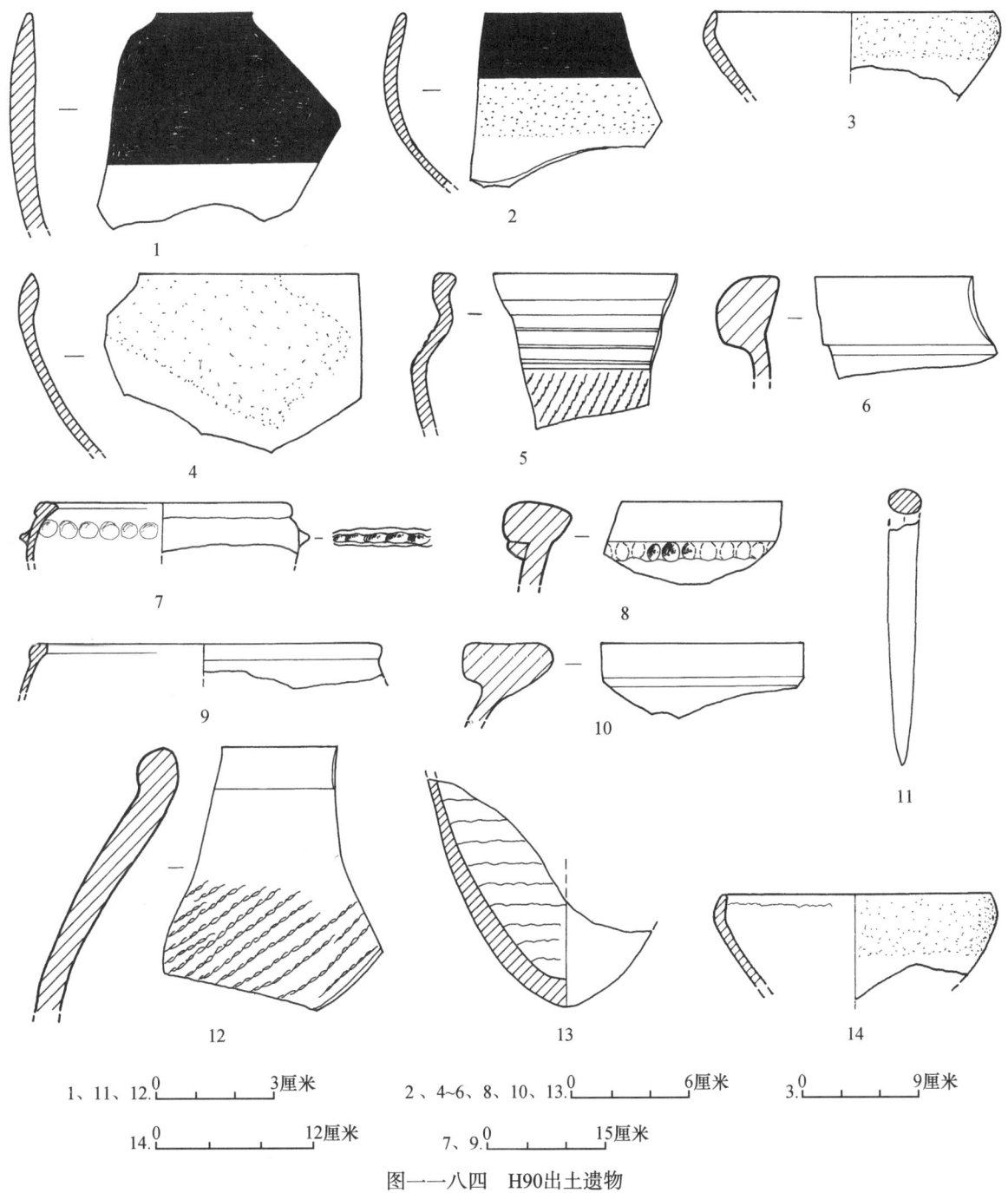

图一一八四 H90出土遗物

1~3、4、14. 陶钵（H90：5、H90：1、H90：3、H90：2、H90：4） 5、12. 陶瓮（H90：15、H90：18）
6~10. 陶缸（H90：37、H90：33、H90：35、H90：34、H90：36） 11. 玉笄（H90：40） 13. 器底（H90：13）

31. H100

H100位于Ⅲ区T1311东北部和T1312东南部，开口于②层下。平面呈圆形，袋状，斜直壁，平底。坑口径1.32、底径2.04、深1.5米（图一一八五）。

坑内堆积可分为2层：第①层为深灰色土，土质疏松，厚0.4~0.42米，较为纯净；第②层为深褐色土，厚1.08~1.1米，出土大量陶片，另有石块、兽骨。

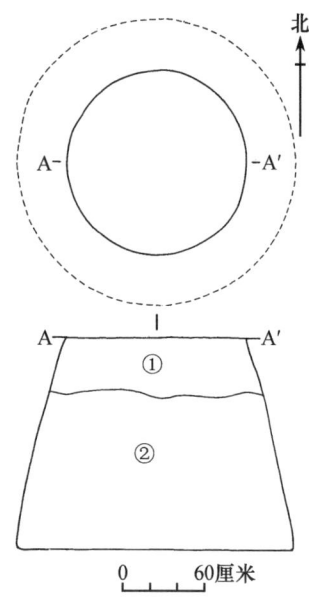

图一一八五　H100平、剖面图

陶片为主要的出土物，粗夹砂红褐陶占绝大多数，细泥质橘红陶次之，并有少量细泥质灰陶、细泥质黑陶、粗泥质橘红陶、粗泥质灰陶、细夹砂橘红陶、细夹砂红褐陶、粗夹砂橘红陶；纹饰以附加堆纹为主，素面、绳纹次之，并有少量划纹、交错绳纹、彩陶（表二七二）。

H100共出土遗物82件。全部为陶器。器类有瓶、盆、罐、钵、缸、瓮、器盖、圆陶片（表二七三）。

瓶　1件。标本H100：17，口沿残片。细夹砂橘红陶。喇叭形口，平折沿，圆唇。素面。沿面可见轮修痕迹，内壁可见泥条盘筑痕迹。口径12、残高2厘米（图一一八六，7）。

盆　13件。均口、腹部残片。标本H100：12、H100：16形制相同，均直口微敛，平折沿，弧腹。标本H100：12，粗泥质橘红陶。沿面微鼓，圆唇。素面。器表可见轮修痕迹（图一一八六，6）。标本H100：16，细泥质橘红陶。尖圆唇。口沿以下饰多周弦纹。器表可见烟熏痕迹（图一一八六，8）。

标本H100：14，细泥质橘红陶。侈口，卷沿，圆唇，弧腹。器表磨光。唇部饰黑色彩绘（图一一八六，10）。

标本H100：13，细夹砂红褐陶。敛口，平折沿，圆唇，斜直腹。素面。器表可见刮抹痕迹（图一一八六，5）。

标本H100：15，粗泥质灰陶。侈口，折沿，圆唇，弧腹。素面。外沿面可见轮修痕迹（图一一八六，11）。

表二七二　H100陶系统计表　　　　　　　　　　　　（单位：kg）

陶质 陶色 纹饰	细泥质			粗泥质		细夹砂		粗夹砂		合计		百分比（%）	
	橘红	灰	黑	橘红	灰	橘红	红褐	橘红	红褐				
素面	0.87	0.114		0.01	0.114	0.32	0.126		2.25	3.804		17.07	
素面+磨光	0.79	0.54	0.22							1.55		6.95	
绳纹				0.31					2.21	2.52		11.31	
弦纹	0.11			0.11						0.22		0.99	
附加堆纹								0.36	0.46	0.82		3.68	
绳纹+附加堆纹									4.76	4.76	22.29	21.35	100
划纹+附加堆纹									5.13	5.13		23.01	
绳纹+划纹 +附加堆纹									0.126	0.126		0.57	
绳纹+附加堆纹+ 交错绳纹+划纹									3.21	3.21		14.40	
彩陶	0.15									0.15		0.67	
合计	1.92	0.654	0.22	0.43	0.114	0.32	0.126	0.36	18.146	22.29			
百分比（%）	8.61	2.93	0.99	1.93	0.51	1.44	0.57	1.62	81.41	100			

表二七三　H100器形统计表

(单位: 件)

陶质	细泥质							粗泥质			细夹砂		粗夹砂						合计	百分比(%)
陶色	橘红				灰		黑	橘红		灰	橘红		红褐							
纹饰\器形	素面+磨光	素面	弦纹	彩陶	素面+磨光	素面	素面+磨光	素面	弦纹	素面	素面	附加堆纹	素面	绳纹	附加堆纹	绳纹+附加堆纹	划纹+附加堆纹	绳纹+划纹+附加堆纹+交错绳纹		
瓶			1																1	1.23
盆　口	1				1			1	1	1	1								13	16.05
盆　底		1				1		1		3										
罐　口				4	4		4	1			1	2	5	6	1	2	1	1	31	38.27
罐　底													9	4						
钵	6												6	3	1				24	29.63
缸											1			14	2	2	1		10	12.35
瓮													1						1	1.23
器盖	1																		1	1.23
合计	7	3	1	5	5	1	4	3	1	4	3	2	22	14	2	2	1	1	81	100
百分比(%)	8.64	3.70	1.23	6.17	6.17	1.23	4.94	3.70	1.23	4.94	3.70	2.47	27.16	17.28	2.47	2.47	1.23	1.23	100	

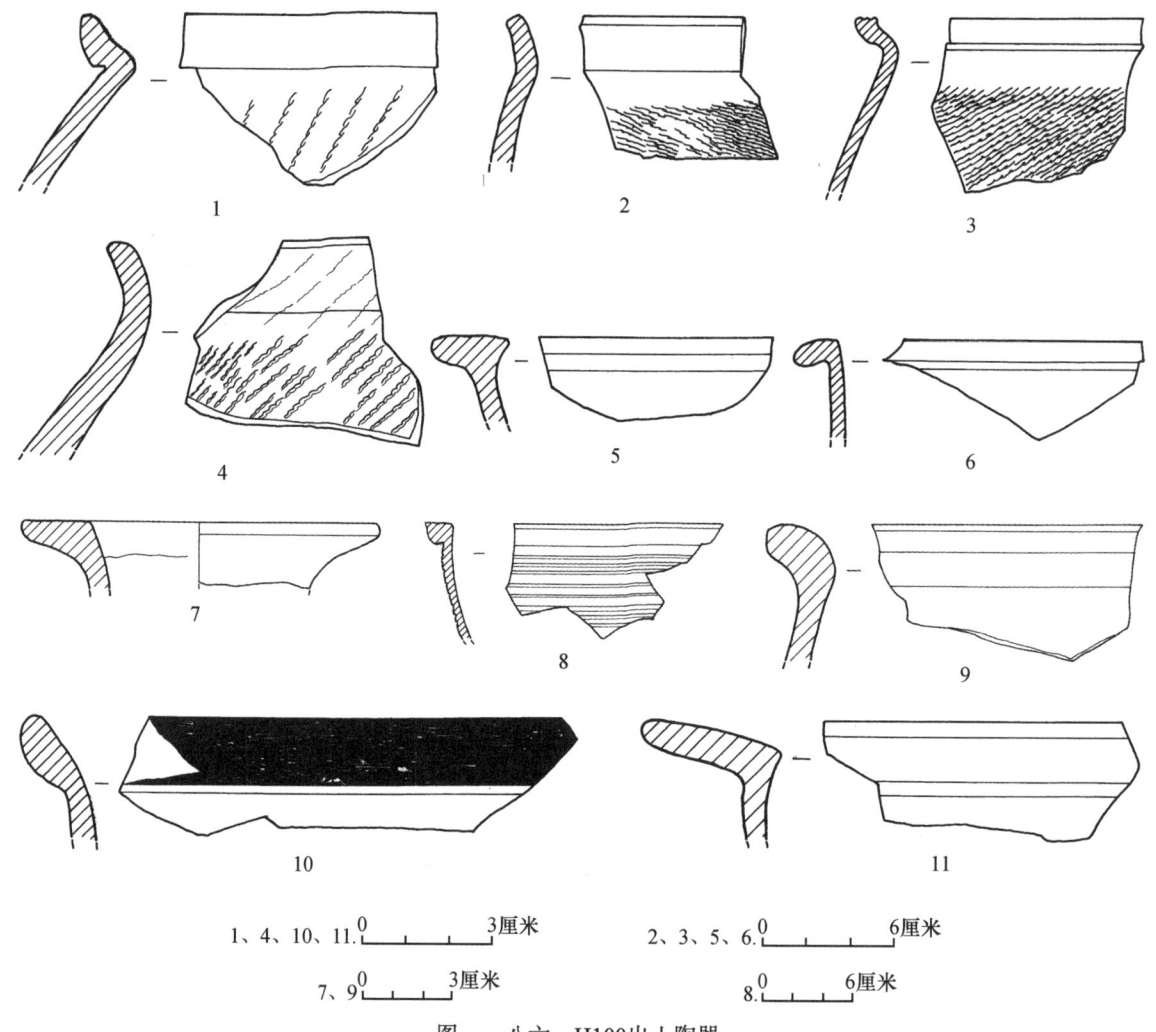

图一一八六 H100出土陶器

1~4、9.罐（H100：26、H100：22、H100：21、H100：31、H100：28）
5、6、8、10、11.盆（H100：13、H100：12、H100：16、H100：14、H100：15） 7.瓶（H100：17）

罐 31件。标本H100：21、H100：26均口、腹部残片。形制相同，均粗夹砂红褐陶，侈口，折沿，沿面微曲，鼓腹。标本H100：21，方唇，唇部有二道浅细凹槽。腹部饰右上至左下斜向绳纹（图一一八六，3）。标本H100：26，圆唇。腹部饰右上至左下斜向绳纹（图一一八六，1）。

标本H100：22、H100：31均口、腹部残片。形制相同，均粗夹砂红褐陶，侈口，卷沿，鼓腹。标本H100：22，方唇。腹部饰左上至右下斜向绳纹。沿面可见轮修痕迹（图一一八六，2）。标本H100：31，圆唇。外沿面与口沿以下饰右上至左下斜向绳纹（图一一八六，4）。

标本H100：28，口、腹部残片。粗夹砂红褐陶。侈口，卷沿，圆唇，鼓腹。素面。沿面可见轮修痕迹（图一一八六，9）。

标本H100：18、H100：19、H100：20、H100：23、H100：24、H100：27、H100：30、H100：32、H100：33形制相同，均粗夹砂红褐陶，侈口，折沿，鼓腹。标本H100：18，中腹部残。圆唇，上腹稍鼓，下腹斜直，平底，最大腹径位于上腹部。口下饰一对鸡冠状附加堆纹，上腹部饰左上至右下斜向绳纹，中腹部饰竖向绳纹，下腹部饰右上至左下斜向绳纹。沿面可见轮修痕迹。复原口径29.5、腹径32.5、底径13.5、复原高度32厘米（图一一八七，7）。标本H100：19，下腹稍残。方唇，上腹稍鼓，下腹斜直，平底，最大腹径位于上腹部。上腹部饰四周条带状附加堆纹，附加堆纹上饰右上至左下斜向短绳纹，下腹部饰右上至左下斜向绳纹，底部周缘饰划纹。沿面可见轮修痕迹。复原口径32、腹径37.4、底径14、复原高度32.5厘米（图一一八七，9）。标本H100：20，口、腹部残片。粗夹砂红褐陶。圆唇。口下饰一对鸡冠状附加堆纹，上腹部饰二周条带状附加堆纹，附加堆纹上饰右上至左下斜向短绳纹。复原口径26.4、残高13.2厘米（图一一八七，8）。标本H100：23，口、腹部残片。圆唇。口下饰鸡冠状附加堆纹。沿面可见轮修痕迹（图一一八七，5）。标本H100：24，口、腹部残片。圆唇。素面（图一一八七，2）。标本H100：27，口、腹部残片。圆唇。腹部饰左上至右下斜向绳纹。沿面可见轮修痕迹（图一一八七，6）。标本H100：30，口、腹部残片。圆唇。外沿面饰左上至右下斜向绳纹，腹部饰竖向绳纹。沿面可见轮修痕迹（图一一八七，4）。标本H100：32，口、腹部残片。圆唇。素面（图一一八七，1）。标本H100：33，口、腹部残片。圆唇。素面。口部可见烟熏痕迹（图一一八七，3）。

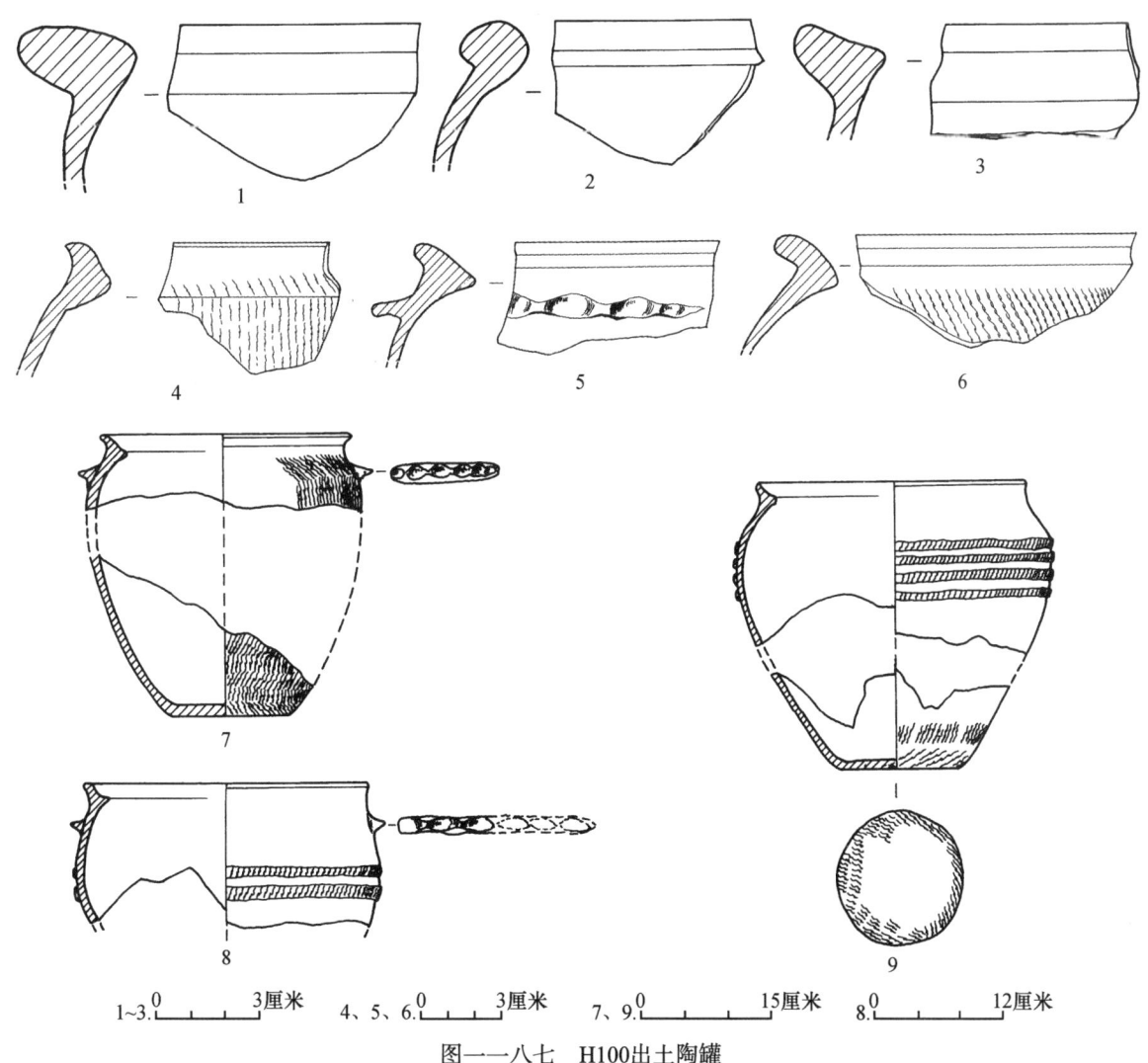

图一一八七　H100出土陶罐

1～9.（H100：32、H100：24、H100：33、H100：30、H100：23、H100：27、H100：18、H100：20、H100：19）

钵　24件。均口、腹部残片。标本H100：3、H100：11形制相同，均细泥质橘红陶，直口微敛，圆唇，深弧腹，器表磨光，素面。标本H100：3，口下可见浅褐色叠烧痕迹（图一一八八，11）。标本H100：11，器表可见轮修痕迹（图一一八八，5）。

标本H100：1、H100：2形制相同，均细泥质橘红陶，直口微敛，浅弧腹，器表磨光，口下均饰黑色宽带纹彩绘。标本H100：1，圆唇（图一一八八，7）。标本H100：2，方唇。器表可见轮修痕迹（图一一八八，8）。

标本H100：8，细泥质黑陶。敛口，圆唇，浅弧腹。器表磨光。素面。口下可见轮修痕迹（图一一八八，6）。

标本H100：4、H100：5、H100：6、H100：7、H100：9、H100：10形制相同，均敛口，斜直腹，素面。标本H100：4，细泥质橘红陶。圆唇。器表可见刮抹痕迹，内壁可见轮修痕迹（图

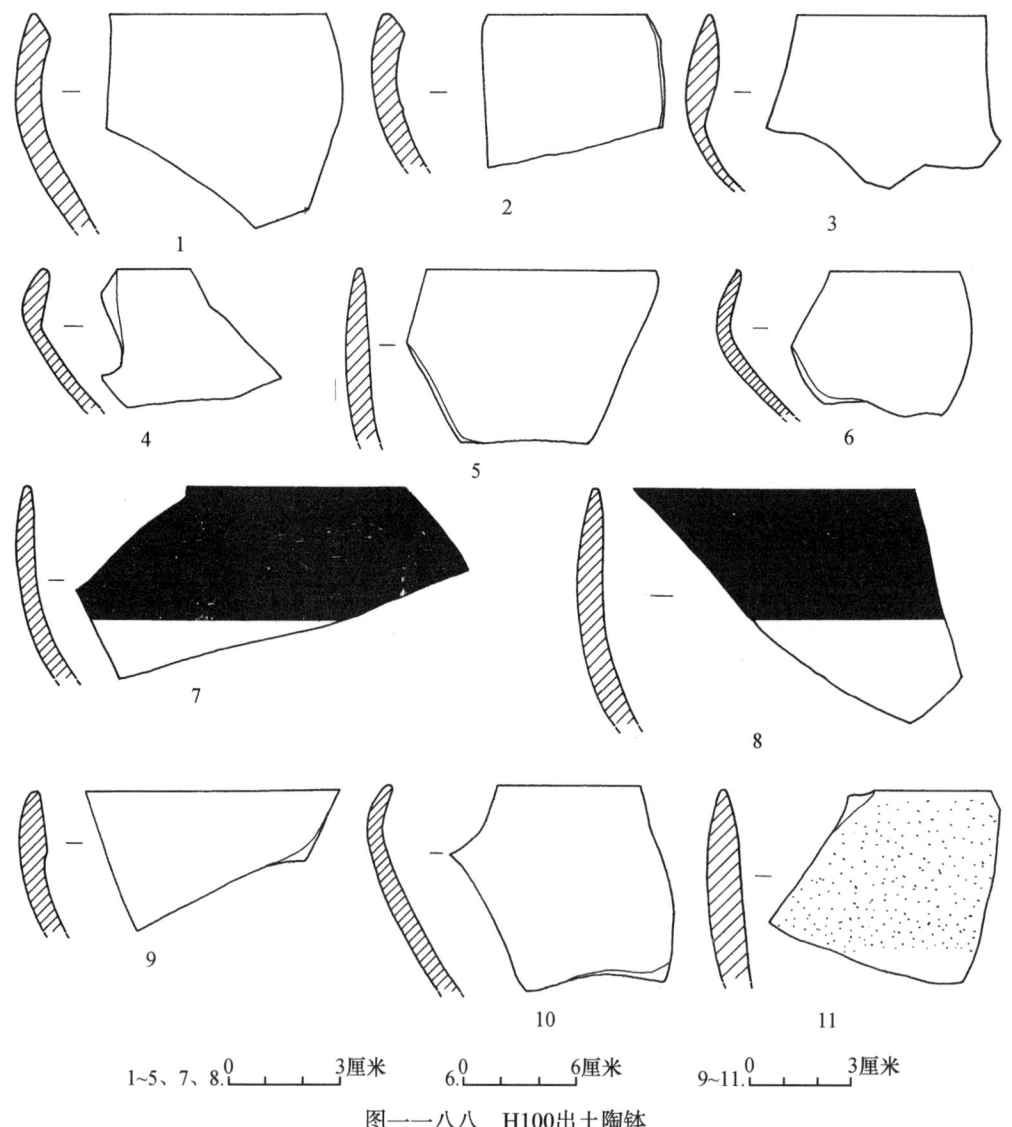

图一一八八　H100出土陶钵

1～11.（H100：5、H100：6、H100：9、H100：7、H100：11、H100：8、H100：1、H100：2、H100：10、H100：4、H100：3）

一一八八，10）。标本H100∶5，粗泥质橘红陶。圆唇，口沿内侧有一道凸棱，断面呈三角形。内壁可见轮修痕迹（图一一八八，1）。标本H100∶6，细泥质橘红陶。圆唇，口沿内侧有一道凸棱，断面呈三角形。器表可见刮抹痕迹。内壁可见轮修痕迹（图一一八八，2）。标本H100∶7，细泥质橘红陶。圆唇，口沿内侧贴有一周泥片。内、外壁均可见轮修痕迹（图一一八八，4）。标本H100∶9，细泥质灰陶。尖圆唇。器表磨光。内壁可见轮修痕迹（图一一八八，3）。标本H100∶10，细泥质灰陶。圆唇，口沿内侧有一道较矮凸棱。内壁可见轮修痕迹（图一一八八，9）。

缸 10件。均口、腹部残片。标本H100∶35，粗夹砂红褐陶。敛口，平折沿，圆唇，斜直腹。素面。器表可见刮抹痕迹（图一一八九，2）。

标本H100∶29，粗夹砂红褐陶。敛口，平折沿，厚唇，直腹。素面。沿面可见轮修痕迹（图一一八九，7）。

标本H100∶34、H100∶36形制相同，均粗夹砂红褐陶，敛口，厚唇，腹微鼓。标本H100∶34，素面。沿面可见轮修痕迹（图一一八九，6）。标本H100∶36，口沿以下饰竖向绳纹。沿面可见轮修痕迹（图一一八九，4）。

瓮 1件。标本H100∶25，口、腹部残片。粗夹砂红褐陶。敛口，圆唇，口沿下侧有一道凸棱，鼓腹。凸棱以下饰右上至左下斜向绳纹（图一一八九，1）。

器盖 1件。标本H100∶37，口、壁残片。粗夹砂红褐陶。喇叭口状，方唇，反弧壁。素面。器表可见刮抹痕迹（图一一八九，5）。

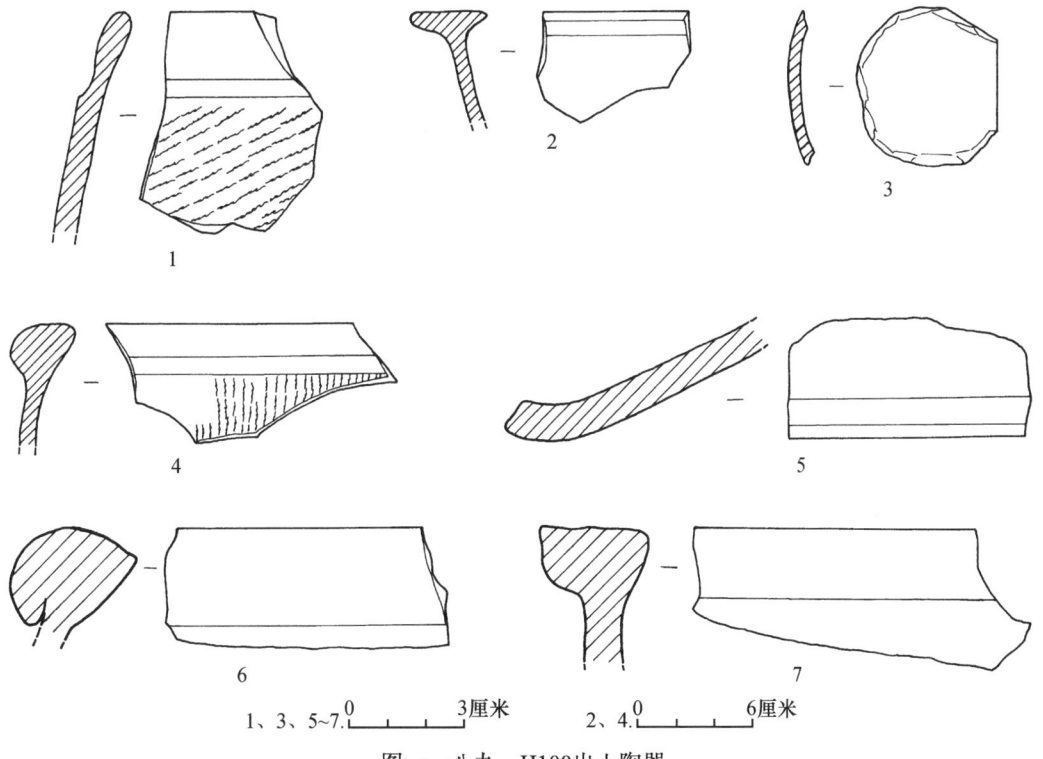

图一一八九 H100出土陶器
1.瓮（H100∶25） 2、4、6、7.缸（H100∶35、H100∶36、H100∶34、H100∶29） 3.圆陶片（H100∶38）
5.器盖（H100∶37）

圆陶片　1件。标本H100∶38，完整。细泥质橘红陶。系利用钵的口沿残片打制而成，保留少量沿面。圆形，边缘较锋利。器表可见深红色叠烧痕迹。直径4.1、厚0.3厘米（图一一八九，3）。

32. H104

H104位于Ⅲ区T0714东北部和T0814西北部，开口于②层下。平面呈椭圆形，筒状，直壁，底部东高西低，经火烧烤形成一层砖红色硬面，十分规整。坑口长径2.42、短径1.4、深0.6～0.66米（图一一九〇）。

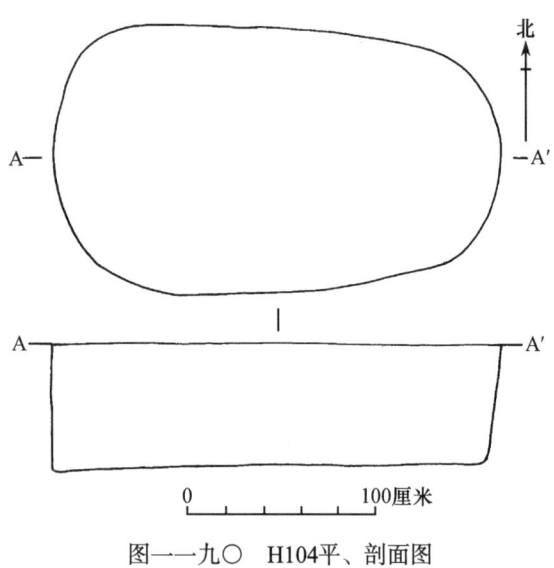

图一一九〇　H104平、剖面图

坑内堆积为红褐色土，土质疏松，包含少量火烧土块，出土少量陶片。

陶片以细夹砂红褐陶为主，还有少量细泥质橘红陶与粗泥质橘红陶；纹饰以素面为主，另有少量划纹、绳纹。

H104共出土遗物4件。全部为陶器。器类有罐、钵。

罐　2件。形制相同，均细夹砂红褐陶。侈口，折沿，尖圆唇，鼓腹。标本H104∶3，口、腹部残片。素面。内壁可见轮修痕迹（图一一九一，2）。标本H104∶4，可复原。中腹微鼓，下腹斜直，平底，最大腹径位于中腹部。中腹部饰一周竖向划纹，下腹部饰稀疏的右上至左下斜向绳纹，绳纹斜度较小，底部周缘饰右上至左下斜向短绳纹。口沿下侧可见轮修痕迹。口径14.7、腹径16.5、底径9、通高21厘米（图一一九一，1；图版一七九，6）。

钵　2件。标本H104∶2，口、腹部残片。细泥质橘红陶。直口微敛，圆唇，浅弧腹。器表磨光。素面。器表可见轮修痕迹（图一一九一，4）。

标本H104∶1，可复原。粗泥质橘红陶。敛口，尖圆唇，斜直腹，平底微凹。器表经刮抹较为光滑。素面。内壁可见轮修痕迹，下腹部可见刮抹痕迹。口径20.9、底径9.4、通高10厘米（图一一九一，3；图版一八〇，1）。

33. H110

H110位于Ⅲ区T0714东南部和T0814西南部，开口于②层下。平面呈圆形，袋状，斜直壁，平底，底部经火烧烤形成一层砖红色硬面。坑口径1.8、底径2.2、深0.94米（图一一九二）。

坑内堆积为浅灰色土，土质较疏松，包含少量火烧土块，出土零星陶片。

34. H113

H113位于Ⅲ区T0514的东北部，开口于②层下。平面呈圆形，袋状，弧壁，平底。坑口径1.02、底径1.62、深1.12米（图一一九三）。

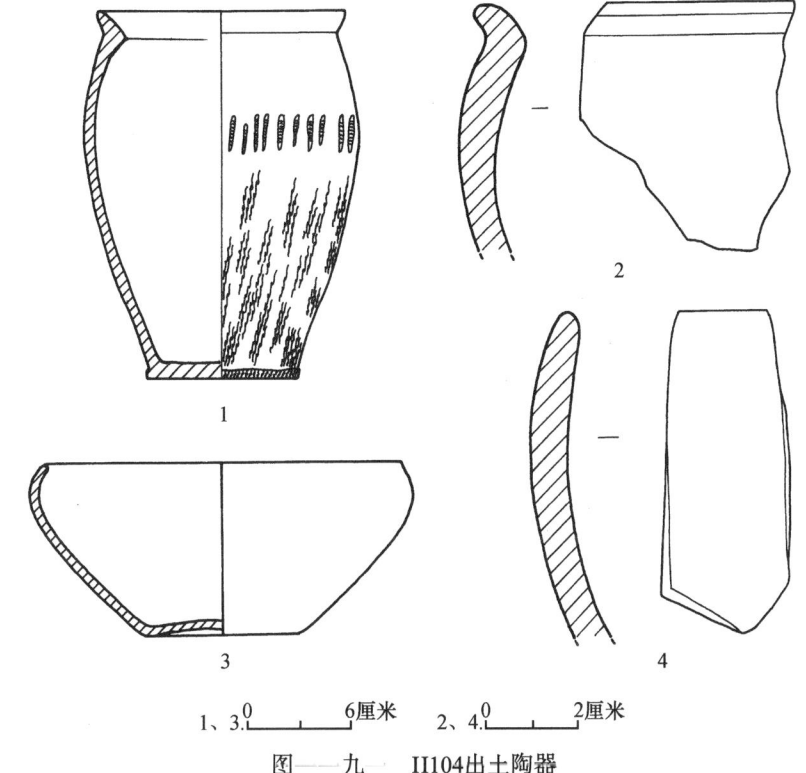

图一一九一　II104出土陶器
1、2.罐（H104：4、H104：3）　3、4.钵（H104：1、H104：2）

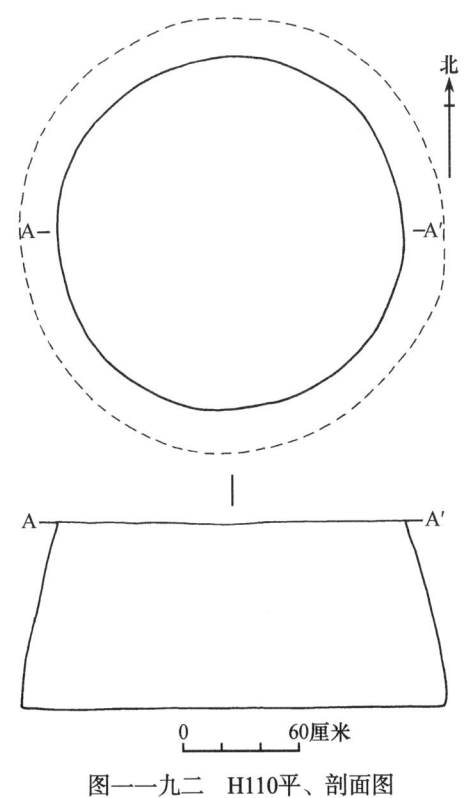

图一一九二　H110平、剖面图

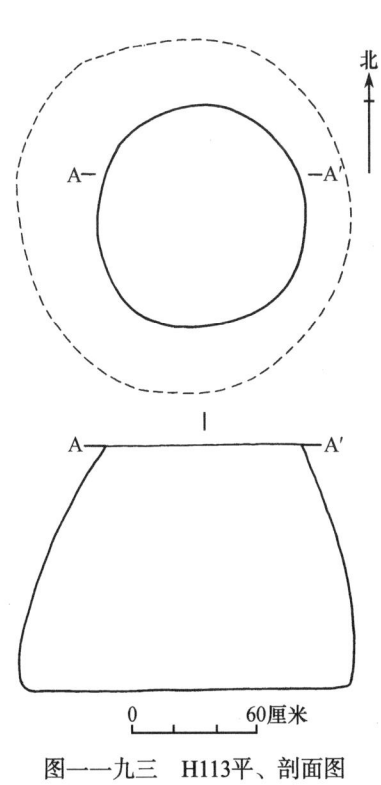

图一一九三　H113平、剖面图

坑内堆积为灰褐色土，土质疏松，包含少量火烧土块，出土大量陶片。

陶片为主要的出土物，以粗夹砂红褐陶为主，细泥质橘红陶、细夹砂橘红陶、粗泥质橘红陶、细夹砂红褐陶次之，并有少量细泥质橙黄陶、细泥质黑陶、细泥质灰陶、细夹砂灰褐陶、粗夹砂灰褐陶；纹饰以素面居多，附加堆纹和绳纹次之，并有少量交错绳纹、弦纹和彩陶（表二七四）。

H113共出土遗物24件。以陶器为主，石器次之。

表二七四　H113陶系统计表　　　　　　　　　　　　　　　　（单位：kg）

陶质	细泥质				粗泥质	细夹砂			粗夹砂		合计		百分比（%）
陶色 纹饰	橘红	橙黄	灰	黑	橘红	橘红	红褐	灰褐	红褐	灰褐			
素面	0.41		0.09	0.11	0.21	0.36	0.26	0.252	0.252	0.126	2.07		48.48
素面+磨光	0.08				0.114						0.194		4.54
绳纹						0.06	0.11		0.48		0.65		15.22
交错绳纹									0.12		0.12		2.81
附加堆纹									0.35		0.35	4.27	8.20	100
绳纹+弦纹									0.16		0.16		3.75
绳纹+附加堆纹					0.114				0.40		0.514		12.04
彩陶	0.07	0.14									0.21		4.92
合计	0.56	0.14	0.09	0.11	0.498	0.36	0.37	0.252	1.762	0.126	4.27		
百分比（%）	13.11	3.28	2.11	2.58	11.66	8.43	8.67	5.90	41.26	2.95	100		

（1）陶器

23件。器类有瓶、盆、罐、钵、缸、釜、器盖、纺轮、环（表二七五）。

瓶　1件。标本H113：15，口、颈部残片。粗泥质橘红陶。重唇敛口，内唇退化，比外唇略高，两唇相连，束颈。颈部饰竖向绳纹，并饰一周条带状附加堆纹。沿面可见轮修痕迹，内壁可见刮抹痕迹。复原口径11.6、残高8.2厘米（图一一九四，8）。

盆　5件。均口、腹部残片。标本H113：8，细泥质橘红陶。侈口，折沿，圆唇，弧腹。器表磨光。沿面与腹部均饰黑色弧边三角纹彩绘（图一一九四，5）。

标本H113：11，粗泥质橘红陶。敛口，圆唇，唇外叠，弧腹。器表磨光。素面。唇部可见轮修痕迹（图一一九四，4）。

标本H113：9、H113：10形制相同，均粗夹砂红褐陶，侈口，折沿，方唇，斜直腹。标本H113：9，唇部有一道浅细凹槽。上腹部饰鸡冠状附加堆纹，中腹部饰条带状附加堆纹，下腹部饰右上至左下斜向绳纹。上腹部可见刮抹痕迹。复原口径40.2、残高11.1厘米（图一一九四，9）。标本H113：10，口沿下侧饰鸡冠状附加堆纹。沿面可见轮修痕迹（图一一九四，2）。

标本H113：12，细夹砂灰褐陶。敛口，平折沿，圆唇，斜直腹。素面。器表可见刮抹痕迹。复原口径31.5、残高5.4厘米（图一一九四，7）。

表二七五　H113器形统计表　（单位：件）

陶质	细泥质	细泥质	细泥质	粗泥质	粗泥质	细夹砂	粗夹砂	粗夹砂	粗夹砂	粗夹砂	粗夹砂	粗夹砂	合计	百分比(%)
陶色	橘红	橘红	黑	橘红	橘红	灰褐	红褐	红褐	红褐	红褐	红褐	灰褐		
纹饰＼器形	素面	彩陶	素面	素面＋磨光	绳纹＋附加堆纹	素面	素面	绳纹	交错绳纹	附加堆纹	绳纹＋附加堆纹	素面		
瓶					1								1	4.76
盆		1		1		1		1		1	1		5	23.81
罐							1		1		1		3	14.29
钵	6		1										7	33.33
缸											1	1	2	9.52
釜						1							1	4.76
器盖							1	1					2	9.52
合计	6	1	1	1	1	2	2	2	1	1	2	1	21	100
百分比(%)	28.57	4.76	4.76	4.76	4.76	9.52	9.52	9.52	4.76	4.76	9.52	4.76	100	

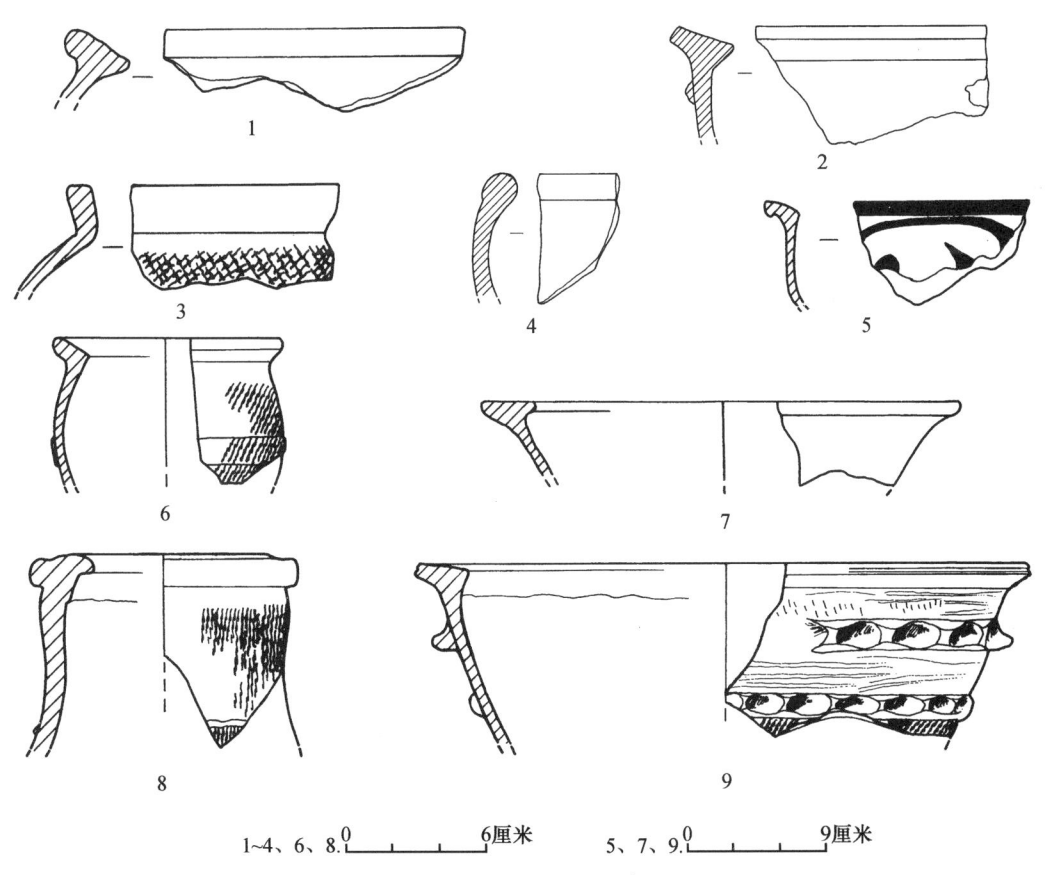

1~4、6、8. 0——6厘米　　5、7、9. 0——9厘米

图一一九四　H113出土陶器

1、3、6. 罐（H113：20、H113：16、H113：17）　2、4、5、7、9. 盆（H113：10、H113：11、H113：8、H113：12、H113：9）
8. 瓶（H113：15）

罐 3件。均口、腹部残片。标本H113∶16，粗夹砂红褐陶。侈口，卷沿，方唇，圆鼓腹。腹部饰交错绳纹。外沿面可见轮修痕迹，口部可见烟熏痕迹（图一一九四，3）。

标本H113∶17、H113∶20形制相同，均粗夹砂红褐陶，侈口，折沿，鼓腹。标本H113∶17，圆唇。腹部饰一周条带状附加堆纹，口沿以下饰右上至左下斜向绳纹。沿面可见轮修痕迹。复原口径10、残高6厘米（图一一九四，6）。标本H113∶20，圆唇。口沿下侧可见泥抹痕迹，沿面可见轮修痕迹（图一一九四，1）。

钵 7件。均口、腹部残片。标本H113∶1，细泥质橘红陶。直口，尖唇，口沿内侧有一道凸棱，断面呈三角形。器表刮抹光滑。素面。口下可见轮修痕迹，器表可见刮抹痕迹。复原口径18、残高7.5厘米（图一一九五，8）。

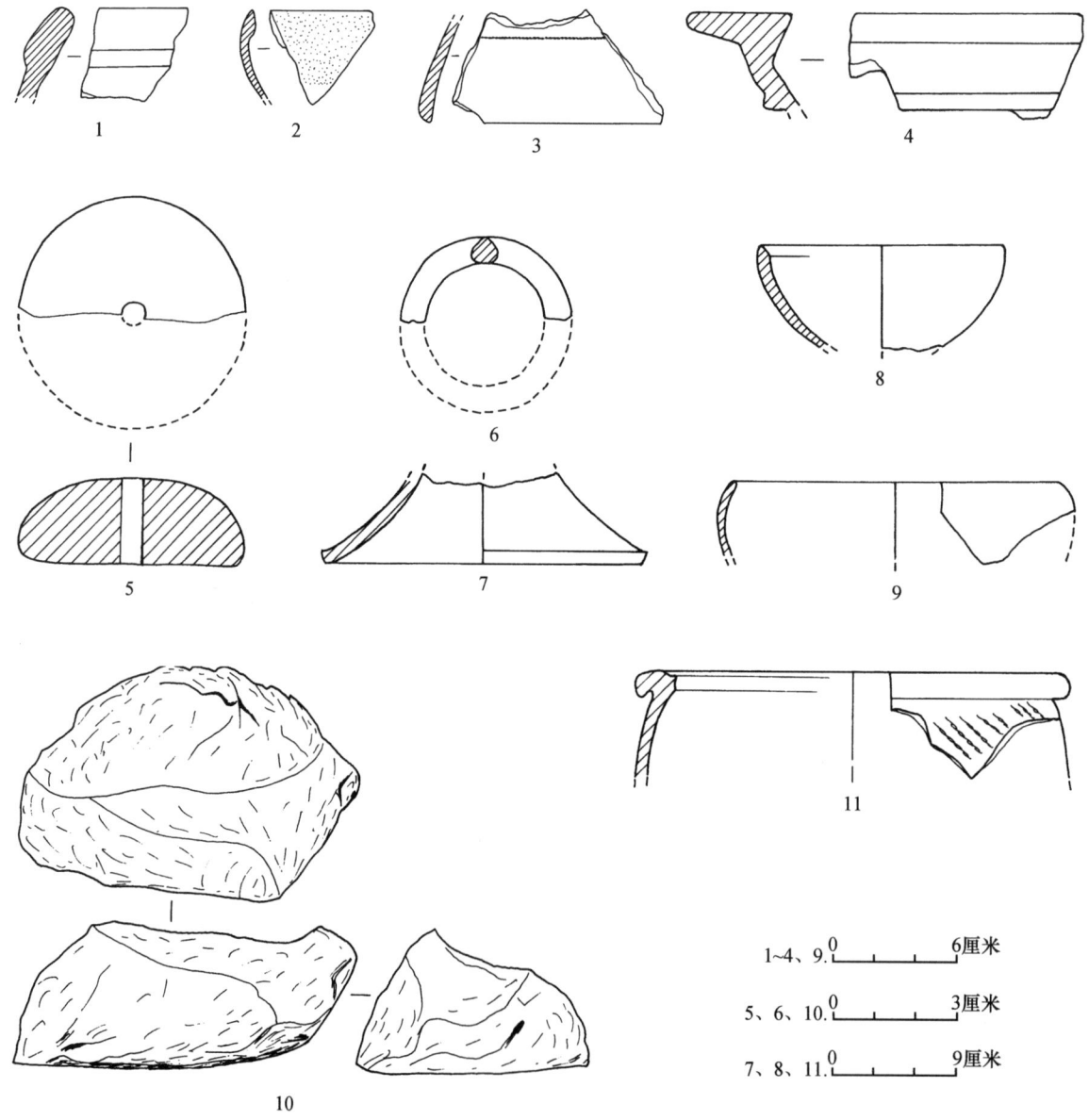

图一一九五　H113出土遗物
1、11.陶缸（H113∶14、H113∶19）　2、8、9.陶钵（H113∶3、H113∶1、H113∶2）　3、7.器盖（H113∶5、H113∶21）
4.釜（H113∶13）　5.陶纺轮（H113∶22）　6.陶环（H113∶23）　10.石核（H113∶24）

标本H113∶2、H113∶3形制相同,均细泥质橘红陶,敛口,圆唇,斜直腹,素面。标本H113∶2,内、外壁均可见轮修痕迹。复原口径16、残高3.6厘米(图一一九五,9)。标本H113∶3,口沿内侧贴有一周泥片。口下可见深褐色叠烧痕迹,内壁可见轮修痕迹(图一一九五,2)。

缸　2件。均口、腹部残片。标本H113∶14,粗夹砂灰褐陶。敛口,叠唇,鼓腹。素面。内壁可见轮修痕迹(图一一九五,1)。

标本H113∶19,粗夹砂红褐陶。敛口,厚唇,腹微鼓。口沿以下饰左上至右下斜向绳纹。沿面可见轮修痕迹,器表可见烟熏痕迹。复原口径31.8、残高7.5厘米(图一一九五,11)。

釜　1件。口、腹部残片。标本H113∶13,细夹砂灰褐陶。敛口,平折沿,方唇,上腹部有一周折棱。素面(图一一九五,4)。

器盖　2件。均口、壁残片。标本H113∶5,粗夹砂红褐陶。敞口,圆唇,斜直壁。器表饰一道横向绳纹。口下可见轮修痕迹(图一一九五,3)。

标本H113∶21,粗夹砂红褐陶。喇叭口状,方唇,反弧壁。素面。复原口径24、残高6.6厘米(图一一九五,7)。

纺轮　1件。标本H113∶22,残。细泥质橘红陶。圆饼形,中间有一圆孔。直径5.6、厚2.1、孔径0.5厘米(图一一九五,5)。

坏　1件。标本H113∶23,残。细泥质橘红陶。圆环状,断面呈近五边形,外侧有一圈突出的棱脊。通体磨光。复原直径4.2、厚0.6厘米(图一一九五,6)。

(2)石器

1件。石核。标本H113∶24,石英细砂岩。不规则状。经过转向的多次剥片,保留少量砾石面。长8.5、宽5.5厘米(图一一九五,10)。

35. H118

H118位于Ⅲ区T0614东南部,开口于②层下。平面呈圆形,锅底状,斜直壁,平底。坑口径1.68、底径1.26、深0.74米(图一一九六)。

坑内堆积为深灰色土,土质较疏松,包含少量火烧土块,出土少量陶片。

陶片以粗夹砂红褐陶为主,细夹砂灰陶次之,还有少量细泥质灰陶与细泥质橘红陶;纹饰以绳纹为主,素面次之。

H118共出土遗物6件。全部为陶器。器类有盆、罐,另有器耳。

盆　3件。均口、腹部残片。形制相同,均敛口,平折沿,沿面较宽,斜直腹,素面。标本H118∶1,细泥质灰陶。圆唇。器表经刮抹较为光滑。沿面可见轮修痕迹,器表可见刮抹痕迹。复原口径33、残高6.6厘米(图一一九七,7)。标本H118∶2,细夹砂灰陶。唇部可见轮修痕迹,器表可见刮抹痕迹。复原口径34.5、残高7.5厘米(图一一九七,6)。标本H118∶3,细夹砂灰陶。器表磨光。唇部可见轮修痕迹(图一一九七,4)。

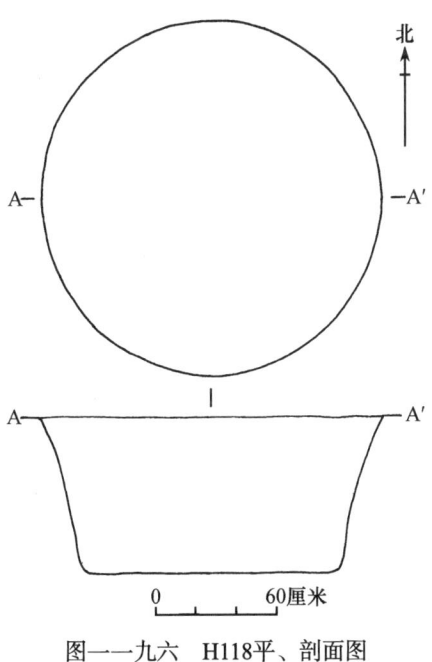

图一一九六　H118平、剖面图

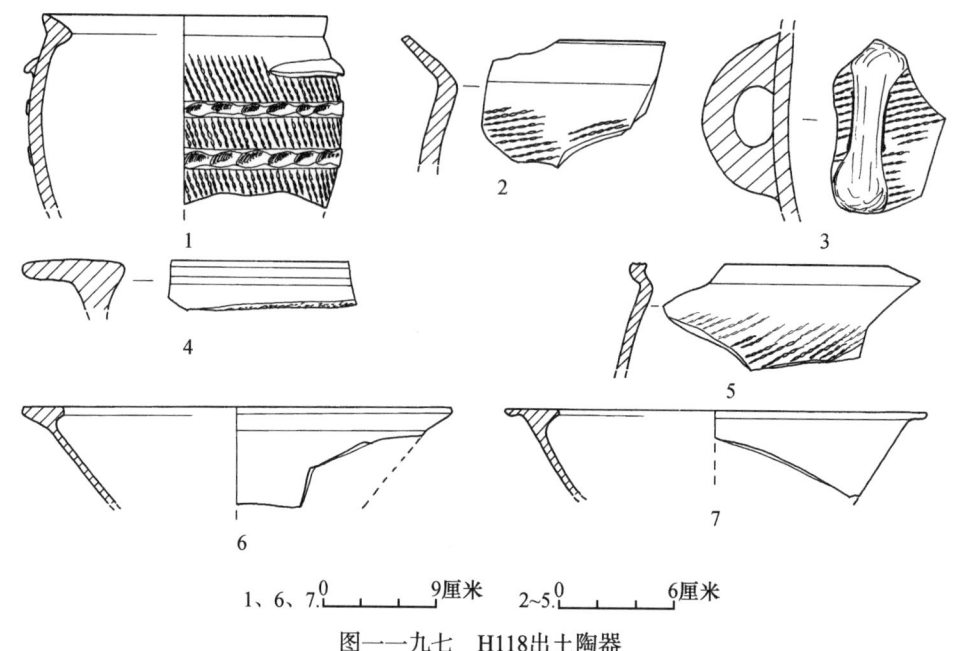

图一一九七　H118出土陶器
1、2、5.罐（H118：6、H118：5、H118：4）　3.器耳（H118：7）　4、6、7.盆（H118：3、H118：2、H118：1）

罐　3件。均口、腹部残片。标本H118：4，粗夹砂红褐陶。侈口，卷沿，方唇，唇部有二道浅细凹槽，鼓腹。腹部饰右上至左下斜向绳纹。外沿面可见轮修痕迹（图一一九七，5）。

标本H118：5，粗夹砂红褐陶。侈口，折沿，方唇，鼓腹。腹部饰右上至左下斜向绳纹。外沿面可见轮修痕迹（图一一九七，2）。

标本H118：6，粗夹砂红褐陶。侈口，折沿，尖圆唇，腹微鼓。口沿下侧饰鸡冠状附加堆纹，腹中部饰二周条带状附加堆纹，口沿以下饰左上至右下斜向绳纹。复原口径22.5、残高15厘米（图一一九七，1）。

器耳　标本H118：7，腹部残片。细泥质橘红陶。腹部较直，有一竖向扁圆桥形耳。器表饰右上至左下斜向绳纹，绳纹近平。可能为瓶耳（图一一九七，3）。

36. H119

H119位于Ⅲ区T0614西南部，开口于②层下。坑口东高西低，平面呈圆形，袋状，斜直壁，平底。坑口径1.88、底径2、深1.1～1.3米（图一一九八）。

坑内堆积可分为2层：第①层为深灰色土，土质疏松，厚0.3～0.5米，包含少量火烧土块，出土零星骨头；第②层为浅灰色土，土质较疏松，厚0.8～0.84米，包含少量火烧土块，出土大量陶片，另有石块。

陶片为主要的出土物，粗夹砂红褐陶占绝大多数，并有一定比例细泥质橘红陶和少量细泥质橙黄陶、细泥质灰陶、细夹

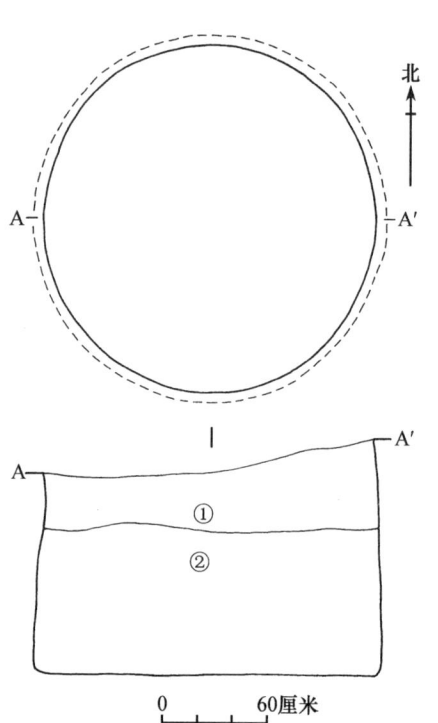

图一一九八　H119平、剖面图

砂红褐陶、细泥质黑陶、粗泥质橘红陶、细夹砂橘红陶、粗夹砂黑陶；纹饰以素面居多，附加堆纹次之，还有少量绳纹、弦纹、交错绳纹、彩陶（表二七六）。

表二七六　H119陶系统计表　　　　　　　　　　　　　　　　　　　（单位：kg）

陶质	细泥质				粗泥质	细夹砂		粗夹砂		合计		百分比（%）	
陶色 纹饰	橘红	橙黄	灰	黑	橘红	橘红	红褐	红褐	黑				
素面	0.69		0.07		0.15		0.21	7.70	0.74	9.56		46.21	
素面+磨光	0.342			0.14	0.114			0.126		0.722		3.49	
绳纹								1.04		1.04		5.03	
弦纹								0.05		0.05		0.24	
交错绳纹	0.21	0.06								0.27		1.30	
附加堆纹						0.126				0.126	20.69	0.61	100
绳纹+弦纹	1.24				0.114					1.354		6.54	
弦纹+划纹							0.126			0.126		0.61	
绳纹+附加堆纹								6.79		6.79		32.82	
素面+附加堆纹								0.51		0.51		2.46	
绳纹+划纹+ 附加堆纹								0.126		0.126		0.61	
彩陶	0.02									0.02		0.10	
合计	2.502	0.06	0.07	0.14	0.378	0.126	0.336	16.342	0.74				
	20.69												
百分比（%）	12.09	0.29	0.34	0.68	1.83	0.61	1.62	78.99	3.58				
	100												

H119共出土遗物44件。以陶器为主，石器次之。

（1）陶器

43件。器类有瓶、盆、罐、钵、缸、器盖（表二七七）。

瓶　1件。标本H119：12，口、颈、肩部残片。细夹砂橘红陶。喇叭形口，平折沿，方唇，束颈，溜肩。颈上部饰一周共3个圆饼状附加堆纹。器表可见刮抹痕迹，内壁可见泥条盘筑痕迹。口径11.7、残高15.6厘米（图一一九九，1）。

盆　10件。均口、腹部残片。标本H119：10、H119：11形制相同，均直口微敛，平折沿，弧腹。标本H119：10，细夹砂红褐陶。方唇。口沿以下饰多周弦纹，并饰右上至左下斜向划纹。内壁可见轮修痕迹（图一一九九，4）。标本H119：11，粗泥质橘红陶。尖圆唇。上腹部饰多周弦纹，中腹部饰右上至左下斜向绳纹。复原口径50、残高13.5厘米（图一一九九，3）。

标本H119：9、H119：13形制相同，均侈口，卷沿，圆唇，弧腹，素面。标本H119：9，细泥质黑陶。器表磨光。唇部可见轮修痕迹（图一一九九，5）。标本H119：13，粗泥质橘红陶。器表刮抹光滑。内壁可见泥条盘筑痕迹（图一一九九，2）。

标本H119：23，粗泥质橘红陶。敛口，叠唇，鼓肩，并起一道显著棱脊，弧腹。器表磨光。素面。唇部可见轮修痕迹（图一二〇〇，8）。

表二七七　H119器形统计表　　　　　　　　　　　　　　　　　　　　（单位：件）

陶质	细泥质		粗泥质			细夹砂			粗夹砂				合计	百分比（%）	
陶色	橘红	黑	橘红			橘红	红褐		红褐						
纹饰＼器形	素面+磨光	素面	素面+磨光	素面	绳纹+弦纹	附加堆纹	素面	弦纹+划纹	素面	绳纹	弦纹	绳纹+附加堆纹			
瓶						1							1	2.33	
盆	1	1	1	2	3		1	1					10	23.26	
罐　口							4	2		1	1		20	46.51	100
罐　底							8	4					(43)		
钵	3	1											4	9.30	
缸									2		4		6	13.95	
器盖							1		1				2	4.65	
合计	3	2	1	1	2	3	1	2	1	15	6	1	5	43	
百分比（%）	6.78	4.65	2.33	2.33	4.65	6.78	2.33	4.65	2.33	34.88	13.95	2.33	11.63	100	

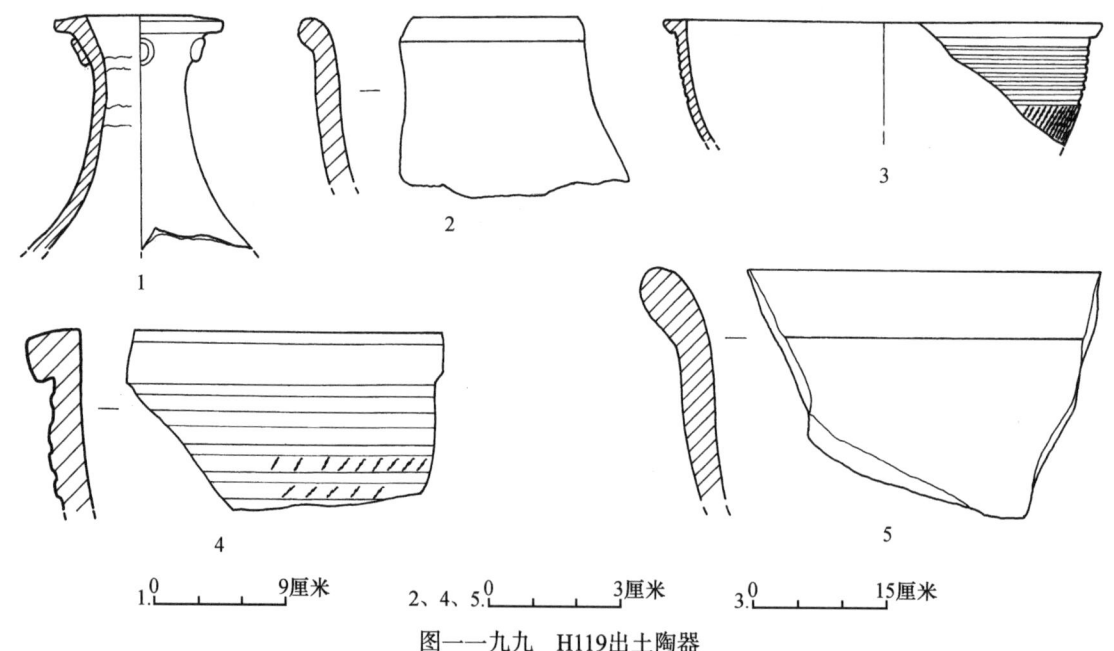

图一一九九　H119出土陶器

1.瓶（H119:12）　2～5.盆（H119:13、H119:11、H119:10、H119:9）

　　标本H119:6，细泥质橘红陶。敛口，平折沿，沿面上鼓，圆唇，弧腹。沿面磨光。素面。器表可见刮抹痕迹（图一二〇〇，9）。

　　标本H119:7，粗泥质橘红陶。敛口，平折沿。圆唇，斜直腹。素面。器表刮抹光滑。沿面可见轮修痕迹（图一二〇〇，6）。

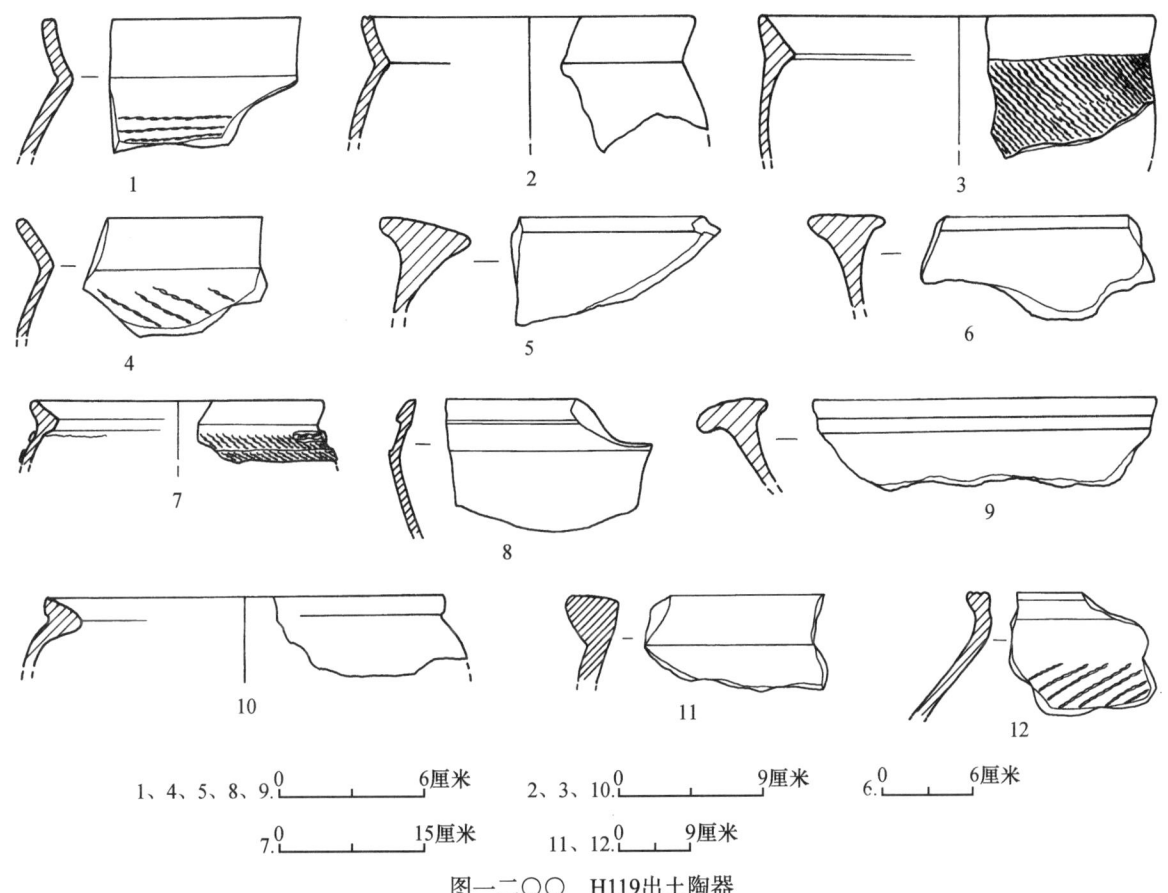

图一二〇〇 H119出土陶器

1~4、7、10~12.罐（H119：14、H119：19、H119：15、H119：16、H119：22、H119：20、H119：17、H119：18）
5、6、8、9.盆（H119：8、H119：7、H119：23、H119：6）

标本H119：8，细夹砂红褐陶。侈口，折沿，沿面近平。圆唇，斜直腹。沿下抹泥。素面。器表可见刮抹痕迹。沿面可见轮修痕迹（图一二〇〇，5）。

罐 20件。均口、腹部残片。标本H119：18，粗夹砂红褐陶。侈口，卷沿，方唇，唇部有二道浅细凹槽，口沿内侧有一道宽浅凹槽，鼓腹。腹部饰右上至左下斜向绳纹（图一二〇〇，12）。

标本H119：14、H119：16、H119：19形制相同，均粗夹砂红褐陶，侈口，折沿，鼓腹。标本H119：14，圆唇。腹部饰横向绳纹。外沿面可见轮修痕迹，器表可见烟熏痕迹（图一二〇〇，1）。标本H119：16，圆唇。腹部饰左上至右下斜向绳纹。沿面可见轮修痕迹（图一二〇〇，4）。标本H119：19，方唇。唇部有一道浅细凹槽。素面。内、外壁均可见轮修痕迹。复原口径21.6、残高8.4厘米（图一二〇〇，2）。

标本H119：15、H119：17、H119：20、H119：22形制相同，均粗夹砂红褐陶，侈口，折沿，圆唇，鼓腹。标本H119：15，腹微鼓。口沿以下饰左上至右下斜向绳纹。复原口径26.1、残高9厘米（图一二〇〇，3）。标本H119：17，素面。口沿下侧可见轮修痕迹（图一二〇〇，11）。标本H119：20，素面。沿面可见轮修痕迹。复原口径26.2、残高5.1厘米（图一二〇〇，10）。标本H119：22，口沿下侧饰鸡冠状附加堆纹，腹部饰条带状附加堆纹，口沿以下饰左上至右下斜向绳纹。沿面可见轮修痕迹。复原口径32、残高6.5厘米（图一二〇〇，7）。

钵　4件。均口、腹部残片。标本H119∶1，细泥质橘红陶。直口微敛，方唇，深弧腹。器表磨光。素面。口下可见浅褐色叠烧痕迹（图一二〇一，1）。

标本H119∶2、H119∶3形制相同，均细泥质橘红陶，直口微敛，圆唇，浅弧腹。器表磨光。素面。标本H119∶2，器表可见轮修痕迹（图一二〇一，2）。标本H119∶3，器表可见刮抹痕迹与烟熏痕迹（图一二〇一，3）。

缸　6件。标本H119∶21，口、腹部残片。粗夹砂红褐陶。敛口，平折沿，方唇，唇部有一道浅细凹槽，直腹。沿面可见轮修痕迹（图一二〇一，9）。

标本H119∶24、H119∶25、H119∶26均口、腹部残片。形制相同，均粗夹砂红褐陶，侈口，

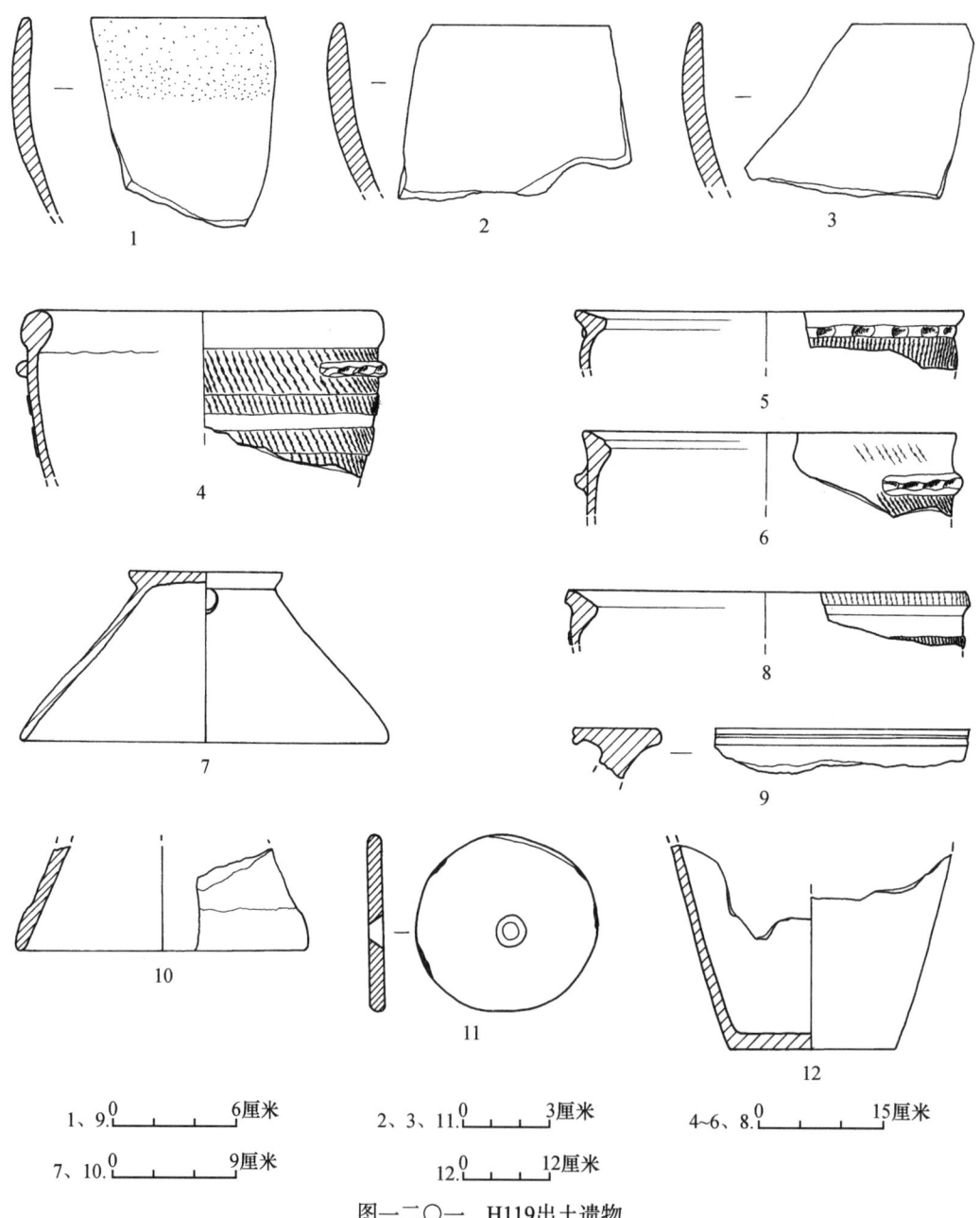

图一二〇一　H119出土遗物
1~3. 陶钵（H119∶1、H119∶2、H119∶3）　4、5、6、8、9、12. 陶缸（H119∶27、H119∶26、H119∶25、H119∶24、H119∶21、H119∶28）　7、10. 器盖（H119∶29、H119∶5）　11. 石纺轮（H119∶30）

折沿，直腹。标本H119：26，尖圆唇。口沿下侧饰一周条带状附加堆纹，附加堆纹以下饰竖向绳纹。沿面可见轮修痕迹。复原口径48、残高7厘米（图一二〇一，5）。标本H119：24，方唇。沿面饰横向绳纹，唇部饰竖向绳纹，腹部饰条带状附加堆纹，其上饰左上至右下斜向划纹。复原口径50、残高6.5厘米（图一二〇一，8）。标本H119：25，圆唇。口沿下侧饰鸡冠状附加堆纹，外沿面与腹部饰左上至右下斜向绳纹。复原口径46、残高10厘米（图一二〇一，6）。

标本H119：27，口、腹部残片。粗夹砂红褐陶。敛口，厚圆唇，直腹。口沿下侧饰一对鸡冠状附加堆纹，腹部饰多周条带状附加堆纹，口沿以下饰左上至右下斜向绳纹。唇部可见轮修痕迹。复原口径45、残高20厘米（图一二〇一，4）。

标本H119：28，下腹、底部残片。粗夹砂红褐陶。下腹斜直，平底。器表磨光。素面。器表可见烟熏痕迹。底径24、残高28厘米（图一二〇一，12）。

器盖　2件。标本H119：29，可复原。粗夹砂红褐陶。喇叭口形，方唇，斜直壁，圆饼形钮，钮下有一个由外向内戳成的圆孔。素面。器表可见刮抹痕迹。口径27.6、钮径11.4、孔径2、通高12.3厘米（图一二〇一，7；图版一八〇，2）。

标本H119：5，口、壁残片。细夹砂红褐陶。敞口，圆唇，口沿外侧有一道较矮棱脊，斜直壁。素面。内、外壁均可见轮修痕迹。复原口径21.9、残高7.5厘米（图一二〇一，10）。

（2）石器

1件。纺轮。标本H119：30，完整。燧石。圆饼形，中部有一单面钻成的圆孔。通体磨光。直径6、孔径1、厚0.5厘米（图一二〇一，11；彩版三一，5；图版一八〇，3）。

37. H120

H120位于TG2西南部，南部延伸至探沟外，未发掘，开口于②层下。平面呈圆形，发掘部分呈半圆形，袋状，斜直壁，平底。发掘部分坑口长径2、短径1.66、底长径2.28、短径1.8、深1米（图一二〇二）。

坑内堆积为深灰色土，土质疏松，包含少量火烧土颗粒，出土少量陶片、石块。

陶片全部为粗泥质橘红陶；纹饰以素面为主，附加堆纹次之。

H120共出土遗物4件。全部为陶器。器类有盆、钵、盘、纺轮。

盆　1件。标本H120：1，可复原。粗泥质橘红陶。敛口，平折沿，尖唇，斜直腹，平底微凹。素面。器表刮抹光滑。沿面与唇部可见轮修痕迹，腹部可见刮抹痕迹。口径32.5、底径12.5、通高12.5厘米（图一二〇三，2；彩版一三，5；图版一八〇，4）。

钵　1件。标本H120：2，口、腹部残片。粗泥质橘红陶。敛口，圆唇，斜直腹。器表磨光。上腹部饰鸡冠状附加堆纹。复原口径31、残高15厘米（图一二〇三，1）。

盘　1件。标本H120：3，可复原。粗泥质橘红陶。系利用残器底部磨制而成。敞口，圆唇，口、唇部不甚规整，斜直腹，平底，

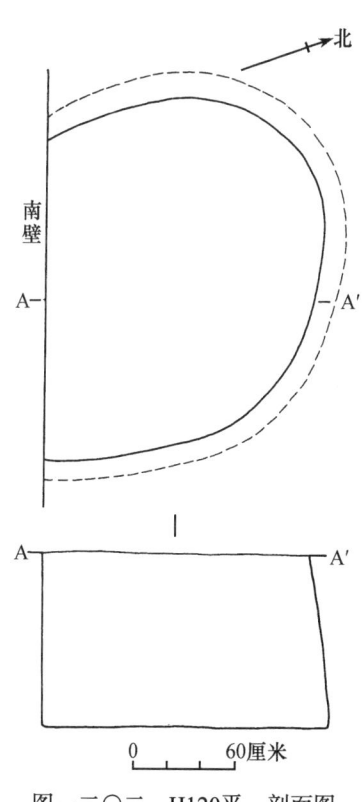

图一二〇二　H120平、剖面图

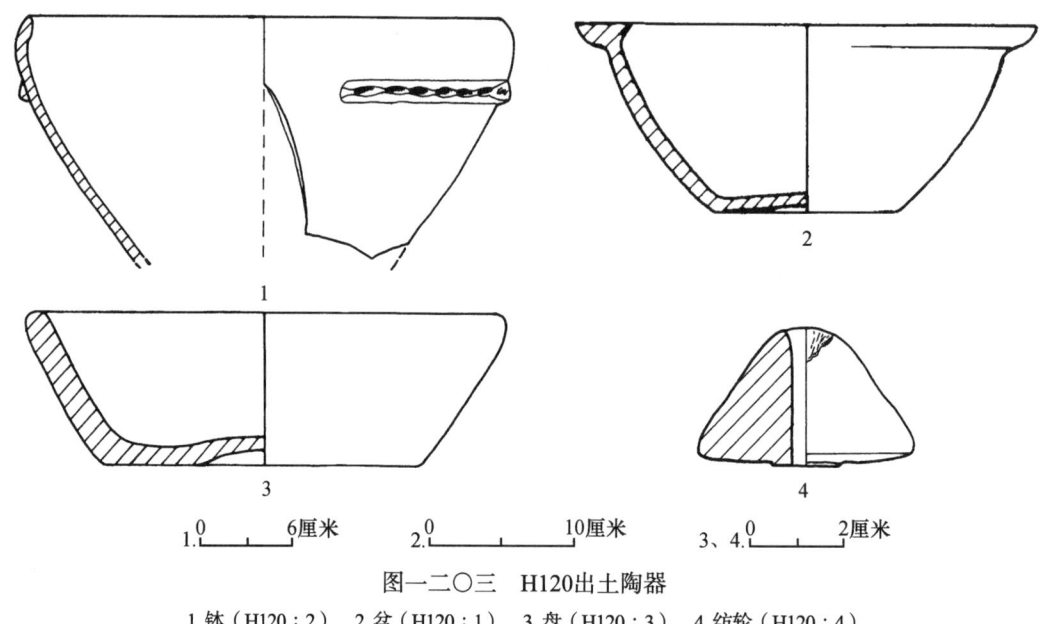

图一二〇三　H120出土陶器
1. 钵（H120∶2）　2. 盆（H120∶1）　3. 盘（H120∶3）　4. 纺轮（H120∶4）

底心内凹。器表磨光。素面。口径10、底径7、通高3.2厘米（图一二〇三，3）。

纺轮　1件。标本H120∶4，稍残。粗泥质橘红陶。略呈圆锥状，顶端圆钝，中间有一孔。底径4.2、孔径0.3、通高2.9厘米（图一二〇三，4；图版一八〇，5）。

38. H123

H123位于TG2的西部，开口于②层下，东南部被H120打破。平面呈圆形，袋状，斜直壁，平底。坑口径1.5、底径1.9、深2米（图一二〇四）。

坑内堆积为浅灰色土，土质疏松，包含有大量火烧土块，出土大量陶片、石块。

陶片为主要的出土物，以粗夹砂红褐陶为主，细泥质橘红陶次之，还有少量粗泥质橘红陶和细泥质灰陶；纹饰以素面和绳纹居多，并有少量附加堆纹、剔刺纹和彩陶（表二七八）。

H123共出土遗物32件。全部为陶器。器类有罐、钵、缸、刀、环（表二七九）。

罐　12件。均口、腹部残片。形制相同，均粗夹砂红褐陶，侈口，折沿，鼓腹。标本H123∶6，圆唇。腹部饰竖向绳纹。沿面可见轮修痕迹（图一二〇五，1）。标本H123∶8，方唇。口沿以下饰左上至右下斜向绳纹（图一二〇五，2）。标本H123∶10，圆唇。口沿以下饰左上至右下斜向绳纹，上腹部饰一周剔刺纹（图一二〇五，3）。标本H123∶13，圆唇。口沿以下饰左上至右下斜向绳纹，上腹部饰鸡冠状附加堆纹（图一二〇五，5）。

钵　13件。形制相同，均敛口，圆唇，斜直腹，素面。标本H123∶1，可复原。细泥质灰陶。口沿内侧贴有一周泥片，平底。器表磨光。口下可见黑色叠烧痕迹与轮修痕迹。口径22、底径8、通高11.2厘米（图一二〇五，9；彩版二二，5；图版一八〇，6）。标本H123∶2，口、腹部残片。细泥质橘红陶。口沿内侧贴有一周泥片。内、外壁均可见轮修痕迹，下腹部可见刮抹痕迹。复原口径21.9、残高6.6厘米（图一二〇五，7）。标本H123∶3，口、腹部残片。粗泥质橘红陶。口下可见轮修痕迹，腹部可见刮抹痕迹。复原口径22.2、残高8.7厘米（图一二〇五，8）。标本H123∶5，口、腹部

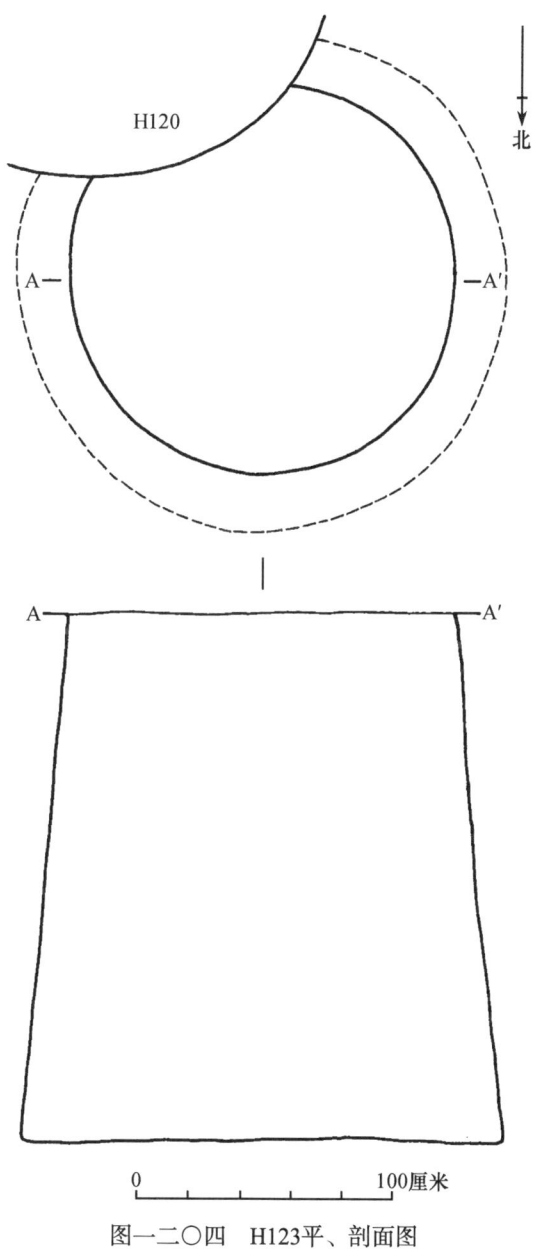

图一二〇四　H123平、剖面图

残片。腹部有一由外向内单面钻而未钻成的圆孔。内壁可见轮修痕迹（图一二〇五，6）。

缸　1件。标本H123：14，口、腹部残片。粗夹砂红褐陶。敛口，平沿，厚方唇，直腹。唇部饰右上至左下斜向绳纹，口沿以下饰左上至右下斜向绳纹。沿面可见轮修痕迹（图一二〇五，4）。

刀　3件。形制相同，均细泥质橘红陶，系利用瓶类器的残片打磨而成，长方形。标本H123：15，完整。两端各有一个打制而成的缺口，刃部系单面打制而成，因使用变钝。器表饰线纹。长8、宽5.2、厚0.7厘米（图一二〇六，4；图版一八一，1）。标本H123：16，完整。相邻两边有刃，系两面打制而成，较为锋利。长6.4、宽5.2、厚0.4厘米（图一二〇六，5；图版一八一，2）。标本H123：17，一端残。完整的一侧有一个打制而成的缺口，刃部为单面打制，然后磨制而成，较为锋利。残长6.2、宽5、厚0.6厘米（图一二〇六，6；图版一八一，3）。

表二七八　H123陶系统计表　　　　　　　　　　　　　　　　（单位：kg）

陶质	细泥质		粗泥质	粗夹砂	合计	百分比（%）	
陶色 纹饰	橘红	灰	橘红	红褐			
素面	0.228		0.114	2.13	2.472	29.39	
素面+磨光	1.64	0.07			1.71	20.33	
绳纹			0.29	3.24	3.53	41.98	
绳纹+附加堆纹				0.23	0.23	2.73	100
绳纹+剔刺纹				0.126	0.126	1.50	
剔刺纹				0.06	0.06	0.71	
彩陶	0.28				0.28	3.33	
合计	2.148	0.07	0.404	5.786	8.41		
	8.41						
百分比（%）	25.54	0.83	4.80	68.80			
	100						

表二七九　H123器形统计表　　　　　　　　　　　　　　　　（单位：件）

陶质	细泥质			粗泥质		粗夹砂				合计	百分比（%）	
陶色	橘红			灰		灰	红褐					
纹饰 器形	素面+磨光	素面	彩陶	素面+磨光	素面	素面	绳纹	绳纹+剔刺纹	绳纹+附加堆纹			
罐						2	7	1	2	12	46.15	
钵 口	2	2	7	1	1					13	50.00	100
钵 底												
缸							1			1	3.85	
合计	2	2	7	1	1	2	8	1	2			
	26											
百分比（%）	7.69	7.69	26.92	3.85	3.85	7.69	30.77	3.85	7.69			
	100											

环　3件。均残。形制相同，均圆环状，通体磨光。标本H123：18，细泥质灰陶。器身扁平，边缘较薄，内圈稍厚。复原直径8、宽1.3厘米（图一二〇六，2；图版一八一，4）。标本H123：19，细泥质黑陶。器身扁平，边缘较薄，内圈稍厚。复原直径9.4、宽1.9厘米（图一二〇六，1）。标本H123：20，细泥质黑陶。器身较薄，断面呈长方形。器身饰斜向划纹。复原直径5、宽2.0厘米（图一二〇六，3；图版一八一，5）。

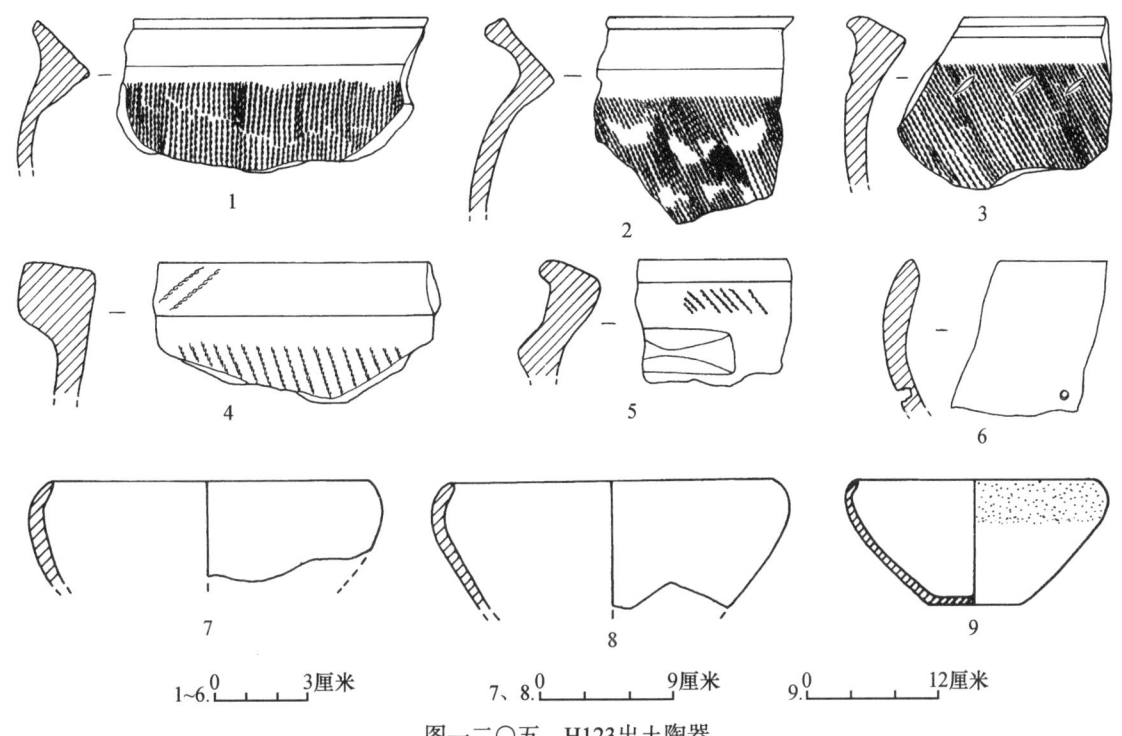

图一二〇五　H123出土陶器

1～3、5.罐（H123：6、H123：8、H123：10、H123：13）　4.缸（H123：14）　6～9.钵（H123：5、H123：2、H123：3、H123：1）

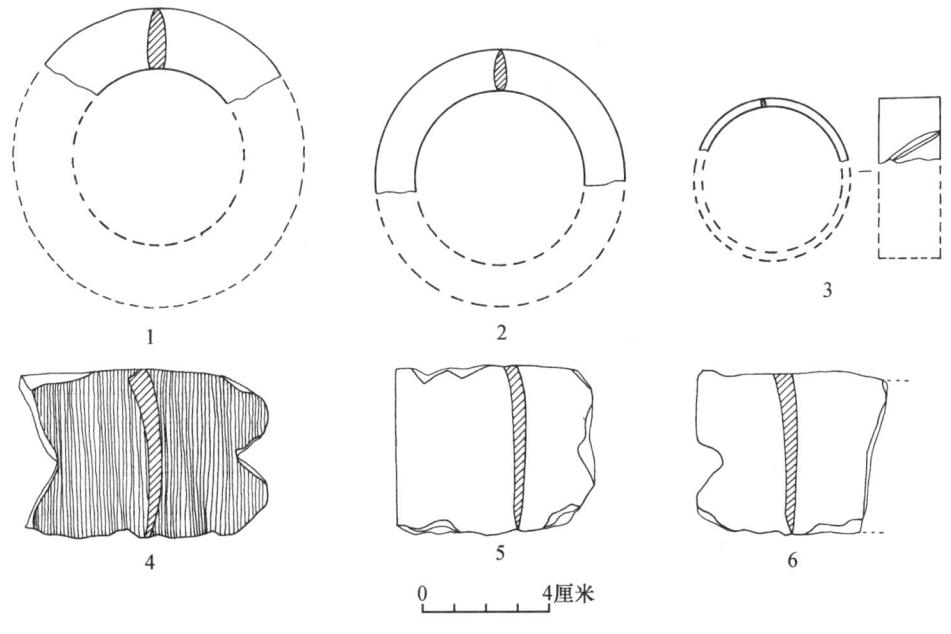

图一二〇六　H123出土陶器

1～3.环（H123：19、H123：18、H123：20）　4～6.刀（H123：15、H123：16、H123：17）

39. H124

H124位于TG3东北部，北部延伸至探沟外，未发掘，开口于②层下。平面呈圆形，袋状，斜直壁，底部为踩踏形成的硬面，不甚平整。坑口径2.12、底径2.2、深0.94米（图一二〇七）。

坑内堆积为深灰色土，土质疏松，包含少量火烧土颗粒，出土少量陶片，另有石块、兽骨。

陶片主要有细泥质橘红陶与粗夹砂红褐陶；纹饰以绳纹为主，还有少量交错绳纹、划纹和附加堆纹。

H124共出土遗物9件。以陶器为主，石器次之。

（1）陶器

8件。器类有瓶、罐、钵、缸。

瓶　2件。均口、颈部残片。标本H124：4，细泥质橘红陶。喇叭形口，窄折沿，圆唇，束颈。颈上部饰一对圆饼状附加堆纹。沿面可见轮修痕迹，内壁可见泥条盘筑痕迹。口径9.6、残高6.8厘米（图一二〇八，2）。

标本H124：5，细泥质橘红陶。敞口，圆唇，细长颈。颈中部有一道凸棱，凸棱上饰右上至左下斜向划纹。口径5.5、残高10.5厘米（图一二〇八，1）。

罐　3件。均口、腹部残片。形制相同，均粗夹砂红褐陶，侈口，折沿，圆唇，鼓腹。标本H124：9，唇部有一道浅细凹槽。腹部饰左上至右下斜向绳纹。口沿下侧可见轮修痕迹（图一二〇八，9）。标本H124：10，口沿以下饰竖向绳纹。沿面可见轮修痕迹（图一二〇八，6）。标本H124：11，素面（图一二〇八，8）。

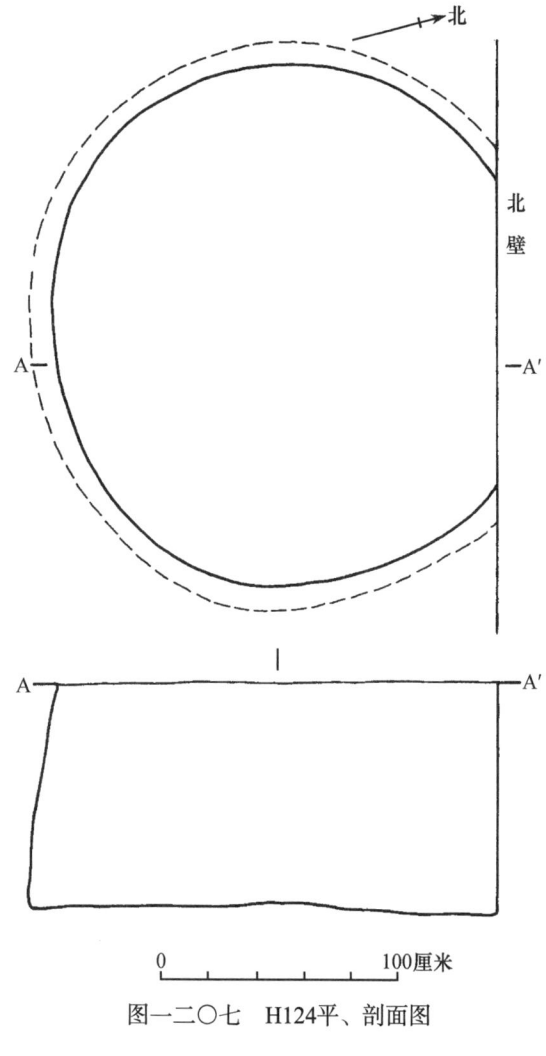

图一二〇七　H124平、剖面图

钵　1件。标本H124：1，口、腹部残片。细泥质橘红陶。敛口，圆唇，斜直腹。器表磨光。素面。复原口径21.9、残高6.9厘米（图一二〇八，4）。

缸　2件。均口、腹部残片。标本H124：13，粗夹砂红褐陶。敛口，厚唇，直腹。唇部饰左上至右下斜向绳纹。唇部与内壁均可见轮修痕迹（图一二〇八，5）。

标本H124：7，粗夹砂红褐陶。侈口，卷沿，方唇，口沿下侧有一道棱脊，鼓腹。棱脊以下饰交错绳纹，上腹部饰鸡冠状附加堆纹。复原口径34.8、残高12厘米（图一二〇八，7）。

（2）石器

1件。锥。标本H124：14，尖部残。闪长岩。器身呈圆柱状，横断面呈圆形。通体磨光。残长8.5厘米（图一二〇八，3）。

40. H125

H125位于Ⅲ区T0411东南部，开口于②层下。平面呈圆形，袋状，斜直壁，平底。坑口径1.4、底径2、深1.25米（图一二〇九）。

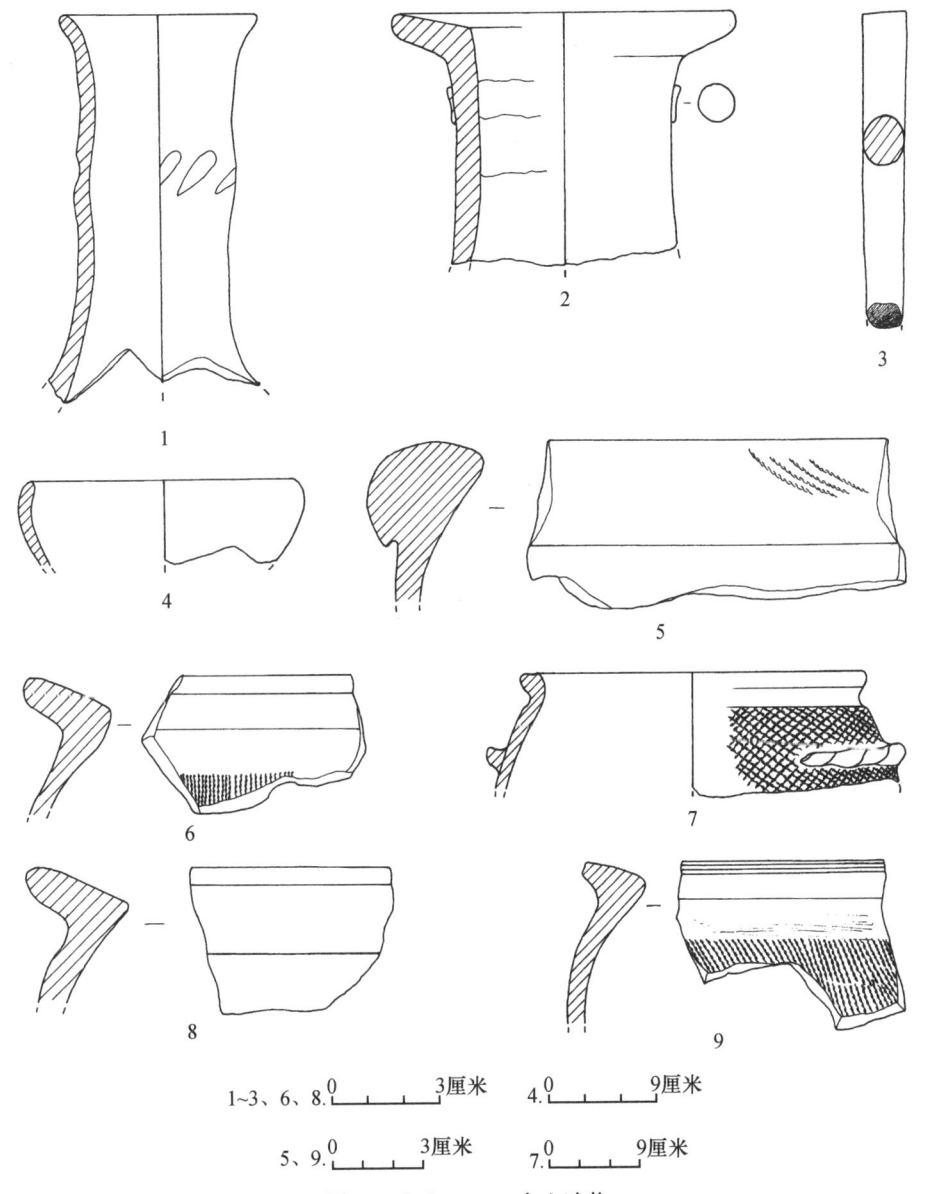

图一二〇八 H124出土遗物
1、2.陶瓶（H124∶5、H124∶4） 3.石锥（H124∶14） 4.陶钵（H124∶1） 5、7.陶缸（H124∶13、H124∶7）
6、8、9.陶罐（H124∶10、H124∶11、H124∶9）

坑内堆积为灰褐色土，土质较疏松，出土大量陶片，另有骨头。

陶片为主要的出土物，以粗夹砂红褐陶和粗夹砂灰陶为主，细泥质红褐陶和细夹砂橘红陶次之，还有少量粗泥质橘红陶和粗泥质橙黄陶、细泥质橘红陶、细夹砂灰褐陶、细夹砂红褐陶；纹饰以素面居多，附加堆纹次之，绳纹再次，还有少量线纹和彩陶（表二八〇）。

H125共出土遗物25件。以陶器为主，石器次之。

（1）陶器

23件。器类有盆、罐、钵、缸、锉、环（表二八一）。

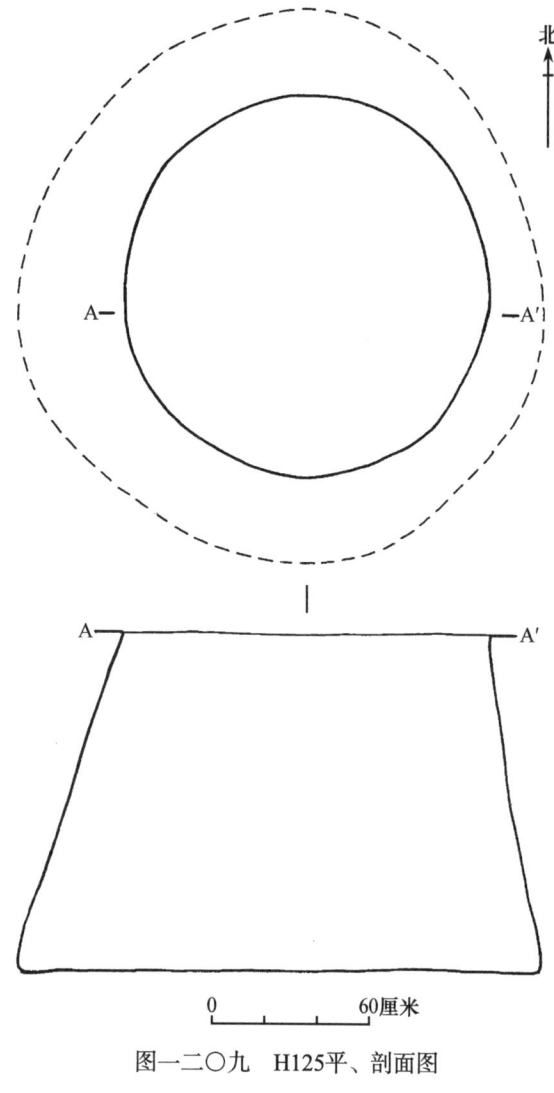

图一二〇九　H125平、剖面图

盆　2件。标本H125：7，口、腹部残片。细夹砂灰陶。敛口，平折沿，圆唇，弧腹。素面。外沿面可见轮修痕迹（图一二一〇，8）。

标本H125：8，腹、底部残片。细夹砂灰陶。斜直腹，平底。器表磨光。腹部饰一周棱脊状附加堆纹。底径14.1、残高24.9厘米（图一二一〇，11）。

罐　6件。均口、腹部残片。标本H125：12、H125：13、H125：14、H125：15、H125：16形制相同，均粗夹砂红褐陶，侈口，折沿，鼓腹。标本H125：12，圆唇，唇部有一道凸棱。素面。口沿下侧可见轮修痕迹。复原口径19.8、残高3.9厘米（图一二一〇，2）。标本H125：13，圆唇，腹微鼓。口沿以下饰右上至左下斜向绳纹。沿面与唇部可见轮修痕迹。复原口径18、残高5.1厘米（图一二一〇，3）。标本H125：14，圆唇。上腹部饰鸡冠状附加堆纹（图一二一〇，1）。标本H125：15，圆唇。素面。沿面可见轮修痕迹（图一二一〇，6）。标本H125：16，圆唇。素面（图一二一〇，7）。

标本H125：11，细夹砂红褐陶。敛口，平折沿，沿面有一道宽浅凹槽，方唇，唇部有一道浅细凹槽，鼓腹。素面。内壁可见轮修痕迹（图一二一〇，4）。

表二八〇　H125陶系统计表　　　　　　　　　　　　　　（单位：kg）

陶质 陶色 纹饰	细泥质		粗泥质		细夹砂			粗夹砂		合计		百分比(%)	
	橘红	红褐	橘红	橙黄	橘红	红褐	灰	灰	红褐				
素面	0.228	0.24	0.20		0.75	0.126	0.126	0.29	1.02	2.752		36.12	
素面+磨光							0.126			0.354		4.65	
绳纹		0.32			0.35				0.57	1.24	7.62	16.27	100
交错绳纹		0.70							0.34	1.04		13.65	
附加堆纹				0.07			0.126	1.57	0.19	1.956		25.67	
线纹					0.07					0.07		0.92	
彩陶			0.13		0.08					0.21		2.76	
合计	0.228	1.26	0.33	0.07	1.25	0.126	0.378	1.86	2.12	7.62			
百分比(%)	2.99	16.54	4.33	0.92	16.40	1.65	4.96	24.41	27.82	100			

表二八一　H125器形统计表　　　　　　　　　　　　　　　　　　　　（单位：件）

陶质	细泥质				细夹砂		粗夹砂			合计	百分比（%）	
陶色	橘红		灰		灰	红褐	红褐					
纹饰＼器形	素面＋磨光	彩陶	素面	附加堆纹	素面＋磨光	素面	素面	绳纹	附加堆纹			
盆			1	1						2	12.50	
罐					1	3	1		1	6	37.50	100
钵	5	2								7	43.75	
缸						1				1	6.25	
合计	5	2	1	1	1	3	3	1	1	16		
	16											
百分比（%）	31.25	12.50	6.25	6.25	6.25	6.25	18.75	6.25	6.25			
	100											

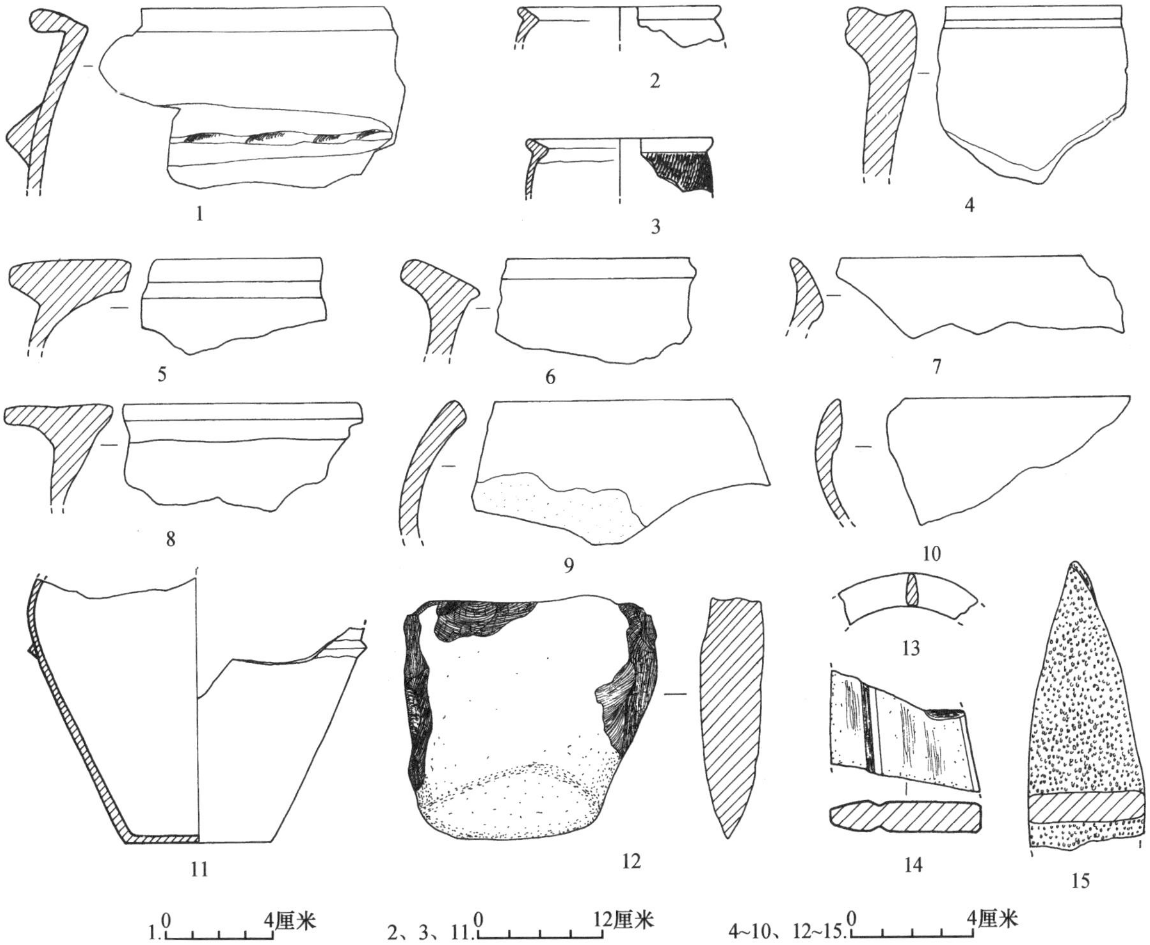

图一二一〇　H125出土遗物

1~4、6、7.陶罐（H125：14、H125：12、H125：13、H125：11、H125：15、H125：16）　5.陶缸（H125：6）
8、11.陶盆（H125：7、H125：8）　9、10.陶钵（H125：18、H125：1）　12.石斧（H125：22）　13.陶环（H125：20）
14.残石器（H125：23）　15.陶锉（H125：19）

钵 7件。均口、腹部残片。形制相同，均细泥质橘红陶，敛口，斜直腹，器表磨光，素面。标本H125∶1，尖圆唇，口沿内侧贴有一周泥片。口下可见轮修痕迹（图一二一〇，10）。标本H125∶18，方唇。内壁可见轮修痕迹，口部可见烟熏痕迹（图一二一〇，9）。

缸 1件。标本H125∶6，口、腹部残片。细夹砂灰陶。敛口，平折沿，圆唇，腹微鼓。器表磨光。素面。口沿下侧可见轮修痕迹（图一二一〇，5）。

锉 1件。标本H125∶19，一端残。细泥质橘红陶。残存部分平面呈三角形，横断面呈圆角长方形，两侧边稍弧，锐尖。器表麻点清晰，密度较小。残长8.9、最宽处3.8、厚0.9厘米（图一二一〇，15）。

环 6件。均残。形制相同。标本H125∶20，细泥质灰陶。圆环状，断面呈近椭圆形，内圈稍厚。通体磨光。厚1.2厘米（图一二一〇，13）。

（2）石器

2件。器类有斧、残石器。

斧 1件。标本H125∶22，边缘稍残。石英岩。平面呈梯形，横断面呈圆角长方形，刃部较锋利。通体磨光。两侧及尾端经打制修整。长7.6、宽6~8、厚2厘米（图一二一〇，12；图版一八一，6）。

残石器 1件。标本H125∶23，凝灰岩。残存部分平面呈不规则形，两面各有一道凹槽。通体磨光。残长2.9、厚0.9厘米（图一二一〇，14）。

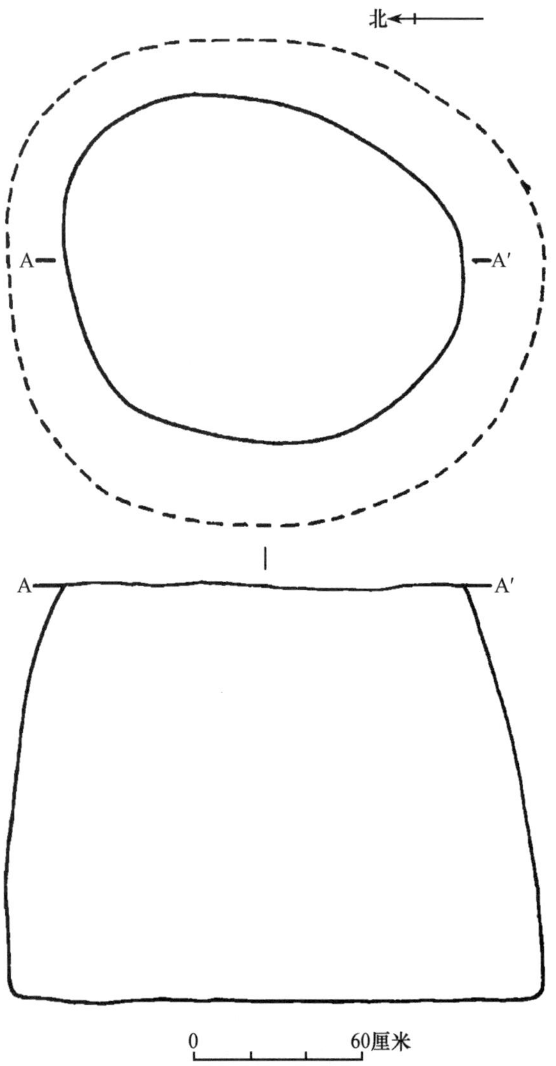

41. H126

H126位于Ⅲ区T1011东部，开口于②层下。平面呈椭圆形，袋状，斜直壁，平底。坑口长径1.4、短径1.16米，底长径1.9、短径1.66米，深1.42米（图一二一一）。

坑内堆积为浅灰色土，土质较为疏松，包含少量火烧土块，出土少量陶片。

陶片为主要的出土物，以粗夹砂红褐陶为主，粗泥质橘红陶、细夹砂红褐陶和细泥质橘红陶次之，并有一定比例的粗夹砂橘红陶、细夹砂橘红陶和少量细泥质灰陶、细泥质黑陶、粗夹砂灰褐陶、细夹砂灰褐陶；纹饰以素面居多，绳纹次之，并有一定比例附加堆纹和彩陶（表二八二）。

H126共出土遗物116件。以陶器为主，石、骨器次之。

（1）陶器

114件。器类有瓶、盆、罐、钵、缸、瓮、

图一二一一 H126平、剖面图

杯、圆陶片、锉，另有器耳、器底（表二八三）。

表二八二　H126陶系统计表　　　　　　　　　　　　　　　　　（单位：kg）

陶质	细泥质			粗泥质	细夹砂			粗夹砂			合计	百分比（%）	
陶色纹饰	橘红	灰	黑	橘红	橘红	红褐	灰褐	橘红	灰褐	红褐			
素面	0.342			0.12	0.61	0.92	0.126	0.62	0.07	0.95	3.758	44.35	
素面+磨光	0.49	0.19	0.06	0.114							0.854	10.07	
绳纹					0.51			0.14		1.34	1.99	23.47	
附加堆纹	0.114			0.32		0.126				0.30	0.86	10.15	8.476
弦纹+绳纹				0.114							0.114	1.34	100
绳纹+附加堆纹										0.64	0.64	7.55	
彩陶	0.26										0.26	3.07	
合计	1.206	0.19	0.06	1.178	0.61	1.046	0.126	0.76	0.07	3.23	8.48		
百分比（%）	14.22	2.24	0.71	13.89	7.19	12.33	1.49	8.96	0.83	38.09	100		

瓶　8件。标本H126：20，口沿残片。细夹砂橘红陶。直杯口，微敛，较为短矮，方唇，唇部有一道浅细凹槽。素面。器表可见轮修痕迹。复原口径9.8、残高3.2厘米（图一二一二，1）。

标本H126：19、H126：22均口、颈部残片。形制相同，均喇叭形口，平折沿，方唇，束颈，颈部饰圆饼状附加堆纹。标本H126：19，细泥质橘红陶。外沿面可见轮修痕迹。复原口径12.2、残高2厘米（图一二一二，3）。标本H126：22，细夹砂红褐陶。唇部有一道浅细凹槽。外沿面、颈部均可见轮修痕迹。复原口径12、残高2.8厘米（图一二一二，2）。

盆　8件。均口、腹部残片。标本H126：14、H126：18形制相同，均侈口，卷沿，圆唇，弧腹。标本H126：14，细泥质橘红陶。器表磨光。唇部与外沿面均饰黑色窄带纹彩绘（图一二一二，4）。标本H126：18，细泥质灰陶。器表磨光。素面。唇部可见轮修痕迹（图一二一二，7）。

标本H126：15、H126：16、H126：17形制相同，均侈口，折沿，圆唇，弧腹，器表磨光，素面。标本H126：15，细泥质橘红陶。器表磨光，可见烟熏痕迹（图一二一二，8）。标本H126：16，细泥质黑陶。口沿下侧可见轮修痕迹（图一二一二，5）。标本H126：17，细泥质黑陶。内壁可见轮修痕迹（图一二一二，6）。

罐　49件。均口、腹部残片。标本H126：26、H126：32形制相同，均粗夹砂红褐陶，侈口，卷沿，鼓腹。标本H126：26，圆唇。唇部有二道浅细凹槽。素面。复原口径27、残高4厘米（图一二一三，4）。标本H126：32，方唇。腹部饰右上至左下斜向绳纹。外沿面可见轮修痕迹（图一二一三，7）。

标本H126：25、H126：31形制相同，均粗夹砂红褐陶，侈口，折沿，鼓腹。标本H126：25，方唇，唇部有二道浅细凹槽。腹部饰右上至左下斜向绳纹（图一二一三，3）。标本H126：31，圆唇。口沿以下饰右上至左下斜向绳纹。唇部可见轮修痕迹。复原口径28.4、残高7.4厘米（图一二一三，6）。

表二八三 H126器形统计表

(单位：件)

器形	细泥质						粗泥质				细夹砂		粗夹砂							合计	百分比(%)
陶色	橘红				灰	黑	橘红				橘红	红褐	橘红		灰褐	红褐					
纹饰	素面+磨光	素面	彩陶	附加堆纹	素面+磨光	素面+磨光	素面	绳纹	附加堆纹	绳纹+弦纹	素面	附加堆纹	素面+磨光	素面	素面	素面	绳纹	附加堆纹	绳纹+附加堆纹		
瓶	1			1				2	1		1	1	1							8	7.14
盆 口	2				1															8	7.14
盆 底					2	2	1														
罐 口	17	3	1			1				1										49	43.75
罐 底	1		7																		
钵 口											2					18	10	1	1	33	29.46
钵 底																3	6				
缸															2	4	3			9	8.04
瓮														1	1		3			4	3.57
杯																1				1	0.89
合计	21	3	8	1	3	3	1	2	1	1	3	1	1	1	3	36	21	1	1	112	100
百分比(%)	18.75	2.68	7.14	0.89	2.68	2.68	0.89	1.79	0.89	0.89	2.68	0.89	0.89	0.89	2.68	32.14	18.75	0.89	0.89	112	100

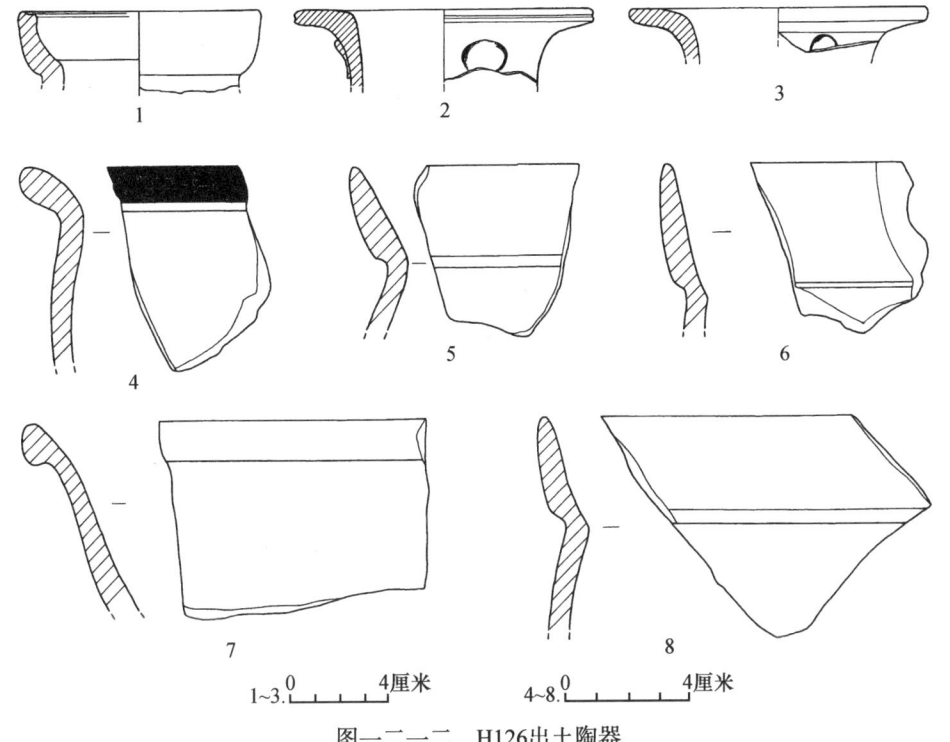

图一二一二 H126出土陶器

1~3.瓶（H126：20、H126：22、H126：19） 4~8.盆（H126：14、H126：16、H126：17、H126：18、H126：15）

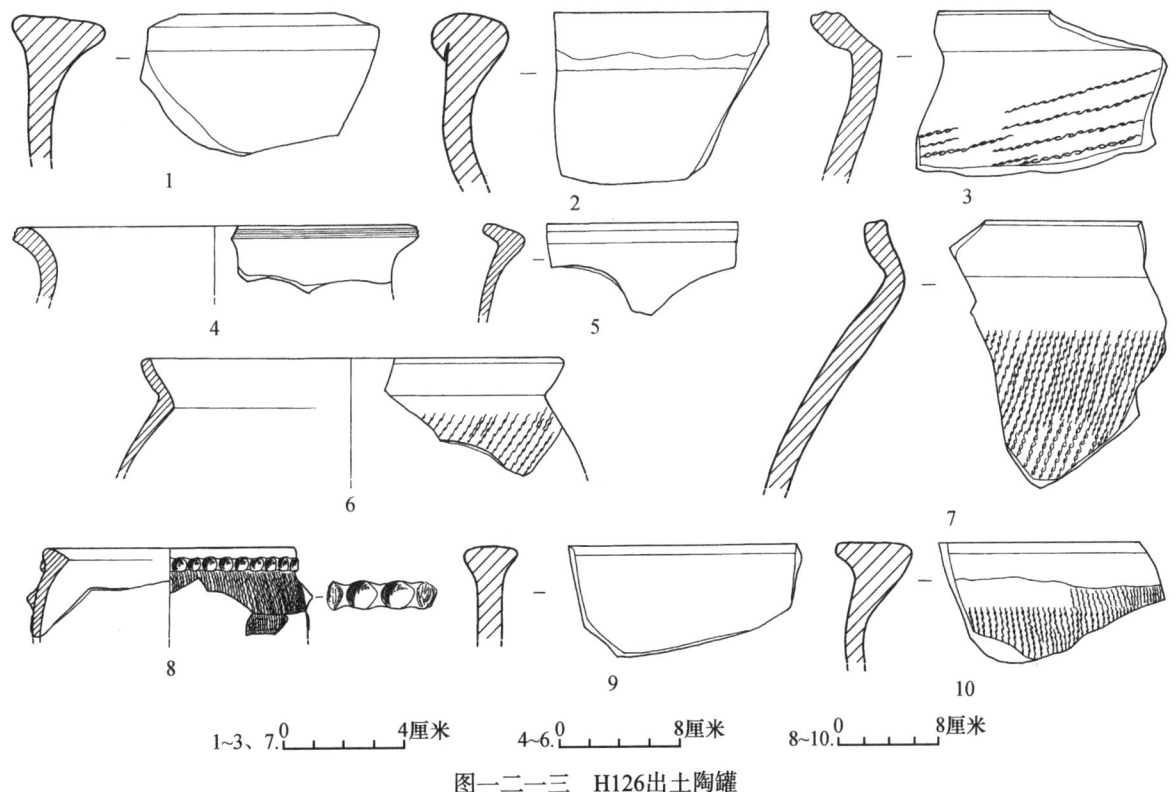

图一二一三 H126出土陶罐

1~10.（H126：34、H126：29、H126：25、H126：26、H126：30、H126：31、H126：32、H126：24、H126：39、H126：37）

标本H126：24、H126：30形制相同，均粗夹砂红褐陶，侈口，折沿，圆唇，腹微鼓。标本H126：24，口沿下侧饰一周条带状附加堆纹，上腹部饰一对鸡冠状附加堆纹，中腹部饰条带状附加堆纹，通体饰左上至右下斜向绳纹，绳纹斜度较小。口径20、残高6.8厘米（图一二一三，8）。标本H126：30，素面。沿面可见轮修痕迹（图一二一三，5）。

标本H126：29，粗夹砂红褐陶。敛口，圆唇，腹微鼓。素面。口沿下侧可见泥抹痕迹（图一二一三，2）。

标本H126：34、H126：37、H126：39形制相同，均粗夹砂红褐陶，敛口，平折沿，圆唇，口沿下侧抹泥，腹微鼓。标本H126：34，素面。内壁可见轮修痕迹（图一二一三，1）。标本H126：37，口沿以下饰左上至右下斜向绳纹。沿面可见轮修痕迹（图一二一三，10）。标本H126：39，素面（图一二一三，9）。

钵　33件。均口、腹部残片。标本H126：4、H126：7形制相同，均细泥质橘红陶，直口微敛，深弧腹，器表磨光，素面。标本H126：4，尖唇（图一二一四，7）。标本H126：7，圆唇。口下可见浅褐色叠烧痕迹。内壁可见轮修痕迹（图一二一四，13）。

标本H126：1、H126：2、H126：3、H126：5、H126：6、H126：8、H126：9、H126：12、H126：13形制相同，均直口微敛，圆唇，浅弧腹。标本H126：3，细泥质橘红陶。素面。口下可见灰白色叠烧痕迹，腹部可见刮抹痕迹。复原口径37.8、残高12.6厘米（图一二一四，1）。标本H126：1，细泥质橘红陶。器表磨光。唇部饰黑色窄带纹彩绘，腹部饰黑色鱼纹彩绘。复原口径38、残高8厘米（图一二一四，3；彩版四九，5）。标本H126：2，细泥质橘红陶。器表磨光。口下饰黑色宽带纹彩绘（图一二一四，2）。标本H126：5，细泥质橘红陶。器表磨光。素面（图一二一四，4）。标本H126：6，细泥质橘红陶。器表磨光。口下饰黑色宽带纹彩绘（图一二一四，6）。标本H126：8，细泥质橘红陶。素面。口下可见浅红色叠烧痕迹与轮修痕迹（图一二一四，5）。标本H126：9，细泥质橘红陶。腹部有一道浅细凹槽。器表磨光。素面。口下可见浅红色叠烧痕迹（图一二一四，10）。标本H126：12，细夹砂红褐陶。圆唇。素面。内、外壁均可见轮修痕迹（图一二一四，12）。标本H126：13，粗泥质橘红陶。器表磨光。素面。口下可见浅褐色叠烧痕迹与烟熏痕迹（图一二一四，11）。

标本H126：10、H126：11形制相同，均细泥质橘红陶，敛口，圆唇，斜直腹，素面。标本H126：10，器表刮抹光滑。内壁可见轮修痕迹，器表可见刮抹痕迹（图一二一四，8）。标本H126：11，口沿内侧有一道凸棱，断面呈三角形。器表磨光。内壁可见烟熏痕迹（图一二一四，9）。

缸　9件。均口、腹部残片。标本H126：36、H126：38、H126：40形制相同，均敛口，平折沿，圆唇，直腹。标本H126：36，粗夹砂红褐陶。素面。沿面可见轮修痕迹（图一二一五，5）。标本H126：38，粗夹砂红褐陶。口沿以下饰左上至右下斜向绳纹。沿面可见轮修痕迹（图一二一五，7）。标本H126：40，粗夹砂灰褐陶。素面。沿面可见轮修痕迹（图一二一五，6）。

标本H126：35，粗夹砂红褐陶。敛口，厚唇，直腹。素面（图一二一五，3）。

瓮　4件。均口、腹部残片。标本H126：28，粗泥质橘红陶。敛口，圆唇，口沿下侧饰一周弦纹，鼓肩，并起一道不显著棱脊，圆鼓腹。棱脊以下饰右上至左下斜向绳纹。唇部可见轮修痕迹（图一二一五，1）。

标本H126：27，粗夹砂红褐陶。侈口，卷沿，方唇，唇部有二道浅细凹槽，鼓腹。素面。沿

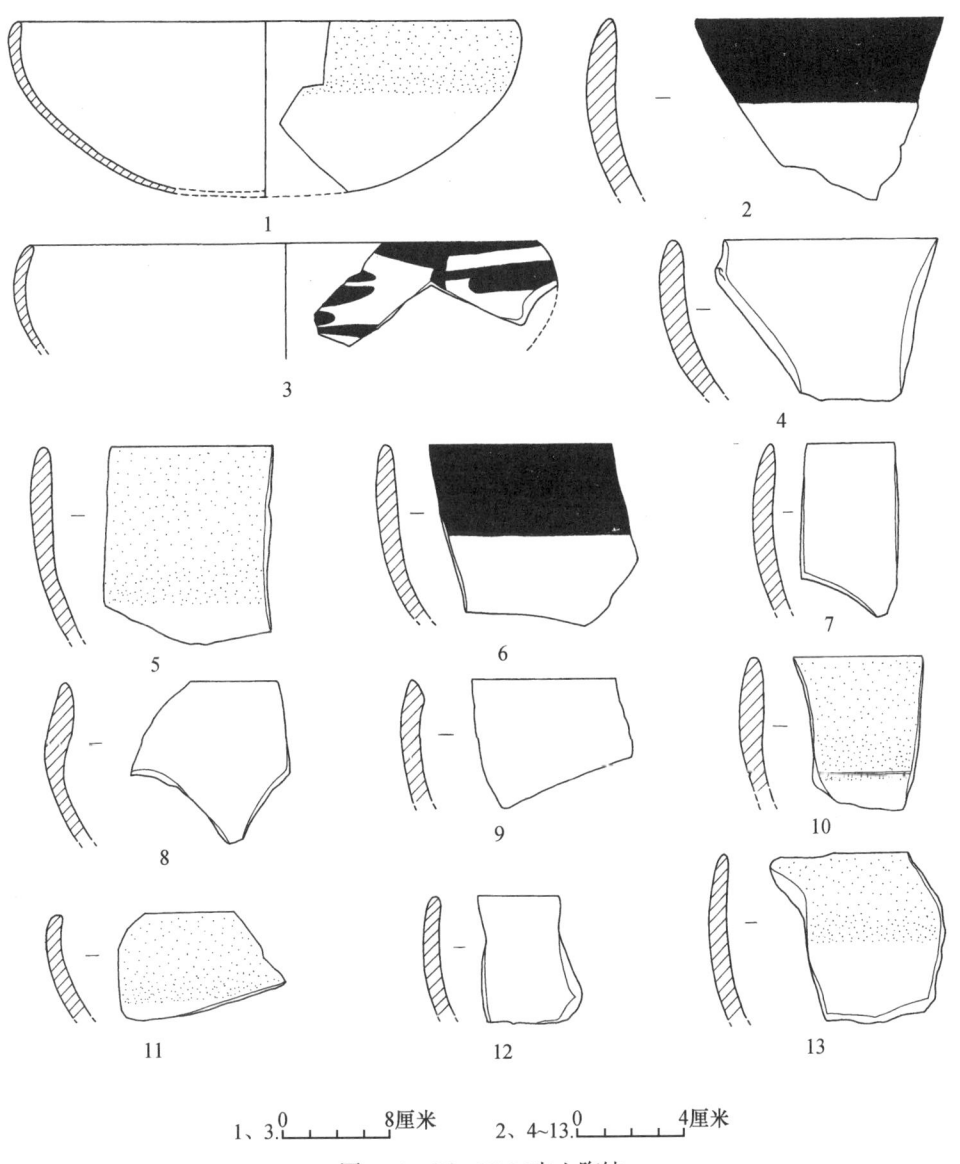

图一二一四 H126出土陶钵

1~13．（H126：3、H126：2、H126：1、H126：5、H126：8、H126：6、H126：4、H126：10、H126：11、H126：9、H126：13、H126：12、H126：7）

面可见烟熏痕迹（图一二一五，8）。

标本H126：23、H126：33形制相同，均粗夹砂红褐陶，侈口，折沿，内沿面与腹部相接处有一道凸棱，圆唇，鼓腹，腹部饰横向绳纹。标本H126：23，外沿面可见轮修痕迹。复原口径50、残高12厘米（图一二一五，4）。标本H126：33，沿面可见轮修痕迹（图一二一五，2）。

杯 1件。标本H126：41，可复原。系手捏制而成。细夹砂灰褐陶。直口，圆唇，直腹，平底。素面。器表可见捏制痕迹。口径5.8、底径7.6、通高5.7厘米（图一二一五，9；图版一八二，1）。

器耳 标本H126：43，腹部残片。粗泥质橘红陶。腹部较直，有一竖向扁圆桥形耳。素面。内壁可见泥条盘筑与轮修痕迹。可能为瓶耳（图一二一六，1）。标本H126：42，腹部残片。粗泥质橘红陶。腹部斜直，有一竖向圆柱桥形耳。腹部饰横向绳纹。内壁可见泥条盘筑与轮修痕迹。可能为瓶耳（图一二一六，4）。

器底 标本H126：44，下腹、底部残片。粗泥质橘红陶。下腹斜直，尖底。素面。器表可见竖向刮抹痕迹，内壁可见泥条盘筑痕迹。可能为瓶底。残高6厘米（图一二一六，2）。

圆陶片 1件。标本H126：45，完整。粗夹砂红褐陶。系利用罐的残片打制而成。圆形，边缘

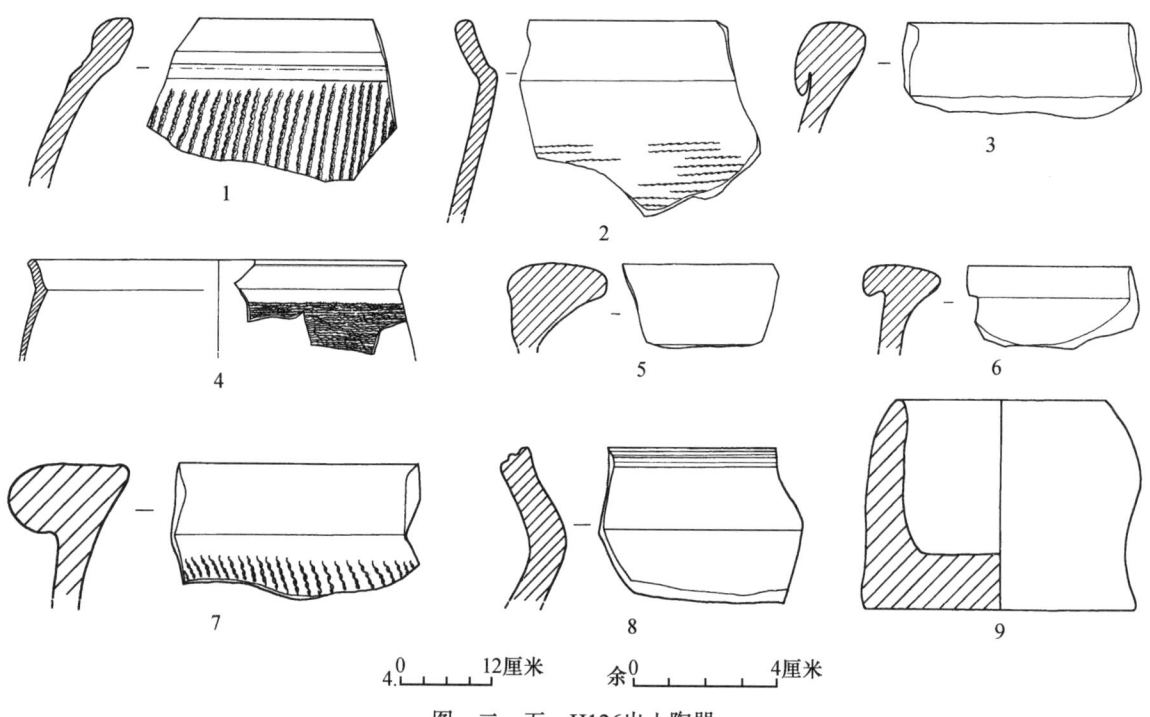

图一二一五　H126出土陶器
1、2、4、8.瓮（H126：28、H126：33、H126：23、H126：27）　3、5~7.缸（H126：35、H126：36、H126：40、H126：38）
9.杯（H126：41）

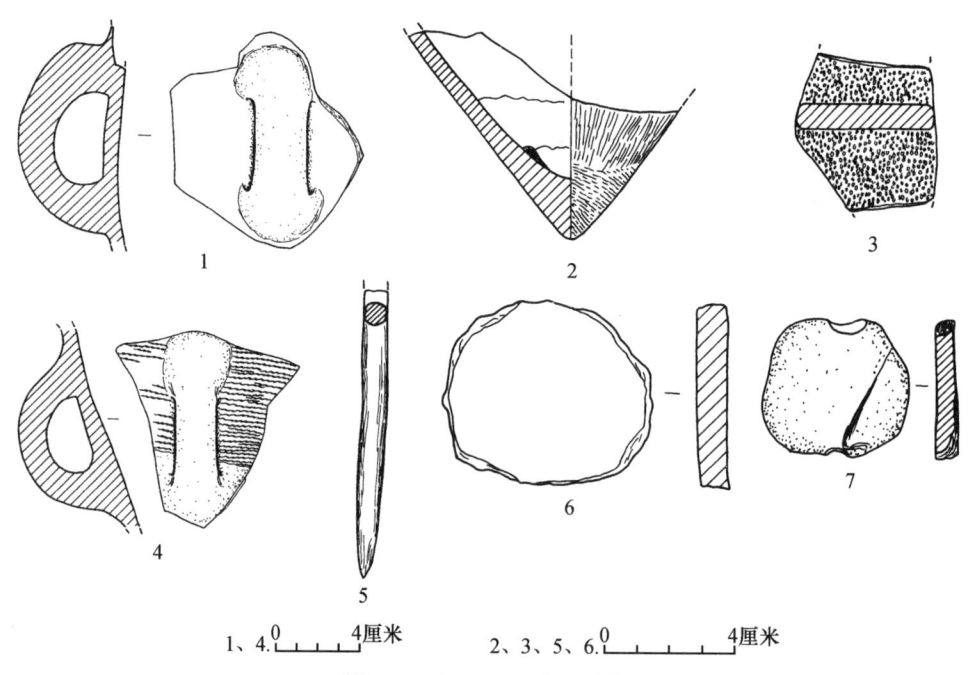

图一二一六　H126出土遗物
1、4.器耳（H126：43、H126：42）　2.器底（H126：44）　3.陶锉（H126：46）　5.骨锥（H126：48）
6.圆陶片（H126：45）　7.石网坠（H126：47）

较钝。器表饰绳纹。直径6.4、厚0.9厘米（图一二一六，6）。

锉 1件。标本H126∶46，两端均残。粗泥质橘红陶。残存部分平面呈五边形，横断面呈长方形，两侧边较直。器表麻点清晰，密度较大。残长4.4、厚0.7厘米（图一二一六，3）。

（2）石器

1件。网坠。标本H126∶47，完整。石英岩。圆饼状，器身较薄，两面平坦，两侧各有一打制而成的缺口。直径4.4、厚0.6厘米（图一二一六，7）。

（3）骨器

1件。锥。标本H126∶48，尾端残。系利用梅花鹿角的角段磨制而成。横断面呈圆形，尖部较锐利。通体磨光，器表可见刮削痕迹。残长8.7厘米（图一二一六，5）。

42. H129

H129位于Ⅲ区T0311北部，开口于②层下。平面呈圆形，袋状，斜直壁，平底。坑口径0.64、底径1.36、深1.28米（图一二一七）。

坑内堆积可分为3层：第①层为深灰色土，土质疏松，厚0.88米，出土有少量陶片；第②层为浅褐色土，土质疏松，厚0.2米；第③层为浅灰色土，土质较为疏松，厚0.2米，出土少量陶片。

陶片以细泥质橘红陶为主，另有少量粗夹砂红褐陶与细泥质黑陶；纹饰以素面为主，还有少量彩陶、绳纹、附加堆纹。

H129共出土遗物4件。全部为陶器。器类有罐、钵。

罐 1件。标本H129∶4，完整。粗夹砂红褐陶。侈口，折沿，圆唇，上腹微鼓，下腹斜收，平底，最大腹径位于上腹部。上腹部饰一对鸡冠状附加堆纹，上、中腹部饰稀疏的竖向绳纹。器表可见烟熏痕迹。口径12.4、腹径13.4、底径7.7、通高12.4厘米（图一二一八，3；彩版一八，4；图版一八二，2；图版二〇一，4）。

钵 3件。均口、腹部残片。形制相同，均敛口，圆唇，斜直腹。标本H129∶1，细泥质橘红陶。器表磨光。唇部与腹部饰黑色窄带纹彩绘（图一二一八，1；彩版四九，6）。标本H129∶2，细泥质橘红陶。器表磨光。素面。口部可见轮修痕迹（图一二一八，2）。标本H129∶3，细泥质黑陶。器表磨光。素面。口部可见轮修痕迹（图一二一八，4）。

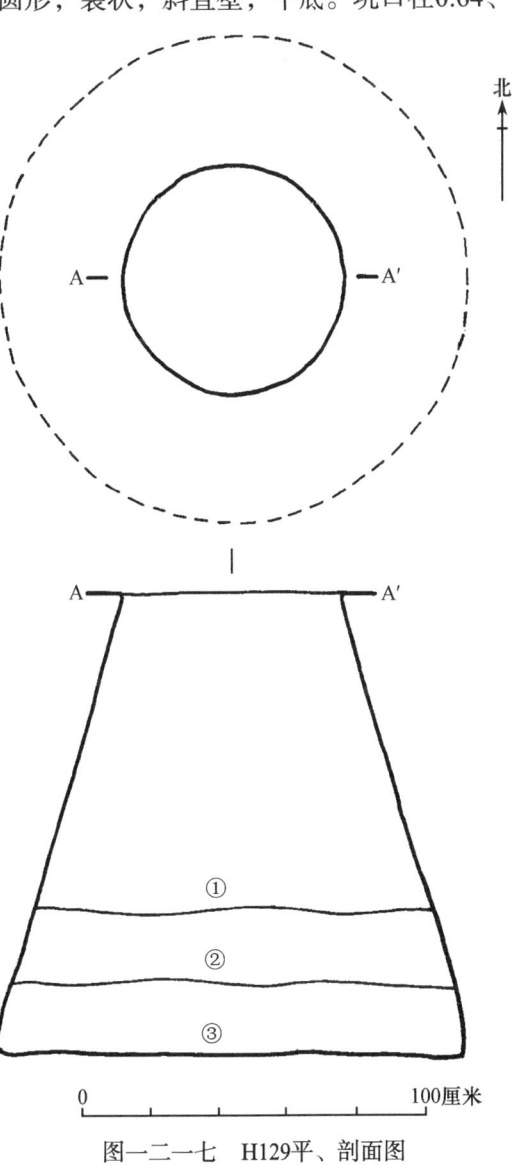

图一二一七 H129平、剖面图

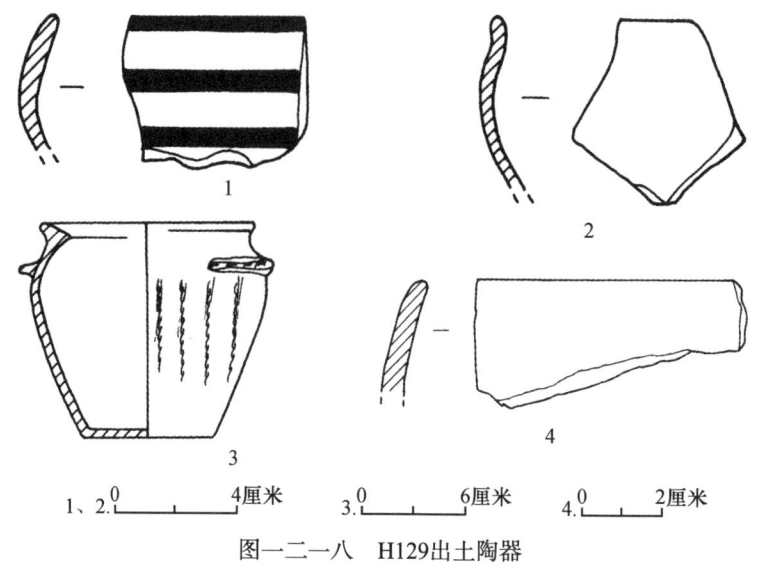

图一二一八　H129出土陶器
1、2、4. 钵（H129：1、H129：2、H129：3）　3. 罐（H129：4）

43. H130

H130位于Ⅲ区T0313中部，开口于②层下。平面呈椭圆形，袋状，斜直壁，平底。坑口长径1.74、短径1.6、底长径2.2、短径2、深1.34米（图一二一九）。

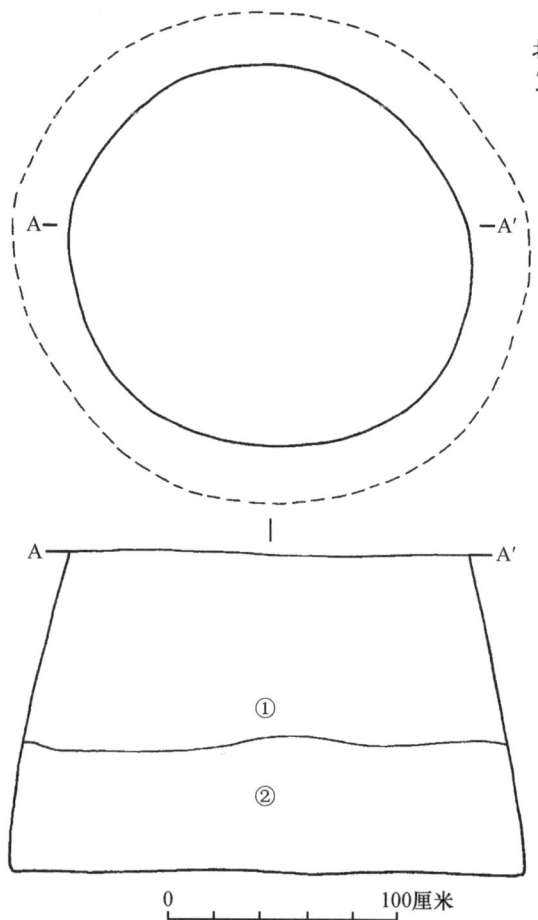

图一二一九　H130平、剖面图

坑内堆积可分为2层：第①层为深灰色土，包含有少量火烧土块，厚0.8米，出土大量陶片；第②层为浅灰色土，土质疏松，厚0.54米。

陶片为主要的出土物，以粗夹砂红褐陶为主，粗泥质橘红陶、细夹砂红褐陶和细泥质橘红陶次之，并有少量细泥质灰陶、细泥质黑陶、细夹砂灰陶及细夹砂橘红陶；纹饰以素面居多，附加堆纹次之，绳纹再次，还有少量弦纹、交错绳纹、线纹和彩陶（表二八四）。

H130共出土遗物78件。全部为陶器。器类有瓶、盆、罐、钵、缸、瓮、器盖、器座、圆陶片、刀、环，另有器耳（表二八五）。

瓶　4件。均口、颈部残片。标本H130：33，细夹砂红褐陶。平唇口，内唇为一周矮棱，外唇为方唇，束颈。器表磨光。素面。内壁可见泥条盘筑痕迹。口径9.6、残高15厘米（图一二二〇，2）。

标本H130：32，细泥质橘红陶。喇叭形口，平折沿，圆唇，束颈。上颈部饰三个圆饼状附加堆纹，下颈部饰多周不甚规整弦纹，并饰竖向短绳

表二八四　H130陶系统计表　　　　　　　　　　　　　　　　　（单位：kg）

陶质	细泥质			粗泥质	细夹砂			粗夹砂	合计	百分比（%）
陶色 纹饰	橘红	灰	黑	橘红	橘红	红褐	灰	红褐		
素面	0.23	1.42		1.51	0.378	1.87	0.126	2.42	7.954	37.05
素面+磨光	0.85	0.114	0.93	0.228		0.126	0.32		2.568	11.96
绳纹						0.25		2.79	3.04	14.16
弦纹	0.07								0.07	0.33
交错绳纹								0.16	0.16	0.75
附加堆纹				0.35				0.07	0.42	1.96
绳纹+附加堆纹				1.31				4.77	6.08	28.32
弦纹+附加堆纹	0.52							0.126	0.52	2.42
交错绳纹+ 附加堆纹								0.126	0.126	0.59
线纹				0.35					0.35	1.63
彩陶	0.18								0.18	0.84
合计	1.85	1.534	0.93	3.748	0.378	2.246	0.446	10.336	21.47	100
百分比（%）	8.62	7.14	4.33	17.46	1.76	10.46	2.08	48.14	100	

纹。沿面可见轮修痕迹，内壁可见泥条盘筑痕迹。口径11.6、残高13.2厘米（图一二〇，1；图版一八二，3）。

盆　7件。均口、腹部残片。标本H130：12、H130：15形制相同，均侈口，卷沿，圆唇，弧腹，器表磨光。标本H130：12，细泥质橘红陶。腹部饰弦纹。唇部可见轮修痕迹（图一二〇，3）。标本H130：15，细泥质黑陶。素面。唇部可见轮修痕迹（图一二〇，6）。

标本H130：10、H130：11形制相同，均敛口，平折沿，圆唇，斜直腹，素面。标本H130：10，细夹砂橘红陶。外沿面可见轮修痕迹。复原口径34、残高6厘米（图一二〇，4）。标本H130：11，粗夹砂红褐陶。沿面与内壁均可见轮修痕迹（图一二〇，7）。

标本H130：14，细泥质灰陶。侈口，折沿，沿面近平，方唇，斜直腹。素面。器表刮抹光滑。沿面可见轮修痕迹（图一二〇，5）。

罐　45件。标本H130：22，口、腹部残片。粗夹砂红褐陶。侈口，折沿，沿面微曲，方唇，腹微鼓。腹部饰横向绳纹。口沿下侧与内壁均可见轮修痕迹。复原口径18、残高7.2厘米（图一二二一，3）。

标本H130：28，口、腹部残片。粗夹砂红褐陶。侈口，卷沿，方唇，口沿下侧有一道凸棱，鼓腹。凸棱以下饰右上至左下斜向绳纹（图一二二一，2）。

标本H130：25、H130：27均口、腹部残片。形制相同，均粗夹砂红褐陶，侈口，折沿，鼓腹。标本H130：25，方唇，唇部有二道浅细凹槽。素面。沿面可见轮修痕迹（图一二二一，14）。标本H130：27，方唇，唇部有一道浅细凹槽。腹部饰竖向绳纹（图一二二一，13）。

标本H130：17、H130：18、H130：19、H130：20、H130：21、H130：23、H130：24、

表二八五　H130器形统计表

（单位：件）

陶质	细泥质						粗泥质			细夹砂			粗夹砂						合计	百分比（%）
陶色	橘红			彩陶	灰	黑	橘红			橘红	红褐	灰	红褐							
纹饰＼器形	素面+磨光	弦纹	弦纹+附加堆纹		素面+磨光	素面+磨光	素面+磨光	附加堆纹	绳纹+附加堆纹	素面	素面+磨光	素面	素面	绳纹	交错绳纹	附加堆纹	绳纹+附加堆纹	交错绳纹+附加堆纹		
瓶	1																		4	5.41
盆	2	1	2		1	1													7	9.46
罐　口	3			1		3	2	3	1	1	1		14	10	1	1	2	1	45	60.81
罐　底													12							
钵					1		2	1				1	1						12	16.22
缸													1			1			2	2.70
瓮										2									1	1.35
器盖																			2	2.70
器座	5	1		1		4		4		3	1	1	30	10	1	2	2	1	1	1.35
合计	5	1	2	1	2	4	2	4	1	3	1	1	30	10	1	2	2	1	74	100
百分比（%）	6.76	1.35	2.70	1.35	2.70	5.41	2.70	5.41	1.35	4.05	1.35	1.35	40.54	13.51	1.35	2.70	2.70	1.35	100	

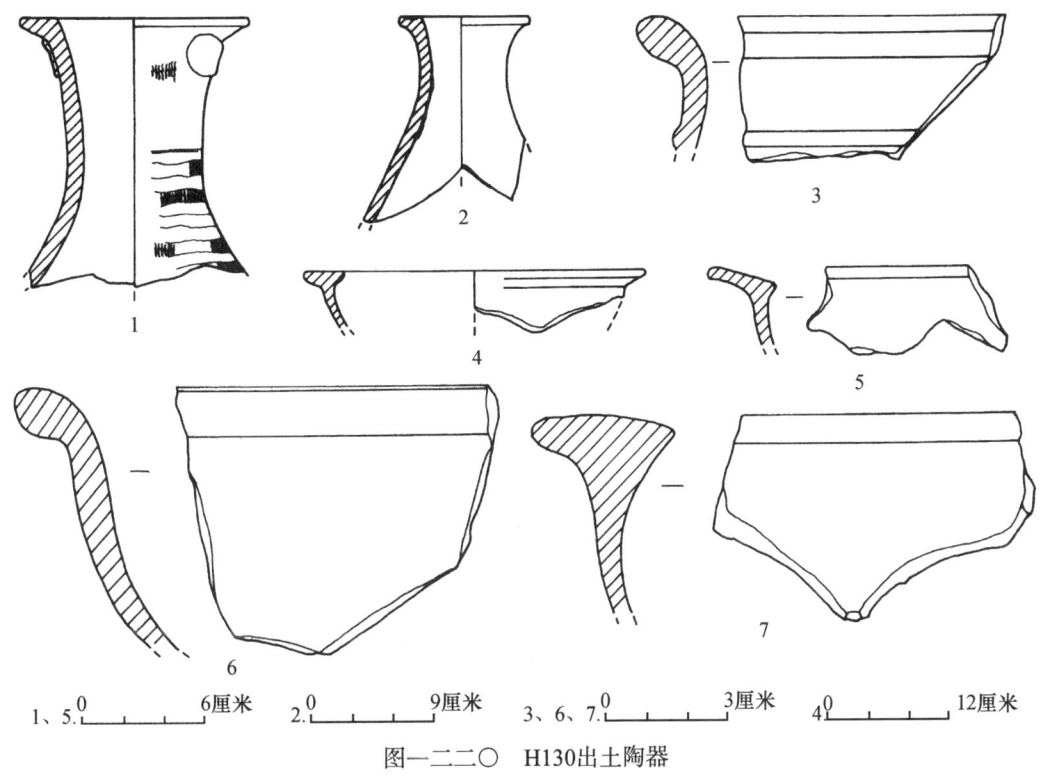

图一二二〇　H130出土陶器
1、2.瓶（H130：32、H130：33）　3~7.盆（H130：12、H130：10、H130：14、H130：15、H130：11）

H130：26、H130：29均口、腹部残片。形制相同，均侈口，折沿，鼓腹。标本H130：17，粗夹砂红褐陶。圆唇，中腹圆鼓，下腹斜收，最大腹径位于中上腹部。上腹部饰一对鸡冠状附加堆纹。沿面可见轮修痕迹，器表可见竖向刮抹痕迹与烟熏痕迹。复原口径12、腹径14.4、残高11.1厘米（图一二二一，6）。标本H130：18，粗泥质橘红陶。圆唇，腹微鼓。上腹部饰一对鸡冠状附加堆纹，附加堆纹下侧饰右上至左下斜向绳纹。内壁可见轮修痕迹。复原口径21、残高7.8厘米（图一二二一，7）。标本H130：19，粗夹砂红褐陶。圆唇。素面。沿面可见轮修痕迹，器表可见烟熏痕迹。复原口径20、残高4.4厘米（图一二二一，12）。标本H130：20，粗夹砂红褐陶。圆唇。腹部饰左上至右下斜向绳纹。沿面可见轮修痕迹。复原口径28、残高4.8厘米（图一二二一，8）。标本H130：21，粗夹砂红褐陶。圆唇，腹微鼓。口沿以下饰竖向绳纹。沿面可见轮修痕迹。复原口径18、残高4.2厘米（图一二二一，9）。标本H130：23，粗夹砂红褐陶。方唇，唇上有一道浅细凹槽。口沿以下饰竖向绳纹，上腹部饰鸡冠状附加堆纹。沿面可见轮修痕迹（图一二二一，11）。标本H130：24，粗夹砂红褐陶。尖圆唇，腹微鼓。腹部饰竖向绳纹。沿面与口沿下侧可见轮修痕迹（图一二二一，10）。标本H130：26，粗夹砂红褐陶。圆唇。口沿以下饰交错绳纹。沿面可见轮修痕迹（图一二二一，4）。标本H130：29，粗夹砂红褐陶。圆唇。素面。沿面可见轮修痕迹（图一二二一，5）。

标本H130：16，可复原。粗夹砂红褐陶。侈口，折沿，圆唇，上腹圆鼓，下腹斜收，平底，最大腹径位于上腹部。上、中腹部饰左上至右下斜向绳纹，上腹部饰一对鸡冠状附加堆纹，中腹部饰四周条带状附加堆纹，下腹部饰交错绳纹。口径31.2、腹径34.8、底径12、通高33.6厘米（图一二二一，1；彩版一八，6；图版一八二，4；图版二〇一，5）。

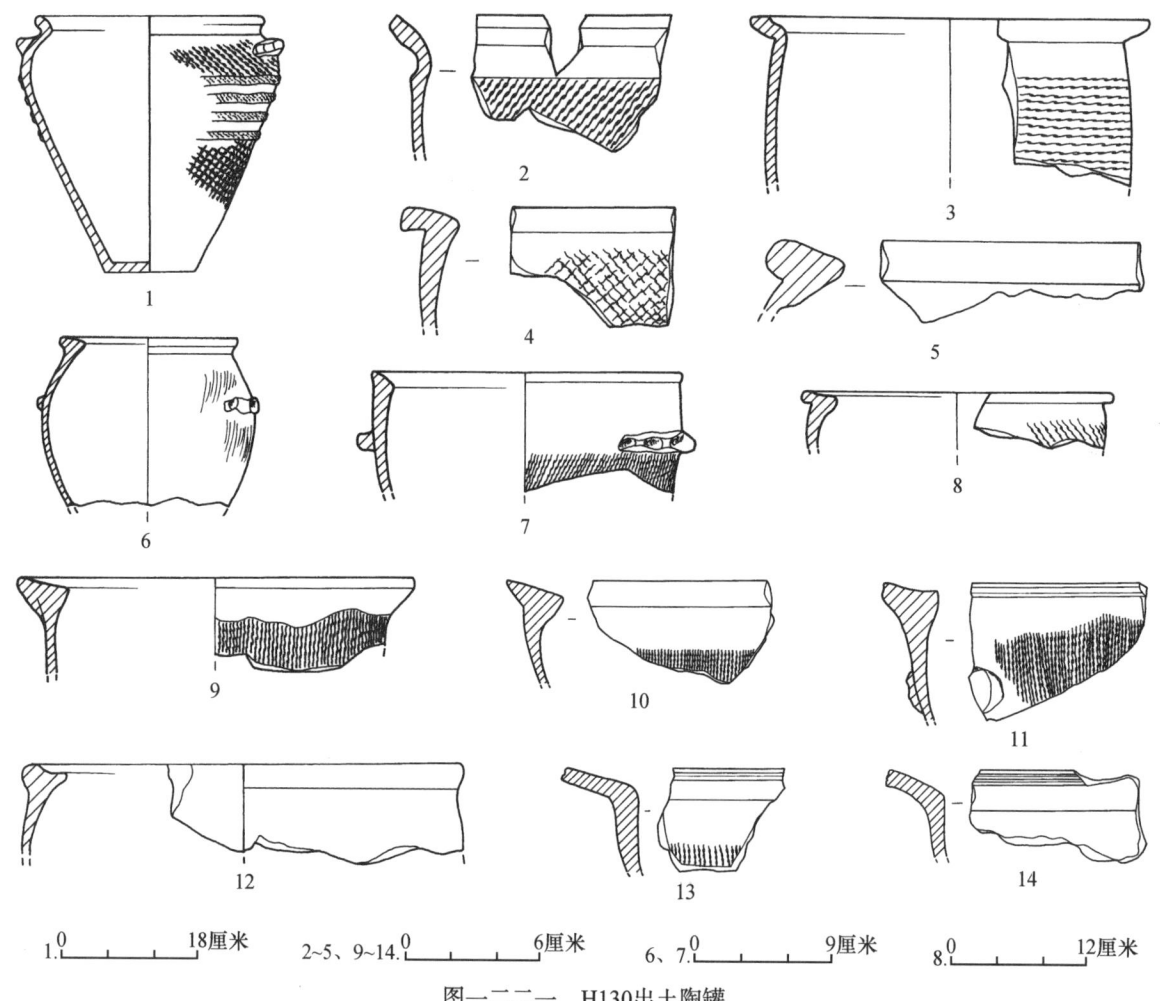

图一二二一 H130出土陶罐

1~14.（H130∶16、H130∶28、H130∶22、H130∶26、H130∶29、H130∶17、H130∶18、H130∶20、H130∶21、H130∶24、H130∶23、H130∶19、H130∶27、H130∶25）

钵 12件。标本H130∶7，口、腹部残片。细泥质橘红陶。直口微敛，圆唇，浅弧腹。器表磨光。口下饰黑色宽带纹彩绘。彩绘下侧可见浅褐色叠烧痕迹（图一二二二，3）。

标本H130∶6，口、腹部残片。细泥质黑陶。敛口，圆唇，浅弧腹。器表磨光。素面（图一二二二，2）。

标本H130∶1、H130∶3、H130∶4形制相同，均敛口，斜直腹，器表磨光，素面。标本H130∶1，可复原。细泥质灰陶。尖圆唇，口沿内侧贴有一周泥片，平底。口下可见轮修痕迹。口径20、底径8.4、通高11.2厘米（图一二二二，8；图版一八二，5）。标本H130∶3，口、腹部残片。粗泥质橘红陶。圆唇。内壁可见轮修痕迹（图一二二二，1）。标本H130∶4，口、腹部残片。粗泥质橘红陶。尖圆唇，口沿断面呈三角形。内壁可见轮修痕迹（图一二二二，4）。

缸 2件。均口、腹部残片。标本H130∶30，细夹砂灰陶。侈口，折沿，沿面近平，圆唇，鼓腹。素面（图一二二二，7）。

标本H130∶31，粗夹砂红褐陶。敛口，厚唇，直腹。素面。内壁可见轮修痕迹（图一二二二，5）。

瓮 1件。标本H130∶9，口、腹部残片。粗夹砂红褐陶。敛口，圆唇，鼓肩，并起一道显著

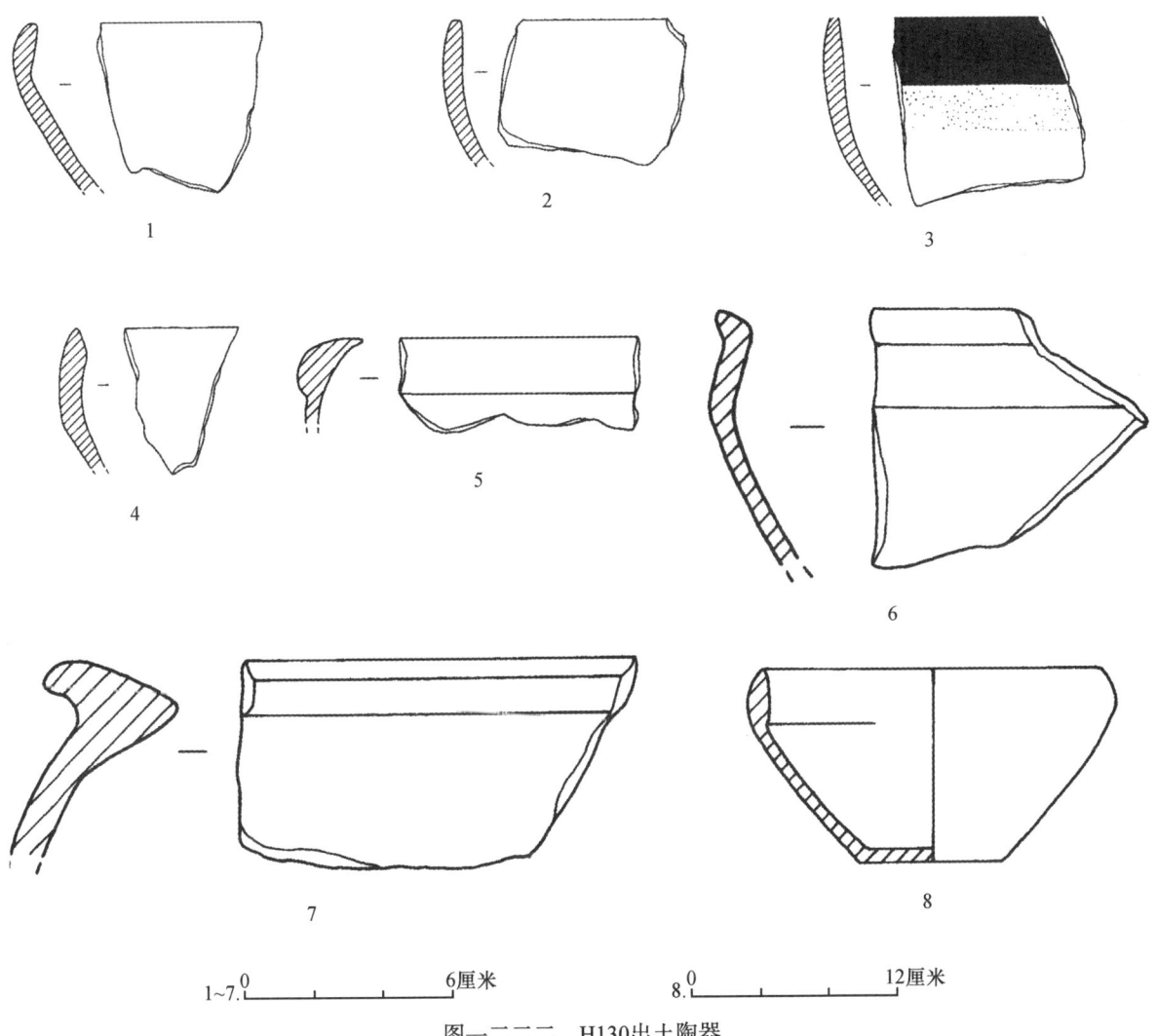

图一二二二 H130出土陶器

1~4、8. 钵（H130:3、H130:6、H130:7、H130:4、H130:1） 6. 瓮（H130:9） 5、7. 缸（H130:31、H130:30）

棱脊，斜直腹。素面。内壁可见轮修痕迹（图一二二二，6）。

器盖 2件。标本H130:34，钮、壁残片。细夹砂橘红陶。圆饼形钮，敞口，斜直壁，近钮部有一个圆孔。素面。钮径9、孔径1、残高4.5厘米（图一二二三，7）。

标本H130:35，口、壁残片。细夹砂红褐陶。敞口，圆唇，唇部有一道浅细凹槽，斜直壁。素面。内、外壁均可见轮修痕迹。复原口径24、残高3厘米（图一二二三，6）。

器座 1件。标本H130:39，完整。粗夹砂红褐陶。反弧壁，平底，中部有一圆孔。素面。口径2.1、底径3.9、通高3.6厘米（图一二二三，8；图版一八二，6）。

器耳 标本H130:37，耳部残片。粗泥质橘红陶。圆柱桥形耳。素面（图一二二三，3）。

圆陶片 2件。均完整。形制相同，均圆形。标本H130:42-1，细泥质橘红陶。系利用盆的残片打制而成。边缘较钝。器表饰弦纹。直径7、厚1厘米（图一二二三，4）。标本H130:42-2，细夹砂红褐陶。系利用罐类器的残片打制而成。边缘较锋利。器表可见零星疤痕。直径6、厚0.7厘米（图一二二三，1）。

刀 1件。标本H130:40，完整。细泥质橘红陶。系利用尖底瓶的残片打制而成。长方形，两

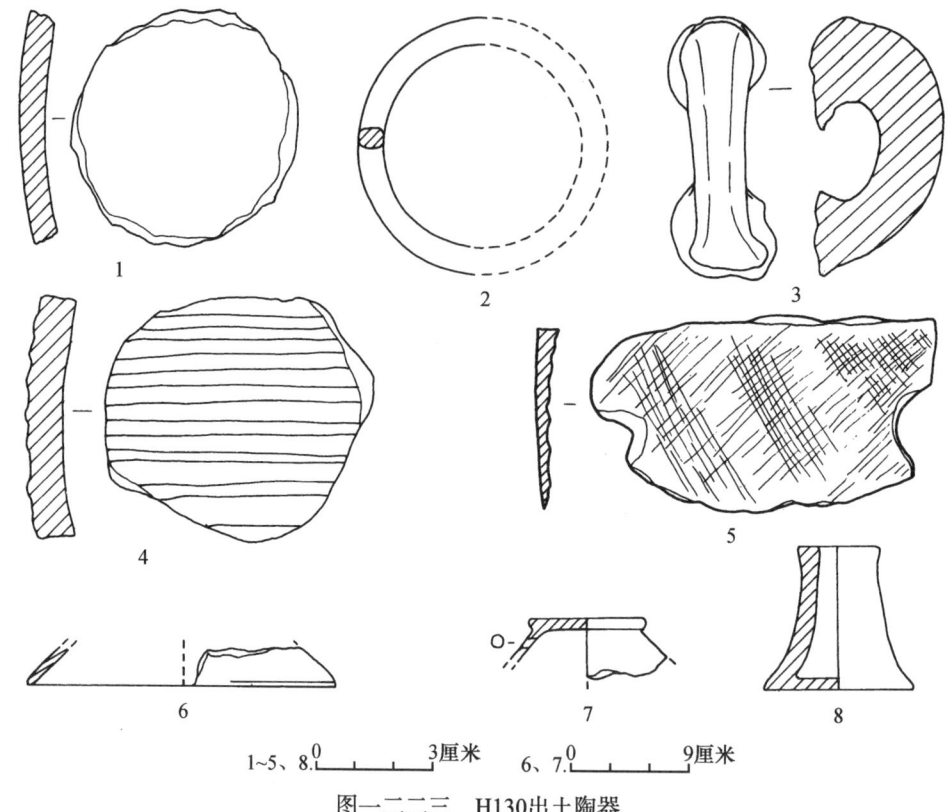

图一二二三 H130出土陶器

1、4. 圆陶片（H130：42-2、H130：42-1） 2. 环（H130：41） 3. 器耳（H130：37） 5. 刀（H130：40）
6、7. 器盖（H130：35、H130：34） 8. 器座（H130：39）

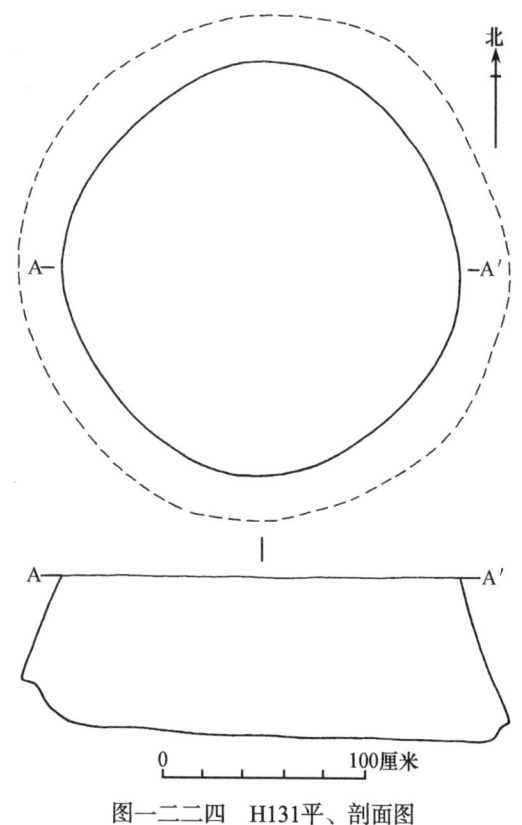

图一二二四 H131平、剖面图

侧各有一个打制而成的缺口，刃缘较锋利。器表饰交错线纹。内壁可见泥条盘筑与指压痕迹。长9、宽5厘米（图一二二三，5；彩版二八，5；图版一八三，1）。

环 1件。标本H131：41，残。细泥质黑陶。圆环状，断面呈椭圆形。通体磨光。复原直径6.5、厚0.7厘米（图一二二三，2）。

44. H131

H131位于Ⅲ区T0511西部，开口于②层下。平面呈圆形，袋状，斜直壁，底部西高东低。坑口径2、底径2.47、深0.7~0.8米（图一二二四）。

坑内堆积为灰褐色土，土质疏松，包含较多火烧土颗粒，出土大量陶片，另有兽骨。

陶片为主要的出土物，以粗夹砂红褐陶为主，细泥质橘红陶次之，粗泥质橘红陶再次，并有少量细夹砂橘红陶、细泥质灰陶和细泥质黑陶；纹饰以素面居多，绳纹次之，并有一定比例附加堆纹和剔刺纹及少量弦纹、划纹、彩陶（表二八六）。

H131共出土遗物41件。全部为陶器。器类有瓶、盆、罐、钵、缸、杯、锉、球、环、刀（表二八七）。

表二八六　H131陶系统计表　　　　　　　　　　　　　　　（单位：kg）

陶质	细泥质			粗泥质	细夹砂	粗夹砂	合计	百分比（%）
陶色 纹饰	橘红	灰	黑	橘红	橘红	红褐		
素面				0.17	0.19	0.67	1.03	29.68
素面+磨光	0.60	0.17	0.10				0.87	25.07
绳纹				0.10	0.03	0.48	0.61	17.58
交错绳纹	0.07				0.06	0.20	0.33	9.51
附加堆纹				0.15			0.15	4.32
绳纹+弦纹					0.05	0.05	3.47	1.44
绳纹+附加堆纹+剔刺纹					0.28	0.28		8.07	100
绳纹+指甲+附加堆纹					0.10	0.10		2.88
划纹					0.03	0.03		0.86
彩陶	0.02						0.02	0.58
合计	0.69	0.17	0.10	0.42	0.28	1.81	3.47	
百分比（%）	19.88	4.90	2.88	12.10	8.07	52.16	100	

表二八七　H131器形统计表　　　　　　　　　　　　　　　（单位：件）

陶质	细泥质			粗泥质		粗夹砂							合计	百分比（%）	
陶色	橘红			橘红		红褐									
纹饰 器形	素面+磨光	彩陶	素面+磨光	素面+磨光	素面	附加堆纹	素面	绳纹	交错绳纹	划纹	绳纹+弦纹	绳纹+剔刺纹+附加堆纹	绳纹+指甲纹+附加堆纹			
瓶						1								1	2.78	
盆　口	3				3									9	25.00	
底	3															
罐　口					5	1								15	36	41.67	100
底					4	1		1	1	1	1					
钵	4	2	1	1										8	22.22	
缸							1							1	2.78	
杯					2									2	5.56	
合计	10	2	1	1	5	1	9	2	1	1	1	1	1	36		
百分比（%）	27.77	5.55	2.78	2.78	13.89	2.78	25.00	5.55	2.78	2.78	2.78	2.78	2.78	100		

瓶 1件。口、颈部残片。标本H131：7，粗泥质橘红陶。喇叭形口，窄平折沿，束颈。颈部饰一周条带状附加堆纹。颈部与内壁可见轮修痕迹。复原口径11、残高6厘米（图一二二五，1；图版一八三，2）。

盆 9件。均口、腹部残片。形制相同。标本H131：6，细泥质橘红陶。敛口，平折沿，沿面较宽，圆唇，斜腹。器表、沿面均磨光。素面。器表可见刮抹痕迹（图一二二五，2）。

罐 15件。均口、腹部残片。标本H131：11，粗夹砂红褐陶。侈口，卷沿，沿面微曲，方唇，腹微鼓。素面。唇部可见轮修痕迹（图一二二五，8）。

标本H131：12，粗夹砂红褐陶。侈口，折沿，沿面内曲，方唇，唇部有一道浅细凹槽，鼓腹。唇缘饰一周划纹。口下可见轮修痕迹（图一二二五，5）。

标本H131：10，粗夹砂红褐陶。侈口，折沿，圆唇，鼓腹。腹部饰右上至左下斜向绳纹。唇部可见轮修痕迹（图一二二五，10）。

标本H131：9，粗夹砂红褐陶。直口，卷沿，方唇，唇部有二道浅细凹槽，鼓腹。口下饰二道弦纹，弦纹以下饰右上至左下斜向绳纹。唇部可见轮修痕迹（图一二二五，11）。

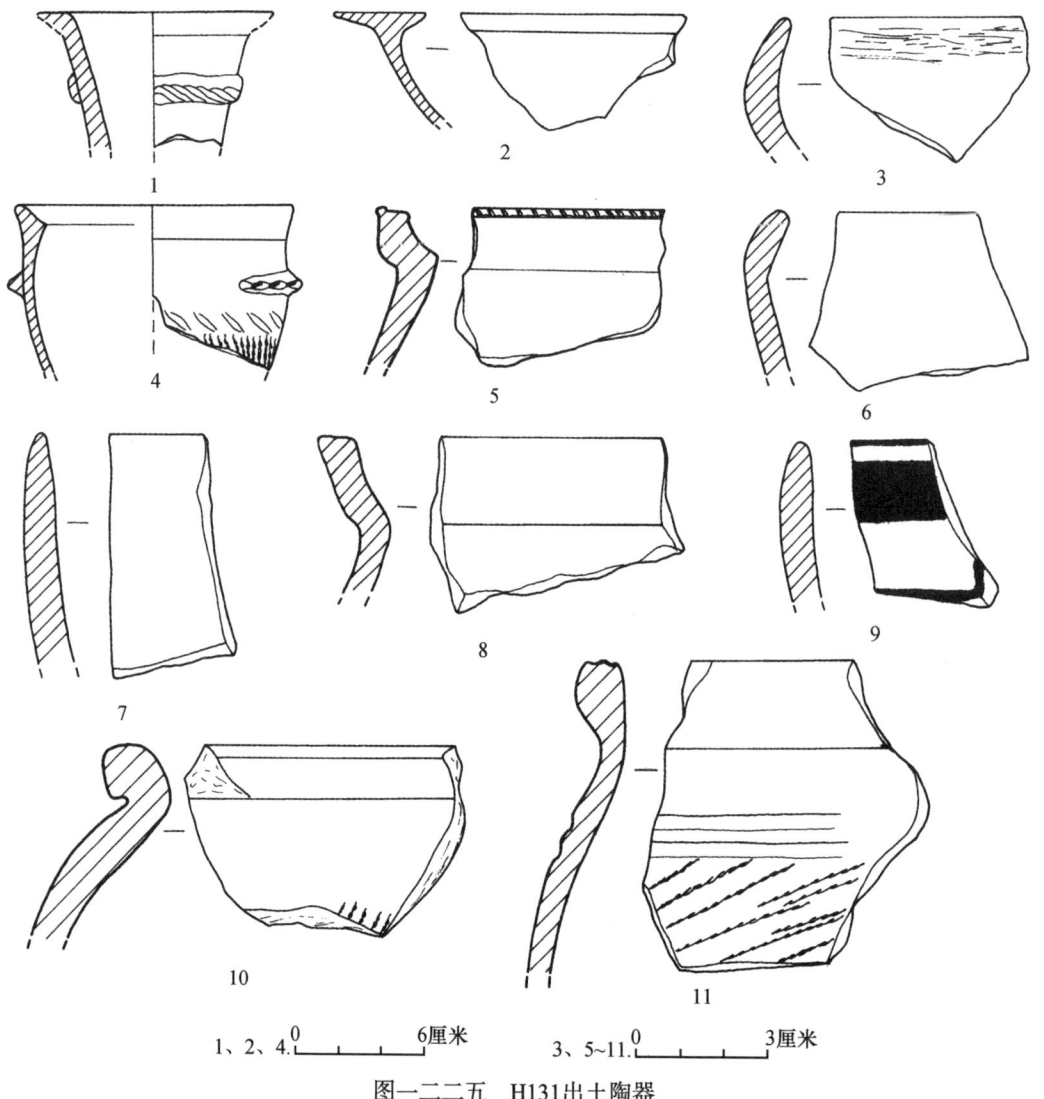

图一二二五　H131出土陶器
1.瓶（H131：7）　2.盆（H131：6）　3、6、7、9.钵（H131：5、H131：1、H131：2、H131：3）
4、5、8、10、11.罐（H131：8、H131：12、H131：11、H131：10、H131：9）

标本H131∶8，粗夹砂红褐陶。侈口，折沿，沿面上有一道不显著棱脊，圆唇，直腹。口下饰鸡冠状附加堆纹，附加堆纹下侧饰一周剔刺纹，腹部饰竖向绳纹。沿面可见轮修痕迹。复原口径13、残高7.4厘米（图一二二五，4）。

钵　8件。均口、腹部残片。标本H131∶2、H131∶3形制相同，均细泥质橘红陶，直口微敛，圆唇，浅弧腹，器表磨光。标本H131∶2，素面。唇部可见轮修痕迹（图一二二五，7）。标本H131∶3，唇部与腹部均饰黑色窄带纹彩绘。内壁可见轮修痕迹（图一二二五，9）。

标本H131∶1、H131∶5形制相同，均敛口，圆唇，斜腹，素面，器表磨光。标本H131∶1，细泥质橘红陶。器表可见刮抹痕迹，内壁可见轮修痕迹（图一二二五，6）。标本H131∶5，细泥质灰陶。内外壁均可见轮修痕迹（图一二二五，3）。

缸　1件。标本H131∶14，口、腹部残片。粗夹砂红褐陶。敛口，平折沿，厚圆唇，腹微鼓。口沿以下饰交错绳纹。沿面可见轮修痕迹（图一二二六，6）。

杯　2件。均可复原。形制相同，均捏制而成，粗泥质橘红陶，直口，圆唇，平底，素面。标本H131∶15，直腹。器表可见烟熏痕迹。口径6.9、底径6.2、通高4.8厘米（图一二二六，8；图版一八三，3）。标本H131∶16，腹部微鼓。器表可见烟熏痕迹。口径6.7、底径5.2、通高4.5厘米（图一二二六，7）。

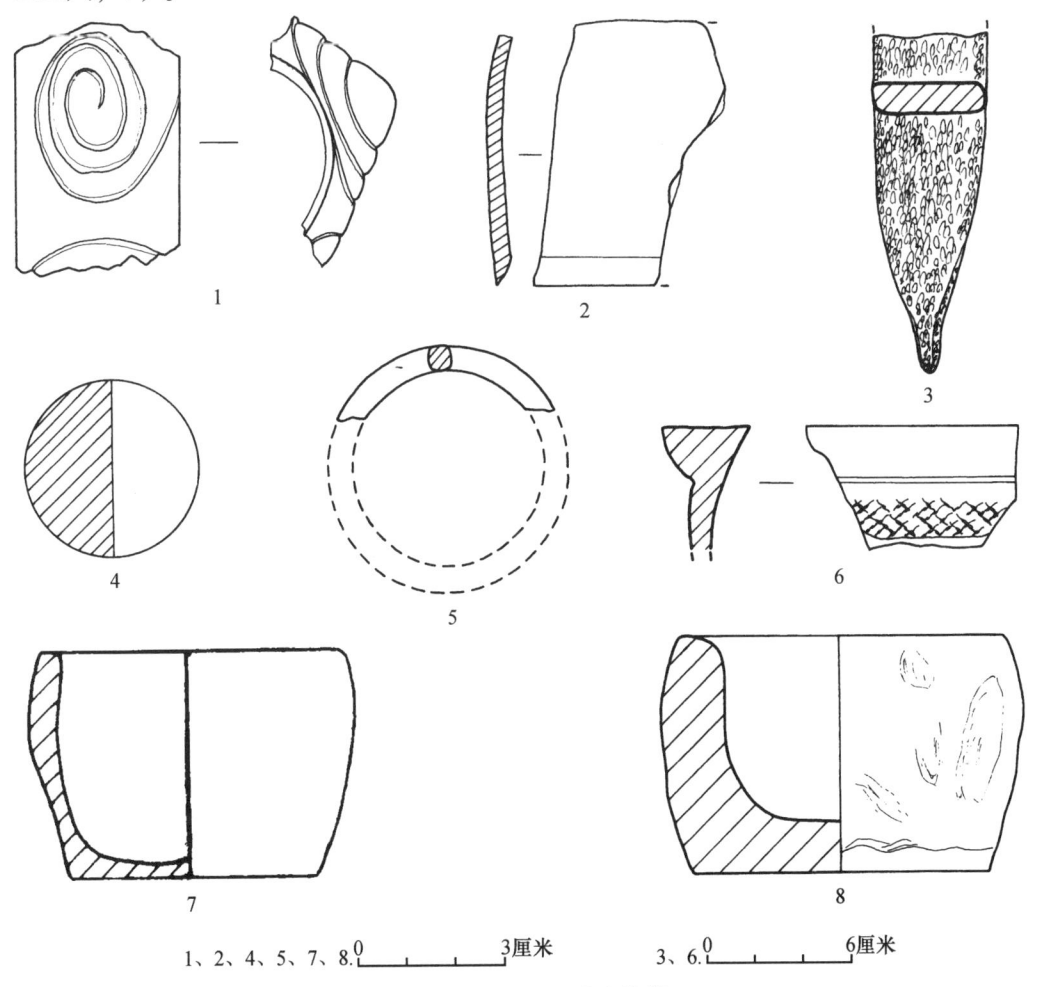

图一二二六　H131出土陶器
1、5.环（H131∶20、H131∶19）　2.刀（H131∶4）　3.锉（H131∶17）　4.球（H131∶18）　6.缸（H131∶14）
7、8.杯（H131∶16、H131∶15）

锉　1件。标本H131:17，一端残。细泥质橘红陶。残存部分平面呈三角形，横断面呈圆角长方形，两侧边稍弧。器表麻点清晰，密度较大。残长14、最宽处4.8、厚1.1厘米（图一二二六，3；图版一八三，4）。

球　1件。标本H131:18，完整。细泥质红褐陶。圆球状。通体磨光。直径3.6厘米（图一二二六，4）。

环　2件。均残。形制相同，均细泥质灰陶，圆环状。标本H131:19，断面呈近圆形。通体磨光。复原直径5、厚0.5厘米（图一二二六，5）。标本H131:20，外壁饰有乳突，上饰螺旋纹。通体磨光（图一二二六，1；图版一八三，5）。

刀　1件。标本H131:4，残。细泥质灰陶。系利用钵类器的残片磨制而成。长方形，单面刃。残长3.5、宽5.4厘米（图一二二六，2）。

45. H132

H132位于Ⅲ区T0314西北部，开口于②层下。平面呈圆形，筒状，直壁，平底，底部经烧烤形成一层硬面。坑口径2.2、深0.70米（图一二二七）。

坑内堆积为深褐色土，土质疏松，包含有少量火烧土块，出土大量陶片，另有骨头。

陶片为主要的出土物，以粗夹砂红褐陶为主，粗泥质橘红陶次之，并有一定比例的细泥质橘红陶、细泥质灰陶、细夹砂橘红陶和少量粗夹砂橘红陶、细夹砂红褐陶、粗泥质灰陶；纹饰以素面居多，附加堆纹和绳纹次之，并有一定比例的交错绳纹和少量弦纹、彩陶（表二八八）。

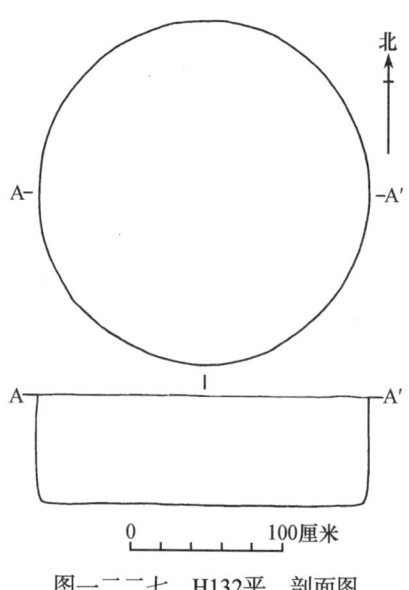

图一二二七　H132平、剖面图

表二八八　H132陶系统计表　　　　　　　　　　　　　　（单位：kg）

陶质 陶色 纹饰	细泥质		粗泥质		细夹砂		粗夹砂		合计	百分比（%）
	橘红	灰	橘红	灰	橘红	红褐	橘红	红褐		
素面	0.114		2.17	0.114	0.80	0.126	0.378	1.99	5.692	42.93
素面+磨光	0.60	0.79	0.114	0.114					1.618	12.20
绳纹			0.16					1.67	1.83	13.80
弦纹			0.114			0.126		0.09	0.33	2.49
交错绳纹								0.37	0.37	2.79
附加堆纹					0.21	0.126		0.70	1.036	7.81
绳纹+附加堆纹								2.30	2.30	17.35
彩陶	0.08								0.08	0.60
合计	0.794	0.79	2.558	0.228	1.01	0.252	0.504	7.12	13.256	100
	13.256									
百分比（%）	5.99	5.96	19.29	1.72	7.62	1.90	3.80	53.70		
	100									

表二八九　H132器形统计表

（单位：件）

陶质	细泥质		细泥质	粗泥质			粗泥质		细夹砂		细夹砂		粗夹砂		粗夹砂					合计	百分比（%）
陶色	橘红		灰	橘红			灰		橘红		红褐		橘红		红褐						
纹饰	素面+磨光	彩陶	素面+磨光	素面+磨光	素面	弦纹	素面+磨光	素面	素面	附加堆纹	素面	附加堆纹	素面	弦纹	素面	绳纹	弦纹	交错绳纹	绳纹+附加堆纹	附加堆纹		
瓶 口						1															1	1.23
瓶 底																						
盆 口			1		1		1	1	1		1	1				1			1		9	11.11
盆 底																						
罐 口					1				2		1				5	3		4	2			
罐 底				1	1		1		2	1	1				6						24	29.63
钵 口	15	2	8		2										4	2	2					
钵 底																					32	39.51
缸					1		1	1		1		1	1	1							5	6.17
瓮			9						3						15	6	2	4	3	2	10	12.35
合计	15	2																			81	100
百分比（%）	18.52	2.47	11.11	1.23	4.94	1.23	1.23	1.23	6.17	2.47	1.23	1.23	3.70	1.23	18.52	7.41	2.47	4.94	3.70	2.47		100

H132共出土遗物88件。以陶器为主，骨器次之。

（1）陶器

87件。器类有瓶、盆、罐、钵、缸、瓮、环、笄（表二八九）。

瓶　1件。标本H132：15，口、颈、肩部残片。粗泥质橘红陶。喇叭形口，平折沿，方唇，唇部有一道浅细凹槽，束颈，溜肩。颈、肩部饰多周弦纹。内、外壁均可见轮修痕迹，内壁可见泥条盘筑痕迹。口径7.2、残高21.2厘米（图一二二八，6；图版二〇四，3）。

盆　9件。均口、腹部残片。标本H132：23，细夹砂橘红陶。侈口，卷沿，圆唇，弧腹。素面。唇部与器表均可见轮修痕迹（图一二二八，4）。

标本H132：12、H132：14形制相同，均粗泥质灰陶，敛口，平折沿，弧腹，素面。标本H132：12，圆唇。唇部与外沿面可见轮修痕迹（图一二二八，3）。标本H132：14，沿面微鼓，圆唇。器表磨光。外沿面可见轮修痕迹（图一二二八，1）。

标本H132：11、H132：30形制相同，均敛口，平折沿，圆唇，斜直腹。标本H132：11，粗夹砂红褐陶。口沿以下饰左上至右下斜向绳纹。外沿面可见轮修痕迹（图一二二八，2）。标本H132：30，粗夹砂红褐陶。口下饰鸡冠状附加堆纹，附加堆纹下侧饰左上至右下斜向绳纹。沿面可见轮修痕迹（图一二二八，5）。

标本H132：13，粗夹砂橘红陶。侈口，折沿，圆唇，斜直腹。素面。唇部可见轮修痕迹，口沿下侧可见刮抹痕迹。复原口径36.6、残高5.1厘米（图一二二八，7）。

罐　24件。均口、腹部残片。标本H132：17、H132：18、H132：19、H132：20、H132：22、H132：24、H132：28、H132：31、H132：32、H132：33形制相同，均粗夹砂红褐陶，侈口，折沿，鼓腹。标本H132：17，尖圆唇，沿面中部有一道折棱。口沿以下饰左上至右下斜向绳纹。外沿面可见轮修痕迹，器表可见烟熏痕迹。复原口径38、残高4厘米（图一二二九，10）。标本

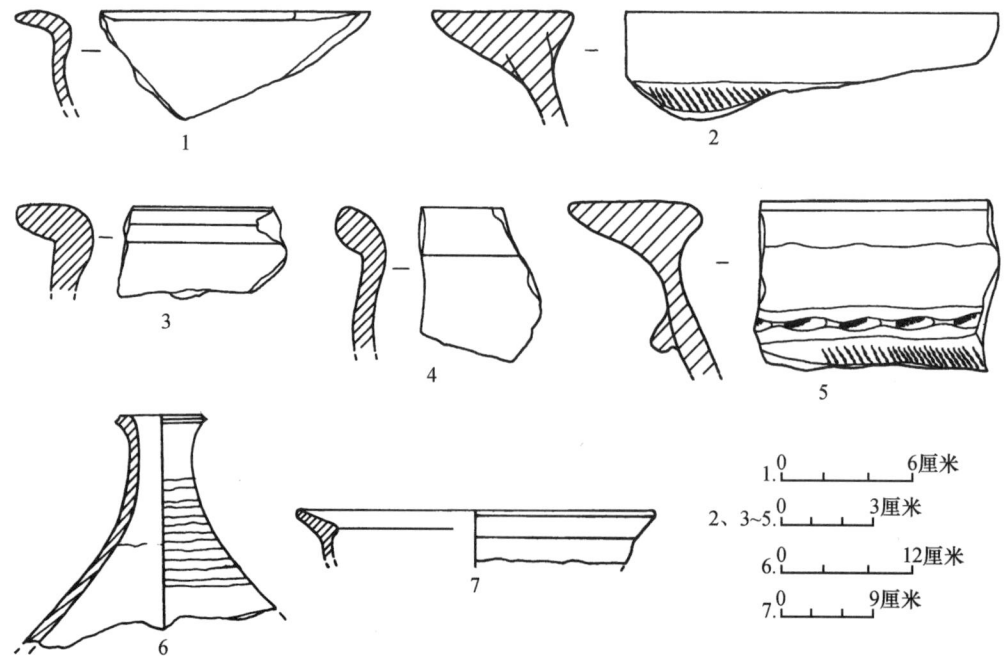

图一二二八　H132出土陶器

1~5、7. 盆（H132：14、H132：11、H132：12、H132：23、H132：30、H132：13）　6. 瓶（H132：15）

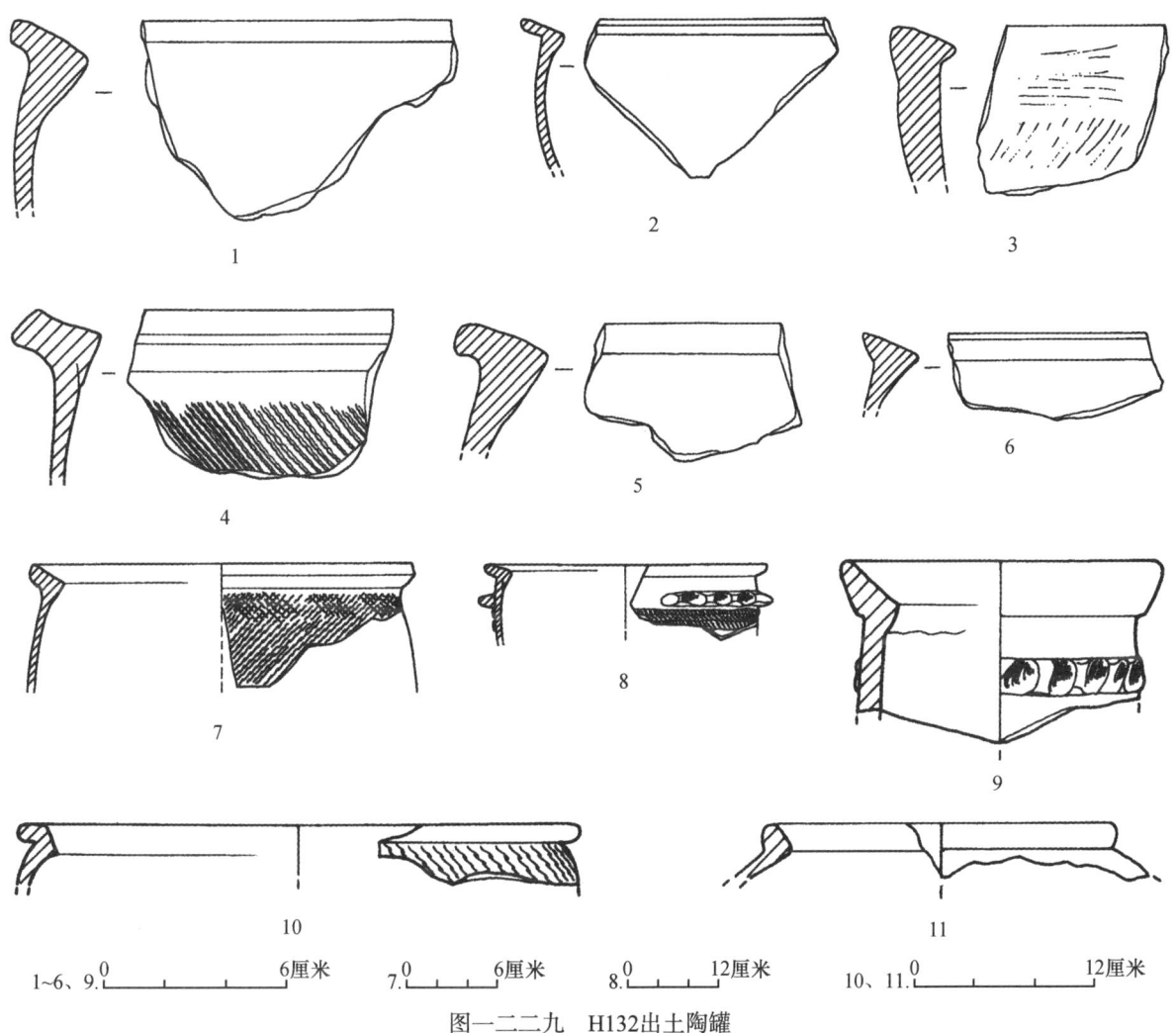

图一二二九　H132出土陶罐

1~11.罐（H132：18、H132：19、H132：22、H132：31、H132：32、H132：28、H132：20、H132：33、H132：24、H132：17、H132：21）

H132：18，方唇。素面。口沿以下可见轮修痕迹与刮抹痕迹（图一二二九，1）。标本H132：19，圆唇，唇部有一道浅细凹槽。素面。口沿下侧可见轮修痕迹（图一二二九，2）。标本H132：20，圆唇。口沿下侧饰交错绳纹，腹部饰右上至左下斜向绳纹。沿面可见轮修痕迹。复原26、残高8厘米（图一二二九，7）。标本H132：22，圆唇。素面。器表可见刮抹痕迹（图一二二九，3）。标本H132：24，圆唇。口沿下侧饰条带状附加堆纹。沿面可见轮修痕迹，器表可见烟熏痕迹。复原口径11、残高6厘米（图一二二九，9）。标本H132：28，尖圆唇。素面。口沿以下可见轮修痕迹（图一二二九，6）。标本H132：31，沿面有一道折棱，圆唇。腹部饰左上至右下斜向绳纹。沿面可见轮修痕迹（图一二二九，4）。标本H132：32，方唇。器表经刮抹较为光滑。素面（图一二二九，5）。标本H132：33，圆唇。口沿下侧饰鸡冠状附加堆纹，其下侧饰多周条带状附加堆纹，附加堆纹上饰左上至右下斜向绳纹。复原口径38、残高10厘米（图一二二九，8）。

标本H132：21，粗夹砂红褐陶。侈口，折沿，圆唇，球形腹。器表经刮抹较为光滑。素面。沿面可见轮修痕迹。复原口径24.4、残高3.6厘米（图一二二九，11）。

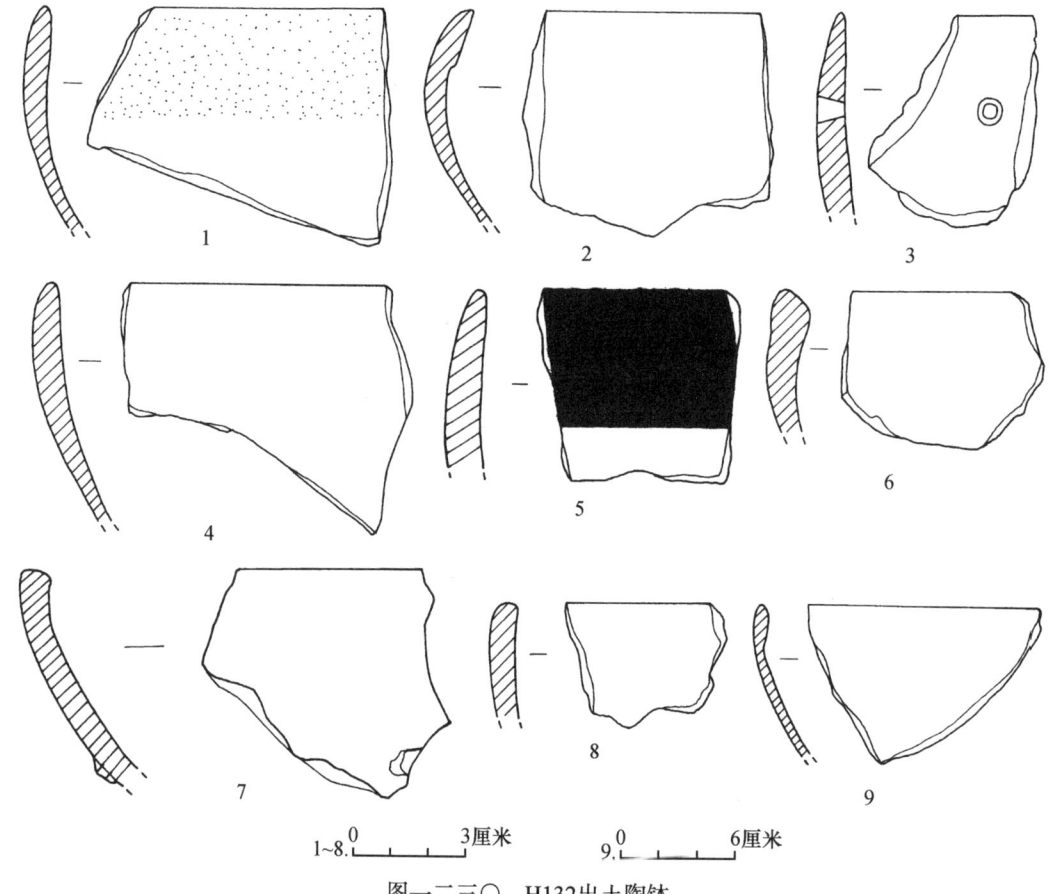

图一二三〇　H132出土陶钵

1~9.（H132：3、H132：5、H132：7、H132：2、H132：10、H132：6、H132：8、H132：9、H132：1）

钵　32件。均口、腹部残片。标本H132：2、H132：3、H132：7、H132：9、H132：10形制相同，均直口微敛，圆唇，浅弧腹。标本H132：2，细泥质灰陶。器表磨光。素面（图一二三〇，4）。标本H132：3，细泥质橘红陶。素面。口下可见深褐色叠烧痕迹，内壁可见轮修痕迹（图一二三〇，1）。标本H132：7，粗泥质橘红陶。素面。口下有一由外向内单面钻成的圆孔。器表磨光。素面（图一二三〇，3）。标本H132：9，粗夹砂橘红陶。素面。口下可见轮修痕迹（图一二三〇，8）。标本H132：10，细泥质橘红陶。器表磨光。口下饰黑色宽带纹彩绘。内壁可见轮修痕迹（图一二三〇，5）。

标本H132：1、H132：5、H132：6、H132：8形制相同，均敛口，斜直腹。标本H132：1，细泥质灰陶。圆唇，口沿内侧有一道较矮棱脊。器表磨光。素面。内壁可见轮修痕迹（图一二三〇，9）。标本H132：5，粗泥质橘红陶。尖圆唇，口沿内侧贴有一层泥条。器表经刮抹较为光滑。素面。内壁可见轮修痕迹（图一二三〇，2）。标本H132：6，粗泥质橘红陶。圆唇，口沿内侧有一道棱脊。器表经刮抹较为光滑。素面。内壁可见轮修痕迹（图一二三〇，6）。标本H132：8，细夹砂橘红陶。方唇，唇部有一道浅细凹槽。腹部饰附加堆纹。口下可见轮修痕迹（图一二三〇，7）。

缸　5件。均口、腹部残片。标本H132：29，细夹砂红褐陶。敛口，平折沿，方唇，腹微鼓。内壁可见轮修痕迹（图一二三一，3）。

标本H132：34，细夹砂红褐陶。侈口，折沿，尖圆唇，腹微鼓。口下饰月牙形附加堆纹。器

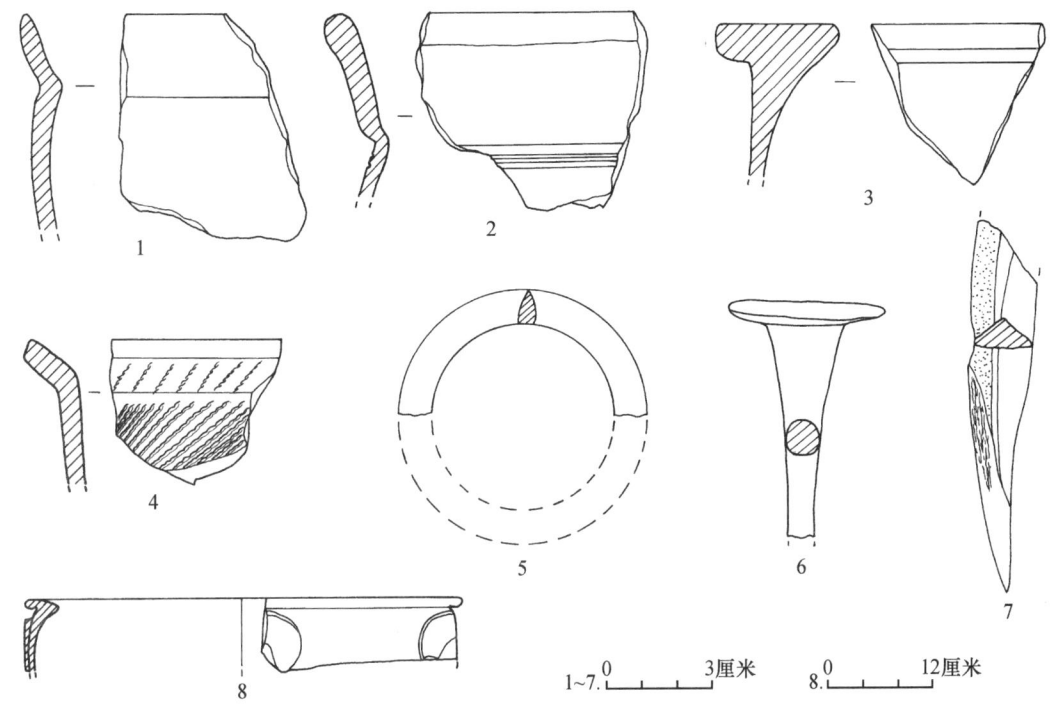

图一二三一　H132出土遗物

1、2、4. 陶瓮（H132：25、H132：16、H132：27）　3、8. 陶缸（H132：29、H132：34）　5. 陶环（H132：35）
6. 陶笄（H132：36）　7. 骨锥（H132：37）

表可见烟熏痕迹。复原口径50.4、残高8.4厘米（图一二三一，8）。

瓮　10件。均口、腹部残片。标本H132：27，粗夹砂红褐陶。侈口，卷沿，方唇，鼓腹。外沿面与口沿以下均饰右上至左下斜向绳纹。沿面可见轮修痕迹（图一二三一，4）。

标本H132：16、H132：25形制相同，均粗夹砂橘红陶，侈口，折沿，圆唇，鼓腹。标本H132：16，口沿以下饰多周弦纹。唇部可见轮修痕迹（图一二三一，2）。标本H132：25，素面。外沿面可见轮修痕迹（图一二三一，1）。

环　5件。均残。形制相同。标本H132：35，细泥质黑陶。圆环状，断面呈椭圆形，内圈稍厚。通体磨光。复原直径7.1、厚1厘米（图一二三一，5）。

笄　1件。标本H132：36，残。细泥质黑陶。"T"字形，器身呈圆柱状，断面呈圆形，笄帽扁平。通体磨光。残长6.6厘米（图一二三一，6；图版一八三，6）。

（2）骨器

1件。锥。标本H132：37，尾端残。系利用梅花鹿右胫骨近段胫骨粗隆磨制而成。横断面呈三角形，尖部锐利。尖部磨光。残长10.4厘米（图一二三一，7；彩版三六，6；图版一八四，1）。

46. H136

H136位于Ⅲ区T0715西南部，开口于②层下。平面大体呈圆形，袋状，斜直壁，平底。坑口径1.6、底径2.1、深1.24米（图一二三二）。

坑内堆积可分为2层：第①层为浅灰色土，土质疏松，厚0.6米，包含有大量火烧土块，出土零星兽骨；第②层为深褐色土，土质较为致密，厚0.64米，出土大量陶片。

陶片为主要的出土物，以粗夹砂红褐陶和粗夹砂橘红陶为主，并有一定数量粗泥质橘红陶和细夹砂灰陶，还有少量细泥质橘红陶、细夹砂橘红陶、细泥质灰陶、粗泥质灰陶、细夹砂红褐陶；纹饰以素面和附加堆纹居多，绳纹次之，并有少量弦纹、线纹、剔刺纹、戳刺纹和彩陶（表二九〇）。

H136共出土遗物28件。全部为陶器。器类有盆、罐、钵、缸、瓮、器盖，另有器底（表二九一）。

盆 8件。标本H136：5，口、腹部残片。细泥质橘红陶。直口，平折沿，圆唇，唇部有一道浅细凹槽，深弧腹。沿面磨光。口沿以下饰多周弦纹。复原口径36、残高9.9厘米（图一二三三，3）。

标本H136：6、H136：7形制相同，均敛口，平折沿，圆唇，斜直腹，素面。标本H136：6，可复原。粗泥质灰陶。平底。沿面磨光，器表可见刮抹痕迹。口径33.6、底径12、通高12.3厘米（图一二三三，4；图版一八四，2）。标本H136：7，口、腹部残片。粗泥质橘红陶。器表刮抹光滑。外沿面可见轮修痕迹（图一二三三，1）。

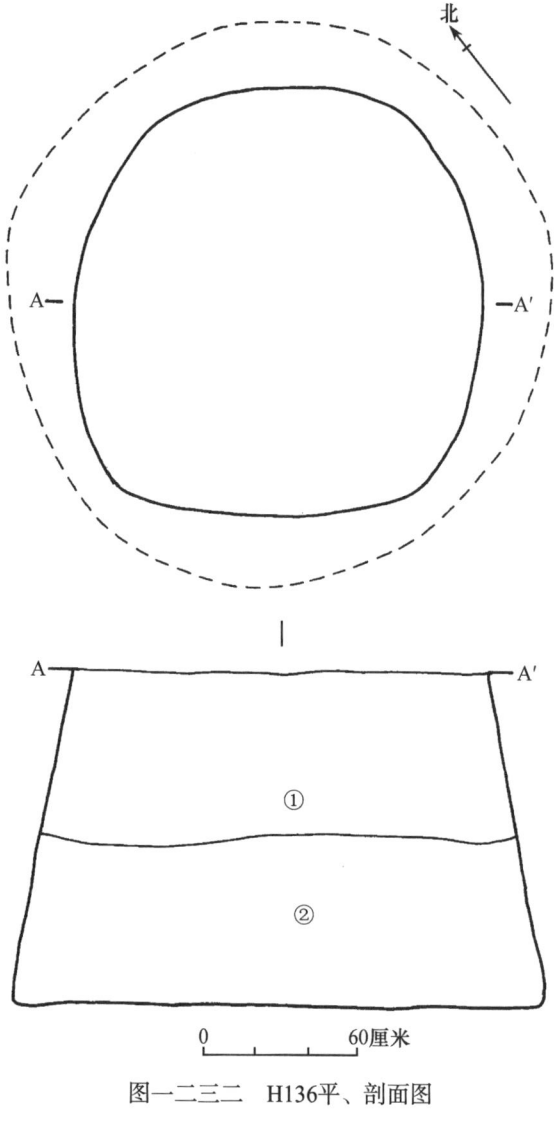

图一二三二 H136平、剖面图

罐 5件。均口、腹部残片。标本H136：16，细泥质橘红陶。侈口，折沿，圆唇，圆鼓腹。口沿以下饰多周整齐的剔刺纹。内壁可见轮修痕迹。复原口径18、残高4厘米（图一二三三，8）。

标本H136：9、H136：10、H136：13形制相同，均粗夹砂红褐陶，侈口，折沿，鼓腹。标本H136：9，圆唇。口沿以下饰竖向绳纹，上腹部饰鸡冠状附加堆纹。沿面可见轮修痕迹，器表可见烟熏痕迹。复原口径25.5、残高8.1厘米（图一二三三，11）。标本H136：10，圆唇。口沿下侧饰鸡冠状附加堆纹，附加堆纹以下饰左上至右下斜向绳纹。沿面可见轮修痕迹（图一二三三，5）。标本H136：13，方唇。口沿以下饰左上至右下斜向绳纹。内壁可见轮修痕迹（图一二三三，6）。

钵 10件。均口、腹部残片。标本H136：3，细泥质橘红陶。直口微敛，圆唇，浅弧腹。器表磨光。素面。内壁可见轮修痕迹（图一二三三，9）。

标本H136：1、H136：2、H136：4形制相同，均敛口，斜直腹，素面。标本H136：1，细泥质橘红陶。尖圆唇，口沿内侧贴有一周泥片。口下可见浅褐色叠烧痕迹与轮修痕迹，腹部可见刮抹痕迹（图一二三三，10）。标本H136：2，细泥质橘红陶。厚圆唇。器表磨光。内壁可见轮修痕迹（图一二三三，2）。标本H136：4，细泥质灰陶。圆唇。器表磨光。口下可见轮修痕迹，腹部可见刮抹痕迹（图一二三三，7）。

缸 3件。标本H136:15，口、腹部残片。细泥质橘红陶。敛口，圆唇，唇外叠，腹微鼓。器表磨光。素面。内壁可见轮修痕迹（图一二三四，2）。

表二九〇　H136陶系统计表　　　　　　　　　　　　　　　（单位：kg）

陶质\纹饰\陶色	细泥质		粗泥质		细夹砂			粗夹砂		合计	百分比（%）
	橘红	灰	橘红	灰	橘红	红褐	灰	橘红	红褐		
素面	0.114		0.19	0.114	0.08	0.126	2.09	6.15	0.125	8.989	36.93
素面+磨光	0.35	0.114								0.464	1.91
绳纹			0.18					0.47	1.625	2.275	9.34
弦纹	0.22		0.36							0.58	2.38
绳纹+附加堆纹								2.11	8.43	10.54	43.30
交错绳纹+附加堆纹									0.126	0.126	0.52
线纹			1.21							1.21	4.97
戳刺纹			0.07							0.07	0.29
剔刺纹	0.08									0.08	0.34
彩陶	0.01									0.01	0.04
合计	0.774	0.114	2.01	0.114	0.08	0.126	2.09	8.73	10.306	24.34	100
	24.34										
百分比（%）	3.18	0.47	8.26	0.47	0.33	0.52	8.59	35.87	42.34		
	100										

表二九一　H136器形统计表　　　　　　　　　　　　　　　（单位：件）

陶质	细泥质				粗泥质			细夹砂		粗夹砂					合计	百分比（%）
陶色	橘红				灰			橘红	灰	红褐	灰	橘红		红褐			
纹饰\器形	素面+磨光	素面	弦纹	剔刺纹	素面	素面	弦纹	素面	素面	素面	素面	素面	绳纹	绳纹+附加堆纹	绳纹+附加堆纹		
盆	1		1			2	1	1		2						8	28.57
罐				1								1	1	2		5	17.86
钵 口	6	1			1											10	35.71
钵 底	2																
																28	100
缸	1												1	1		3	10.71
瓮												1				1	3.57
器盖								1								1	3.57
合计	10	1	1	1	1	2	1	1	1	2	1	1	2	2	1		
	28																
百分比（%）	35.70	3.57	3.57	3.57	3.57	7.14	3.57	3.57	3.57	7.14	3.57	3.57	7.14	7.14	3.57		
	100																

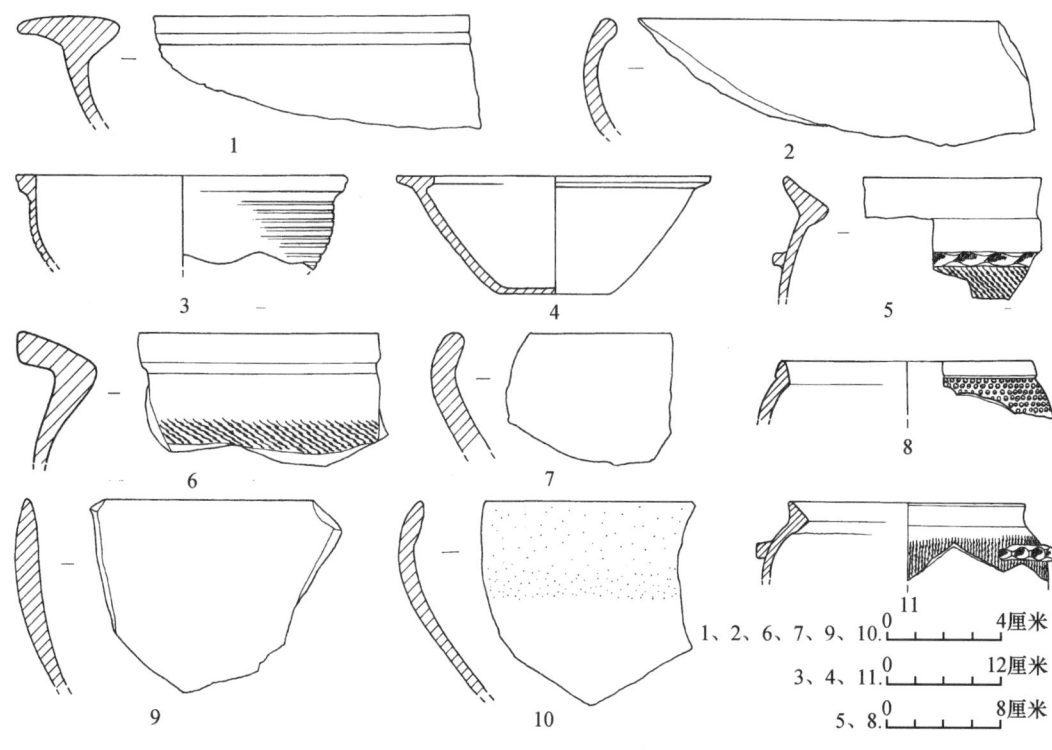

图一二三三　H136出土陶器

1、3、4.盆（H136：7、H136：5、H136：6）　2、7、9、10.钵（H136：2、H136：4、H136：3、H136：1）
5、6、8、11.罐（H136：10、H136：13、H136：16、H136：9）

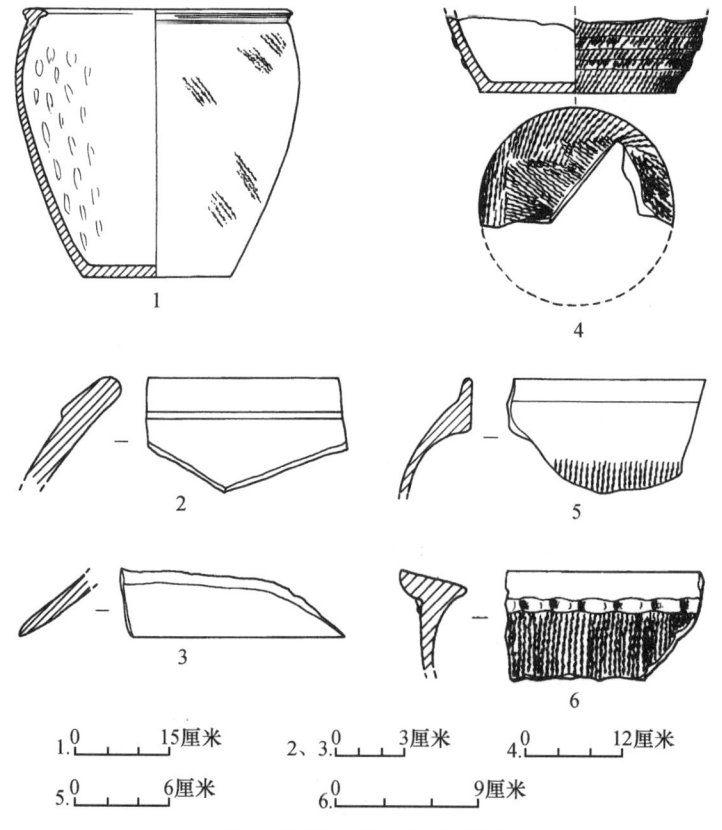

图一二三四　H136出土陶器

1、2、6.缸（H136：8、H136：15、H136：12）　3.器盖（H136：17）　4.器底（H136：14）　5.瓮（H136：11）

标本H136∶8、H136∶12形制相同，均粗夹砂红褐陶，侈口，折沿，沿面近平，圆唇，腹微鼓。标本H136∶8，可复原。器表饰左上至右下斜向绳纹。内壁可见圆形垫窝痕迹，器表可见刮抹痕迹，沿面可见轮修痕迹。口径43.2、腹径45、底径24、通高41厘米（图一二三四，1）。标本H136∶12，口、腹部残片。口沿下侧饰一周条带状附加堆纹，附加堆纹以下饰竖向绳纹。沿面可见轮修痕迹，内壁可见刮抹痕迹（图一二三四，6）。

瓮　1件。口、腹部残片。标本H136∶11，粗夹砂红褐陶。直口，圆唇，圆鼓腹。腹部饰竖向绳纹。器表可见烟熏痕迹（图一二三四，5）。

器盖　1件。标本H136∶17，口、壁残片。细夹砂红褐陶。喇叭口状，敞口，圆唇，斜直壁。素面。器表可见刮抹痕迹（图一二三四，3）。

器底　标本H136∶14，下腹、底部残片。粗夹砂红褐陶。下腹斜直，平底。下腹部饰多周条带状附加堆纹，并饰右上至左下斜向绳纹，底部内、外壁均饰交错绳纹。可能为缸或瓮的底。复原底径24.4、残高9.2厘米（图一二三四，4）。

47. H137

H137位于Ⅲ区T0312北部与T0313南部，开口于②层下。平面呈圆形，袋状，斜直壁，平底。坑口径1.6、底径2.34、深1.45米（图一二三五）。

坑内堆积可分为2层：第①层为灰褐色土，土质较为疏松，厚0.6～0.66米；第②层为深灰色土，土质疏松，包含大量火烧土块，厚0.79～0.85米，出土大量陶片。

陶片为主要的出土物，以粗夹砂红褐陶为主，细泥质灰陶次之，并有一定比例的粗泥质橘红陶、细夹砂灰陶和细泥质橘红陶，还有少量粗泥质灰陶、细夹砂红褐陶；纹饰以素面居多，绳纹及附加堆纹次之，并有少量彩陶（表二九二）。

H137共出土遗物57件。以陶器为主，石器次之，玉器再次。

（1）陶器

54件。器类有瓶、盆、罐、钵、缸、甑、杯、纺轮、环（表二九三）。

瓶　1件。标本H137∶15，口沿残片。细泥质灰陶。喇叭形口，平折沿，沿面较宽，圆唇。器表磨光。素面。沿面与唇部可见轮修痕迹（图一二三六，1）。

盆　4件。标本H137∶14，口沿残片。细泥质灰陶。敛口，平折沿，沿面较宽，圆唇。器表磨

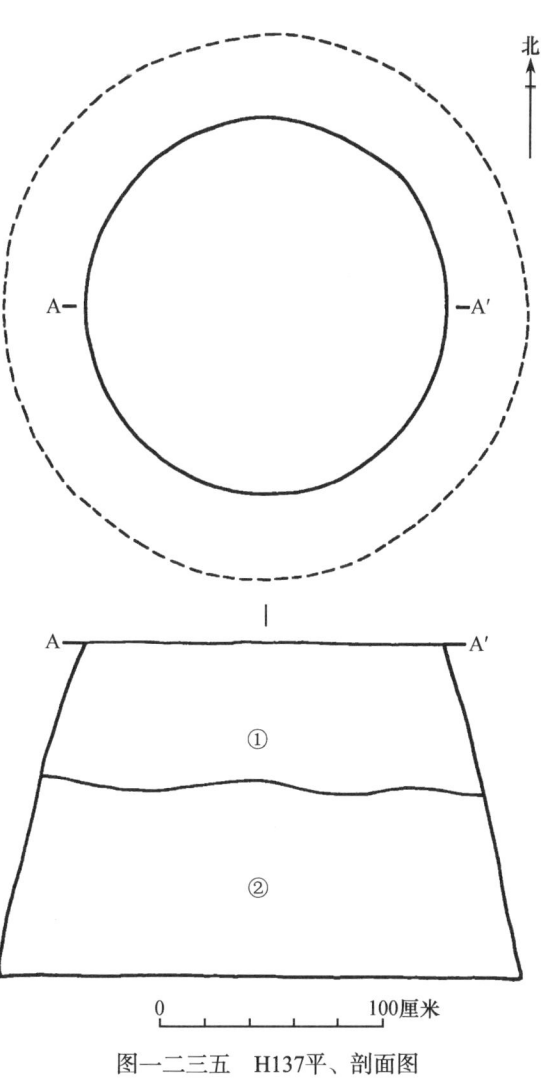

图一二三五　H137平、剖面图

表二九二　H137陶系统计表　　　　　　　　　　　　　　　　（单位：kg）

陶质 纹饰 陶色	细泥质		粗泥质		细夹砂		粗夹砂	合计	百分比（%）	
	橘红	灰	橘红	灰	灰	红褐	红褐			
素面	0.12		0.26			0.11	1.37	1.85	31.58	
素面+磨光	0.26	1.54	0.12	0.12				2.03	34.55	
绳纹							0.84	0.84	14.31	
附加堆纹		0.10		0.07	0.42		0.06	0.65	11.07	5.87	100
绳纹+附加堆纹							0.44	0.44	7.50	
彩陶	0.06							0.06	1.02	
合计	0.44	1.64	0.374	0.18	0.42	0.11	2.71			
	5.87									
百分比（%）	7.39	27.94	6.37	3.13	7.16	1.87	46.17			
	100									

表二九三　H137器形统计表　　　　　　　　　　　　　　　　（单位：件）

陶质	细泥质					粗泥质			细夹砂		粗夹砂				合计	百分比（%）
陶色	橘红			灰		橘红		灰	灰	红褐	红褐					
纹饰 器形	素面+磨光	素面	彩陶	素面+磨光	附加堆纹	素面+磨光	素面	素面+磨光	附加堆纹	素面	素面	绳纹	附加堆纹	绳纹+附加堆纹		
瓶				1											1	2.00
盆				1	1		1				1				4	8.00
罐　口											4				5	38.00
底											6	2	2		19	
钵	6	1	1	7		1	5	1							22	42.00
缸									1		1				2	4.00
杯									1						1	2.00
甑					1										1	2.00
合计	6	1	1	9	2	1	6	1	1		11	5	3	2	50	
	50															
百分比（%）	12.00	2.00	2.00	18.00	4.00	2.00	12.00	2.00	2.00	2.00	22.00	10.00	6.00	4.00		
	100															

光。素面。沿面与唇部可见轮修痕迹，沿下可见刮抹痕迹（图一二三六，2）。

标本H137：13，口、腹部残片。粗夹砂红褐陶。侈口，窄沿，尖唇，斜腹。素面。内外壁均可见刮抹痕迹（图一二三六，3）。

罐　19件。均口、腹部残片。标本H137：16、H137：17、H137：18、H137：19、H137：20、H137：21、H137：22形制相同，均粗夹砂红褐陶，侈口，折沿，鼓腹。标本H137：17，圆唇。口

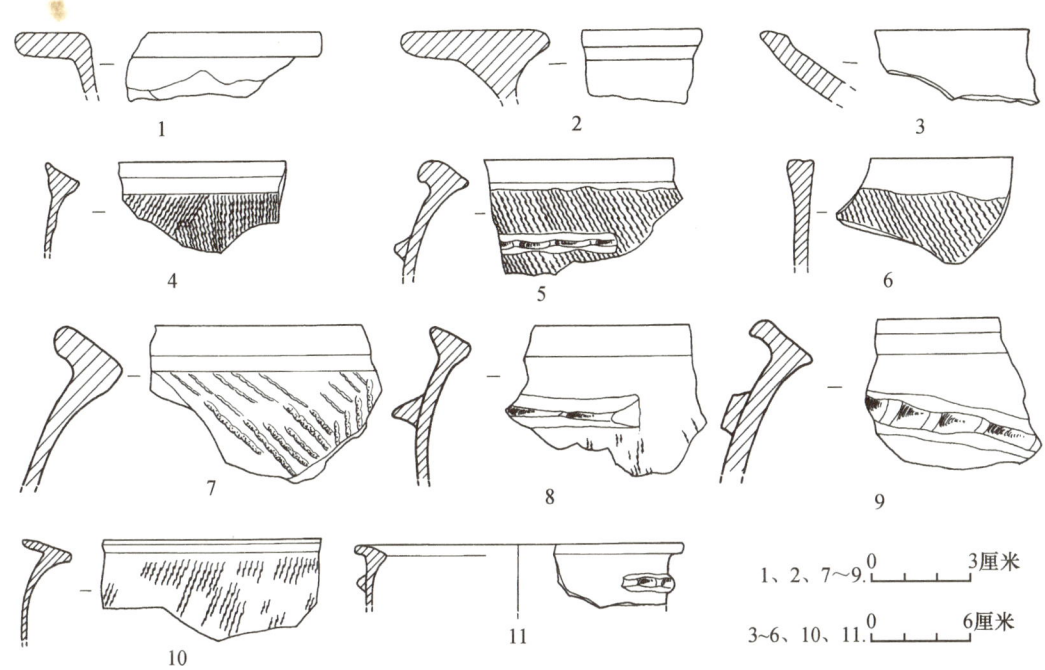

图一二三六 H137出土陶器

1. 瓶（H137∶15） 2、3. 盆（H137∶14、H137∶13） 4~11. 罐（H137∶17、H137∶18、H137∶24、H137∶22、H137∶21、H137∶20、H137∶16、H137∶19）

沿以下饰右上至左下斜向绳纹，局部饰竖向绳纹（图一二三六，4）。标本H137∶22，圆唇。口沿以下饰左上至右下斜向绳纹（图一二三六，7）。标本H137∶16，圆唇。口沿以下饰右上至左下斜向绳纹。沿面可见轮修痕迹，内壁可见泥条盘筑痕迹（图一二三六，10）。标本H137∶18，圆唇。口沿以下饰左上至右下斜向绳纹，上腹部饰鸡冠状附加堆纹。沿面可见轮修痕迹，器表可见烟熏痕迹（图一二三六，5）。标本H137∶19，圆唇。口下饰鸡冠状附加堆纹。复原口径20、残高3.8厘米（图一二三六，11）。标本H137∶20，圆唇。口下饰鸡冠状附加堆纹，器表可见烟熏痕迹（图一二三六，9）。标本H137∶21，尖圆唇。口下饰鸡冠状附加堆纹，腹部饰左上至右下稀疏的斜向绳纹。沿面与口沿下部均可见轮修痕迹，器表可见烟熏痕迹（图一二三六，8）。

标本H137∶24，粗夹砂红褐陶。直口，方唇，唇上有一道浅凹槽，直腹。口沿以下饰左上至右下斜向绳纹（图一二三六，6）。

钵 22件。均口、腹部残片。标本H137∶1、H137∶2、H137∶5、H137∶8、H137∶11形制相同，均直口微敛，浅弧腹。标本H137∶1，细泥质橘红陶。尖圆唇。器表磨光。素面（图一二三七，6）。标本H137∶2，细泥质橘红陶。圆唇，口下有一个两面对钻而成的圆孔。器表磨光。素面。口下可见浅褐色叠烧痕迹（图一二三七，4）。标本H137∶5，粗泥质橘红陶。方唇。器表磨光。素面。器表可见刮抹痕迹（图一二三七，9）。标本H137∶8，细泥质橘红陶。圆唇。器表磨光。素面。口下可见轮修痕迹与烟熏痕迹（图一二三七，2）。标本H137∶11，细泥质橘红陶。圆唇。器表磨光。唇部与口下饰黑色宽带纹黑彩（图一二三七，12）。

标本H137∶3、H137∶4、H137∶6、H137∶7、H137∶9、H137∶10形制相同，均敛口，斜直腹，素面。标本H137∶3，粗泥质橘红陶。圆唇。器表经刮抹较为光滑。器表可见刮抹痕迹，内壁可见轮修痕迹（图一二三七，3）。标本H137∶4，细泥质橘红陶。圆唇。器表经刮抹较为光

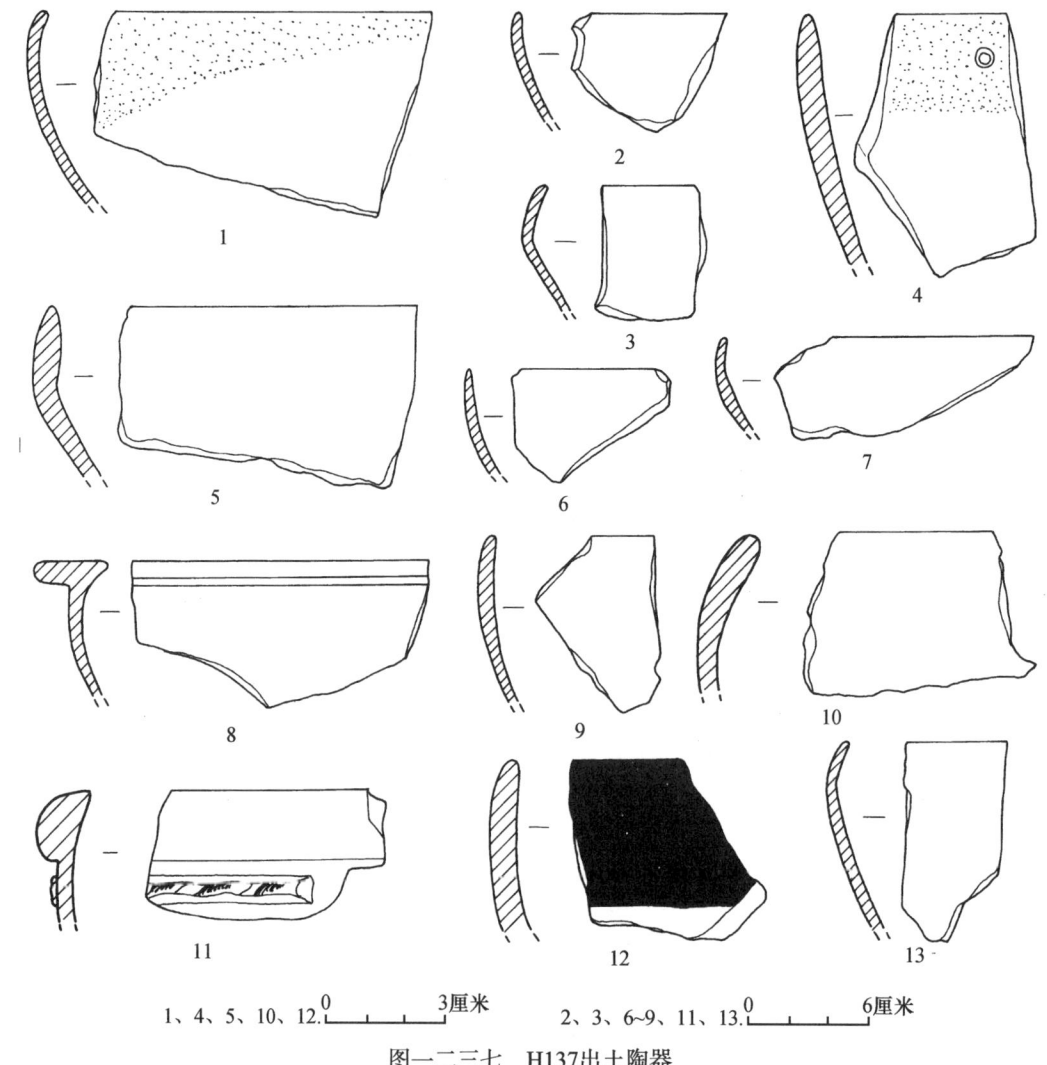

图一二三七 H137出土陶器

1~7、9、10、12、13. 钵（H137：4、H137：8、H137：3、H137：2、H137：9、H137：1、H137：6、H137：5、H137：10、H137：11、H137：7） 8、11. 缸（H137：12、H137：26）

滑。口下可见浅灰色叠烧痕迹，器表可见刮抹痕迹，内壁可见轮修痕迹（图一二三七，1）。标本H137：6，细泥质灰陶。器表磨光。圆唇。口部可见轮修痕迹（图一二三七，7）。标本H137：7，细泥质灰陶。尖圆唇。器表磨光。口部可见轮修痕迹，器表可见烟熏痕迹（图一二三七，13）。标本H137：9，粗泥质灰陶。器表磨光。圆唇。口部可见轮修痕迹，器表可见烟熏痕迹（图一二三七，5）。标本H137：10，细泥质灰陶。圆唇。器表磨光。素面。口部可见轮修痕迹（图一二三七，10）。

缸 2件。均口、腹部残片。标本H137：12，细夹砂红褐陶。敛口，平折沿，圆唇，腹微鼓。素面。沿面可见轮修痕迹（图一二三七，8）。

标本H137：26，粗夹砂红褐陶。敛口，厚圆唇，直腹。唇部磨光。口下饰条带状附加堆纹。内壁可见轮修痕迹（图一二三七，11）。

甑 1件。标本H137：27，下腹部残。细泥质灰陶。敛口，尖唇，斜腹，中腹部微内收，平底，底部周缘有一圈椭圆形穿孔，中心为圆形穿孔。口下饰鸡冠状附加堆纹。腹部可见刮抹痕迹，

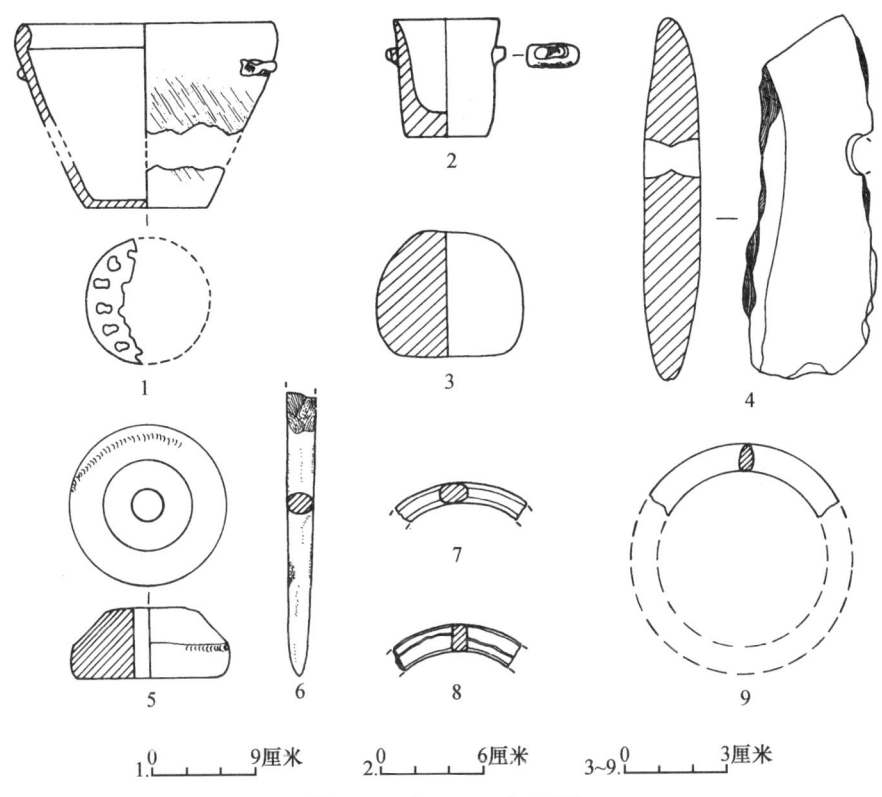

图一二三八　H137出土遗物

1. 陶甑（H137∶27）　2. 陶杯（H137∶25）　3. 研磨器（H137∶30）　4. 残石器（H137∶29）　5. 陶纺轮（H137∶31）
6. 玉笄（H137∶32）　7～9. 陶环（H137∶35、H137∶34、H137∶33）

内壁可见轮修痕迹，器表可见烟熏痕迹。口径22.2、底径10.8、复原高度15.9厘米（图一二三八，1）。

杯　1件。标本H137∶25，可复原。细夹砂灰陶。敞口，尖圆唇，直腹，平底。口下饰一对鸡冠状附加堆纹。口径6.1、底径4.8、通高6.8厘米（图一二三八，2；图版一八四，3）。

纺轮　1件。标本H137∶31，细泥质橘红陶。截尖锥形，断面呈梯形，中间有一圆孔。器表饰指甲纹。顶径2.2、底径4.7、孔径0.9、高2厘米（图一二三八，5；图版一八四，5）。

环　3件。均残断。形制相同，均细泥质黑陶，圆环状，通体磨光。标本H137∶33，断面呈近椭圆形，内圈稍厚。复原直径6.6、厚0.8厘米（图一二三八，9）。标本H137∶34，断面呈椭圆形。厚0.8厘米（图一二三八，8）。标本H137∶35，断面呈半圆形。厚0.6厘米（图一二三八，7）。

（2）玉器

1件。笄。标本H137∶32，一端残。墨绿色，半透明，间杂片状白斑。横断面呈椭圆形，尖部较锐利。通体磨光。残长8.2厘米（图一二三八，6；彩版二九，5；图版一八四，6）。

（3）石器

2件。器类有研磨器、残石器。

研磨器　1件。标本H137∶30，凝灰岩。近球形，上下为两个平面，上小下大。通体磨光。直径4.4、高3.6厘米（图一二三八，3；图版一八四，4）。

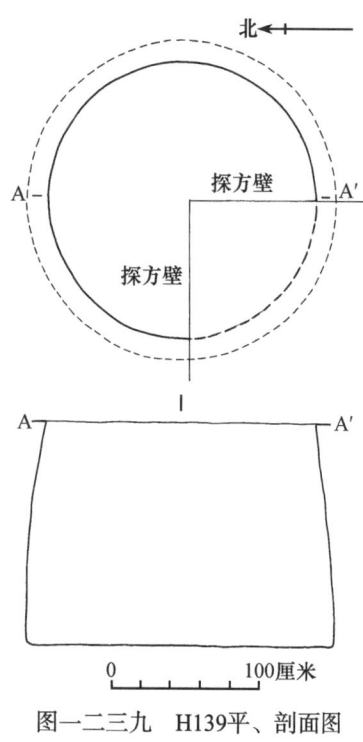

图一二三九　H139平、剖面图

残石器　1件。标本H137:29，角岩。平面呈近长方形，断面呈椭圆形。一侧打制修理成一直刃，另一侧有一两面对钻而成的圆孔。两面磨光。残长10.5、残宽3.4厘米（图一二三八，4）。

48. H139

H139位于Ⅲ区T0910东北角、T0911东南角、T1011西南角，一部分延伸至探方外，未发掘，开口于②层下。平面呈圆形，袋状，斜直壁，平底。坑口径1.8、底径2.1、深1.45米（图一二三九）。

坑内堆积为浅灰色土，较为疏松，出土少量陶片。

陶片为主要的出土物，以粗夹砂红褐陶为主，粗夹砂橘红陶次之，并有一定比例的细泥质橘红陶和粗泥质橘红陶，还有少量细泥质灰陶、细泥质黑陶和细夹砂橘红陶；纹饰以素面居多，绳纹次之，附加堆纹再次，并有少量弦纹（表二九四）。

H139共出土遗物17件。全部为陶器。器类有罐、瓮（表二九五）。

表二九四　H139陶系统计表　　（单位：kg）

陶质 陶色 纹饰	细泥质			粗泥质	细夹砂	粗夹砂		合计	百分比（%）	
	橘红	灰	黑	橘红	橘红	橘红	红褐			
素面				0.17	0.15	0.60	0.47	1.39	34.84	
素面+磨光	0.33	0.08	0.02					0.43	10.78	
绳纹				0.09		0.20	0.91	1.20	30.08	100
弦纹						0.02	0.02		0.50	
附加堆纹							0.82	0.82	20.55	
绳纹+附加堆纹						0.126	0.13		3.16	
合计	0.33	0.08	0.02	0.26	0.15	0.80	2.35	3.99		
	3.99									
百分比（%）	8.27	2.01	0.50	6.52	3.76	20.05	58.80			
	100									

罐　16件。均口、腹部残片。标本H139:3、H139:4形制相同，均粗夹砂红褐陶，侈口，折沿，圆唇，腹微鼓。标本H139:3，素面。内壁可见轮修痕迹（图一二四〇，3）。标本H139:4，腹部饰竖向绳纹。沿面可见轮修痕迹（图一二四〇，2）。

标本H139:2，腹部残片。粗夹砂红褐陶。上腹部饰鸡冠状附加堆纹，其下侧饰多周条带状附加堆纹，条带状附加堆纹表面饰右上至左下斜向绳纹（图一二四〇，1）。

表二九五　H139器形统计表　　　　　　　　　　　　　　　　（单位：件）

陶质		粗夹砂					合计		百分比（%）	
陶色		橘红		红褐						
纹饰\器形		素面	绳纹	素面	绳纹	弦纹	绳纹+附加堆纹				
罐	口	1	1			1		16	17	94.11	100
	底	2		6	3		2				
瓮					1			1		5.88	
合计		3	1	6	4	1	2	17			
百分比（%）		17.65	5.88	35.29	23.53	5.88	11.76	100			

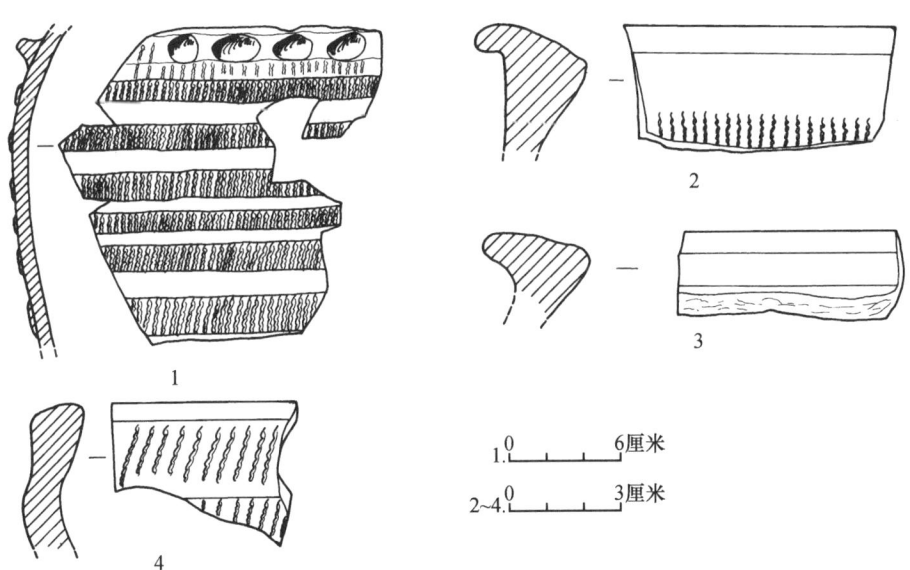

图一二四〇　H139出土陶器
1~3.罐（H139：2、H139：4、H139：3）　4.瓮（H139：5）

瓮　1件。标本H139：5，口、腹部残片。粗夹砂红褐陶。敛口，方唇，鼓肩，并起一道不显著棱脊。口沿以下饰右上至左下斜向绳纹，绳纹斜度较小（图一二四〇，4）。

49. H140

H140位于Ⅲ区T0810西南部，开口于②层下。平面呈圆形，袋状，斜直壁，平底。坑口径1.56、底径2.16、深1.28米（图一二四一）。

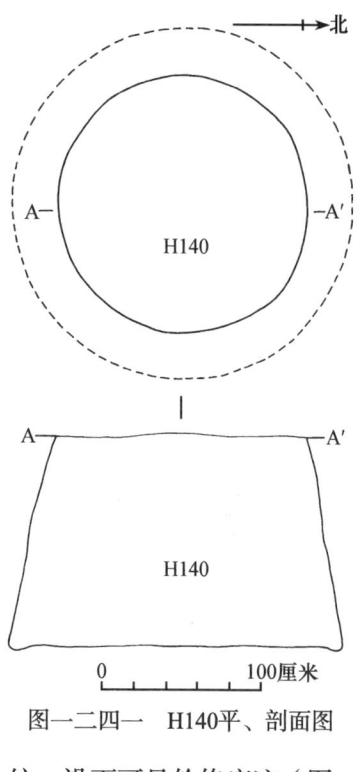

图一二四一　H140平、剖面图

坑内堆积为浅灰色土，土质疏松，出土少量陶片。

陶片为主要的出土物，以粗夹砂红褐陶为主，粗泥质橘红陶次之，细泥质橘红陶再次，并有一定比例的细泥质黑陶、细泥质灰陶和少量细夹砂橘红陶；纹饰以素面、绳纹居多，并有一定比例的弦纹、指窝纹、彩陶（表二九六）。

H140共出土遗物19件。以陶器为主，石、骨器次之。

（1）陶器

17件。器类有罐、钵，另有器底（表二九七）。

罐　9件。均口、腹部残片。标本H140：10，粗夹砂红褐陶。侈口，折沿，内沿面与腹部交接处有一道凸棱，方唇，鼓腹。腹部饰横向绳纹。外沿面可见轮修痕迹（图一二四二，3）。

标本H140：8、H140：9、H140：11形制相同，均粗夹砂红褐陶，侈口，折沿，鼓腹。标本H140：8，厚圆唇。素面。唇部可见轮修痕迹（图一二四二，2）。标本H140：9，厚圆唇。口沿以下饰左上至右下斜向绳纹。内壁可见轮修痕迹（图一二四二，1）。标本H140：11，圆唇。口沿下侧饰一周指窝纹，指窝纹下侧饰交错绳纹。沿面可见轮修痕迹（图一二四二，6）。

表二九六　H140陶系统计表　　　　　　　　　　　　（单位：kg）

陶质 陶色 纹饰	细泥质			粗泥质	细夹砂	粗夹砂	合计	百分比（%）	
	橘红	灰	黑	橘红	橘红	红褐			
素面	0.16	0.11		0.48		0.50	1.25	29.03	
素面+磨光	0.29	0.19	0.37			0.85		19.68	
绳纹				0.43	0.08	1.14	1.65	38.19	
弦纹				0.30		0.30	4.32	6.94	100
彩陶	0.11						0.11	2.64	
指窝纹+交错绳纹						0.15	0.15	3.47	
合计	0.56	0.30	0.37	1.21	0.08	1.79			
	4.32								
百分比（%）	13.06	7.04	8.56	28.01	1.85	41.44			
	100								

钵　8件。均口、腹部残片。标本H140：1、H140：3、H140：4、H140：5、H140：6、H140：7形制相同，均直口微敛，浅弧腹。标本H140：1，粗泥质橘红陶。素面。内、外壁均可见轮修痕迹（图一二四二，9）。标本H140：3，细泥质橘红陶。器表磨光。素面。口下可见轮修痕迹（图一二四二，8）。标本H140：4，细泥质橘红陶。圆唇。器表磨光。口下饰黑色宽带纹彩绘（图

表二九七　H140器形统计表　　　　　　　　　　　　　　　　　　　　　　　　　（单位：件）

陶质	细泥质					粗泥质		细夹砂	粗夹砂			合计		百分比（%）
陶色	橘红			灰	黑	橘红		橘红	红褐					
纹饰＼器形	素面+磨光	素面	彩陶	素面	素面+磨光	素面	弦纹	绳纹	素面	绳纹	指窝纹+交错绳纹			
罐　口						1	1	1	1	3	1	9	17	52.94　100
罐　底									2					
钵	3	1	1	1	1	1						8		47.06
合计	3	1	1	1	1	1	1	1	3	3	1		17	
百分比（%）	17.65	5.88	5.88	5.88	5.88	5.88	5.88	5.88	17.65	17.65	5.88			100

一二四二，5）。标本H140：5，细泥质橘红陶。圆唇。器表磨光。素面。唇部可见轮修痕迹（图一二四二，7）。标本H140：6，细泥质橘红陶。方唇。器表磨光。素面。器表可见烟熏痕迹（图一二四二，12）。标本H140：7，细泥质灰陶。圆唇。素面。器表可见烟熏痕迹（图一二四二，10）。

标本H140：2，细泥质橘红陶。敛口，尖圆唇，斜直腹，口沿内侧贴有一周泥片。器表经刮抹较为光滑。素面。内、外壁均可见刮抹痕迹（图一二四二，4）。

器底　标本H140：14，下腹、底部残片。细泥质橘红陶。下腹斜直，平底。器表磨光。素面。可能为壶底。底径6.4、残高5.6厘米（图一二四二，11）。

（2）石器

1件。研磨器。标本H140：15，完整。石英岩。四棱锥状，各个面均较光滑。器表附着有红色、黑色及黄色颜料痕迹。长6厘米（图一二四二，13）。

（3）骨器

1件。笄。标本H140：16，一端残。系利用动物长骨磨制而成。横断面呈圆形，尖部锐利。通体磨光。残长6厘米（图一二四二，14；图版一八五，1）。

50. H142

H142位于Ⅲ区T0810西部，开口于②层下，南部被H140打破。平面呈方形，袋状，弧壁，底部南高北低，不甚平整。坑口边长1.52、底边长1.86、深0.62~0.8米（图一二四三）。

坑内堆积为浅褐色土，土质较为疏松，出土少量陶片。

陶片以细泥质橘红陶为主，细泥质黑陶与粗夹砂红褐陶次之，还有少量粗泥质橘红陶与细夹砂红褐陶；纹饰以素面为主，绳纹次之。

H142共出土遗物16件。全部为陶器。器类有盆、罐、钵、瓮、缸（表二九八）。

盆　1件。标本H142：9，细泥质黑陶。侈口，折沿，圆唇，弧腹。器表磨光。素面。外沿面

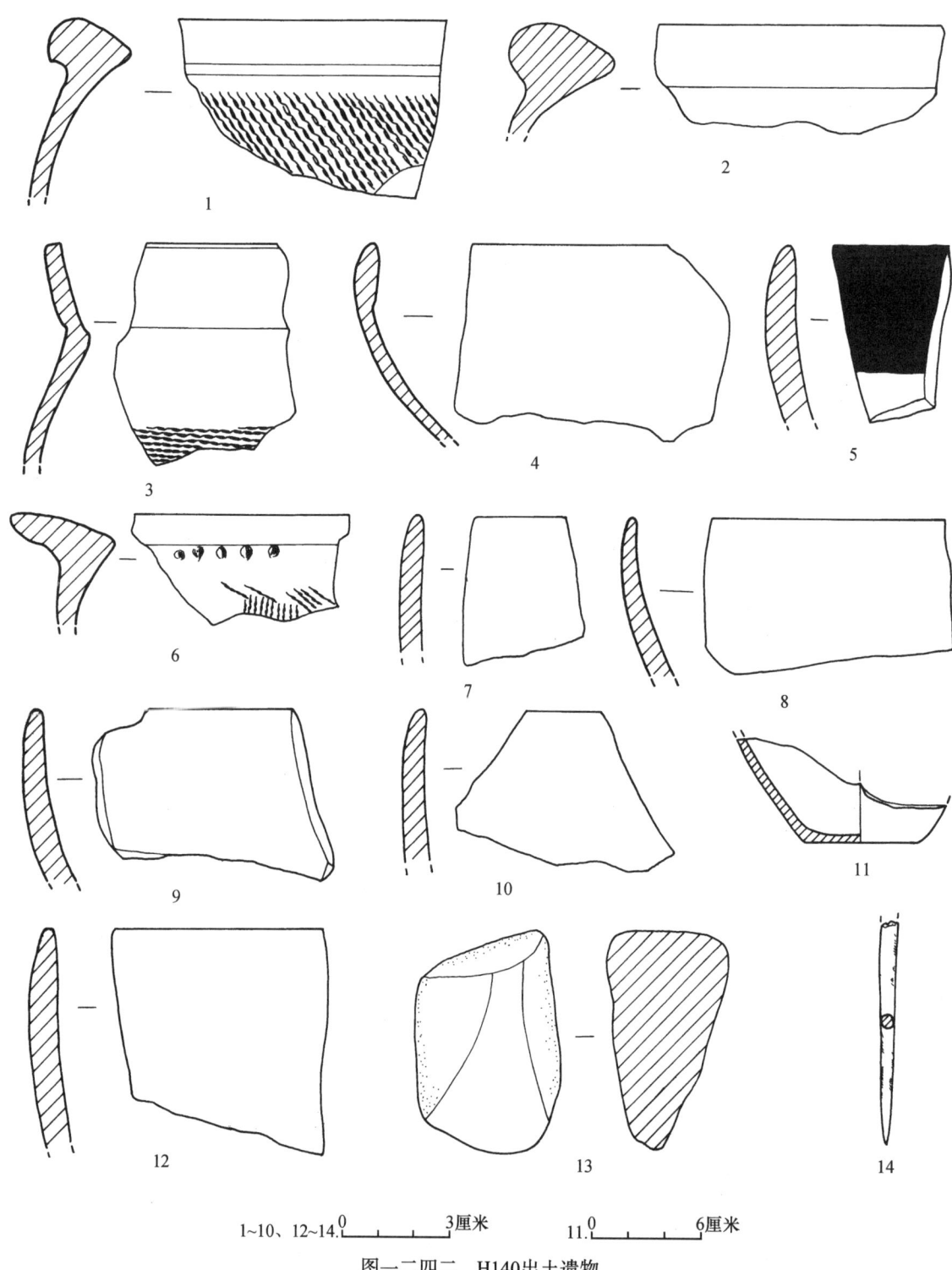

图一二四二 H140出土遗物

1~3、6.陶罐（H140:9、H140:8、H140:10、H140:11） 4、5、7~10、12.陶钵（H140:2、H140:4、H140:5、H140:3、H140:1、H140:7、H140:6） 11.器底（H140:14） 13.研磨器（H140:15） 14.骨笄（H140:16）

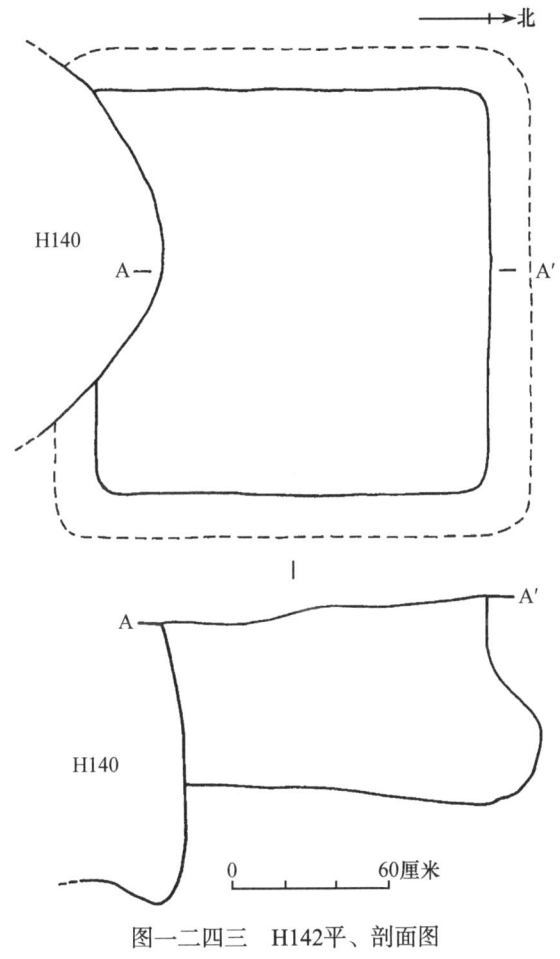

图一二四三　H142平、剖面图

表二九八　H142器形统计表

（单位：件）

陶质	细泥质			粗泥质	细夹砂	粗夹砂			合计	百分比（%）	
陶色	橘红		黑	橘红	红褐	红褐					
纹饰＼器形	素面＋磨光	素面	素面＋磨光	素面	绳纹	素面	绳纹	绳纹＋附加堆纹			
盆			1						1	6.25	
罐	1						2	1	4	25.00	
钵	3	2	2	1					8	50.00	100
缸					1				1	6.25	
瓮						1	1		2	12.50	
合计	4	2	3	1	1	1	3	1	16		
	16										
百分比（%）	25.00	12.50	18.75	6.25	6.25	6.25	18.75	6.25			
	100										

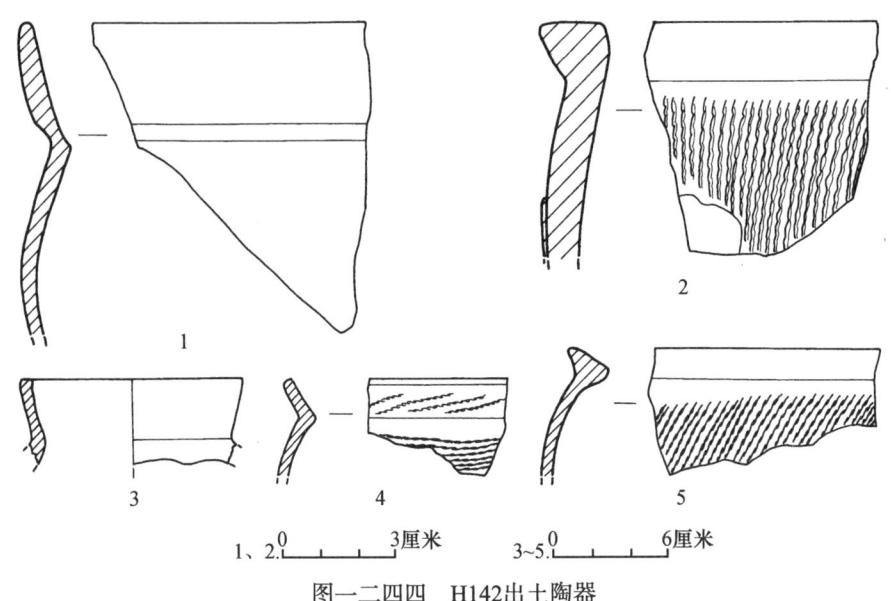

图一二四四　H142出土陶器
1. 盆（H142：9）　2～5. 罐（H142：15、H142：16、H142：14、H142：10）

可见轮修痕迹（图一二四四，1）。

罐　4件。标本H142：14，口、腹部残片。粗夹砂红褐陶。侈口，折沿，方唇，鼓腹。外沿面饰右上至左下斜向绳纹，口沿以下饰横向绳纹。沿面可见轮修痕迹（图一二四四，4）。

标本H142：16，口沿残片。细泥质橘红陶。直口微侈，方唇，高领。素面。器表磨光。器表可见刮抹痕迹。复原口径12、残高4.4厘米（图一二四四，3）。

标本H142：10，口、腹部残片。粗夹砂红褐陶。侈口，折沿，圆唇，鼓腹。口沿以下饰右上至左下斜向绳纹。沿面可见轮修痕迹（图一二四四，5）。

标本H142：15，口、腹部残片。粗夹砂红褐陶。敛口，窄平折沿，圆唇，腹微鼓。口沿以下饰竖向绳纹，腹部饰圆饼状附加堆纹。外沿面可见刮抹痕迹（图一二四四，2）。

钵　8件。均口、腹部残片。标本H142：5、H142：7形制相同，均细泥质橘红陶，直口微敛，深弧腹，器表磨光，素面。标本H142：5，方唇。口下可见浅褐色叠烧痕迹（图一二四五，8）。标本H142：7，圆唇。口下可见深红色叠烧痕迹（图一二四五，7）。

标本H142：1、H142：2、H142：4、H142：6、H142：8形制相同，均直口微敛，浅弧腹，素面。标本H142：1，细泥质黑陶。圆唇。器表磨光。口下可见轮修痕迹（图一二四五，5）。标本H142：2，细泥质黑陶。尖圆唇。器表磨光。内壁可见轮修痕迹（图一二四五，2）。标本H142：4，细泥质橘红陶。圆唇。器表磨光。唇部可见轮修痕迹与烟熏痕迹（图一二四五，4）。标本H142：6，细泥质橘红陶。尖圆唇。口下可见轮修痕迹（图一二四五，1）。标本H142：8，细泥质橘红陶。圆唇。器表经刮抹较为光滑。口下可见灰白色叠烧痕迹，口下可见轮修痕迹（图一二四五，9）。

标本H142：3，粗泥质橘红陶。敛口，尖圆唇，斜直腹。器表经刮抹较为光滑。素面。唇部可见轮修痕迹，器表可见刮抹痕迹（图一二四五，3）。

瓮　2件。均口、腹部残片。形制相同，均粗夹砂红褐陶，侈口，折沿，圆唇。标本H142：12，腹微鼓。外沿面与器表均可见轮修痕迹与烟熏痕迹（图一二四五，6）。标本H142：13，鼓腹。腹

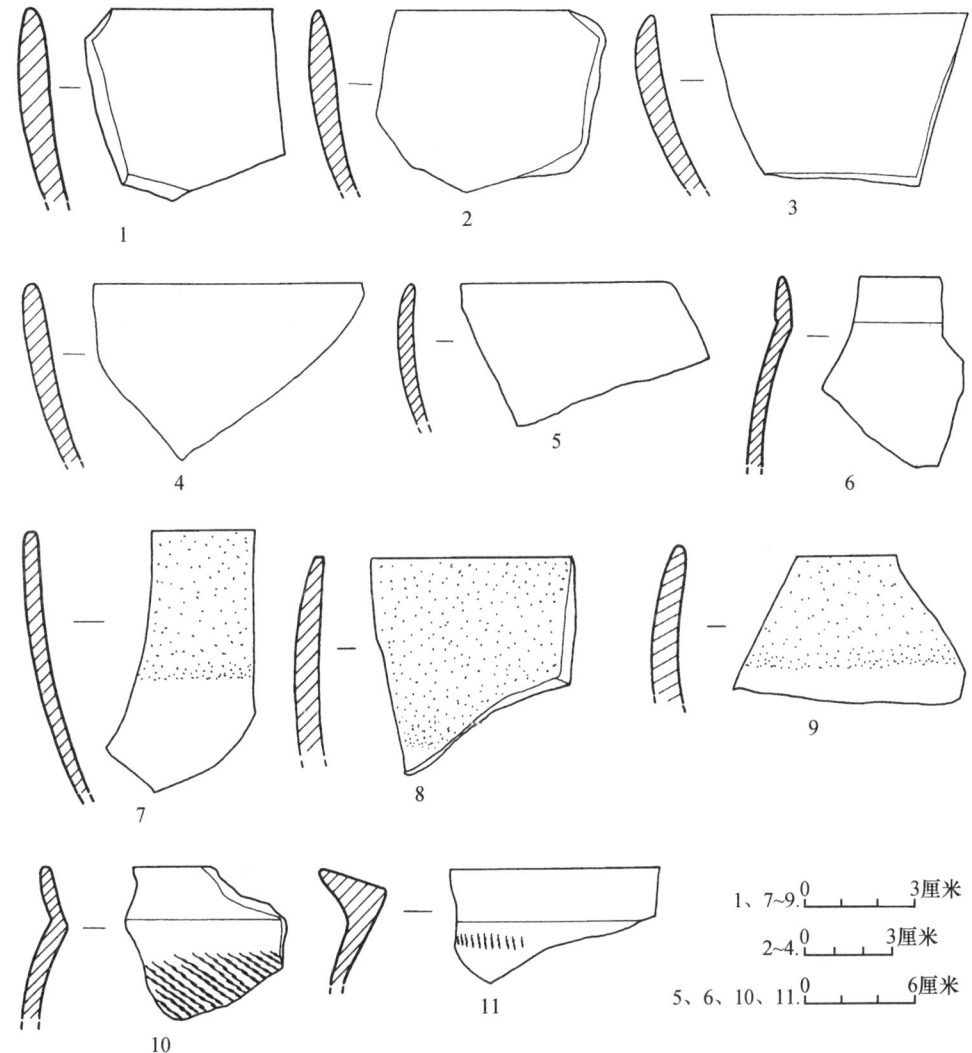

图一二四五 H142出土陶器
1~5、7~9. 钵（H142：6、H142：2、H142：3、H142：4、H142：1、H142：7、H142：5、H142：8）
6、10. 瓮（H142：12、H142：13） 11. 缸（H142：11）

部饰左上至右下斜向绳纹。内、外沿面与内壁均可见轮修痕迹（图一二四五，10）。

缸 1件。标本H142：11，口、腹部残片。细夹砂红褐陶。侈口，折沿近平，尖圆唇，腹微鼓。口沿以下饰竖向绳纹。沿面可见轮修痕迹（图一二四五，11）。

51. H184

H184位于Ⅲ区T0816东北部，开口于②层下。平面呈圆角长方形，筒状，直壁，平底。坑口东西长1、南北宽0.6、深0.8米（图一二四六）。

坑内堆积为黄褐色土，土质较为致密，出土大量陶片。

陶片为主要的出土物，以粗夹砂橘红陶为主，细泥质橘红陶、粗泥质橘红陶、粗夹砂红褐陶次之，并有一定比例的细夹砂橘红陶、细泥质灰陶及少量粗夹砂灰褐陶；纹饰以素面、绳纹、附加堆纹居多，并有少量交错绳纹、划纹和彩陶（表二九九）。

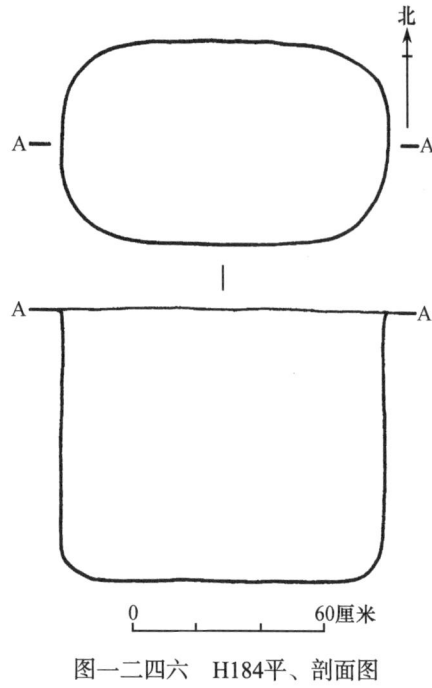

图一二四六　H184 平、剖面图

H184 共出土遗物63件。全部为陶器。器类有瓶、罐、钵、缸、盂、器盖、锉，另有器底（表三〇〇）。

瓶　1件。标本H184：19，口、颈部残片。粗泥质橘红陶。葫芦形口，束颈，颈中部有一周较矮棱脊。棱脊上饰右上至左下斜向划纹。颈部可见刮抹痕迹，内壁可见泥条盘筑痕迹。口径5.5、残高7.5厘米（图一二四七，7）。

罐　26件。均口、腹部残片。标本H184：25，粗夹砂红褐陶。侈口，卷沿，方唇，鼓腹。素面。外沿面可见轮修痕迹（图一二四七，9）。

标本H184：22、H184：23、H184：28、H184：31、H184：37、H184：41形制相同，均粗夹砂红褐陶，侈口，折沿，圆唇，鼓腹。标本H184：22，口沿以下饰交错绳纹，口沿下侧饰鸡冠状附加堆纹与圆饼状附加堆纹。沿面可见轮修痕迹，内壁可见泥条盘筑与垫窝痕迹。复原口径34、残高8厘米（图一二四七，6）。标本H184：23，口沿以下饰右上至左下斜向绳纹，口沿下侧饰圆饼状附加堆纹，内壁可见泥条盘筑与垫窝痕迹。复原口径34、残高5.6厘米（图一二四七，2）。标本H184：28，口沿以下饰竖向绳纹，口沿下侧饰圆饼状附加堆纹。外沿面可见轮修痕迹，内壁可见泥条盘筑与垫窝痕迹。复原口径34、残高4厘米（图一二四七，

表二九九　H184陶系统计表　　　　　　　　　　　　　　　　（单位：kg）

陶质 纹饰	细泥质		粗泥质	细夹砂	粗夹砂			合计	百分比（%）	
陶色	橘红	灰	橘红	橘红	橘红	红褐	灰褐			
素面			0.61	0.19	1.44	0.252	0.126	2.618		20.78
素面+磨光	0.98	0.65	0.228					1.858		14.75
绳纹			0.21	0.52	2.57	0.126		3.426		27.19
弦纹			0.13					0.13		1.03
交错绳纹					0.34	0.126		0.466		3.70
附加堆纹				0.15		0.126		0.276	12.60	2.19	100
绳纹+附加堆纹					2.78	0.378		3.158		25.06
划纹			0.04					0.04		0.32
划纹+绳纹 +附加堆纹						0.126		0.126		1.00
交错绳纹 +附加堆纹						0.126		0.126		1.00
彩陶	0.38							0.38		3.02
合计	1.36	0.65	1.218	0.86	7.13	1.26	0.126			
	12.60									
百分比（%）	10.79	5.16	9.67	6.83	56.59	10.00	1.00			
	100									

表三〇〇　H184器形统计表　　　　　　　　　　　　　　　　　　　（单位：件）

陶质	细泥质		粗泥质		粗夹砂							灰褐	合计		百分比（%）	
陶色	橘红		橘红		红褐							灰褐				
纹饰\器形	素面+磨光	彩陶	素面	划纹	素面	绳纹	交错绳纹	附加堆纹	绳纹+附加堆纹	交错绳纹+附加堆纹	绳纹+划纹+附加堆纹	素面				
瓶				1									1		1.61	
罐　口					7	9			2	1	1		26		41.94	
底					5				1							
钵	17	5	2					1					25	62	40.32	100
缸					5	1	1		1				8		12.90	
盂												1	1		1.61	
器盖			1										1		1.61	
合计	17	5	3	1	17	10	1	1	4	1	1	1	62			
百分比（%）	27.42	8.06	4.84	1.61	27.42	16.13	1.61	1.61	6.45	1.61	1.61	1.61	100			

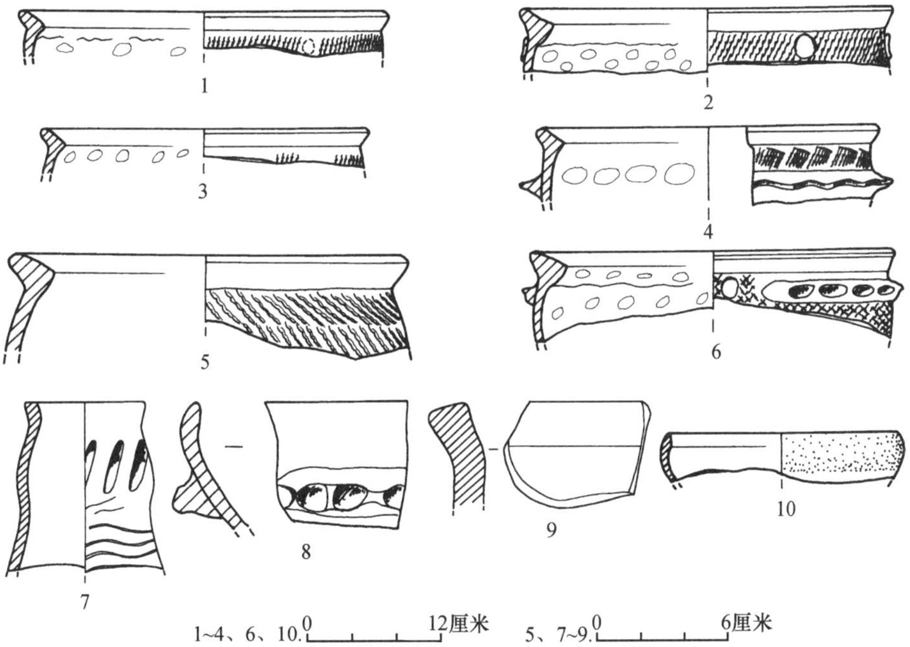

图一二四七　H184出土陶器

1~6、9.罐（H184:28、H184:23、H184:41、H184:37、H184:31、H184:22、H184:25）　7.瓶（H184:19）
8、10.钵（H184:43、H184:6）

1）。标本H184:31，沿下抹泥。口沿以下饰左上至右下斜向绳纹。沿面可见轮修痕迹。复原口径18.4、残高4.6厘米（图一二四七，5）。标本H184:37，口沿以下饰左上至右下斜向划纹与右上至左下斜向绳纹，上腹部饰鸡冠状附加堆纹。内壁可见垫窝痕迹。复原口径32、残高6.8厘米

（图一二四七，4）。标本H184：41，口沿以下饰右上至左下斜向绳纹。内壁可见垫窝痕迹（图一二四七，3）。

钵　25件。均口、腹部残片。形制相同，均敛口，圆唇，斜直腹。标本H184：6，细泥质橘红陶。口沿内侧贴有一周泥片。器表磨光。素面。口下可见浅褐色叠烧痕迹与轮修痕迹。复原口径22、残高4.8厘米（图一二四七，10）。标本H184：43，粗夹砂红褐陶。口下饰鸡冠状附加堆纹。内壁可见轮修痕迹（图一二四七，8）。

缸　8件。均口、腹部残片。形制相同，均粗夹砂红褐陶，敛口，平折沿，腹微鼓。标本H184：24，厚圆唇。口沿以下饰交错绳纹。复原口径40.4、残高7.2厘米（图一二四八，1）。标本H184：26，厚圆唇。口沿以下饰右上至左下斜向绳纹，上腹部饰条带状附加堆纹。复原口径41.2、残高6.4厘米（图一二四八，3）。标本H184：32，方唇。素面。口沿内侧可见轮修痕迹（图一二四八，2）。

盂　1件。标本H184：44，可复原。粗夹砂灰褐陶。敛口，尖圆唇，折肩，直腹，平底。素面。唇部可见轮修痕迹。口径14.8、底径19.2、通高10.1厘米（图一二四八，4；图版一八五，2）。

器盖　1件。标本H184：3，口、壁残片。粗泥质橘红陶。敞口，圆唇，斜直壁。素面。器表可见刮抹痕迹（图一二四八，7）。

器底　标本H184：20，粗泥质橘红陶。钝尖底。器表磨光。素面。器表可见刮抹痕迹，内壁可见泥条盘筑痕迹。可能为瓶底。残高4.4厘米（图一二四八，8）。

标本H184：21，粗泥质橘红陶。尖底，较为圆钝。器表磨光。素面。可能为瓶底。残高4.5厘米（图一二四八，6）。

锉　1件。标本H184：45，两端均残。细夹砂红褐陶。残存部分平面呈梯形，横断面呈圆角长方形，两侧边稍弧。器表麻点清晰，密度较小。器身磨损较重。残长7、残宽2.6~3.4、厚1厘米（图一二四八，5）。

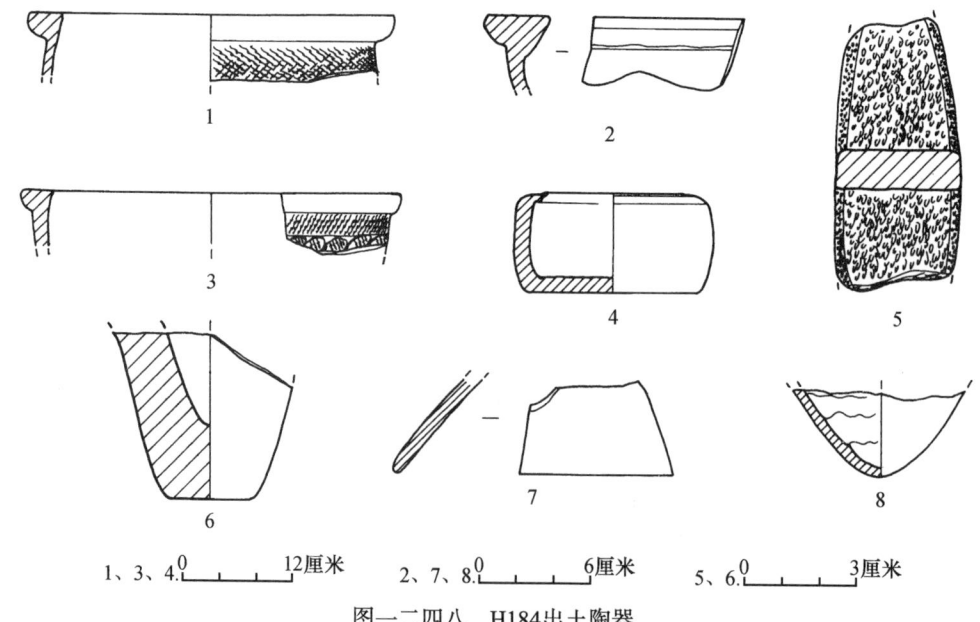

图一二四八　H184出土陶器
1~3.缸（H184：24、H184：32、H184：26）　4.盂（H184：44）　5.锉（H184：45）
6、8.器底（H184：21、H184：20）　7.器盖（H184：3）

52. H186

H186位于Ⅲ区T0315东南部与T0415西南部，开口于②层下。平面呈圆形，袋状，斜直壁，平底。坑口径1.54、底径2、深1.44米（图一二四九）。

坑内堆积为灰褐色土，土质疏松，包含少量炭屑，出土大量陶片。

陶片为主要的出土物，以粗夹砂红褐陶为主，细泥质橘红陶次之，并有少量细泥质黑陶、粗泥质橘红陶、粗泥质灰陶、细夹砂橘红陶、细夹砂红褐陶、粗夹砂橙黄陶；纹饰以素面为主，绳纹次之，并有一定比例的附加堆纹、交错绳纹和少量弦纹、布纹、指甲纹、彩陶（表三〇一）。

H186共出土遗物58件。全部为陶器。器类有盆、罐、钵、缸、瓮、甗、器盖，另有器耳、指甲纹陶片（表三〇二）。

盆　8件。标本H186：14，口、腹部残片。粗泥质橘红陶。直口微敞，平折沿，圆唇，深弧腹。器表磨光。素面。沿面可见轮修痕迹。复原口径40.8、残高6.6厘米（图一二五〇，1）。

标本H186：12、H186：16均口、腹部残片。形制相同，均细泥质橘红陶，侈口，卷沿，弧腹，器表磨光。标本H186：12，方唇。唇部与外沿面均饰黑色彩绘，器表饰黑色窄带纹彩绘。唇部可见轮修痕迹（图一二五〇，4）。标本H186：16，圆唇。素面。唇部可见轮修痕迹（图一二五〇，5）。

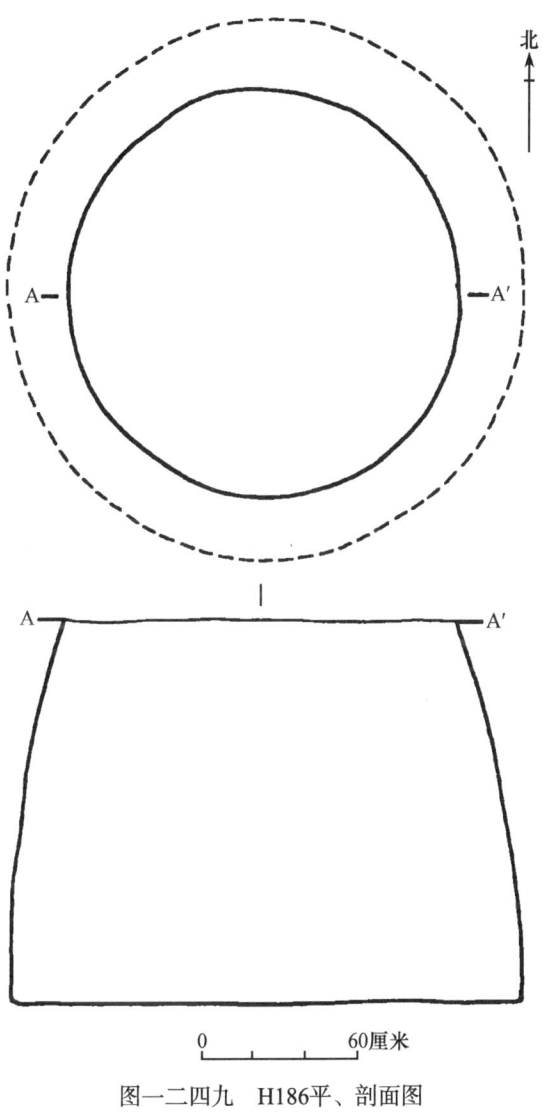

图一二四九　H186平、剖面图

标本H186：15，可复原。细泥质橘红陶。侈口，折沿，沿面微鼓，圆唇，浅弧腹，平底。口沿下侧有一对由外向内单面钻成的圆孔。器表刮抹较为光滑。素面。外沿面可见轮修痕迹，腹部可见刮抹痕迹。口径30、底径10.5、通高10.8厘米（图一二五〇，3；图版一八五，3）。

标本H186：13，口、腹部残片。细泥质橘红陶。敛口，宽平折沿，圆唇，斜直腹。沿面磨光，器表经刮抹较为光滑。素面。唇部可见烟熏痕迹。复原口径36、残高4.8厘米（图一二五〇，2）。

罐　35件。均口、腹部残片。标本H186：32，粗夹砂红褐陶。侈口，卷沿，沿面微曲，圆唇，鼓腹。腹部饰右上至左下斜向绳纹。口沿下侧可见轮修痕迹。内壁可见泥条盘筑痕迹（图一二五〇，8）。

标本H186：37，粗夹砂红褐陶。侈口，折沿，沿面微曲，圆唇，外沿面有一道浅细凹槽，鼓腹。口沿以下饰右上至左下斜向绳纹（图一二五〇，7）。

标本H186：17、H186：19形制相同，均粗夹砂红褐陶，侈口，折沿，圆唇，鼓腹。标本H186：17，腹部饰横向绳纹。外沿面可见轮修痕迹。复原口径36、残高6.3厘米（图一二五〇，

表三〇一　H186陶系统计表　（单位：kg）

陶质	细泥质		粗泥质		细夹砂		粗夹砂		合计	百分比（%）
陶色\纹饰	橘红	黑	橘红	灰	橘红	红褐	橙黄	红褐		
素面	0.342		0.39	0.66	0.33	0.19		2.11	4.02	29.14
素面+磨光	3.10	0.20	0.12						3.42	24.74
绳纹			0.12					2.77	2.89	20.94
弦纹								0.14	0.14	1.01
交错绳纹							0.21	0.21	0.42	3.04
附加堆纹			0.12					0.56	0.71	5.17
绳纹+附加堆纹								1.29	1.29	9.35
划纹+附加堆纹								0.14	0.14	1.01
布纹	0.12								0.12	0.83
指甲纹			0.12						0.12	0.83
彩陶	0.54								0.54	3.91
合计	4.096	0.20	0.85	0.66	0.33	0.19	0.21	7.27	13.80	100
百分比（%）	29.68	1.45	6.13	4.78	2.39	1.38	1.52	52.65		100

表三〇二　H186器形统计表　（单位：件）

陶质	细泥质					粗泥质					细夹砂		粗夹砂						合计	百分比（%）
陶色	橘红				黑	橘红				灰	橘红	红褐	红褐							
纹饰\器形	素面+磨光	素面	布纹	彩陶	素面+磨光	素面+磨光	素面	绳纹	附加堆纹	素面	素面	素面	素面	绳纹	交错绳纹	附加堆纹	绳纹+附加堆纹	划纹+附加堆纹		
盆	2	3		1		1	2												8	13.79
罐　口									1					11	8	2	3	2	35	60.34
罐　底													1	4						
钵	3	1	1	1	1			1		2									10	17.24
缸												1			1				2	3.45
瓮																1			1	1.72
甑					1														1	1.72
器盖													1						1	1.72
合计	5	3	1	2	1	1	2	1	1	2	1	1	2	14	13	2	4	2	58	100
百分比（%）	8.62	5.17	1.72	3.45	1.72	1.72	3.45	1.72	1.72	3.45	1.72	1.72	3.45	24.14	22.41	3.45	6.90	3.45		100

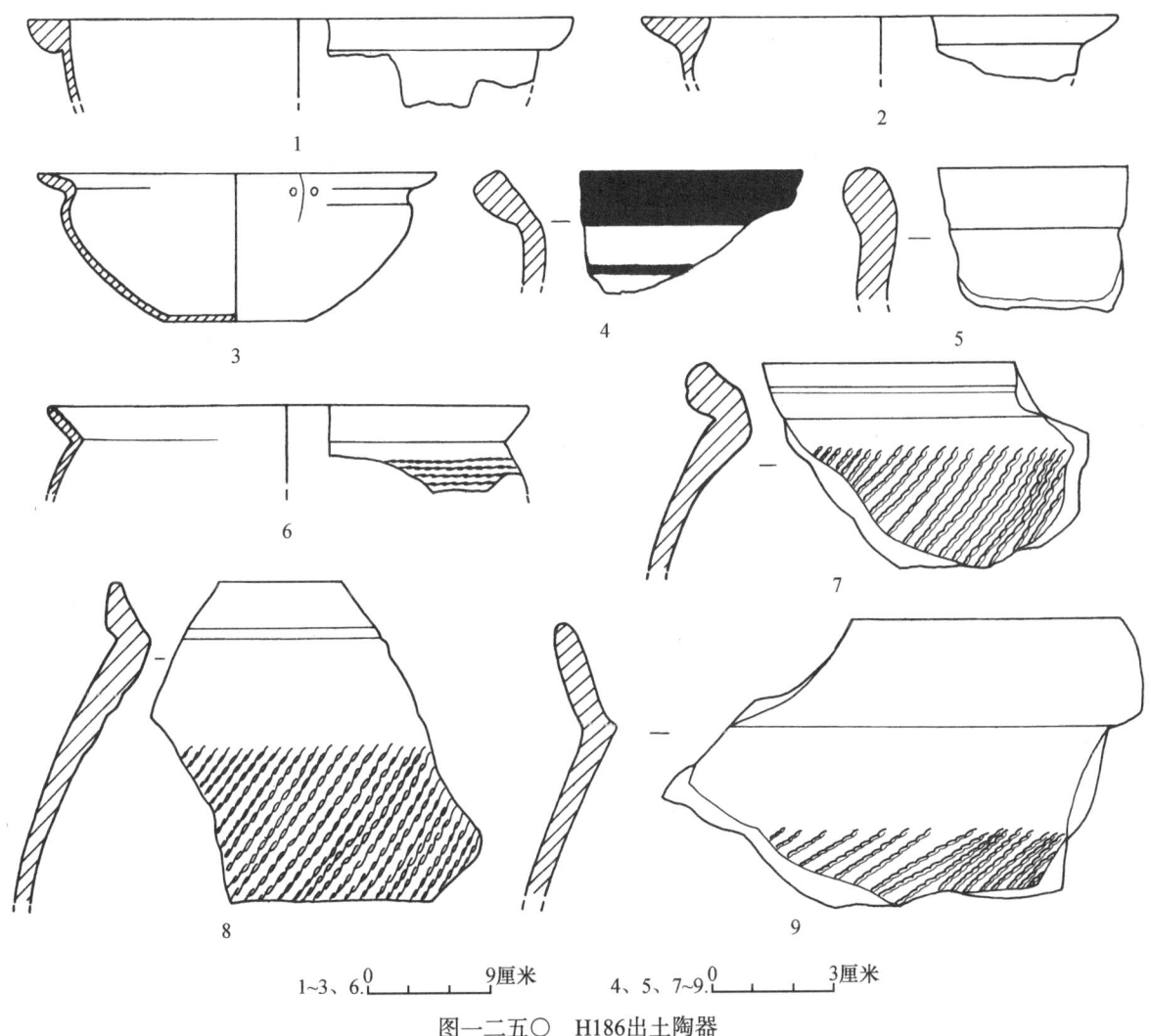

图一二五〇 H186出土陶器

1～5.盆（H186：14、H186：13、H186：15、H186：12、H186：16） 6～9.罐（H186：17、H186：37、H186：32、H186：19）

6）。标本H186：19，内沿面与腹部相接处有一道凸棱。腹部饰右上至左下斜向绳纹。外沿面、内壁均可见轮修痕迹（图一二五〇，9）。

标本H186：18、H186：20、H186：21、H186：23、H186：24、H186：25、H186：26、H186：28形制相同，均粗夹砂红褐陶，侈口，折沿，鼓腹。标本H186：18，圆唇。腹部饰左上至右下斜向绳纹。沿面与内壁均可见轮修痕迹。复原口径33、残高7.2厘米（图一二五一，4）。标本H186：20，圆唇。口沿以下饰竖向绳纹，上腹部饰鸡冠状附加堆纹。器表可见烟熏痕迹。复原口径25.8、残高7.2厘米（图一二五一，6）。标本H186：21，圆唇，腹微鼓。素面。沿面可见轮修痕迹（图一二五一，9）。标本H186：23，沿面有一道矮棱，圆唇。腹部饰交错绳纹。沿面可见轮修痕迹，内壁可见泥条盘筑痕迹。复原口径36.3、残高6.3厘米（图一二五一，5）。标本H186：24，方唇。口沿以下饰右上至左下斜向绳纹。沿面可见轮修痕迹。复原口径21.9、残高6.9厘米（图一二五一，1）。标本H186：25，圆唇，腹微鼓。外沿面饰右上至左下斜向划纹，上腹部饰鸡冠状附加堆纹。沿面可见轮修痕迹。复原口径24、残高6厘米（图一二五一，2）。标本H186：26，沿面有一道棱脊，圆唇。口沿以下饰左上至右下斜向绳纹，上腹部饰鸡冠状附加堆纹。沿面可见轮修

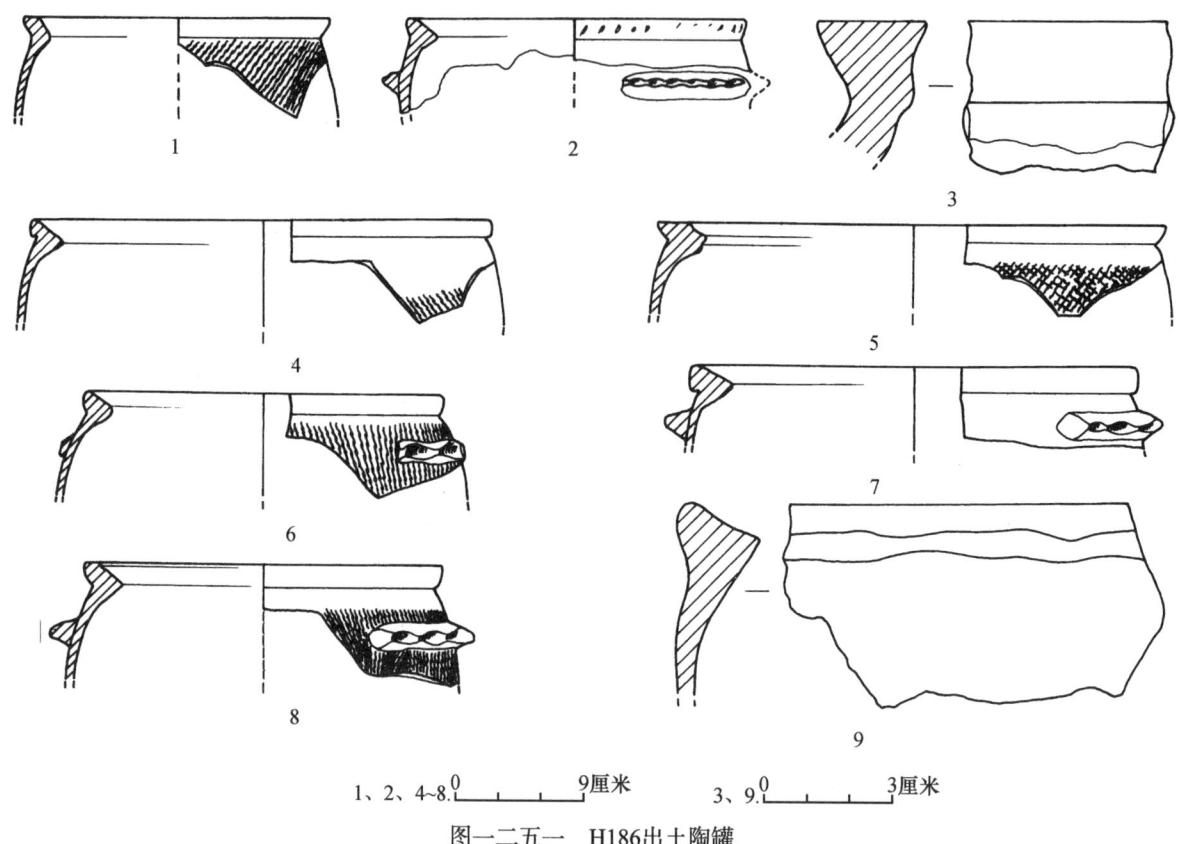

1、2、4~8. 0———9厘米　　3、9. 0———3厘米

图一二五一　H186出土陶罐

1~9.（H186：24、H186：25、H186：40、H186：18、H186：23、H186：20、H186：28、H186：26、H186：21）

痕迹。复原口径25.8、残高8.4厘米（图一二五一，8）。标本H186：28，方唇。上腹部饰鸡冠状附加堆纹。沿面可见轮修痕迹。复原口径31.8、残高5.7厘米（图一二五一，7）。

标本H186：40，粗夹砂红褐陶。敛口，平折沿，口沿内侧有一道宽浅凹槽，尖圆唇。鼓腹。素面。沿面可见轮修痕迹（图一二五一，3）。

钵　10件。标本H186：2、H186：4、H186：10形制相同，均直口微敛，圆唇，深弧腹。标本H186：2，可复原。细夹砂红褐陶。平底。器表刮抹光滑。素面。口下可见轮修痕迹，腹部可见刮抹痕迹。口径14.1、底径6.3、通高6.9厘米（图一二五二，6）。标本H186：4，可复原。细泥质橘红陶。圜底，底部有一周凸棱。器表刮抹光滑。底部饰布纹。口下可见轮修痕迹，腹部可见刮抹痕迹。口径15.9、通高8.4厘米（图一二五二，8）。标本H186：10，口、腹部残片。细泥质橘红陶。器表磨光。口下可见浅褐色叠烧痕迹。复原口径30、残高7.2厘米（图一二五二，9）。

标本H186：7、H186：8、H186：11均口、腹部残片。形制相同，均直口微敛，浅弧腹，器表磨光。标本H186：7，细泥质橘红陶。圆唇。素面。口下可见浅红色叠烧痕迹。内壁可见轮修痕迹（图一二五二，5）。标本H186：8，细泥质黑陶。圆唇。素面（图一二五二，4）。标本H186：11，细泥质橘红陶。圆唇。唇部与口下饰黑色宽带纹彩绘。彩绘下侧可见浅红色叠烧痕迹。复原口径36.3、残高10.5厘米（图一二五二，10）。

标本H186：1、H186：5、H186：6、H186：9形制相同，均敛口，斜直腹，素面。标本H186：1，腹、底部残片。粗泥质灰陶。平底。器表刮抹光滑。表层有部分剥落。腹部可见刮抹痕

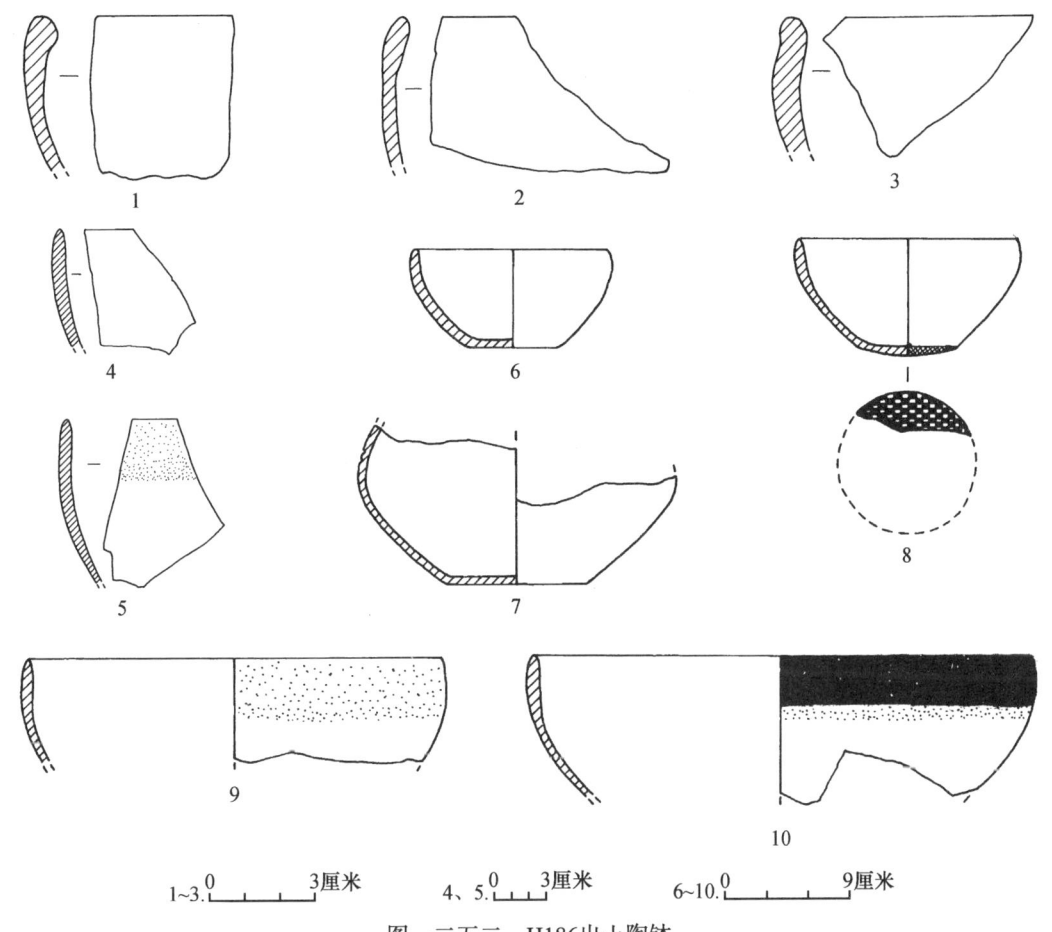

图一二五二　H186出土陶钵

1~10.（H186：9、H186：5、H186：6、H186：8、H186：7、H186：2、H186：1、H186：4、H186：10、H186：11）

迹。底径9.9、残高11.1厘米（图一二五二，7）。标本H186：5，口、腹部残片。细泥质橘红陶。圆唇。内、外壁均可见轮修痕迹（图一二五二，2）。标本H186：6，口、腹部残片。细夹砂红褐陶。圆唇。内、外壁均可见轮修痕迹（图一二五二，3）。标本H186：9，口、腹部残片。细泥质橘红陶。厚圆唇。器表磨光。内壁可见轮修痕迹（图一二五二，1）。

缸　2件。均口、腹部残片。形制相同，均粗夹砂红褐陶，敛口，厚唇，腹部较直。标本H186：27，口沿以下饰右上至左下斜向绳纹。唇部可见轮修痕迹。复原口径41.4、残高6.9厘米（图一二五三，6）。标本H186：29，口沿下侧饰一周条带状附加堆纹。唇部可见轮修痕迹（图一二五三，3）。

瓮　1件。标本H186：33，口、腹部残片。粗夹砂红褐陶。敛口，圆唇，圆鼓腹。素面。口沿下侧可见轮修痕迹（图一二五三，1）。

甑　1件。标本H186：43，可复原。粗泥质橘红陶。敛口，圆唇，斜直腹，平底。底部共有十一个圆形穿孔，其中底部周缘排列7个，中间有4个，圆孔均系在陶坯上由外向内单面戳成。器表经刮抹较为光滑。上腹部饰一对鸡冠状附加堆纹。口下可见轮修痕迹，腹部可见刮抹痕迹。口径22.2、底径10.5、孔径1.1、通高17.4厘米（图一二五三，7；图版一八五，4、5）。

器盖　1件。标本H186：22，口、壁残片。粗夹砂红褐陶。敞口，尖圆唇，口沿外侧有一道浅

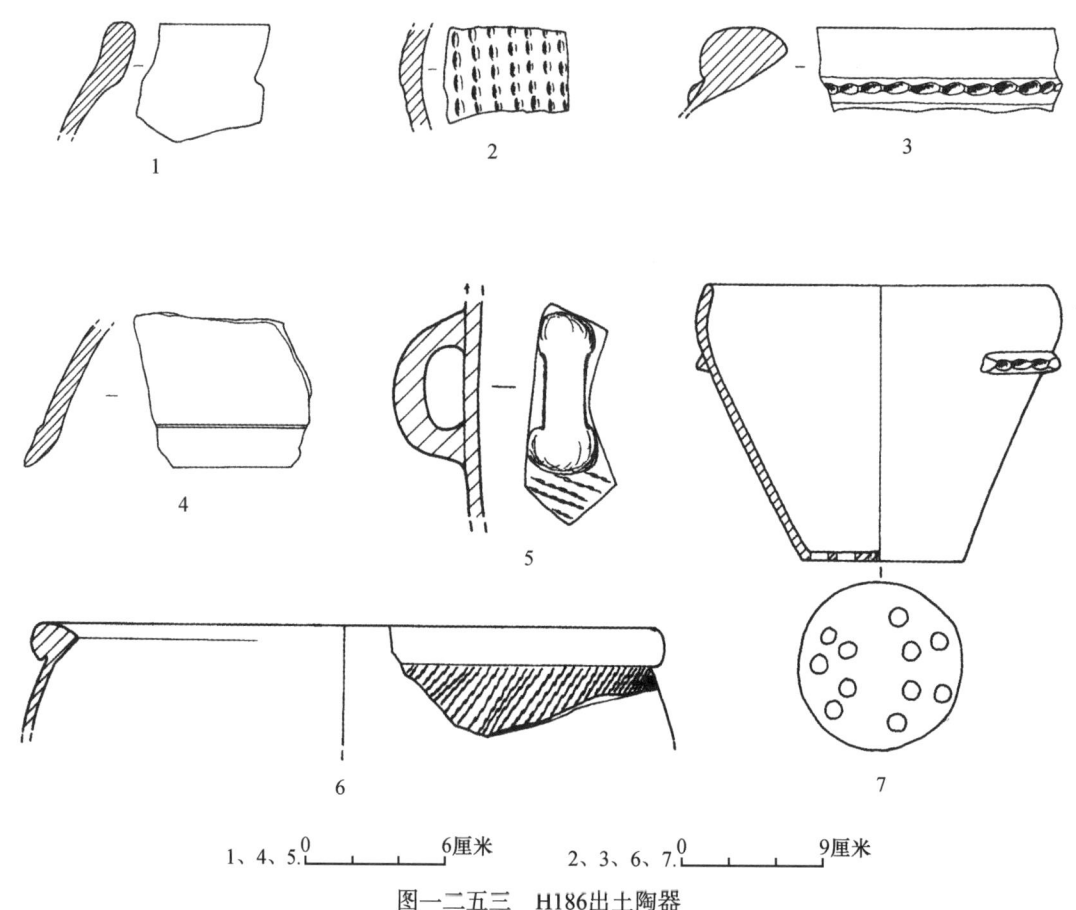

图一二五三　H186出土陶器

1.瓮（H186：33）　2.陶片（H186：44）　3、6.缸（H186：29、H186：27）　4.器盖（H186：22）　5.器耳（H186：42）
7.甑（H186：43）

细凹槽，弧壁。素面（图一二五三，4）。

器耳　标本H186：42，腹部残片。粗泥质橘红陶。腹部较直，有一竖向扁圆桥形耳。器表饰左上至右下斜向绳纹。可能为瓶耳（图一二五三，5）。

指甲纹陶片　标本H186：44，腹部残片。粗泥质橘红陶。器表饰多周整齐的指甲纹。可能为罐的残片（图一二五三，2）。

53. H187

H187位于Ⅲ区T0515中部，开口于②层下。平面呈圆形，筒状，直壁，平底。坑口径2.04、深1.1米（图一二五四）。

坑内堆积可分为2层：第①层为灰褐色土，土质疏松，包含少量火烧土块，厚0.6～0.7米，出土少量陶片；第②层为深灰色土，土质疏松，夹杂有少量细沙，厚0.4～0.5米，出土少量陶片。

陶片为主要的出土物，以粗夹砂红褐陶为主，并有一定比例的粗泥质橘红陶、细泥质橘红陶、细夹砂红褐陶和少量细泥质黑陶、粗泥质橙黄陶、粗泥质红褐陶、细夹砂橘红陶、细泥质红褐

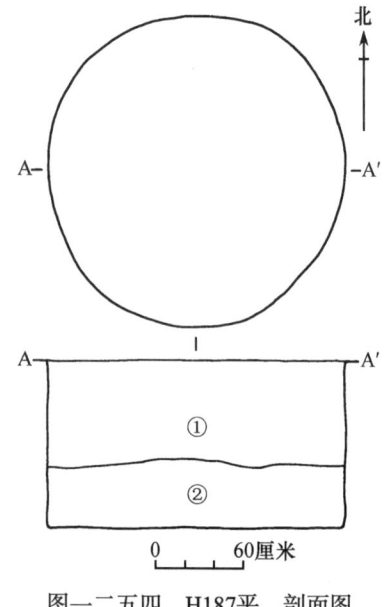

图一二五四　H187平、剖面图

陶、细泥质灰陶；纹饰以素面居多，绳纹、交错绳纹及附加堆纹次之，并有少量弦纹和划纹（表三〇三）。

H187共出土遗物57件。以陶器为主，石器次之。

（1）陶器

56件。器类有瓶、盆、罐、钵、缸、瓮、器盖、圆陶片、锉（表三〇四）。

表三〇三　H187陶系统计表　　　　　　　　　　　　　　　　　　（单位：kg）

陶质	细泥质				粗泥质			细夹砂		粗夹砂	合计	百分比（%）
陶色 纹饰	橘红	红褐	灰褐	黑	橘红	橙黄	红褐	橘红	红褐	红褐		
素面	0.228				0.99		0.11	0.26	0.66	0.88	3.128	34.83
素面+磨光	0.85	0.114	0.114		0.228						1.306	14.54
绳纹	0.114				0.32	0.42			0.15	0.61	1.614	17.97
弦纹	0.12			0.06	0.18	0.05				0.14	0.55	6.12
交错绳纹						0.05			0.98		1.03	11.47
绳纹+弦纹										0.03	0.03	0.33
绳纹+附加堆纹										0.53	0.53	5.90
交错绳纹+附加堆纹										0.59	0.59	6.57
划纹					0.09			0.114			0.204	2.27
合计	1.312	0.114	0.114	0.06	1.808	0.52	0.11	0.374	0.81	3.76	8.98	100
	8.98											
百分比（%）	14.61	1.27	1.27	0.67	20.13	5.79	1.22	4.16	9.02	41.87		
	100											

瓶　2件。均口、颈部残片。标本H187:15，粗泥质橘红陶。平唇口，内外唇趋平，两唇之间有一道深凹槽，束颈。器表磨光。素面。沿面可见轮修痕迹，内壁可见泥条盘筑痕迹。口径10.8、残高8.8厘米（图一二五五，1）。

标本H187:16，细夹砂橘红陶。直口，方唇，细长颈。颈中部饰一周"X"形划纹。口沿下侧可见轮修痕迹。口径5.4、残高7厘米（图一二五五，2；；彩版一一，6；图版一八五，6）。

盆　7件。均口、腹部残片。形制相同，均直口，平折沿，弧腹。标本H187:12，粗泥质橘红陶。直口微敛，圆唇。口沿以下饰多周弦纹。唇部可见轮修痕迹（图一二五五，4）。标本H187:13，细泥质橘红陶。圆唇。口沿以下饰多周弦纹（图一二五五，5）。标本H187:14，粗泥质橘红陶。直口微敛，方唇。素面。内壁可见烟熏痕迹（图一二五五，3）。

罐　18件。均口、腹部残片。标本H187:19，粗泥质橘红陶。侈口，折沿，沿面内曲，方唇，唇部有二道浅细凹槽，圆鼓腹。上腹部饰多周弦纹。内壁可见轮修痕迹。复原口径18、腹径19.8、残高8.4厘米（图一二五五，11）。

标本H187:24、H187:26、H187:28形制相同，均侈口，折沿，沿面微曲，鼓腹。标本

表三〇四　H187器形统计表

(单位：件)

陶质	细泥质						粗泥质					细夹砂			粗夹砂						合计	百分比（%）
陶色	橘红		红褐		灰	黑	橘红			红褐	橙黄	橘红		红褐	红褐							
纹饰	素面+磨光	绳纹	弦纹	素面+磨光	素面+磨光	素面+磨光	素面+磨光	素面	弦纹	素面	弦纹	素面	划纹	素面	素面	绳纹	弦纹	交错绳纹	附加堆纹	附加堆纹+交错绳纹		
瓶　口	3												1								2	3.70
盆　口		1	1					2	1	1	1				2						7	12.96
盆　底						1	1	3		1				2	3	6	1	1			18	33.33
罐　口	3	1		1	1	2	1					1		1							18	33.33
罐　底								6														
钵							2								1	2	1	2	1		3	5.56
缸												1			1						5	9.26
瓮	2	1	1	1	1	2	2	6		1		1		4	7	8	1	4	1	1	1	1.85
器盖																						
合计	6	2	1	1	2	2	1	6	3	2	1	1	1	7	8	1	4	1	1		54	100
百分比（%）	11.11	3.70	1.85	1.85	3.70	3.70	1.85	11.11	5.56	3.70	1.85	1.85	1.85	12.96	14.81	1.85	7.41	1.85	1.85			100

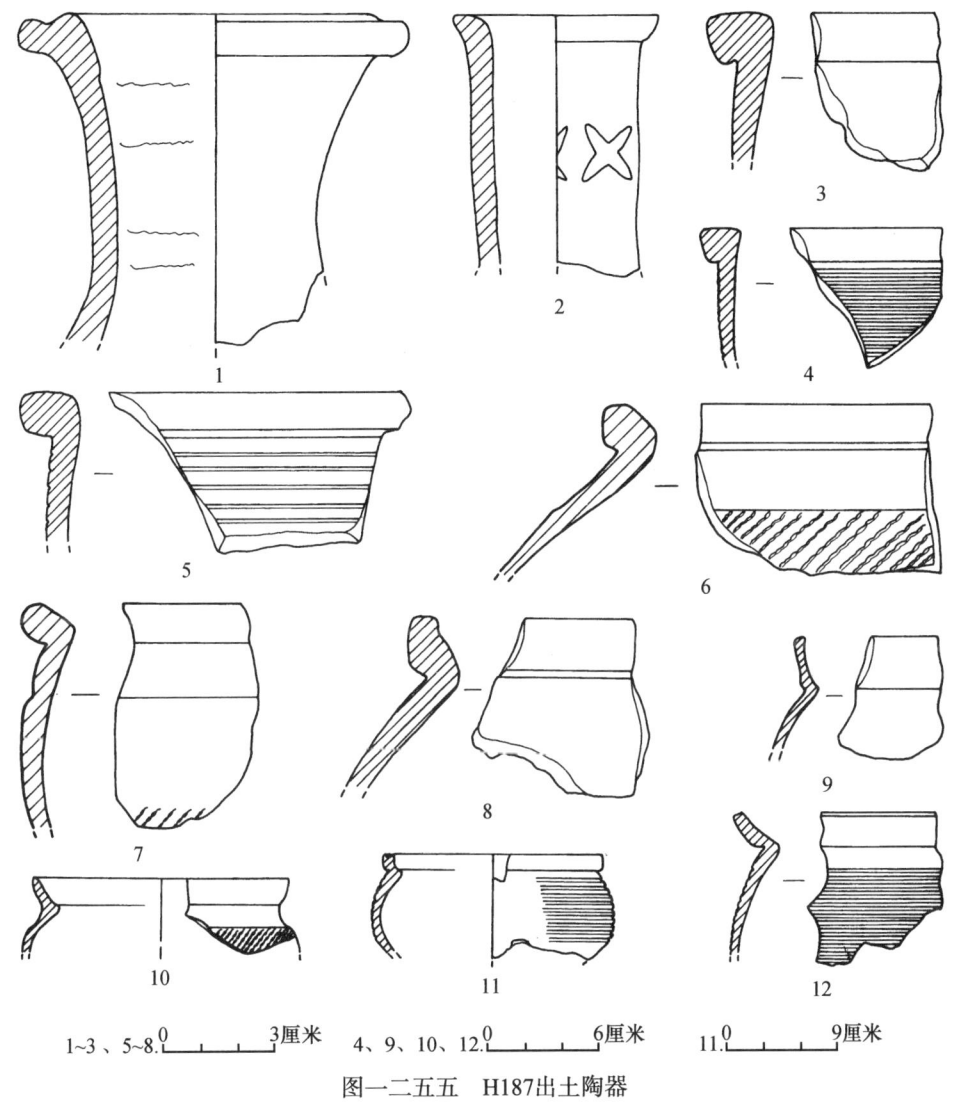

图一二五五　H187出土陶器

1、2.瓶（H187：15、H187：16）　3~5.盆（H187：14、H187：12、H187：13）
6~12.罐（H187：24、H187：26、H187：28、H187：23、H187：25、H187：19、H187：20）

H187：24，粗夹砂红褐陶。圆唇，鼓肩，并起一周不显著棱脊。棱脊以下饰右上至左下斜向绳纹（图一二五五，6）。标本H187：26，粗夹砂红褐陶。圆唇，鼓肩，并起一道显著棱脊。腹部饰右上至左下斜向绳纹。外沿面可见轮修痕迹（图一二五五，7）。标本H187：28，粗夹砂红褐陶。方唇。素面。器表可见烟熏痕迹（图一二五五，8）。

标本H187：20、H187：25形制相同，均粗夹砂红褐陶，侈口，折沿，圆鼓腹。标本H187：20，方唇。口沿以下饰多周弦纹。沿面可见轮修痕迹，内壁可见烟熏痕迹（图一二五五，12）。标本H187：25，尖圆唇。肩略鼓，并起一道不显著棱脊。腹部饰右上至左下斜向绳纹。沿面可见轮修痕迹。复原口径14、残高4厘米（图一二五五，10）。

标本H187：23，粗夹砂红褐陶。侈口，折沿，内沿面与腹部相接处有一道凸棱，圆唇，鼓腹。素面。外沿面可见轮修痕迹（图一二五五，9）。

钵　18件。标本H187：30，口、腹部残片。粗夹砂红褐陶。敛口，方唇，斜直腹。素面。内

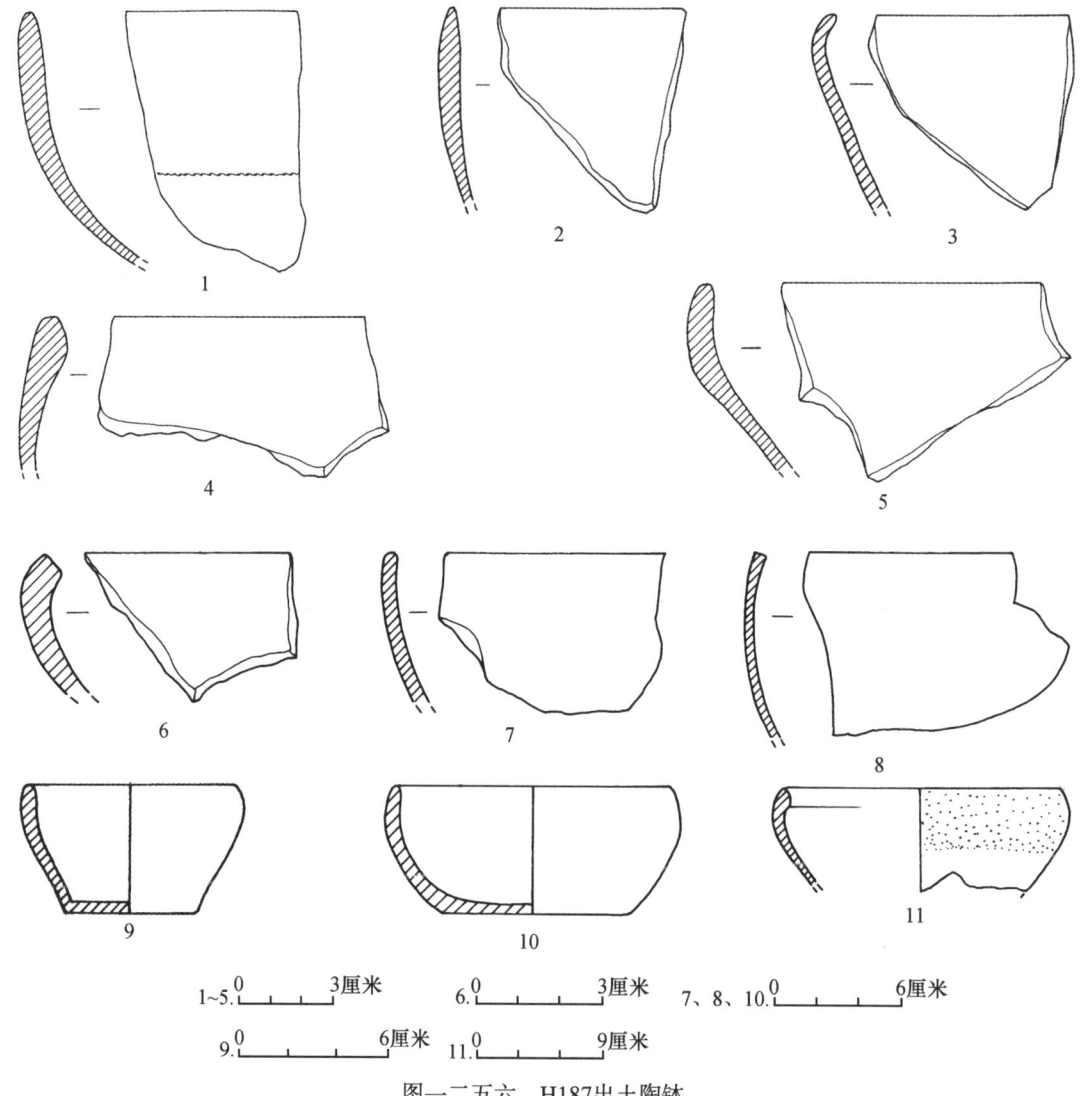

图一二五六　H187出土陶钵

1~11.（H187：6、H187：8、H187：5、H187：4、H187：3、H187：11、H187：1、H187：30、H187：29、H187：7、H187：2）

壁可见轮修痕迹（图一二五六，8）。

标本H187：1、H187：6、H187：7、H187：8形制相同，均直口微敛，浅弧腹。标本H187：1，口、腹部残片。粗泥质橘红陶。方唇。素面。腹部可见刮抹痕迹（图一二五六，7）。标本H187：6，口、腹部残片。细泥质橘红陶。圆唇。器表磨光。腹部饰一道横向绳纹。口下可见轮修痕迹（图一二五六，1）。标本H187：7，可复原。细夹砂红褐陶。圆唇，平底。素面。内壁可见轮修痕迹。口径13.2、底径9、通高6厘米（图一二五六，10）。标本H187：8，口、腹部残片。细泥质红褐陶。方唇。器表磨光。素面（图一二五六，2）。

标本H187：2、H187：3、H187：4、H187：5、H187：11、H187：29形制相同，均敛口，斜直腹，素面。标本H187：2，口、腹部残片。细泥质橘红陶。厚圆唇。口下可见浅褐色叠烧痕迹，内壁可见轮修痕迹。复原口径20.1、残高7.2厘米（图一二五六，11）。标本H187：3，口、腹部残片。粗泥质橘红陶。圆唇。器表磨光。内壁可见轮修痕迹（图一二五六，5）。标本H187：4，口、腹部残片。粗泥质橘红陶。圆唇。内、外壁均可见轮修痕迹（图一二五六，4）。标本H187：5，口、腹部残片。细泥质橘红陶。圆唇。器表磨光。内壁可见轮修痕迹（图一二五六，3）。标本H187：11，口、腹部残片。细泥质灰陶。方唇，口沿内侧有一道凸棱，断面呈三角形。器表磨光。内壁可见轮修痕迹（图一二五六，6）。标本H187：29，可复原。细泥质橘红陶。圆唇，大平底。素面。器表可见刮抹痕迹。口径8.4、底径5.4、通高5厘米（图一二五六，9；图版一八六，1）。

缸　3件。均口、腹部残片。形制相同，均粗夹砂红褐陶，平折沿，厚唇，腹微鼓。标本H187：17，敛口。口沿下侧饰鸡冠状附加堆纹，口沿以下饰交错绳纹。唇部可见轮修痕迹。复原口径40.2、残高10.5厘米（图一二五七，3）。标本H187：18，敛口。口沿以下饰交错绳纹。复原口径45.9、残高10.8厘米（图一二五七，1）。标本H187：22，直口。口沿以下饰交错绳纹（图一二五七，4）。

瓮　5件。均口、腹部残片。标本H187：21，粗夹砂红褐陶。侈口，折沿，方唇，鼓腹。腹部饰右上至左下斜向绳纹。唇部可见轮修痕迹（图一二五七，8）。

标本H187：27，粗夹砂红褐陶。敛口，圆唇，肩略鼓，并起一道不显著棱脊，鼓腹。棱脊以下饰右上至左下斜向绳纹（图一二五七，2）。

器盖　1件。标本H187：31，可复原。细夹砂红褐陶。敞口，方唇，弧壁，圆饼形钮。素面。器表可见轮修痕迹。口径6、钮径4.4、通高2.4厘米（图一二五七，5）。

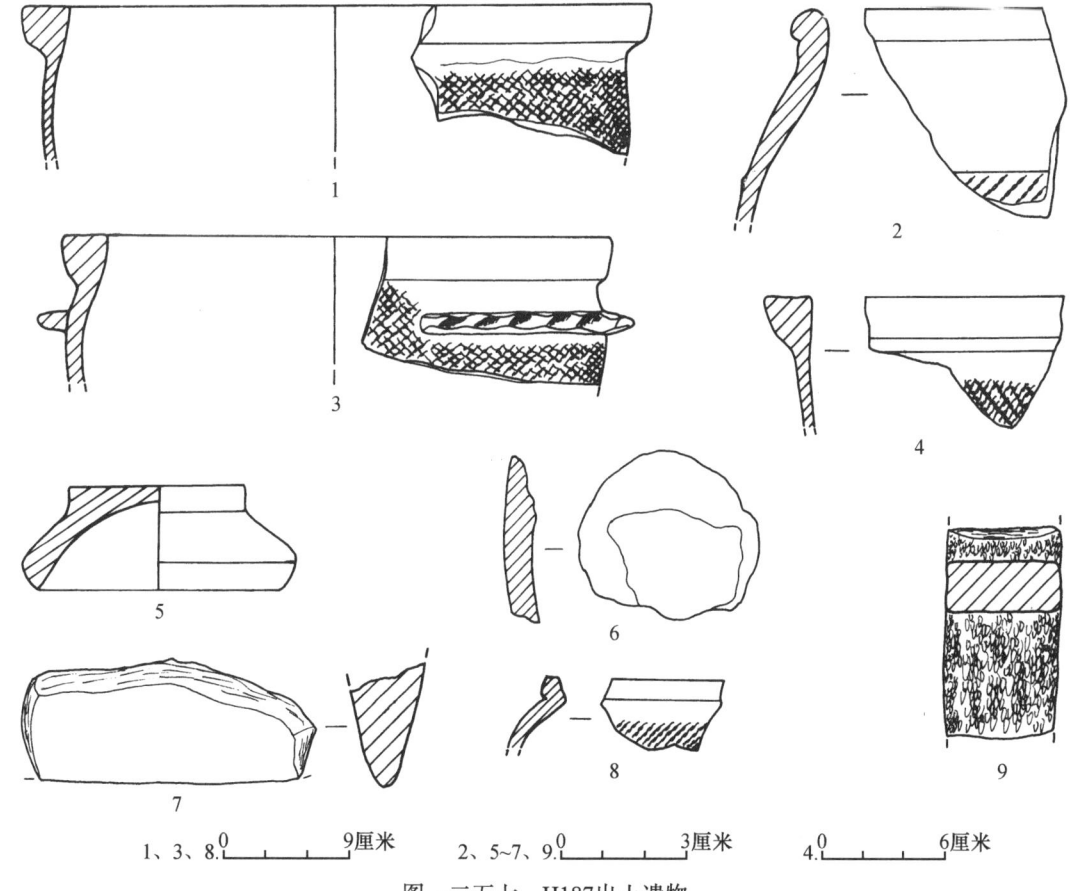

图一二五七　H187出土遗物
1、3、4.陶缸（H187：18、H187：17、H187：22）　2、8.陶瓮（H187：27、H187：21）　5.器盖（H187：31）
6.圆陶片（H187：32）　7.残石器（H187：34）　9.陶锉（H187：33）

圆陶片 1件。标本H187：32，完整。细泥质橘红陶。系利用钵的残片打制而成。圆形，边缘稍钝。直径4.4、厚0.6厘米（图一二五七，6）。

锉 1件。标本H187：33，两端均残。细泥质橘红陶。残存部分平面呈长方形，两侧边较直，横断面呈长方形。器表麻点清晰，密度较小。残长5、宽2.8、厚1.2厘米（图一二五七，9）。

（2）石器

1件。残石器。标本H187：34，石英岩。器表可见琢制及磨制痕迹。残长7、残宽3厘米（图一二五七，7）。

54. H189

H189位于Ⅲ区T0415东北部，开口于②层下。平面呈圆形，袋状，斜直壁，平底，底部有一层硬面。坑口径1.44、底径2.4、深1.64米（图一二五八）。

坑内堆积为灰褐色土，土质疏松，出土大量陶片。

陶片为主要的出土物，以粗夹砂红褐陶为主，细夹砂红褐陶和粗泥质橘红陶次之，细泥质橘红陶再次，并有一定比例细泥质灰陶和少量细泥质橙黄陶、细泥质红褐陶；纹饰以素面居多，附加堆纹、绳纹次之，并有少量弦纹、线纹和彩陶（表三〇五）。

H189共出土遗物32件。全部为陶器。器类有瓶、罐、钵、甑（表三〇六）。

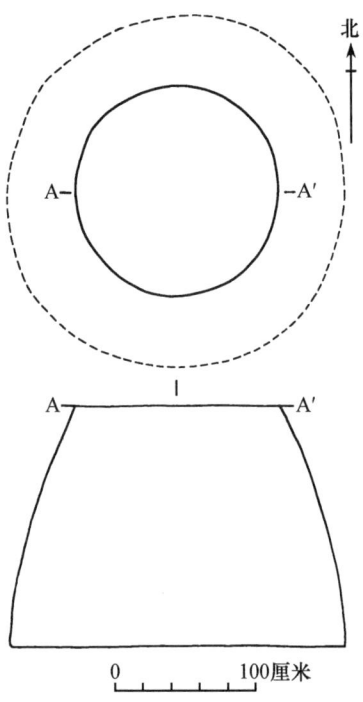

图一二五八 H189平、剖面图

表三〇五 H189陶系统计表　　　　　　　　　　　　　（单位：kg）

陶质\纹饰	细泥质				粗泥质	细夹砂	粗夹砂	合计		百分比（%）	
陶色	橘红	橙黄	灰	红褐	橘红	红褐	红褐				
素面	0.114		0.114	0.03	0.51	0.31	0.43	1.508		31.61	
素面+磨光	0.33		0.29					0.62		13.00	
绳纹			0.02		0.21	0.31	0.40	0.94		19.71	
弦纹		0.11						0.11	4.77	2.31	100
附加堆纹	0.22				0.12	0.16	0.21	0.71		14.88	
绳纹+附加堆纹						0.24	0.36	0.60		12.58	
线纹					0.18			0.18		3.77	
彩陶	0.10							0.10		2.10	
合计	0.764	0.11	0.424	0.03	1.02	1.02	1.40	4.77			
百分比（%）	16.02	2.31	8.89	0.63	21.38	21.38	29.35	100			

表三〇六　H189器形统计表　　　　　　　　　　　　　　　　　　　　　　（单位：件）

陶质			细泥质						粗泥质		细夹砂				粗夹砂				合计	百分比(%)
陶色			橘红				灰	红褐	橘红		红褐				红褐					
纹饰 \ 器形			素面+磨光	素面	彩陶	附加堆纹	素面	素面	素面	附加堆纹	素面	绳纹	附加堆纹	绳纹+附加堆纹	素面	绳纹	附加堆纹	绳纹+附加堆纹		
瓶			1																1	3.13
罐	口										2	2	1	1	1	3	1	1	13	40.63
	底										1									
钵	口		4	1	2	1	3		3										17	53.13
	底						2	1												
甑										1									1	3.13
合计			5	1	2	1	5	1	3	1	3	2	1	1	1	3	1	1	32	100
百分比(%)			15.63	3.13	6.25	3.13	15.63	3.13	9.38	3.13	9.38	6.25	3.13	3.13	3.13	9.38	3.13	3.13	100	

瓶　1件。标本H189：21，口、颈部残片。细泥质橘红陶。喇叭形口，窄平折沿，圆唇，束颈。器表磨光。素面。沿面与颈部均可见轮修痕迹。复原口径10、残高3厘米（图一二五九，1）。

罐　13件。均口、腹部残片。标本H189：17，粗夹砂红褐陶。侈口，折沿，圆唇，口沿内侧有一道凸棱，鼓腹。口沿以下饰左上至右下斜向绳纹。沿面可见轮修痕迹（图一二五九，9）。

标本H189：20，粗夹砂红褐陶。侈口，卷沿，圆唇，鼓腹。腹部饰横向绳纹。唇部可见轮修痕迹。复原口径15.9、腹径18.9、残高11.7厘米（图一二五九，3）。

标本H189：12、H189：14、H189：15、H189：19形制相同，均粗夹砂红褐陶，侈口，折沿。标本H189：12，圆唇，直腹。口沿以下饰竖向绳纹，上腹部饰鸡冠状附加堆纹。沿面可见轮修痕迹。复原口径29.7、残高9.6厘米（图一二五九，8）。标本H189：14，圆唇，鼓腹。口沿以下饰竖向绳纹。器表与沿面可见烟熏痕迹。复原口径21.6、残高6厘米（图一二五九，2）。标本H189：15，圆唇，鼓腹。腹部饰二道棱脊状附加堆纹。器表与沿面可见烟熏痕迹。复原口径18、残高9厘米（图一二五九，5）。标本H189：19，圆唇。素面。沿面与唇部可见轮修痕迹（图一二五九，7）。

钵　17件。均口、腹部残片。形制相同，均敛口，斜直腹。标本H189：1，细泥质橘红陶。圆唇。器表磨光。素面。内外壁均可见轮修痕迹（图一二五九，4）。标本H189：6，细泥质橘红陶。厚圆唇，口沿内侧有一道棱脊。素面。器表可见刮抹痕迹，内壁可见轮修痕迹（图一二五九，11）。标本H189：8，细泥质灰陶。尖圆唇。器表经刮抹较为光滑。素面。内外壁均可见轮修痕迹。复原口径21.9、残高4.5厘米（图一二五九，6）。标本H189：10，细泥质橘红陶。圆唇，口沿内侧有一道棱脊。口下饰鸡冠状附加堆纹。内外壁均可见轮修痕迹。复原口径28.8、残高6.9厘米（图一二五九，10）。

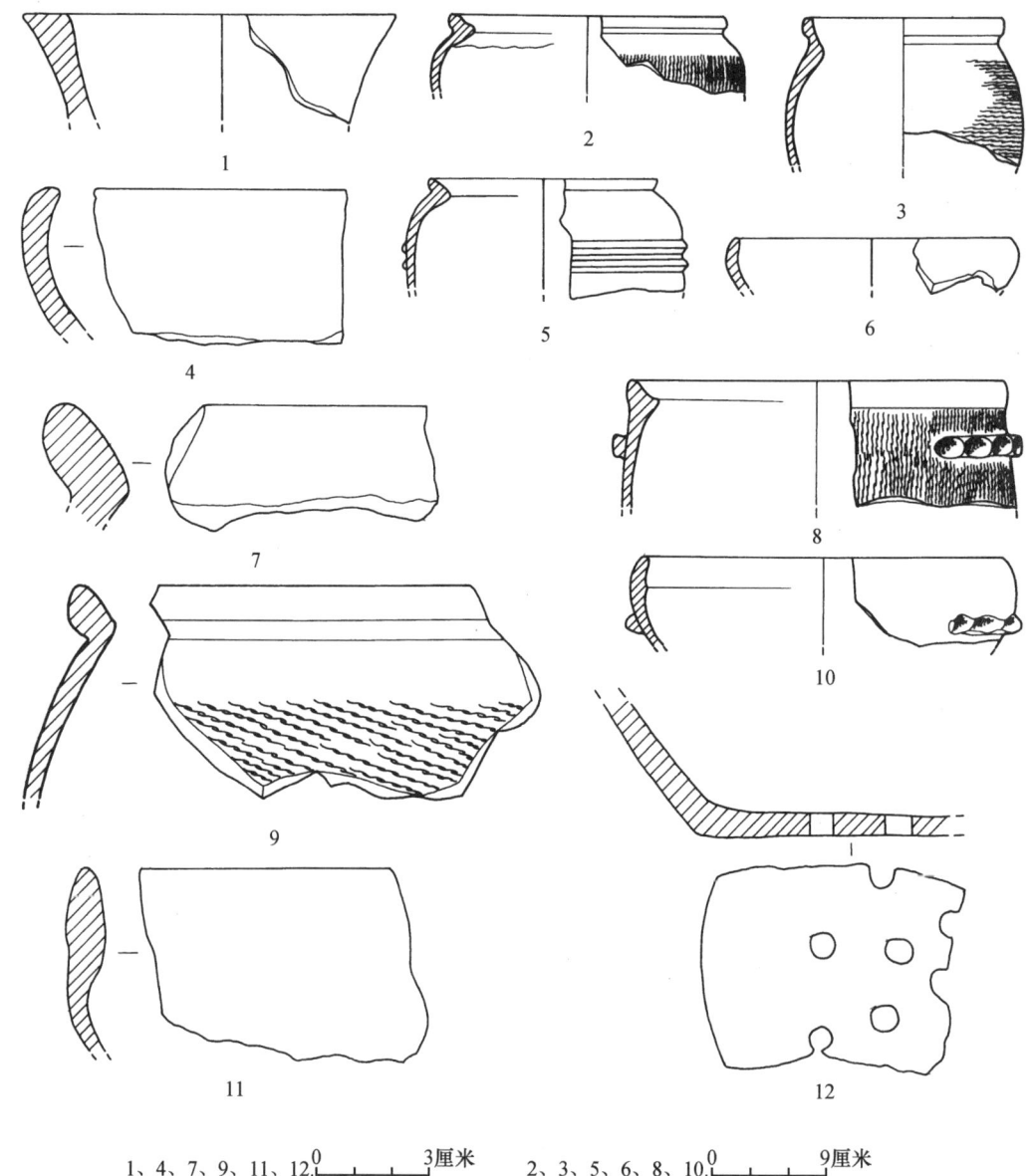

图一二五九　H189出土陶器

1. 瓶（H189:21）　2、3、5、7~9.罐（H189:14、H189:20、H189:15、H189:19、H189:12、H189:17）
4、6、10、11.钵（H189:1、H189:8、H189:10、H189:6）　12.甑（H189:11）

甑　1件。底部残片。标本H189:11，细泥质红褐陶。平底，底部残存多个圆孔，系在陶坯上由外向内单面戳成，孔外侧周缘均有一圈较矮棱脊。底部周缘可见烟熏痕迹。孔径0.6~0.8厘米（图一二五九，12）。

55. H204

H204位于Ⅲ区T0718东南部与T0818西南部，开口于②层下。平面呈圆形，袋状，斜直壁，平底。坑口径1.2、底径2.5、深1.5米。底部靠近西壁有一小坑，平面呈不规则形，长径1.3、短径0.56、深0.2米（图一二六〇）。

坑内堆积可分为3层：第①层为浅灰色土，土质疏松，包含少量火烧土颗粒与料姜石块，厚0.5米；第②层为浅褐色土，土质较为致密，厚0.6米；第③层为深灰色土，土质疏松，包含少量火烧土块，厚0.4~0.6米，出土少量陶片，另有石块、兽骨。

陶片为主要的出土物，以粗夹砂橘红陶为主，粗夹砂红褐陶次之，粗泥质橘红陶再次，并有少量细泥质橘红陶、细泥质黑陶和粗泥质红褐陶；纹饰以绳纹居多，附加堆纹次之，并有一定比例的素面、指窝纹和交错绳纹（表三〇七）。

H204共出土遗物9件。全部为陶器。器类有盆、罐、钵、瓮。

盆　1件。标本H204：4，口、腹部残片。粗泥质红褐陶。敛口，宽平折沿，尖圆唇，斜直腹。器表较为粗糙，沿面磨光。腹部饰鸡冠状附加堆纹。内、外壁均可见刮抹痕迹（图一二六一，4）。

罐　5件。均口、腹部残片。形制相同，均粗夹砂红褐陶，侈口，折沿，圆唇，鼓腹。标本H204：6，口下饰鸡冠状附加堆纹，腹部饰条带状附加堆纹。沿面可见轮修痕迹（图一二六一，1）。标本H204：7，沿下饰指窝纹，指窝纹下侧饰左上至右下斜向绳纹。沿面可见轮修痕迹（图一二六一，6）。

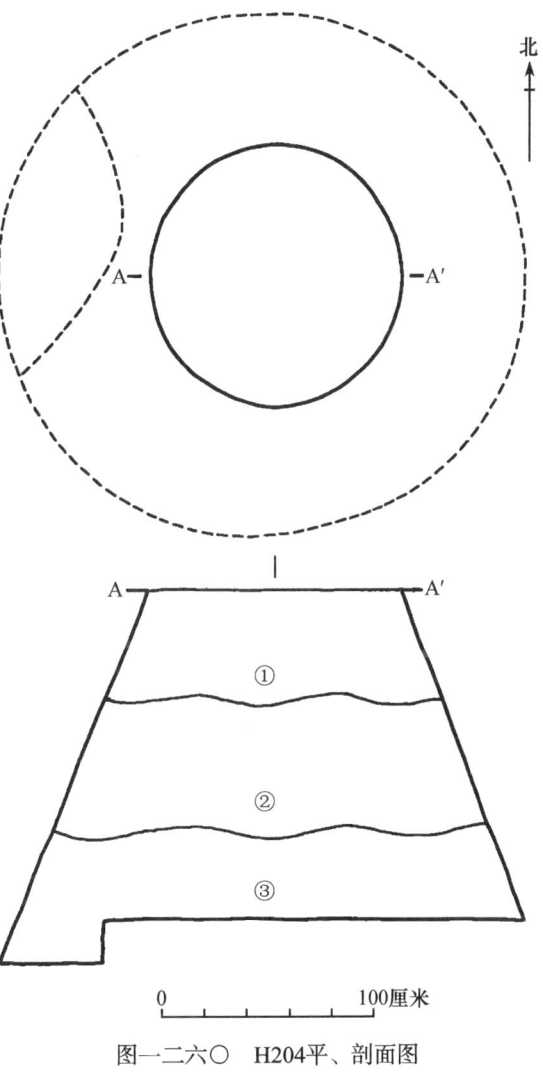

图一二六〇　H204平、剖面图

表三〇七　H204陶系统计表　　　　　　　　　（单位：kg）

陶质	细泥质		粗泥质		粗夹砂		合计		百分比（%）	
陶色 纹饰	橘红	黑	橘红	红褐	橘红	红褐				
素面		0.03	0.16				0.19		9.74	
素面+磨光	0.06						0.06		3.08	
绳纹					0.48	0.47	0.95		48.7	
附加堆纹			0.06	0.01	0.33		0.40	1.95	20.51	100
绳纹+指窝纹					0.22		0.22		11.28	
交错绳纹 +附加堆纹						0.126	0.126		6.46	
合计	0.06	0.03	0.22	0.01	1.03	0.60				
	1.95									
百分比（%）	3.08	1.54	11.28	0.51	52.82	30.77				
	100									

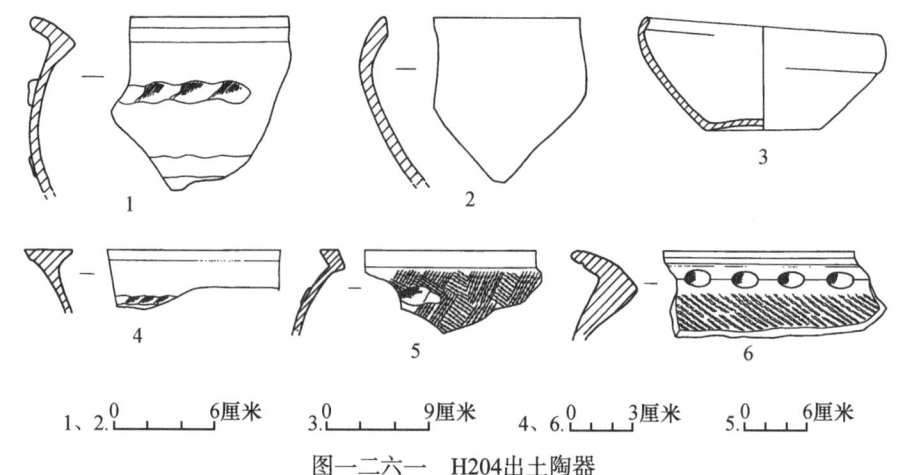

图一二六一　H204出土陶器

1、6.罐（H204：6、H204：7）　2、3.钵（H204：2、H204：1）　4.盆（H204：4）　5.瓮（H204：5）

钵　2件。形制相同，均敛口，尖圆唇，斜直腹，素面。标本H204：1，可复原。烧制变形，口不平。细泥质橘红陶。口沿内侧贴有一周泥片，凹底。器表磨光。素面。口下可见轮修痕迹，腹部可见刮抹痕迹。口径20.5、底径10.2、通高9.6厘米（图一二六一，3；彩版二二，6；图版一八六，2）。标本H204：2，口、腹部残片。粗泥质橘红陶。口沿内侧有一道较矮凸棱。素面。器表较为粗糙。口下可见轮修痕迹（图一二六一，2）。

瓮　1件。标本H204：5，口、腹部残片。粗夹砂红褐陶。侈口，折沿，方唇，鼓腹。口沿以下饰交错绳纹，上腹部饰鸡冠状附加堆纹。沿面可见轮修痕迹（图一二六一，5）。

56. H211

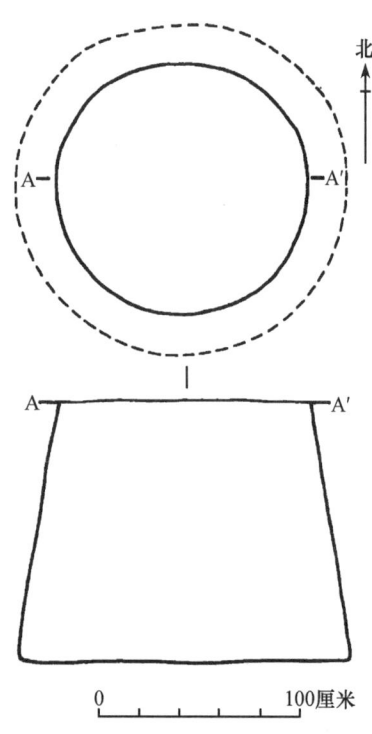

图一二六二　H211平、剖面图

H211位于Ⅲ区T0419北部，开口于②层下。平面呈圆形，袋状，斜直壁，平底。坑口径1.26、底径1.66、深1.26米（图一二六二）。

坑内堆积为灰褐色土，土质较致密，包含少量火烧土颗粒，出土大量陶片，另有兽骨。

陶片为主要的出土物，以粗夹砂红褐陶为主，细泥质橘红陶次之，并有一定比例的细泥质灰陶、粗泥质橘红陶和少量细泥质黑陶、粗泥质黑陶、细夹砂橘红陶、粗夹砂灰褐陶；纹饰以素面和附加堆纹居多，并有一定比例的绳纹和少量交错绳纹、彩陶（表三〇八）。

H211共出土遗物52件。全部为陶器。器类有瓶、盆、罐、钵、缸（图版一八六，3）、环、锉，另有器底（表三〇九）。

瓶　2件。形制相同，均喇叭形口。标本H211：9，口、颈部残片。粗泥质橘红陶。折沿，圆唇，束颈。器表磨光。素面（图一二六三，2）。标本H211：12，口、腹部残片。粗泥质橘红陶。口部周缘有一道较矮凸棱，平折沿，圆唇，束颈，溜肩，鼓腹。

表三〇八　H211陶系统计表　　　　　　　　　　　　　　　　　　　（单位：kg）

陶质	细泥质			粗泥质		细夹砂	粗夹砂		合计	百分比（%）
陶色 纹饰	橘红	黑	灰	橘红	黑	橘红	红褐	灰褐		
素面	0.342		1.38	0.32	0.22		1.73		3.992	31.04
素面+磨光	3.39	0.23		0.114			0.126		3.86	30.02
绳纹	0.12			0.54			1.89		2.55	19.83
交错绳纹							0.61		0.61	4.74
附加堆纹						0.34	0.51	0.126	0.976	7.59
绳纹+附加堆纹							0.252		0.252	1.96
交错绳纹+附加堆纹							0.37		0.37	2.88
彩陶	0.25								0.25	1.94
合计	4.102	0.23	1.38	0.974	0.22	0.34	5.488	0.126	12.86	100
					12.86					
百分比（%）	31.90	1.79	10.73	7.57	1.71	2.64	42.67	0.98		
					100					

表三〇九　H211器形统计表　　　　　　　　　　　　　　　　　　　（单位：件）

陶质	细泥质					粗泥质		粗夹砂					粗夹砂	合计	百分比（%）
陶色	橘红			灰	黑	橘红		红褐					灰褐		
纹饰 器形	素面+磨光	素面	彩陶	素面	素面+磨光	素面+磨光	绳纹	素面	绳纹	附加堆纹	绳纹+附加堆纹	交错绳纹+附加堆纹	附加堆纹		
瓶						1	1							2	4.00
盆　口				1	1									3	6.00
盆　底					1										
罐　口								9		4				31	62.00
罐　底								6	2		3	1			
钵	4	3	4		1		1							13	26.00
缸										1				1	2.00
合计	4	3	4	1	3	1	1	16	6	3	4	3	1	50	100
						50									
百分比（%）	8.00	6.00	8.00	2.00	6.00	2.00	2.00	32.00	12.00	6.00	8.00	6.00	2.00		
						100									

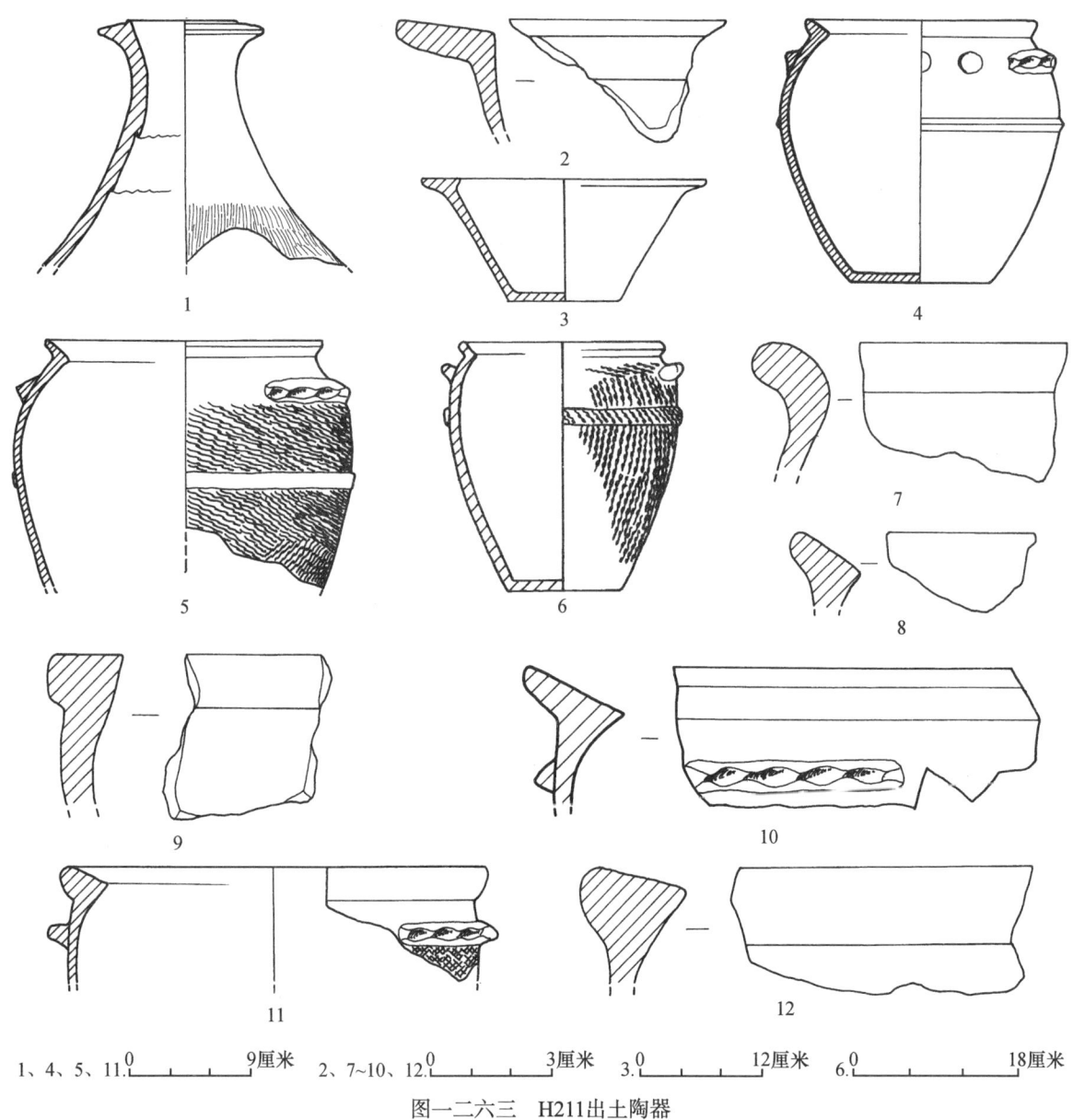

图一二六三 H211出土陶器

1、2.瓶（H211：12、H211：9） 3.盆（H211：10） 4～12.罐（H211：15、H211：17、H211：18、H211：24、H211：14、H211：27、H211：23、H211：19、H211：22）

腹部饰竖向细绳纹。沿面可见轮修痕迹。内壁可见泥条盘筑痕迹。口径12.6、残高18厘米（图一二六三，1；图版一八六，4）。

盆 3件。形制相同。标本H211：10，可复原。细泥质灰陶。敛口，平折沿，圆唇，斜直腹，平底。器表刮抹光滑。素面。内壁可见轮修痕迹，腹部可见刮抹痕迹。口径28.6、底径11.5、通高11.6厘米（图一二六三，3；图版一八六，5）。

罐 31件。标本H211：14、H211：15、H211：17、H211：18、H211：19、H211：22、H211：23形制相同，均侈口，折沿，鼓腹。标本H211：15，可复原。粗夹砂灰褐陶。圆唇，唇部有一道浅细凹槽，中腹圆鼓，下腹斜直，平底，最大腹径位于中腹部。口沿下侧饰一对鸡冠状附加堆纹，并饰一周共7个圆饼状附加堆纹，腹部饰一周凸棱状附加堆纹。口径17.4、腹径21、底径

10.2、通高19.2厘米（图一二六三，4；图版一八七，1）。标本H211：18，可复原。粗夹砂红褐陶。方唇，中腹微鼓，下腹斜直，平底，最大腹径位于中上腹部。口沿下侧饰一对鸡冠状附加堆纹，腹部饰一周条带状附加堆纹，上腹部饰左上至右下斜向绳纹，口沿下侧绳纹近平，下腹部饰竖向绳纹。口径22.2、腹径25.8、底径12.6、通高26厘米（图一二六三，6；图版一八七，2）。标本H211：14，口沿残片。粗夹砂红褐陶。圆唇。素面（图一二六三，8）。标本H211：17，口、腹部残片。粗夹砂红褐陶。圆唇，上腹圆鼓，最大腹径位于中上腹部。上腹部饰一对鸡冠状附加堆纹，中腹部饰一周条带状附加堆纹，上、中腹部饰左上至右下斜向绳纹，下腹部饰右上至左下斜向绳纹。复原口径21、腹径25.5、残高18厘米（图一二六三，5）。标本H211：19，口、腹部残片。粗夹砂红褐陶。圆唇。口下饰鸡冠状附加堆纹，腹部饰交错绳纹。沿面与唇部均可见轮修痕迹。复原口径32.1、残高8.4厘米（图一二六三，11）。标本H211：22，口、腹部残片。粗夹砂红褐陶。圆唇。素面。沿面可见轮修痕迹（图一二六三，12）。标本H211：23，口、腹部残片。粗夹砂红褐陶。圆唇。口下饰鸡冠状附加堆纹（图一二六三，10）。

标本H211：24，口、腹部残片。粗夹砂红褐陶。侈口，卷沿，圆唇，鼓腹。素面（图一二六三，7）。

标本H211：27，口、腹部残片。粗夹砂红褐陶。敛口，平折沿，方唇，鼓腹。素面（图一二六三，9）。

钵　13件。形制相同，均细泥质橘红陶，敛口，圆唇，口沿内侧贴有一周泥片，斜直腹，素面。标本H211：1，可复原。平底内凹。口下可见深红色叠烧痕迹与轮修痕迹，腹部可见刮抹痕迹，口部可见烟熏痕迹。口径24.8、底径12、通高12.8厘米（图一二六四，3；图版一八七，3）。标本H211：2，可复原。平底。口下可见轮修痕迹，腹部可见刮抹痕迹。口径18、底径8.8、通高9.4厘米（图一二六四，2；图版一八七，4）。标本H211：3，口、腹部残片。口下可见浅红色叠烧

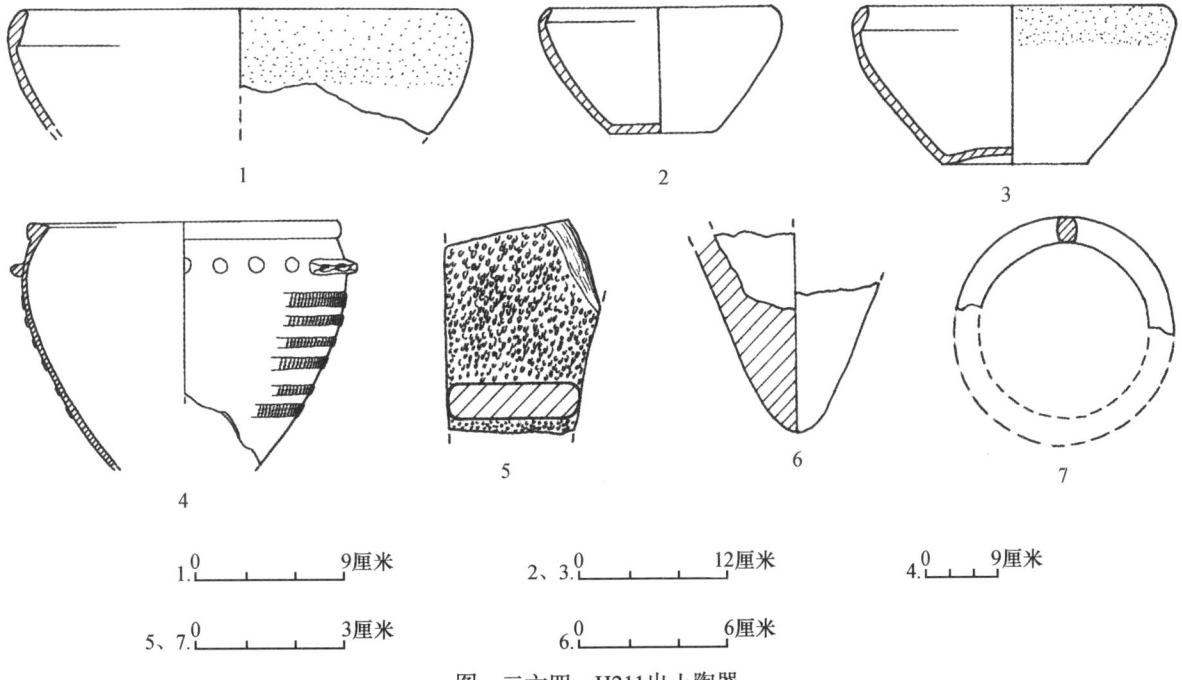

图一二六四　H211出土陶器

1～3.钵（H211：3、H211：2、H211：1）　4.缸（H211：16）　5.锉（H211：30）　6.器底（H211：13）　7.环（H211：29）

痕迹与轮修痕迹。复原口径27、残高7.5厘米（图一二六四，1）。

缸　1件。标本H211：16，口、腹部残片。粗夹砂红褐陶。敛口，厚唇，上腹微鼓，下腹斜直。口下饰一对鸡冠状附加堆纹，并饰一周圆饼状附加堆纹，腹部饰六周条带状附加堆纹，附加堆纹上饰竖向短绳纹。口径39、腹径40.2、残高29.4厘米（图一二六四，4）。

器底　标本H211：13，底部残片。粗夹砂红褐陶。尖底。器表磨光。素面。可能为瓶底。残高8厘米（图一二六四，6）。

环　1件。标本H211：29，残。细泥质灰陶。断面呈近方形。通体磨光。复原直径4.5、厚0.6厘米（图一二六四，7）。

锉　1件。标本H211：30，两端均残。细泥质橘红陶。残存部分平面呈梯形，横断面呈圆角长方形。器表麻点清晰，密度较小。残长4.3、宽2.7～3.2、厚0.7厘米（图一二六四，5）。

57. H212

H212位于Ⅲ区T0520东部，开口于②层下，东部被H213打破。平面呈圆形，袋状，斜直壁，平底，坑壁经火烧烤，十分坚硬。坑口径1.52、底径2.32、深1.8米（图一二六五）。

坑内堆积可分为2层：第①层为浅灰色土，土质疏松，厚0.78～0.86米，出土大量陶片、骨头；第②层为黄褐色土，土质疏松，厚0.94～1.02米，出土少量陶片。

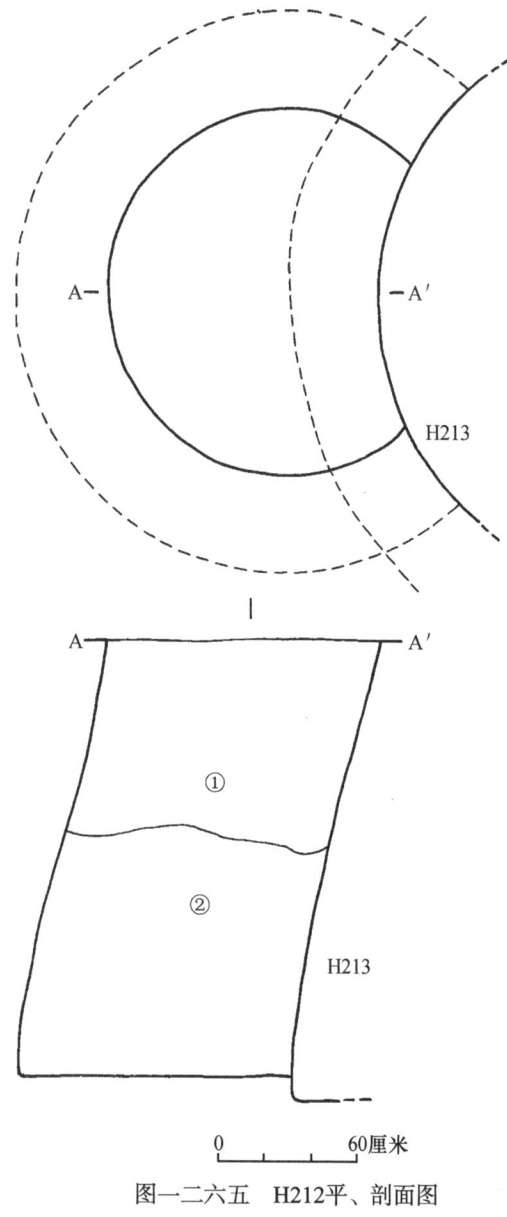

图一二六五　H212平、剖面图

陶片为主要的出土物，以粗夹砂红褐陶为主，细泥质橘红陶次之，并有少量细泥质黑陶、粗泥质橘红陶和细夹砂红褐陶；纹饰以绳纹居多，素面次之，弦纹再次，并有少量划纹、交错绳纹、指窝纹和彩陶（表三一〇）。

H212共出土遗物29件。以陶器为主，石、骨器次之。

（1）陶器

27件。器类有盆、罐、钵、瓮、缸（表三一一）。

盆　2件。均口、腹部残片。形制相同，均侈口，卷沿，圆唇，弧腹，器表磨光。标本H212：8，细泥质橘红陶。唇部与外沿面均饰黑色窄带纹彩绘。唇部可见轮修痕迹（图一二六六，1）。标本H212：9，细泥质黑陶。素面（图一二六六，2）。

表三一〇　H212陶系统计表　　（单位：kg）

陶质＼陶色＼纹饰	细泥质 橘红	细泥质 黑	粗泥质 橘红	细夹砂 红褐	粗夹砂 红褐	合计		百分比（%）	
素面	0.228	0.19	0.10	0.12	0.38	1.018		13.19	
素面+磨光	1.05	0.114				1.164		15.08	
绳纹	0.05		0.10		3.32	3.47		44.95	
弦纹	0.04					0.04		0.52	
交错绳纹					0.11	0.11		1.42	
绳纹+弦纹					0.97	0.97		12.56	
划纹	0.19					0.19	7.72	2.46	100
交错划纹	0.06					0.06		0.78	
交错绳纹+压印纹					0.14	0.14		1.81	
绳纹+附加堆纹					0.252	0.252		3.26	
指窝纹+弦纹+交错绳纹					0.126	0.126		1.63	
彩陶	0.18					0.18		2.33	
合计	1.798	0.304	0.20	0.12	5.30	7.72			
百分比（%）	23.29	3.94	2.59	1.55	68.65	100			

表三一一　H212器形统计表　　（单位：件）

陶质＼陶色＼纹饰＼器形	细泥质 橘红 素面+磨光	细泥质 橘红 彩陶	细泥质 黑 素面+磨光	细夹砂 红褐 素面	粗夹砂 红褐 素面	粗夹砂 红褐 绳纹	粗夹砂 红褐 弦纹	粗夹砂 红褐 绳纹+弦纹	粗夹砂 红褐 绳纹+附加堆纹	粗夹砂 红褐 弦纹+附加堆纹+指窝纹	合计		百分比（%）
盆		1	1								2		7.41
罐				1	1	2	2	1	2		9		33.33
钵	6	2	4		1						13	27	48.15
缸								1		1	2		7.41
瓮							1				1		3.70
合计	6	2	5	1	2	1	4	2	1	2	1	27	
百分比（%）	22.22	7.41	18.52	3.70	7.41	3.70	14.81	7.41	3.70	7.41	3.70	100	

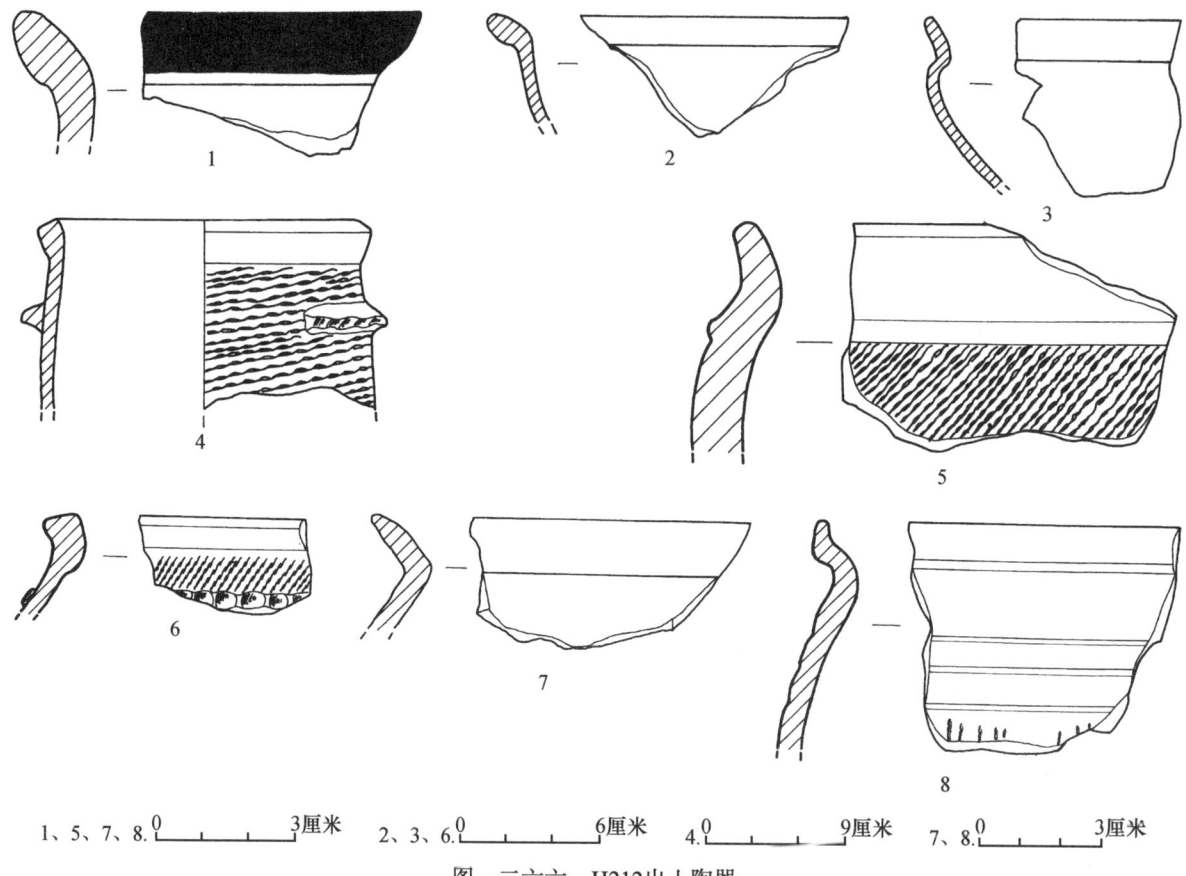

图一二六六　H212出土陶器

1、2.盆（H212：8、H212：9）　3～8.罐（H212：18、H212：11、H212：12、H212：14、H212：15、H212：13）

罐　9件。均口、腹部残片。标本H212：13，粗夹砂红褐陶。侈口，卷沿，沿面内曲，圆唇，鼓腹。腹部饰三周弦纹，弦纹下侧饰竖向绳纹（图一二六六，8）。

标本H212：15，粗夹砂红褐陶。侈口，折沿，尖圆唇，鼓腹。素面。外沿面与口沿下侧可见轮修痕迹（图一二六六，7）。

标本H212：12、H212：18形制相同，均侈口，卷沿，鼓肩，鼓腹。标本H212：12，粗夹砂红褐陶。方唇，肩部起一道显著棱脊。棱脊以下饰右上至左下斜向绳纹。口沿下侧可见轮修痕迹（图一二六六，5）。标本H212：18，细夹砂红褐陶。圆唇。素面（图一二六六，3）。

标本H212：11，粗夹砂红褐陶。直口，方唇，直腹。口沿以下饰右上至左下斜向绳纹，绳纹近平，上腹部饰鸡冠状附加堆纹。复原口径21.9、残高12厘米（图一二六六，4）。

标本H212：14，粗夹砂红褐陶。侈口，方唇，腹微鼓。口沿以下饰右上至左下斜向绳纹，上腹部饰条带状附加堆纹（图一二六六，6）。

钵　13件。均口、腹部残片。标本H212：1、H212：2、H212：3、H212：4形制相同，均细泥质橘红陶，直口微敛，圆唇，浅弧腹。标本H212：1，器表磨光。口下饰黑色宽带纹彩绘。彩绘下侧可见浅红色叠烧痕迹（图一二六七，6）。标本H212：2，器表磨光。口下饰黑色宽带纹彩绘（图一二六七，2）。标本H212：3，素面。器表可见轮修痕迹（图一二六七，1）。标本H212：4，器表磨光。素面（图一二六七，8）。

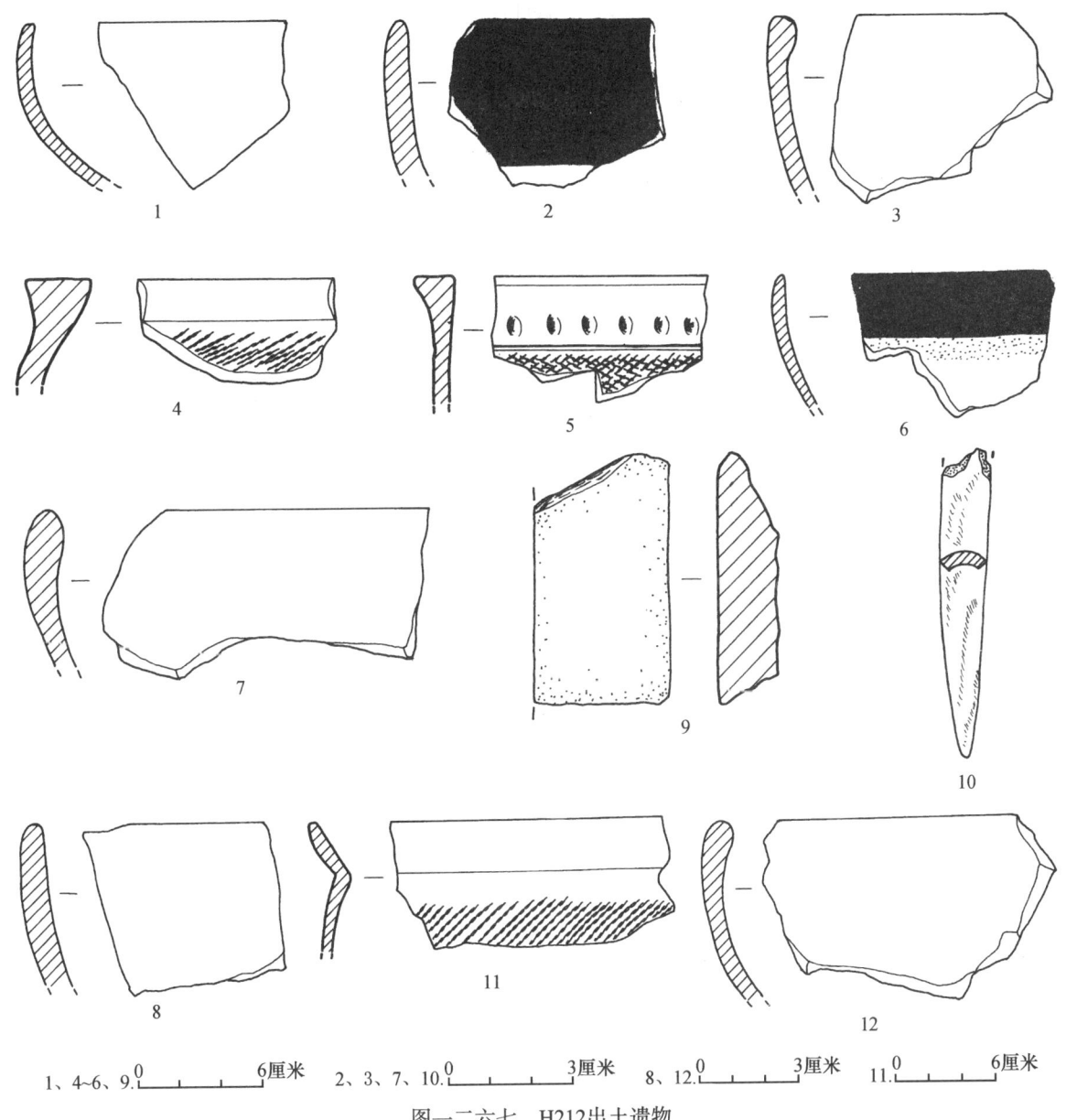

图一二六七　H212出土遗物

1~3、6~8、12. 陶钵（H212∶3、H212∶2、H212∶5、H212∶1、H212∶7、H212∶4、H212∶6）
4、5. 陶缸（H212∶17、H212∶16）　9. 石料（H212∶20）　10. 骨锥（H212∶21）　11. 陶瓮（H212∶10）

标本H212∶5、H212∶6、H212∶7形制相同，均细泥质橘红陶，敛口，斜直腹，素面。标本H212∶5，厚圆唇。器表磨光。内壁可见轮修痕迹（图一二六七，3）。标本H212∶6，厚圆唇。内壁可见轮修痕迹（图一二六七，12）。标本H212∶7，圆唇。器表磨光。内壁可见轮修痕迹（图一二六七，7）。

瓮　1件。标本H212∶10，口、腹部残片。粗夹砂红褐陶。侈口，折沿，圆唇，鼓腹。腹部饰右上至左下斜向绳纹（图一二六七，11）。

缸　2件。均口、腹部残片。形制相同，均粗夹砂红褐陶。敛口，平折沿，方唇，鼓腹。标本H212∶16，口沿下侧饰一周指窝纹，上腹部饰一周弦纹，弦纹下侧饰交错绳纹（图一二六七，5）。标本H212∶17，口沿以下饰右上至左下斜向绳纹。沿面可见轮修痕迹（图一二六七，4）。

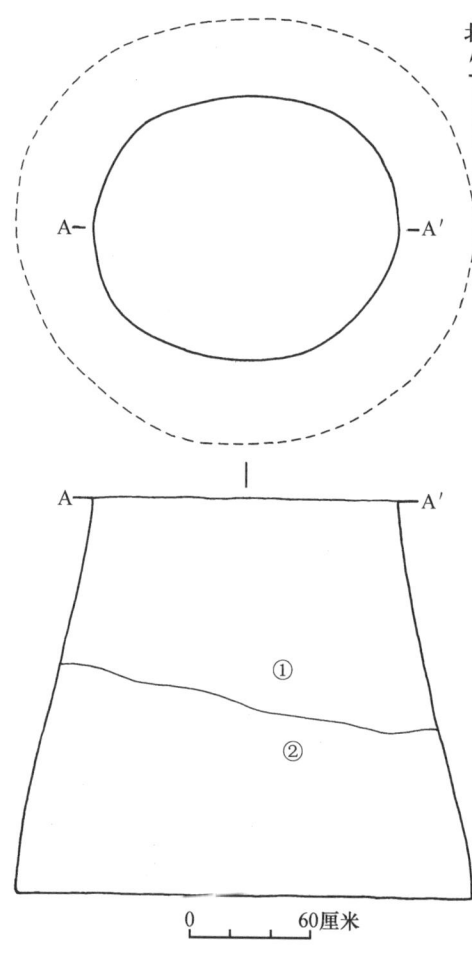

图一二六八　H213平、剖面图

(2) 石器

1件。石料。标本H212∶20，石英岩。平面呈长条形。两面均为劈裂面，两侧为近平行的砾石面。器表可见少量的打制疤痕。残长12、宽6.6、厚3厘米（图一二六七，9；图版一八七，5）。

(3) 骨器

1件。锥。标本H212∶21，尾端残。系利用动物长骨劈裂的骨片磨制而成。横断面呈弧形，尖部扁平，较为锐利。通体磨光。尾端可见劈裂痕迹。残长7.4厘米（图一二六七，10；图版一八七，6；图版二〇七，4）。

58. H213

H213位于Ⅲ区T0520东部和T0620西部，开口于②层下。平面呈椭圆形，袋状，斜直壁，平底。坑口长径1.52、短径1.28、底长径2.3、短径2.08、深1.9米（图一二六八）。

坑内堆积可分为2层：第①层为浅灰色土，土质较疏松，包含大量火烧土块及少量炭屑，厚0.8~1.1米，出土大量陶片；第②层为深灰色土，土质较致密，包含少量火烧土块，厚0.8~1.1米，出土少量骨头。

陶片为主要的出土物，以粗夹砂红褐陶为主，细泥质橘红陶、粗泥质橘红陶、细泥质黑陶次之，并有一定比例的细夹砂橘红陶、细泥质灰陶和少量细泥质橙黄陶；纹饰以素面居多，绳纹次之，并有少量交错绳纹、附加堆纹、线纹（表三一二）。

H213共出土遗物35件。全部为陶器。器类有盆、罐、钵、缸、瓮、锉，另有器耳（表三一三）。

盆　5件。均口、腹部残片。标本H213∶13，细泥质黑陶。侈口，卷沿，圆唇，弧腹。器表磨光。素面（图一二六九，1）。

标本H213∶11，细泥质橘红陶。敞口，尖圆唇，斜直腹。器表磨光。素面（图一二六九，4）。

标本H213∶12，细泥质黑陶。侈口，折沿，圆唇，弧腹。器表磨光。素面。外沿面可见轮修痕迹（图一二六九，7）。

罐　11件。均口、腹部残片。形制相同，均粗夹砂红褐陶，侈口，折沿，圆唇，鼓腹。标本H213∶14，素面。沿面可见轮修痕迹（图一二六九，9）。标本H213∶16，口沿以下饰左上至右下斜向绳纹。沿面可见轮修痕迹（图一二六九，8）。标本H213∶18，上腹部饰鸡冠状附加堆纹。沿面可见轮修痕迹，器表可见烟熏痕迹（图一二六九，5）。

钵　14件。均口、腹部残片。标本H213∶1、H213∶2、H213∶5、H213∶7、H213∶8、

表三一二　H213陶系统计表　　　　　　　　　　　　　　　（单位：kg）

陶质	细泥质				粗泥质	细夹砂	粗夹砂	合计	百分比（%）
陶色 纹饰	橘红	橙黄	黑	灰	橘红	橘红	红褐		
素面					0.09	0.11	1.78	1.98	36.26
素面+磨光	0.70	0.13	0.54	0.34	0.228			1.938	35.49
绳纹							0.46	0.46	8.42
弦纹							0.12	0.12	2.20
交错绳纹					0.114		0.12	0.234	4.29
附加堆纹					0.114		0.23	0.344	6.30
线纹						0.27		0.27	4.95
彩陶	0.114							0.114	2.09
合计	0.814	0.13	0.54	0.34	0.546	0.38	2.71	5.46	100
	5.46								
百分比（%）	14.91	2.38	9.89	6.23	10.00	6.96	49.63		
	100								

表三一三　H213器形统计表　　　　　　　　　　　　　　　（单位：件）

陶质	细泥质				粗泥质		细夹砂	粗夹砂			合计	百分比（%）
陶色	橘红	橙黄		黑	橘红		橘红	红褐				
纹饰 器形	素面+磨光	彩陶	素面+磨光	素面+磨光	素面+磨光	附加堆纹	素面	素面	绳纹	附加堆纹		
盆	2			3							5	14.71
罐　口								3	2	1	11	32.35
底								5				
钵　口	5	2	1	3	2	1					14	41.18
底												
缸								2			2	5.89
瓮							1	1			2	5.89
合计	7	2	1	6	2	1	1	10	3	1	34	100
	34											
百分比（%）	20.59	5.89	2.94	17.65	5.89	2.94	2.94	29.41	8.82	2.94		
	100											

H213：10形制相同，均直口微敛，浅弧腹，器表磨光。标本H213：1，细泥质橘红陶。圆唇。素面。口下可见深褐色叠烧痕迹（图一二六九，10）。标本H213：2，细泥质橘红陶。圆唇。素面。口下可见浅红色叠烧痕迹。内壁可见轮修痕迹（图一二六九，12）。标本H213：5，粗泥质橘红陶。方唇。素面。口下可见轮修痕迹（图一二六九，3）。标本H213：7，细泥质橘红陶。圆唇。口下饰黑色宽带纹彩绘（图一二六九，2）。标本H213：8，细泥质黑陶。方唇。素面。内壁可见

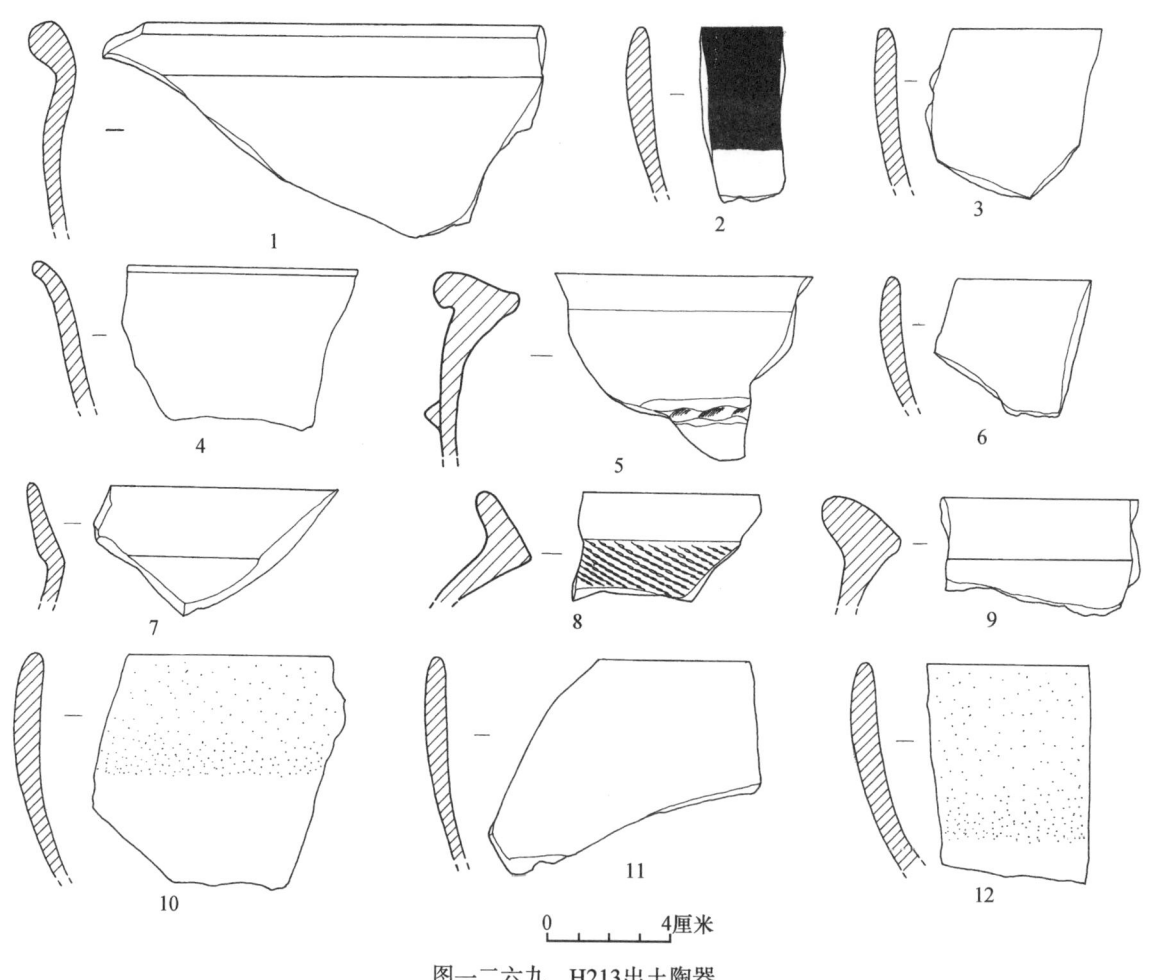

图一二六九　H213出土陶器

1、4、7.盆（H213：13、H213：11、H213：12）　2、3、6、10～12.钵（H213：7、H213：5、H213：8、H213：1、H213：10、H213：2）　5、8、9.罐（H213：18、H213：16、H213：14）

轮修痕迹（图一二六九，6）。标本H213：10，细泥质黑陶。圆唇。素面（图一二六九，11）。

标本H213：3、H213：4、H213：6形制相同，均敛口，斜直腹。标本H213：3，粗泥质橘红陶。圆唇，口沿内侧有一道凸棱，断面呈三角形。器表磨光。素面。内壁可见轮修痕迹（图一二七〇，6）。标本H213：4，粗泥质橘红陶。圆唇。器表刮抹光滑。上腹部饰鸡冠状附加堆纹。口下可见轮修痕迹，腹部可见刮抹痕迹（图一二七〇，1）。标本H213：6，细泥质橘红陶。尖圆唇。器表磨光。内壁可见轮修痕迹（图一二七〇，5）。

缸　2件。均口、腹部残片。形制相同，均粗夹砂红褐陶，敛口，平折沿，腹微鼓，素面。标本H213：19，沿面略向外侧下斜，圆唇。沿面可见轮修痕迹（图一二七〇，9）。标本H213：20，方唇。沿面可见轮修痕迹（图一二七〇，8）。

瓮　2件。均口、腹部残片。标本H213：15，粗夹砂红褐陶。烧制变形。侈口，卷沿，沿面微曲，方唇，腹微鼓。外沿面有一道浅细凹槽。口沿以下饰竖向绳纹。口沿下侧可见轮修痕迹（图一二七〇，2）。

标本H213：17，细夹砂橘红陶。敛口，圆唇，口沿内侧有一道宽浅凹槽，鼓肩，并起一道显

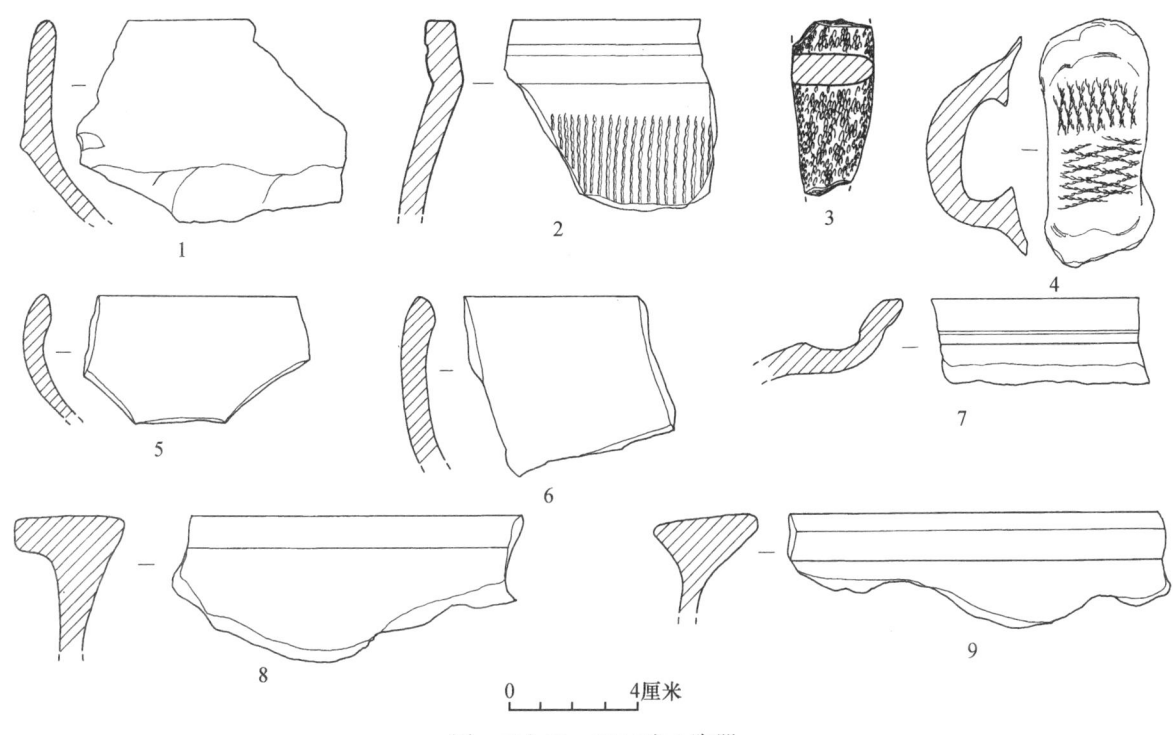

图一二七〇 H213出土陶器

1、5、6.钵（H213：4、H213：6、H213：3） 2、7.瓮（H213：15、H213：17） 3.锉（H213：23）
4.器耳（H213：22） 8、9.缸（H213：20、H213：19）

著棱脊，鼓腹。素面。内壁可见轮修痕迹（图一二七〇，7）。

器耳　标本H213：22，耳部残片。粗泥质橘红陶。扁圆桥形耳。器表饰交错绳纹（图一二七〇，4）。

锉　1件。标本H213：23，两端均残。粗泥质橘红陶。残存部分平面呈近三角形，横断面呈圆角长方形。器表麻点清晰，密度较小。器身磨损严重。残长5.5、最宽处2.6、厚1厘米（图一二七〇，3）。

59. H214

H214位于Ⅲ区T0619东北部，开口于②层下。平面呈圆形，袋状，斜直壁，平底。坑口径1.3、底径2.3、深1.6米（图一二七一）。

坑内堆积可分为2层：第①层为浅灰色土，土质疏松，包含少量火烧土颗粒及炭屑，厚1～1.2米，出土少量陶片；第②层为灰褐色土，土质疏松，包含零星料姜石块，厚0.4～0.6米，出土大量陶片。

陶片为主要的出土物，粗夹砂红褐陶占绝大多数，并有一定比例的细泥质橘红陶和少量细泥质黑陶、粗泥质橘红

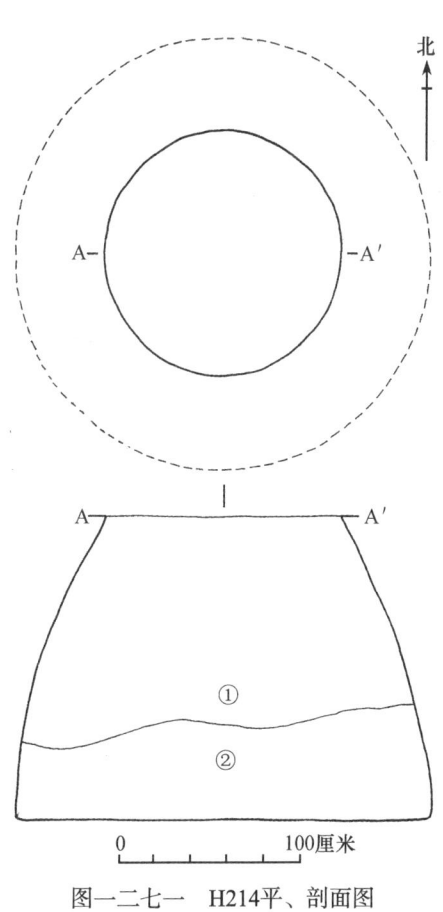

图一二七一　H214平、剖面图

陶、细夹砂红褐陶；纹饰以附加堆纹占绝大多数，并有一定比例的素面和少量绳纹、弦纹、线纹、彩陶（表三一四）。

H214共出土遗物40件。以陶器为主，石器次之。

（1）陶器

39件。器类有盆、罐、钵、缸、球（表三一五）。

表三一四　H214陶系统计表　　　　　　　　　　　（单位：kg）

陶质\陶色\纹饰	细泥质		粗泥质	细夹砂	粗夹砂陶	合计	百分比（%）	
	橘红	黑	橘红	红褐	红褐			
素面	0.114	0.114	0.18		0.94	1.348	10.41	
素面+磨光	0.48	0.22			0.70		5.41	
绳纹				0.126	0.87	0.996	7.69	
弦纹	0.05					0.05	0.39	
附加堆纹					0.55	0.55	4.25	100
绳纹+附加堆纹					8.98	8.98	69.34	
线纹	0.22					0.22	1.70	
彩陶	0.11					0.11	0.85	
合计	0.974	0.334	0.18	0.126	11.34	12.95		
	12.95							
百分比（%）	7.52	2.58	1.39	0.97	87.57			
	100							

表三一五　H214器形统计表　　　　　　　　　　　（单位：件）

陶质	细泥质			细夹砂	粗夹砂				合计	百分比（%）	
陶色	橘红		黑		红褐	红褐					
纹饰\器形	素面+磨光	素面	弦纹	素面+磨光	素面	绳纹	素面	绳纹	附加堆纹	绳纹+附加堆纹		
盆		1	1								2	5.26
罐 口						1	6	7	1	2	22	57.89
罐 底								2	2	2		
											38	100
钵	2	1		1							4	10.53
缸							9		1		10	26.32
合计	2	1	1	1	1	1	15	9	3	4	38	
	38											
百分比（%）	5.26	2.63	2.63	2.63	2.63	2.63	39.47	23.68	7.89	10.53		
	100											

盆 2件。均口、腹部残片。标本H214∶10，细泥质黑陶。侈口，卷沿，圆唇，弧腹。器表磨光。素面。唇部可见轮修痕迹（图一二七二，1）。

标本H214∶9，细泥质橘红陶。直口微敛，厚圆唇，弧腹。上腹部饰多周弦纹（图一二七二，3）。

罐 22件。均口、腹部残片。标本H214∶12，细夹砂红褐陶。侈口，卷沿，方唇，唇部有一道浅细凹槽，鼓腹。腹部饰横向绳纹。口沿下侧可见轮修痕迹（图一二七二，2）。

标本H214∶13、H214∶15、H214∶16形制相同，均粗夹砂红褐陶，侈口，折沿，圆唇，鼓腹。标本H214∶15，口沿以下饰右上至左下斜向绳纹，口沿下侧饰一对鸡冠状附加堆纹。沿面可见轮修痕迹。复原口径27.3、残高6.9厘米（图一二七二，11）。标本H214∶16，口沿以下饰右上至左

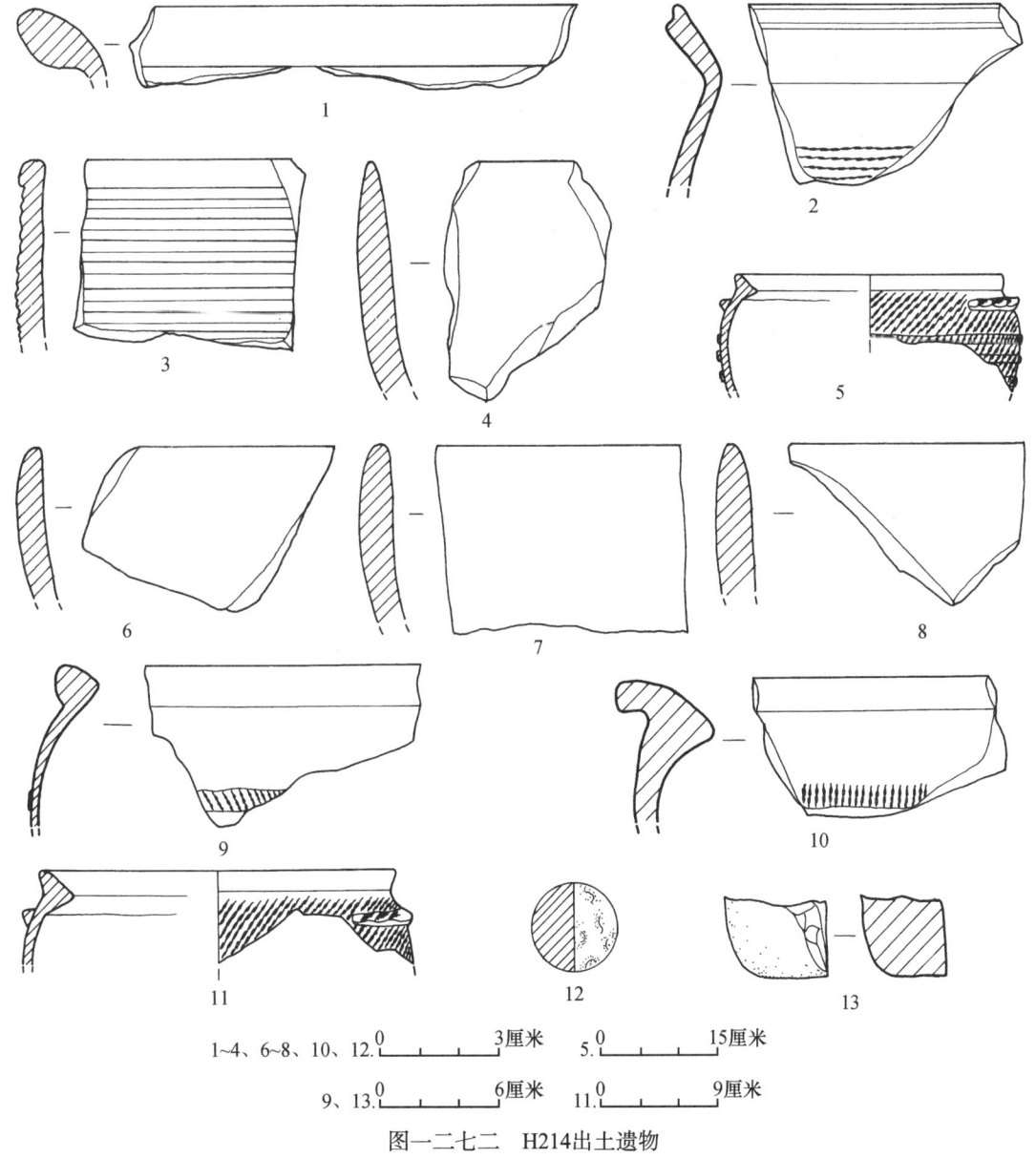

图一二七二 H214出土遗物

1、3.陶盆（H214∶10、H214∶9） 2、5、10、11.陶罐（H214∶12、H214∶16、H214∶13、H214∶15）
4、6~8.陶钵（H214∶5、H214∶4、H214∶2、H214∶6） 9.陶缸（H214∶14） 12.陶球（H214∶18）
13.石核（H214∶17）

下斜向绳纹，口沿下侧饰一对鸡冠状附加堆纹，腹部饰多周条带状附加堆纹。沿面可见轮修痕迹。复原口径35、残高15厘米（图一二七二，5）。标本H214：13，口沿以下饰竖向绳纹。沿面可见轮修痕迹（图一二七二，10）。

钵 4件。均口、腹部残片。标本H214：5，细泥质橘红陶。直口，尖圆唇，深弧腹。器表磨光。素面（图一二七二，4）。

标本H214：2、H214：4、H214：6形制相同，均直口微敛，圆唇，浅弧腹，素面。标本H214：2，细泥质橘红陶。器表磨光。内、外壁均可见轮修痕迹（图一二七二，7）。标本H214：4，细泥质橘红陶。口下可见轮修痕迹（图一二七二，6）。标本H214：6，细泥质黑陶。内壁可见轮修痕迹（图一二七二，8）。

缸 10件。均口、腹部残片。形制相同。标本H214：14，粗夹砂红褐陶，陶土中夹杂少量蚌壳碎片。侈口，折沿，厚圆唇，腹微鼓。腹部饰条带状附加堆纹，附加堆纹上饰左上至右下斜向短绳纹（图一二七二，9）。

球 1件。标本H214：18，完整。细泥质橘红陶。圆球状。通体磨光。器表可见使用形成的坑疤。直径2.2厘米（图一二七二，12；图版一八八，1）。

（2）石器

1件。石核。标本H214：17，石英岩。经多次剥片，节理较多，剥片均不成功。长5.2厘米（图一二七二，13）。

60. H215

H215位于Ⅲ区T0719东部和T0819西部，开口于②层下。平面呈圆形，袋状，斜直壁，平底。坑口径1.4、底径2.3、深1.36米（图一二七三）。

坑内堆积可为3层：第①层为灰褐色土，土质较疏松，厚0.9~1.36米，出土大量陶片，另有石块、骨头；第②层为浅灰色土，土质疏松，包含草木灰及黄土块，厚0~0.3米；第③层为浅褐色土，土质较疏松，最厚处0.2米。

陶片为主要的出土物，以粗夹砂红褐陶为主，粗泥质灰陶次之，并有一定比例的细泥质橘红陶、细泥质灰陶和少量粗泥质橘红陶、细泥质红褐陶、细泥质黑陶；纹饰以素面居多，绳纹次之，并有少量交错绳纹、附加堆纹和线纹（表三一六）。

H215共出土遗物25件。以陶器为主，骨器次之。

（1）陶器

24件。器类有盆、罐、钵、缸、圆陶片、笄（表三一七）。

盆 1件。标本H215：6，口、腹部残片。细泥质灰陶。敛口，圆唇，弧腹。素面。唇部与内壁均可见轮修痕迹（图一二七四，2）。

罐 11件。均口、腹部残片。形制相同，均粗夹砂红褐陶，侈口，折沿，圆唇，鼓腹。标本H215：8，腹部饰竖向绳纹。沿面可见轮修痕迹（图一二七四，1）。标本H215：9，口沿以下饰交错绳纹（图一二七四，3）。标本H215：10，腹部饰左上至右下斜向绳纹。口下可见轮修痕迹（图一二七四，4）。

钵 9件。均口、腹部残片。形制相同，均敛口，斜直腹。标本H215：2，细泥质橘红陶。圆唇。器表经刮抹较为光滑。口下饰鸡冠状附加堆纹。器表可见刮抹痕迹，内壁可见轮修痕迹（图一二七四，7）。标本H215：3，细泥质橘红陶。尖圆唇，口沿内侧贴有一周泥片。器表磨光。素面。口下可见轮修痕迹，器表可见烟熏痕迹（图一二七四，5）。标本H215：5，粗泥质灰陶。圆唇。器表经刮抹较为光滑。素面。口下可见轮修痕迹，下腹部可见刮抹痕迹（图一二七四，8）。

缸 1件。标本H215：11，口、腹部残片。粗夹砂红褐陶。敛口，平沿，厚圆唇，腹部较直。口沿下侧饰条带状附加堆纹，腹部饰左上至右下斜向绳纹。内壁可见轮修痕迹（图一二七四，6）。

圆陶片 1件。标本H215：12，完整。细泥质橘红陶。系利用钵的口沿残片打制而成，保留少量沿面。圆形，边缘较钝。器表可见浅褐色叠烧痕迹及烟熏痕迹。直径5.5、厚0.5厘米（图一二七四，10）。

笄 1件。标本H215：14，上部残。细泥质黑陶。器身呈圆柱状，横断面呈圆形，尖部较钝。器表磨光。

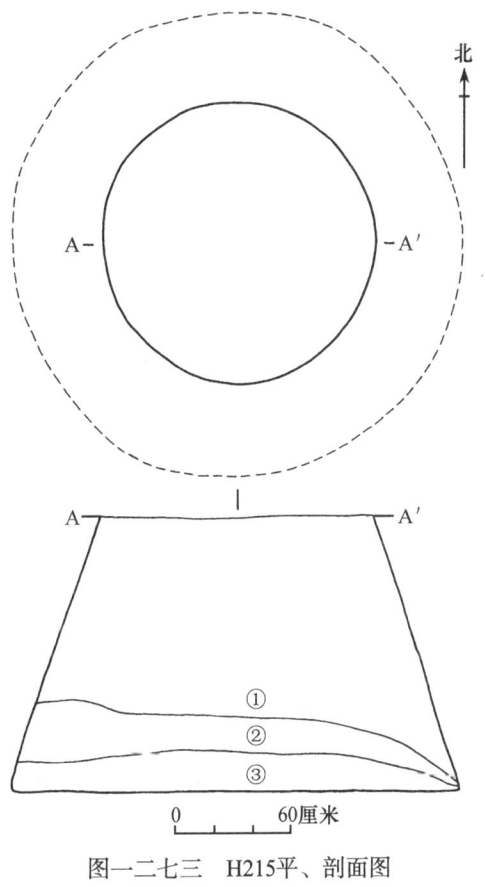

图一二七三 H215平、剖面图

表三一六 H215陶系统计表　　　　　　　　　　　（单位：kg）

陶质	细泥质				粗泥质		粗夹砂	合计	百分比（%）	
陶色 纹饰	橘红	红褐	灰	黑	橘红	灰	红褐			
素面			0.38			0.82	0.43	1.63	48.66	
素面+磨光	0.41			0.06				0.47	14.03	
绳纹					0.18		0.71	0.89	26.57	
附加堆纹	0.04	0.06					0.10		2.99	3.35	100
交错绳纹							0.02	0.02	0.60	
线纹	0.08		0.03				0.11		3.28	
绳纹+附加堆纹							0.126	0.126	3.76	
合计	0.53	0.06	0.41	0.06	0.18	0.82	1.286			
	3.35									
百分比（%）	15.82	1.79	12.24	1.79	5.37	24.48	38.39			
	100									

表三一七　H215器形统计表　　　　　　　　　　　　　　（单位：件）

陶质	细泥质				粗泥质	粗夹砂				合计	百分比（%）	
陶色	橘红	橘红	黑	灰	灰	红褐	红褐	红褐	红褐			
纹饰＼器形	素面+磨光	附加堆纹	素面+磨光	素面	素面	素面	绳纹	交错绳纹	绳纹+附加堆纹			
盆				1						1	4.55	100
罐						4	6	1		11	50.00	
钵	2	1	1		5					9	40.90	
缸									1	1	4.55	
合计	2	1	1	1	5	4	6	1	1	22		
百分比（%）	9.09	4.55	4.55	4.55	22.73	18.18	27.25	4.55	4.55	100		

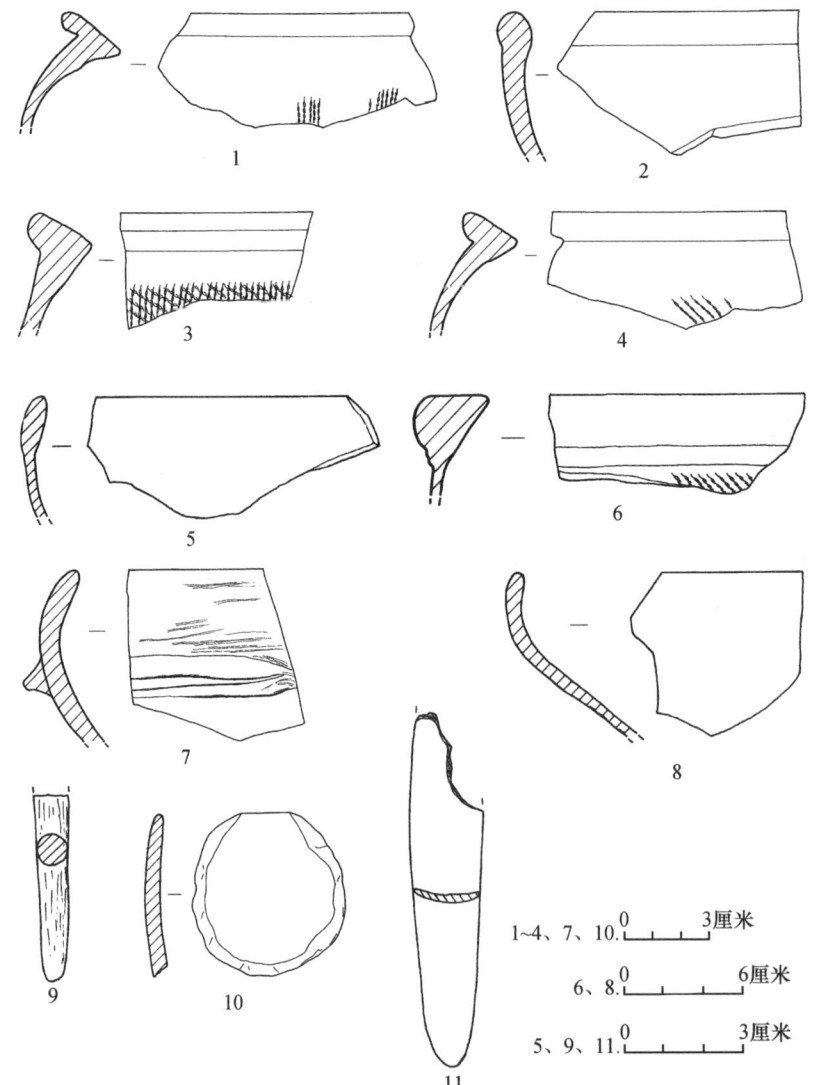

图一二七四　H215出土遗物

1、3、4.陶罐（H215∶8、H215∶9、H215∶10）　2.陶盆（H215∶6）　5、7、8.陶钵（H215∶3、H215∶2、H215∶5）　6.陶缸（H215∶11）　9.陶笄（H215∶14）　10.圆陶片（H215∶12）　11.骨匕（H215∶13）

残长4.7厘米（图一二七四，9；图版一八八，2）。

（2）骨器

1件。匕。标本H215∶13，一端残。平面呈长条形，器身扁平而薄，刃部较钝。通体磨光。残长9厘米（图一二七四，11）。

61. H221

H221位于Ⅲ区T0617东北部和T0618东南部，开口于②层下。平面呈圆形，袋状，弧壁，平底。坑口径1.2、底径1.6、深1.05米（图一二七五）。

坑内堆积为灰褐色土，土质疏松，包含少量火烧土颗粒，出土大量陶片。

陶片为主要的出土物，以粗夹砂红褐陶为主，细泥质橘红陶次之，并有一定比例的粗泥质橘红陶和少量细泥质黑陶、粗夹砂橘红陶；纹饰以素面和绳纹居多，附加堆纹次之（表三一八）。

H221共出土遗物15件。全部为陶器。器类有罐、钵、瓮（表三一九）。

罐 6件。均口、腹部残片。标本H221∶5，粗夹砂红褐陶。侈口，折沿，内沿面与腹部相接处有一道凸棱，圆唇，鼓腹。素面。内、外沿面均可见轮修痕迹（图一二七六，1）。

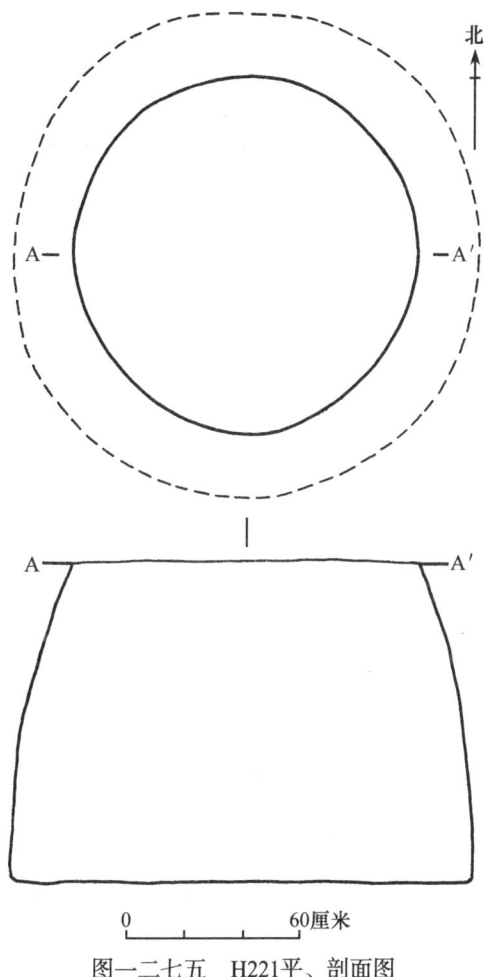

图一二七五 H221平、剖面图

表三一八 H221陶系统计表 （单位：kg）

陶质	细泥质		粗泥质	粗夹砂		合计		百分比（%）	
陶色 纹饰	橘红	黑	橘红	橘红	红褐				
素面		0.17	0.34	0.12	0.38	1.01		25.38	
素面+磨光	0.56				0.56	0.56		14.07	
绳纹				0.07	1.51	1.58	3.98	39.70	100
绳纹+弦纹 +附加堆纹				0.126	0.70	0.826		20.75	
合计	0.56	0.17	0.34	0.316	2.59				
	3.98								
百分比 （%）	14.07	4.27	8.54	7.94	65.08				
	100								

表三一九　H221器形统计表　　　　　　　　　　　　　　　　（单位：件）

陶质	细泥质	粗夹砂						合计	百分比（％）	
陶色	橘红	橘红			红褐					
器形＼纹饰	素面+磨光	素面	绳纹	绳纹+附加堆纹	素面	绳纹	绳纹+弦纹+附加堆纹			
罐		1	1	1	1	1	1	6	40.00	
钵	2							4	26.67	15 / 100
口	2									
瓮		1	1			2	1	5	33.33	
合计	4	2	2	1	1	3	2	15		
百分比（％）	26.67	13.33	13.33	6.67	6.67	20.00	13.33	100		

标本H221：3、H221：4、H221：7形制相同，均粗夹砂橘红陶，侈口，折沿，腹微鼓。标本H221：3，沿面有一道不显著凸棱，圆唇。口沿以下饰竖向绳纹。内、外沿面均可见轮修痕迹（图一二七六，4）。标本H221：4，圆唇。上腹部饰鸡冠状附加堆纹，口沿以下饰竖向绳纹。沿面可见轮修痕迹。复原口径31.5、残高6厘米（图一二七六，3）。标本H221：7，圆唇。素面。器表可见轮修痕迹（图一二七六，2）。

钵　4件。均口、腹部残片。形制相同。标本H221：1，细泥质橘红陶。直口微敛，圆唇，深弧腹。器表磨光。素面。口下可见浅红色叠烧痕迹，器表可见刮抹痕迹。复原口径30、残高14.1厘米（图一二七六，5）。

瓮　5件。均口、腹部残片。形制相同。标本H221：6，粗夹砂橘红陶。敛口，方唇，鼓肩，并起一道不显著棱脊，鼓腹。棱脊以下饰竖向绳纹。唇部与内壁均可见轮修痕迹（图一二七六，6）。

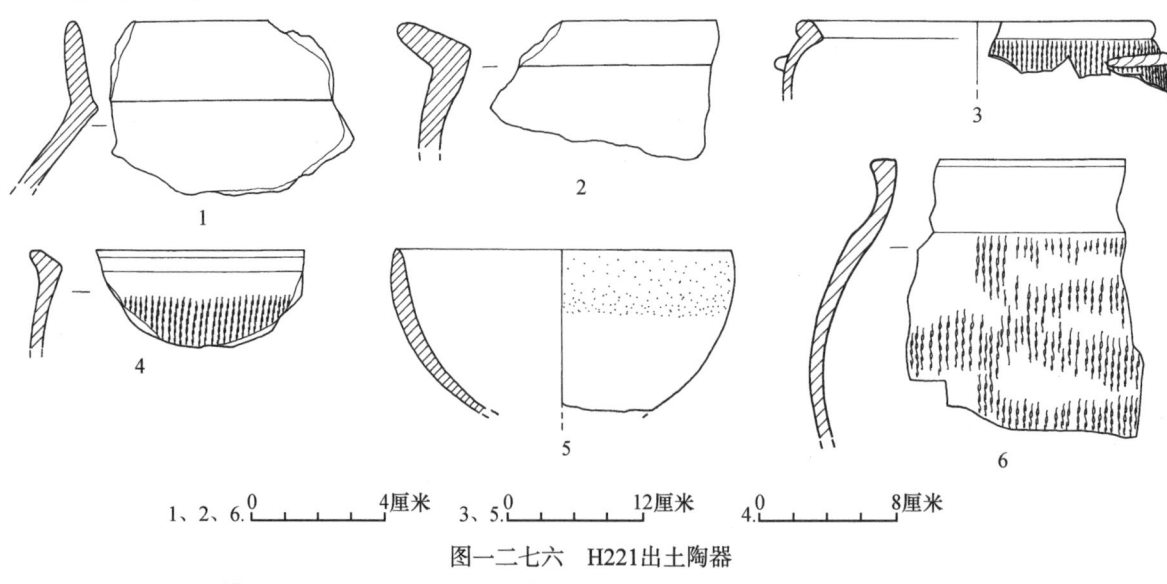

图一二七六　H221出土陶器
1~4.罐（H221：5、H221：7、H221：4、H221：3）　5.钵（H221：1）　6.瓮（H221：6）

62. H233

H233位于Ⅲ区T1014西南部，开口于②层下。平面呈圆形，锅底状，斜直壁，平底。坑口径1.5、底径0.9、深0.84米（图一二七七）。

坑内堆积为浅褐色土，土质疏松，出土少量陶片。

陶片以粗夹砂红褐陶为主，粗泥质橘红陶与细泥质橘红陶次之，还有少量粗泥质灰陶、细泥质黑陶、细夹砂红褐陶；纹饰以素面为主，附加堆纹次之，交错绳纹再次。

H233共出土遗物13件。全部为陶器。器类有瓶、盆、罐、钵、缸、杯、圆陶片、环，另有器足（表三二○）。

瓶　1件。标本H233：6，口、颈部残片。粗泥质灰陶。喇叭形口，宽折沿，沿面近平，圆唇，束颈。颈部饰圆饼状附加堆纹。沿面可见轮修痕迹，内壁可见泥条盘筑痕迹。复原口径11.9、残高5.2厘米（图一二七八，7）。

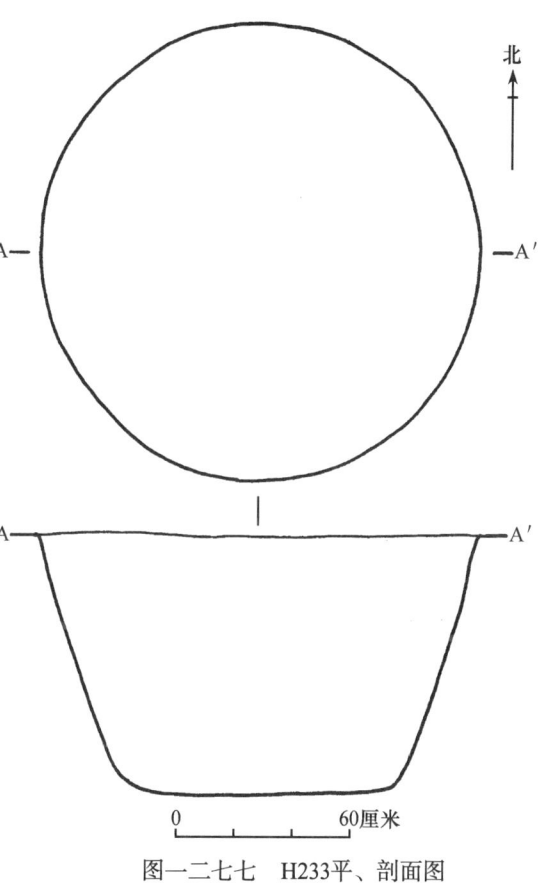

图一二七七　H233平、剖面图

表三二○　H233器形统计表　　　　　　　　　　　　　　（单位：件）

陶质	细泥质			粗泥质			细夹砂		粗夹砂			合计	百分比（%）
陶色	橘红		黑	橘红		灰	红褐		红褐				
纹饰\器形	素面+磨光	素面	素面+磨光	素面+磨光	素面	附加堆纹	素面	交错绳纹+附加堆纹	素面	绳纹	交错绳纹	合计	百分比（%）
瓶						1						1	9.09
盆			1									1	9.09
罐							1	1		1		3	27.27
钵	1	1		1								3	27.27
缸									1		1	2	18.18
杯					1							1	9.09
合计	1	1	1	1	1	1	1	1	1	1	1	11	100
	11												
百分比（%）	9.09	9.09	9.09	9.09	9.09	9.09	9.09	9.09	9.09	9.09	9.09		
	100												

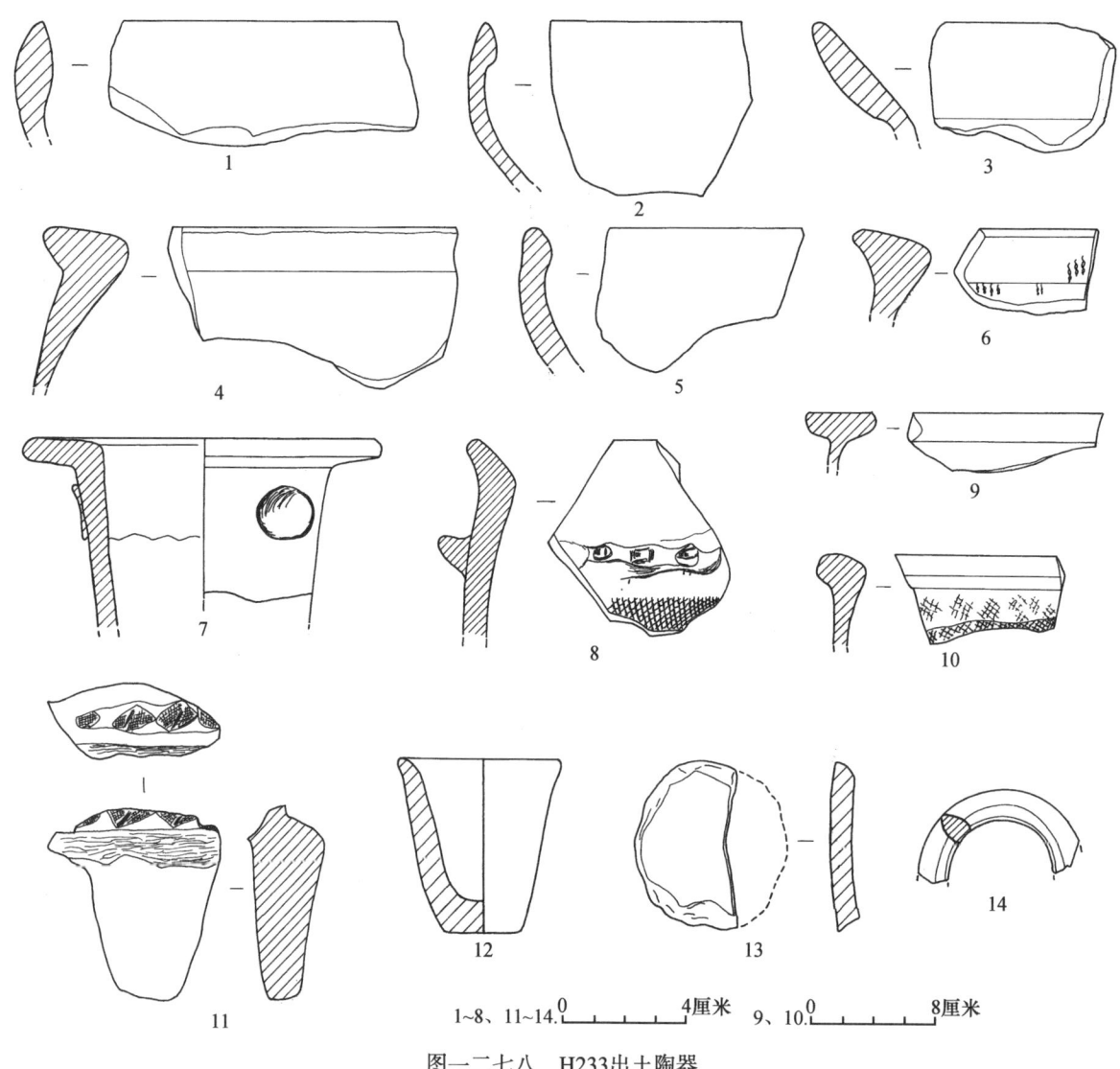

图一二七八　H233出土陶器
1、2、5.钵（H233：1、H233：3、H233：4）　3.盆（H233：5）　4、6、8.罐（H233：9、H233：10、H233：8）
7.瓶（H233：6）　9、10.缸（H233：12、H233：11）　11.器足（H233：14）　12.杯（H233：13）
13.圆陶片（H233：15）　14.环（H233：16）

盆　1件。标本H233：5，口沿残片。细泥质黑陶。侈口，圆唇。器表磨光。素面（图一二七八，3）。

罐　3件。均口、腹部残片。形制相同，均侈口，折沿，圆唇，腹微鼓。标本H233：8，细夹砂红褐陶。口沿下侧饰鸡冠状附加堆纹，附加堆纹下侧饰交错绳纹。沿面可见轮修痕迹（图一二七八，8）。标本H233：9，细夹砂红褐陶。素面。沿面可见轮修痕迹（图一二七八，4）。标本H233：10，粗夹砂红褐陶。外沿面与口沿以下饰竖向绳纹（图一二七八，6）。

钵　3件。均口、腹部残片。形制相同，均敛口，斜直腹，素面。标本H233：1，粗泥质橘红陶。尖圆唇。器表磨光。内壁可见轮修痕迹（图一二七八，1）。标本H233：3，细泥质橘红陶。厚圆唇。器表经刮抹较为光滑。口下与内壁均可见轮修痕迹，腹部可见刮抹痕迹（图一二七八，2）。标本H233：4，细泥质橘红陶。圆唇，口沿内侧有一道凸棱。器表磨光。内壁可见轮修痕迹（图一二七八，5）。

缸 2件。均口、腹部残片。标本H233:12，粗夹砂红褐陶。敛口，宽平沿，圆唇，腹微鼓。素面。沿面可见轮修痕迹（图一二七八，9）。

标本H233:11，粗夹砂红褐陶。侈口，折沿，厚圆唇，直腹。口沿以下饰交错绳纹。沿面可见轮修痕迹（图一二七八，10）。

杯 1件。标本H233:13，可复原。粗泥质橘红陶。捏制而成。敞口，尖圆唇，斜直腹，平底。素面。口径5.4、底径2.5、通高5.5厘米（图一二七八，12；图版一八八，3）。

器足 标本H233:14，粗夹砂红褐陶。捏制而成。足身较扁，底端圆钝，上部与器身相接处饰泥条状附加堆纹。可能为灶足。残高6.2厘米（图一二七八，11；图版一八八，4）。

圆陶片 1件。标本H233:15，残。细泥质橘红陶。系利用钵的残片打制而成。圆形，边缘较钝。背面可见一较大打制疤痕。直径5.3、厚0.7厘米（图一二七八，13）。

环 1件。标本H233:16，残。细泥质黑陶。圆环状，断面呈三角形，内圈较厚。器表磨光。厚1厘米（图一二七八，14）。

63. H234

H234位于TG5东北部，近底部延伸至探沟外，开口于②层下。平面呈圆形，袋状，斜直壁，平底。坑口径0.8、底径2、深1.96米（图一二七九）。

坑内堆积为浅灰色土，土质疏松，包含大量火烧土块，出土大量陶片，另有骨头。

陶片为主要的出土物，以粗夹砂红褐陶为主，细泥质橘红陶次之，并有一定比例的粗泥质红褐陶和少量粗泥质橙黄陶、粗泥质橘红陶、细泥质橙黄陶、细泥质灰陶、细泥质黑陶；纹饰以素面居多，绳纹次之，并有一定比例的附加堆纹和少量交错绳纹、线纹（表三二一）。

H234共出土遗物45件。以陶器为主，石器次之。

（1）陶器

44件。器类有瓶、罐、钵、缸、圆陶片（表三二二）。

瓶 2件。均口、颈部残片。形制相同。标本H234:7，粗泥质橘红陶。喇叭形口，折沿，沿面近平，圆唇，束颈。颈上部饰一周共三个圆饼状附加堆纹。沿面可见轮修痕迹，器表可见刮抹痕迹。复原口径11、残高5厘米（图一二八〇，11）。

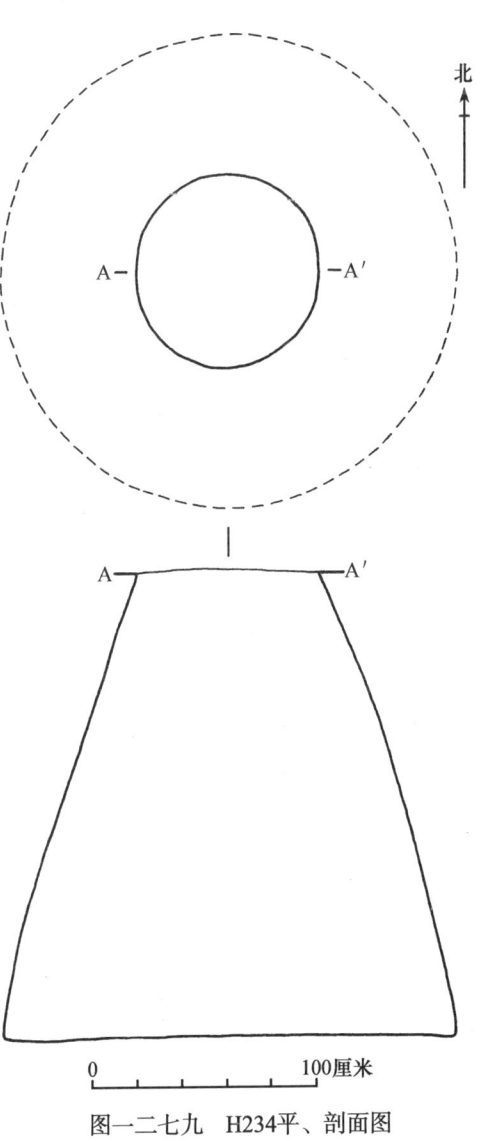

图一二七九 H234平、剖面图

表三二一　H234陶系统计表　　　　　　　　　　　　　　（单位：kg）

陶质	细泥质				粗泥质			粗夹砂	合计	百分比（%）	
陶色\纹饰	橘红	橙黄	灰	黑	橙黄	橘红	红褐	红褐			
素面	0.72	0.19	0.12	0.06	0.11		0.59	2.21	4.00	61.92	
素面+磨光	0.24								0.24	3.72	
绳纹								1.19	1.19	18.42	
附加堆纹					0.17	0.114		0.18	0.464	7.18	100
交错绳纹								0.11	0.11	1.70	
绳纹+附加堆纹								0.41	0.41	6.35	
线纹			0.05						0.05	0.77	
合计	0.96	0.19	0.17	0.06	0.28	0.114	0.59	4.10	6.46		
	6.46										
百分比（%）	14.86	2.94	2.63	0.93	4.33	1.76	9.13	63.47			
	100										

表三二二　H234器形统计表　　　　　　　　　　　　　　（单位：件）

陶质		细泥质		粗泥质		粗夹砂				合计	百分比（%）	
陶色		橘红	灰	橘红	橙黄	红褐						
器形\纹饰		素面+磨光	素面	素面	附加堆纹	素面	素面	绳纹	附加堆纹	绳纹+附加堆纹			
瓶	口				1						2	4.65	
	底					1							
罐	口						8	4			23	53.49	100
	钵		1				4	3	1	2			
钵		4	9	1			1	2			17	39.53	
缸							1				1	2.33	
合计		4	10	1	1	1	14	9	1	2	43		
		43											
百分比（%）		9.30	23.26	2.33	2.33	2.33	32.56	20.93	2.33	4.65			
		100											

罐　23件。均口、腹部残片。标本H234:8、H234:9、H234:10、H234:12、H234:13形制相同，均粗夹砂红褐陶，侈口、折沿、圆唇、鼓腹。标本H234:8，口沿以下饰左上至右下斜向绳纹。器表可见烟熏痕迹。复原口径14、残高8厘米（图一二八〇，1）。标本H234:9，素面。器表可见烟熏痕迹。复原口径16.4、残高2.8厘米（图一二八〇，4）。标本H234:10，口下饰鸡冠状附加堆纹。器表可见烟熏痕迹（图一二八〇，7）。标本H234:12，外沿面与口沿以下均饰右上至左下斜向绳纹。沿面可见轮修痕迹（图一二八〇，3）。标本H234:13，沿下抹泥。口沿以下饰左上

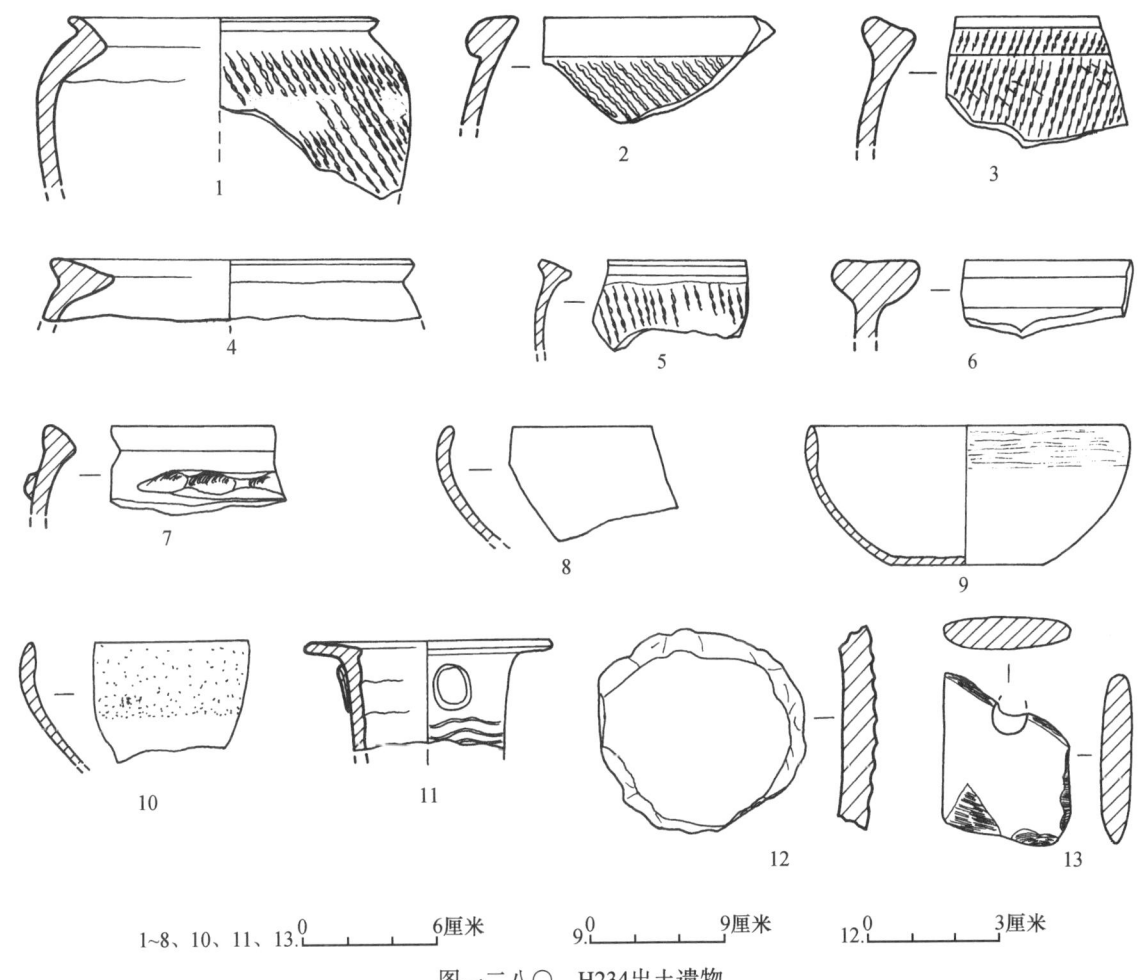

图一二八〇 H234出土遗物

1~5、7.陶罐（H234:8、H234:11、H234:12、H234:9、H234:13、H234:10） 6.陶缸（H234:15）
8~10.陶钵（H234:4、H234:1、H234:5） 11.陶瓶（H234:7） 12.圆陶片（H234:16） 13.石锛（H234:17）

至右下斜向绳纹。口部可见烟熏痕迹（图一二八〇，5）。

标本H234:11，粗夹砂红褐陶。敛口，厚圆唇，鼓腹。口沿以下饰左上至右下斜向绳纹。内壁可见轮修痕迹，唇部可见烟熏痕迹（图一二八〇，2）。

钵 17件。形制相同，均敛口，斜直腹，素面。标本H234:1，可复原。细泥质橘红陶。圆唇，平底。器表刮抹光滑。口下与内壁均可见轮修痕迹，腹部可见刮抹痕迹。口径21、底径10.4、通高8.8厘米（图一二八〇，9；图版一四五，2）。标本H234:4，口、腹部残片。细泥质灰陶。圆唇。器表刮抹光滑。内壁可见轮修痕迹，器表可见刮抹痕迹（图一二八〇，8）。标本H234:5，口、腹部残片。细泥质橘红陶。尖唇，口沿内侧贴有一周泥片。口下可见深褐色叠烧痕迹。内壁可见轮修痕迹，腹部可见刮抹痕迹（图一二八〇，10）。

缸 1件。标本H234:15，口、腹部残片。粗夹砂红褐陶。敛口，宽平折沿，圆唇，直腹。素面。唇部可见轮修痕迹（图一二八〇，6）。

圆陶片 1件。标本H234:16，完整。细泥质橘红陶。系利用盆的残片打制而成。圆形，边缘较钝。器表饰多道弦纹。直径4.7、厚0.8厘米（图一二八〇，12）。

（2）石器

1件。锛。标本H234：17，顶部残。石英细砂岩。残存部分平面呈梯形，中部有一个两面对钻而成的圆孔，刃部锋利。通体磨光。长7.6、刃部宽6、厚1.4厘米（图一二八〇，13）。

64. H237

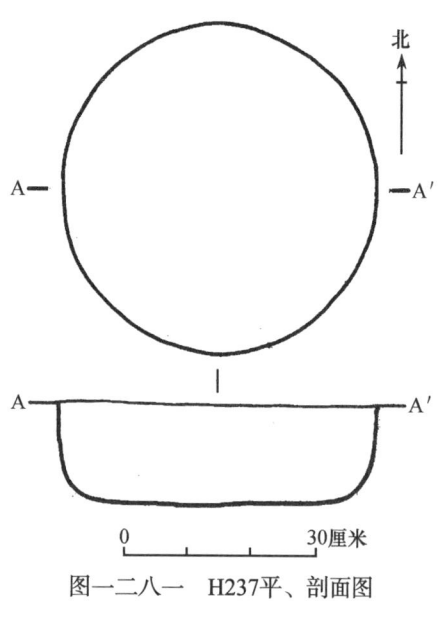

图一二八一　H237平、剖面图

H237位于Ⅲ区T0511东南部，开口于②层下。平面呈圆形，筒状，直壁，平底。坑口径0.5、深0.15米（图一二八一）。

坑内堆积为浅灰色土，土质较为疏松，出土大量陶片。

陶片以粗夹砂红褐陶为主，细泥质橘红陶次之，还有少量细泥质灰陶、粗泥质橘红陶、细夹砂橘红陶；纹饰以素面为主，绳纹与附加堆纹次之。

H237共出土遗物42件。以陶器为主，蚌器次之。

（1）陶器

41件。器类有瓶、罐、钵、缸、瓮、圆陶片、笄、环、球，另有器底（表三二三）。

瓶　1件。标本H237：16，口、颈部残片。细泥质橘红陶。喇叭形口，窄平折沿，沿面有一道宽浅凹槽，圆唇，束颈。素面。沿面、口沿内侧、器表均可见轮修痕迹，内壁可见泥条盘筑痕迹。复原口径10、残高8厘米（图一二八二，1）。

罐　17件。均口、腹部残片。标本H237：30，粗夹砂红褐陶。侈口，折沿，沿面微曲，方唇，肩略鼓，并起一道不显著棱脊，鼓腹。腹部饰竖向绳纹（图一二八二，2）。

表三二三　H237器形统计表　（单位：件）

陶质	细泥质				细夹砂		粗泥质	粗夹砂				合计	百分比（%）	
陶色	橘红	灰			橘红		橘红	红褐						
纹饰\器形	素面+磨光	素面	素面+磨光	附加堆纹	素面	附加堆纹	素面	素面	绳纹	附加堆纹	绳纹+附加堆纹			
瓶	1											1	2.78	
罐								4	8	3	2	17	47.22	
钵	4	3	1	1	1	1	2					13	36.11	100
缸								3			1	4	11.11	
瓮								1				1	2.78	
合计	4	4	1	1	1	1	2	8	8	3	3	36		
												36		
百分比（%）	11.11	11.11	2.78	2.78	2.78	2.78	5.56	22.22	22.22	8.33	8.33			
												100		

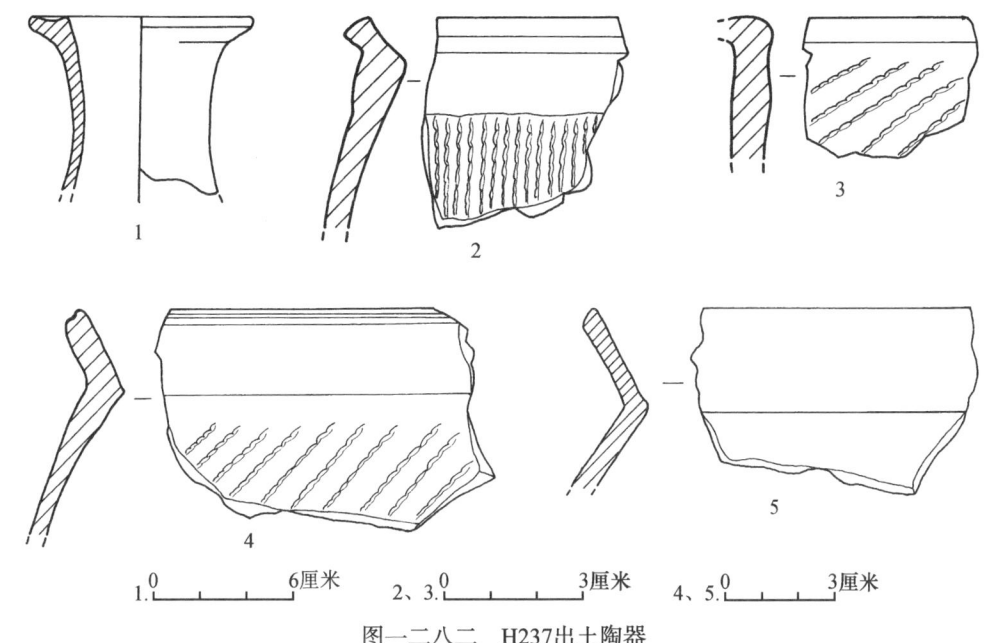

图一二八二　H237出土陶器
1. 瓶（H237:16）　2~5. 罐（H237:30、H237:33、H237:22、H237:28）

标本H237:22、H237:28形制相同，均粗夹砂红褐陶，侈口，折沿，方唇，鼓腹。标本H237:22，唇部有一道浅细凹槽。口沿以下饰右上至左下斜向绳纹（图一二八二，4）。标本H237:28，素面。器表与内壁均可见轮修痕迹（图一二八二，5）。

标本H237:33，粗夹砂红褐陶。敛口，平折沿，鼓腹。口沿以下饰右上至左下斜向绳纹（图一二八二，3）。

标本H237:17、H237:18、H237:19、H237:20、H237:21、H237:23、H237:24、H237:25、H237:26、H237:27、H237:29、H237:31、H237:34形制相同，均粗夹砂红褐陶，侈口，折沿，鼓腹。标本H237:20，圆唇，最大腹径位于中上腹部。口沿下侧饰一对鸡冠状附加堆纹，腹部饰多周条带状附加堆纹，通体饰绳纹，口沿以下饰左上至右下斜向绳纹，腹部饰右上至左下斜向绳纹。沿面可见轮修痕迹，口部可见烟熏痕迹。复原口径27、腹径32.4、残高18厘米（图一二八三，7）。标本H237:34，圆唇，最大腹径位于中上腹部。上腹部饰一对鸡冠状附加堆纹，中、上腹部饰多周条带状附加堆纹，附加堆纹上饰左上至右下斜向短绳纹。口径29.4、腹径32.4、残高25.5厘米（图一二八三，9）。标本H237:17，圆唇。腹部饰右上至左下斜向绳纹。沿面可见轮修痕迹（图一二八三，11）。标本H237:18，圆唇。口沿下侧饰鸡冠状附加堆纹。沿面可见轮修痕迹。复原口径18、腹径19.2、残高7.5厘米（图一二八三，1）。标本H237:19，圆唇。口沿以下饰竖向绳纹。沿面可见轮修痕迹（图一二八三，13）。标本H237:21，圆唇。口沿以下饰鸡冠状附加堆纹，并饰左上至右下斜向绳纹。复原口径15.6、残高4.5厘米（图一二八三，4）。标本H237:23，沿面有一道折棱，圆唇。口沿下侧可见刮抹痕迹，沿面可见轮修痕迹。复原口径27.9、腹径29.1、残高4.2厘米（图一二八三，5）。标本H237:24，尖圆唇。口沿以下饰左上至右下斜向绳纹。沿面可见轮修痕迹（图一二八三，10）。标本H237:25，圆唇。素面。复原口径27.9、残高5.1厘米（图一二八三，8）。标本H237:26，圆唇。沿面周缘饰横向绳纹，口沿以下

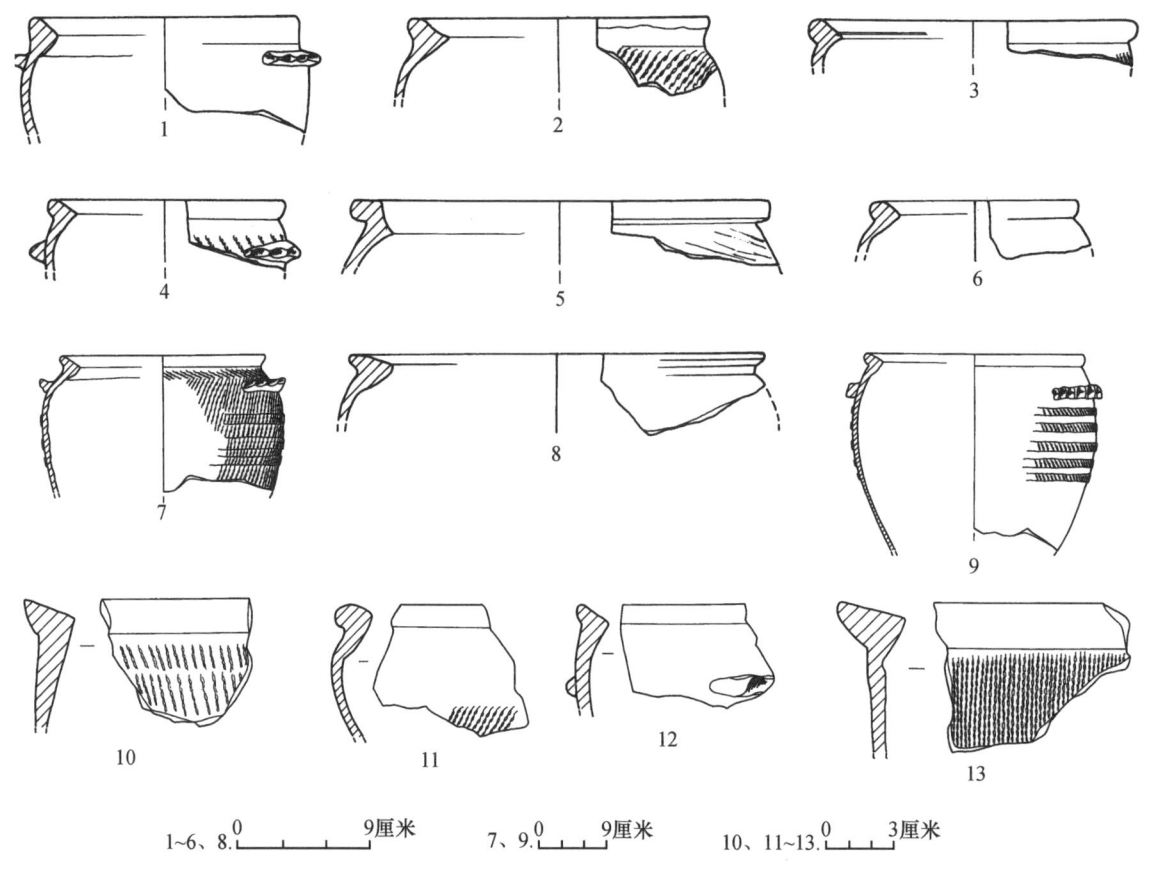

图一二八三　H237出土陶罐

1～13.（H237：18、H237：26、H237：27、H237：21、H237：23、H237：29、H237：20、H237：25、H237：34、H237：24、H237：17、H237：31、H237：19）

饰右上至左下斜向绳纹。复原口径20.1、残高5.1厘米（图一二八三，2）。标本H237：27，圆唇。口沿以下饰竖向绳纹。沿面可见烟熏痕迹。复原口径21.9、残高3厘米（图一二八三，3）。标本H237：29，圆唇。素面。复原口径14.1、残高3.4厘米（图一二八三，6）。标本H237：31，圆唇。上腹部饰鸡冠状附加堆纹。沿面可见轮修痕迹（图一二八三，12）。

钵　13件。形制相同，均敛口，斜直腹。标本H237：1，可复原。细泥质橘红陶。圆唇，平底。器表刮抹光滑。素面。口径15、底径6.6、通高8.1厘米（图一二八四，8；图版一八八，5）。标本H237：3，可复原。细泥质橘红陶。圆唇，口沿内侧贴有一周泥片，平底。器表刮抹光滑。素面。口下可见浅红色叠烧痕迹与轮修痕迹，腹部可见刮抹痕迹。口径19.5、底径9.9、通高9.6厘米（图一二八四，12；图版一八八，6）。标本H237：2，口、腹部残片。细泥质灰陶。圆唇。器表刮抹光滑。上腹部饰鸡冠状附加堆纹。口下与内壁均可见轮修痕迹，腹部可见刮抹痕迹。复原口径33.9、残高9.9厘米（图一二八四，13）。标本H237：4，口、腹部残片。粗泥质橘红陶。圆唇。素面。口下可见轮修痕迹，腹部可见刮抹痕迹，口部可见烟熏痕迹。复原口径30、残高14.1厘米（图一二八四，11）。标本H237：5，口、腹部残片。细泥质橘红陶。圆唇，口沿内侧贴有一周泥片。素面。口下可见刮抹痕迹，内壁可见轮修痕迹（图一二八四，6）。标本H237：6，口、腹部残片。细夹砂橘红陶。圆唇。口下饰鸡冠状附加堆纹。口下与内壁均可见轮修痕迹，器表可见刮抹痕迹。复原口径24、残高12厘米（图一二八四，10）。标本H237:7，口、腹部残片。细泥质橘红陶。尖圆唇。器表磨光。素面。内壁可见轮修痕迹（图一二八四，4）。标本H237:8，口、腹部残片。粗泥质橘红陶。圆唇。素面。内壁可见轮修痕迹（图一二八四，5）。标本H237:9，口、腹部残片。细泥质橘红陶。圆唇，口沿内侧贴有一周泥片。器表磨光。素面。内壁可见轮修痕迹（图一二八四，3）。标本H237:10，口、腹部残片。细泥质橘红陶。圆唇。器表磨光。素面。内壁可见轮修痕迹。复原口径24、残高5.4厘米（图一二八四，9）。标本H237:11，口、腹部残片。细泥质橘红陶。尖圆唇。器表磨光。素面。内壁可见轮修痕迹（图一二八四，2）。标本H237:12，口、腹部残片。细泥质灰陶。圆唇。器表磨光。素面。口下可见轮修痕迹（图一二八四，7）。标本H237:13，口、腹部残片。细夹砂橘红陶。圆唇。素面。器表可见刮抹痕迹，内壁可见轮修痕迹（图一二八四，1）。

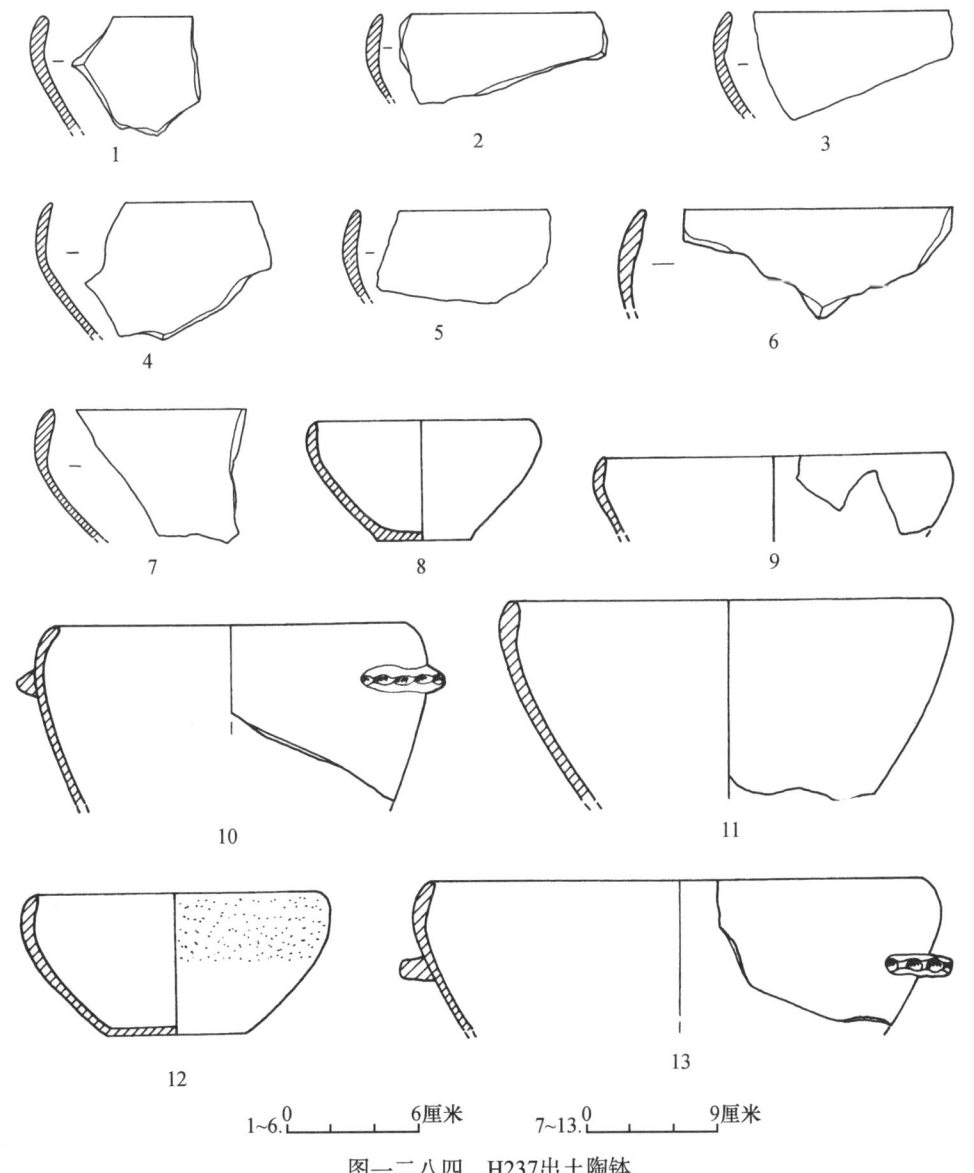

图一二八四　H237出土陶钵

1~13.（H237:13、H237:11、H237:9、H237:7、H237:8、H237:5、H237:12、H237:1、H237:10、H237:6、H237:4、H237:3、H237:2）

缸　4件。均口、腹部残片。标本H237：15、H237：37形制相同，均粗夹砂红褐陶，敛口，折沿，圆唇，腹微鼓，素面。标本H237：15，平折沿。器表可见刮抹痕迹，内壁可见轮修痕迹（图一二八五，5）。标本H237：37，沿面近平。沿面可见轮修痕迹（图一二八五，2）。

标本H237：35，粗夹砂红褐陶。敛口，厚唇，直腹。素面。沿面可见轮修痕迹（图一二八五，1）。

标本H237：36，粗夹砂红褐陶。侈口，折沿，圆唇，直腹。上腹部饰鸡冠状附加堆纹，口沿以下饰右上至左下斜向绳纹，绳纹斜度较小。沿面可见轮修痕迹，内壁可见泥条盘筑痕迹。复原口径50.1、残高18厘米（图一二八五，3）。

瓮　1件。标本H237：32，口、腹部残片。粗夹砂红褐陶。直口，圆唇，口沿内侧有一道浅细凹槽，鼓肩，并起一道显著棱脊。素面。唇部可见轮修痕迹（图一二八五，8）。

器底　标本H237：14，下腹、底部残片。细泥质橘红陶。下腹斜直，平底微凹。器表刮抹光滑。底部饰席纹。下腹部可见刮抹痕迹。底径9.6、残高2.8厘米（图一二八五，4）。

圆陶片　1件。标本H237：39，残。细泥质橘红陶。系利用钵的残片打制而成。残存部分平面呈扇形，边缘较钝。残存部分长径4.6、短径3.5、厚0.5厘米（图一二八五，9）。

笄　1件。标本H237：38，残。细泥质黑陶。"T"字形，器身呈圆柱状，横断面呈圆形，笄帽扁平。通体磨光。残长4.3厘米（图一二八五，6；图版一八九，1）。

环　2件。均残。形制相同，均细泥质灰陶，圆环状。标本H237：41，断面呈长方形，内圈稍厚。器表磨光。复原直径5.2、厚0.6厘米（图一二八五，12）。标本H237：42，断面呈圆形。器表磨光。复原直径5、厚0.5厘米（图一二八五，11）。

球　1件。标本H237：40，完整。粗泥质灰陶。扁圆球状。器表可见砍砸痕迹。长径4.6、短径2.9厘米（图一二八五，7；图版一八九，2）。

（2）蚌器

1件。刀。标本H237：43，残。残存部分平面大体呈长方形，刃缘较锋利。残长7.1、宽3.8厘米（图一二八五，10；图版一八九，3）。

65. H246

H246位于Ⅲ区T1011东南部，开口于②层下。平面呈圆形，筒状，直壁，平底。坑口径0.5、深0.3米（图一二八六）。

坑内堆积为深褐色土，土质致密，出土少量陶片。

陶片为主要的出土物，以粗夹砂红褐陶为主，细泥质橘红陶次之，并有一定比例的粗泥质橘红陶、粗泥质橙黄陶和少量细泥质灰陶、细泥质黑陶、细夹砂橘红陶；纹饰以素面居多，绳纹次之，还有少量附加堆纹和彩陶（表三二四）。

H246共出土遗物24件。全部为陶器。器类有瓶、盆、钵、缸、环（表三二五）。

瓶　3件。均口、颈部残片。形制相同。标本H246：10，粗泥质橘红陶。喇叭形口，窄平折沿，圆唇，口部有一道矮棱，束颈。器表磨光。素面。内、外壁均可见轮修痕迹，内壁可见泥条盘筑痕迹。口径9.7、残高7.6厘米（图一二八七，8）。

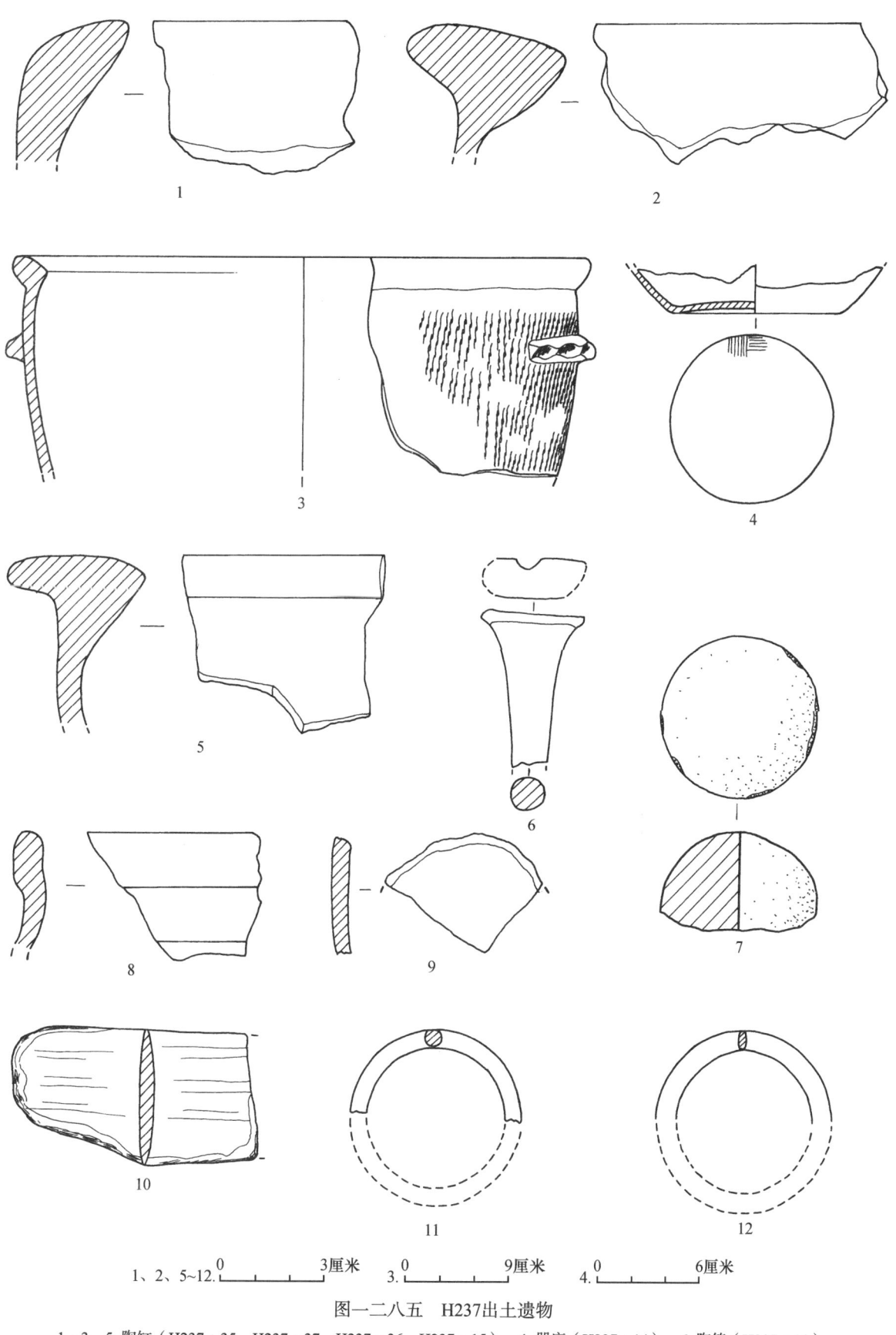

图一二八五 H237出土遗物

1~3、5. 陶缸（H237：35、H237：37、H237：36、H237：15） 4. 器底（H237：14） 6. 陶笄（H237：38）
7. 陶球（H237：40） 8. 陶瓮（H237：32） 9. 圆陶片（H237：39） 10. 蚌刀（H237：43）
11、12. 陶环（H237：42、H237：41）

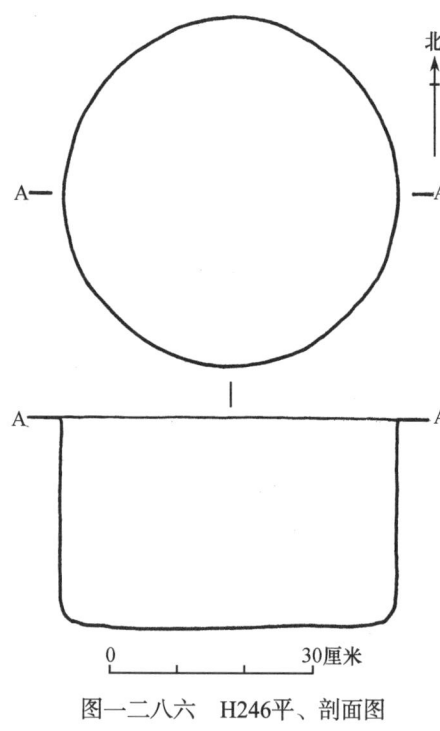

图一二八六　H246平、剖面图

盆　5件。标本H246：9，口、腹部残片。细泥质灰陶。侈口，卷沿，圆唇，弧腹。器表磨光。素面（图一二八七，5）。

标本H246：7、H246：8形制相同，均粗泥质橘红陶，敛口，平折沿，斜直腹，素面。标本H246：7，可复原。沿面略向外侧下斜，平底。沿面磨光。器表可见刮抹痕迹。口径31.2、底径14.4、通高10.4厘米（图一二八七，7；图版一八九，4）。标本H246：8，口、腹部残片。方唇。器表可见刮抹痕迹。复原口径31、残高5厘米（图一二八七，6）。

钵　9件。形制相同，均粗泥质橘红陶，敛口，口沿内侧贴有一周泥片，斜直腹，素面。标本H246：1，可复原。尖圆唇，平底。器表经刮抹较为光滑。器表可见刮抹痕迹。口径17.2、底径9.2、通高8.6厘米（图一二八七，1；图版一八九，5）。标本H246：2，口、腹部残片。圆唇。器表经刮抹较为光滑。内壁可见轮修痕迹，器表可见刮抹痕迹。复原口径24.8、残高8厘米（图一二八七，4）。

缸　6件。均口、腹部残片。形制相同。标本H246：14，粗夹砂红褐陶。敛口，平沿，厚方唇，腹微鼓。唇部饰左上至右下斜向细绳纹，口沿以下饰左上至右下斜向粗绳纹。沿面可见轮修痕迹（图一二八七，2）。

环　1件。标本H246：15，残。细泥质黑陶。断面呈近方形，上下各有一浅凹槽。器表磨光。素面。厚0.6厘米（图一二八七，3）。

表三二四　H246陶系统计表　　　　　　　　　　　　（单位：kg）

陶质	细泥质			粗泥质		细夹砂	粗夹砂	合计		百分比（%）	
陶色 纹饰	橘红	灰	黑	橘红	橙黄	橘红	红褐				
素面				0.25	0.81	0.02	2.08	3.16	10.02	31.54	100
素面+磨光	1.80	0.08	0.19	0.228				2.298		22.93	
绳纹					0.72		3.63	4.35		43.41	
绳纹+附加堆纹							0.11	0.11		1.10	
彩陶	0.10							0.10		1.00	
合计	1.90	0.08	0.19	1.198	0.81	0.02	5.82	10.02			
百分比（%）	18.96	0.80	1.90	11.96	8.08	0.20	58.08	100			

表三二五　H246器形统计表　　　　　　　　　　　　　　　　（单位：件）

陶质	细泥质		粗泥质	细夹砂	粗夹砂		合计	百分比（%）	
陶色	橘红	灰	橙黄	橘红	红褐				
纹饰\器形	素面+磨光	素面	素面+磨光	素面	素面	素面	绳纹			
瓶	1	1		1				3	13.04	100
盆		2	1	2				5	21.74	
钵		9						9	39.13	
缸						5	1	6	26.09	
合计	1	12	1	2	1	5	1	23		
	23									
百分比（%）	4.35	52.17	4.35	8.70	4.35	21.74	4.35			
	100									

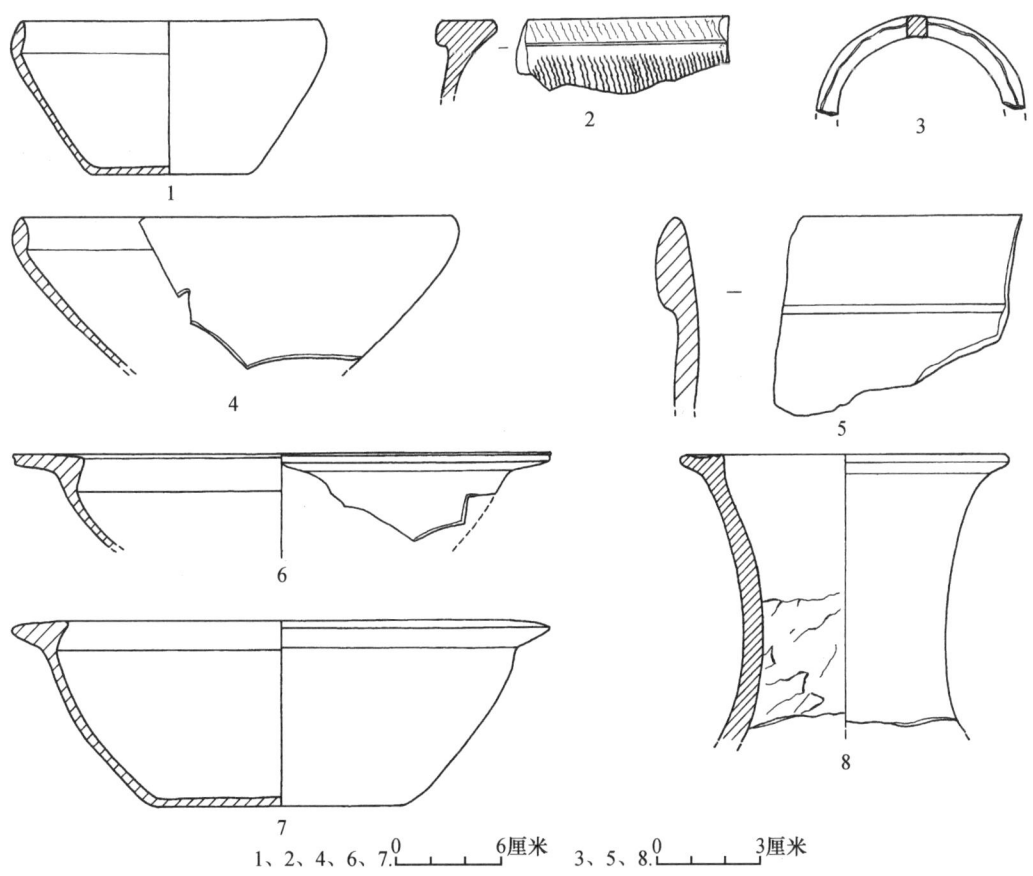

1、2、4、6、7. 0━━━6厘米　　3、5、8. 0━━━3厘米

图一二八七　H246出土陶器

1、4.钵（H246∶1、H246∶2）　2.缸（H246∶14）　3.环（H246∶15）　5~7.盆（H246∶9、H246∶8、H246∶7）
8.瓶（H246∶10）

第二节 土 坑 墓

土坑墓2座，编号为M2、M6。墓坑形制有椭圆形灰坑与竖穴土坑二种，葬式有合葬与单人葬。葬者为成年人与未成年人。两座墓均无随葬品。

1. M1

M1位于Ⅲ区T0818东南部，开口于②层下。以灰坑为墓坑，平面呈椭圆形，口略大于底，壁斜直，平底。墓口长径1.84、短径1.5、底长径1.76、短径1.42、深0.8米（图一二八八；图版七，1）。葬式为三人合葬。三具骨架保存较为完整，略有扰动，自北向南分别编号为1号、2号、3号。1号骨架头向西南，俯身直肢；2号骨架头向北，仰身屈肢；3号骨架头向东，仰身直肢；1号与3号骨架分别叠压2号骨架的头部与脚部。经初步观察，2号骨架为成年人，1、3号骨架为未成年人。无随葬品。

2. M6

M6位于Ⅲ区T0611南部与T0610北部，开口于②层下。墓坑为长方形竖穴，西侧略宽，长2、宽0.66~0.8、深0.34米，方向270°（图一二八九）。葬式为单人仰身直肢葬，骨架保存完好，头向西，面向南。葬者为成年人。无随葬品。

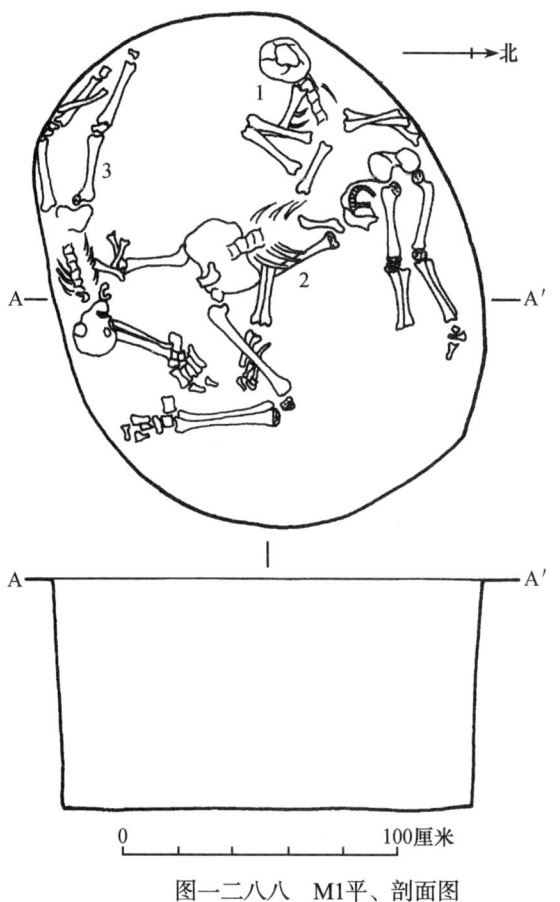

图一二八八　M1平、剖面图

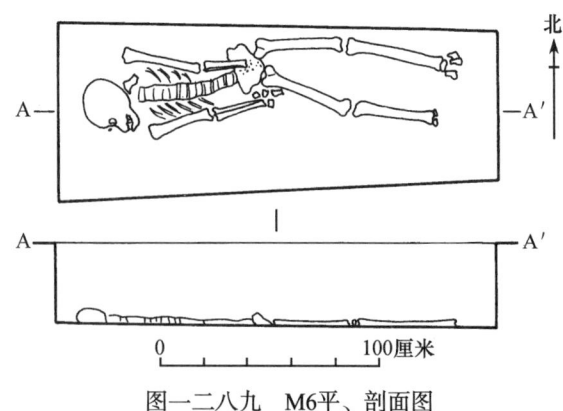

图一二八九　M6平、剖面图

第三节 瓮棺墓

瓮棺墓仅发现1座，编号为W3。

W3位于Ⅲ区T0917西南部，开口于②层下。墓坑平面呈椭圆形，锅底状，平底。坑口长径1.01、短径0.84米，底长径0.62、短径0.45米，深0.4米。葬具为1件陶瓮，口朝上竖置于坑底。瓮内仅存少量碎骨（图一二九〇）。

W3仅出土陶瓮1件。标本W3∶1，可复原。粗夹砂红褐陶。侈口，折沿，沿面有一道折棱，圆唇，中腹微鼓，下腹斜收，平底，最大腹径位于中腹部。通体饰左上至右下斜向绳纹，上腹部饰一对鸡冠状附加堆纹，中腹部饰三周条带状附加堆纹。口径28.8、腹径31.2、底径13.8、通高30.6厘米（图一二九一；彩版二四，4；图版一八九，6；图版二〇一，6）。

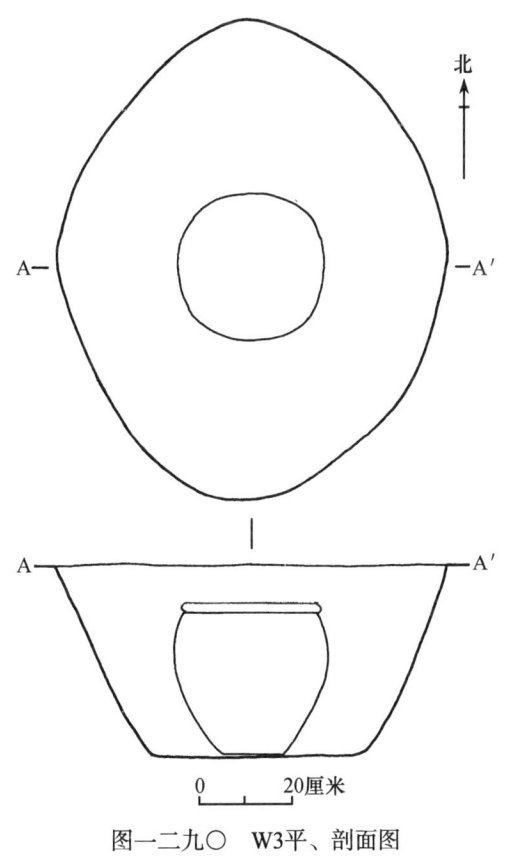

图一二九〇　W3平、剖面图

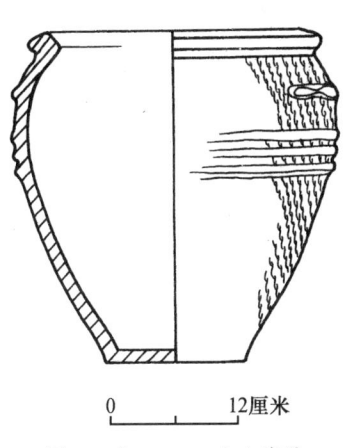

图一二九一　W3出土陶瓮（W3∶1）

第六章　龙山文化遗存

鱼化寨遗址龙山文化遗存全部发现于第Ⅰ发掘区，分布于遗址的南端。发现的遗迹仅有灰坑一种，共有4座，编号为H1、H2、H3、H4。灰坑的平面形状有圆形、椭圆形及不规则形，结构有筒状与锅底状（图一二九二）。下面依据灰坑的编号次序详细描述。

1. H1

H1位于Ⅰ区T0415中部，开口于②层下，北部被H3打破。平面呈不规则形，筒状，直壁，平底。坑口长径3.04、短径1.84、深0.98米（图一二九三）。

坑内堆积可分为2层：第①层为黄褐色土，土质较为疏松，厚0.2米，较为纯净；第②层为深灰色土，土质疏松，包含有大量火烧土颗粒，厚0.78米，出土少量陶片。

陶片以粗夹砂灰褐陶为主，细泥质灰陶次之，还有少量细夹砂灰褐陶与细夹砂灰陶；纹饰以绳纹为主，附加堆纹次之，素面再次，还有少量指窝纹。

H1共出土遗物11件。全部为陶器。器类有盆、罐、缸、环，另有器底、器耳。

盆　6件。均口、腹部残片。标本H1∶2，细泥质灰陶。敞口，卷沿，沿面微鼓，圆唇，弧腹。器表磨光。素面（图一二九四，8）。

标本H1∶1、H1∶6形制相同，均敞口，折沿，斜直腹。标本H1∶1，细泥质灰陶。方唇。器表刮抹光滑。素面。复原口径14.1、残高2.1厘米（图一二九四，5）。标本H1∶6，粗夹砂红褐陶。圆唇。素面（图一二九四，4）。

标本H1∶5、H1∶7、H1∶8形制相同，均侈口，折沿，弧腹。标本H1∶5，粗夹砂灰褐陶。圆唇。器表刮抹光滑。口沿下侧饰一周指窝纹（图一二九四，7）。标本H1∶7，细夹砂灰褐陶。圆唇。口沿下侧饰一周条带状附加堆纹，附加堆纹以下饰横向绳纹（图一二九四，2）。标本H1∶8，细夹砂灰褐陶。方唇。唇部饰竖向划纹，口沿以下饰多周条带状附加堆纹（图一二九四，1）。

罐　3件。均口、腹部残片。标本H1∶3，细夹砂灰褐陶。侈口，卷沿，圆唇，腹微鼓。素面。复原口径10、残高4.2厘米（图一二九四，13）。

标本H1∶4、H1∶9形制相同，均粗夹砂灰褐陶，侈口，折沿，腹微鼓。标本H1∶4，方唇，沿下抹泥。腹部饰右上至左下斜向绳纹。复原口径14、残高5厘米（图一二九四，11）。标本H1∶9，圆唇。口沿下侧饰一周条带状附加堆纹，腹部饰左上至右下斜向绳纹（图一二九四，12）。

缸　1件。口、腹部残片。标本H1∶10，粗夹砂灰褐陶。敞口，圆唇，斜直腹。口沿以下饰左上至右下斜向绳纹，腹部饰条带状附加堆纹（图一二九四，10）。

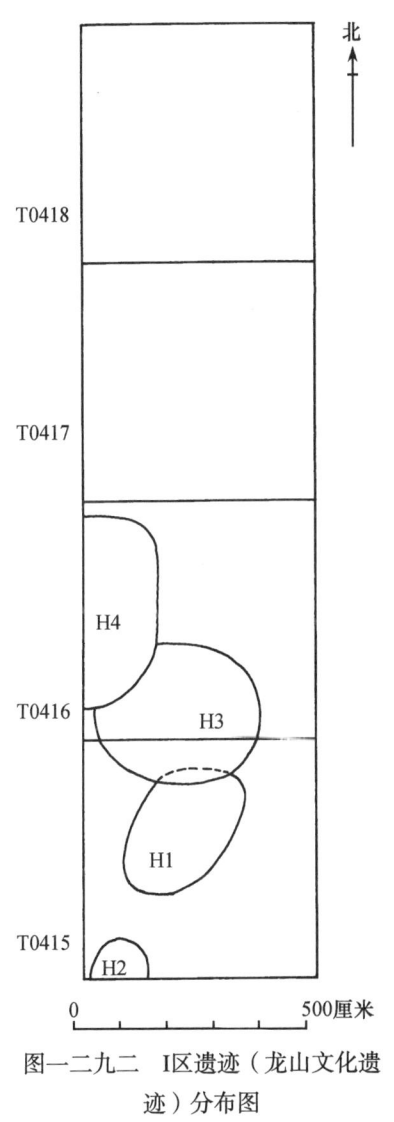

图一二九二 Ⅰ区遗迹（龙山文化遗迹）分布图

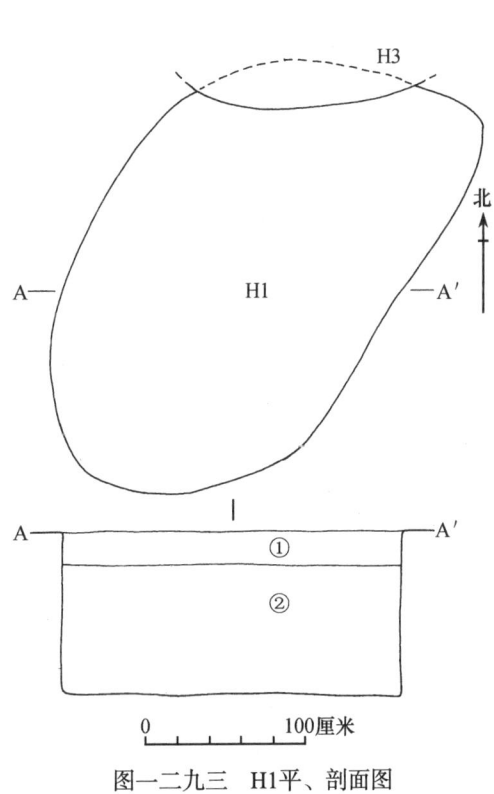

图一二九三 H1平、剖面图

器底　标本H1：11，下腹、底部残片。粗夹砂灰褐陶。下腹斜直，平底。下腹部饰左上至右下斜向绳纹，内壁有数道交错的刻槽。可能为刻槽盆底。残高3.2厘米（图一二九四，9）。

器耳　标本H1：12，耳部残片。细夹砂灰褐陶。麻花状（图一二九四，3）。

环　1件。标本H1：13，残。细夹砂灰陶。扭曲似麻花状。残长4.5厘米（图一二九四，6）。

2. H2

H2位于Ⅰ区T0415西南部，开口于②层下，部分延伸至探方外，未发掘。发掘部分平面呈半圆形，锅底状，弧壁，圜底。发掘部分坑口长径1.34、短径0.86、深0.62米（图一二九五）。

坑内堆积土为灰褐色土，土质较为疏松，出土少量陶片。

陶片以粗夹砂灰褐陶为主，另有少量粗夹砂红褐陶；纹饰以绳纹为主，还有少量篮纹。

H2共出土遗物5件。全部为陶罐。均口、腹部残片。形制相同，均侈口，折沿，鼓腹，口沿下侧均饰一周条带状附加堆纹。标本H2：1，粗夹砂红褐陶。方唇。腹部饰左上至右下斜向绳纹，绳

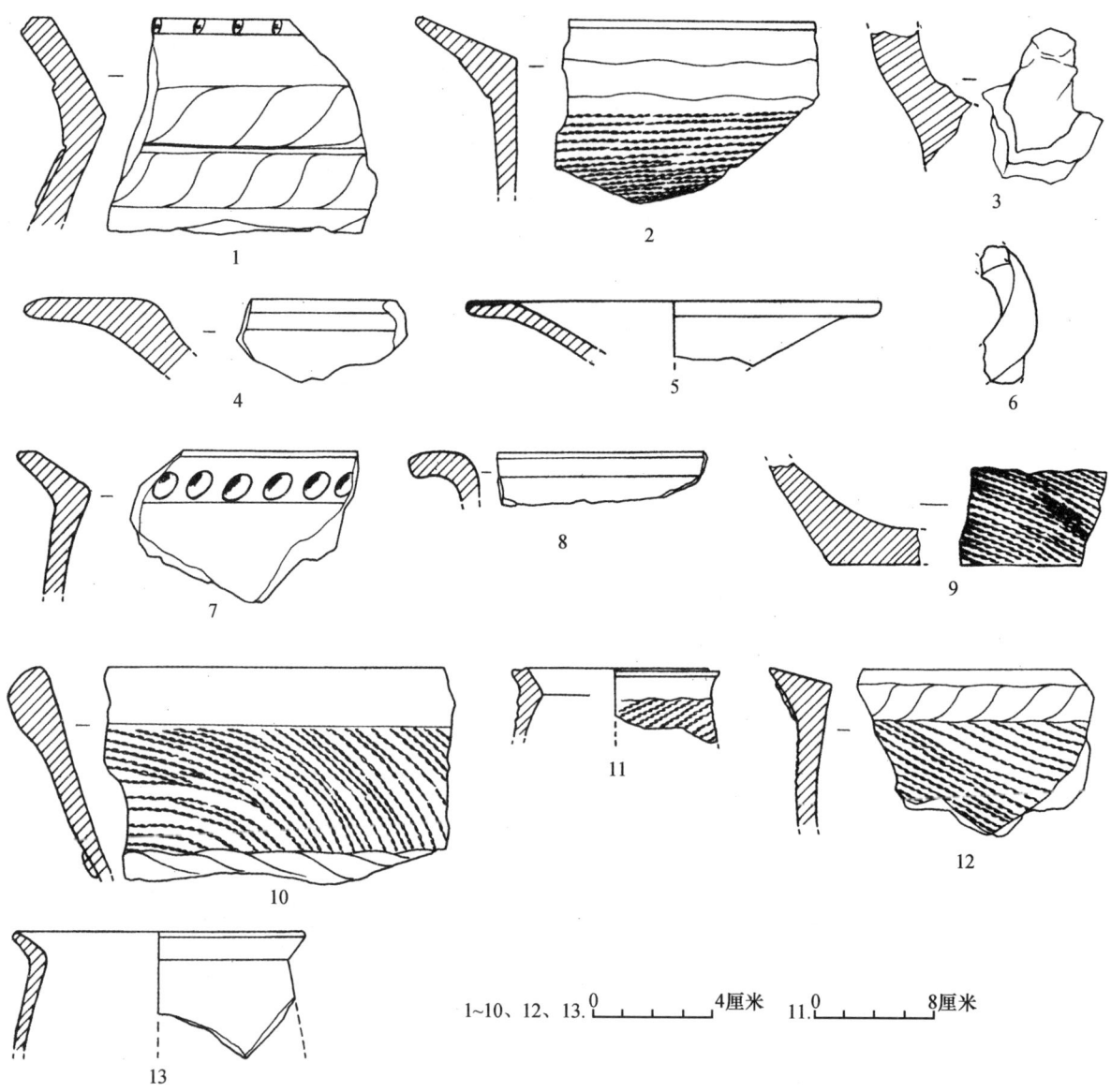

图一二九四 H1出土陶器

1、2、4、5、7、8. 盆（H1：8、H1：7、H1：6、H1：1、H1：5、H1：2） 3. 器耳（H1：12） 6. 环（H1：13）
9. 器底（H1：11） 10. 缸（H1：10） 11~13. 罐（H1：4、H1：9、H1：3）

纹近平。复原口径32.1、残高9厘米（图一二九六，4）。标本H2：2，粗夹砂灰褐陶。方唇，唇部有一道浅细凹槽。外沿面与腹部饰竖向绳纹（图一二九六，1）。标本H2：3，粗夹砂灰褐陶。圆唇。腹部饰右上至左下斜向绳纹（图一二九六，2）。标本H2：4，粗夹砂灰褐陶。圆唇。腹部饰篮纹。复原口径19.4、残高6.4厘米（图一二九六，5）。标本H2：5，粗夹砂灰褐陶。圆唇。腹部饰右上至左下斜向绳纹（图一二九六，3）。

3. H3

H3位于Ⅰ区T0415北部与T0416南部，开口于②层下，西北部被H4打破。平面呈椭圆形，锅底状，弧壁，圜底。坑口长径3.58、短径3.02、深0.8米（图一二九七）。

坑内堆积可分为3层：第①层为深褐色土，土质较为疏松，厚0.2~0.3米，出土少量陶片；第②层为黄褐色土，土质较致密，包含少量火烧土颗粒、草木灰等，厚0.3米，出土大量陶片；第③层为深灰色土，土质疏松，包含大量火烧土颗粒，厚0.2~0.3米，出土大量陶片，另有骨头。

陶片为主要的出土物，以粗夹砂灰褐陶为主，细泥质灰陶、粗夹砂红褐陶、细夹砂红褐陶次之，另有少量细泥质橘红陶；纹饰以素面为主，绳纹次之，还有少量附加堆纹、指甲纹。

H3共出土遗物12件。以陶器为主，石器次之。

（1）陶器

11件。器类有盆、罐、钵、缸、瓮、杯、器盖。

盆 2件。均口、腹部残片。标本H3：11，细泥质灰陶。敞口，平折沿，圆唇，斜直腹。器表磨光。素面。外沿面可见轮修痕迹（图一二九八，1）。

标本H3：22，细泥质灰陶。侈口，折沿，方唇，弧腹。器表磨光。素面（图一二九八，2）。

罐 3件。均口、腹部残片。形制相同，均粗夹砂灰褐陶，侈口，折沿，鼓腹。标本H3：18，口沿下侧饰一周条带状附加堆纹，腹部饰右上至左下斜向绳纹。器表可见烟熏痕迹。复原口径18、残高5.6厘米（图一二九八，3）。标本H3：23，圆唇。口沿以下饰竖向绳纹（图一二九八，4）。

标本H3：24，方唇，唇部有一道浅细凹槽。腹部饰左上至右下斜向绳纹，口沿下侧、腹部均饰条带状附加堆纹。复原口径24、残高10厘米（图一二九八，6）。

钵 2件。均口、腹部残片。形制相同，均细泥质橘红陶，敛口，方唇，口沿内侧有一道凸棱，断面呈三角形，斜直腹，器表磨光，素面。标本H3：5，器表可见轮修痕迹（图一二九八，7）。标本H3：6，内壁可见轮修痕迹，器表可见刮抹痕迹（图一二九八，10）。

缸 1件。标本H3：25，口、腹部残片。粗夹砂红褐陶。侈口，折沿，圆唇，直腹。素面。口

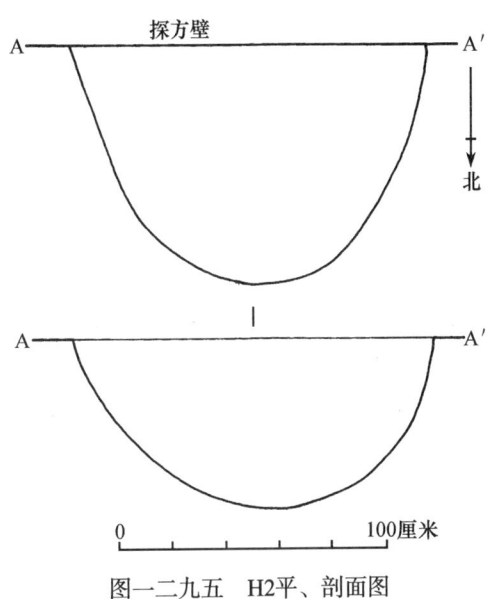

图一二九五 H2平、剖面图

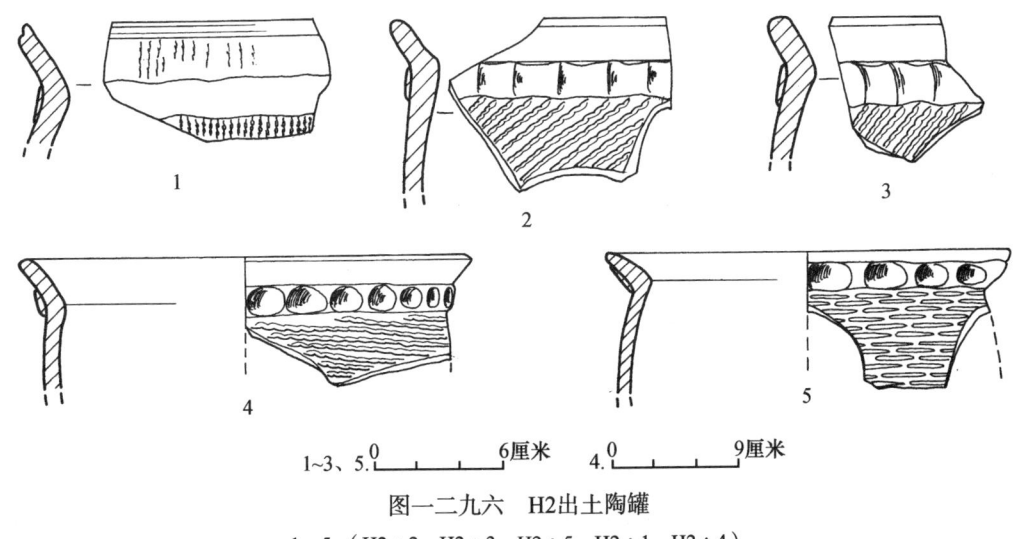

图一二九六 H2出土陶罐

1~5.（H2：2、H2：3、H2：5、H2：1、H2：4）

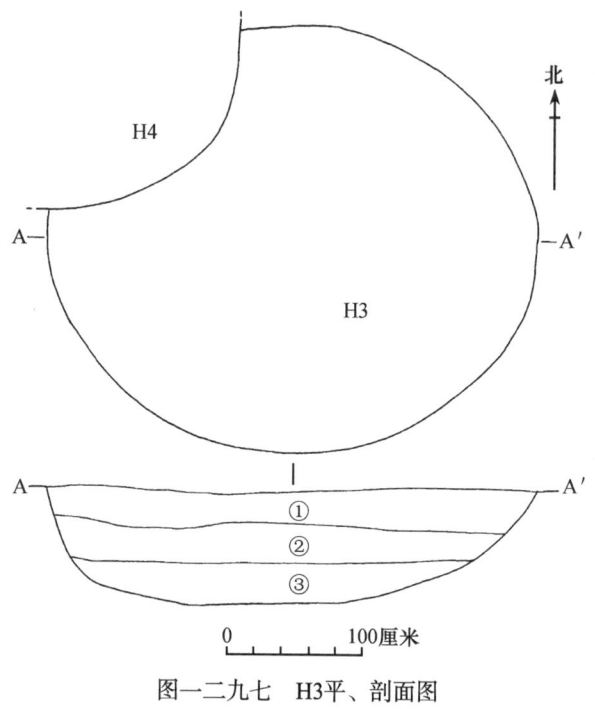

图一二九七　H3平、剖面图

沿下侧可见轮修痕迹（图一二九八，8）。

瓮　1件。标本H3：13，口、腹部残片。粗夹砂红褐陶。侈口，卷沿，方唇，鼓腹。口沿下侧饰一周指甲纹，指甲纹以下饰右上至左下斜向绳纹（图一二九八，11）。

杯　1件。标本H3：28，腹、底部残片。细夹砂红褐陶。斜直腹，圈足。素面。底径3.3、残高5.5厘米（图一二九八，5）。

器盖　1件。标本H3：26，口、壁残片。细夹砂红褐陶。敞口，方唇，唇部有一道浅细凹槽，斜直壁。器表饰右上至左下斜向绳纹（图一二九八，9）。

（2）石器

1件。锤。标本H3：30，完整。石英岩。平面呈长条形，横断面呈梯形。两端可见较为密集的坑疤。长13.3、宽4.6厘米（图一二九八，12）。

4. H4

H4位于Ⅰ区T0416西部，开口于②层下，西部延伸至探方外，未发掘。发掘部分平面呈椭圆形，锅底状，斜直壁，平底。坑口南北壁略内收，东壁倾斜度较大，底部较平整。发掘部分坑口长径4、短径1.68、底长径3.2、短径0.96、深0.8米（图一二九九）。

坑内堆积为浅灰色土，土质疏松，包含少量火烧土颗粒与料姜石块，出土少量陶片。

陶片以粗夹砂红褐陶为主，细泥质橘红陶次之，还有少量细夹砂灰褐陶与细泥质灰陶；纹饰以素面为主，篮纹与附加堆纹次之。

H4共出土遗物7件。器类有瓶、盆、钵、瓮、圆陶片，另有器足。

瓶　1件。标本H4：5，口、颈部残片。细夹砂灰褐陶。喇叭形口，圆唇，束颈。素面。口径12、残高5.9厘米（图一三〇〇，5）。

盆　3件。均口、腹部残片。标本H4：4，细泥质灰陶。敛口，平折沿，圆唇，斜直腹。器表磨光。素面。外沿面可见轮修痕迹（图一三〇〇，3）。

标本H4：6、H4：7形制相同，均粗夹砂红褐陶。侈口，折沿，圆唇，弧腹。标本H4：6，沿下饰一周条带状附加堆纹，口沿以下饰篮纹（图一三〇〇，4）。标本H4：7，口沿以下饰篮纹。沿面可见轮修痕迹（图一三〇〇，6）。

钵　1件。标本H4：2，口、腹部残片。细泥质橘红陶。敛口，方唇，口沿内侧有一道凸棱，断面呈三角形，斜直腹。素面。口下可见轮修痕迹（图一三〇〇，2）。

瓮　1件。标本H4：8，口、腹部残片。粗夹砂红褐陶。敛口，平折沿，沿面有一道宽浅凹槽，圆唇，鼓腹。素面（图一三〇〇，1）。

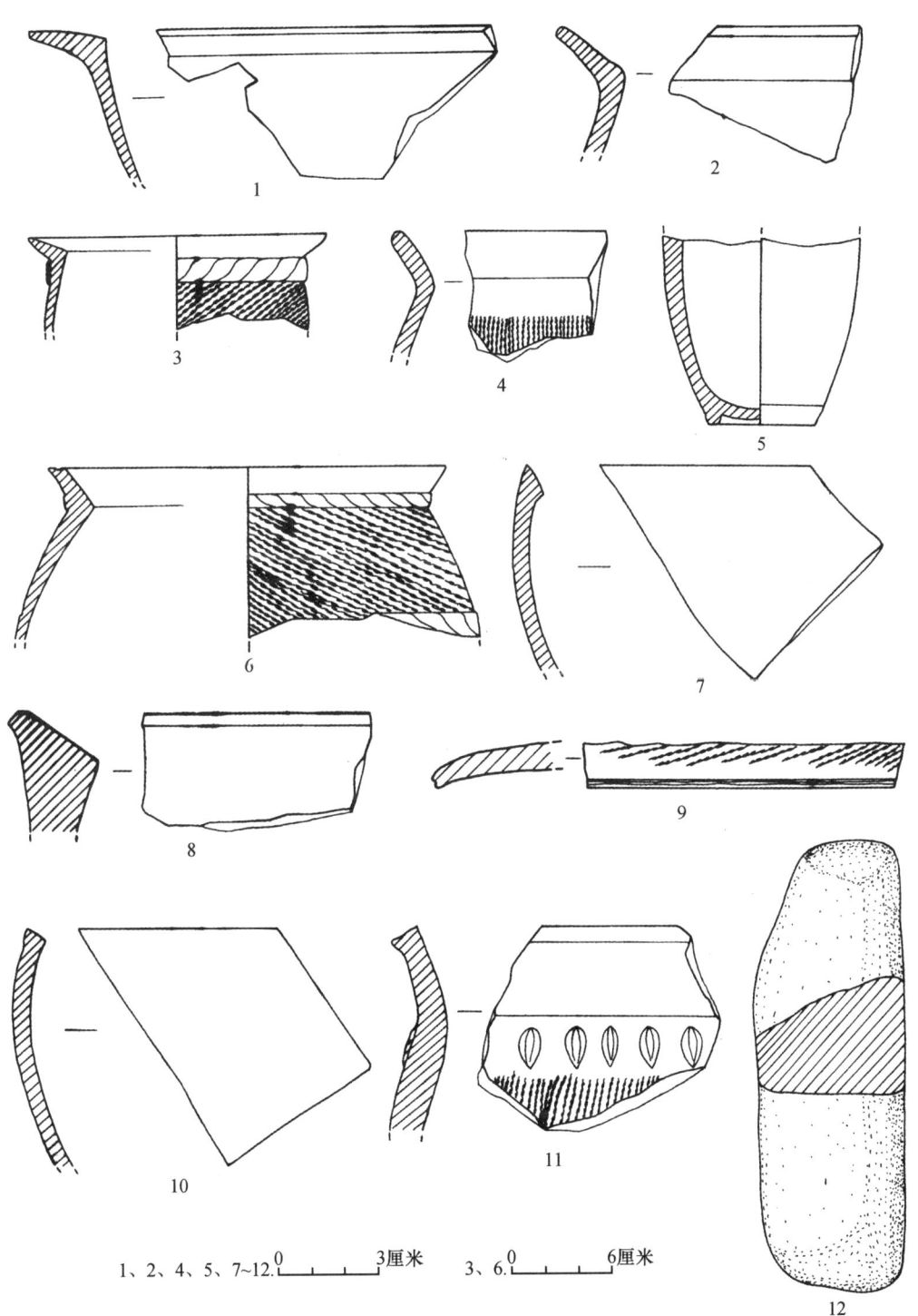

图一二九八　H3出土遗物

1、2. 陶盆（H3∶11、H3∶22）　3、4、6. 陶罐（H3∶18、H3∶23、H3∶24）　5. 陶杯（H3∶28）
7、10. 陶钵（H3∶5、H3∶6）　8. 陶缸（H3∶25）　9. 器盖（H3∶26）　11. 陶瓮（H3∶13）　12. 石锤（H3∶30）

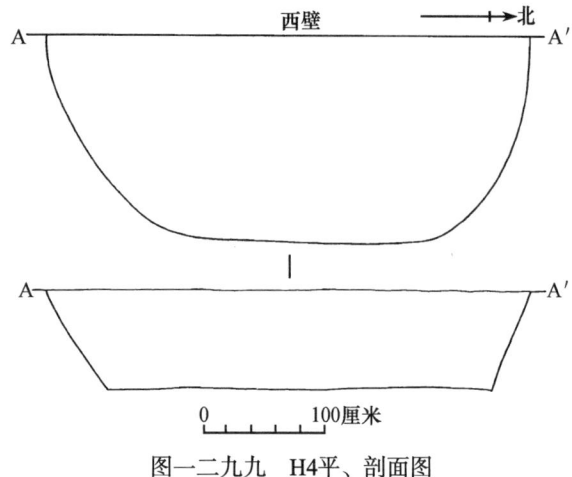

图一二九九　H4平、剖面图

器足　标本H4：9，粗夹砂红褐陶。扁圆状，实足。断面略呈长方形。素面。残高9.2厘米（图一三〇〇，8）。标本H4：10，粗夹砂红褐陶，扁圆状，实足。断面呈椭圆形。根外侧面饰竖向锯齿状附加堆纹。残高10厘米。2件可能均为鼎足（图一三〇〇，7）。

圆陶片　1件。标本H4：11，完整。细泥质橘红陶。系利用钵的残片打制而成。圆形，边缘较钝。直径4.1、厚0.35厘米（图一三〇〇，9）。

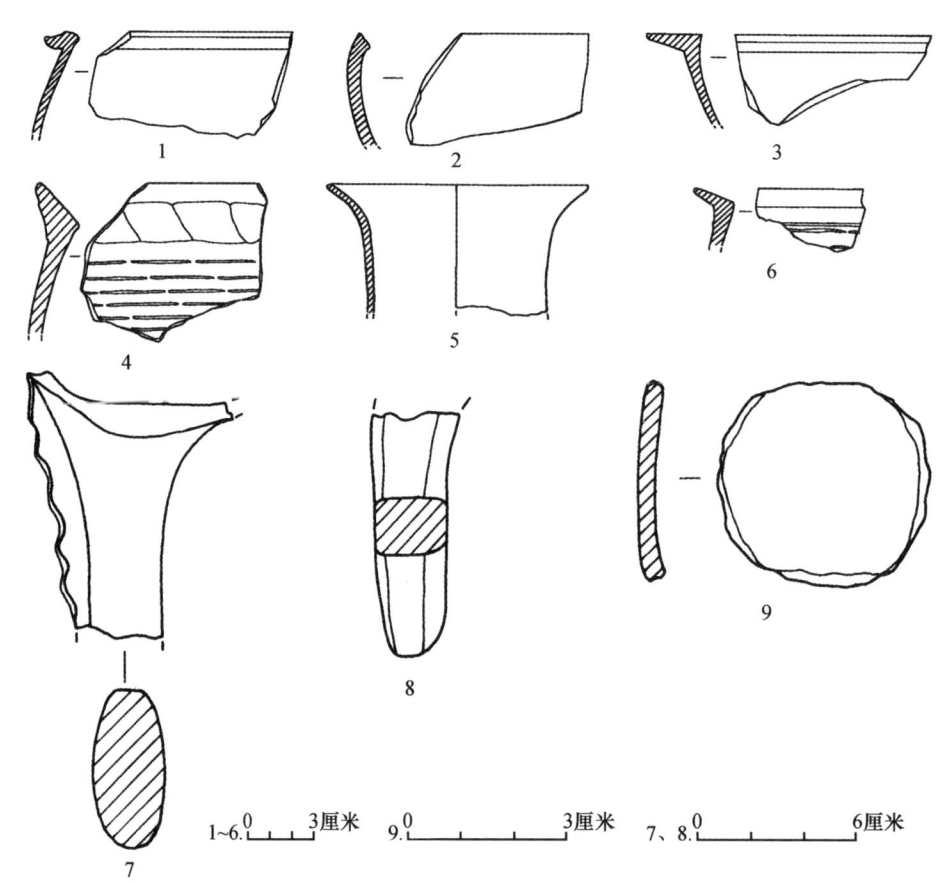

图一三〇〇　H4出土陶器

1.瓮（H4：8）　2.钵（H4：2）　3、4、6.盆（H4：4、H4：6、H4：7）　5.陶瓶（H4：5）　7、8.器足（H4：10、H4：9）
9.圆陶片（H4：11）

第三编 初步研究

第一章 分期研究

鱼化寨遗址共发现各类遗迹531处。在这些遗迹间存在复杂的打破关系，同时，出土了大量的陶、石、骨、蚌器等。这些文化遗存，不仅丰富了渭河流域史前遗存的内涵，而且为进一步研究渭河流域史前遗存的分期提供了重要线索。

鱼化寨遗址史前时期遗存分布在所有发掘区中，文化面貌以仰韶文化为主，同时在第Ⅰ发掘区发现有少量龙山文化遗存，在第Ⅲ发掘区发现有少量老官台文化遗存。由于龙山文化遗存与老官台文化遗存数量均较少，老官台文化遗存更是仅在地层和仰韶文化的灰坑中发现有少量的陶片，在此，我们对这两种文化遗存不再进行细致的分期研究，这里的分期研究主要是针对遗址中发现的仰韶文化遗存进行的。

一、地 层 关 系

鱼化寨仰韶文化遗存分布在所有的发掘区中。各发掘区中，Ⅰ区由于后期人类活动，地层几乎破坏殆尽，仅发现零星仰韶文化遗存；Ⅱ、Ⅲ区文化层堆积较厚且十分复杂，其中又以第Ⅲ区的地层堆积最为丰富，最厚处可达四米以上，堆积序列相对完整，可划分为12层，各层包含物特征明确，为我们的分期提供了重要证据。其中第③~⑫层的文化面貌相对接近，应属同期，第②层与其他层堆积的面貌差异较大。在此，我们暂将鱼化寨遗址仰韶文化遗存分为早期与晚期两个大的时期，其中第③~⑫层为早期，第②层为晚期。以下，我们将对早期与晚期的遗存分别进行讨论。

二、早期遗存的分期

（一）地层关系的分析

前面，我们对地层堆积情况有了一个较为全面的认识，第③~⑫层堆积的文化面貌虽然接近，但又存在着显著差别，其中第⑨~⑫层的文化面貌一致，第④~⑧层的文化面貌一致，第③层的文化面貌一致。遗迹间的叠压打破关系也较为复杂，并有多组具有分期意义的层位关系。

（二）遗迹单位的分组

第③~⑫层遗迹间的打破关系极为复杂，共有20余组。在这些打破关系中，一部分遗迹出土遗物较少或者无遗物，没有可供比较的器型，一部分则属同期打破，各遗迹出土陶器形制基本相同，无法比较。经过筛选、比对，我们选取了7组典型的打破关系，兹将这些打破关系分列如下（"→"为打破）：

（1）H191→H202；（2）H192→F79；（3）H182→F76；（4）M10→H177；

（5）H56→W7；（6）F12→W53；（7）H121→F24。

以上7组打破关系涉及的单位共14个，各单位出土物均较为丰富，这就使我们的分析可以从地层关系和器物共存关系两个方面得到印证，并可根据地层关系和各单位包含物的对比分析，对这些单位进行分组。

第（1）组打破关系涉及H191、H202两个单位，均位于Ⅲ区T0715内，H202开口于⑪层下，H191开口于⑤层下，从开口层位与打破关系两方面均可判断，H202早于H191。第（2）组打破关系中，涉及H192、F79共两个单位，均位于Ⅲ区T0415内，F79开口于④层下，H192开口于③层下，从开口层位与打破关系两方面可知，F79早于H192。在这里，H191和F79出土物基本一致，可视为同时；这样就可以确定这两组打破关系中四个单位的相对年代，从早到晚依次是H202——F79（H191）——H192。

在上述三个单位中，可以直接进行对比的同类器物有尖底瓶、盆、罐、钵四种，它们在同一单位中构成共存关系。

H202，出土有环形口瓶、窄折沿盆、直腹弦纹罐、直口方唇钵等（图一三〇一）；

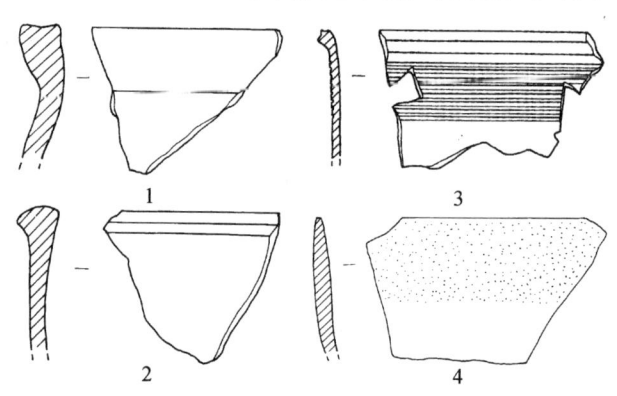

图一三〇一　H202共存陶器
1. 瓶（H202：9）　2. 盆（H202：7）　3. 罐（H202：13）　4. 钵（H202：4）

F79，出土有杯形口瓶、窄沿盆、曲沿鼓腹罐、直口深腹圜底钵等（图一三〇二）；

H192，出土有卷沿浅腹盆、折沿鼓腹罐、直口浅腹钵等（图一三〇三）；

上述三个单位出土的器物，构成了三个有共存关系的组合。比较各组中的同类器，可以看出，它们之间存在明显差异，可作为三个有先后时序单位的代表。

以上对第（1）组和第（2）组打破关系各单位的分析对比，为我们确立了一个遗迹单位分类的标尺，用它去衡量其他有打破关系或没有打破关系的遗迹单位，就可把它们的相对年代大致确定下来。

与H202出土器物相同的单位有H146、H155、H158、H166、H177、H197、H198、H200、H201、H228、H235、F32、F46、F74等，它们之间可以互相对照和补充，我们称之为第一类单位。

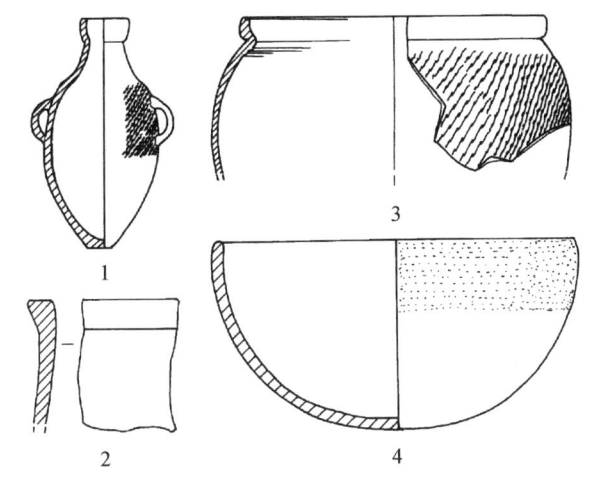

图一三〇二　F79共存陶器
1. 瓶（F79：13）　2. 盆（F79：9）　3. 罐（F79：28）　4. 钵（F79：7）

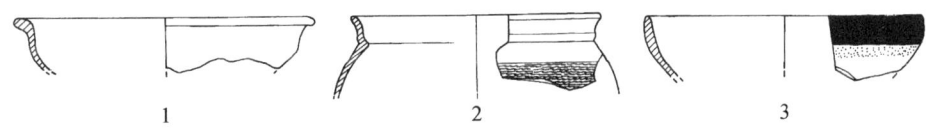

图一三〇三　H192共存陶器
1. 盆（H192：18）　2. 罐（H192：21）　3. 钵（H192：2）

与F79出土器物相同的单位有H150、H156、H163、H165、H179、H182、H191、H193、H205、H230、F24、F44、F51、F64、F80、F84、F87、M10、W7、W53等，它们可以互相对照和补充，我们称之为第二类单位。

与H192出土器物相同的遗迹单位有H11、H48、H56、H121、H216、H223、F2、F12、F77、F93、F94、F97、F98、W68、W100、W102等，它们可以互相对照和补充，我们称之为第三类单位。

（三）典型陶器的演变规律

在鱼化寨遗址第③~⑫层遗存的全部可辨认陶器中，瓶、盆、罐、钵、瓮五类器物数量最多，约占全部标本的90%以上，这些种类的陶器作为常见器种，广泛存在于各个时期的堆积和各种遗迹单位中，具有代表性和典型性。因此，对以它们为主的陶器进行类型学分析，对于把握鱼化寨遗址仰韶文化早期遗存陶器的演变轨迹，具有重要作用。

1. 典型陶器的型式划分

（1）小口尖底瓶

为常见器型，完整器较少，大部分仅存口部。此类器变化最明显的部位是瓶口，可分为环形口、杯形口、葫芦形口三种，底部形态有小平底、尖底两种。依瓶口与瓶底的形态，可分为五式。

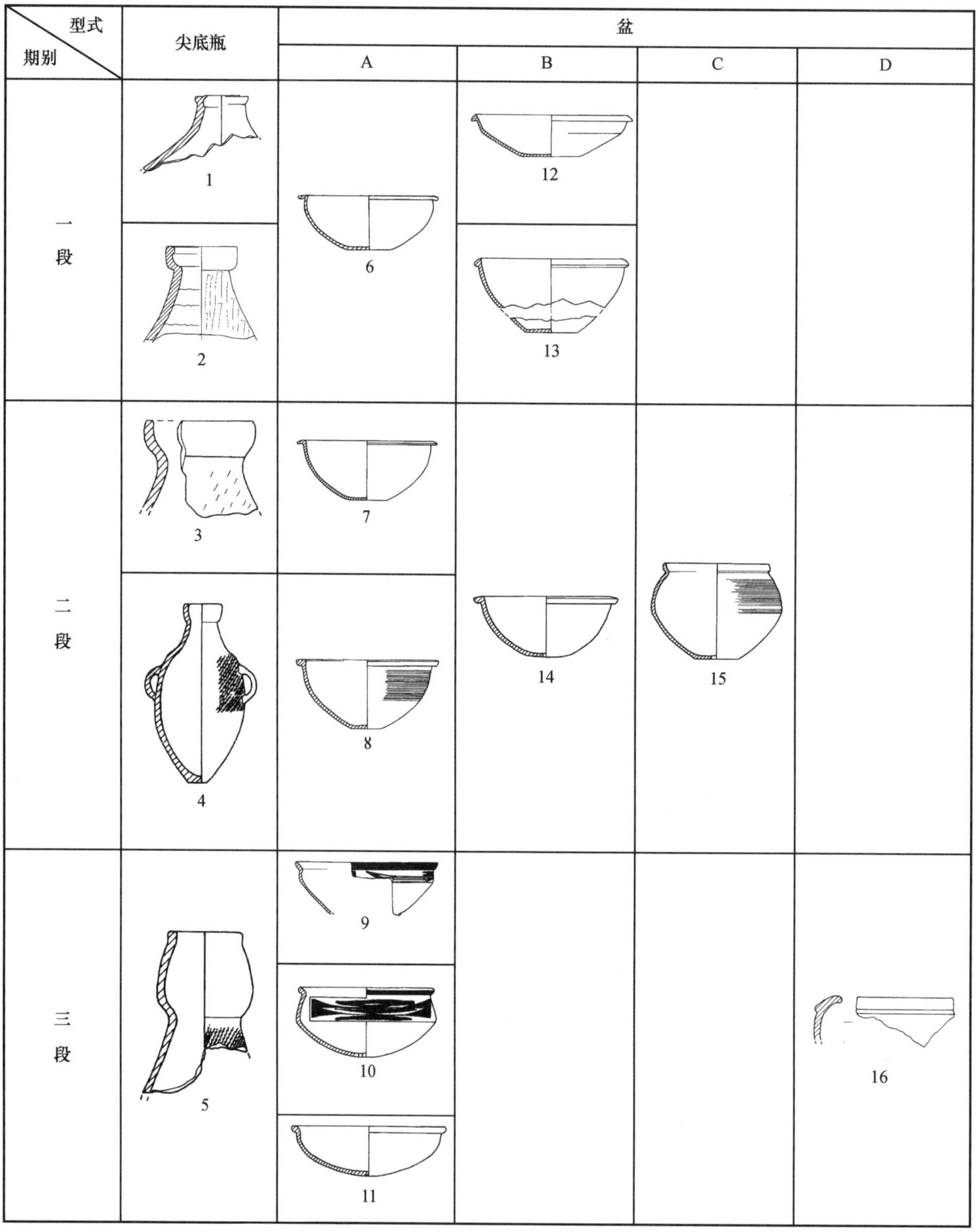

型式 期别	尖底瓶	盆			
		A	B	C	D
一段	1; 2	6	12; 13		
二段	3; 4	7; 8	14	15	
三段	5	9; 10; 11			16

图一三〇四 鱼化寨遗址仰韶文化早期陶瓶、盆演变图

1~5.瓶（H235：14、H200：15、H161：10、F79：13、H98：5） 6~11.A型盆（H198：2、W86：2、F8：15、H18：4、W68：2、W104：2） 12~14.B型盆（H146：7、H235：12、W1：2） 15.C型盆（W98：2） 16.D型盆（H70：6）

Ⅰ式：环形口。敛口，口呈环状，唇略尖，内壁略曲，短颈，鼓肩。根据北首岭墓地①所出的同类器看，这类瓶应为小平底（标本H235∶14；图一三〇四，1）。

Ⅱ式：环形口。敛口，环形口稍高，方唇，束颈。根据北首岭墓地所出的同类器看，这类瓶也应为小平底（标本H200∶15；图一三〇四，2）。

Ⅲ式：杯形口。直口，杯口较为短矮，方唇，短颈（标本H161∶10；图一三〇四，3）。

Ⅳ式：杯形口。直口，杯口较高，方唇，束颈，溜肩，鼓腹，腹部有双耳，小平底或尖底。腹中部饰斜向绳纹（标本F79∶13；图一三〇四，4）。

Ⅴ式：葫芦形口。直口微敛，方唇略圆，口壁上部较直，中下部微鼓，溜肩，口部以下饰斜向绳纹（标本H98∶5；图一三〇四，5）。

上述瓶口中，Ⅰ、Ⅱ式瓶均出于第一类单位，其中Ⅰ式口部较矮，为环形口的典型形态，小平底；Ⅱ式口部稍高，属典型环形口的发展形态，仍为小平底；Ⅲ、Ⅳ式瓶均出于第二类单位，其中Ⅲ式口部较矮，初具杯形口的特征，仍保留有环形口的痕迹，应为杯形口的较早形态，小平底；Ⅳ式口部较高，为典型的杯形口，小平底与尖底并存；Ⅴ式瓶见于第三类单位之中，均为尖底。

据此，小口尖底瓶的演变规律为：口沿由环形口到杯形口，再到葫芦形口；瓶底由小平底到尖底。

（2）盆

数量较多，可分为四型。

A型：口沿、腹、底部及纹饰均有变化，可分为五式。

Ⅰ式：直口微敛，平折沿，沿面微鼓，圆唇，弧腹较浅，平底（标本H198∶2；图一三〇四，6）。

Ⅱ式：直口，平折沿，圆唇，弧腹较深，平底（标本W86∶2；图一三〇四，7）。

Ⅲ式：直口，平折沿，厚圆唇，深弧腹，平底或圜底近平，上腹部饰多周弦纹（标本F8∶15；图一三〇四，8）。

Ⅳ式：侈口，折沿，圆唇，折腹较深，唇部与外沿面饰一周黑色宽带纹彩绘，上腹部饰较为形象的黑色鱼纹彩绘（标本H18∶4；图一三〇四，9）。

Ⅴ式：侈口，卷沿，圆唇，折腹较深，圜底，唇部与外沿面饰一周黑色宽带纹彩绘，上腹部饰黑色几何鱼纹彩绘（标本W68∶2；图一三〇四，10）。

Ⅵ式：侈口，卷沿，圆唇，浅弧腹，圜底，部分口沿饰一周黑色彩绘（标本W104∶2；图一三〇四，11）。

B型：口沿、腹部均有变化，可分为三式。

Ⅰ式：敞口，窄折沿，沿面向外侧下斜，圆唇，折腹较浅，平底（标本H146∶7；图一三〇四，12）。

Ⅱ式：直口，窄折沿，沿面向外侧下斜，圆唇，深弧腹（标本H235∶12；图一三〇四，13）。

Ⅲ式：直口微敞，窄平折沿，沿面略向外侧下斜，尖圆唇，深弧腹，平底，部分沿面饰弧边三角与短线纹相间的黑色彩绘（标本W1∶2；图一三〇四，14）。

---

① 中国社会科学院考古研究所：《宝鸡北首岭》，文物出版社，1983年。

C型　仅一式。侈口，折沿，圆唇，鼓腹，平底，上腹部饰多周弦纹（标本W98∶2；图一三〇四，15）。

D型　仅一式。敛口，圆唇，唇外叠（标本H70∶6；图一三〇四，16）。

上述各类盆中，AⅠ、BⅠ、BⅡ式出于第一类单位；AⅡ、AⅢ、BⅢ式、C型出于第二类单位；AⅣ、Ⅴ、Ⅵ式、D型仅出于第三类单位。其形态变化规律为：A型盆口沿由折沿到卷沿，腹部由浅弧腹到深弧腹，发展到深折腹，再到浅弧腹；底部由平底到圜底；B型盆口沿由敞口到直口，沿面由向外侧下斜到近平折，腹部由浅折腹到深弧腹。

（3）罐

最常见的一类器物，数量较多，可分为五型。

A型　均侈口，沿、腹部及纹饰均富于变化，可分为七式。

Ⅰ式：卷沿，方唇，唇部一般有一道凸棱，直腹，上腹部饰多周弦纹（标本H202∶13；图一三〇五，1）。

Ⅱ式：卷沿，口沿内侧有一道宽浅凹槽，圆唇，腹微鼓，腹部饰斜向绳纹（标本F52∶9；图一三〇五，2）。

Ⅲ式：卷沿，腹微鼓，平底，最大腹径位于中上腹部，腹部饰斜向绳纹（标本M12∶4；图一三〇五，3）。

Ⅳ式：折沿，沿面内曲，方唇，鼓腹，平底，最大腹径位于中上腹部，腹部饰斜向绳纹（标本M5∶3；图一三〇五，4）。

Ⅴ式：折沿，圆唇，鼓腹，平底，最大腹径位于中上腹部，腹部饰斜向绳纹（标本F79∶15；图一三〇五，5）。

Ⅵ式：折沿，圆唇，鼓腹，平底，最大腹径位于中下腹部，腹部饰斜向绳纹（标本F97∶29；图一三〇五，6）。

Ⅶ式：卷沿，方唇，鼓腹，平底，最大腹径位于中下腹部，腹部饰斜向绳纹（标本F98∶36；图一三〇五，7）。

B型　均侈口，鼓腹，沿部与纹饰均有变化，可分为三式。

Ⅰ式：卷沿，尖圆唇，腹部饰交错绳纹（标本H235∶16；图一三〇五，8）。

Ⅱ式：卷沿，圆唇，腹部饰斜向绳纹（标本F48∶17；图一三〇五，9）。

Ⅲ式：折沿，圆唇，上腹部饰多周弦纹，下腹部饰斜向绳纹（标本F15∶10；图一三〇五，10）。

C型　均敛口，球形腹，平底，纹饰富有变化，可分为三式。

Ⅰ式：器表磨光。素面（标本H183∶2；图一三〇五，11）。

Ⅱ式：器表饰斜向绳纹（标本F79∶16；图一三〇五，12）。

Ⅲ式：器表饰横向绳纹（标本H219∶25；图一三〇五，13）。

D型　口、腹、底部及纹饰均有变化，可分为三式。

Ⅰ式：直口，圆唇，鼓腹，尖底，中腹部有一对竖向圆柱桥形耳。上腹部饰一周鼓钉状附加堆纹（标本F84∶31；图一三〇五，14）。

Ⅱ式：直口，方唇，高领，鼓腹，领部饰多周弦纹，上腹部饰鹰嘴状附加堆纹（标本

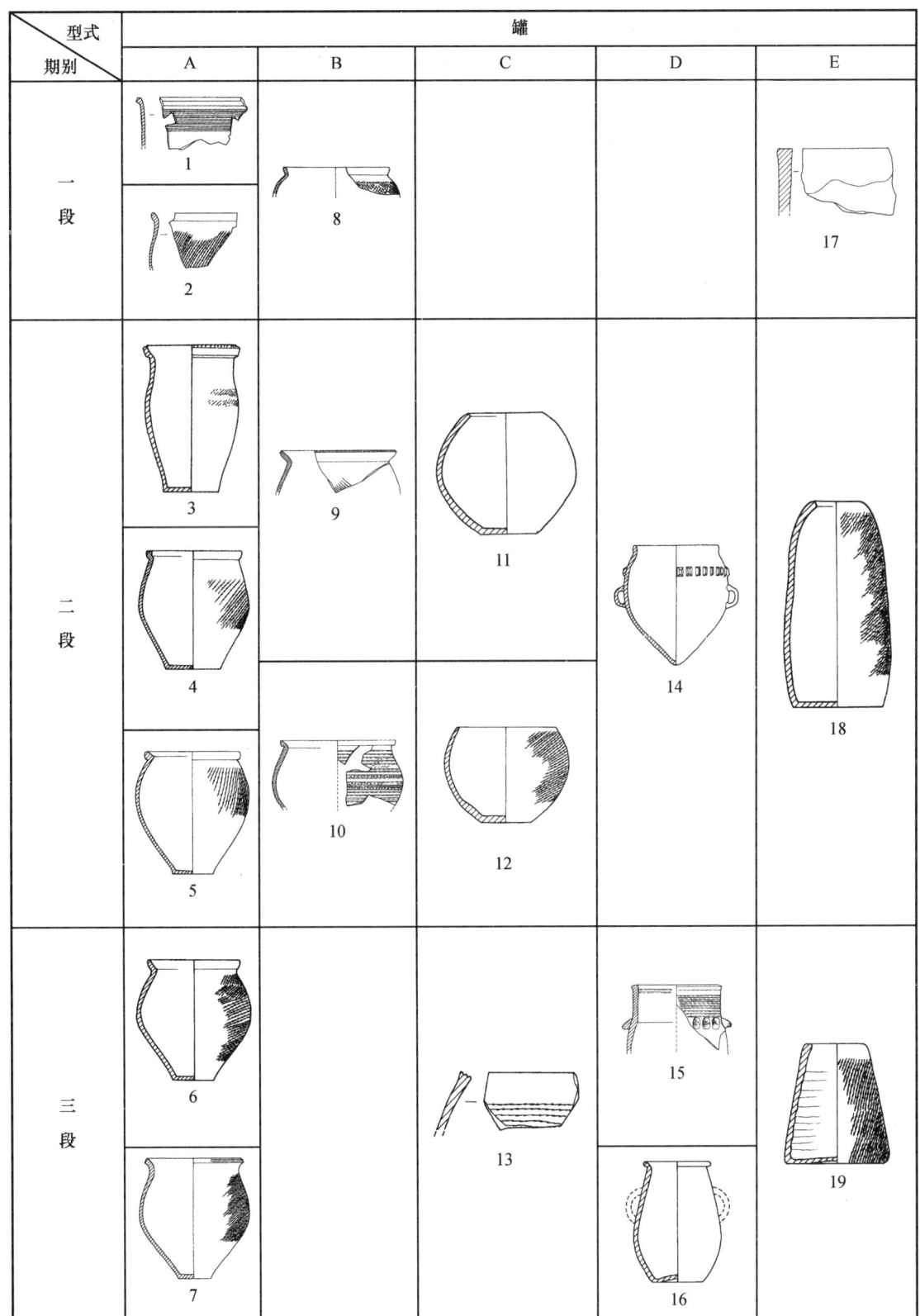

图一三〇五　鱼化寨遗址仰韶文化早期陶罐演变图

1~7.A型罐（H202：13、F52：9、M12：4、M5：3、F79：15、F97：29、F98：36）　8~10.B型罐（H235：16、F48：17、F15：10）　11~13.C型罐（H183：2、F79：16、H219：25）　14~16.D型罐（F84：31、H245：4、F1：6）　17~19.E型罐（H235：23、F20：50、F97：34）

H245∶4；图一三〇五，15）。

Ⅲ式：侈口，卷沿，尖圆唇，上腹斜直，下腹圆鼓，中腹部有一对竖向扁圆桥形耳，凹底（标本F1∶6；图一三〇五，16）。

E型　均直腹，平底，口沿与腹部均有变化，可分为三式。

Ⅰ式：直口，窄平折沿，圆唇（标本H235∶23；图一三〇五，17）。

Ⅱ式：敛口，圆唇，直筒形腹，器表饰斜向细绳纹（标本F20∶50；图一三〇五，18）。

Ⅲ式：敛口，圆唇，斜直腹，器表饰斜向绳纹（标本F97∶34；图一三〇五，19）。

上述各类罐中，AⅠ、AⅡ、BⅠ、EⅠ式仅见于第一类单位；AⅢ、AⅣ、AⅤ、BⅡ、BⅢ、CⅠ、CⅡ、DⅠ、EⅡ式见于第二类单位；AⅥ、AⅦ、CⅢ、DⅡ、DⅢ、EⅢ式见于第三类单位。其形态变化规律为：A型罐口沿由卷沿到折沿再到卷沿，腹部由直腹到鼓腹，最大腹径由中上腹部到中下腹部，纹饰由弦纹到斜向绳纹；B型罐的变化规律为口沿由卷沿到折沿，纹饰由交错绳纹到斜向绳纹，再到弦纹；C型罐的变化规律为由素面到饰绳纹，绳纹由斜向到横向；D型罐的变化规律为口沿由直口到侈口，最大腹径由上腹部到下腹部，底部由尖底到凹底；E型罐的变化规律为口部由直口到敛口，从有沿到无沿，腹部由竖直到斜直。

（4）钵

数量最多，口、腹、底均有变化，可分为四型。

A型　均为弧腹，依据口、唇、腹部形态变化可分为三式。

Ⅰ式：直口，方唇，深弧腹。口下有叠烧过程中因氧化程度不同而形成的浅褐色痕迹（标本H235∶4；图一三〇六，1）。

Ⅱ式：直口或直口微敛，圆唇，深弧腹，圜底，也见有平底或凹底者，整体呈半球状。口下有浅褐色、浅红色等叠烧痕迹（标本F79∶4；图一三〇六，2）。

Ⅲ式：直口或直口微敛，圆唇，浅弧腹，圜底。口下多饰一周黑色宽带纹彩绘（标本F97∶7；图一三〇六，3）。

B型　均斜直腹，平底。依据陶质及口、唇部变化，可分为两式。

Ⅰ式：夹砂红褐陶。敛口，方唇，斜直腹，平底（标本H235∶1；图一三〇六，4）。

Ⅱ式：粗泥质橘红陶。直口微敛，圆唇，斜直腹，平底（标本F79∶60；图一三〇六，5）。

Ⅲ式：粗夹砂红褐陶。敞口，方唇，斜直腹，平底。腹部饰右上至左下斜向绳纹（标本H216∶23；图一三〇六，6）。

C型　均敛口，圜底，最大腹径位于中下腹部。依据腹部变化，可分为两式。

Ⅰ式：敛口，圆唇，斜直腹，圜底（标本H88∶1；图一三〇六，7）。

Ⅱ式：敛口，圆唇，坠腹，圜底（标本W110∶2；图一三〇六，8）。

D型　仅一式。直口，圆唇，浅弧腹，圈足，口下与唇部饰黑色宽带纹彩绘（标本F77∶11；图一三〇六，9）。

上述各类型钵中，AⅠ、BⅠ式仅见于第一类单位，AⅡ、BⅡ、CⅠ式见于第二类单位，AⅢ、BⅢ、CⅡ式、D型见于第三类单位。其形态演变规律为：A型钵口部由直口到直口微敛；唇部由方唇到圆唇；腹部由深到浅。B型钵口部由敛口到直口微敛，再到敞口，唇部由方唇到圆唇。C型钵的腹部由斜直腹到坠腹。

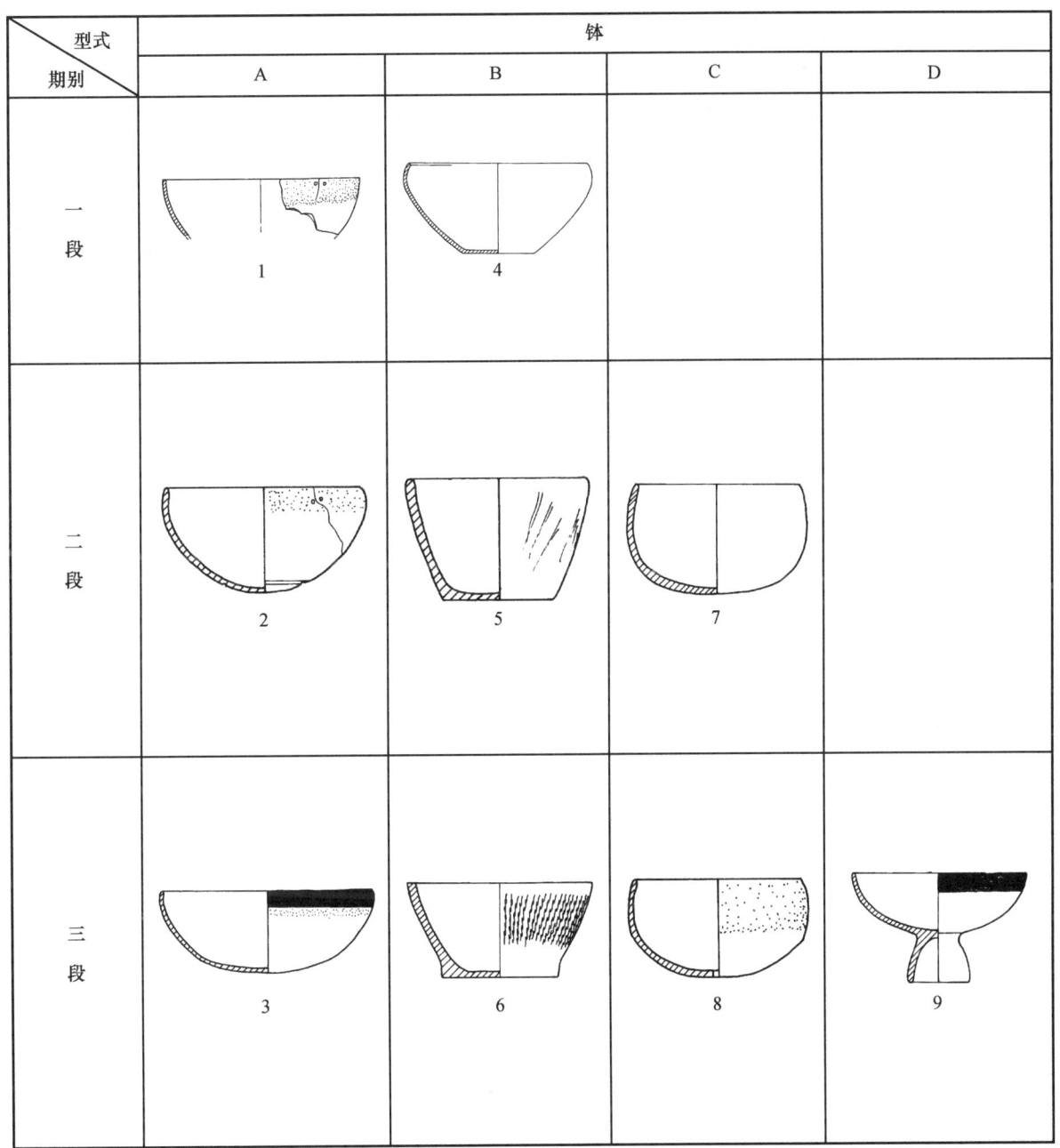

图一三〇六　鱼化寨遗址仰韶文化早期陶钵演变图

1～3.A型钵（H235：4、F79：4、F97：7）　4～6.B型钵（H235：1、F79：60、H216：23）　7、8.C型钵（H88：1、W110：2）　9.D型钵（F77：11）

（5）瓮

数量较多，体型均较大，可分为五型。

A型　均侈口，沿、腹部变化显著，可分为六式。

Ⅰ式：卷沿，沿面微曲，方唇，唇部有一道凸棱，直腹（标本H181：8；图一三〇四，1）。

Ⅱ式：卷沿，腹微鼓，平底，最大腹径位于中上腹部（标本W95：1；图一三〇七，2）。

Ⅲ式：折沿，沿面内曲，鼓腹，平底，最大腹径位于中上腹部（标本W59：1；图一三〇七，3）。

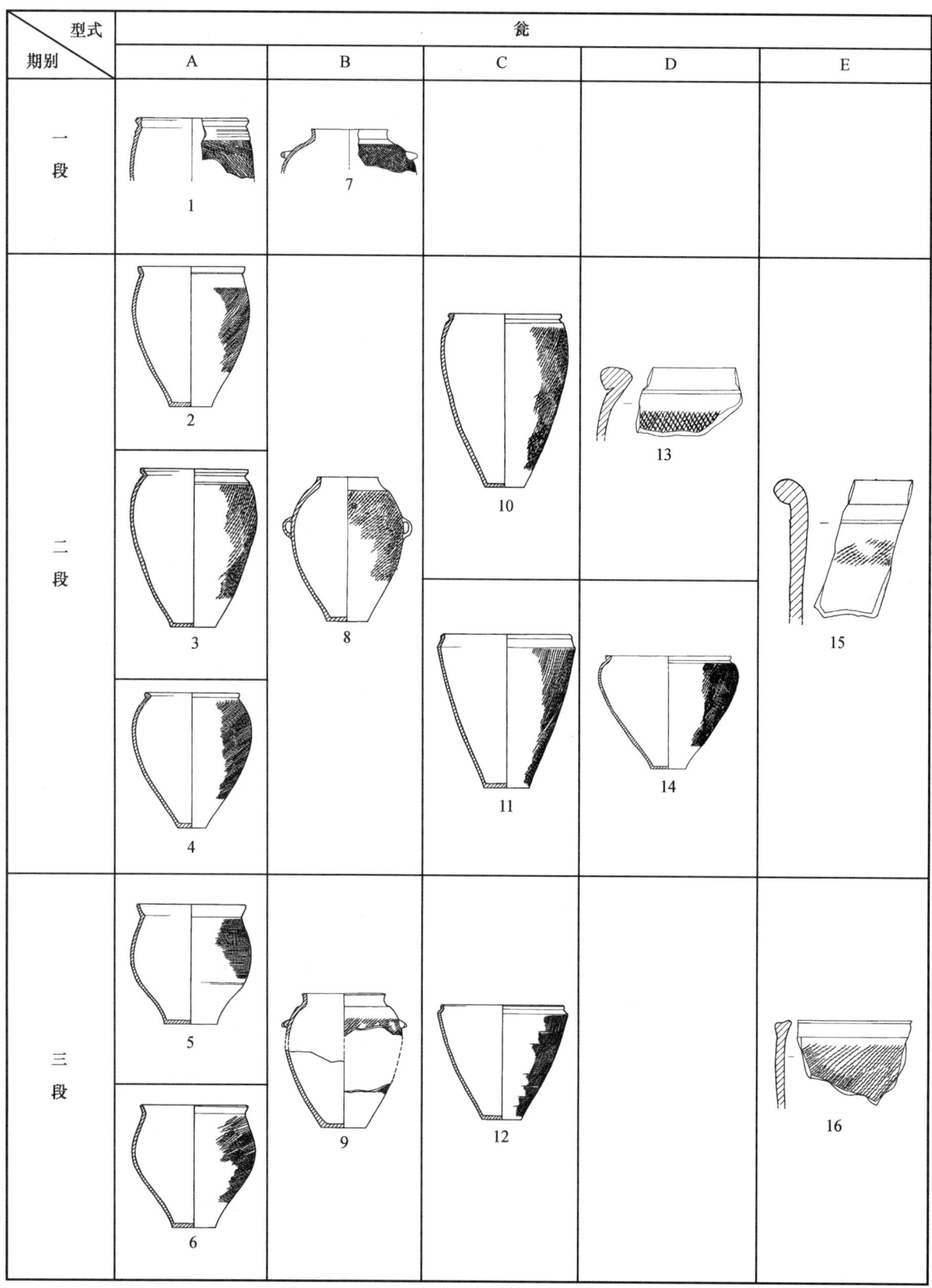

图一三〇七 鱼化寨遗址仰韶文化早期陶瓮演变图

1~6.A型瓮（H181:8、W95:1、W59:1、W47:1、W100:1、W113:1） 7~9.B型瓮（F76:16、F84:9、H43:19）
10~12.C型瓮（W115:1、W112:1、W108:3） 13、14.D型瓮（H170:12、H10:5） 15、16.E型瓮（H203:6、H216:18）

Ⅳ式：折沿，鼓腹，平底，最大腹径位于中上腹部（标本W47：1；图一三〇七，4）。

Ⅴ式：折沿，鼓腹，平底，最大腹径位于中下腹部（标本W100：1；图一三〇七，5）。

Ⅵ式：卷沿，方唇，鼓腹，平底，最大腹径位于中下腹部（标本W113：1；图一三〇七，6）。

B型　领部均较高，鼓肩，鼓腹，口沿、最大腹径与纹饰均有变化，可分为三式。

Ⅰ式：直口，上腹部有横向圆柱桥形耳。最大腹径位于上腹部。腹部饰交错绳纹（标本F76：16；图一三〇七，7）。

Ⅱ式：敛口，中腹部有一对竖向圆柱桥形耳，平底，最大腹径位于中腹部，腹部饰斜向绳纹（标本F84：9；图一三〇七，8）。

Ⅲ式：侈口，上腹部有一对横向扁圆桥形耳，平底，最大腹径位于中上腹部，腹部饰斜向绳纹（标本H43：19；图一三〇七，9）。

C型　均敛口，肩、腹部变化显著，可分为三式。

Ⅰ式：鼓肩，并起一周较矮棱脊，鼓腹，平底，最大腹径位于上腹部。体态较为瘦长（标本W115：1；图一三〇七，10）。

Ⅱ式：折肩，斜直腹，平底，最大径位于肩部。体态较为瘦长（标本W112：1；图一三〇七，11）。

Ⅲ式：折肩，斜直腹，平底，最大径位于肩部。体态较为短矮（标本W108：3；图一三〇七，12）。

D型　均敛口，折沿，沿面近平，鼓腹，口沿部分有变化，可分为两式。

Ⅰ式：沿面近平，厚圆唇（标本H170：12；图一三〇七，13）。

Ⅱ式：平折沿，沿面有多道浅细凹槽（标本H10：5；图一三〇七，14）

E型　均直腹，口沿部位有变化，可分为两式。

Ⅰ式：敞口，卷沿，圆唇（标本H203：6；图一三〇七，15）。

Ⅱ式：敛口，窄平折沿，方唇，沿面有一道宽浅凹槽（标本H216：18；图一三〇七，16）。

上述各类瓮中，AⅠ、BⅠ式仅见于第一类单位；AⅡ、AⅢ、AⅣ、BⅡ、CⅠ、CⅡ、DⅠ、DⅡ、EⅠ式见于第二类单位；AⅤ、AⅥ、BⅢ、CⅢ、EⅡ式见于第三类单位。其形态变化规律为：A型瓮口沿由卷沿到折沿再到卷沿，腹部由直腹到鼓腹，最大腹径由中上腹部到中下腹部；B型瓮的变化规律为口沿由直口到敛口再到侈口，最大腹径由上腹部到中腹部，纹饰由交错绳纹到斜向绳纹；C型瓮的变化规律为肩部由鼓肩到折肩，腹部由鼓腹到斜直腹，最大径由上腹部到肩部，整体形态从瘦长到短矮。D型瓮的口沿由沿面近平到平折，沿面从无凹槽到有多道凹槽。E型瓮的口部由敞口到敛口，由卷沿到折沿。

2. 其他陶器的形态观察

除以上所列瓶、盆、罐、钵、瓮五类器物外，遗址中还存在着一定数量的壶、盂、甑、器盖等器物，形态也存在一定差异。

（1）壶

数量较少，可分为两型。

A型　颈部明显，均小口，颈、腹部形态差异较大，可分为五式。

Ⅰ式：敛口，口部略呈花苞状，颈部细长，球形腹，最大腹径位于中腹部，小平底（标本M12∶1）。

Ⅱ式：敛口，口部略呈花苞状，颈部细长，鼓腹圆折起棱脊，最大径位于中下腹部，小平底（标本F8∶45）。

Ⅲ式：敛口，口部略呈花苞状，颈部较粗，折腹，最大腹径位于折棱处，平底（标本F8∶44）。

Ⅳ式：敞口，平折沿，颈部较为短矮，鼓腹，最大腹径位于中下腹部，平底（标本F8∶43）。

Ⅴ式：直口，方唇，短颈，折腹，最大腹径位于下腹折棱处，平底（标本M4∶1）。

B型　仅一式。敛口，平折沿，短颈，鼓腹，平底，最大腹径位于下腹部（标本M10∶3）。

上述各类壶均仅见于第二类单位。A型壶变化规律为：口部由敛口到敞口，再到直口；颈部由细长颈变为短矮颈，腹部由球形腹到圆折腹。

（2）盂

数量较少，腹部变化明显，可分为三式。

Ⅰ式：折腹，整体呈扁鼓状，底微凹，最大腹径在中腹部（标本M11∶1）。

Ⅱ式：腹部圆鼓，整体呈扁鼓状，底微凹，最大径在中腹部（标本M9∶2）。

Ⅲ式：斜直腹，近底处有一道折棱，大平底（标本F80∶37）。

上述各式盂均仅见于第二类单位；其形态变化规律为：腹部由折腹到鼓腹，再到斜直腹。

（3）甑

数量较少。仅有一种形制，形态与钵相似，均为夹砂红陶，直口微敛，浅弧腹，圜底，底部有多个圆形穿孔或底心有一个圆形穿孔。

（4）器盖

依其形态的不同可分为圆条弓形捉手覆盆形、圈足捉手覆钵形、桥形捉手覆钵形、马鞍形捉手覆钵形等几类。

以上我们对鱼化寨仰韶文化遗存的典型陶器进行了类型学的分析和观察，按照各型陶器的内在联系划分了式别，建立了各型陶器的式别序列。由于典型陶器的式别序列都是以已知的早晚关系相对确立的地层单位包含的器物群为基础建立的，因此各型的式别序列当是它们的发展序列。

三、典型陶器的组合与分期

在确定典型陶器的发展序列的过程中，我们将鱼化寨遗址的仰韶早期遗存陶器按型式排列，可以分为三个陶器组合；结合地层组的早晚关系，我们可以看出，无论是器物的类型还是式别，在几个地层组之间都存在一定的不同。这种不同首先表现在前后各类地层单位的陶器类型与组合的差异上。

第一类地层单位共存的陶器主要有：Ⅰ、Ⅱ式瓶，A型Ⅰ式、B型Ⅰ、Ⅱ式盆，A型Ⅰ、Ⅱ式、B型Ⅰ式、E型Ⅰ式罐，A型Ⅰ式、B型Ⅰ式钵，A型Ⅰ式、B型Ⅰ式瓮。上述器物相互直接或间接地共存，构成属同一时期的陶器组合，我们称之为陶器甲组。

第二类地层单位共存的陶器主要有：Ⅲ、Ⅳ式瓶，A型Ⅱ、Ⅲ式、B型Ⅲ式和C型盆，A型Ⅲ、Ⅳ、Ⅴ式、B型Ⅱ、Ⅲ式、C型Ⅰ、Ⅱ式、D型Ⅰ式、E型Ⅱ式罐，A型Ⅱ式、B型Ⅱ式、C型Ⅰ式钵，A型Ⅱ、Ⅲ、Ⅳ式、B型Ⅱ式、C型Ⅰ、Ⅱ式、D型Ⅰ、Ⅱ式、E型Ⅰ式瓮等。此外还有各种类型的壶、盂、圆条弓形捉手覆盆形与桥形捉手覆钵形的器盖等。上述器物相互直接或间接地共存，构成属同一时期的陶器组合，我们称之为陶器乙组。

第三类地层单位共存的陶器主要有：Ⅴ式瓶，A型Ⅳ、Ⅴ、Ⅵ式、D型盆，A型Ⅵ、Ⅶ式、C型Ⅲ式、D型Ⅱ、Ⅲ式、E型Ⅲ式罐，A型Ⅲ式、B型Ⅲ式、C型Ⅱ式、D型钵，A型Ⅴ、Ⅵ式、B型Ⅲ式、C型Ⅲ式、E型Ⅱ式瓮等。此外还有钵形甑、圈足与马鞍形捉手覆钵形的器盖等。它们相互直接或间接地共存，构成属同一时期的陶器组合，我们称之为陶器丙组。

对比三组陶器可以看出，它们之间有一定的共性，如主要器物的类别相同，一些同类别的器物又可划分为相同的型别，同类同型的各式器物又多可组成一个完整的发展演变序列，亦即同型器物在不同的组别中可分为不同的式别，式与式之间的差别都遵循着一个共同的器物演化规律，从而代表了同一类型器物的不同发展阶段。但各组陶器之间除了共性之外，还存在着明显的差异，各组间的差异如果相对较大，可能是同一种文化不同发展期（类型）之间的差别，如果差异较小，则可能是同期文化不同发展阶段的反映。如果把这个问题搞清楚了，文化分期的问题也就基本解决了。现将三组陶器的器形、陶质陶色、纹饰比较如下。

甲组中瓶口为环形敛口，A型盆折沿较宽且腹较浅，B型盆沿窄而斜且腹较浅，A型罐主要为直腹弦纹罐，B型罐为卷沿鼓腹罐，E型罐为直口折沿罐，A型钵为直口方唇深弧腹钵，B型钵为敛口方唇斜直腹钵，A型瓮为直腹瓮，B型瓮为直口高领鼓腹瓮；乙组中瓶口为直杯口，A型盆直口平折沿较宽且腹较深，B型盆沿窄而斜，C型盆腹部较鼓，A型罐为曲沿鼓腹，B型罐为卷沿鼓腹，C型罐为敛口圆球形腹，器表素面或饰斜向绳纹，D型罐为体型较矮的尖底，E型罐为直筒形腹，A型钵为直口或微敛的圆唇深弧腹圜底，B型钵为直口或微敛的圆唇斜直腹平底，C型钵为敛口弧腹，A型瓮为卷沿或折沿鼓腹，B型瓮为敛口高领鼓腹瓮，C型瓮为体态瘦长的鼓肩或折肩，D型瓮为沿面有凹槽的平折沿瓮，E型瓮为敞口卷沿圆唇；丙组中瓶口为葫芦形口，A型盆侈口，器表饰各类鱼纹，D型盆为叠唇，A型罐为坠腹，C型罐为饰横向绳纹的圆球形腹，D型罐为体态较高的尖底及其退化形态，E型罐为斜直腹，A型钵为浅弧腹，口下出现宽带纹彩绘，B型钵为敞口斜直腹，C型钵坠腹，D型钵为高圈足，A型瓮为坠腹，B型瓮为侈口高领，C型瓮为体态较矮的折肩，E型瓮为敛口折沿。这三组陶器之间虽有差异，但区别并不是很大，器类大体相同，器物形态的发展演变非常连贯，应属于同一文化时期的不同发展阶段。

陶系方面，三组单位存在显著的异同。三组单位均以夹砂红褐陶为主，泥质橘红陶占有较大比例，泥质红褐陶与夹砂橘红陶均有少量发现。差别在于泥质橘红陶比例呈现下降趋势，而夹砂红褐陶的比例则呈现递增的趋势；泥质橙黄陶仅出现在甲组，不见于乙、丙组，泥质黑陶与夹砂灰陶仅出现于丙组，而不见于甲、乙组。从纹饰观察，素面陶的比例一直较高，除素面外，绳纹一直占据着主要地位，弦纹也有相当数量的发现，彩陶则比例较低。同时，素面陶的比例整体上呈现递减的趋势，绳纹的比例则是逐步提高，甲、乙两组有少量戳印纹，丙组则出现有少量附加堆纹，此外，乙组还出现有零星的指甲纹、剔刺纹、划纹、席纹等。通过以上陶系和纹饰的比较，也可以得出相同的认识，这三组共性较大，可以归为一个文化时期。

根据以上分析比较，甲组、乙组和丙组应属同一文化发展期，它们代表的是鱼化寨遗址早期文化遗存，各组间的差别反映了同期文化早晚不同的发展阶段，甲组代表第一段，乙组代表第二段，丙组代表第三段。

四、晚期遗存的分期

晚期遗存主要为遗址第2层堆积及相关遗迹，该层堆积较厚，相关的遗迹单位也较多。遗迹之间的打破关系共有10余组，但经过对陶器的观察，这些遗迹均属同期打破，不具备分期的意义。不过，晚期遗迹单位的年代虽属于同期，但在地层与部分遗迹单位中存在少量与晚期特征不甚相同的陶器。由此，晚期遗存应当也存在分期的可能。

我们先看晚期单位出土的遗物，以出土物较为丰富的H72、H211、H136、H113等为例，观察晚期陶器的一般特征。

H72，出土折沿浅腹盆、折沿鼓腹罐、平沿缸、厚唇缸、喇叭口器盖等（图一三○八）；

H211，出土喇叭口尖底瓶、宽沿浅腹盆、折沿鼓腹罐、敛口斜腹钵、厚唇缸等（图一三○九）；

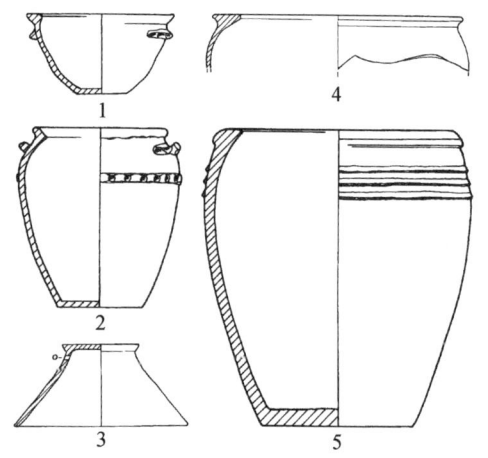

图一三○八　H72出土陶器

1.盆（H72∶4）　2.罐（H72∶7）　3.器盖（H72∶18）　4.缸（H72∶16）　5.缸（H72∶17）

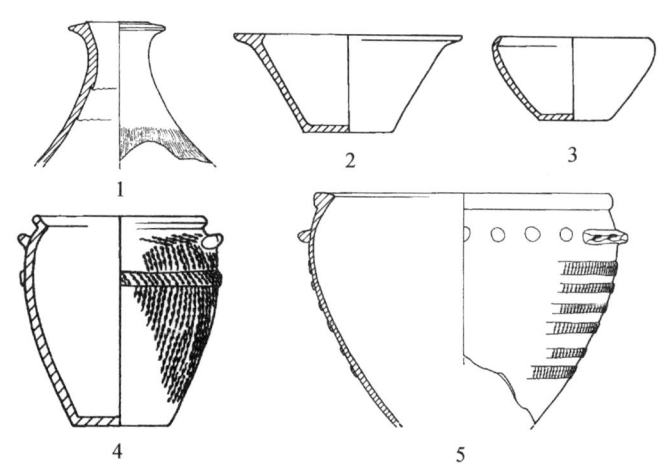

图一三○九　H211出土陶器

1.瓶（H211∶12）　2.盆（H211∶10）　3.钵（H211∶2）　4.罐（H211∶18）　5.缸（H211∶16）

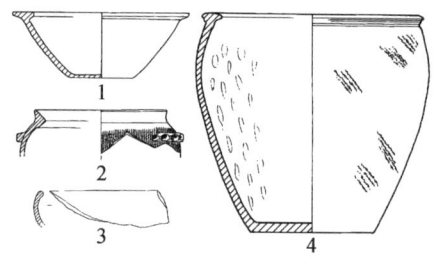

图一三一○　H136出土陶器

1.盆（H136∶6）　2.罐（H136∶9）　3.钵（H136∶2）　4.缸（H136∶8）

H136，出土宽沿浅腹盆、折沿鼓腹罐、敛口斜腹钵、平沿缸等（图一三一○）；

H113，出土重唇口尖底瓶、弧折沿盆、叠唇盆、宽沿浅腹盆、折沿鼓腹罐、敛口斜腹钵、叠唇缸、厚唇缸等（图一三一一）。

此外，遗址②层堆积中出土陶器（图一三一二）与H113大体相同。

以上单位出土的陶器，包括了晚期的绝大部分典型器类。依据关中地区已经发掘过的姜寨[1]、案板[2]、王家咀[3]

---

[1] 西安半坡博物馆，陕西省考古研究所，临潼县博物馆：《姜寨——新石器时代遗址发掘报告》，文物出版社，1988年。

[2] 西北大学文博学院考古专业：《扶风案板遗址发掘报告》，科学出版社，2000年。

[3] 西安半坡博物馆：《陕西岐山王家嘴遗址的调查与试掘》，《史前研究》1984年3期。

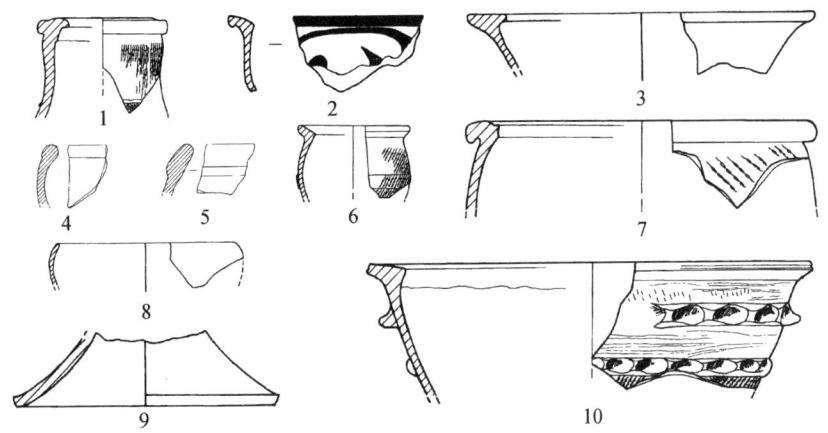

图一三一一　H113出土陶器

1. 瓶（H113∶15）　2~4、10. 盆（H113∶8、H113∶12、H113∶11、H113∶9）　5、7. 缸（H113∶14、H113∶19）
6. 罐（H113∶17）　8. 钵（H113∶2）　9. 器盖（H113∶21）

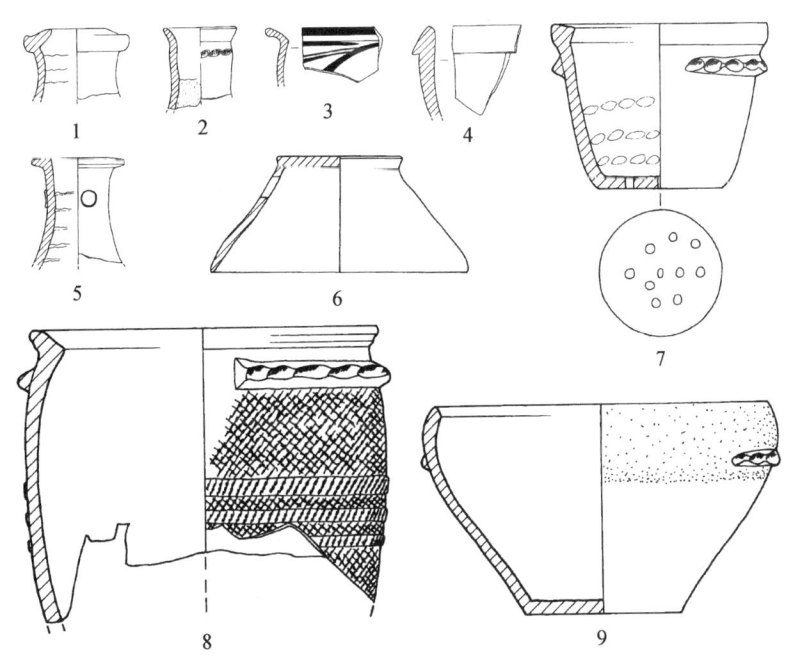

图一三一二　②层出土陶器

1、2、5. 瓶（T0514②∶1、T0915②∶8、T0715②∶5）　3. 盆（T0514②∶2）　4. 缸（T0514②∶3）
6. 器盖（T0314②∶19）　7. 甑（T0709②∶18）　8. 罐（T0816②∶10）　9. 钵（T0817②∶3）

等典型遗址的分期和陶器特征，鱼化寨遗址仰韶文化晚期遗存的陶器可分为甲、乙两组（图一三一三）。甲组以H113和②层出土的部分陶器为代表，出土物虽少，但特征仍然十分明显，陶器主要有重唇口尖底瓶、弧折沿盆、叠唇盆、大口叠唇缸，陶器表面所饰彩绘为弧线三角纹、圆点纹等。乙组以H72、H211、H136的全部及H113的部分陶器为代表，器形主要有喇叭口尖底瓶、宽沿浅腹盆、折沿鼓腹罐、敛口斜腹钵、平沿缸、厚唇缸、喇叭口器盖等。陶系方面以夹砂红褐陶为主，夹砂橘红陶与泥质橘红陶次之，再次为夹砂灰陶与泥质灰陶，还见有少量泥质黑陶。纹饰方面，以绳纹最多，其次为附加堆纹，另有少量线纹、弦纹、彩陶。

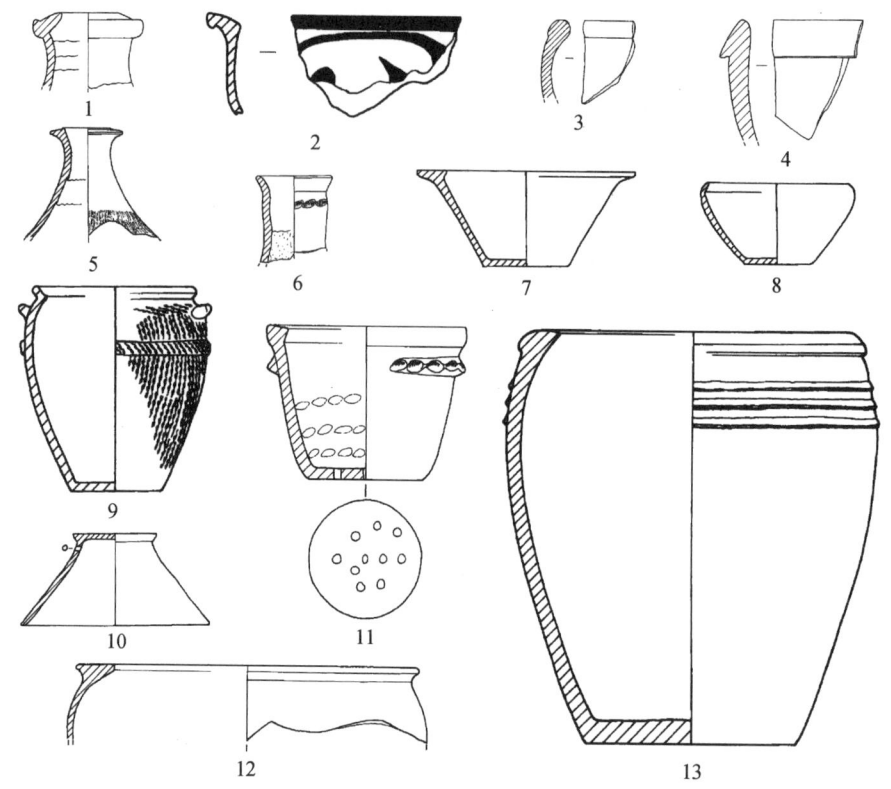

图一三一三　鱼化寨遗址仰韶文化晚期陶器分期图

甲组：1. 瓶（T0514②：1）　2、3. 盆（H113：8、H113：11）　4. 缸（T0514②：3）
乙组：5、6. 瓶（H211：12、T0915②：8）　7. 盆（H211：10）　8. 钵（H211：2）　9. 罐（H211：18）
　　　10. 器盖（H72：18）　11. 甑（T0709②：18）　12、13. 缸（H72：16、H72：17）

经过比较，我们发现甲、乙两组陶器的组合基本相同，均以瓶、盆、罐、钵、缸、瓮等为其主要器类，且陶器均以红陶为主，这是二者之间存在的共性。同时，二者在陶器的器形、陶系、纹饰等方面的差异也是十分显著的，应属于同一文化的不同发展期。

五、各期的年代及性质

（一）早期遗存的年代及性质分析

通过陶器型式演变、组合关系的分析和陶质陶色、纹饰的变化，我们将鱼化寨遗址仰韶文化早期遗存分为三段。结合各段特征，并参照关中地区一些已发掘的年代明确的考古材料，我们对鱼化寨遗址仰韶文化早期遗存的年代、性质推定如下。

该期遗存以甲、乙、丙三组为代表，各典型单位所出陶器的陶质中，夹砂陶占据主要地位，泥质陶次之，陶色以红褐、橘红陶为主，次为橙黄陶，少量灰、黑陶；纹饰除素面外，以绳纹为主，次为弦纹，彩陶较少。器型主要有环形口瓶、杯形口瓶、葫芦形口瓶、折沿盆、卷沿盆、直腹弦纹罐、曲沿鼓腹罐、球腹罐、尖底罐、圜底钵、鼓腹瓮、高领瓮、折肩瓮等。上述特征均与西安半坡遗址早期[①]、临潼姜寨遗址第一、第二期[②]、元君庙仰韶墓地[③]、北首岭遗址中层[④]、史家墓地[⑤]相同或相近。因此，鱼化寨遗址早期应属仰韶文化早期遗存，即半坡类型，在此我们称之为"鱼化寨一期"。早期遗存的三段是前后相继、连续发展的，具有直接的承袭关系。同时，第一段陶器在器类与器形方面与宝鸡北首岭遗址77M1、77M3、77M17[⑥]等、福临堡遗址早期墓地[⑦]、临潼零口遗址H35、H51[⑧]等十分接近，应属同期，均为仰韶文化早期的最早阶段，这里我们将其称为"北首岭期"；第二段陶器与临潼姜寨遗址第一期[⑨]、陇县原子头遗址第一期[⑩]等十分接近，应属同期，均为仰韶文化早期的中段，这里我们称之为"半坡期"；第三段陶器与渭南史家遗址[⑪]、临潼姜寨第二期、陇县原子头第二、三期等十分接近，应属同期，均为仰韶文化早期的晚段，这里我们称之为"史家期"。

需要特别指出的是，在关中地区，与鱼化寨一期第一段相同的遗存也曾有发现，目前仅见于北首岭、福临堡、零口、姜寨等四处遗址。以往的发现或者由于地层关系不清楚、或者因为发现太少而未被识别区分开来。如在姜寨遗址中的这类遗存，不仅发现数量少，而且全部与半坡期遗存混杂在一起；零口遗址则与老官台文化遗存相互混淆；北首岭遗址不仅与老官台文化遗存相杂，而且与半坡期、史家期等相混；福临堡遗址虽将属于此类遗存的墓葬识别出来，并认为其年代"应接近或略晚于北首岭早期偏晚的墓葬，但要略早于北首岭中期偏早墓葬的年代"，但在对遗存的定性上仍然不够确切。基于以上种种原因，学术界产生了诸多不同的看法，学者们进行了十分热烈的讨论。总体看来，目前各种观点的相同之处在于均认为此类遗存不属于老官台文化，并且晚于老官台文化，争论的焦点则在于其与仰韶文化及仰韶文化早期即半坡类型的关系上。鱼化寨一期第一段遗存的内涵十分丰富、地层关系明确，分期的结果能够充分说明，此类遗存应属于仰韶文化早期的最早发展阶段。

（二）晚期遗存的年代及性质分析

晚期甲组的陶器主要有重唇口尖底瓶、弧折沿盆、叠唇盆、大口叠唇缸等，与案板一期、王家咀早期、姜寨三期等遗存的同类陶器的特征十分相似，明显地具有庙底沟期陶器的特征，属庙底沟类型，在这里我们称之为"鱼化寨二期"。从各方面观察，晚期乙组陶器代表的遗存与案板二期、王家咀晚期、姜寨四期等相同或相近，应属仰韶文化晚期遗存，即半坡晚期类型，在这里我们称之为"鱼化寨三期"。

---

① 中国科学院考古研究所，陕西西安半坡博物馆：《西安半坡》，文物出版社，1963年。
② 西安半坡博物馆，陕西省考古研究所，临潼县博物馆：《姜寨——新石器时代遗址发掘报告》，文物出版社，1988年。
③ 北京大学历史系考古教研室：《元君庙仰韶墓地》，文物出版社，1983年。
④ 中国社会科学院考古研究所：《宝鸡北首岭》，文物出版社，1983年。
⑤ 西安半坡博物馆：《陕西渭南史家新石器时代遗址》，《考古》1978年第1期。
⑥ 中国社会科学院考古研究所：《宝鸡北首岭》，文物出版社，1983年。
⑦ 宝鸡市考古工作队，陕西省考古研究所宝鸡工作站：《宝鸡福临堡》，文物出版社，1993年。
⑧ 陕西省考古研究所：《临潼零口村》，三秦出版社，2004年。
⑨ 西安半坡博物馆，陕西省考古研究所，临潼县博物馆：《姜寨——新石器时代遗址发掘报告》，文物出版社，1988年。
⑩ 宝鸡市考古工作队，陕西省考古研究所：《陇县原子头》，文物出版社，2005年。
⑪ 西安半坡博物馆：《陕西渭南史家新石器时代遗址》，《考古》1978年第1期。

第二章　各期遗存的文化面貌

鱼化寨遗址时间跨度很大，涉及的文化内涵比较丰富。下面我们按照时间序列分别总结各个阶段的内容与特点。

一、老官台文化遗存

该阶段的文化遗存较少，遗物仅有陶片，散见于后期的地层或遗迹中，未见单纯的老官台文化遗迹单位。这说明老官台文化时期的遗存在鱼化寨遗址分布很少，并且都被后代遗存破坏了。

陶片仅有器足，在H235、T0917⑪、T0809G2⑥单位中有发现，全部为灰褐或红褐陶，尖锥状，足尖有尖锐与抹平两种，均素面。依据器足形态可推测，器形应有三足罐或三足钵等，分期断代的特征十分明确，不属于仰韶文化的范畴，而应属老官台文化遗存。

二、仰韶文化遗存

根据各发掘区的地层关系以及遗迹单位出土物特征，鱼化寨遗址仰韶文化遗存可分为三期。

（一）第一期遗存

鱼化寨仰韶文化第一期遗存分布较广，遗迹丰富，出土遗物数量众多。这一时期的遗迹共发现459座，其中房址107座、灰坑186座、灶址29座、窑址1座、土坑墓12座、瓮棺墓122座、壕沟2条。

第一期房址的建筑方式有半地穴式与地面式两种，以地面式为主，地面式房址一般为挖基槽立柱的建造方式。平面形状以方形与长方形居多，圆形与椭圆形次之，还有个别不规则形。房址的规模大多为30平方米左右的中型房址，有个别为10平方米以下小型房址，没有发现60平方米以上的大型房址。居住面绝大多数经过加工，以黄土加工而成的硬面最为常见，也见有铺设料姜石末、涂抹草拌泥、经火烧烤而成的硬面，还有较为考究的经过两层以上加工而成的硬面。门一般正对房内灶或直接与灶相连，方形房址的门一般开在一壁的中间位置，半地穴房址的门道以斜坡状最多。门向很不统一，以北向最多，南向次之，有个别朝向东、西。将近一半的房址内发现有灶，平面形状以圆形和方形最多，形制以浅穴式灶坑最为普遍，灶圈十分常见，规模复杂的连通灶仅有个别发现。灶面一般经过长时间的火烤而呈现红褐或青褐色。除了在房内发现有灶，在房外还发现有不少单独的无房灶址，形制与房内灶基本一致。

第一期的灰坑大多分布在房址附近，疏密不一。形制以圆形或方形袋状为主，筒状与锅底状较少。袋状灰坑一般形制十分规整，有的底部设有台阶，数量有一至三级不等；部分灰坑的口、壁、底等部位保留有刻意加工的痕迹，加工方式主要为火烤，还有的是将底部加工成硬面。个别灰坑口部或底部发现有少量柱洞。形制规整的袋状灰坑很可能是聚落居民作为储藏用的窖穴。

窑址仅发现一座，形制为横穴式，由窑室、火膛、火道、操作间等部分组成，窑室位于东侧。这和其他同期的窑址特点基本相同。

第一期的墓葬有土坑墓与瓮棺墓两种，全部分布在居住区，与同期的房址、灰坑等遗迹混合分布。土坑墓数量较少，且分布不集中，没有形成大规模的墓地。墓坑均为长方形竖穴，规模较小，长不超过1.4、宽不超过0.68米。葬式全部为单人仰身直肢，头向绝大部分偏西，仅1座南向。葬者均为未成年人。随葬品种类有尖底瓶、罐、钵、壶、盂、石球、石锛、骨珠等，组合有瓶罐钵、罐壶、瓶盂、罐钵、罐钵盂、罐钵壶、盂等，以瓶罐钵、罐钵壶（盂）的组合为主。

瓮棺墓数量较多，分布疏密不一，既有单独分布在房址附近的，也有数座分布在一处连成小型墓地的，还有数十座集中分布，形成大型墓地的情况。瓮棺墓的墓坑以圆形锅底状和筒状最为常见，葬者全部为未成年人，以单人葬占绝大多数，仅发现零星合葬。葬具数量不一，有1件葬具、2件葬具和多件葬具，其中2件葬具的占绝大多数。1件葬具的均为单瓮，瓮口无盖。2件葬具的以瓮钵组合最多，还有瓮盆、瓮瓶、瓮瓮等。多件葬具的较为少见，也十分特殊，如W44的葬具共有5件，为三重棺结构，内部二重均为瓮钵组合，最外重则为单瓮；又如W108，为合葬墓，共有3件葬具，1件大瓮横扣于2件小瓮之上，形成同穴合葬。葬具的放置方式，除常见的竖置、横置之外，还见有斜置、倒置等特殊的方式。部分作为棺盖的钵、盆等器的底部有钻成或打成的小孔。绝大多数瓮棺墓中没有发现随葬品，少数几座发现有尖底瓶、钵、罐、圆陶片、残石器、石坠饰等随葬品。

墓葬中出土的各种器物，在大部分器物的表面都能发现不少使用的痕迹。石器的表面有不少使用形成的坑疤，或者是破损痕迹；陶器中的罐、瓮类器的表面一般有烟熏痕迹，钵、盆类器的口下、腹部等部位都有成对的穿孔，尖底瓶的口部被刻意打去。这些器物的形制、器身上存留的痕迹与房址内出土的同类器基本相同。可见墓葬中出土的器物，最初应当都是实用器，并不是专门制作的葬具或明器。

第一期发现有两条壕沟，规模相近，平面上呈内外两重分布，两条壕沟的性质应当相同，均为防御设施。G1平面呈圆形，与半坡、姜寨等发现的仰韶文化早期壕沟形制一致。根据G2残存部分推测可知，G2的平面形状有可能为多边形，与以往发现的仰韶文化早期壕沟的形制并不相同，而是与杨官寨遗址发现的仰韶文化中期壕沟平面呈梯形的形制较为接近，这一方面说明仰韶文化早期壕沟的形制可能具有多样性，另一方面也说明仰韶文化中期的壕沟与早期的壕沟可能存在着不可分割的联系。从地层关系、出土遗物等方面进行判断，两条壕沟的年代基本相同，属于第一期偏晚阶段。

第一期的遗物，主要是日常生活用的陶器，也有少量圆陶片、陶锉、陶球、石斧、石锛、石铲、石凿、石球、石磨棒、骨锥、骨笄、骨针、骨镞、蚌刀、角饰等生产工具与装饰品。

陶器中夹砂陶居多，泥质陶略少。陶色以橘红陶及红褐陶为主，只有少量灰陶、黑陶及橙黄陶。除素面外，纹样以绳纹为大宗，其次为黑色彩绘，还有少量弦纹、戳印纹、指甲纹、剔刺纹、划纹、席纹、附加堆纹等。这一时期的彩陶不足3%，数量较少，彩绘图案有鱼纹、三角纹、宽带纹、直线纹、平行线纹、折线纹、弧线纹、圆点纹、鸟纹、网纹。陶器制法均为手制，泥条盘筑痕迹明显，部分陶器的口沿、器表可见慢轮修整痕迹。陶器上的刻划符号发现较少，种类不多，均为陶器烧制成后刻上去的，多刻于陶钵口沿下的黑色宽带纹上，也有刻于器身上的。器形主要有瓶、盆、罐、钵、瓮、壶、盂、甑、器盖、器座、杯等，以罐、钵、盆、瓶、瓮数量较多，其它较少。陶钵以圜底为主，也见有平底，腹部深浅不一，口下一般有深褐色或浅灰色的叠烧痕迹或饰黑色宽带纹。陶盆主要有折沿弧腹盆和卷沿折腹盆，弧腹盆一般在沿面上饰黑色短线与弧边三角相间的彩绘，折腹盆的上腹部多绘有黑色鱼纹或变体鱼纹图案。陶罐主要为侈口鼓腹，体外多饰右上至左下的斜向绳纹。尖底瓶的口部形态有环形口、杯形口、葫芦形口等几种，底部有小平底、尖底等形态，鼓肩或溜肩，腹部两侧有对称的半环状竖耳，体饰细绳纹，下腹与尖底均磨光。陶瓮主要为侈口鼓腹，也有部分为敛口鼓肩，体多饰右上至左下的斜向绳纹。这些陶器的器形与陕西西安半坡遗址早期[①]、临潼姜寨遗址第一、二期[②]、华县元君庙遗址[③]、宝鸡北首岭遗址中层[④]等遗存有较多的相似性，它们同属仰韶文化早期遗存，即半坡类型。

工具与装饰品中，圆陶片数量最多，均系利用钵、盆、罐类器的残片打制而成。以陶钵的口部残片最为常见，均为泥质陶，常常保留有少量口沿、或口沿下侧的黑色彩绘及叠烧痕迹。罐的残片一般为夹砂陶，质地较差，器表往往保留有绳纹。圆陶片的形制有圆形、椭圆形、半圆形，以圆形最为常见，半圆形最少。刃部一般打制锋利，有使用形成的坑疤，也有部分圆陶片的刃部较钝或者根本没有刃。陶锉数量较多，系利用细泥红陶烧制而成，表面全部布满麻点，稀疏不一。形制有梭形、菱形、三角形、近长方形、圆形等。以梭形最为常见，数量最多，完整的梭形陶锉为两端尖锐，中部最宽，横断面一般呈圆角长方形或长方形。菱形陶锉与梭形相似，只是中部最宽处有棱。三角形陶锉有两种情形，一种为制作时即为三角形，另一种为梭形或菱形陶锉残断之后，经过二次加工而成。近长方形、圆形陶锉都数量极少。陶纺轮的数量较少，多系利用陶钵或盆的残片加工而成。形制大多为圆饼状，中部有一圆孔，周缘打制较为粗糙，器体较薄。石斧数量较多，刃部均经磨光，一部分器身磨光，一部分较为粗糙。形制有长条形、长方形、梯形等，以长条形居多。横断面多呈椭圆形、圆角长方形。石锛数量较多，器身多较为扁平，刃部均经磨光，部分器物的器身经磨光。形制有长条形、扁条形、梯形、长方形等，以长条形较为常见。横断面多为圆角长方形。石锤数量较少，多呈长条形，一端略大。器身或一端密布使用形成的坑疤。石铲数量较少，器身较为扁平，一般通体磨光，器身呈犁形或长方形，刃部较为锋利。石凿数量较少，多呈长条形，下端由两侧磨制成刃，较为锋利。骨锥数量较多，多系利用动物的长骨磨制而成，器身较为细长，尾端较为粗大，有的保留有关节面，有的磨制平齐，尖部锐利，横断面呈圆形或三角形。骨笄数量较多，多系利用动物的长骨磨制而成，器身较为细长，两端均较尖锐，最大径靠近一端，横断面多呈

---

① 中国科学院考古研究所，陕西省西安半坡博物馆：《西安半坡——原始社会聚落遗址》，文物出版社，1963年。
② 西安半坡博物馆，陕西省考古研究所，临潼县博物馆：《姜寨——新石器时代遗址发掘报告》，文物出版社，1988年。
③ 北京大学历史系考古教研室：《元君庙仰韶墓地》，文物出版社，1983年。
④ 中国社会科学院考古研究所：《宝鸡北首岭》，文物出版社，1983年。

圆形。骨镞数量较多，形制有带翼与不带翼两种，以不带翼者居多。不带翼者器身多较为扁平，体部与铤部的分界不甚显著，脊部不明显，锋部扁尖。带翼者器身略厚，体部与铤部分界明显，脊部显著，锋部多圆尖。骨针数量较多，器身十分细长，尾端略扁，有一圆孔，尖部十分锋利。骨铲数量较少，多系利用动物的长骨磨制而成，往往一端保留有关节面，一端磨出刃部。形制有长条形、半管状等。有斜刃与弧刃，多较为锋利。骨匕数量较少，多系利用动物长骨骨片磨制而成，一般呈长条形，器身扁平而薄，有斜刃与弧刃，多较为锋利。骨鱼叉数量较少，系利用动物长骨磨制而成，器身较为扁平，叉头长短不一，锋部扁尖，倒钩在器身两侧，有单钩与双钩两类。

　　第一期聚落遍布于所有发掘区，我们推测也应该分布于整个遗址的范围，遗址所在的整个台地大体呈圆形，聚落的平面形态也基本呈圆形。聚落的面积约为7万平方米，房址分布的密度非常大，整个聚落应为凝聚式。房址门向以北向也就是朝向聚落中心方向者居多，所以聚落也应是向心式。在107座房址中，有6座房址（F5、F6、F46、F50、F56、F66）面积特别小，建筑面积均在5平方米以下，个别房址更是小于3平方米，室内面积则更小。这几座房址内空间过于狭小，显然不适合一般人居住，其性质也应不是作为居住的房屋，而可能是作为储藏室使用的，其他101座房址的性质应是住屋。聚落的形态十分成熟，聚落的布局有着较为明确的分区规划，分为居住区、墓葬区、储藏区、制陶区等，聚落有双重环壕作为防御设施，没有发现成年人墓地。部分房址的周围分布着储藏室、储藏坑等设施，不少房址的周围分布着未成年人墓葬。墓葬均为未成年人墓，分布的情况有三种：零星墓葬分散分布于对应房址周围、几座墓葬集中分布形成小型墓地、数十座墓葬集中分布形成公共墓地，在聚落南部有一处规模较大的未成年人墓地，可能是未成年人的公共墓地。聚落中遗迹之间存在复杂的地层关系，说明遗迹本身可能有时间上的相对早晚关系，进而说明第一期聚落本身可能还存在更小阶段的发展演变，这一点需要我们在今后的工作中进行更加深入的研究。

　　第一期聚落已发掘部分主要位于两条壕沟之间的地带，这里分布着密集的房址、灰坑、未成年人墓葬，显然这里属于聚落的居住区。外壕以外的部分几乎被全部破坏，情况不明。内壕以内的部分仅发掘了一小部分，也发现有少量的遗迹。不过从总体上来说，由于内壕以内的部分，特别是聚落中心部分并未进行发掘，情况不明，所以对于两条壕沟的其他功能以及与聚落的关系，现在还难以讨论。

　　鱼化寨一期遗存存在一些自身的特点。首先是遗迹方面的特点。鱼化寨遗址的房址中，半地穴式与地面式并存，这种情形与邻近的姜寨、半坡遗址完全相同，而与关中西部的北首岭、原子头等遗址[①]发现的房址不同。关中西部的房址基本上是方形的半地穴式，极少见到其他的形制，这一点说明鱼化寨一期遗存与关中东部的遗存特征更加接近。鱼化寨一期发现有双重环壕，但与半坡遗址的双重环壕的情况有所区别：首先，两个遗址中的外壕都是用于防御的，这一点是相同的；然而半坡遗址的内壕则可能是用来划分区域或者居民阶层的，不具备防御功能，鱼化寨遗址的内壕规模与外壕相近，明显具备防御功能。因此，同样是双重环壕，但两者双重环壕具体的功能却又是不一样的。鱼化寨一期发现有122座未成年人的瓮棺墓，这些墓葬中有相当一部分密集分布，形成了大规模的墓地，这种未成年人的墓地在仰韶文化早期的遗址中十分罕见。

---

① 宝鸡市考古工作队，陕西省考古研究所：《陇县原子头》，文物出版社，2005年。

其次是陶器方面的特点。作为仰韶文化早期典型器的葫芦瓶、带盖小罐等，在其他遗址中多有发现，而鱼化寨遗址则几乎不见，究其原因，可能与鱼化寨遗址未发现成年人的墓葬有关。鱼化寨遗址彩陶的比例较低，彩绘的种类也偏少，彩绘的风格整体上较为单一，与其他同期遗存相比，在数量和质量方面均有明显的差距。鱼化寨遗址发现有一定比例的黑陶，而其他遗址则基本不见黑陶。这些差别可能也显示了关中地区不同遗址之间的个体差异。

关于鱼化寨遗址仰韶文化第一期遗存的绝对年代，我们也采样进行了测年（附表一九、附表二〇）。不过从测年结果来看，鱼化寨一期的所有测年结果与以往的测年结果相比都偏晚。个中原因目前还很难说得清楚。尽管如此，我们还是将结果进行了公布。

此外，依据地层关系及陶器的演变特征，可将鱼化寨一期遗存划分为三个发展阶段。

（二）第二期遗存

鱼化寨遗址仰韶文化第二期遗存发现得较少，没有发现这一时期的遗迹，仅在第三期遗存的H113以及遗址②层堆积中出土少量陶片，但特征非常明显。陶器的主要器形有重唇口尖底瓶、弧折沿盆、叠唇盆、大口叠唇缸等，与河南陕县庙底沟遗址第一期遗存[1]、陕西华县泉护村遗址第一期遗存[2]、临潼姜寨遗址第三期遗存、扶风案板遗址第一期遗存[3]等有较多的相似性，它们同属于仰韶文化中期遗存，即庙底沟类型。尖底瓶的口部两层台之间的高差较小，呈现退化的形态；折沿盆的沿部弧折，器表饰有弧边三角形与圆点构成的黑色彩绘图案。依据泉护村遗址、案板遗址、水北遗址[4]等相关的分期结果，鱼化寨仰韶文化第二期遗存应属于仰韶文化中期偏晚阶段。

第二期聚落处于一个急剧的衰落期。第二期聚落没有发现较为典型的遗迹，我们只在个别晚期遗迹中发现有这一时期的陶片等遗物。尽管第二期的遗存十分稀少，我们仍不能忽略。该期遗存分布的范围较小，主要位于遗址的南部。由于遗存太少，无法讨论这一时期聚落的形态和布局。这一时期的聚落规模远小于第一期，繁荣程度也远不及第一期。说明在第一期聚落发展到末期时，社会发生了一些较为显著的变化，导致人口急剧减少，或者是因为不适合居住而发生了迁徙。总之，这个时期的聚落处于一种衰退和收缩的状态，聚落发展的过程中出现了起伏。

（三）第三期遗存

鱼化寨遗址第三期遗存在遗址中发现较多，分布范围较为广泛，与陕西西安半坡遗址晚期、临潼姜寨遗址第四期、扶风案板遗址第二期、山西芮城西王村遗址晚期[5]等遗存相比较，存在较多的相同或相似之处，均属仰韶文化晚期遗存，即半坡晚期类型。该期遗存的陶器以平唇口、喇叭口或葫芦口钝尖尖底瓶、宽沿浅腹和深腹盆、折沿鼓腹罐、浅腹平底钵、平沿缸和厚唇缸、附加堆纹的甑、喇叭口器盖等为主要器形。该期遗存彩陶很少，仅见极少量简单的黑彩，附加堆纹大量出现。

---

[1] 中国科学院考古研究所：《庙底沟与三里桥》，科学出版社，1959年。
[2] 北京大学考古学系，中国社会科学院考古研究所：《华县泉护村》，科学出版社，2003年。
[3] 西北大学文博学院考古专业：《扶风案板遗址发掘报告》，科学出版社，2000年。
[4] 翟霖林：《试论水北遗址仰韶文化遗存的分期》，《考古与文物》2011年第6期。
[5] 中国科学院考古研究所山西工作队：《山西芮城东庄村和西王村遗址的发掘》，《考古学报》1973年第1期。

值得一提的是，这一时期的遗迹除了灰坑之外，还发现有三座墓葬。目前，关中地区仅在北首岭、鱼化寨、杨官寨[①]等几处遗址中发现有仰韶文化晚期墓葬，总数也仅有30余座，并且因为报导的信息十分有限，使得我们对仰韶文化晚期的墓葬特征还不是很清楚。鱼化寨遗址三期发现的这三座墓葬中有两座为土坑墓，一座为瓮棺葬墓，土坑墓中一座为单人仰身直肢葬，另一座为成年人与未成年人的三人合葬，瓮棺葬墓的葬具为单瓮。鱼化寨遗址发现的仰韶文化晚期墓葬数量虽少，但无疑为这一时期的墓葬研究增添了宝贵材料。

第三期聚落分布的范围较为广泛。虽然这一时期遗迹的数量、种类、分布的密度不及第一期，但分布的范围与第一期似乎可以持平，也是整个遗址的范围。第三期遗迹单位共有68个，种类仅有灰坑与墓葬，其中绝大部分为灰坑，墓葬仅有3座，无其他种类遗迹，对我们分析该期聚落造成了较大的困难。不过总的看来，第三期聚落处于又一次的发展期。相比较之前的第二期聚落，第三期的遗迹数量有所增加，分布范围有所扩大，遗物也较为丰富。不过还是没有达到第一期聚落的水平。遗迹的分布没有明显的规律，聚落的布局显得十分杂乱，聚落内部没有明显的功能区划分。造成这种状态的原因是多方面的，除了聚落本身发展程度不高，也不排除该期房址等遗迹因为距离现在的地表较浅而被破坏的可能性。

三、龙山文化遗存

该阶段文化遗存不是很多，全部分布在第I发掘区，也就是台地的南端。遗迹仅有灰坑一种，共4座，平面形状有圆形、椭圆形及不规则形，结构有筒状、锅底状。出土的陶片以粗夹砂灰褐陶为主，细泥质灰陶与粗夹砂红褐陶次之，还有少量细夹砂灰褐陶、细夹砂灰陶及细泥质橘红陶；纹饰以绳纹为主，附加堆纹次之，素面再次，还有少量指窝纹、篮纹。陶器制法均为手制，泥条盘筑痕迹明显，部分陶器的口沿、器表可见慢轮修整痕迹。主要器类有喇叭口瓶、折沿盆、大口罐、鼎等，与河南陕县庙底沟遗址第二期遗存、陕西华阴横阵遗址龙山文化早期遗存[②]、扶风案板第三期遗存存在较多的相似性，均属龙山文化早期遗存，即庙底沟二期类型。

---

① 陕西省考古研究院：《陕西高陵杨官寨遗址发掘简报》，《考古与文物》2011年第6期。
② 中国社会科学院考古研究所陕西工作队：《陕西华阴横阵遗址发掘报告》，《考古学集刊》（4），中国社会科学出版社，1984年。

第三章　仰韶文化瓮棺墓研究

鱼化寨遗址共发掘了123座仰韶文化瓮棺墓，属于仰韶文化早期的有122座，属于仰韶文化晚期的有1座。这批墓葬数量大，年代集中，其发掘无疑为渭水流域仰韶文化埋葬习俗的研究增添了丰富的资料。兹将此批瓮棺墓在出土器物性质、葬俗及仰韶文化晚期瓮棺墓等方面所反映的问题做一简要分析。

一、出土器物性质分析

墓葬一共出土器物261件，其中陶器258件，石器3件。陶器中的瓮、钵、盆、罐、瓶共252件，锉与圆陶片共6件。对于这些出土器物是属于实用器，还是专门为墓葬制作，我们在此做一探讨。

我们首先从数量较少的石器开始分析。3件石器分别为球、坠饰、残石器，在墓葬中均为随葬品，器表均磨制光滑，石球表面有使用留下的凹坑，坠饰在系绳的位置有明显的磨损痕迹，而残石器则更是一端残损。在仰韶文化时期，遗址中发现石器虽然比比皆是，然而对石制品进行加工成形，并打磨光滑，也绝非易事，所以，在这个时期加工石质明器，显然不大可能。3件石器均有使用痕迹，甚至有因使用而形成的破损痕迹。可见，这些石器在随葬之前应当是实际的工具，属于实用器。

陶器占绝大多数，分为葬具与随葬品两类，葬具的种类有瓮、钵、盆、瓶共四种，随葬品有钵、罐、瓶、锉与圆陶片共五种。经观察，葬具中几乎所有瓮的器表都有烟熏痕迹，如W73∶1陶瓮的表面，黑色的烟熏痕迹就十分明显。一般认为，罐、瓮类器是作为炊煮器使用的，所以器体上保留有烟熏痕迹是比较正常的。个别的钵类器，器表也有明显的烟熏痕迹，如作为W115棺盖的陶钵器表就有烟熏痕迹。可见陶钵除作为盛器之外，还偶尔地被作为炊煮器使用。部分陶钵的器体上发现有钻孔，通常都是成对出现的。这些成对的钻孔都是位于陶钵开裂的位置，以口沿下居多，可能是作为修补之用。如W111的陶钵上一共有8个钻孔，除口下外，在腹部也进行了修补，这8个钻孔可能是一次钻成，也可能是使用过程中多次修补陶钵所致。在作为葬具的陶器中，有一部分是利用残损的器物再加工制成的。如W10的棺盖，即是以一件陶瓮的下腹及底部制成的，下腹残断处经打制，茬口较为规整，显得较为精细。可见此件瓮在作为棺盖之前就已经在使用中破损了，然而完整的下腹部使得其能够被二次利用。W93以残损的陶瓶作为棺盖，情形应当与此相同。还有，在部分作为棺盖的陶器底部发现有穿孔，大部分为打制而成，少部分为钻孔，无论哪种穿孔，都不是在陶胚上做的，而全部是在陶器成形之后制作的，可见这些穿孔就是在器物被作为棺盖后才做成的，器物在作棺盖之前应当就是现实中使用的生活用具，作为生活用具，其底部是不会有孔的。

随葬品的数量不多，与葬具情况相同的是，罐类器的表面也有烟熏痕迹。此外，随葬品中的尖底瓶，有口部被刻意打去的现象，如W40：4，口部残缺，残断处较为规整，器身则完整。可见，其口部应是被刻意打去的，否则残断处很难规整，且器身也不大可能完整。陶锉与圆陶片是工具中最常见的种类，陶锉残断、圆陶片边缘磨损，都说明它们与其他陶器一样，在作为随葬品之前曾经使用过。明器多小而轻薄易碎，是一种象征性的器物，不具使用价值[1]。这些墓葬的随葬品都经过使用，显然都不是明器。再者，无论是葬具还是随葬品，其器形、尺寸与居址中发现的同类器均无差别。

墓葬中出土的器物，在制作初期，应当都是作为实际的生产生活用具使用的。在聚落中有成员死亡的情况下，部分器物就被用来作为葬具和随葬品使用。当然，有部分器物在作葬具或随葬品时是经过刻意加工的，如棺盖底部的穿孔、随葬尖底瓶的口部被刻意打去等，不过这些器物本身并非是专门作为葬具或明器来生产制作的。

二、特殊葬具反映葬俗分析

在发掘的瓮棺墓中，绝大部分墓葬的情况与以往发现的仰韶文化早期瓮棺葬墓区别不大，具备这一时期一般墓葬的特征。同时，这批墓葬也反映出许多自身的特点，其中W44、W108等墓葬的葬具十分特殊。我们有必要对它们进行一些初步的探讨，以便更加全面、深刻地认识这一时期的葬俗。

1. 多重棺的问题

W44共出土器物5件，分别为：瓮1件、罐2件、钵2件。瓮口朝上竖置于坑底，口上无盖，其内放置2件陶罐与2件陶钵，小罐放置于大罐内，人骨放置于小罐口部，人骨之上覆盖1件小钵，小钵之上再覆盖1件大钵。人骨保存较为完整。竖置的瓮为葬具，这一点当是确定的，问题在于对其它4件器物用途的认识。在其它瓮棺中，以单瓮作为葬具且没有随葬品的并不少见，如W3、W112等；以瓮及之上的盖作为葬具，另外出土有随葬品的也较为多见，如W70、W73等。显然，W44并非前一种情况。那么后一种情况又怎么样呢？以W73为例，该墓共随葬4件陶器，是所有墓葬中随葬品最多的，随葬品均放置于瓮外，棺内仅放置人骨。再以W70为例，共有3件随葬品，其中1件位于瓮外，另2件放置于瓮内，置于瓮内的2件器物位于人骨一侧，并不装殓人骨。可见W44也不属于后一种情况，并非随葬品。

根据大部分瓮棺的葬具为瓮与其上的钵、盆等组合而成的普遍现象，我们认为W44瓮内的4件器物应为2组葬具，即小罐与小钵为一组，大罐与大钵为一组。加上最大的1件瓮，W44共有三组共

---

[1] 张宏彦：《中国史前考古学导论》，高等教育出版社，2003年。

5件葬具，三组葬具层层相套，人骨放置于最内重。多层葬具相套的现象在关中地区发现的仰韶文化早期瓮棺中均不见。目前，见诸报导的具有棺椁结构的墓葬，最早出现在陕西华县元君庙墓地的M458中，该墓年代属仰韶文化早期，却已初步具备石椁的雏形[1]；随后，在黄河下游山东地区的龙山文化墓葬中也多有发现[2]，墓葬以大墓居多，且棺椁均为土坑墓中的木质葬具。由此看来，W44应不具备棺椁的结构，依据葬具放置情况，我们将其理解为三重棺的结构似乎更为合理。W44最外层的大瓮与同期作为瓮棺的陶瓮在形制上基本一致，在尺寸上与其他作为葬具的陶瓮一样均属于偏大的一类，墓坑也是同期常见的形制，并无明显的特殊之处。从墓葬形制、规模、葬具尺寸等方面判断，W44内所葬的人是否有特殊的身份地位尚不能确定。这座多重棺墓的出现在当时可能仅仅是埋葬过程中的一个偶然现象，不过可以确定的是，当时人们已经有了多重棺的观念。后来形成的棺椁制度，很可能与这种观念存在着一定的联系。

2. 合葬的问题

鱼化寨瓮棺墓中发现的合葬墓不多，情况明确的仅有W108一座。这座合葬墓的葬具为3件陶瓮，其中2件小瓮口朝上竖置于坑底，内各有1具人骨，另一件大瓮口朝西横扣于2件小陶瓮上，用作棺盖。人骨粗壮，可能为成年人。墓葬年代为半坡类型较晚阶段。

所谓合葬即同一墓穴埋葬两人以上者[3]。目前，仰韶文化早期发现的瓮棺合葬墓十分稀少，并且都是多人合葬于1件瓮内，在此我们称之为"同穴同棺"合葬。如姜寨二期共发现瓮棺合葬墓2座，W68与W263[4]。W68为二人二次合葬，墓主人为成年人，葬具为1件瓮；W263为四人二次合葬（一成年人和三个小孩），葬具为1件瓮与1件钵的组合。鱼化寨W108与这些墓葬一样都是合葬墓，并且墓主人都有成年人；不同之处在于W108合葬的二人是分开在2个瓮中的，另2座墓无论是几人合葬，均置于同一个瓮内。故W108应属"同穴异棺"合葬，与土坑墓中在一个墓坑中并排放置2具木棺合葬的情形十分相似。不过W108似乎还不属于完全意义上的同穴异棺合葬，因为2件棺共用了1件棺盖。在关中地区，还没有发现完全的两组以上的葬具同处一个墓穴中的情况。瓮棺合葬墓的年代均为半坡类型较晚阶段，应该是受到了半坡类型较早阶段土坑合葬墓的影响，形成了一种较为特殊的葬俗，这种葬俗也是社会组织与家庭婚姻状况的反映。

三、仰韶文化晚期瓮棺墓分析

目前关中地区有关仰韶文化晚期遗存的报道，遗迹方面以灰坑为主，房址、陶窑等均有少量发现，而墓葬则十分稀少。能够确认为仰韶文化晚期的墓葬共有5座，其中鱼化寨遗址3座，分别

---

[1] 北京大学历史系考古教研室：《元君庙仰韶墓地》，文物出版社，1983年。
[2] 何德亮：《山东龙山文化墓葬试析》，《史前研究》（辑刊），1989年。
[3] 张宏彦：《中国史前考古学导论》，高等教育出版社，2003年。
[4] 西安半坡博物馆，陕西省考古研究所，临潼县博物馆：《姜寨——新石器时代遗址发掘报告》，文物出版社，1988年。

为M1、M6①、W3，仅W3这1座为瓮棺葬墓；北首岭遗址2座②，分别为M248、M429③，均为瓮棺墓。如此，仰韶文化晚期的瓮棺墓一共发现了3座。

北首岭M429的葬具为1件陶瓮，但却是将陶瓮劈为两半相互扣合的，形成了形式上的瓮上加盖的组合。北首岭M248的骨架仰卧伸直，头部覆盖着陶瓮，头朝瓮底，下身暴露在外；墓主人为年龄40岁的成年人。鱼化寨W3的墓坑为椭圆形锅底状坑，葬具为1件陶瓮，瓮口向上竖置于坑底。这3座瓮棺墓，葬具的数量均为1件；葬具的种类也只有瓮一种；瓮的形制基本相同，均折沿、深腹，腹部饰条带状附加堆纹。由此我们可初步得出仰韶晚期瓮棺墓的特征：葬具数量和种类均较少，一般以单独1件瓮作为葬具，可能存在2件陶器相扣合作为葬具的情况；葬具的放置方式有横置与竖置之分；有成人瓮棺葬；人骨有全部与部分二种放置于瓮棺内的方式；未发现随葬品。

在半坡④、北首岭⑤、姜寨⑥、瓦窑沟⑦、李家沟⑧以及鱼化寨等大量发现仰韶文化早期瓮棺墓的遗址中，我们可以见到：绝大部分墓葬的葬具是二件或二件以上的陶器相扣组成的，单独1件陶器作为葬具的数量极少，如鱼化寨W112；瓮棺放置方式有竖置、横置与斜置三种，以竖置为主；墓主人绝大部分为未成年人，少部分为成年人；人骨全部置于葬具内；少数瓮棺墓有随葬品。仰韶文化中期的瓮棺墓发现不多，但我们仍然可以从王家咀⑨、北刘⑩等遗址发现的少量瓮棺墓中窥知一些情况：以1件陶器作为葬具为主，也有2件陶器组合成葬具的，流行以尖底瓶作为葬具；葬具放置方式以横置为主，也见有斜置；报道中仅见墓主人有小孩，未见有成年人；人骨全部置于葬具内；无随葬品。

可见，仰韶文化晚期瓮棺墓与仰韶文化中期的瓮棺墓在许多方面存在着共同点，而与仰韶早期的同类墓葬则差异较大。在关中地区，仰韶文化晚期遗址并不在少数，经过发掘的也有数十处，却始终未见成规模的墓群。不过，我们相信这个时期瓮棺墓也绝不仅仅只有这3座，目前此类墓葬发现数量少，一方面与晚期堆积较为靠上而更易受到破坏有关，另一方面也表明在仰韶文化晚期，瓮棺葬墓可能已经不作为人们经常使用的一种埋葬方式了。

---

① 西安市文物保护考古所：《西安鱼化寨遗址仰韶文化土坑墓发掘简报》，《考古与文物》2011年第6期。
② 中国社会科学院考古研究所：《宝鸡北首岭》，文物出版社，1983年。
③ 依据严文明先生在《北首岭史前遗存剖析》一文中的分析，M248为仰韶文化晚期，查《宝鸡北首岭》报告的墓葬登记表知，M429出土与M248形制相同的仰韶文化晚期陶瓮，故M429也应为仰韶晚期。
④ 中国科学院考古研究所，陕西省西安半坡博物馆：《西安半坡——原始社会聚落遗址》，文物出版社，1963年。
⑤ 中国社会科学院考古研究所：《宝鸡北首岭》，文物出版社，1983年。
⑥ 西安半坡博物馆，陕西省考古研究所，临潼县博物馆：《姜寨——新石器时代遗址发掘报告》，文物出版社，1988年。
⑦ 王炜林：《瓦窑沟史前遗址发掘取得重要成果》，《中国文物报》1995年5月21日。
⑧ 西安半坡博物馆：《铜川李家沟新石器时代遗址发掘报告》，《考古与文物》1984年第1期。
⑨ 西安半坡博物馆：《陕西岐山王家嘴遗址的调查与试掘》，《史前研究》1984年第3期。
⑩ 西安半坡博物馆，渭南市博物馆，陕西省考古研究所：《渭南北刘遗址第二、三次发掘简报》，《史前研究》1986年第1、2期。

第四章 出土人骨研究

鱼化寨遗址位于西安市雁塔区鱼化寨村西北侧，遗址的年代从仰韶文化早期的北首岭类型延续到半坡晚期类型，共发掘墓葬137座，包括14座土坑墓、123座瓮棺葬，年代均为仰韶时期[1]。本文所报告的人骨材料出自仰韶时期的土坑墓和瓮棺葬中。

一、年龄的鉴定结果

鱼化寨所出人骨绝大多数为未成年个体，更多甚至是新生儿或者胎儿的骸骨。对于未成年人的年龄鉴定主要根据人体各骨化点的出现、骨干与骨骺的愈合情况，牙胚的发育状况、乳齿的萌出以及恒乳齿的替换等特征来综合判断。以下鉴定标准主要参考了外文文献《The Juvenile Skeleton》[2]、《The Human Bone Manual》[3]，中文文献《法医人类学》[4]和《体质人类学》[5]等相关描述。未成年个体由于性别差异在青春期到来之后才逐渐表现出来，儿童的性别差异在人骨上表现很不明显，难于鉴定。鱼化寨采集的人骨多为6岁以下儿童，性别区分更是困难，因此本报告未对未成年个体进行性别鉴定。所有采集的人骨按瓮棺葬和墓葬的编号报告如下：

W1：葬具为一件陶瓮和一件陶盆。髂骨独立存在，坐骨下端与耻骨下端已经开始融合，形成髋臼。股骨长280毫米。为5~8岁的儿童。

W4：骨骼异常细小，枕骨左外侧部最大长是17.4毫米，小于新生儿22~27毫米的范围，应该是胎儿。左右侧肱骨分别长52毫米，左右侧股骨分别长58毫米。

W6：下颌左侧m_1、m_2均未萌出。左侧m_1，m_2，i_1，i_2，c都已经在齿槽内出现。四肢骨仅存残段，推测年龄为6~9个月。

W7和W8骨骼破损严重，骨片细小，无法判断具体年龄。骨壁脆薄，为未成年个体。

W9：骨骼菲薄，呈酥粉状。左侧桡骨长52毫米，推测为小于1岁的婴儿。

W10：仅见左侧股骨、左右侧胫骨及左侧肱骨，一块左侧肩胛骨。股骨长75毫米，左侧胫骨长66.7毫米，右侧胫骨长67.4毫米，左侧肱骨最大长62.9毫米。为一例新生儿。

---

[1] 西安市文物保护研究所：《西安鱼化寨遗址仰韶文化瓮棺葬墓发掘简报》，《文博》2012年第1期，3~11页。

[2] Louise Scheuer & Sue Black：《The Juvenile Skeleton》，Elsevier Academic Press，2004.

[3] Tim D.White & Pieter A.Folkens：《The Human Bone Manual》Chapter 19，Elsevier Academic Press，2005.

[4] 贾静涛主编：《法医人类学》，辽宁科学技术出版社，1993年。

[5] 朱泓主编：《体质人类学》，高等教育出版社，2004年。

W11∶1：为一儿童。下颌恒I_1未萌出，右侧乳m_1、m_2已出齐，恒M_1未萌出。推测年龄在2～6岁。股骨长195.0毫米，胫骨长165.0毫米。

W11∶2：右侧股骨长58.0毫米。额骨、枕骨、顶骨骨壁薄，不见板障。所有乳齿尚未萌出。根据齿槽窝形状判断，为新生儿个体。

W12：左右两侧额骨融合成一块，额中缝愈合。额骨遍涂朱砂（彩版五〇，1）。上下颌所有乳齿均出齐齿列，恒齿尚未萌出，但牙胚已形成。左右两侧胫骨分别为149.4和149.0毫米，左侧股骨长177.0毫米。为3岁左右的幼儿（图版二〇九，3；图版二〇八，3）。

W13∶1：骨骼薄脆，严重破损，右侧股骨长81.0毫米。为2个月左右的婴儿。

W13∶2：骨骼保存较好，左右侧颞骨V形，开口端封闭，鼓室环发育为鼓室板，中间为V形孔。右下颌乳m_1已经萌出。右侧股骨长150.0毫米，左侧胫骨长125.0毫米，伴出一块动物骨骼以及一颗动物牙齿。综合判断为2.5岁的幼儿。

W14：左右侧下颌尚未在联合部开始融合。从右侧下颌齿槽观察，第一、第二乳臼齿均未萌出。下颌角很大，约165度。额骨、顶骨、颞骨、枕骨残片若干，骨壁菲薄，顶骨为一层，不见板障。枕骨仍为4块骨。推测为一例新生儿。右侧肱骨长69.0毫米。随葬有一颗猪的獠牙。

W15：头骨见有额骨、枕骨、颞骨、蝶骨的残片。额中缝尚未开始愈合，前囟未闭合。下颌乳m_1已萌出，乳m_2已在牙囊，尚未萌出。股骨长107.0毫米。为1～1.5岁的幼儿。

W16：额骨、顶骨拼出前囟区尚未融合。骨壁菲薄轻脆。颞骨出现乳突的岩部，但是尚未发育成鼓室环。股骨长75.0毫米，左右侧胫骨长分别为61.2和63.7毫米，左右侧肱骨的长度分别为64.5和64.9毫米。为一例新生儿个体。

W17：股骨上端、下端次级骨化中心尚未出现，左右侧股骨分别长70.0毫米。为0～1岁的婴儿。

W18：肱骨大结节骨化中心出现，但是小结节骨化中心尚未出现。左右侧肱骨长73.0毫米。为1～2岁的幼儿。

W19：骨骼细小。左右侧胫骨长57.0毫米，可能为0.5岁以下的婴儿。

W24：左侧股骨长97.0毫米。左侧下颌尚未与右侧融合。左侧下颌m_1、m_2尚未萌出，牙胚大部分釉质发育完成。为一例0.5岁左右的婴儿。

W25：下颌m_1已经出齐，m_2尚未萌出。鼓室环发育为鼓室板，中间为V形孔，枕骨四个部分未愈合。左侧肱骨长95.0毫米，枕骨右外侧长37.0毫米。推测年龄为1～1.5岁。

W26：采集肋骨、椎骨的椎弓部分少许，仅见一根保存较好的左侧尺骨，最大长是69.0毫米。推测为0～1岁的婴幼儿。

W27：骨骼破损成粉末，无法鉴定具体年龄。

W29：仅见下肢骨残段少许，右侧股骨下端尚完整。股骨下端骨化中心长径值为24.3毫米，可能为一例3岁左右的个体。

W34：左上颌i^2、c、m^1均未萌出。左右侧股骨长76.0毫米。推测年龄为0.5岁左右。

W35：左上颌及右下颌第一乳臼齿已萌出，第二乳臼齿未萌出。左侧胫骨长99.0毫米。前囟区已经完全由骨缝代替。推测为1.5岁左右的幼儿。

W36：左右侧股骨长分别为67.5和68.0毫米，左右侧肱骨长分别为57.6和57.8毫米，左右侧胫骨长分别为56.6和58.0毫米。为一例小于0.5岁的婴儿。伴出有部分兽骨。

W37：头骨残片，骨特别薄，无板障。颅内无压迹。颞骨有岩部，但尚未发育成鼓室环。较完整肢骨有左侧肱骨，长51.5毫米，左侧胫骨长51.6毫米。左侧桡骨长43.0毫米。为一刚出生不久的新生儿。

W38：左侧股骨长68.0毫米。头骨残片若干，骨壁菲薄，无板障出现。左侧肱骨长69.3毫米，右侧肱骨长59.8毫米，左右侧胫骨长60.6毫米。下颌乳齿尚未萌出。根据齿槽窝发育状况判断，为0～2个月的婴儿。

W39：骨骼破损。左侧颞骨鼓室环不完全形成，在外耳道下部与岩部—乳突部相连。散落的乳中门齿与侧门齿已经萌出；第一、第二乳臼齿未萌出。推测年龄为0.5岁。

W40：上颌M^1正在萌出；下颌M_1正在萌出，且萌出程度大于上颌。推测年龄为6岁左右。

W41：采集尺骨、股骨骨干残段少许，骨壁菲薄。额骨骨壁薄，顶骨无板障结构。为0～1岁的婴儿。

W42：头骨保存有左侧顶骨，前囟区未愈合，顶骨很薄，只为一层骨板，无板障，无脑压迹及动脉沟，顶结节明显。股骨上端骨化中心长径14.2毫米，下端长径18.0毫米。下颌角大，约160度，牙胚内无牙齿。股骨、胫骨、腓骨、肱骨、尺骨、桡骨保存完整。左侧股骨最大长为71.0毫米。右侧股骨长70.2毫米。左侧胫骨长62.7毫米，右侧胫骨长63.0毫米。右侧肱骨长60.8毫米，左侧上端残。左右侧尺骨长58.8毫米，右侧腓骨长60.9毫米，左侧腓骨长60.4毫米，右侧桡骨长52.7毫米。为0～0.5岁的婴儿。

W43：左右下颌自下开始融合，上端尚未完全愈合。颞骨上鼓室环U形的开口端封闭，鼓室环发育成鼓室板，中间为V形孔。左侧股骨长115毫米，为1～2.5岁的幼儿①。

W44：枕骨仍为枕鳞、两块外侧部和基底部依旧为4块独立之骨，未愈合。颅骨骨壁增厚。上下颌所有的乳齿出齐齿列，恒齿未萌出。为2.5岁左右的幼儿。

W45：骨骼破损严重。仅见完整的左侧颞骨，散落的乳i_1以及乳m_2牙胚。颞骨上鼓室环不完全成形，于外耳道的下半部分与岩部—乳突部相连。从左下颌齿槽观察，第一、第二乳臼齿均未萌出。右侧股骨长85.0毫米。为一例0.5岁的婴儿。

W46：前囟未闭合。额骨正中靠近前囟区有一前后长25.0毫米的细缝，缝的前端向前延伸出30.0毫米长的骨痕。推测年龄为1～1.5岁。

W47：额骨（眼眶部）、顶骨、颞骨残片少许。骨薄，顶骨无板障。左右下颌已经自下而上开始融合，上端未完全融合。上颌左侧乳m^1脱落。为1.5岁左右的幼儿。

W49：残存下肢骨骨骼细小，左侧股骨长69.0毫米。推测为0～0.5岁的婴儿。

W50：鼓室环下方与颞骨相连，U形开口端封闭，但是尚不完全。第一、第二乳臼齿均未萌出。额骨额结节明显，额中缝尚未开始愈合。推测年龄为1～2.5岁幼儿。

W51：头骨见残片，过于细小，分不清具体为哪块头骨。骨壁薄脆，无板障，左右下颌尚未开始融合。见有散落的上颌乳，上颌乳m^1、下颌乳m_1、i_1。为一例0.5岁的婴儿。

W52：通过观察下颌齿槽，m_1、m_2均未萌出。右侧肱骨长64.0毫米。基底部长15.0毫米，宽

---

① 贾静涛主编：《法医人类学》，辽宁科学技术出版社，1993年版。146～150页。

14.2毫米，落入了胎儿长15～19毫米，宽13～17毫米的范围，推测为胎儿或者新生儿。

W53：骨骼破损严重，无法鉴定具体年龄。

W54：下颌m_2已萌出一半。股骨长131.0毫米。推测年龄为2岁左右。

W56：散落的下颌第二乳臼齿未萌出。额中缝尚未开始愈合，右侧肱骨长71.0毫米。推测年龄为1岁左右。

W57：散落的第一、第二乳臼齿均未萌出。左侧股骨长90.0毫米，其余下肢骨上端或者下端残破，无法测量。推测为一例1岁左右的幼儿。

W58：左右下颌自下而上开始融合，骨缝仍然存在。左侧下颌乳m_1萌出，m_2即将萌出。右侧肱骨最大长85.0毫米。为1岁左右的幼儿。

W59：1：散落的第二乳臼齿未萌出，推测为1岁左右的婴儿。

W59：2：骨薄且脆，右侧股骨长62.5毫米，左侧肱骨长55.2毫米，右侧胫骨长56.4毫米。伴出老鼠头骨一块，为2个月左右的婴儿。

W60：下颌左右第一、第二乳臼齿均未萌出。左右侧颞骨鼓室环不完全形成于外耳道的下半部，部分与岩部—乳突部相连，为0～0.5岁的婴儿。

W61：残存上肢骨骨骼细小，轻薄，右侧肱骨长54.0毫米，为0～0.5岁的婴儿。

W62：只见尺骨骨干，左右侧尺骨长88.0毫米。为0～5岁的儿童。

W63：右侧股骨长74.0毫米。右侧下颌尚未开始与左侧下颌融合。从齿槽窝发育情况看，为一例0.5岁左右的婴儿。

W64：1：头骨残片无法辨识。左右侧股骨长分别为36.3毫米和36.4毫米，为一例未出生的胎儿。

W64：2：第一乳臼齿未萌出。左侧股骨长76.0毫米，右侧股骨长76.8毫米。左侧胫骨长68.8毫米，右侧胫骨长69.6毫米。推测为一例0～0.5岁的婴儿。

W65：骨骼细小，骨壁很薄。枕骨左右外侧部分别长18.0毫米和18.3毫米，小于新生儿22～27毫米的范围，左右侧股骨长57.7毫米和58.0毫米。左右侧胫骨长51.0毫米和50.9毫米，左侧肱骨长52.1毫米。推测为一例胎儿。

W66：仅存上肢骨少许，左侧肱骨长69.2毫米，右侧肱骨长70.0毫米。为一例1岁左右的幼儿。

W70：仅见左右侧颞骨，颞骨左右侧鼓室板已经形成，左侧腓骨长101.0毫米。为大于2.5岁的儿童。

W71：右下颌第一乳臼齿正在萌出。左右侧下颌已经完全融合。下颌角约140度。左侧股骨长132.0毫米。推测年龄为1岁左右的幼儿。

W72：头骨残片成骨渣，骨壁薄，无板障。左侧股骨最大长78.3毫米。左侧肱骨长65.5毫米。为0～0.5岁的婴儿。

W73：上颌m^1、m^2正在萌出。推测年龄在1～2岁。

W74：采集头骨残片若干，额结节明显，骨片薄，无板障。见有散落的下颌乳m_1、m_2，釉质已经形成。颞骨的鼓室环由下方与颞骨相连，U形开口端封闭，但仍不完全。胫骨长99.0毫米。为1岁左右的幼儿。

W75：骨骼残破，仅测量股骨长为71.0毫米。推测为一例0～0.5岁的婴儿。

W76：2：骨骼破损成粉末，无法判断具体年龄。

W77：3：仅见残破右下颌及破碎躯干骨。右下乳m_2已经在齿槽内形成，门齿齿槽窝亦形成。为3~6个月的婴儿。

W84：头骨残片菲薄，无板障形成。左侧下颌完整，未与右侧下颌融合。散落的乳犬齿和第一乳臼齿均未萌出。左侧股骨长80.3毫米，右侧股骨长80.0毫米，左侧胫骨长68.0毫米，右侧胫骨长67.7毫米。左侧肱骨长67.5毫米，右侧肱骨长67.0毫米。推测为0~0.5岁的婴儿。

W86：骨骼破碎严重，无法判断具体年龄。

W87：左侧股骨长88.4毫米，右侧股骨长88.9毫米。左侧胫骨长80.8毫米，右侧胫骨长81.0毫米。为1~1.5岁的幼儿。

W88：头骨残片少许，骨壁菲薄，无板障。下肢骨若干，右侧股骨最大长74.6毫米。推测为一例0~0.5岁的婴儿。

W89：右侧股骨长107.0毫米。推测为2岁左右的幼儿。

W90：1：左右侧股骨长72.0毫米。为一例0~0.5岁的婴儿。伴出一颗动物牙齿。

W90：2：下颌乳齿均未萌出。左右侧股骨长85.0毫米。推测为0.5岁左右的婴儿。

W91：额骨顶骨残片，两侧顶骨拼合后前囟区未融合。顶结节明显。左侧下颌完整，下颌角大，无乳齿萌出，下颌角约165度。左侧肱骨长62.2毫米。为一例0.5岁以下的婴儿。

W92：散落的两颗乳门齿均未萌出。右侧股骨长76.0毫米。右侧胫骨长65.4毫米，左右侧肱骨长分别为63.5毫米和65.0毫米。股骨下端长19.7毫米，胫骨下端长12.3毫米，齿槽窝结构显示该个体为0.5岁左右。

W93：肢骨残段若干，股骨、胫骨保存完整，左侧股骨长56.8毫米，右侧股骨长57.0毫米。左侧胫骨长51.3毫米，右侧胫骨长51.7毫米。推测为胎儿。

W94：左右额骨大体全，额结节明显，额中缝没有开始愈合，前囟区明显。顶骨残，顶结节明显，骨壁薄，无板障。左侧股骨长77.8毫米，右侧股骨最大长为78.2毫米。左侧胫骨长69.3毫米，右侧胫骨长69.7毫米。为一例新生儿个体。

W96：仅见左下颌及部分肢骨，左侧下颌乳m_1、m_2未萌出，i_1、i_2、c齿槽已经形成。右侧股骨长93.0毫米，左侧股骨长92.0毫米。为6~9个月的婴儿。

W98：头骨残片若干，骨壁菲薄，无板障形成。枕骨的枕鳞部分独立存在，未与外侧部融合。左侧股骨最大长79.4毫米，右侧股骨最大长80.0毫米。左侧股骨下端长径为18.7毫米，右侧股骨下端长径为19.1毫米。推测为一例1岁左右的幼儿。

W100：右侧股骨长73.0毫米，推测为一例0~0.5岁的婴儿。

W102：2：仅见细小头骨残片，骨壁很薄，无板障。右侧胫骨长63.0毫米。为一例胎儿或者新生儿。

W103：骨骼严重破碎，无法判断具体年龄。

W104：骨骼破损严重，右侧肱骨长57.0毫米。枕骨右外侧部长22.4毫米，落入新生儿22~27毫米及胎儿21~25毫米的范围内。可能是一例新生儿。

W105：上颌m^2已萌出一半；下颌m_2正在萌出。左右侧股骨长150.0毫米。推测年龄为2岁左右幼儿。

W106：左右侧股骨长81.0毫米，推测为0~1岁的婴儿。

W108：该瓮棺中的人骨在多次搬运及采样过程中遗失。从发掘现场不同角度拍摄的照片初步判断有两例个体，其中一例额骨的额中缝尚未愈合，颅骨骨壁特别薄，年龄可能在5岁以下。另一例具体年龄无法判断，从头骨尺寸的大小，骨壁的厚薄程度判断，毫无疑问为一例未成年个体。

W109：骨骼酥粉严重，左侧股骨头骨骺线未愈合。为一例儿童。

W110：额骨上额结节明显，顶骨骨壁薄，顶结节明显。左右下颌尚未在联合处开始融合。下颌第一、第二乳臼齿均未萌出，下颌角很大。右侧股骨最大长80.0毫米。左侧胫骨长70.8毫米，右侧胫骨长70.3毫米。左侧肱骨长67.4毫米，右侧肱骨长67.6毫米。推测年龄为0.5岁左右的婴儿。

W111：仅见左右侧股骨，胫骨、右侧肱骨、尺骨及几根肋骨。右侧股骨最大长73.0毫米。为一个0~1岁的婴儿。

W115：右侧下颌基本完整，牙窝内无牙齿，下颌角很大，约170度，左右下颌尚未开始融合。见有右侧股骨，最大长61.0毫米。左侧肱骨52.2毫米，为一例新生儿或者胎儿。

W117：骨骼破碎，无法判断具体年龄。

W122：头骨碎片，除了一块枕骨外，其余无法辨认具体为哪块。骨壁薄，无板障。下肢骨残段少许。推测为0.5~1岁的婴儿。上颌中乳门齿唇面和舌面在近中方向各有一个齿尖，属于牙胚发育异常（图版二〇八，1、2）。

M1∶1：左侧下颌第一恒臼齿已经萌出，下颌中恒门齿正在萌出。左侧下颌侧门齿先天缺失。肱骨长度为262.0毫米。推测为7岁左右的儿童。

M1∶2：仅存上端缺失的右侧肱骨；下端缺失的右侧尺骨；下端缺失的右侧桡骨。残破的左上颌保留P^2、M^1、M^3；下颌左右髁突缺失，其上保留左侧C、P_1、P_2、M_1、M_2、M_3，右侧C、P_1、P_2、M_1、M_2、M_3；左侧肱骨只保留下端，左侧尺骨鹰嘴缺失，左侧桡骨只留骨干部分；右侧髋骨髋臼残破，耻骨缺失，左侧髋骨亦然，骶骨只剩残破的第一骶椎；左侧股骨头部关节面及股骨颈缺失，下端与骨干在骨骺线处分离；右侧股骨头缺失，下端缺失，左侧胫骨上端与骨干在骨骺线处分离，右侧胫骨只剩骨干部分。余皆为头骨和体骨残片。

此个体坐骨大切迹窄而深，下颌厚重，下颌角区外翻，颏形为方形；上下颌第三恒臼齿正在萌出，左上颌M^1磨耗为Ⅰ级；股骨和胫骨骨骺线还存在。推测其为17~19岁的男性。

骨骼形态观察：颏孔：左侧在P_1P_2位，右侧在P_1P_2位；颏孔为卵圆形，无下颌圆枕；颏形为方形，属摇椅型下颌。

M1∶3：为未成年人。左下颌M_1已出齐，M_2未萌出；M_1已有磨耗；散落的两颗恒犬齿及四颗恒前臼齿正在萌出。推测年龄为10岁左右的儿童。

M2：前囟闭合，下颌左右乳m_1、m_2已出齐，M_1未萌出；散落的8颗乳门齿，四颗乳犬齿均已萌出。股骨长177.0毫米，肱骨长133.0毫米。推测年龄在4岁左右。

M3：右上颌乳m^1、m^2出齐，恒I^1、I^2、C未萌出；左下颌乳m_1、m_2出齐。股骨长189.0毫米，肱骨长137.0毫米。推测年龄在2~6岁。

M6：保留一块残破的右侧颞骨，左、右侧颧骨；右侧上颌保留C、P^1、P^2、M^1、M^2、M^3，左侧上颌保留C、M^1；下颌骨左右下颌支残破，保留左侧C、P_1、P_2、M_1，右侧C、P_1、P_2、M_1、M_2。左侧肱骨肱骨头缺失，内上髁、外上髁破损；左侧尺骨鹰嘴缺失；左侧桡骨下半部缺失，右侧肱骨大结节破损，右侧尺骨冠突残破，右侧桡骨下端缺失。左侧髋骨只保留坐骨、坐骨大切迹部及耳状面，右侧亦然。左侧股骨股骨头残破，内上髁、外上髁残破；左侧胫骨胫骨粗隆处残破，右侧股骨只剩骨干部分，右侧胫骨上端缺失，右侧腓骨上端缺失。

乳突发达，下颌圆形，角区外翻明显。坐骨大切迹宽窄中等。耻骨联合部呈三角形，耻骨支外翻不显。牙齿磨耗严重，四颗第一恒臼齿磨耗均为Ⅳ级，耻骨联合面轻度下凹，背侧缘出现波浪状起伏，腹侧缘上段缺损。为35~39岁的男性。

骨骼形态观察：乳突等级为小；颏孔：左侧在P_2M_1位，右侧在P_2位；颏孔为圆形，下颌圆枕小，位于P_2位。颏形为圆形，属轻度摇椅型下颌。

M7：前囟未闭合。散落的8颗乳门齿，四颗乳犬齿，8颗乳臼齿均已萌出；四颗第一恒臼齿未萌出。股骨长148.0毫米，肱骨长114.0毫米。推测年龄2~5岁。

M8：下颌M_1已经萌出，其他乳齿均未脱落。额部有涂朱现象（彩版五〇，2；图版二〇九，3；图版二一〇，1）。肱骨长165.0毫米，胫骨长197.0毫米。推测年龄为6岁左右。

M9：上颌左右侧乳m^1、m^2出齐，两侧恒M^1尚未萌出，牙囊内见牙胚。下颌左右侧乳m_1、m_2出齐齿列，两侧M_1未萌出，牙囊内见牙胚。头骨见额骨、顶骨、颞骨和枕骨残片，额中缝绝大部分愈合，仅眉间残留一小段痕迹。顶骨出现两层骨板及中间板障。枕骨鳞部与侧部愈合，侧部与基底部尚未愈合。股骨长180.0毫米，肱骨长132.0毫米。推测年龄4岁左右。

M10为一幼儿，额部及面部涂有朱砂。左上颌乳m^1、m^2出齐，M^1未萌出，左下颌乳m_1、m_2出齐，M_1未萌出。股骨长181.0毫米，肱骨长136.0毫米。推测年龄4岁左右。

M11：骨骼粉化严重，无法判断具体年龄。

M12：额部及面部涂有朱砂。上颌左右乳m^1、m^2已出齐，M^1未萌出。左侧股骨长178.0毫米，右侧股骨头部分残破。推测年龄在2~6岁。

M14：右上颌乳m^1、m^2出齐，I^1未萌出；右下颌m_1、m_2出齐，M_1未萌出。肱骨长132.0毫米。推测年龄在2~6岁。

二、年龄的统计分析

鱼化寨遗址的墓葬分为瓮棺葬和竖穴土坑墓两大类，瓮棺葬共鉴定未成年人骨90例，其中W7、W8、W27、W53、W76：2、W86、W103、W108：2、W109、W117等10例个体具体年龄无法判断，占所鉴定个体的11.11%。可鉴定率为88.89%。竖穴土坑墓共鉴定13例个体，M11骨骼保存太差，无法判断性别年龄。其余12例个体中有3例为成年人，占所统计人数的25.0%。未成年个体年龄均在2~6岁，不见新生儿和1岁以下个体。3例成年个体中一例无法判断性别和具体年龄，只能判断出成年，另外两例为男性，与未成年个体同葬。

将鱼化寨所有瓮棺葬个体划分为新生儿（胎儿）、0~1岁、1~3岁、4~5岁、6~14岁五个生长发育阶段进行统计，W108：1年龄小于5岁，具体年龄段不详，未做统计，其余数据见表1。

表1统计瓮棺葬未成年人死亡年龄段集中分布在1岁之前，占总人数的64.56%。如果以6岁恒齿萌出，乳齿脱落为儿童生长发育的分水岭，鱼化寨小孩死于6岁之前的人口占到了97.47%。表明仰韶时期生民的营养状况、卫生条件处于发展较低的水平，妇女的流产率和新生儿死亡率偏高，1岁以下的孩子成活率很低。

表1 鱼化寨瓮棺葬死亡年龄分布表

年龄段	死亡人数	百分率（%）
新生儿（胎儿）	14	17.72%
0~1岁	37	46.84%
1~3岁	24	30.38%
4~5岁	2	2.53%
6~14岁	2	2.53%

与墓葬埋葬未成年儿童的状况对比发现，鱼化寨遗址瓮棺葬或许是埋葬年龄小于3岁，尤其小于1岁的婴儿的主要方式。年纪很小的婴幼儿死后，亲人将其身体全部装入瓮棺中埋葬，学界称为"装入葬"[①]。竖穴土坑墓墓葬则可能是埋葬年纪稍大的未成年个体的一种丧葬形式。

三、下颌骨的相关测量数据

鱼化寨成年男性的下颌骨采集到2例个体，保存不完整，部分项目无法测量，可以测量的项目及具体数据见表2。

表2 鱼化寨墓葬下颌骨测量值　　　　　　　　（长度单位：毫米）

测量项目	墓号	M1:2	M6	测量项目	墓号	M1:2	M6
65.下颌髁突间宽				下颌体厚II　L		18.2	17.8
66.下颌角间宽		92.0		⑧R		19.1	18.0
67.颏孔间宽		49.0	51.0	70.下颌支高　L			
68.下颌体长				⑧R			
68a.下颌体最大投影长				71.下颌支最小宽L			
69.下颌联合高				⑧R			
下颌体高I　L		27.9	35.0	下颌支联合弧			
⑧—R		28.2	31.0	颏孔间弧		57.0	61.0
下颌体厚I　L		15.2	16.0	79.下颌角			
⑧R		14.2	16.2				
下颌体高II　L		24.8	33.0				
⑧R		25.0	30.0				

四、四肢骨的观察、测量及探讨

M6的右侧肱骨、尺骨、桡骨、左侧股骨和胫骨保存完整，可供观察和测量。M6右侧肱骨最大长为309.0毫米，全长为303.0毫米，中部最大径为25.7毫米，中部最小径为17.0毫米。中部横径为

[①] 许宏：《略论我国史前时期瓮棺葬》，《考古》1989年第4期，331~339页。

23.0毫米，中部矢径为22.5毫米，下端宽为62.0毫米，头纵径为47.0毫米，体最小周长为67.0毫米。髁干角为82.0度。肱骨骨干横断面指数为66.15，肱骨粗壮指数为21.68。M6右侧尺骨亦有部分项目可供测量，最大长为271.0毫米，生理长为265.0毫米，骨干矢径为18.0毫米，骨干横径为17.0毫米。尺骨骨干横断面指数为105.88。

M6右侧桡骨的部分测量数据如下，骨干最小周长42.0毫米，骨干矢径为13.0毫米，骨干横径为17.4毫米。

M6左侧股骨可以测量部分项目，最大长为435.0毫米，全长为430.0毫米，体上部矢径为27.3毫米，体上部横径为34.5毫米，项高为34.0毫米，项矢径为33.0毫米，体中部矢径为29.1毫米，体中部横径为27.0毫米，体中部周长为93.0毫米。股骨扁平指数为79.13，属于扁型股骨。

M6左侧胫骨完整，可进行观察和测量。M6胫骨外侧髁矢状面轮廓线形状属于甚为圆凸型。胫骨中段横断面形状为等腰三角形。胫骨最大长366.0毫米，全长364.0毫米，胫骨骨干最小周长73.0毫米，胫骨中部最大径长29.4毫米，胫骨中部横径长22.8毫米，滋养孔处矢状径长36.9毫米，滋养孔处横径长27.0毫米。M6胫骨指数为61.79，属于胫骨分类中的扁胫型，通常也称为"刀马胫"。胫骨中部断面指数为77.55，胫骨长厚指数为20.05。

M1：2虽然左右股骨上下端残破，无法测量最大长和全长，但是骨干部分保存完好，可以测量部分骨干上部、中部数值。左侧股骨体上部矢径为25.0，体上部横径为33.8毫米。体中部矢径为29.2毫米，体中部横径为24.9毫米，体中部周长为84.0毫米。左侧股骨扁平指数为73.96，可归入超扁型股骨。右侧股骨体上部矢径为26.8毫米，体上部横径为32.1毫米，体中部矢径为28.2毫米，体中部横径为26.4毫米。体中部周长为84.0毫米。右侧股骨骨干扁平指数为93.49，可归入扁型。

从长骨最大长特别是下肢骨的长度来推测身高是体质人类学研究的重要内容，鱼化寨遗址虽然只有一例成年男性下肢骨长度测得了部分数据，但仍旧是我们了解仰韶先民营养、健康状况的一扇小窗户。本文分别选择了选择了K.Pearson[①]和邵象清[②]的公式来计算M6个体的身高。前者根据股骨最大长推算的结果为163.09厘米，根据胫骨的最大长推算的结果为165.62厘米，后者根据股骨推算出的结果为164.41厘米，根据胫骨推算出的结果为166.59厘米。以上四个数据的平均值为164.93厘米。

鱼化寨遗址发掘的主要是瓮棺葬，竖穴土坑墓葬很少，成年个体的标本仅采集2例。值得注意的是这两例标本股骨上端均属于扁型，可测量的唯一一例胫骨标本为超扁型。国外有学者做过相关研究，过度的身体活动会导致长骨的特征发生相应的变化，当长骨的横切面形状从圆周形被压缩或者压扁时，通常认为该长骨承受了更多的负荷重量。有人指出，选择采集狩猎生计方式的人群由于日常活动范围大，劳动强度高，比定居的农业种植人群长骨更加扁平化[③]。鱼化寨先民虽然已经从事农业耕种，但从长骨扁平化程度看，劳动强度依然过大。很可能采集狩猎仍然是一项重要的生计补充方式。

---

① 公式转引自张君：《河南商丘潘庙古代人骨种系研究》，《考古求知集——96考古研究所中青年学术讨论会文集》，中国社会科学出版社，486~498页。

② 邵象清：《人体测量手册》，上海辞书出版社，1984年。

③ Larsen, C. 182, The anthropology of St. Catherines Island: Prehistoric Human Biological Adaptation, Anthropological Papers of the American Museum of Natural History 57（3）：157~270. 转引自 Barbara Li Smith, 2005, Diet, Heath, and Lifestyle in Neolithic North China, Dr.Dissertation. Harard University, 2004.

五、病 理 状 况

鱼化寨人骨中婴幼儿所占比例很大，骨骼脆薄，保存很差，病理状况仅仅凭借肉眼的观察很难发现异常的个体。根据观察，W122上颌右侧乳中门齿结构出现变异。正常的上颌乳中门齿从舌面观察，由近中边缘嵴、远中边缘嵴和切嵴围成舌面窝。切嵴系平直的锐缘。W122的门齿在近中切缘和切嵴相交的近中切角后端又增生出一个切角，属于过度发育（图版二〇八，1、2）。

M6为一例中年男性，其第一腰椎残破，保留的椎体周缘可见骨赘生成。这种现象一般被认为是由机械性因素导致的。从事繁重劳动的个体比久坐的人更容易在椎体边缘生长骨刺（图版二〇九，1、2）。

M1∶2能够收集到的几颗散落的牙齿中，上颌左右侧犬齿和下颌右侧第一前臼齿在颊侧的齿冠处可以观察到线状的凹陷，这些凹陷被认为是牙釉质发育不全的表现。导致牙釉质发育不全的直接原因是由于造釉细胞的功能障碍引起的。营养不良、系统性新陈代谢的压力、局部创伤等都可能出现造釉细胞的功能障碍[1]。M1∶2是一例17～19岁的青年男性，身体仍处于生长发育阶段，牙釉质发育不全的原因可能与营养不良有关（图版二一〇，2）。

六、小　　结

本文主要分析了鱼化寨仰韶时期遗址123座瓮棺葬和12座墓葬出土人骨的年龄分布状况，四肢骨的性状以及古病理状况等体质人类学研究所反映的信息。

① 年龄分布特点体现为瓮棺葬主要埋葬年龄小于3岁的婴幼儿，土坑墓则是埋葬年龄大于3岁的儿童和成年人。

② 从四肢骨的性状看，两例成年男性的胫骨和股骨都属于"扁型"，反映出鱼化寨男性的劳动强度很大，致使下肢骨的横切面扁平化。

③ 从疾病状况看，牙釉质发育不全病理可能是食物结构不合理，营养不良造成的。脊椎椎体周缘的骨赘与过度劳作有关。

对于未成年个体的研究在我国体质人类学研究中还是个薄弱的环节。可利用参考和对比的资料非常少。本文参考了国外的一些研究著作，试图对国内未成年个体的相关研究，例如年龄的判断、骨骼疾病等方面提供一些可以参考的信息。

---

[1] 夏洛特·罗伯茨、基思·曼彻斯特：《疾病考古学》（第三版）第四章 齿科疾病，张桦译，山东画报出版社，2010年，69～92页。

第五章 出土动物遗存分析

一、前 言

鱼化寨遗址位于陕西省西安市雁塔区鱼化寨街道鱼化寨村西北侧，皂河西岸的二级台地上，今西安外事学院北校区西北部。遗址东、北两侧被皂河环绕，地势中心高，周围低。遗址面积约7.5万平方米，文化层堆积厚约4米。2002年10月至2005年5月，为配合西安外事学院北校区建设，西安市文物保护考古研究院对遗址进行了全面勘探和重点发掘。总发掘面积2861平方米，获得了一批包括老官台文化、仰韶文化和龙山文化的史前时期遗存。其中以仰韶文化遗存最为丰富，共发现房址107座、灰坑251座、灶址29座、窑址1座、壕沟2条、墓葬137座，除获得了大量的陶、石、玉、骨、蚌、角器外，还出土了大量的动物遗存。

该遗址地层堆积共分12层，第①层为耕土层，第②~⑫层为仰韶文化堆积层。仰韶文化遗存可划分为三期：第一期，仰韶文化早期，即半坡类型，包括第③~⑫层堆积及相关遗迹。该期又可划分为三段：第一段，北首岭期，包括第⑨~⑫层堆积及相关遗迹；第二段，半坡期，包括第④~⑧层堆积及相关遗迹；第三段，史家期，包括第③层堆积及相关遗迹。第二期，仰韶文化中期，即庙底沟类型，没有发现单独的地层堆积与遗迹，仅在第②层堆积与仰韶文化晚期遗迹中发现有少量陶器。第三期，仰韶文化晚期，即半坡晚期类型，包括第②层堆积及相关遗迹。

本章仅对出土的动物遗存进行系统的研究，其中大部分标本出自灰坑和房址中，少量出自灶址和地层中，共计1741件标本，其中可鉴定属种的标本为810件（见附表一六），不可鉴定属种的残骨块（包括部分肋骨和脊椎骨）为931件（见附表一七）。为了统计方便，对保存较好的动物骨架标本，统一给1个编号，即不论可鉴定标本数（NISP）还是最小个体数（MNI）皆为1。各期文化层的动物种属、标本数量及最小个体数见附表一四、一五，这些标本可分为哺乳类、鸟类、鱼类和蚌类，主要以哺乳类为主，至少代表21个属种（见附表一三）的103个个体（见附表一六）。

二、分类简述

中华圆田螺 *Cipangopaludina cahayensis*

材料 仅发现完整螺壳1件（ⅢH55③D：1），属于史家期。

描述和讨论 标本ⅢH55③D：1为完整螺壳1件（图版二一一，1），壳大而薄呈圆锥形，有6个相当膨凸的螺环，各螺环均匀增长。壳口呈卵圆形，上端角状，轴唇不加厚。壳面有细的生长纹。中华圆田螺可能是当时人类捕捞的主要对象，也是主要的食物来源之一。在华县泉护村遗址[①]和华阴兴乐坊遗址[②]也发掘出土了大量的中华圆田螺。

圆顶珠蚌 Unio douglasiae

材料： 仅发现左半边残壳1件（ⅢH109D：1），属于半坡期。

描述与讨论： 标本ⅢH109D：1为左侧残蚌壳1件（图版二一一，2），有烧痕，保留长度28.50mm。

圆顶珠蚌目前在我国境内分布很广，在关中临潼的姜寨遗址[③]、康家遗址[④]、华县泉护村遗址[⑤]、高陵杨官寨环壕西门址[⑥]及丹江上游的巩家湾新石器遗址[⑦]均有出土，尤其是巩家湾遗址出土了大量的蚌壳。由于其营养丰富且分布较广，应是古人类的一种食物来源。尽管在该遗址仅发现1件残破的左半壳，但也能说明鱼化寨先民食物的多样性。

蚌 Unionidae

除上述的圆顶珠蚌外，另有其他蚌壳残片，详细分布见下表。由于保存较少且缺乏对比标本，无法做进一步的属种鉴定。但从其纹饰、大小及薄厚分析，明显不同与上述的圆顶珠蚌，应属另一类蚌（图版二一一，3）。在各个遗迹单位中的分布见下表（表三二六）。

表三二六　蚌壳残片在各个时期和遗迹中的分布

文化层	半坡期					史家期
出土单位	TG1H111D：1-6	ⅡF2D：1	ⅢF15D：1-13	ⅢH107D：1-2	ⅢH152D：1	ⅢH58D：1
标本数量	6	1	13	2	1	1

鲤鱼 Cyprinus carpio

材料 左右咽喉齿各1件（ⅢF64D：1、ⅢF62D：1）；脊椎骨1件（ⅢF55D：1）。三件标本均为半坡期。

描述 标本ⅢF64D：1为左咽喉齿1件，保存较好，齿式为1·1·3，牙齿呈臼齿状，咀嚼面具有沟纹（图版二一一，4）。

标本ⅢF62D：1为右咽喉齿1件，保存较差，牙齿比标本ⅢF64D：1的明显偏大，应属另一个体。

标本ⅢF55D：1为缺失棘突的脊椎骨1件（图版二一一，5），椎体最大直径20.11mm。从椎骨体的年轮判断初步为7岁左右，是一条较大鲤鱼的脊椎骨。

---

① 胡松梅：《动物遗存分析》，《华县泉护村——1997年考古发掘报告》，文物出版社，2014年。

② 胡松梅、杨岐黄、杨苗苗：《华阴兴乐坊遗址动物遗存分析》，《考古与文物》2011年第6期，117~125页。

③ 祁国琴：《姜寨新石器时代遗址动物群的分析》，《姜寨——新石器时代遗址发掘报告》，文物出版社，1988年，504~538页。

④ 刘莉、阎毓民、秦小丽：《陕西临潼康家龙山文化遗址1990年发掘动物遗存》，《华夏考古》2001年第1期，3~24页。

⑤ 胡松梅：《动物遗存分析》，《华县泉护村——1997年考古发掘报告》，文物出版社，2014年。

⑥ 胡松梅、王炜林、郭小宁等：《高陵杨官寨环壕西门址动物遗存分析》，《考古与文物》2011年第6期，97~107页。

⑦ 胡松梅：《陕西丹凤巩家湾新石器时代动物骨骼分析》，《考古与文物》2001年第6期，53~57页。

环颈雉 Phasianus colchicus

材料与最小个体数 完整的右乌喙骨1件（ⅢH77D：2）；右肩胛骨1件（T1014⑧D：1）；左股骨骨干1件（ⅢH109D：2）；左胫骨完整1件（ⅢH63D：1）；左胫骨远端2件（ⅢH77D：3、ⅢH178D：1）。属于半坡期的标本有ⅢH109D：2、ⅢH178D：1和T1014⑧D：1；属于史家期的标本有ⅢH77D：2和ⅢH77D：3；属于半坡晚期的标本有ⅢH63D：1。各期的最小个体数为1，全部材料可代表的最小个体数为3。

描述与讨论 标本ⅢH77D：2为完整的右侧乌喙骨1件（图版二一一，6）。乌喙骨呈长柱状，上端与肩胛骨相连接，共同形成关节盂。后下部有一气孔通锁骨间气囊，雉的气孔呈垂直的小椭圆形，而鸡的呈水平的小椭圆形。底关节面比鸡明显凹陷。最大长GL为52.58mm，内侧长Lm为49.41mm，底最大长Bb为11.93mm，底关节面宽BF为14.86mm。

标本ⅢH63D：1为完整左胫骨1件（图版二一一，7）。近端有两个凹形关节面，与股骨髁成关节。远端与近列两个跗骨愈合，故称胫跗骨，其关节面为滑车状，雉远端外侧髁的上方有明显的点状突起，而鸡的突起不明显，甚至缺失。最大长GL为86.14mm，轴长La为82.11mm，近端对角线长Dip为15.64mm，骨干最小宽SD为4.54mm，远端最大宽Bd为8.47mm，远端厚Dd为8.92mm。

上述标本和现存于陕西省考古研究院陕西长安白鹿原现代雄性环颈雉的标本无论形态、结构都基本一致，但尺寸明显小于雄性环颈雉的标本，该处标本应为雌性个体。

环颈雉栖息于中、低山丘陵的灌丛、竹丛或草丛中。善于奔跑，飞行快速而有力。以植物的嫩叶、嫩芽、草茎、果实和种子为食，也吃昆虫和小型无脊椎动物。

鸟（属种未定）Aves

材料 残胸骨1件ⅢH77D：1（图版二一一，8），属于史家期。

描述 从形态大小看，明显小于上述的环颈雉且和环颈雉的形态特征不同，应为另一种中小型的鸟类。由于标本保存较少且缺乏对比标本，无法做进一步的鉴定。

金丝猴 Rhinopithecus roxellana

材料 左肱骨远端1件（ⅢH44D：4），属半坡晚期类型。

描述和讨论 标本ⅢH44D：4为左肱骨远端1件（图版二一一，11），保留长度135.63mm，骨干最小宽SD为11.63mm，远端最大宽Bd为30.34mm。经和中科院古脊椎动物与古人类研究所的现代金丝猴肱骨比对，无论大小还是形态特征都是一致的。主要表现在鹰嘴窝都呈圆三角形，从后面看，外髁和滑车之间有一明显的凹槽。结合分布区域，应为川金丝猴。

目前，现生的金丝猴有4种，除一种生活在越南北部外，其他3种：黑仰鼻金丝猴（R. bieti）、白肩仰鼻猴（R. brelichi）、金丝猴（R. roxellana）均生存于我国，最后一种为指明亚种。现生金丝猴的分布，不同种分布的地区也有所不同。如R. bieti分布于云南省境内，所以有时称滇金丝猴；R. brelichi生活在贵州，称黔金丝猴；R. roxellana生活于四川、湖北、陕西、甘肃等地。在陕西主要分布在秦岭的南坡，包括佛坪、洋县、周至、太白、宁陕等县的部分林区。金丝猴在北方新石器遗址中除宝鸡关桃园遗址前仰韶时期文化遗迹中①有较多的发现外，该遗址属第二次发现。现生金丝

---

① 胡松梅：《宝鸡关桃园遗址动物遗存分析》，《宝鸡关桃园报告》，文物出版社，2007年。

猴在鱼化寨遗址的消失除和森林破坏有一定的关系外，也和仰韶晚期鱼化寨遗址周围的自然环境处于全球大暖期有密切的关系。

金丝猴是典型的森林树栖动物，常年生活于海拔1500～3000m的森林中，群栖，以野果、嫩芽、竹笋为食。

褐家鼠 *Rattus norvegicus*

材料与最小个体数 可能属于同一个体（ⅢH69D：1）（图版二一二，1）的骨架1具，包括左尺骨1件、左右残盆骨各1件、左右股骨各1件、右胫骨1件；右下门齿1枚（ⅢG1⑨D：1）；基本完整的左股骨2件（ⅢF46D：1-2），共计4件标本，在各个时期的分布见表三二七。全部材料可代表的最小个体数为4。

表三二七 褐家鼠在各个时代骨骼的分布情况

时代	出土单位、动物解剖部位及件数	可鉴定标本数	最小个体数
北首岭期	ⅢF46：基本完整左股骨2件	2	2
史家期	ⅢG1⑨：右下门齿1枚	1	1
半坡晚期	ⅢH69：骨架1具	1	1

典型标本描述与讨论 标本ⅢH69D：1为近端骨骺脱落的左尺骨近端1件，保留长度19.89mm。

标本H69D：1为缺失上部髂骨的右侧盆骨1件，髋臼长LA为4.93mm，闭孔内缘长LFo为10.84mm。

标本H69D：1为远端骨骺均脱落的左右股骨各1件；标本ⅢF46D：1-2为远端骨骺均脱落的左股骨2件。测量数据见表三二八。

表三二八 褐家鼠股骨测量数据表 （单位：mm）

标本 参数	左			右
	ⅢF46D：1	ⅢF46D：2	H69D：1	H69D：1
近端宽（Bp）	6.41	7.29	7.10	6.95
第三转子区宽（BTr）	5.26	6.18	6.58	—
骨干最小宽（SD）	3.06	3.83	3.71	3.77

标本H69D：1为近端骨骺脱落的右胫骨1件，骨干最小宽SD为2.15mm，远端最大宽Bd为3.86mm。

褐家鼠是最常见的家鼠之一，栖息于住宅、粮仓、屠宰场、饲养场周围、阴沟、厕所以及田野、草原、小河岸边等各种生境。食性很广。

中华鼢鼠 *Myospalax fontanieri*

材料 右上门齿1枚（ⅡH27D：1）；右残下颌1件（ⅢH255D：1）；右下门齿1枚（ⅢH84D：1）。其中标本ⅢH255D：1为史家期；标本ⅡH27D：1和ⅢH84D：1为半坡晚期。共计3件标本2个个体。

描述 标本ⅢH255D：1为带有I1的右下颌前半段1件（图版二一一，10），其门齿粗壮，唇侧外表有一层深棕红色的釉质，舌侧呈浅粉红色的釉质，宽2.48mm。

中华鼢鼠广泛栖息于农田、草原、林区，终生营地下生活，主要以农作物或其他植物根、地下茎及绿色部分为食物，是农业的主要害鼠之一。

中华竹鼠 Rhizomys sinensis

材料 左上残门齿3枚（ⅢH77D：5、ⅡH7D：1、ⅡT0613④D：1）；右上残门齿4枚（ⅡF2D：2、ⅢH55③D：2、ⅢH84D：2；ⅡT0103④D：1）；左上M2游离齿1枚（ⅡH27D：2）；左下残门齿4枚（ⅡH20D：4、ⅢH55③D：3、ⅢH51D：1；ⅢG1⑨D：2）、右下残门齿4枚（ⅢH44D：1、ⅢH70①D：1、ⅢH255D：2、ⅡT0104③D：1）；左残下颌骨1件（ⅢH77D：4）；基本完整左尺骨1件（ⅢH109D：3）；左尺骨残段1件（ⅢF64D：2）；左残盆骨1件（ⅢH77D：6）；左胫骨远端1件（ⅢH77D：7）。共计21件标本，在各个时期的分布见表三二九。全部材料可代表的最小个体数为6。

表三二九　中华竹鼠在各个时代骨骼的分布情况

时代	出土单位、动物解剖部位及件数	可鉴定标本数	最小个体数
半坡期	ⅡT0613④：左上残门齿1枚 ⅡF2：右上残门齿1枚 ⅡT0103④：右上残门齿1枚 ⅡH20：左下残门齿1枚 ⅢF64：左尺骨残段1件 ⅢH109：基本完整左尺骨1件	6	2 （右上残门齿、左尺骨均为2）
史家期	ⅡH7：左上残门齿1枚 ⅢH51：左下残门齿1枚 ⅢG1⑨：左下残门齿1枚 ⅢH55③：右上残门齿1枚，左下残门齿1枚 ⅢH77：左上门齿1枚；残左下颌骨1件；残左盆骨1件；左胫骨远端1件 ⅢH70①：右下残门齿1枚 ⅢH255：右下残门齿1枚 T0104③：右下残门齿1枚	12	3 （右、左下残门齿各3枚）
半坡晚期	ⅡH27：左上残门齿1枚 ⅢH84：右上残门齿1枚 ⅢH44：右下残门齿1枚	3	1

描述 标本ⅢH77D：4为带有I1、M2的左残下颌骨1件（图版二一一，9），I1粗大而坚硬，其唇侧外表上半部分有一层棕红色的釉质，舌侧呈浅粉红色的釉质。M2咀嚼面皱褶呈横条状，其唇侧有1个凹入珐琅质皱褶，M2长5.11mm、宽5.45mm。

标本ⅢH109D：3为近远端骨骺均脱落的左尺骨1件（图版二一二，2），保留长度61.33mm，跨过沟突厚DPA为12.29mm，近端关节面的最大宽BPC为8.86mm，骨干最小宽SD为5.62mm。

标本ⅢH77D：6为仅存髋臼部分的左盆骨残块1件（图版二一二，4），髋臼长LA为11.97mm。

标本ⅢH77D：7为左胫骨远端1件（图版二一二，3），保留长度46.80mm。

中华竹鼠在临潼白家村、西安半坡、临潼姜寨、宝鸡北首岭和华县泉护村及安阳殷墟遗址、渑池县笃忠均有报道，说明在黄河中游的新石器时代乃至历史时期，这种动物还广泛存在，而目前在关中平原已无踪迹，说明鱼化寨遗址一带的生态环境在几千年中确实发生了变化。这种变化一方面和气候变化密不可分，另一方面和人类的过度开发有关。

草兔 Lepus capensis

材料 属于同一个体（ⅢH63D：2）的残骨架1具（图版二一二，6），包括完整的左肱骨1件、右肱骨远端1件、完整的右桡骨1件、完整的左股骨1件、左胫骨近端1件、完整的右胫骨1件；右残肩胛骨1件（ⅢZ9D：1）；右肱骨骨干残段1件（ⅡH15D：1）；右肱骨远端1件（ⅢH55③D：4）；右残尺骨1件（ⅢZ5D：1）；左残盆骨2件（ⅢH77D：8、ⅢH109D：5）；完整右盆骨1件（ⅢH70②D：2）；右残盆骨4件（ⅢH77D：9-11、ⅢH82D：1）；左股骨近端2件（ⅢH58D：2、ⅢH255D：3）；右股骨远端1件（ⅢH70②D：1）；左胫骨近端2件（ⅢH82D：2、ⅢH255D：4）；左胫骨骨干残段1件（ⅢH82D：3）；左胫骨远端1件（ⅢF27D：1）；右胫骨近端2件（ⅢH77D：12、ⅢH82D：4）；左侧第Ⅲ跖骨近端1件（ⅢH82D：5）。共计22件标本，在各个时期的分布见表三三〇。全部材料可代表的最小个体数为6。

表三三〇　草兔在各个时代骨骼的分布情况

时代	出土单位、动物解剖部位及件数	可鉴定标本数	最小个体数
半坡期	ⅢF27：左胫骨远端1件 ⅢZ5：右残尺骨1件 ⅢH109：左残盆骨1件	3	1
史家期	ⅢZ9：右残肩胛骨1件 ⅡH15：右肱骨骨干残段1件 ⅢH55③：右肱骨远端1件 ⅢH58：左股骨近端1件 ⅢH70②：完整右盆骨1件、右股骨远端1件 ⅢH77：左残盆骨1件、右残盆骨3件、右胫骨远端1件 ⅢH82：右残盆骨1件、左胫骨近端1件、左胫骨骨干残段1件、右胫骨近端1件、左侧第Ⅲ跖骨近端1件 ⅢH255：左股骨近端1件、左胫骨近端1件	18	4 （右残盆骨4件）
半坡晚期	ⅢH63：骨架1具	1	1

描述 标本ⅢZ9D：1为右残肩胛骨1件（图版二一二，7），保留长度48.49mm。

标本ⅢH63D：2为完整的左肱骨1件（图版二一二，8），肱骨近端内侧结节凸向内侧，三角肌粗隆不发达，远端冠状窝内有明显的滑车上孔，肱骨最大长GL为78.14mm，近端最厚Dp为14.96mm，骨干最小宽SD为4.64mm，远端最大宽Bd为9.41mm。

标本ⅢH63D：2为完整右桡骨1件（图版二一三，1）。最大长GL为83.38mm，近端最大宽Bp 6.97mm，骨干最小宽SD为4.2mm，远端最大宽Bd为7.71mm。

标本ⅢH70②D：2为基本完整右盆骨1件（图版二一二，5），最大长GL为77.51mm，髋臼长LA为9.02mm，闭孔内缘长LFo为17.97mm。

标本ⅢH63D：2为完整左股骨1件（图版二一三，2），最大长GL为102.83mm，从股骨头到远端滑车的最大长HLC为97.92mm，近端最大宽Bp为20.08mm，第三转子区宽BTr为18.89mm，股骨头厚DC为7.47mm，骨干最小宽SD为7.5mm，远端最大宽Bd为14.75mm。

标本ⅢH63D：2为完整右胫骨1件（图版二一三，3）。最大长GL为111.89mm，近端最大宽Bp为15.01mm，骨干最小宽SD为5.42mm，远端最大宽Bd为11.95mm。

草兔也叫蒙古兔、野兔，栖于多种环境，一般昼伏夜出。啃食青草、树苗、嫩树皮，以及各种农作物与种子。

狗 *Canis familiaris*

材料 右尺骨近端1件（ⅢH135D：1）；右侧第Ⅱ掌骨1件（ⅢH135D：2）。两件标本均为史家期。

典型标本描述 标本ⅢH135D：1为右尺骨近端1件（图版二一三，7），尺骨后结节呈乳突状，前结节为凹槽，尺骨突内侧凹，外侧平，喙突向外突出，半月切迹关节面较宽大。保留长度82.76mm，跨过沟突厚DPA为18.33mm，鹰嘴最小厚SDO为16.98mm，近端关节面的最大宽BPC为12.46mm。

表三三一　狗尺骨测量数据　　　　　　　　　　　　　　　　（单位：mm）

标本\项目	鱼化寨	杨官寨[①]				东龙山[②]			
	右	左			右	完整猪骨架的尺骨			
	ⅢH135D：1	G8-2：1	H776①：35	H776⑤：3	G8-2：1	H34：1	H34：2	H34：3	T2H26：2
最大长GL					161.33	142	168	158	149
鹰嘴最小厚SDO	16.98	17.82	16.86	17.74	18.05	17	17.5	16.5	17
钩状突至后缘的最短距离DPA	18.33	20.26	17.98	19.64	20.65	20	20	18.5	19

鱼化寨遗址仅出土1件狗的尺骨，大小和高陵杨官寨及商洛东龙山遗址的狗尺骨接近。

狐 *Vulpes vulpes*

材料 属于同一个体（ⅢH70③D：1）的残骨架1具（图版二一四，1），包括左右残上颌骨各1件、左下颌骨1件、右下颌骨前半段和后半段各1件、头骨残块33块、寰椎1件、枢椎1件、左残肩胛骨1件；寰椎1件（ⅢZ9D：2）。所有的标本均为史家期，最小个体数为2。

描述 标本ⅢH70③D：1为带有P4-M2的左上颌骨残块1件，保留长度38.09mm。P4长度不长于M1+M2长，原尖位于前尖稍前。P4长和宽分别为14.74和6.72mm，M1长和宽分别为9.92和12.52mm，M2长和宽分别为6和7.33mm。

标本ⅢH70③D：1为带有P2-P3的基本完整的左下颌骨1件（图版二一三，6）。下颌骨细长，前臼齿齿间空隙稍宽；带有C、P2的右下颌前半段和带有P4-M2的右下颌后半段应为同一件标本，中间稍有缺失，下臼齿窄，M1齿尖尖锐，有下次小尖。测量数据见下表三三二。

[①] 胡松梅、王炜林、郭小宁等：《陕西高陵杨官寨环壕西门址动物遗存分析》，《考古与文物》2011年第6期，97~107页。

[②] 胡松梅：《东龙山遗址动物遗存分析》，《商洛东龙山》，科学出版社，2011年。

表三三二　狐下颌测量数据表　　　　　　　　　　　（单位：mm）

标本 测量指标	鱼化寨 ⅢH70③D：1
全长：下颌髁-Id	109.80
长：下颌角突-Id	108.15
从下颌髁与下颌角突间的凹痕-Id	104.07
长：下颌髁-犬齿齿槽远口缘	95.88
从下颌髁与下颌角突间的凹痕-犬齿齿槽远口缘	94.50
下颌角突-犬齿齿槽远口缘的长	97.09
M3齿槽远口缘-犬齿齿槽远口缘	66.34
M3-P1齿列长	62.86
M3-P2齿列长	59.28
臼齿列长	29.02
P1-P4齿列长	35.50
P2-P4齿列长	31.00
M1长和宽	16.36/6.88
M2长和宽	7.90/5.87
下颌骨垂直部高	39.15
颌体的最大厚	6.63
M1后下颌骨高	14.67
P2和P3间下颌骨高	11.85

标本ⅢH70③D：1为缺失左侧寰椎翼的寰椎1件（图版二一四，3），标本ⅢZ9：2为缺失右侧寰椎翼的寰椎1件。测量数据见表三三三。

表三三三　狐寰椎测量数据表　　　　　　　　　　（单位：mm）

标本 参数	ⅢH70③D：1	ⅢZ9D：2
寰椎最大长GL	25.07	25.29
前关节面最大宽BFcr	26.98	26.66
后关节面最大宽BFcd	21.52	19.57
背侧弓的长Lad	10.53	11.82
背侧弓与腹侧弓之间的距离H	18.39	17.54

标本ⅢH70③D：1为基本完整的枢椎1件（图版二一三，4），测量数据如下：

    椎体最大长LCDe   29.31mm
    椎弓最大长LAPa   31.04mm
    前关节面最大宽 BFcr 20.46mm
    后关节面最大宽BFcd 11.59mm

狐的栖息习性较为多样，包括森林、草原、沙漠、高山、丘陵及平原。杂食性，以各类陆栖脊椎动物、昆虫、植物浆果等为食。

貉 *Nyetereutes proycyonoides*

材料 残头骨1件（ⅡH7D：2）；基本完整头骨1件（ⅢH77D：13）；右残上颌骨1件（ⅢH77D：14）；头骨残块21块（ⅢH77D：15-35）；左桡骨近端1件（ⅢH70②D：3）；左残盆骨1件（ⅢF27D：2）。其中标本ⅢF27D：2为半坡期，最小个体数为1；其余标本均为史家期，最小个体数为2。

典型标本的描述 标本ⅢH77D：13为缺失鼻骨及部分额骨的头骨1件（图版二一三，5），左侧带有P2、P4、M1，右侧带有P2、P4-M2，颅形狭长，具扩张的颧弓。自吻部至额部颅形逐渐升高，呈一斜坡。听泡较大，鼓凸成卵圆形。

表三三四 貉头骨测量数据表 （单位：mm）

标本 参数	ⅢH77：13
颅全长	116.90
颅基长	111.53
基底长	105.82
颅顶长	56.76
面长	67.41
颊齿列长	38.83
臼齿列长	13.66
前臼齿列长	27.83
P4长和宽	12.30/5.93
M1长和宽	8.88/10.61
M2长和宽	5.12/6.75
鼓泡的最大直径	17.89
外听道最大宽	44.16
外听道背侧宽	43.44
枕髁最大宽	22.82
枕髁副乳突底部最大宽	30.00
枕骨大孔最大宽	12.95
枕骨大孔高	10.95
额骨最大宽	35.37
颅骨最大宽	42.91
颅骨最小宽	20.52
颧骨最大宽	65.09
眼眶间最小宽	24.20
犬齿齿槽宽	5.41
眼眶内部最大高	21.25
颅高	34.63
无矢状脊的颅高	30.32
枕三角区高	27.77

标本ⅢH70②D：3为左桡骨近端1件（图版二一四，6），保留长度46.41mm，近端最大宽Bp 9.35mm。

标本ⅢF27D：2为仅保存有髋臼窝的左盆骨残段1件（图版二一四，7），髋臼窝半球形，髋臼唇缘清晰。保留长度40.46mm，髋臼长LA为9.62mm。

貉食性杂，经常栖居于山野、森林、河川和湖沼附近的荒地草原、灌木丛以及土堤或海岸，有时居住于草堆里。貉、獾生境相似，彼此相睦，冬季貉、獾同居，很少发生争斗现象。

黄鼬 *Mustela sibirica*

材料 属同一个体（ⅢH48D：1）的带有左下颌骨的头骨1件，该标本为史家期。

描述 标本ⅢH48D：1为缺失左侧枕髁、左听泡、两侧颧弓的头骨1件（图版二一四，5），头骨狭长形，脑颅部有与大脑沟回一致的隆起和凹陷。鼻骨、上颌骨、额骨和顶骨完全愈合，不见骨缝，年龄至少为8月龄。测量数据见下表三三五。

表三三五 黄鼬头骨测量数据表　　　　　　　　　　（单位：mm）

标本 参数	鱼化寨 ⅢH48D：1	《中国动物志·兽纲》 第八卷《食肉目》[①]	陕北靖边五庄果墚[②]	
			BH35：1	BH29：1
性别		♂	♂	♂
颧宽		31.1-32.1	32.9	
眶间宽	13.80	12.1-13.1	12.8	12.9
听泡长/宽	20.49/12.28	17.1-18.9	18/10.76	
后头宽				29
上齿列长	22.47	19.8-20.9	20.6	21

从表测量数据看，鱼化寨标本的测量数据均大于普通黄鼬和五庄果墚标本，因黄鼬两性个体大小相差较大。

标本ⅢH48D：1为缺失部分上升支，带有C、P4-M2的左下颌1件（图版二一四，2）。其下颌髁呈横杆状，与颞骨成关节。M2退化，齿冠呈圆柱形。裂齿M1齿长和宽8.23和3.08mm。

黄鼬能在极为多样的环境条件中生活，在我国，主要栖息于平原，尤以河道纵横的水网地区为多。以鼠类、两栖类及昆虫为食，有时也伤害家禽。

狗獾 *Meles meles*

材料 属于同一个体（ⅢH55③D：5）的骨架1具（图版二一四，4）：保存有残头骨1件、基本完整下颌骨1件、寰椎1件、枢椎1件、左肱骨近端1件、右肱骨1件、左尺桡骨各1件、基本完整左右盆骨各1件、右股骨1件、左胫骨近端1件、右胫骨1件、左右腓骨远端各1件、左侧Ⅳ、Ⅴ跖骨各1件；左右上犬齿各1枚（ⅢH44D：2-3）；基本完整下颌骨1件（ⅢH77D：36）；右残下颌骨1件（ⅢH77D：37）。其中ⅢH44为半坡晚期，最小个体数为1；其余单位均为史家期，最小个体数为3。

描述 标本ⅢH55③D：5为左侧带有C、P2-M1的残头骨1件（图版二一五，1），头骨颅形窄

[①] 高耀亭：《中国动物志·兽纲》第八卷食肉目，科学出版社，1987年，174~186页。

[②] 胡松梅、孙周勇：《陕北靖边五庄果墚动物遗存及古环境分析》，《考古与文物》2005年第6期，72~84页。

长而高。矢发达，前端在额骨接缝处分叉向两侧延伸。人字嵴显著，颧弓粗壮，听泡扁平呈三角形，听道短。犬齿圆锥状，裂齿呈三角形，外缘有发达的前尖，后内缘中央有一个低的齿尖，内侧顶端有2个小齿尖。M1宽大呈矩形，外缘短于内缘，外侧有发达的前尖和后尖，内侧有一个后小突，组成齿的后外角，中央由3个小齿尖构成一纵走的低嵴，内缘与低嵴间、外缘与低嵴间均有一深槽。裂齿P4长和宽分别为8.15和6.6mm，M1长和宽分别为13.16和11mm。

3件下颌骨底缘较平直，在下颌骨骨体颏孔的后方，即P4的垂直下方有1个小的副孔，下颌髁呈横杆状。下颌犬齿长而向外斜，齿冠向后弯曲。裂齿长度超过宽度的三倍，有发达的下原尖、下前尖和下后尖，其中下后尖位于下原尖后内侧，后缘凹陷如盆状，边缘由2个外尖和3个内尖构成。M2较小，呈圆形。测量数据见表三三六。

表三三六　狗獾下颌测量数据表　　　　　　（单位：mm）

测量指标 \ 标本	ⅢH55③D：5	ⅢH77D：36	ⅢH77D：37
全长：下颌髁-Id	75.32	76.92	
长：下颌角突-Id	78.33	78.67	
从下颌髁与下颌角突间的凹痕-Id	74.94	76.34	
长：下颌髁-犬齿齿槽远口缘	64.23	66.57	
从下颌髁与下颌角突间的凹痕-犬齿齿槽远口缘	63.99	65.21	
下颌角突-犬齿齿槽远口缘的长	67.08	69.37	
M2齿槽远口缘-犬齿齿槽远口缘	38.05	40.09	
M2-P2齿列长	35.6	37.76	
M2-P3齿列长	31.7	33.39	
臼齿列长	21.55	22.98	
P2-P4齿列长	14.45	16.03	
P3-P4齿列长	10.39	11.60	
M1长和宽	15.42/6.52	16.17/7.36	15.64/6.98
M2长和宽	5.8/6.15		
下颌骨垂直部高	31.32	33.25	31.06
颌体的最大厚	6.51	7.28	7.18
M1后下颌骨高	13.57	13.97	13.08

标本ⅢH55③D：5为缺失部分右侧寰椎翼的基本完整寰椎1件（图版二一四，8），测量数据如下：

  寰椎最大长GL　　　　　　　　21.63mm
  前关节面最大宽BFcr　　　　　31.15 mm
  后关节面最大宽BFcd　　　　　22.7mm
  背侧弓的长Lad　　　　　　　　7.46mm
  背侧弓与腹侧弓之间的距离H　　18.39mm

标本ⅢH55③D：5为基本完整的枢椎1件（图版二一五，6），测量数据如下：

  椎体最大长LCDe　　　　　　　26.71mm
  椎弓最大长LAPa　　　　　　　29.68mm

前关节面最大宽BFcr	21.83mm
后关节面最大宽BFcd	13.40mm

标本ⅢH55③D：5为完整的左肱骨1件（图版二一五，2），近端骨骺刚刚愈合，鹰嘴窝外侧，即内侧髁上方有一椭圆形的孔。最大长GL为96.27mm，近端厚Dp为25.65mm，骨干最小宽SD为8.52mm，远端最大宽Bd为27.46mm。

标本ⅢH55③D：5为基本完整的左尺骨1件（图版二一五，3），最大长GL为99.92mm，鹰嘴长LO为20.35mm，跨过沟突厚DPA为14.75mm，近端关节面的最大宽BPC为11.44mm。

标本ⅢH55③D：5为完整的左桡骨1件（图版二一五，4）。最大长GL为79.01mm，近端最大宽Bp 11.82mm，骨干最小宽SD为4.18mm，远端最大宽Bd为15.60mm。

标本ⅢH55③D：5为缺失部分髂骨、耻骨的左侧盆骨1件（图版二一五，7），髋臼长LA为15.78mm，髂骨干最小高SH为12.65mm，髂骨干最小宽SB为7.12mm。

标本ⅢH55③D：5为完整的左股骨1件（图版二一五，5），其大转子低于股骨头。最大长GL为106.72mm，近端最大宽Bp为26.87mm，股骨头厚DC为12.77mm，骨干最小宽SD为9.01mm，远端最大宽Bd为22.07mm。

标本ⅢH55③D：5为完整的右胫骨1件（图版二一五，10）。最大长GL为93.1mm，近端最大宽Bp为22.21mm，骨干最小宽SD为6.95mm，远端最大宽Bd为17.10mm。

狗獾分布广泛，栖息与森林、山坡灌丛、荒野、沙丘草丛及湖泊堤岸等。食性杂，以植物的根、茎、果实和蛙、蚯蚓、小鱼、昆虫和小型哺乳动物类等为食。

猫 *Felis* sp.

材料 仅有右尺骨近端1件（ⅢH109D：4），属于半坡期。

描述 标本ⅢH109D：4为右尺骨近端1件（图版二一五，8），有烧痕。保留长度37.53mm，跨过沟突厚DPA为11.89mm，鹰嘴最小厚SDO为7.15mm，近端关节面的最大宽BPC为7.64mm。

家猪 *Sus domesticus*

材料 属于同一个体（ⅢH41D：1）幼残骨架1具，包括残顶骨1件、带有dp4左右下颌骨各1件、左右枕骨各1件、头骨残块11件、左残坐骨1件、左股骨骨干1件、左右胫骨骨干各1件，以上四肢骨骨骺均脱落，属半坡晚期。

属于同一个体（ⅢH211D：1）的幼残骨架1具，包括残顶骨1件、右额骨1件、右侧颞骨颧突1件、右侧上颌骨1件、基本完整下颌骨1件、左肩胛骨1件、左肱骨骨干1件、左桡骨骨干1件、右桡骨远端骨干1件，以上四肢骨骨骺均脱落，属半坡晚期。

前颌骨3件（ⅢF35D：3、ⅢH180D：2-3）；左右残鼻骨各1件（ⅢF35D：1-2）；左颧骨颧突3件（ⅢG2⑤D：1、ⅢF92D：2、ⅠH3D：1）；颞骨颧突3件（ⅢF55D：2；ⅢH70①D：2；ⅢH255D：5）；保留左鼻骨、左残额骨的头骨骨片1件（ⅢF53D：1）；左残额骨1件（ⅢF92D：3）；保留右残额、顶骨的头骨骨片1件（ⅢF92D：1）；右顶骨1件（ⅢH55①D：1）；带右残顶骨、枕骨、右枕髁及右颞骨颧突的头骨残片1件（ⅢH180D：1）；左上颌骨14件（ⅢG1①D：1、ⅢF36D：1、ⅢF55D：3、ⅢF92D：4-5、ⅢH44D：5、ⅢH97D：1-2、ⅢH107D：3、ⅢH107D：4、ⅢH253D：1、ⅢF27D：3-4、ⅢF27D：6）；右

残上颌骨8件（ⅢF15D∶14、ⅢF43D∶1、ⅢF46D∶3、ⅢF81D∶1、ⅢF92D∶6、ⅠH3D∶2、ⅢH48D∶2、ⅢH97D∶3）；右上I2游离齿1枚（ⅡH20D∶5）；残上犬齿3枚（ⅢF64D∶3、ⅡT0103②D∶1、ⅡG1①D∶1）；左上M3游离齿2枚（ⅡH15D∶2、ⅢH65D∶1）；下颌联合体5件（ⅢG2③D∶1、ⅢF36D∶2、ⅠH3D∶3、ⅢH211D∶2、ⅢH222D∶1）；左下颌骨18件（ⅢG2①D∶1、TG1H111D∶7、ⅢF25D∶1、ⅢF35D∶4、ⅢF43D∶2、ⅢF44D∶1、ⅢF62D∶2-3、ⅢF62D∶5-6、ⅢF76D∶1、ⅡH7D∶3、ⅢH44D∶6-7、ⅢH51D∶2、ⅢH75D∶1、ⅢH180D∶4、ⅢF27D∶8）；右下颌20件（ⅢG2⑦D∶1、ⅡF2D∶3、ⅢF69D∶1、ⅢF62D∶4、ⅢF55D∶8、ⅡH5D∶1、ⅢH41D∶2-3、ⅢH75D∶2、ⅢH86D∶1、ⅢH89D∶1、ⅢH108D∶1、ⅢH148D∶1、ⅢH166D∶1、ⅢH190D∶1、ⅢH222D∶2、ⅢH255D∶6、ⅢF27D∶5、ⅢF27D∶7、ⅢH84D∶3）；右下颌角7件（ⅢG2①D∶2、ⅢF55D∶4、ⅢH107D∶7、ⅡF2D∶4、ⅢF27D∶9、ⅢH44D∶8、ⅢH166D∶2）；残下颌角块2件（ⅢG2⑦D∶2-3）；下游离门齿29枚（ⅢG2⑦D∶4、ⅡF2D∶5-7、ⅢF64D∶4-5、ⅡH27D∶3、ⅢH44D∶10-13、ⅢH51D∶3、ⅢH55②D∶1、ⅢH81D∶1、ⅢH84D∶4-6、ⅡG1①D∶6、ⅢT0817②D∶2、ⅡG1⑤D∶1、ⅢG2④D∶6、ⅡH20D∶5、ⅡT0613⑥D∶1-2、ⅢT0413⑤D∶1、ⅢT0311③D∶1、ⅢT0517③D∶1、ⅢT1212③D∶1、ⅡG1③D∶2）；游离下犬齿11枚（ⅢH44D∶9、ⅢH8D∶1、ⅢF62D∶7、ⅢH201D∶1、ⅡG1①D∶2、ⅢG2⑤D∶18、ⅢT0713⑤D∶1、ⅡH21D∶1、ⅡT0102②D∶1、ⅡT0106②D∶1、ⅢT0817②D∶1）；左下M1游离齿1枚（ⅢH66D∶1）；寰椎4件（ⅢF15D∶15、ⅢF62D∶8、ⅢF55D∶5、ⅢH86D∶2）；枢椎2件（ⅢH107D∶5-6）；左肩胛骨10件（TG1H112D∶1、ⅢF55D∶6-7、ⅠH3D∶4-5、ⅢH93D∶1、ⅢH100D∶1、ⅢH166D∶3、ⅢH229D∶1、ⅢT1212③D∶2）；肩胛骨残段1件（ⅢH65D∶2）；左肱骨近端1件（ⅢF27D∶10）；左肱骨3件（ⅢF36D∶3、ⅢH55②D∶2、ⅢH100D∶2）；左肱骨远端6件（ⅢG2⑤D∶2、ⅢH77D∶39、ⅢF35D∶5、ⅢH86D∶3、ⅢH93D∶2、ⅢH166D∶4）；右肱骨远端9件（ⅢG2⑤D∶3、ⅢG2⑥D∶1、ⅢF15D∶16、ⅢH65D∶3、ⅢH77D∶40、ⅢH89D∶2、ⅢH166D∶5、ⅢH173D∶1、ⅢF27D∶11）；左尺骨近端3件（ⅢF55D∶9、ⅢH97D∶4、ⅢH107D∶12）；左尺骨骨干残段2件（ⅢG2④D∶1、ⅠH3D∶6）；右尺骨5件（ⅢF62D∶9、ⅢH51D∶4、ⅢH89D∶3、ⅢH152D∶2、ⅢF27D∶12）；左桡骨近端2件（ⅢH59D∶1、ⅢF27D∶13）；左桡骨骨干2件（ⅢF35D∶6、ⅢH70②D∶4）；左桡骨远端2件（ⅢF34D∶1、ⅢH74D∶1）；右桡骨近端2件（ⅢH89D∶4、ⅢH108D∶2）；右桡骨骨干1件（ⅢH93D∶3）；右侧第Ⅱ掌骨1件（ⅠH3D∶9）；左盆骨11件（TG1H112D∶2、ⅠH3D∶7-8、ⅢH89D∶5、ⅢH97D∶5、ⅢH98D∶1、ⅢH107D∶8、ⅢH166D∶6、ⅢH178D∶2、ⅢF27D∶14-15）；右盆骨9件（ⅢG2⑦D∶5、ⅢF25D∶2、ⅢF36D∶4、ⅠH3D∶8、ⅢH75D∶3、ⅢH81D∶2、ⅢH89D∶6、ⅢH94D∶1、ⅢH152D∶3）；左股骨骨干残段2件（ⅢH107D∶9、ⅢF27D∶16）；右股骨骨干残段1件（ⅢH86D∶4）；左胫骨骨干残段3件（ⅢF36D∶5、ⅢH86D∶5、ⅢH89D∶8）；右胫骨近端1件（ⅢH35D∶7）；右胫骨骨干残段5件（ⅢF35D∶8、ⅢF55D∶10、ⅢH51D∶5、ⅢH94D∶2-3）；右胫骨远端1件（ⅢH166D∶7）；右腓骨远端1件（ⅢF64D∶6）；左腓骨远端1件（ⅢT0517③D∶2）；左跟骨5件（ⅢF62D∶10-11、ⅢH44D∶14、ⅢH65D∶4、ⅢH108D∶3）；右跟骨3件（ⅢF15D∶18、ⅢF64D∶7、

ⅢH51D∶6）；右跗骨1件（ⅢF15D∶17）；左距骨1件（ⅢH98D∶2）；右距骨3件（ⅢF15D∶19、ⅢF62D∶12、ⅢH166D∶8）；左侧第Ⅱ跖骨1件（ⅢF15D∶20）；右侧第Ⅱ跖骨1件（ⅢF46D∶4）；左侧第Ⅳ跖骨2件（ⅢF62D∶13、ⅢH44D∶15）；右侧第Ⅳ跖骨1件（ⅢF62D∶14）；左残跖骨远端1件（ⅢF62D∶15）；左侧第Ⅰ趾骨1件（ⅢH98D∶3）；右侧第Ⅰ趾骨1件（ⅢF15D∶21）；右侧第Ⅱ趾骨2件（ⅢF15D∶22-23）。共计252件标本，最小个体数为29个。各期的最小个体数统计见表三三七。

表三三七　不同时期猪最小个体数统计表

时代	北首岭期	半坡期	史家期	半坡晚期	庙底沟二期
最小个体数	4	11	3	9	2
判断依据	右下颌为4	下颌联合部2；右下颌9件	左肱骨3	骨架2具；下颌联合部1；右下颌6	左肩胛骨2

描述与讨论：出土的动物遗存中，可鉴定猪骨骼数量252件，最小个体数38个。遗址中共130个遗迹单位和地层中出土了动物遗存，其中87个遗迹单位和地层中分布有猪骨。鱼化寨遗址主要为半坡类型的文化遗存，距今7000～6000年，该时期我国已大量饲养家猪。目前，考古遗址家猪判断的主要标准包括形体特征（包括形态和尺寸）、年龄结构、性别特征和在全部动物中所占的数量比例等。本文采用比较下颌臼齿测量值、年龄结构的方法，对鱼化寨遗址出土猪的属性进行分析判断。

传统上，臼齿大小是用来区分家猪与野猪的一个常用标准，下颌第三臼齿长度更被视为一项基本的测量值。这里将鱼化寨遗址出土的猪下颌M3的长、前宽和后宽的测量数据均同现生王屋山野猪的测量数据进行比较（图一三一四）。王屋山野猪是2005年12月至2006年1月，河南省考古研究所在河南济源王屋山收集了批准狩猎的48件野猪头骨。比较结果表明，该遗址出土的猪下颌骨主体为家猪，仅有1件标本（ⅢH180D∶4）位于野猪区域内，我们也对ⅢH180出土的其他猪骨进行了核对，发现有1件右半侧的颅骨（ⅢH180D∶1）（图版二一六，1），确实很大，颞骨颧突长79.97mm，宽27.86mm，比陕北靖边五庄果墚遗址的野猪标本AH1∶31略大，实属野猪或种猪。

通常，猪长到1～2岁后，体形和肉量不会再有明显地增加，如果继续饲养其所产生的肉料比降低，猪的屠宰年龄一般为1～2岁。我们可以根据其年龄结构推测遗址中出土猪是否为家猪。

在可鉴定年龄的33件标本中大多数为2岁以下的年轻个体（见表三三八），猪的死亡年龄1岁以下的占42.42%，1～2岁猪占30.3%，2～3岁猪占27.27%，3岁以上的猪下颌未发现，而捕获的野猪

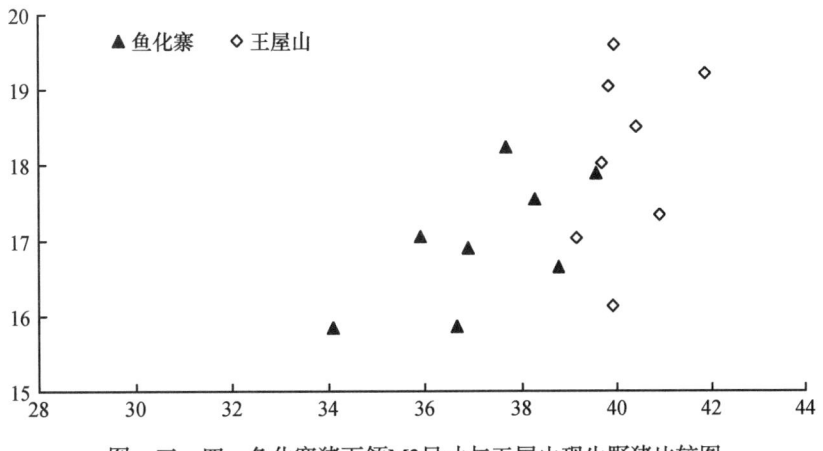

图一三一四　鱼化寨猪下颌M3尺寸与王屋山现生野猪比较图

正常情况下年龄分布比较均匀。国内已有资料的统计表明，新石器考古遗址中出土家猪的年龄结构基本上以年轻个体为主，而且时代愈晚，猪的年龄愈小。鱼化寨遗址由于时代稍早，处于家猪饲养的初级阶段，驯养水平低，将猪养到1～2岁时个别的猪还长不大，故一直养到2岁以上，因此2～3岁猪的比例稍高。据此判断该遗址的猪应为较早期家猪。

表三三八　鱼化寨遗址猪的年龄结构

年龄（月）	左（数量）	左+右	右（数量）	总数（数量）	总数（%）
Ⅰ（0-4）（图版二一五，9）	1	1	3	5	15.15
Ⅱ（4-6）（图版二一六，2）	1	1	3	5	15.15
Ⅲ（6-12）（图版二一六，3）	2		2	4	12.12
Ⅳ（12-18））（图版二一六，4）	5		1	6	18.18
Ⅴ（18-24）（图版二一六，5）	1		3	4	12.12
Ⅵ（24-36）（图版二一六，6）	4		5	9	27.28
总数	14	2	17	33	100.00

鱼化寨遗址猪下颌M3长度明显小于王屋山野猪（见图一三一五），是家畜化的一个特征。王屋山野猪下颌M3平均长度为（39.82±1.43）mm（平均值±标准偏差），而鱼化寨遗址猪下颌M3平均长度仅为（37.11±1.20）mm，沙门盐津遗址家猪更小为（28.45±6.70）mm。根据鱼化寨遗址猪下颌M3的长度变化范围，除ⅢH180D∶4M3较大为野猪或种猪外，其余都为家猪。下图是不同遗址不同时期M3的平均值±标准偏差图，从图中明显的能看出随着考古遗址时代从早到晚家猪M3的平均值呈现出从大到小的变化。

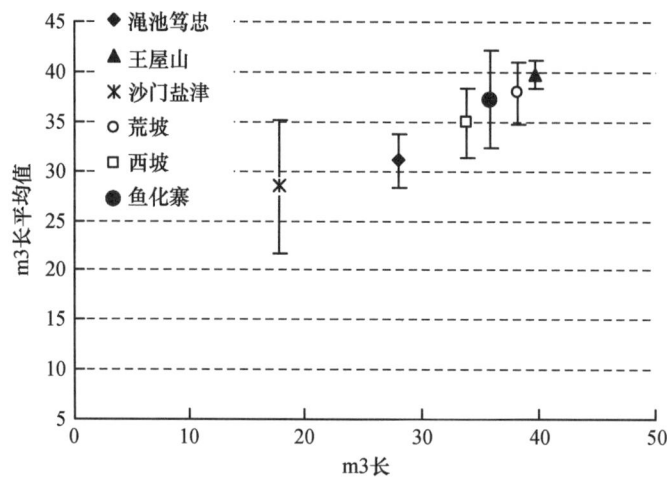

图一三一五　鱼化寨遗址猪、王屋山野猪和沙门盐津家猪的下颌M3长的比较图

上图中是整个鱼化寨遗址半坡类型3期M3的平均值，为了进一步搞清楚猪牙齿大小的变化和时代的关系，我们对能测量M3的7件标本（除ⅢH180∶4外，为猪种或野猪）按时代早晚列表如下（表三三九）。

从表三三九可看出，鱼化寨遗址半坡类型随时代从早到晚，猪牙M3的平均值依次减小。

该遗址半岁以上的猪都只保留下颌骨后半段，看不到犬齿，无法判断其性别。半岁以下的标本

表三三九　不同时期猪的M3牙齿测量数据及平均值　　　　（单位：mm）

时代	单位	左/右	标本牙齿保存情况	M3 长	M3 宽	M3长平均值	M3长标准偏差
北首岭期	ⅢH148∶1	右	M2+M3	38.28	17.55	38.25	38.25±0.54
	ⅢF69∶1	右	M2+M3	37.7	18.23		
	ⅢF76∶1	左	M2+M3	38.78	16.64		
半坡期	ⅢF25∶1	左	M1+M2+M3	36.9	17.11	36.78	36.78±0.17
	ⅢF27∶7	右	M3	36.66	15.87		
史家期	ⅢG2⑦∶1	右	M2+M3	35.53	16.10	35.72	35.72±0.27
	ⅡH7∶3	左	M3	35.91	17.05		

从表三四〇可看出，仅有1件标本ⅢF62D∶4，从犬齿形态为三角形看，为雄性个体。

鱼化寨遗址的猪骨属仰韶文化早期的半坡类型，这一时期关中地区除农业外，狩猎经济占较大的比重。该遗址中出土了大量的野生动物，当通过狩猎获取的肉食量能满足人们的肉食需要时，自然会减少家猪的饲养量。该遗址中猪下颌M3的测量数据明显小于野猪的M3，且从早到晚呈现出M3依次减小的趋势。基于上述测量数据、年龄结构和在遗址中个体数最多的特点，我们将该遗址猪定为家猪，但不排除个别（ⅢH180D∶4）为野猪或种猪的可能性。

獐 *Hydropotes inermis*

材料　属于同一个体的残骨架1具ⅢH63D∶3（图版二一七，1），包括左右掌骨骨干各1件、左股骨远端骨干1件、右股骨骨干1件、左残胫骨骨干1件、左右跖骨骨干各1件，以上四肢骨骨骺均脱落，属半坡晚期。

基本完整骨架1具ⅢH70①D∶3（图版二一六，7），包括残头骨1件、头骨残块32块、左右残上颌骨各1件、完整的左右上犬齿各1枚、基本完整的左右下颌骨各1件、基本完整的颈椎7件、基本完整的胸椎13件、基本完整的腰椎6件、完整的荐椎4件、完整的尾椎7件、基本完整左右肋骨各13根、基本完整的左右肩胛骨各1件、完整的左右肱骨各1件、基本完整的左右尺桡骨各1件、缺失远端关节面的左右掌骨各1件、基本完整的左右盆骨各1件、基本完整左右股骨各1件、基本完整的左右胫骨各1件、基本完整的左右跟骨各1件、完整的左右距骨各1件、左右跖骨近端各1件、第Ⅰ指（趾）骨2件、第Ⅱ指（趾）骨1件，属史家期。

基本完整骨架1具ⅢH70②D∶5（图版二一七，2），包括残头骨1件、头骨残块11块、左右残上颌骨各1件、完整的左右上犬齿各1枚、基本完整的左右下颌骨各1件、残枢椎1件、残脊椎26件、左右残肋骨52件、完整的左肩胛骨各1件、右肩胛骨近端1件、左肱骨远端1件、基本完整的右肱骨1件、右尺骨近端骨1件、基本完整的左右桡骨各1件、基本完整的右掌骨1件、左残盆骨1件、右髂骨1件、右耻骨1件、基本完整的左右股骨各1件、基本完整的左右胫骨各1件、左跖骨近端1件，以上四肢骨骨骺均脱落，属史家期。

右残顶骨1件（ⅢH109D∶6）；带左右枕髁的枕骨1件（ⅢH55①D∶3）；左右枕骨1件（ⅢH55②D∶3）；左上犬齿7枚（ⅢH55②D∶4、ⅢH35D∶1、ⅢT1012⑦D∶1、ⅡT0714⑥D∶1、ⅡH33D∶1、ⅢH60D∶1、ⅢG1⑨D∶3）；右上犬齿3件（ⅢF25D∶3、ⅢG2④D∶7、ⅢT1012⑦D∶2）；左残上颌骨3件（ⅢH55③D∶6、ⅢH77D∶41、ⅢH109D∶7）；完整下颌1件（ⅢH55②D∶5）；左残下颌骨12件（ⅢG2⑦D∶6、ⅢF46D∶5、

表三四〇 根据鱼化寨遗址出土猪下颌牙齿的萌出和磨损级别确定的年龄及性别状况

单位	左/右	标本牙齿保存情况	磨损级别 M1	M2	M3	P4	dp4	M1 长(mm)	M1 前宽(mm)	M1 后宽(mm)	M2 长(mm)	M2 前宽(mm)	M2 后宽(mm)	M3 长(mm)	M3 宽(mm)	年龄级别	性别
ⅡH7:3	左	M3			c									35.91	17.05	Ⅵ	
ⅡH5:1	右	M1+M2	f	d				18.83	11.34	12.33						Ⅴ	
ⅢH41:1	左+右	dp4					E									Ⅰ	
ⅢH41:2	右	dp2+dp3+dp4+M1	a				e	18.52	11.12	11.89						Ⅱ	
ⅢH41:3	右	dp4+M1	a				e	17.54	10.92	11.56						Ⅱ	
ⅢH44:6	左	M2		a	C						23.79	15.09	15.37			Ⅳ	
ⅢH44:7	左	M1	d					18.79	10.47	11.48						Ⅳ	
ⅢH51:2	左	M1+M2	c	U				17.78	10.98	11.57	22.27	13.84	13.76			Ⅲ	
ⅢH75:1	左	dp4					U									Ⅰ	
ⅢH75:2	左	dp4					U									Ⅰ	
ⅢH84:3	右	dp4+M1+M2	c	1/2	C		e	19.14	11.12	12.35	21.79	13.71	13.66			Ⅲ	
ⅢH86:1	右	M2		c			a				24.64		16.02			Ⅳ	
ⅢH89:1	右	i2+dp2+dp3+dp4					f									Ⅰ	
ⅢH91:1	左	dp4+M1+M2	d	a			f	18.69	11.04	12.09						Ⅳ	
ⅢH108:1	右	残M3		f	d											Ⅵ	
ⅢH148:1	右	M2+M3			d						20.46	15.67	15.61	38.28	17.55	Ⅵ	
ⅢH166:1	右	M3			c											Ⅵ	

续表

单位	左/右	标本牙齿保存情况	磨损级别 M1	M2	M3	P4	dp4	M1 长(mm)	M1 前宽(mm)	M1 后宽(mm)	M2 长(mm)	M2 前宽(mm)	M2 后宽(mm)	M3 长(mm)	M3 宽(mm)	年龄级别	性别
ⅢH180:4	左	M3			d									39.57	17.9	Ⅵ	
ⅢH211:1	左+右	dp3+dp4					d									Ⅱ	
ⅢH222:2	右	M2+M3		e	1/2						24.61	15.46	15.24			Ⅴ	
TG1H111:7	左	M1+M2	e	U				20.23	11.74	12.98	24.12	15.24	14.62			Ⅳ	
ⅢG2①:1		M1+M2+M3																
ⅢG2⑦:1	右	M2+M3		f	d								14.61	35.53	16.10	Ⅵ	
ⅡF2:3	右	M1	k	V												Ⅲ	
ⅢF25:1	左	M1+M2+M3	k	f	c						22.11	14.67	14.2	36.9	16.9	Ⅵ	
ⅢF27:5	右	dp4	C				c									Ⅰ	
ⅢF27:7	右	M3		U										36.66	15.87	Ⅴ	
ⅢF43:2	左	M2		e							21.78	12.58	12.26			Ⅴ	
ⅢF44:1	左	p4+M1+M2	e	c				18.68	10.21	11.29	23.05	13.5	13.51			Ⅳ	
ⅢF62:2	右	dp4+M1	d	V			g	18.41	10.56							Ⅲ	
ⅢF62:3	左	dp2+dp3+dp4					d									Ⅱ	
ⅢF62:4	右	c+dp3+dp4														Ⅱ	
ⅢF69:1	右	M2+M3		e	d						20.22	14.48	14.13	37.7	18.23	Ⅵ	
ⅢF76:1	左	M2+M3		f	d								15.42	38.78	16.64	Ⅵ	雄

ⅢF62D∶16、ⅢH44D∶16、ⅢH55①D∶4-5、ⅢH55②D∶6、ⅢH66D∶2-3、ⅢH109D∶8、ⅢH109D∶11、ⅢF27D∶17）；右下颌骨11件（ⅢF3D∶1、ⅢF35D∶9-11、ⅢF62D∶17-18、ⅡH15D∶3、ⅢH77D∶42、ⅢH109D∶9-10、ⅢH109D∶12）；残下臼齿1枚（ⅢF15D∶24）；寰椎2件（ⅢH55③D∶7、ⅢH77D∶43）；荐椎2件ⅢH77D∶53、ⅢH109D∶35）；左肩胛骨8件（ⅡF2D∶8、ⅢF34D∶2、ⅢH55①D∶6-7、ⅢH77D∶44、ⅢH109D∶13、ⅢH109D∶15、ⅢH178D∶3）；右残肩胛骨7件（ⅢG2④D∶2、ⅡF2D∶9、ⅢH55①D∶8-9、ⅢH55③D∶8、ⅢH109D∶14、ⅢH84D∶7）；左肱骨4件（ⅢH55①D∶10-11、ⅢH55②D∶7-8）；左肱骨近端2件（ⅢF35D∶12、ⅢF27D∶18）；左肱骨骨干2件（ⅢH55③D∶9、ⅢH55①D∶2）；左肱骨远端9件（ⅢG1⑦D∶1、ⅢF35D∶13、ⅢF41D∶1、ⅢF62D∶19-21、ⅢH77D∶45、ⅢH108D∶4、ⅢH109D∶16）；右肱骨5件（ⅢH55①D∶12-13、ⅢH55②D∶9、ⅢH84D∶8-9）；右肱骨骨干1件（ⅢH55③D∶10）；右肱骨远端11件（ⅢG2⑤D∶4、ⅢF35D∶14-15、ⅢF62D∶22-25、ⅢH74D∶2、ⅢH77D∶46、ⅢH97D∶6、ⅢH109D∶17）；左尺骨2件（ⅢH55①D∶14、ⅢH55②D∶10）；左桡骨4件（ⅢH55①D∶15-17、ⅢH55②D∶11）；左桡骨近端4件（ⅢF62D∶26、ⅢH55③D∶11、ⅢH77D∶47、ⅢH109D∶18）；左桡骨骨干残段1件（ⅢZ5D∶2）；左桡骨远端3件（ⅢG1⑦D∶2、ⅢH55③D∶12、ⅢH109D∶20）；右桡骨2件（ⅢH55①D∶18-19）；右桡骨近端3件（ⅢF36D∶6、ⅢH55②D∶12、ⅢH109D∶19）；右桡骨骨干1件（ⅢH55③D∶13）；右桡骨骨干残段1件（ⅢH109D∶22）；右桡骨远端3件（ⅢF35D∶16、ⅢH55②D∶13、ⅢH109D∶21）；左掌骨3件（ⅢH55②D∶14-15、ⅢH55③D∶14）；左掌骨远端2件（ⅢF64D∶8、ⅢH109D∶23）；右掌骨4件（ⅢH55①D∶20、ⅢH55②D∶16-17、ⅢH55③D∶15）；右掌骨远端3件（ⅢF62D∶27、ⅢH59D∶2、ⅢH97D∶7）；残掌骨骨干2件（ⅢH55③D∶16-17）；基本完整左盆骨1件（ⅢH55③D∶18）；左残盆骨14件（ⅢF53D∶2、ⅢF62D∶28-29、ⅢH55①D∶21-23、ⅢH55③D∶19-20、ⅢH55③D∶22、ⅢH58D∶3、ⅢH77D∶48、ⅢZ5D∶4、ⅢF27D∶19、ⅢH84D∶10）；完整右盆骨1件（ⅢH55①D∶25）；右残盆骨11件（ⅢF62D∶30、ⅢF62D∶31、ⅢH55①D∶24、ⅢH55①D∶26、ⅢH55②D∶18、ⅢH55③D∶21、ⅢH55③D∶23、ⅢH109D∶24-25、ⅢH128D∶1、ⅢZ5D∶3）；左髌骨2件（ⅡF2D∶10、ⅢH55③D∶32）；右髌骨1件（ⅢZ5D∶5）；基本完整左股骨1件（ⅢG2⑤D∶5）；左股骨近端5件（ⅢF53D∶3、ⅢF62D∶32-33、ⅢH55①D∶27、ⅢH97D∶8）；左股骨骨干2件（ⅢH55③D∶24-25）；左股骨远端4件（ⅢH55②D∶19、ⅢH55③D∶28-29、ⅢF27D∶20）；完整右股骨1件（ⅢH55①D∶28）；右股骨近端3件（ⅢF62D∶34、ⅢH135D∶3、ⅢH109D∶26）；右股骨骨干5件（ⅢH55③D∶26-27、ⅢH59D∶3、ⅢH88D∶1、ⅢH84D∶11）；右股骨远端5件（ⅢF62D∶35、ⅢH55②D∶20、ⅢH55③D∶30-31、ⅢH109D∶27）；左胫骨2件（ⅢH55①D∶29、ⅢH55②D∶21）；左胫骨近端关节面1件（ⅢF62D∶36）；左胫骨骨干1件（ⅢH55③D∶33）；左残胫骨骨干残段1件（ⅢH55①D∶31）；左胫骨远端骨干2件（ⅢG2①D∶3、ⅢG2⑤D∶6）；左胫骨远端1件（ⅢT0511⑤D∶1）；右胫骨2件（ⅢH55①D∶30、ⅢH55②D∶2）；右胫骨近端1件（ⅢF62D∶37）；骨骺脱落的右胫骨近端骨干1件（ⅢH99D∶1）；右胫骨骨干4件（ⅢH55②D∶23-24、ⅢH55③D∶34-35）；右胫骨远端4件（ⅢF35D∶17、

ⅢF64D：9、ⅢH178D：4、ⅢH109D：28）；左跟骨4件（ⅢF62D：39、ⅢH55①D：33、ⅢH55②D：29、ⅢF27D：21）；右跟骨3件（ⅢH55②D：30、ⅢH94D：4、ⅢH166D：9）；左距骨7件（ⅢF62D：40、ⅡH20D：1-2、ⅢH55②D：27、ⅢH55③D：38、ⅢH100D：3、ⅢH107D：11）；右距骨3件（ⅡH20D：3、ⅢH55②D：28、ⅢF27D：22）；左右跗骨4件（ⅢH55②D：31-32、ⅢH55③D：39、ⅢZ5D：7）；完整左跖骨1件（ⅢH55②D：25）；左跖骨近端2件（ⅢH77D：49、ⅢH255D：7）；左跖骨骨干1件（ⅢH88D：2）；左跖骨骨干残段2件（ⅢH55①D：32、ⅢH55③D：36）；完整右跖骨1件（ⅢH55②D：26）；右跖骨近端4件（ⅢH55③D：37、ⅢH77D：50、ⅢZ5D：6、ⅢH109D：29）；右跖骨骨干1件（ⅢH88D：3）；右跖骨骨干残段1件（ⅢF62D：38）；右跖骨远端1件（ⅢH51D：7）；左右侧第Ⅰ指（趾）骨18件（ⅢF15D：25-26、ⅢF64D：10-11、ⅢH55②D：33、ⅢH55③D：40、ⅢH55③D：45-46、ⅢH58D：4、ⅢH58D：6-7、ⅢH77D：51-52、ⅢH109D：30-34）；左右侧第Ⅱ指（趾）骨9件（ⅢF64D：12、ⅢH55②D：34、ⅢH55③D：41-44、ⅢH55③D：47-48、ⅢH58D：5）；右侧趾骨残段1件（ⅢZ5D：8）。共计270件标本，最小个体数为19个。各期的最小个体数统计见表三四一。

表三四一　不同时期獐最小个体数统计表

时代	北首岭期	半坡期	史家期	半坡晚期
最小个体数	1	8	8	2
判断依据	左下颌及右跟骨各为1	右肱骨及远端8	左肱骨6；骨架2具	右掌骨2件

描述　标本ⅢH55②D：4为左上犬齿1枚（图版二一七，3），齿根开放，齿尖部分向外撇。牙齿扁长，呈镰刀状，但弯曲的弧度不大，髓腔大，齿壁薄，中空，在齿根处封闭，外面凸内面平，长69.07mm，最大宽10.65mm。和西安半坡及安阳殷墟的獐大小接近。

标本H70①D：3为一不完整的下颌骨，左侧缺失上升枝上半段、部分角突及吻部，保存P2-M3；右侧缺失部分角突及吻部，保存P3-M3，P2前齿根萎缩，仅在后齿根保留部分牙齿，属病态牙齿（图版二一七，5）。臼齿向前向内微倾。水平枝外侧较凸，内侧较平。牙冠低，齿柱明显。P2、P3、P4轻微磨蚀，M1中等磨蚀，M2、M3轻微磨蚀，为一中年个体。测量数据见表。

标本ⅢH70②D：5为一不完整的下颌骨，缺失部分冠突及吻部（图版二一七，6）。牙齿保存dp3-M2，dp2仅保留齿槽孔，M1轻微磨蚀，M2露出齿槽一半，为一7月龄左右的幼年个体。水平枝在联合部处变得很薄，其上沿明显地向上突出，并在其外侧形成明显的凹窝。凹窝之后有一呈水平方向的椭圆形颏孔。在齿隙外侧，有一长条形的内凹。水平支外侧较凸，M1下缘向下突出明显。下颌骨在角突和关节突之间向内凹进。角突呈半圆形且明显的向后下方突出。

其他下颌骨标本特征同上，仅对牙齿保存较好的成年个体标本进行测量，测量数据见下表三四二[1][2]。

下颌骨共25件，其中完整下颌骨3件，左下颌12件，右下颌10件。在下颌中，可供观测牙齿萌发、脱落及磨蚀情况的标本有17件（表三四三）。以左下颌骨（包括完整下颌骨）为例，至少代表11个

---

[1] 胡松梅：《动物遗存分析》，《华县泉护村——1997年考古发掘报告》，文物出版社，2014年。
[2] 李有恒等：《陕西西安半坡新石器时代遗址中之兽类骨骼》，《古脊椎动物与古人类》1959年第4期，173～1851页。

表三四二　不同时期獐下颌骨测量数据　　（单位：mm）

项目	标本		鱼化寨				华县泉护村[1]		西安半坡[2]
		ⅢH70①D:3	ⅢH55②D:6	ⅢH44D:16	ⅢF62D:18	ⅢF35D:9	H35D:6	ⅠT0501④D:1	
P2-M3长		57.59	57.94	58.1	57.31	55.79	60	54	52.0-60.5
P2-P4长		24.59	22.34	24.5	21.75	22.19	26.5	22	22-24.5
M1-M3长		33.45	34.54	33.54	36.36	33.94	34	32	
P2前位	高	13.13	14.24	12.78		12.5	14	14	
	厚	5.13	5.07	5.05		6	4.5	4.5	
M1前位	高	14.15	14.17	15.25		16	15	15	
	厚	7.84	8.43	8.26		9	6.5	6.5	
M3后位	高	17.66	20.13	19.22		26	22.5	22.5	
	厚	9.56	9.87	9.25		10.5	7.8	7.8	
M3	长	13.82	14.28	13.88		14.2	14	14	
	宽	6.35	6.28	6.14		7	7	7	

表三四三　鱼化寨遗址獐下颌骨牙齿萌发及磨蚀情况

标本编号	左/右	标本保存情况	牙齿萌发、脱落及磨蚀情况	个体年龄估计
ⅡH15D:3	右	保留dp2-dp4	dp4轻微磨蚀	幼年，5个月
ⅢH44D:16	左	保留M1-M3	M1、M2中等磨蚀，M3轻微磨蚀	青年个体
ⅢH55①D:4	左	保留dp3-dp4	M2齿槽口张开	幼年，5个月
ⅢH55①D:5	左	保留dp4-M1	M1轻微磨蚀，M2刚好露出齿槽	幼年，6个月
ⅢH55②D:5	左+右	保留dp3-M1	M1未磨蚀，M2齿槽口张开	幼年，5个月
ⅢH55②D:6	左	保留P2-M3	M1、M2中等磨蚀，M3轻微磨蚀	青年个体
ⅢH70①D:3（图版二一七，5）	左+右	保留P2-M3	P2、P3、P4轻微磨蚀，M1中等磨蚀，M2、M3轻微磨蚀	青年个体
ⅢH70②D:5（图版二一七，6）	左+右	保留dp3-M2	M1轻微磨蚀，M2露出齿槽一半	幼年，7个月
ⅢH77D:42	右	保留P2-M2	M1磨蚀严重，嚼面全为齿质，M2磨蚀中等	中年个体
ⅢF3D:1	右	保留P4-M1	M1中等磨蚀	青年个体
ⅢF27D:17	左	保留M1-M3	M3露出齿槽一半	青年个体，12个月
ⅢF35D:9	右	保留P4-M3	M3轻微磨蚀	青年个体
ⅢF46D:5（图版二一七，7）	左	保留P4-M2	M1磨蚀严重，嚼面全为齿质，M2磨蚀中等	中年个体
ⅢF62D:16	左	保留M2-M3	M2、M3轻微磨蚀	青年个体
ⅢF62D:17	右	保留M2-M3	M3轻微磨蚀	青年个体
ⅢF62D:18	右	保留P2-M3	M3轻微磨蚀	青年个体
ⅢG2⑦D:6	左	保留P4-M3	M3轻微磨蚀	青年个体

[1] 胡松梅：《动物遗存分析》，《华县泉护村——1997年考古发掘报告》，文物出版社，2014年。
[2] 李有恒等：《陕西西安半坡新石器时代遗址中之兽类骨骼》，《古脊椎动物与古人类》1959年第4期。

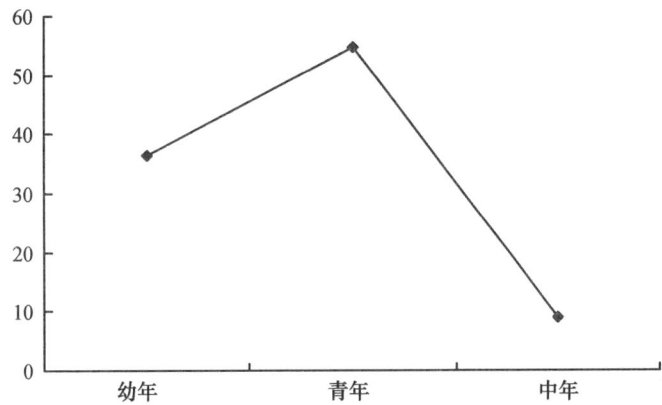

图一三一六　鱼化寨遗址獐个体年龄百分比分布图（据左下颌骨）

个体。獐年龄的判断参考黄麂颊齿的生长序列与月令的关系[1]。从表中可看出：11个左下颌个体中，有幼年个体4个，占总数的36.36%；青年个体6个，占总数的54.55%；中年个体1个，占总数的9.09%（图一三一六）。没有老年个体，青年个体占绝大部分，和华县泉护村遗址[2]及高陵东营遗址[3]中獐的年龄结构相同，这说明獐不属于自然死亡（年幼和年老的个体占绝大部分），应为人类为了获取肉食狩猎造成的灾害性死亡。

标本ⅢH77D：57为基本完整的荐椎1件（图版二一七，4），腹侧面最大长GL为80.97mm，最大宽GB为62.67mm。

标本ⅢH70①D：3为一基本完整的右肩胛骨1件（图版二一八，1）。肩胛窝为圆形，喙突呈扁长条形且在前部向内弯。肩胛冈的高HS为114.23mm，肩颈最小长SLC为14.19mm，肩胛结最大长GLP为24.3mm，肩臼长LG为18.66mm。

标本ⅢH70①D：3为一基本完整的右肱骨1件（图版二一八，2）。近端骨骺未愈合，肱骨头呈舌状向后翻，大结节很大，斜向内倾斜，大结节嵴明显。外侧上髁内凹且明显小于内侧上髁，内侧上髁略向外突出，滑车嵴明显且平行滑车内外侧缘。肱骨骨干最小宽SD为10.45mm，远端最大宽Bd为26.38mm。

标本ⅢH55①D：15和ⅢH55②D：11（图版二一八，3）分别为完整的左右桡骨各1件，远端骨骺均正在愈合中。桡骨骨干中间部分扁，远近端向后弯，远端前面有明显的呈平行的两条嵴，内侧嵴比外侧嵴长。测量数据见下表（表三四四）

标本ⅢH55②D：17为一完整的右掌骨1件（图版二一八，4）。掌骨近端关节面扁，为半圆形，背面炮骨愈合缝浅呈线状，掌面凹槽明显，为浅的"U"型谷。最大长GL为134mm，近端最大宽Bp为19.47mm，骨干最小宽SD为11.09mm，远端最大宽Bd为19.87mm。

标本ⅢH55①D：28为一缺失大转子的左股骨1件（图版二一九，2），股骨头圆且向大转子方向延伸。远端的外髁向外突出明显且大于内髁，内嵴比外嵴高而大，腘窝位于外髁的上侧。标本

---

[1] 盛和林等：《年龄鉴定方法》，《哺乳动物野外研究方法》，中国林业出版社，1992年。

[2] 胡松梅：《动物遗存分析》，《华县泉护村——1997年考古发掘报告》，文物出版社，2014年。

[3] 胡松梅：《高陵东营遗址动物遗存分析》，《高陵东营——新石器时代遗址发掘报告》，科学出版社，2010年，147～200页。

ⅢH55①D：28为一缺失大转子、外嵴的右股骨1件。测量数据见下表（表三四五）。

表三四四　獐桡骨测量数据　　　　　　　　　　　　　　　　（单位：mm）

标本　项目	ⅢH55①D：15	ⅢH55②D：11
最大长（GL）	136.62	11.4
近端最大宽（Bp）	22.98	18
近端关节面宽（BFp）		18
骨干最小宽（SD）		10.5
远端最大宽（Bd）	21.68	18.5

表三四五　獐股骨测量数据　　　　　　　　　　　　　　　　（单位：mm）

标本　项目	ⅢG2⑤D：5	ⅢH55①D：28
从股骨头到远端滑车的最大长（HLC）	180.05	172.8
股骨头厚（DC）	18.16	17.78
骨干最小宽（SD）	13.97	13.96
远端最大宽（Bd）	36.37	

标本ⅢH55②D：22为基本完整的右胫骨1件，近端骨骺正在愈合中。最大长GL为208.44mm，骨干最小宽SD为14.19mm，远端最大宽Bd为25.36mm。

标本ⅢH55②D：29和ⅢH55②：36（图版二一九，6）为完整的左右跟骨各1件。测量数据下表（表三四六）。

表三四六　獐跟骨测量数据表　　　　　　　　　　　　　　　（单位：mm）

标本　项目	左	右
	ⅢH55②D：29	ⅢH55②D：36
最大长（GL）	57.92	57.38
最大宽（GB）	18.61	19.86

标本ⅢH55②D：28为一完整的右距骨（图版二一八，7），测量数据见表三四七。

表三四七　獐距骨测量数据表　　　　　　　　　　　　　　　（单位：mm）

标本　项目	左			右	
	ⅢH55②D：27	ⅢH55③D：38	ⅢH70①D：3	ⅢH55②D：28	ⅢH70①D：3
外半部最大长（GLl）	27.36	28.5	26.74	27.84	26.54
内半部最大长（GLm）	25.42	26.39	24.22	25.4	24.2
外半部最大厚（Dl）	16.04	16.3	14.64	15.6	14.6
内半部最大厚（DM）	15.74	15.78	14.9	15.9	14.75
远端最大宽（Bd）	17.85	18.16	16.86	18.23	16.64

标本ⅢH55②D：31为完整左中央跗骨1件（图版二一八，8），呈不正四边形。最大宽GB为22.67mm。

标本ⅢH55②D：25-26为完整的左右跖骨各1件（图版二一八，6），跖骨近端关节面为大半圆形，背面炮骨愈合缝深，呈一窄的凹槽且偏向外侧，掌面凹槽明显，为浅的"U"型谷，但短于掌骨的凹槽。测量数据见表三四八。

獐栖息于江岸湖边的灌丛中，以青草为食，现多分布在长江下游的沼泽地带，在关中地区几乎绝迹，说明古时候的气候和生态环境与现在相比，发生了明显的变化。据说獐的肉很好吃，泉护村、半坡新石器时代的人把它作为主要的猎捕对象。

表三四八　獐跖骨测量数据　　　　　　　　　　　　　　　　（单位：mm）

标本 项目	ⅢH55②D：25	ⅢH55②D：26
最大长（GL）	148.64	146.73
近端最大宽（Bp）	20.05	19.85
远端最大宽（Bd）	23.28	23.41
骨干最小宽（SD）	11.6	11.84

大量獐骨的存在一方面说明遗址周围有沼泽地带，有高大的草丛；另一方面也说明当时的气候比现在湿润和温暖一些。

梅花鹿 *Cervus nippon*

材料　属于同一个体的残骨架1具：包括枢椎1件（ⅢH55②D：35）；残左肩胛骨2件（ⅢH55②D：36-37）；完整的左肱骨1件（ⅢH55②D：38）；左右尺骨各1件（ⅢH55②D：39-40）；完整的左桡骨1件（ⅢH55②D：41）；完整的左右掌骨各1件（ⅢH55②D：42-43）；残左髂骨1件（ⅢH55②D：44）；残右盆骨1件（ⅢH55②D：45）；完整的左股骨1件（ⅢH55②D：46）；左右髌骨各1件（ⅢH55②D：47-48）；完整的左右胫骨各1件（ⅢH55②D：49-50）；基本完整的右跖骨1件（ⅢH55②D：51）；第Ⅰ指（趾）骨1件（ⅢH55②D：52）。

属于同一个体（ⅢH55③D：51）的残骨架1具，包括带有M1-M2的左下颌骨1件、带有dp2-M2的完整右下颌骨1件、残寰椎1件、左肱骨近端关节面1件、右尺骨近端1件、左桡骨完整1件、残左掌骨骨干1件、残左右髂骨各1件、左股骨近端关节面1件、左胫骨近端关节面1件。

鹿角残段32件（ⅢG1②D：1-2、ⅢG1⑦D：3、ⅢG2②D：1、ⅢG2③D：4、ⅢG2④D：4、ⅢG2⑤D：9-10、ⅢG2⑥D：3、TG1H111D：8、TG5H234D：1-2、ⅢF62D：41、ⅢH41D：4、ⅢH48D：3、ⅢH55③D：50、ⅢH86D：10-11、ⅢH109D：36、ⅢH174D：1-7、ⅢH178D：5-6、ⅢF27D：23、ⅢT0719⑨D：1、ⅡG1①D：3、ⅢH63D：4）；带残分枝的左角干2件（ⅢG2③D：3、ⅢF49D：1）；角尖3件（ⅡG1①D：5、ⅢG2③D：6、ⅡG1①D：4）；带分叉的鹿角顶部2件（ⅢT0519③D：1、ⅢG2⑤D：19）；带角盘、角干及残眉枝的左角基部9件（ⅢG2⑥D：2、ⅢG2⑦D：7、ⅢH86D：8-9、ⅢH222D：3、ⅢG2⑥D：4、ⅢT0311⑨D：1、ⅢH177D：1-2）；带角盘、角干及残眉枝的右角基部8件（ⅢG2④D：3、ⅢG2⑤D：7、ⅢG2⑤D：8、ⅢH55③D：49、ⅢH152D：4、ⅢH190D：2、ⅢT0615⑤D：1、ⅢH198D：1）；带残分支的角干1件（ⅢH180D：5）；带角柄、角盘及残角干的左额骨

2件（ⅢH86D：6、ⅢT0909⑦D：1）；带角柄的左额骨1件（ⅢH253D：2）；带残角柄的右额骨1件（ⅢH86D：7）；带部分分枝的主干1件（ⅢH190D：3）；基本完整头骨1件（TG3H124D：1）；残头骨1件（ⅢG2③D：2）；左残上颌骨2件（ⅢF34D：3、ⅢH84D：12）；左残下颌骨1件（ⅢH229D：2）；右残下颌骨1件（ⅢH97D：9）；残寰椎3件（ⅢG2⑤D：11、ⅡF2D：11、ⅢH84D：13）；荐椎3件（ⅢG2⑤D：16、ⅢH77D：57、ⅢH89D：9）；左残肩胛骨7件（ⅢG2⑤D：12、ⅢG2⑦D：8、TG1H111D：9、ⅢH55①D：34-35、ⅢH58D：8、ⅢH75D：4）；右残肩胛骨3件（ⅢF46D：6、ⅢH86D：12、ⅢF27D：24）；残肩胛骨1件（ⅢF27D：25）；完整左肱骨1件（ⅢH55④D：1）；左肱骨近端关节面1件（ⅢH70①D：4）；左肱骨远端2件（ⅢF62D：42、ⅡH15D：4）；右肱骨1件（ⅢH55④D：2）；右肱骨远端3件（TG5H234D：3、ⅢF62D：43、ⅢH59D：4）；左桡骨近端1件（ⅢH152D：5）；右桡骨1件（ⅢH55④D：3）；右桡骨远端1件（ⅢH77D：54）；左掌骨近端1件（ⅢG1③D：1）；左残盆骨4件（ⅢF25D：4、ⅢH59D：5、ⅢH55④D：4、ⅢH84D：14）；右残盆骨8件（ⅢG2①D：4、ⅢG2④D：5、ⅢF15D：27、ⅢF25D：5、ⅢH97D：10-11、ⅢH55④D：5、ⅢH84D：15）；残骼骨1件（ⅢH70①D：5）；左髌骨1件（ⅢH77D：55）；右髌骨1件（ⅢH70①D：6）；左股骨头2件（ⅢG1⑦D：4、ⅢH178D：7）；左股骨骨干1件（ⅢH55④D：6）；左股骨远端2件（ⅢG2③D：5、ⅢF49D：2）；右股骨骨干3件（ⅢF62D：44、ⅢH180D：6、ⅢH55④D：7）；右股骨远端4件（ⅢG1⑦D：5、ⅢG2⑤D：13、ⅢF49D：3、ⅢZ5D：9）；左胫骨1件（ⅢH55①D：36）；左胫骨近端4件（ⅢG2⑤D：14、ⅢH109D：37、ⅢH55④D：8、ⅢF27D：26）；左胫骨骨干残段1件（ⅡH12D：1）；左胫骨远端1件（ⅢG2①D：5）；右胫骨近端3件（ⅢG2①D：6、ⅢG2⑤D：15、ⅢH77D：56）；左跟骨1件（ⅢH84D：16）；右跟骨4件（ⅢF25D：6、ⅢF62D：45、ⅢH59D：6、ⅢH84D：17）；左距骨1件（ⅢF27D：27）；右距骨2件（ⅢF41D：2、ⅢF27D：28）；完整的右跖骨1件（ⅢH55①D：37）；右跖骨近端1件（ⅢH55④D：9）；左侧第Ⅰ指（趾）骨1件（ⅢH88D：4）、左右侧第Ⅱ指（趾）骨5件（ⅢG1⑦D：6、ⅢH70①D：7-8、ⅢH88D：5、ⅢH84D：18）；第Ⅲ指（趾）骨1件（ⅢH55①D：38）。共计180件标本，最小个体数为13个。各期的最小个体数统计见表三四九。

表三四九 不同时期梅花鹿最小个体数统计表

时代	北首岭期	半坡期	史家期	半坡晚期
最小个体数	1	4	5	3
判断依据	左下颌及右肩胛骨各为1	残右盆骨4	残右盆骨3；骨架2具	1件头骨及大小不等的左右额骨

描述与讨论

标本TG3H124D：1为残头骨1件（图版二一九，1），保存额骨、顶骨和枕骨。额骨上的鹿角是被人为砍掉的，有明显的砍砸痕迹。骨缝明显，呈锯齿形，冠状缝呈人字形，人字缝呈向前的弧形。骨壁较厚。

标本ⅢH55③D：49为带有第1残分枝、角盘、少部分角柄的左角1件（图版二一九，7）。角环的前上方不远处分出眉枝，眉枝与主枝分叉处外侧较凹，内侧较平，与主枝之间的夹角约100°。眉枝基部扁，尖部缺失，保存长度158.32mm。

表三五〇　梅花鹿鹿角测量数据表

（单位：mm）

项目＼标本		右				左					
		ⅢH55③D：49	ⅢG2④D：3	ⅢG2⑤D：7	H190D：2	ⅢH86D：6	ⅢH86D：8	ⅢH86D：9	H222D：3	ⅢG2⑥D：2	ⅢG2⑦D：7
角柄长（头骨-角环长）						35.75					
角环到眉枝分叉长		80.11	86.68	66.24	74.21		69.58	68.06	69.26	75.22	85.31
角环	前后径长		65.08	47.91	47.52	50.13	46.01	46.57		53.87	56.61
	内外径长		62.77	47.18	51.68	43.87		44.27		53.86	52.35
角柄	前后径长					34.37					
	内外径长					32.71					
第一分枝	前后径长	42.07			28.52				26.7		
	内外径长	23.89			22.41				20.2	21.66	28.38

标本ⅢH86D：6为带角柄、角盘及残角干的左额骨1件。其他保存较好的鹿角标本均为自然脱落，测量数据均见表三五〇。

标本ⅢH55③D：51为保留dp2-M2的右下颌1件（图版二一九，3），I1正在萌出，M3齿槽孔已张开。齿冠低，臼齿长方形，向内向前倾斜，M1齿柱明显。前乳臼齿磨蚀深，臼齿磨蚀轻微，为1.5岁左右的幼年个体。dp2-dp4长42.02mm，M1-M2长38.83mm。

标本ⅢH229D：2为保留P3-M1的左下颌前半段1件（图版二一九，5），M1后缺失。M1长方形，向内向前倾斜，齿柱明显，磨蚀中等，为一青年个体。所有牙齿鹿皱明显。测量数据如表三五一。

标本ⅢH97D：9为保留M1-M3的右下颌后半段1件（图版二一九，4），M1前断失。臼齿长方形，M1齿柱明显。牙齿鹿皱M1明显，M2次之，M3表面光滑。M2和M3前叶的前外侧均有一明显的齿柱，这在以前的梅花鹿中很少见到。仅M1-M3的下原点保留原始状况，其余各点均被破坏，从下原点看，M1、M2中等磨蚀，M3轻微磨蚀，为青年个体，测量数据见下表三五二。

从上述3件下颌骨标本均为青幼年个体分析，梅花鹿不属于自然死亡（年幼和年老的个体占绝大部分），应为人类为了获取肉食狩猎造成的灾害性死亡。

表三五一　梅花鹿下颌骨测量数据　　　　　　　　　　　（单位：mm）

项目 标本		P3-M1长	P3-P4长	M1-M3长	P2前		M1前		M3	
					高	厚	高	厚	长	宽
左	ⅢH299D：2	43.44	27.41		23.67	10.28	26.25	11.34		
右	ⅢH97D：9			62.70					24.73	10.97

表三五二　鱼化寨遗址梅花鹿下颌骨牙齿萌发及磨蚀情况

标本编号	标本保存情况	牙齿萌发、脱落及磨蚀情况	个体年龄估计
ⅢH299D：2	保留P3-M1	M1中等磨蚀，为青年个体	2.5～3岁
ⅢH55③D：51	保留dp2-M2	M1轻微磨蚀，M2几乎未磨蚀，为幼年个体	1.5岁
ⅢH97D：9	保留M1-M3	M1、M2中等磨蚀，M3轻微磨蚀，为青年个体	2.5～3岁

标本ⅢG2⑤D：12为一缺失部分背侧弓、和部分寰椎翼的寰椎1件（图版二二〇，1）。整体形状呈蝶状，两翼呈弧形，前椎孔呈椭圆形，横孔从腹侧看为一圆形孔，从背侧看为两个相连的圆孔。测量数据如下。

　　　　　前关节面最大宽 BFcr　　　　　53.18mm
　　　　　后关节面最大宽 BFcd　　　　　49.97mm
　　　　　背侧弓与腹侧弓之间的距离 H　　35.75mm

标本ⅢH55②D：35为缺失部分棘突的枢椎1件（图版二一八，5）。椎体的两侧有小而圆的横孔，在横孔前约2厘米处两侧各有一较大而圆的圆孔。横突正前方左右两侧各有一扁长的椭圆形孔。齿突呈半圆形向背侧倾斜，前关节突呈弧形。椎体最大长LCDe为82.5mm，后关节面最大宽BFcd为26.59mm。

标本ⅢH86D：12为一缺失近端部分的右肩胛骨1件（图版二二〇，2），远端保存完好。肩胛窝为圆形，喙突呈扁长条形且在前部向内弯，保存的肩胛冈部分平直且偏向颈侧缘，颈侧缘薄而弯曲度大，胸侧缘厚弯曲度小。肩胛结最大长GLP为46.82mm，肩臼长LG为34.85mm，肩臼宽BG为

32.19mm。

标本ⅢH55②D：38为缺失大小结节的左肱骨1件（图版二二〇，3），肱骨头呈舌状向后翻，外侧上髁内凹且明显小于内侧上髁，内侧上髁略向外突出，滑车嵴明且平行滑车内外侧缘。外侧上髁嵴明显。肱骨头顶端到内侧髁的最远端长GLC为188.82mm，近端最大宽Bp为47.77mm，骨干最小宽SD为19.31mm，远端最大宽Bd为43.85mm。

标本ⅢH55②D：39为左尺骨近端1件（图版二二〇，4），保留长度112.59mm。喙突多褶皱且比羊的窄，冠状突的关节面明显窄于羊。鹰嘴长LO为56.24mm，跨过沟突厚DPA为40.13mm，鹰嘴厚SDO为34.37mm，近端关节面的最大宽BPC为21.85mm。

标本ⅢH55②D：41为完整左桡骨1件（图版二二〇，5）。骨体前后扁，向前微弓，远端前面有明显的呈平行的两条嵴，以区别于羊类。内侧嵴比外侧嵴长。最大长GL为213.22mm，近端最大宽Bp为44.98mm，骨干最小宽SD为24.37mm，远端最大宽Bd为38.21mm。

标本ⅢH55②D：42为一完整的左掌骨1件（图版二二〇，6），近端关节面扁，为半圆形，背面炮骨愈合缝浅呈线状，掌面凹槽明显，为深的"U"型谷。最大长GL为211.99mm，近端最大宽Bp为32.52mm，骨干最小宽SD为19.1mm，远端最大宽Bd为31.17mm。

标本ⅢH55②D：45为缺失髂骨的右盆骨1件（图版二二一，3），髋臼窝外缘呈波浪状，坐骨髋臼窝关节末端引长。

标本ⅢH55②D：46为缺失部分股骨头基本完整的左股骨1件（图版二二一，1），股骨头圆且向大转子方向延伸，大转子略高于股骨头。远端的外髁向外突出明显且大于内髁，内嵴比外嵴高而大。腘窝位于外髁的上侧。最大长GL为258.79mm，从股骨头到远端滑车的最大长HLC为252.39mm，近端最大宽Bp为63.72mm，骨干最小宽SD为23.81mm，远端最大宽Bd为58.61mm。

标本ⅢH55②D：49为基本完整的左胫骨1件（图版二二一，2），近端骨骺正在愈合中。最大长GL为300.41mm，骨干最小宽SD为25.4mm，远端最大宽Bd为39.33mm。

标本ⅢH84D：16为完整左跟骨1件（图版二二〇，7），最大长GL为97.81mm，最大宽GB为30.23mm。

标本ⅢF27D：27为完整右距骨1件（图版二二〇，8），外半部最大长GLl为44.38mm，内半部最大长GL为40.92mm，外半部最大厚Dl为24.37mm，内半部最大厚DM为23.49mm，远端最大宽Bd为28.03mm。

标本ⅢH55②D：51为完整左跖骨1件（图版二二一，4），跖骨近端关节面为大半圆形，背面炮骨愈合缝深，呈一窄的凹槽且偏向外侧，掌面凹槽明显，为浅的"V"型谷，但短于掌骨的凹槽。最大长GL为233.13mm，近端最大宽Bp为29.89mm，骨干最小宽SD为19.47mm，远端最大宽Bd为30.1mm。

梅花鹿体型较大，又集群生活，易被发现，自古就是人类主要要的狩猎对象。梅花鹿现在此地消失，这主要和人类的过渡猎获以及长期大规模地砍伐森林、拓垦土地，使梅花鹿的生境遭到毁灭性的破坏，这是导致野生梅花鹿在我国濒于绝灭的最根本的原因。

马鹿 *Cervus elaphus*

材料 仅有右距骨远端1件（ⅢT0816⑪D：23），该编号为骨器编号，已被加工成骨铲（见图），长78mm，宽35 mm。属北首岭期。

三、各遗迹单位动物骨骼保存分布情况

1. 半坡类型北首岭期

ⅢF46

褐家鼠：基本完整的左股骨2件（ⅢF46D：1-2）。

家猪：带有dp4-M2的残右上颌骨1件（ⅢF46D：3）；右侧第Ⅱ跖骨1件（ⅢF46D：4）。

獐：带有P4-M2的残左下颌骨1件（ⅢF46D：5）。

梅花鹿：残右肩胛骨1件（ⅢF46D：6）。

ⅢF49

梅花鹿：带残分枝的左角干1件（ⅢF49D：1）；左右股骨远端各1件（ⅢF49D：2-3）。

ⅢF69

家猪：带有M2-M3的残右下颌骨1件（ⅢF69D：1）。

ⅢF76

家猪：带有M1-M3的残左下颌骨1件（ⅢF76D：1）。

ⅢH148

家猪：带有M2-M3的右下颌骨1件（ⅢH148D：1）。

ⅢH166

骨器：残骨器1件（鹿跖骨）。

家猪：带有M3残右下颌骨1件（ⅢH166D：1）；右下颌角1件（ⅢH166D：2）；残左肩胛骨1件（ⅢH166D：3）；左肱骨远端1件（ⅢH166D：4）；右肱骨远端骨干1件（ⅢH166D：5）；残左盆骨1件（ⅢH166D：6）；右胫骨远端1件（ⅢH166D：7）；右距骨1件（ⅢH166D：8）。

獐：右跟骨1件（ⅢH166D：9）。

ⅢH177

梅花鹿：自然脱落的左角基部2件（ⅢH177D：1-2）。

ⅢH198

梅花鹿：自然脱落的右角基部1件（ⅢH198D：1）。

ⅢH201

家猪：左下残犬齿1枚（ⅢH201D：1）。

ⅢH229

家猪：残左肩胛骨1件（ⅢH229D：1）。

梅花鹿：带有P2-M1残左下颌骨1件（ⅢH229D：2）。

ⅢH253

家猪：带有M1-M3左上颌骨1件（ⅢH253D：1）。

梅花鹿：带角柄的左额骨1件（ⅢH253D：2）。

ⅢT0311⑨

梅花鹿：自然脱落的左角基部1件（ⅢT0311⑨D：1）。

ⅢT0713⑨

梅花鹿：鹿角残碎段（ⅢT0719⑨D：1）。

2. 半坡类型半坡期

ⅡF2

蚌：残片1件（ⅡF2D：1）。

中华竹鼠：右上门齿1枚（ⅡF2D：2）。

家猪：残右下颌骨1件（ⅡF2D：3）；右下颌角1件（ⅡF2D：4）；下颌游离门齿3枚（ⅡF2D：5-7）。

獐：左右肩胛骨各1件（ⅡF2D：8-9）；左髋骨1件（ⅡF2D：10）。

梅花鹿：残寰椎1件（ⅡF2D：11）。

ⅢF15

蚌：残片13件（ⅢF15D：1-13）。

家猪：带有P3-P4的残右上颌骨1件（ⅢF15D：14）；寰椎1件（ⅢF15D：15）；右肱骨远端骨干1件（ⅢF15D：16）；右跗骨1件（ⅢF15D：17）；右跟骨1件（ⅢF15D：18）；右距1件（ⅢF15D：19）；左第Ⅱ跖骨1件（ⅢF15D：20）；第Ⅰ指（趾）骨1件（ⅢF15D：21）；第Ⅱ指（趾）骨2件（ⅢF15D：22-23）。

獐：残下臼齿1枚（ⅢF15D：24）；第Ⅰ指（趾）骨2件（ⅢF15D：25-26）。

梅花鹿：残右盆骨1件（ⅢF15D：27）。

ⅢF25

家猪：带有M1-M3的左下颌骨1件（ⅢF25D：1）；残右盆骨1件（ⅢF25D：2）。

獐：残右上犬齿1件（ⅢF25D：3）。

梅花鹿：残左右盆骨各1件（ⅢF25D：4-5）；右跟骨1件（ⅢF25D：6）。

ⅢF27

草兔：左胫骨远端1件（ⅢF27D：1）。

貉：残左盆骨1件（ⅢF27D：2）。

家猪：带有P3-M3的左上颌骨1件（ⅢF27D：3）；带有dp3-M2的左上颌骨1件（ⅢF27D：4）；带有M1的残左上颌骨1件（ⅢF27D：6）；带有dp4的残右下颌骨1件（ⅢF27D：5），在舌侧下颌角和M1处的舌侧缘有大量平行而短啮齿类咬痕；带有M3的残右下颌骨1件（ⅢF27D：7）；残左右下颌骨各1件（ⅢF27D：8-9）；左肱骨近端1件（ⅢF27D：10）；右肱骨远端1件（ⅢF27D：11）；右尺骨1件（ⅢF27D：12）；左桡骨近端1件（ⅢF27D：13）；带有咬痕的残左盆骨1件（ⅢF27D：14）；残左髂骨1件（ⅢF27D：15）；残左股骨骨干1件（ⅢF27D：16）。

獐：带有M1-M3的残左下颌骨1件（ⅢF27D：17）；左肱骨近端1件（ⅢF27D：18）；残左髂骨1件（ⅢF27D：19）；左股骨远端1件（ⅢF27D：20）；左跟骨1件（ⅢF27D：21）；右距骨1件（ⅢF27D：22）。

梅花鹿：残角1件（ⅢF27D：23）；右肩胛骨1件（ⅢF27D：24）；残肩胛骨1件

（ⅢF27D：25）左胫骨近端关节面1件（ⅢF27D：26）；左右距骨各1件（ⅢF27D：27-28）。

ⅢF34

家猪：左桡骨远端骨干1件（ⅢF34D：1）。

獐：残左肩胛骨1件（ⅢF34D：2）。

梅花鹿：带有P3-M2的残左上颌骨1件（ⅢF34D：3）。

ⅢF35

家猪：左右残鼻骨各1件（ⅢF35D：1-2）；带有I1左颌前骨1件（ⅢF35D：3）；左下颌骨1件（ⅢF35D：4）；左肱骨远端1件（ⅢF35D：5）；左桡骨骨干1件（ⅢF35D：6）；右胫骨近端1件（ⅢF35D：7）；右胫骨骨干1件（ⅢF35D：8）。

獐：带有P3-M3的残右下颌骨1件（ⅢF35D：9）；带有M1的残右下颌骨1件（ⅢF35D：10）；残右下颌骨1件（ⅢF35D：11）；左肱骨近端1件（ⅢF35D：12）；左肱骨远端1件（ⅢF35D：13）；右肱骨远端2件（ⅢF35D：14-15）；右桡骨远端1件（ⅢF35D：16）；右胫骨远端1件（ⅢF35D：17）。

ⅢF36

家猪：带有M2-M3的残左上颌骨1件（ⅢF36D：1）；残下颌联合部1件（ⅢF36D：2）；左肱骨骨干1件（ⅢF36D：3）；残右盆骨1件（ⅢF36D：4）；左胫骨骨干1件（ⅢF36D：5）。

獐：右桡骨近端1件（ⅢF36D：6）。

ⅢF41

獐：左肱骨远端1件（ⅢF41D：1）。

梅花鹿：右距骨1件（ⅢF41D：2）。

ⅢF43

家猪：带有M1-M2的残右上颌骨1件（ⅢF43D：1）；带有M2的残左下颌骨1件（ⅢF43D：2）。

ⅢF44

家猪：带有P4-M2的残左下颌骨1件（ⅢF44D：1）。

ⅢF53

家猪：保留左鼻骨、左残额骨的头骨骨片1件（ⅢF53D：1）。

獐：左残盆骨1件（ⅢF53D：2）；左股骨近端1件（ⅢF53D：3）。

ⅢF55

鲤鱼：脊柱骨1件（ⅢF55D：1）。

家猪：左残颞骨颞突1件（ⅢF55D：2）；带有P4-M3的残左上颌骨1件（ⅢF55D：3）；右下颌角1件（ⅢF55D：4）；寰椎1件（ⅢF55D：5）；残左肩胛骨2件（ⅢF55D：6-7）；残右下颌骨1件（ⅢF55D：8）；左尺骨近端1件（ⅢF55D：9）；残右胫骨1件（ⅢF55D：10）。

ⅢF62

鲤鱼：残咽喉齿1件（ⅢF62D：1）。

家猪：带有P4-M1的残左下颌骨1件（ⅢF62D：2）；带有dp2-dp4的残左下颌骨1件（ⅢF62D：3）；带有C、dp3-dp4的残右下颌骨1件（ⅢF62D：4）；左下颌角2件（ⅢF62D：5-6）；

右下犬齿1枚（ⅢF62D∶7）；寰椎1件（ⅢF62D∶8）；残右尺骨1件（ⅢF62D∶9）；左跟骨2件（ⅢF62D∶10-11）；右距骨1件（ⅢF62D∶12）；左右第Ⅳ跖骨各1件（ⅢF62D∶13-14）；残左跖骨远端1件（ⅢF62D∶15）。

獐：带有M2-M3的左右下颌骨各1件（ⅢF62D∶16-17）；带有P2-M3的残右下颌骨1件（ⅢF62D∶18）；左肱骨远端3件（ⅢF62D∶19-21）；右肱骨远端4件（ⅢF62D∶22-25）；左桡骨近端1件（ⅢF62D∶26）；右掌骨远端1件（ⅢF62D∶27）；残左盆骨2件（ⅢF62D∶28-29）；残右盆骨1件（ⅢF62D∶30）；右髂骨1件（ⅢF62D∶31）；左股骨近端2件（ⅢF62D∶32-33）；右股骨近端1件（ⅢF62D∶34）；右股骨远端1件（ⅢF62D∶35）；左胫骨近端关节面1件（ⅢF62D∶36）；右胫骨近端1件（ⅢF62D∶37）；左跟骨1件（ⅢF62D∶39）；左距骨1件（ⅢF62D∶40）；右跖骨骨干1件（ⅢF62D∶38）。

梅花鹿：残角1件（ⅢF62D∶41）；左右肱骨远端各1件（ⅢF62D∶42-43）；右股骨骨干1件（ⅢF62D∶44）；右跟骨1件（ⅢF62D∶45）。

ⅢF64

鲤鱼：咽喉齿1件（ⅢF64D∶1）。

中华竹鼠：左尺骨近端1件（ⅢF64D∶2）。

家猪：残上犬齿1枚（ⅢF64D∶3）；下颌游离门齿2枚（ⅢF64D∶4-5）；右腓骨远端1件（ⅢF64D∶6）；右跟骨1件（ⅢF64D∶7）。

獐：左掌骨远端1件（ⅢF64D∶8）；右胫骨远端关节面1件（ⅢF64D∶9）；第Ⅰ指（趾）骨2件（ⅢF64D∶10-11）；第Ⅱ指（趾）骨1件（ⅢF64D∶12）。

ⅢF81

家猪：带有I1、C、P1-P3残右上颌骨1件（ⅢF81D∶1）。

ⅢZ5

草兔：残右尺骨1件（ⅢZ5D∶1）。

獐：左桡骨骨干1件（ⅢZ5D∶2）；右残髂骨1件（ⅢZ5D∶3）；左坐骨1件（ⅢZ5D∶4）；右髌骨1件（ⅢZ5D∶5）；右距骨近端残骨干1件（ⅢZ5D∶6）；右跗骨1件（ⅢZ5D∶7）；第1指（趾）骨远端1件（ⅢZ5D∶8）。

梅花鹿：右股骨远端骨干1件（ⅢZ5D∶9）。

ⅡH5

家猪：带有M1-M2的残右下颌骨1件（ⅡH5D∶1）。

ⅡH20

中华竹鼠：左下门齿1枚（ⅡH20D∶4）。

猪：右上I2游离齿1枚（ⅡH20D∶5）。

獐：左距骨2件（ⅡH20D∶1-2）；右距骨1件（ⅡH20D∶3）

ⅢH80

家猪：残左下犬齿1枚（ⅢH8D∶1）。

ⅢH81

家猪：下颌游离门齿1枚（ⅢH81D∶1）；残右盆骨1件（ⅢH81D∶2）。

ⅢH88

獐：右股骨骨干1件（ⅢH88D：1）；左右跖骨骨干各1件（ⅢH88D：2-3），以上四肢骨骨骺均脱落。

梅花鹿：第Ⅰ、Ⅱ指（趾）骨各1件（ⅢH88D：4-5）。

ⅢH91

家猪：带有dp4-m2的残左下颌骨1件（ⅢH91D：1）。

ⅢH97

家猪：带有dp4-M2的左上颌骨1件（ⅢH97D：1）；带有Ⅰ1、C、P1的左颌前骨及残上颌骨的头骨1件（ⅢH97D：2）；带有dp2-M2的右上颌骨1件（ⅢH97D：3）；左尺骨近端1件（ⅢH97D：4）；残左髂骨1件（ⅢH97D：5）。

獐：右肱骨远端1件（ⅢH97D：6）；右掌骨远端1件（ⅢH97D：7）；左股骨近端1件（ⅢH97D：8）。

梅花鹿：带有m1-m3的残右下颌骨1件（ⅢH97D：9）；残右盆骨1件（ⅢH97D：10）；残右坐骨1件（ⅢH97D：11）。

ⅢH99

獐：骨骺脱落的右胫骨近端骨干1件（ⅢH99D：1）。

ⅢH107

蚌器：残1件。

蚌：残块2块（ⅢH107D：1-2）。

家猪：带有P4-M2的残左上颌骨1件（ⅢH107D：3）；带有P1-P4的残左上颌骨1件（ⅢH107D：4）；枢椎2件（ⅢH107D：5-6）；右下颌角1件（ⅢH107D：7）；左尺骨近端1件（ⅢH107D：12）；残左髂骨1件（ⅢH107D：8）；有咬痕左股骨骨干1件（ⅢH107D：9）。

獐：残左肩胛骨1件（ⅢH107D：10）；左距骨1件（ⅢH107D：11）。

ⅢH108

家猪：带有M3的残右下颌骨1件（ⅢH108D：1）；左桡骨近端1件（ⅢH108D：2）；左跟骨件（ⅢH108D：3）。

獐：左肱骨远端1件（ⅢH108D：4）。

ⅢH109

圆顶珠蚌：左半边残1件（ⅢH109D：1）。

环颈雉：左股骨骨干1件（ⅢH109D：2）。

中华竹鼠：基本完整的左尺骨1件（ⅢH109D：3）。

猫：被烧过的右尺骨近端1件（ⅢH109D：4）。

草兔：被烧过的残右盆骨1件（ⅢH109D：5）。

獐：残右顶骨1件（ⅢH109D：6）；带有P2-M2的残左上颌骨1件（ⅢH109D：7）；残左下颌骨1件（ⅢH109D：8）；残右下颌骨2件（ⅢH109D：9-10）；左右下颌角各1件（ⅢH109D：11-12）；左右肩胛骨各1件（ⅢH109D：13-14）；残左肩胛骨1件（ⅢH109D：15）；左肱骨远端骨干1件（ⅢH109D：16）；右肱骨远端1件（ⅢH109D：17）；左右桡骨近端各1件（ⅢH109D：18-

19）；左右桡骨远端骨干各1件（ⅢH109D∶20-21）；右桡骨骨干1件（ⅢH109D∶22）；左掌骨远端骨干1件（ⅢH109D∶23）；残右盆骨2件（ⅢH109D∶24-25）；右股骨近远端各1件（ⅢH109D∶26-27）；左胫骨远端1件（ⅢH109D∶28）；右距骨近端1件（ⅢH109D∶29）；第Ⅰ指（趾）骨5件（ⅢH109D∶30-34）；荐椎1件（ⅢH109D∶35），以上骨骼均被烧过。

梅花鹿：残角1件（ⅢH109D∶36）；具有烧痕的左胫骨近端骨干1件（ⅢH109D∶37）。

TG1H111

蚌：残片6件（TG1H111D∶1-6）。

家猪：带有M1-M2的左下颌骨1件（TG1H111D∶7）。

梅花鹿：残角1件（TG1H111D∶8）；残左肩胛骨1件（TG1H111D∶9）。

ⅢH152

蚌：残片1片（ⅢH152D∶1）。

家猪：右尺骨1件（ⅢH152D∶2）；残右盆骨1件（ⅢH152D∶3）。

梅花鹿：自然脱落带角盘、角干及残眉枝的右角基部1件（ⅢH152D∶4）；左桡骨近端1件（ⅢH152D∶5）。

ⅢH173

家猪：右肱骨骨干远端1件（ⅢH173D∶1）。

ⅢH174

梅花鹿：残角7块（ⅢH174D∶1-7）。

ⅢH178

环颈雉：左胫骨远端1件（ⅢH178D∶1）。

家猪：残左盆骨1件（ⅢH178D∶2）。

獐：残左肩胛骨1件（ⅢH178D∶3）；右胫骨远端骨干1件（ⅢH178D∶4）。

梅花鹿：残角2块（ⅢH178D∶5-6）；左股骨头1件（ⅢH178D∶7）。

ⅢH180

家猪：保留残顶骨、枕骨、枕髁及颞骨颧突的残右头骨1件（ⅢH180D∶1），个体很大，应为野猪或种猪；左右颌前骨各1件（ⅢH180D∶2-3）；带有M3的残左下颌骨1件（ⅢH180D∶4）。

梅花鹿：带残分枝的角干1件（ⅢH180D∶5）；右股骨骨干1件（ⅢH180D∶6）。

ⅢH190

家猪：残右下颌骨1件（ⅢH190D∶1）。

梅花鹿：带角盘及残眉枝的右角基部1件（ⅢH190D∶2）；带部分分枝的主干1件（ⅢH190D∶3）。

ⅢH222

家猪：残下颌联合体1件（ⅢH222D∶1）；带有M2-M3右残下颌骨1件（ⅢH222D∶2）。

梅花鹿：自然脱落的带角盘、部分角干及眉枝的左角基部1件（ⅢH222D∶3）。

ⅡT0103④

中华竹鼠：右上门齿1枚（ⅡT0103④D∶1）。

猪：右上I1游离齿1枚（ⅡT0103④D∶2）。

ⅢT0613④

中华竹鼠：左上门齿1枚（ⅡT0613④D：1）。

ⅢT0413⑤

猪：右下i1游离齿1枚（ⅢT0413⑤D：1）。

ⅢT0511⑤

獐：左胫骨远端1件（ⅢT0511⑤D：1）。

ⅢT0615⑤

梅花鹿：自然脱落的右角基部1件（ⅢT0615⑤D：1）。

ⅢT0713⑤

猪：左下残C游离齿1枚（ⅢT0713⑤D：1）。

ⅢT0613⑥

猪：左、右i1游离齿各1枚（ⅡT0613⑥D：1-2）。

ⅢT0714⑥

獐：左上犬齿1枚（ⅡT714⑥D：1）。

ⅢT1012⑦

獐：左上犬齿1枚（ⅢT1012⑦D：1）；右上犬齿1枚（ⅢT1012⑦D：2）。

ⅢT0909⑦

梅花鹿：带左角基部的左额骨的1件（ⅢT0909⑦D：1）。

ⅢT1014⑧

环颈雉：右肩胛骨1件（T1014⑧D：1）。

3. 半坡类型史家期

ⅢG1①

家猪：带有P2-M3的左上颌骨1件（ⅢG1①D：1）。

ⅡG1①（T0203、T0204、T0205）

家猪：上残C游离齿1枚（ⅡG1①D：1）；左下C游离齿1枚（ⅡG1①D：2）；右i2游离齿1枚（ⅡG1①D：6）。

梅花鹿：鹿角残段（ⅡG1①D：3）；角尖2件（ⅡG1①D：4-5）。

ⅢG1②

梅花鹿：残角2件（ⅢG1②D：1-2）。

ⅢG1③

家猪：右i2游离齿1枚（ⅢG1③D：2）。

梅花鹿：骨铲1件（ⅢG1③D：1），系用梅花鹿的左掌骨近端加工而成。

ⅡG1⑤

家猪：左下i1游离齿1枚（ⅡG1⑤D：1）

ⅢG1⑦

獐：左肱骨远端1件（ⅢG1⑦D：1）；左桡骨远端1件（ⅢG1⑦D：2）。

梅花鹿：残角1块（ⅢG1⑦D：3）；左股骨头1件（ⅢG1⑦D：4）；右股骨远端1件（ⅢG1⑦D：5）；第Ⅱ指（趾）骨1件（ⅢG1⑦D：6）。

ⅢG1⑨

褐家鼠：右下门齿1枚（ⅢG1⑨D：1）。

中华竹鼠：左下门齿1枚（ⅢG1⑨D：2）。

獐：左上犬齿1枚（ⅢG1⑨D：3）。

ⅢG2①

家猪：带有M1-M3的残左下颌骨1件（ⅢG2①D：1）；右下颌角1件（ⅢG2①D：2）。

獐：左胫骨远端骨干1件（ⅢG2①D：3）。

梅花鹿：残右盆骨1件（ⅢG2①D：4）；左胫骨远端1件（ⅢG2①D：5）；右胫骨近端1件（ⅢG2①D：6）。

ⅢG2②

梅花鹿：残角1件（ⅢG2②D：1）。

ⅢG2③

家猪：下颌联合部1件（ⅢG2③D：1）。

梅花鹿：残头骨1件（ⅢG2③D：2）；带残分枝的角干1件（ⅢG2③D：3）；残角1块（ⅢG2③D：4）；左股骨远端1件（ⅢG2③D：5）；角尖1件（ⅢG2③D：6）。

ⅢG2④

家猪：左尺骨残骨干1件（ⅢG2④D：1）；右i2游离齿1枚（ⅢG2④D：6）。

獐：右上残犬齿1枚（ⅢG2④D：7）；残右肩胛骨1件（ⅢG2④D：2）。

梅花鹿：带角盘、角干及残眉枝的右角基部1件（ⅢG2④D：3）；残角1块（ⅢG2④D：4）；残右盆骨1件（ⅢG2④D：5）。

ⅢG2⑤

家猪：左颞骨颧突1件（ⅢG2⑤D：1）；左肱骨远端1件（ⅢG2⑤D：2）；右肱骨远端骨干1件（ⅢG2⑤D：3）；左下C游离齿1枚（ⅢG2⑤D：18）。

獐：右肱骨远端1件（ⅢG2⑤D：4）；基本完整的左股骨1件（ⅢG2⑤D：5）；左胫骨远端1件（ⅢG2⑤D：6）。

梅花鹿：有砍痕的带角盘、角干及残眉枝的右角基部1件（ⅢG2⑤D：7），先是眉枝的一圈被砍，剩中间部分时再被折断；残角柄、残角盘及残眉枝的右角基部1件（ⅢG2⑤D：8）；残角2段（ⅢG2⑤D：9-10）；左右角柄有锯痕的残头骨1件（ⅢG2⑤D：11）；带分叉的鹿角顶部1件（ⅢG2⑤D：19）；残寰椎1件（ⅢG2⑤D：12）；残左肩胛骨1件（ⅢG2⑤D：13）；右股骨远端1件（ⅢG2⑤D：14）；左右胫骨近端各1件（ⅢG2⑤D：15-16）；残荐椎1件（ⅢG2⑤D：17）。

ⅢG2⑥

家猪：右肱骨远端骨干1件（ⅢG2⑥D：1）。

梅花鹿：带角盘、角干及残眉枝的左角基部1件（ⅢG2⑥D：2）；残角1件（ⅢG2⑥D：3）；自然脱落的左角基部1件（ⅢG2⑥D：4）。

ⅢG2⑦

家猪：带有M2-M3的残右下颌骨1件（ⅢG2⑦D∶1）；下颌角2件（ⅢG2⑦D∶2-3）；下颌游离门齿1枚（ⅢG2⑦D∶4）；残右盆骨1件（ⅢG2⑦D∶5）。

獐：带有P3-M3的残左下颌骨1件（ⅢG2⑦D∶6）。

梅花鹿：带角盘、角干及残眉枝的左角基部1件（ⅢG2⑦D∶7）；左肩胛骨1件（ⅢG2⑦D∶8）。

ⅢF3

獐：带有P3-M1的右下颌骨1件（ⅢF3D∶1）。

ⅢF92

家猪：保留右残额、顶骨的头骨骨片1件（ⅢF92D∶1）；左颧骨颧突1件（ⅢF92D∶2）；左残额骨1件（ⅢF92D∶3）；左残上颌骨2件（ⅢF92D∶4-5）；带有dp3-dp4右残上颌骨1件（ⅢF92D∶6）。

ⅢZ9

草兔：残右肩胛骨1件（ⅢZ9D∶1）。

狐狸：寰椎1件（ⅢZ9D∶2）。

ⅡH7

中华竹鼠：左上门齿1枚（ⅡH7D∶1）。

貉：残头骨1件（ⅡH7D∶2）。

家猪：带有M3的残左下颌骨1件（ⅡH7D∶3）。

ⅡH15

草兔：右肱骨近端骨干1件（ⅡH15D∶1）。

家猪：左上M3游离齿1枚（ⅡH15D∶2）。

獐：带有P2-P4的残右下颌骨1件（ⅡH15D∶3）。

梅花鹿：左肱骨远端1件（ⅡH15D∶4）。

ⅡH21

猪：右下犬齿1枚（ⅡH21D∶1）。

ⅡH33

獐：左上犬齿1枚（ⅡH33D∶1）。

ⅢH48

黄鼬：属同一个体（ⅢH48D∶1）的带有左下颌骨的头骨1件。

家猪：带有P4-M2的残右上颌骨1件（ⅢH48D∶2）。

梅花鹿：残角1块（ⅢH48D∶3）。

ⅢH51

中华竹鼠：残左下门齿1枚（ⅢH51D∶1）。

家猪：带有M1-M2的残左下颌骨1件（ⅢH51D∶2）；下颌游离门齿1枚（ⅢH51D∶3）；残右尺骨1件（ⅢH51D∶4）；残右胫骨骨干1件（ⅢH51D∶5）；残右跟骨1件（ⅢH51D∶6）。

獐：右跖骨远端1件（ⅢH51D∶7）。

ⅢH55①

家猪：右额骨1件（ⅢH55①D：1）。

獐：带左右枕髁的枕骨1件（ⅢH55①D：3）；带有dp3-dp4的左下颌骨1件（ⅢH55①D：4）；带有dp4-M1的左下颌骨1件（ⅢH55①D：5）；残左右肩胛骨各2件（ⅢH55①D：6-9）；左肱骨3件（ⅢH55①D：2、ⅢH55①D：10-11）；右肱骨2件（ⅢH55①D：12-13）；左尺骨1件（ⅢH55①D：14）；左桡骨3件（ⅢH55①D：15-17），ⅢH55①D：15完整，ⅢH55①D：16-17远端骨骺脱落，近端已愈合；右桡骨2件（ⅢH55①D：18-19）；右掌骨1件（ⅢH55①D：20）；左坐骨3件（ⅢH55①D：21-23）；右坐骨1件（ⅢH55①D：24）；完整的右盆骨1件（ⅢH55①D：25）；残右耻骨1件（ⅢH55①D：26）；左股骨近端1件（ⅢH55①D：27）；完整的右股骨1件（ⅢH55①D：28）；两端骨骺脱落的左右胫骨骨干各1件（ⅢH55①D：29-30）；残左胫骨骨干1件（ⅢH55①D：31）；残左距骨1件（ⅢH55①D：32）；左跟骨1件（ⅢH55①D：33）。

梅花鹿：残左肩胛骨2件（ⅢH55①D：34-35）；两端骨骺脱落左胫骨骨干1件（ⅢH55①完整的右距骨1件（ⅢH55①D：37）；第三指（趾）骨1件（ⅢH55①D：38）。

ⅢH55②

家猪：下颌游离门齿1枚（ⅢH55②D：1）；左肱骨1件（ⅢH55②D：2）。

獐：左右枕骨1件（ⅢH55②D：3）；左上犬齿1枚（ⅢH55②D：4）；带有dp3-M1的下颌骨1件（ⅢH55②D：5）；带有P2-M3的左下颌骨1件（ⅢH55②D：6）；左肱骨2件（ⅢH55②D：7-8）；右肱骨1件（ⅢH55②D：9）；左尺骨1件（ⅢH55②D：10）；完整的左桡骨1件（ⅢH55②D：11）；右桡骨远、近端各1件（ⅢH55②D：12-13）；左右掌骨各2件（ⅢH55②D：14-17）；右髂骨1件（ⅢH55②D：18）；左股骨远端1件（ⅢH55②D：19）；右股骨远端关节面1件（ⅢH55②D：20）；完整的左右胫骨各1件（ⅢH55②D：21-22）；右胫骨骨干2件（ⅢH55②D：23-24）；完整的左右距骨各1件（ⅢH55②D：25-26）；左右距骨各1件（ⅢH55②D：27-28）；左右跟骨各1件（ⅢH55②D：29-30）；左右跗骨各1件（ⅢH55②D：31-32）；第Ⅰ、Ⅱ指（趾）骨各1件（ⅢH55②D：33-34）。

梅花鹿：残骨架1具：包括枢椎1件（ⅢH55②D：35）；残左肩胛骨2段（ⅢH55②D：36-37）；完整的左肱骨1件（ⅢH55②D：38）；左右尺骨各1件（ⅢH55②D：39-40）；完整的左桡骨1件（ⅢH55②D：41）；完整的左右掌骨各1件（ⅢH55②D：42-43）；残左髂骨1件（ⅢH55②D：44）；残右盆骨1件（ⅢH55②D：45）；完整的左股骨1件（ⅢH55②D：46）；左右髌骨各1件（ⅢH55②D：47-48）；完整的左右胫骨各1件（ⅢH55②D：49-50）；基本完整的右距骨1件（ⅢH55②D：51）；第Ⅰ指（趾）骨1件（ⅢH55②D：52）。

ⅢH55③

中华圆田螺：1个（ⅢH55③D：1）。

中华竹鼠：右上门齿1枚（ⅢH55③D：2）；残左下门齿1枚（ⅢH55③D：3）。

草兔：右肱骨远端1件（ⅢH55③D：4）。

狗獾：属于同一个体（ⅢH55③D：5）的骨架1具，保存有残头骨1件、基本完整下颌骨1件、寰椎1件、枢椎1件、左肱骨近端1件、右肱骨1件、左尺桡骨各1件、基本完整左右盆骨各1件、右股骨1件、左胫骨近端1件、右胫骨1件、左右腓骨远端各1件、左侧Ⅳ、Ⅴ跖骨各1件。

獐：残左上颌骨1件（ⅢH55③D∶6）；寰椎完整1件（ⅢH55③D∶7）；残右肩胛骨1件（ⅢH55③D∶8）；左右肱骨骨干各1件（ⅢH55③D∶9-10）；左桡骨近远端各1件（ⅢH55③D∶11-12）；右桡骨骨干1件（ⅢH55③D∶13）；左右掌骨各1件（ⅢH55③D∶14-15）；残掌骨骨干2件（ⅢH55③D∶16-17）；基本完整的左盆骨1件（ⅢH55③D∶18）；左髂骨2件（ⅢH55③D∶19-20）；右髂骨1件（ⅢH55③D∶21）；左右坐骨各1件（ⅢH55③D∶22-23）；左右股骨骨干各2件（ⅢH55③D∶24-27）；左右远端关节面各2件（ⅢH55③D∶28-31）；左髌骨1件（ⅢH55③D∶32）；左胫骨骨干1件（ⅢH55③D∶33）；右胫骨骨干2件（ⅢH55③D∶34-35）；左跖骨骨干1件（ⅢH55③D∶36）；右跖骨近端1件（ⅢH55③D∶37）；左距骨1件（ⅢH55③D∶38）；左跗骨1件（ⅢH55③D∶39）；第Ⅰ指（趾）骨3件（ⅢH55③D∶40、ⅢH55③D∶45-46）；第Ⅱ指（趾）骨6件（ⅢH55③D∶41-44、ⅢH55③D∶47-48），以上四肢骨骨骺均脱落。

梅花鹿：带角柄、角盘及眉枝的右残角基部1件（ⅢH55③D∶49）；带部分分枝的残角干1件（ⅢH55③D∶50）（有短而粗的5条砍痕）；属同一个体（ⅢH55③D∶51）的残骨架1具，包括带有M1-M2的左下颌骨1件、带有dp2-M2的右下颌骨完整1件、残寰椎1件、左肱骨近端关节面1件、右尺骨近端1件、左桡骨完整1件、残左掌骨骨干1件、残左右髂骨各1件、左股骨近端关节面1件、左胫骨近端关节面1件。

ⅢH55④

梅花鹿：左右肱骨各1件（ⅢH55④D∶1-2），前者近端骨骺脱落，后者保存完整；右桡骨1件（ⅢH55④D∶3），远端骨骺脱落，近端愈合；残左盆骨1件（ⅢH55④D∶4）；残右坐骨1件（ⅢH55④D∶5）；两端骨骺脱落的左右股骨骨干各1件（ⅢH55④D∶6-7）；左胫骨近端关节面1件（ⅢH55④D∶8）；右跖骨近端1件（ⅢH55④D∶9）。

ⅢH58

蚌：残片1件（ⅢH58D∶1）。

草兔：左股骨近端1件（ⅢH58D∶2）。

獐：残左盆骨1件（ⅢH58D∶3）；第Ⅰ指（趾）骨3件（ⅢH58D∶4-6）；第Ⅱ指（趾）骨1件（ⅢH58D∶7）。

梅花鹿：左肩胛骨近端1件（ⅢH58D∶8）。

ⅢH60

獐：左上犬齿1枚（ⅢH60D∶1）。

ⅢH65

家猪：左上M3游离齿1枚（ⅢH65D∶1）；残肩胛骨1件（ⅢH65D∶2）；右肱骨远端1件（ⅢH65D∶3）；左跟骨1件（ⅢH65D∶4）。

ⅢH66

家猪：左下M1游离齿1枚（ⅢH66D∶1）。

獐：残左下髁突1件（ⅢH66D∶2）；左下M1游离齿1枚（ⅢH66D∶3）。

ⅢH70①

中华竹鼠：残右下门齿1枚（ⅢH70①D∶1）。

家猪：左颧骨颧突1件（ⅢH70①D∶2）。

獐：基本完整骨架1具（ⅢH70①D∶3），包括残头骨1件、头骨残块32块、左右残上颌骨各1件、完整的左右上犬齿各1枚、基本完整的左右下颌骨各1件、基本完整的颈椎7件、基本完整的胸椎13件、基本完整的腰椎6件、完整的荐椎4件、完整的尾椎7件、基本完整左右肋骨各13根、基本完整的左右肩胛骨各1件、完整的左右肱骨各1件、完整的左右尺、桡骨各1件、缺失远端关节面的左右掌骨各1件、基本完整的左右盆骨各1件、基本完整左右股骨各1件、基本完整的左右胫骨各1件、基本完整的左右跟骨各1件、完整的左右距骨各1件、左右跖骨近端各1件、第Ⅰ指（趾）骨2件、第Ⅱ指（趾）骨1件。

梅花鹿：左肱骨近端关节面1件（ⅢH70①D∶4）；残髂骨1件（ⅢH70①D∶5）；完整的右髌骨1件（ⅢH70①D∶6）；第Ⅱ指（趾）骨2件（ⅢH70①D∶7-8）。

ⅢH70②

草兔：右股骨远端1件（ⅢH70②D∶1）；完整的右盆骨1件（ⅢH70②D∶2）。

貉：左桡骨近端1件（ⅢH70②D∶3）。

家猪：左桡骨骨干1件（ⅢH70②D∶4）。

獐：属于同一个体（ⅢH70②D∶5）的基本完整的骨架1具，包括残头骨1件、头骨残块11块、左右残上颌骨各1件、完整的左右上犬齿各1枚、基本完整的左右下颌骨各1件、残枢椎1件、残脊椎26件、左右残肋骨52件、完整的左肩胛骨1件、右肩胛骨近端1件、左肱骨远端1件、基本完整的右肱骨1件、右尺骨近端骨1件、基本完整的左右桡骨各1件、基本完整的右掌骨1件、左残盆骨1件、右髂骨1件、右耻骨1件、基本完整的左右股骨各1件、基本完整的左右胫骨各1件、左跖骨近端1件，以上四肢骨骨骺均脱落。

ⅢH70③

狐：属于同一个体（ⅢH70③D∶1）的残骨架1具，包括头骨残块33块、残左右上颌骨各1件、左下颌骨1件、右下颌骨前半段和后半段各1件、寰椎1件、枢椎1件、残左肩胛骨1件。

ⅢH74

家猪：左桡骨远端骨干1件（ⅢH74D∶1）。

獐：右肱骨远端1件（ⅢH74D∶2）。

ⅢH77

鸟：残胸骨1件（ⅢH77D∶1）。

环颈雉：右乌喙骨完整1件（ⅢH77D∶2）；左胫骨远端1件（ⅢH77D∶3）。

中华竹鼠：左上门齿1枚（ⅢH77D∶5）；残左下颌骨1件（ⅢH77D∶4）；残左盆骨1件（ⅢH77D∶6）；左胫骨远端1件（ⅢH77D∶7）。

草兔：残左盆骨1件（ⅢH77D∶8）；残右盆骨3件（ⅢH77D∶9-11）；右胫骨近端1件（ⅢH77D∶12）。

貉：基本完整头骨1件（ⅢH77D∶13）；残右上颌骨1件（ⅢH77D∶14）；头骨残块21块（ⅢH77D∶15-35）。

狗獾：基本完整下颌骨1件（ⅢH77D∶36）；残右下颌骨1件（ⅢH77D∶37）。

家猪：左右肱骨远端骨干各1件（ⅢH77D∶39-40）。

獐：带有M1-M3的残右上颌骨1件（ⅢH77D：41）；带有P2-M2的残右下颌骨1件（ⅢH77D：42）；寰椎1件（ⅢH77D：43）；荐椎1件（ⅢH77D：53）；残左肩胛骨1件（ⅢH77D：44）；左右肱骨远端各1件（ⅢH77D：45-46）；左桡骨近端1件（ⅢH77D：47）；残左盆骨1件（ⅢH77D：48）；残左右跖骨近端各1件（ⅢH77D：49-50）；第Ⅰ指（趾）骨2件（ⅢH77D：51-52）。

梅花鹿：右桡骨远端1件（ⅢH77D：54）；左髌骨1件（ⅢH77D：55）；右胫骨近端1件（ⅢH77D：56）。

ⅢH82

草兔：残右盆骨1件（ⅢH82D：1）；左胫骨近端1件（ⅢH82D：2）；左胫骨近端骨干1件（ⅢH82D：3）；右胫骨近端1件（ⅢH82D：4）；左侧第Ⅲ跖骨残1件（ⅢH82D：5）。

ⅢH93

家猪：左肩胛骨1件（ⅢH93D：1）；左肱骨远端1件（ⅢH93D：2）；右桡骨骨干1件（ⅢH93D：3）。

ⅢH94

家猪：残右髂骨1件（ⅢH94D：1）；残右胫骨骨干2件（ⅢH94D：2-3）。

獐：残右跟骨1件（ⅢH94D：4）。

ⅢH98

家猪：残左盆骨1件（ⅢH98D：1）；左距骨1件（ⅢH98D：2）；第Ⅰ指（趾）骨1件（ⅢH98D：3）。

TG1H112

家猪：残左肩胛骨1件（TG1H112D：1）；残左盆骨1件（TG1H112D：2）。

ⅢH128

獐：残右盆骨1件（ⅢH128D：1）。

ⅢH135

狗：右尺骨近端1件（ⅢH135D：1）；右侧Ⅱ掌骨1件（ⅢH135D：2）。

獐：右股骨近端1件（ⅢH135D：3）。

ⅢH255

中华鼢鼠：残右下颌1件（ⅢH255D：1）。

中华竹鼠：右下残门齿1枚（ⅢH255D：2）。

草兔：左股骨近端1件（ⅢH255D：3）；左胫骨近端1件（ⅢH255D：4）。

家猪：右颞骨颧突1件（ⅢH255D：5）；带有P3，dp4-M2的右下颌骨1件（ⅢH255D：6）。

獐：左跖骨近端1件（ⅢH255D：7）。

ⅡT0104③

中华竹鼠：右下门齿1枚（ⅡT0104③D：1）。

ⅢT0311③

猪：右i2游离齿1枚（ⅢT0311③D：1）。

ⅢT0517③

猪：左i2游离齿1枚（ⅢT0517③D：1）；左腓骨远端1件（ⅢT0517③D：2）。

ⅢT0519③

梅花鹿：带分叉的鹿角顶部1件（ⅢT0519③D：1）。

ⅢT1212③

猪：左I3游离齿1枚（ⅢT1212③D：1）；左肩胛骨近端1件（ⅢT1212③D：2）。

4. 半坡晚期类型

ⅡH12

梅花鹿：残左胫骨骨干1件（ⅡH12D：1）。

ⅡH27

中华鼢鼠：右上门齿1枚（ⅡH27D：1）。

中华竹鼠：左上M2游离齿1枚（ⅡH27：2）。

家猪：下颌游离门齿1枚（ⅡH27D：3）。

ⅢH35

獐：左上犬齿1枚（ⅢH35D：1）。

ⅢH41

家猪：属于同一个体（ⅢH41D：1）幼残骨架1具，包括残顶骨1件、带有dp4左右下颌骨各1件、左右枕骨各1件、头骨残块11件、左残坐骨1件、左股骨骨干1件、左右胫骨骨干各1件，以上四肢骨骨骺均脱落；带有dp2-M1的右下颌骨1件（ⅢH41D：2）；带有dp4-M1的右下颌骨1件（ⅢH41D：3）。

梅花鹿：残角1件（ⅢH41D：4）。

ⅢH44

中华竹鼠：右下残门齿1枚（ⅢH44D：1）。

狗獾：左右犬齿各1枚（ⅢH44D：2-3）。

金丝猴：左肱骨远端1件（ⅢH44D：4）。

家猪：带有P4-M2的残左上颌骨1件（ⅢH44D：5）；带有M2的残左下颌骨1件（ⅢH44D：6）；带有M1的残左下颌骨1件（ⅢH44D：7）；残右下颌角1件（ⅢH44D：8）；左下犬齿1枚（ⅢH44D：9）；下颌游离门齿4枚（ⅢH44D：10-13）；残左跟骨1件（ⅢH44D：14）；左侧第Ⅳ跖骨1件（ⅢH44D：15）。

獐：带有M1-M3的左下颌骨1件（ⅢH44D：16）。

ⅢH59

家猪：左桡骨近端1件（ⅢH59D：1）。

獐：右掌骨远端1件（ⅢH59D：2）；右股骨骨干1件（ⅢH59D：3）。

梅花鹿：右肱骨远端1件（ⅢH59D：4）；左髂骨1件（ⅢH59D：5）；右跟骨1件（ⅢH59D：6）。

ⅢH63

环颈雉：完整的左胫骨1件（ⅢH63D：1）。

草兔：属于同一个体（ⅢH63D：2）的残骨架1具，包括完整的左肱骨1件、右肱骨远端1件、完整的右桡骨1件、完整的左股骨1件、左胫骨近端1件、完整的右胫骨1件。

獐：属于同一个体（ⅢH63D：3）的残骨架1具，包括左右掌骨骨干各1件、左股骨远端骨干1件、右股骨骨干1件、左残胫骨骨干1件、左右跖骨骨干各1件，以上四肢骨骨骺均脱落。

梅花鹿：角残碎段1件（ⅢH63D：4）。

ⅢH67

残骨器1件。

ⅢH69

褐家鼠：属于同一个体（ⅢH69D：1）的骨架1具，包括左尺骨1件、左右残盆骨各1件、左右股骨各1件、右胫骨1件。

ⅢH75

家猪：带有dp4的左右残下颌骨各1件（ⅢH75D：1-2）；右残坐骨1件（ⅢH75D：3）。

梅花鹿：残左肩胛骨1件（ⅢH75D：4）。

ⅢH84

中华鼢鼠：右下门齿1枚ⅢH84D：1。

中华竹鼠：残右上门齿1枚ⅢH84D：2。

ⅢH86

家猪：带有M2的右下颌骨1件（ⅢH86D：1）；寰椎1件（ⅢH86D：2）；左肱骨远端1件（ⅢH86D：3）；右股骨骨干1件（ⅢH86D：4）；左胫骨骨干1件（ⅢH86D：5）。

梅花鹿：带角柄、角盘及残角干的左额骨1件（ⅢH86D：6）；带残角柄的右额骨1件（ⅢH86D：7）；带角盘及残眉枝的左角基部2件（ⅢH86D：8-9）；残角2件（ⅢH86D：10-11）；残右肩胛骨1件（ⅢH86D：12）。

ⅢH89

家猪：带有i2、dp2-dp4的残右下颌骨1件（ⅢH89D：1）；右肱骨远端1件（ⅢH89D：2）；残右尺骨1件（ⅢH89D：3）；右桡骨近端1件（ⅢH89D：4）；左右盆骨各1件（ⅢH89D：5-6）；右股骨骨干1件（ⅢH89D：7）；左胫骨骨干1件（ⅢH89D：8）。

梅花鹿：荐椎1件（ⅢH89D：9）。

ⅢH100

家猪：残左肩胛骨近端1件（ⅢH100D：1）；左肱骨1件（ⅢH100D：2）。

獐：左距骨1件（ⅢH100D：3）。

TG3H124

梅花鹿：基本完整颅骨1件（TG3H124D：1），两个鹿角均从角柄基部被砍断，从前向后砍，砍到一半时，为了省力，再折断。

TG5H234

梅花鹿：残角2件（TG5H234D：1-2）；右肱骨远端1件（TG5H234D：3）。

ⅢH166

骨器：残骨器1件（鹿跖骨）

家猪：带有M3残右下颌骨1件（ⅢH166D：1）；右下颌角1件（ⅢH166D：2）；残左肩胛骨1件（ⅢH166D：3）；左肱骨远端1件（ⅢH166D：4）；右肱骨远端骨干1件（ⅢH166D：5）；残左盆骨1件（ⅢH166D：6）；右胫骨远端1件（ⅢH166D：7）；右距骨1件（ⅢH166D：8）。

獐：右跟骨1件（ⅢH166D：9）。

ⅢH211

家猪：属于同一个体（ⅢH211D：1）的幼残骨架1具，包括残顶骨1件、右额骨1件、右侧颞骨颧突1件、右侧上颌骨1件、基本完整下颌骨1件、左肩胛骨1件、左肱骨骨干1件、左桡骨骨干1件、右桡骨远端骨干1件，以上四肢骨骨骺均脱落；残下颌联合部1件（ⅢH211D：2）；下臼齿1枚（ⅢH211D：3）。

ⅡT0102②

猪：左下犬齿残片1件（ⅡT0102②D：1）。

ⅡT0103②

猪：左上C游离齿1枚（ⅡT0103②D：1）。

ⅡT0106②

猪：左下C游离齿1枚（ⅡT0106②D：1）。

ⅢT0817②

猪：左下残C游离齿1枚（ⅢT0817②D：1）；左下 I1 游离齿1枚（ⅢT0817②D：2）。

5. 庙底沟二期

ⅠH3

家猪：左颞骨颧突1件（ⅠH3D：1）；右颌前骨、上颌骨头骨骨片1件（ⅠH3D：2）；左侧带有i1、i2的残联合部1件（ⅠH3D：3）；左肩胛骨2件（H3D：4-5）；残左尺骨1件（ⅠH3D：6）；残左右盆骨各1件（ⅠH3D：7-8）；第Ⅱ掌骨1件（ⅠH3D：9）。

四、小　结

（一）遗址中动物群的成员

鱼化寨遗址中共出土21种动物，按它们和人类的关系及在遗址中数量的多少（见附表三）可分为四大类：

一是由人类饲养的动物：猪、狗

二是主要的狩猎动物：獐、梅花鹿

三是偶然猎获和捕捞的动物：马鹿、金丝猴、草兔、黄鼬、猫、环颈雉、鸟类、鲤鱼、中华圆田螺、圆顶珠蚌和蚌。其中金丝猴、獐、梅花鹿、马鹿现已在此绝迹，其余为现仍生活在该地的种类。

四是穴居的动物：狐、貉、狗獾、褐家鼠、中华鼢鼠、中华竹鼠，个别种类有可能是在遗址废弃后进入原遗址所在地。其中中华竹鼠现已在此绝迹，其余为现仍生活在该地区的种类。

从附表四可看出，该遗址以大量野生动物为主，主要是梅花鹿和獐，和关中姜寨新石器遗址动物群基本相同。其次为饲养动物：猪和狗，尤其是猪的标本无论是数量还是最小个体数都占到家养动物总数的96%，这和关中地区其他新石器遗址动物群的特征基本相同。不同的是：1.野生动物獐和梅花鹿的数量明显较多，尤其是獐的数量和最小个体数比关中任何一个遗址都多，还出现了较完整的3具獐骨架，其中在H70中出土两具骨架，这在以前的新石器遗址中从来没有。2.猪的屠宰年龄整体略偏大，猪的屠宰年龄与驯养水平有关，时代愈早则年龄越大，到鱼化寨仰韶文化早期，关中地区从白家文化到仰韶文化半坡类型，仅有几百多年的驯养历史，所以鱼化寨猪的屠宰年龄偏大也是情理之中的。3.发现野生动物的种类和数量均较多，这和鱼化寨遗址现在所处的地理位置（周围有河流皂河、平原和不远处的山区）有很大的关系。在遗址周围野生动物资源非常充足的情况下，古代的人类也不需要花费太大的代价去饲养家畜，尤其是在农业发展的初级阶段。

（二）研究标本的出处

列入本文研究范围的动物骨骼，除标本ⅢT0816⑪D：23为一骨铲外，不包括人类生产和生活用的骨制品。标本全部出自各个文化层的房子、灶坑、灰坑及地层中，因此可以说，这批动物骨骼基本上代表了鱼化寨先民食用后扔掉的食用动物的遗物。当然，在这些食用动物中，应排除一些啮齿动物（如中华鼢鼠和褐家鼠），这些动物为穴居动物，尤其喜欢在松软的灰坑中打洞，死后埋在灰坑中。

（三）遗存保存特征与先民行为

鱼化寨遗址是渭河流域一处重要的新石器时代遗址，有仰韶文化早、中、晚期三期5段的文化堆积，另有老官台和龙山文化的遗物和遗存。该遗址除发掘出一定数量的文化遗物外，还出土了一定数量的动物骨骼。特别值得指出的是，由于科学发掘和详尽的记录，可以对动物居群进行详细地分期研究，为气候环境演化提供了可靠的资料。鱼化寨中的动物遗骸代表着21个种类的103个个体。所发掘的标本除个别完整的獐、狗獾骨架、少量梅花鹿的长骨和个别食肉类（黄鼬、貉）的完整头骨外，其余十分破碎，不同部位骨骼的破碎具有明显规律，即头骨比肢骨残破，肢骨近端比远端残破，少量完整骨骼完全限于没有食用价值的肢骨末端坚实部分，如腕骨、跟骨、距骨、指（趾）骨及小型动物的长骨如獐等。管状骨的保存状况也是远端多于近端，如猪的右肱骨远端（9件），近端没有发现，这是由于近端骨质较疏松不易保存，肌肉、脂肪较多易被食肉动物啃咬的缘故。骨骼断口类型基本属于螺旋状断裂，往往发生在动物死亡不久骨骼尚具弹性阶段[①]。碎骨形态以长条状为主，实验证明在骨干中部受力时，长骨一般会沿骨干纵轴的纤维质延伸方向产生破裂[②]，这无疑是先民砸骨取髓的结果。只有少量骨骼表面有啮齿动物的啃咬痕迹和风化痕迹，断裂

---

① 张云翔、薛祥煦：《甘肃武都龙家沟三趾马动物群埋藏学北京》，地质出版社，1995年。
② 张俊山：《峙峪遗址碎骨的研究》，《人类学学报》1991年第10卷4期，333～345页。

处棱角分明，属于快速埋藏类型。这类骨骼埋藏前在地表暴露一般不超过2～3年[①]，是就地破碎、就地埋藏的产物，也反映了鱼化寨先民们有着较多的生活活动，才使文化淀积层有较快的堆积速度。鱼化寨遗址动物遗骸的最小个体数多是以下颌计算而来，其他部位骨骼损失量大，肋骨也较少，这些部位的骨骼可能已被食用或加工成骨器。

（四）遗址当时的自然环境

探索新石器遗址周围的环境，可从多方面入手，现主要根据发现的动物，尤其是哺乳动物做一分析。

哺乳动物一般可分为家养和野生两类，对自然环境的分析主要依靠野生动物，家养动物只是作为必要的补充。鱼化寨遗址共出土15种哺乳动物，除了猪和狗为家畜外，其余13种应是野生的。野生动物主要为獐和梅花鹿，其次为草兔、马鹿、金丝猴、黄鼬、猫、狐、貉、狗獾、褐家鼠、中华鼢鼠、中华竹鼠等。其中金丝猴、獐、梅花鹿、马鹿和中华竹鼠现已在此绝迹，其余为现仍生活在该地的种类。其中草兔是生活在草原区的典型动物；食肉动物猫的偶然出现，说明遗址周围有一定面积的森林；梅花鹿、马鹿以山地草原、稀树草原以及森林边缘附近生活；獐喜欢栖息在河岸或湖泊沼泽地带的芦苇与树丛中；中华竹鼠的出现，说明鱼化寨周围曾经有竹林分布；獾、貉、黄鼬生境较为广泛；鲤鱼、中华圆田螺、圆顶珠蚌和蚌类的出现说明遗址附近有一定面积的水域。

关于遗址的古气候及环境的变迁也可以由哺乳动物群的变化作出一定的分析。从下可看出：21种动物在不同文化堆积层中的出现与消失、数量上的增长与减少，都有助于我们了解当时自然环境的变化。

在北首岭期的遗迹和地层内共出土5种动物遗存，种类、最小个体数及百分比如下：

褐家鼠　*Rattus norvegicus*（2）22.2%

家猪　*Sus domesticus*（4）44.4%

獐　*Hydropotes inermis*（1）11.1%

梅花鹿　*Cerves nippon*（1）11.1%

马鹿　*Cervus elaphus*（1）11.1%

上述动物中獐属于现代动物地理区划的东洋界动物。獐现在多分布在长江下游，在关中地区完全绝迹，可见北首岭时期鱼化寨遗址周围一带的气候较现在温暖湿润。梅花鹿因其角部粗大，在密林中生活有许多不便，一般栖息于较大的混交林或高山的森林草原，也有在稀疏灌丛中生活的。马鹿属于北方森林草原型动物，特别喜欢灌丛、草地等环境。这一时期的野生动物类型以生存于较湿润的林、灌环境中的鹿科动物为主，占整个动物群的33.3%。表明当时是以疏林为主的森林、灌丛草原环境。家畜动物猪相对数量占44.4%，说明在新石器早期北首岭时期鱼化寨先民们依靠畜养和部分狩猎来满足肉食的供给。

在半坡期的遗迹和地层内共出土11种动物遗存，种类、最小个体数及百分比如下：

圆顶珠蚌　*Unio douglasiae*（1）3%

[①] Behresmeyer A K. Taphonomic and ecologic information From bone weathering[J]. Paleobiology, 1978, 4(2): 152-162.

蚌　Unionidae（1）3%

鲤鱼　*Cyprinus* sp.（2）6.1%

环颈雉　*Phasianus colchicus*（1）3%

中华竹鼠　*Rhizomys sinensis*（2）6.1%

草兔　*Lepus capensis*（1）3%

貉　*Nyetereutes proycyonoides*（1）3%

猫　*Felis* sp.（1）3%

家猪　*Sus domesticus*（11）33.3%

獐　*Hydropotes inermis*（8）24.2%

梅花鹿　*Cerves nippon*（4）12.1%

半坡时期的动物种类较北首岭时期丰富了很多，东洋界动物有中华竹鼠、獐。中华竹鼠、獐现主要分布在长江流域，说明当时鱼化寨遗址周围的气候至少比现在温暖湿润得多。生存于较湿润的林、灌环境中的鹿科动物的绝对含量较前期增加，由原来的3个增至现在的12个，相对比例由原来33.3%增至现在的36.3%；森林性动物不论种类还是数量都有所增加，中华竹鼠、猫为新出现的森林动物，绝对数量为3，相对比例9.1%。同时水生动物圆顶珠蚌、蚌、鲤鱼也占一定的比例，为12.1%；生活在草原区的典型动物草兔仅占为3%。与前期相比，显示森林、水域面积明显增加，但仍是以森林为主的森林、灌丛草原环境。家畜动物猪的相对数量略有减少，为33.3%，表明半坡期鱼化寨先民们更多地依靠狩猎来满足肉食的供给。

在史家期的遗迹和地层内共出土16种动物遗存，种类、最小个体数及百分比如下：

中华圆田螺　*Cipangopaludina cahayensis*（1）2.6%

蚌　Unionidae（1）2.6%

环颈雉　*Phasianus colchicus*（1）2.6%

鸟　Aves（1）2.6%

褐家鼠　*Rattus norvegicus*（1）2.6%

中华鼢鼠　*Myospalax fontanierii*（1）2.6%

中华竹鼠　*Rhizomys sinensis*（3）7.9%

草兔　*Lepus capensis*（4）10.5%

狗　*Canis familiaris*（1）2.6%

狐　*Vulpes vulpes*（2）5.3%

貉　*Nyetereutes proycyonoides*（2）5.3%

黄鼬　*Mustela sibiricus*（1）2.6%

狗獾　*Meles meles*（3）7.9%

家猪　*Sus domesticus*（3）7.9%

獐　*Hydropotes inermis*（8）21.1%

梅花鹿　*Cerves nippon*（5）13.2%

史家期是动物最丰富的时期，和前期一样东洋界动物有中华竹鼠、獐，说明当时鱼化寨遗址周围的气候至少比现在温暖湿润得多。生存于较湿润的林、灌环境中的鹿科动物的绝对含量较前期略有增加，绝对数量由原来的12个增加到现在的13个，相对比例由原来36.3%减少到现在的34.3%；食肉性动物不论种类还是数量都有所增加，狐狸、狗獾和黄鼬为新出现的食肉动物；水生动物中华圆田螺、蚌也占一定的比例，为5.2%；生活在草原区的典型动物草兔数量由3%明显增加为10.5%。环颈雉栖息于中低山丘陵的灌丛、竹丛或草丛中。与前期相比，显示草原面积明显增加，但仍是以森林为主的森林、灌丛草原环境。家畜动物猪的相对数量明显减少，为7.9%，表明史家期鱼化寨先民们的肉食来源更加强烈的依赖大自然中的野生动物。

在半坡晚期的遗迹和地层内共出土10种动物遗存，种类、最小个体数及百分比如下：

环颈雉　　*Phasianus colchicus*（1）4.8%

金丝猴　　*Rhinopithecus roxellana*（1）4.8%

褐家鼠　　*Rattus norvegicus*（1）4.8%

中华鼢鼠　*Myospalax fontanierii*（1）4.8%

中华竹鼠　*Rhizomys sinensis*（1）4.8%

草兔　　　*Lepus capensis*（1）4.8%

狗獾　　　*Meles meles*（1）4.8%

家猪　　　*Sus domesticus*（9）42.9%

獐　　　　*Hydropotes inermis*（2）9.6%

梅花鹿　　*Cerves nippon*（3）14.3%

半坡晚期动物的种类比史家时期相应减少，同样东洋界动物中华竹鼠、獐和金丝猴的存在也说明当时的气候比现在温暖湿润。一件金丝猴左肱骨远端的出现，说明遗址周围有典型的森林存在。生存于较湿润的林、灌环境中的鹿科动物的绝对数量较前期明显减少，绝对数量由原来的12个减少到现在的5个，相对比例由原来33.3%减少到现在的23.9%；食肉动物的种类也明显减少，狐狸和黄鼬已经消失，也未出现水生动物。表明该遗址周围的环境仍然是以森林为主的林、灌—草原环境。家畜猪的比例为42.9%，比史家时期明显增加，说明饲养业有了一定的发展，表明半坡晚期鱼化寨先民们的肉食来源更加依赖家畜饲养和狩猎经济。

在龙山文化庙底沟二期的4个灰坑中，仅有1个灰坑出土动物骨骼，共有9件标本，代表1个属种：家猪（*Sus domesticus*）。

由于该文化类型发掘的灰坑数量较少，造成骨骼数量、属种数都太少，因此，该文化层的动物骨骼不能真实地反映遗址周围此时的自然环境。

以上是通过动物生态、动物地理和动物类型所获得的遗址环境的初步结论，但在多层位动物生态序列演化研究中，所统计出不同层位各类动物最小个体数绝对量的可对比性不强，优势现象和分异现象常被歪曲，这主要受遗址中不同层位和不同文化类型延续时间的长短、发掘面积的大小及发掘技术（如是否采用筛选二次收集）等各种因素的影响[1]。如遗址中某一文化类型延续时间较长、发掘面积较大，获得的动物属种和最小个体数的绝对量相对就较多，反之，动物属种和最小个体数的绝对量相对就较少。发掘面积主要受人为因素的控制，或发掘者为了解决某种问题而对遗址的个别文化层进行大面积的发掘。为了避免上述各种因素的影响，我们试图用生物相对含量对该遗址的

---

[1] 胡松梅：《分异度、均衡度在动物考古中的应用》，《考古与文物》1999年第2期。

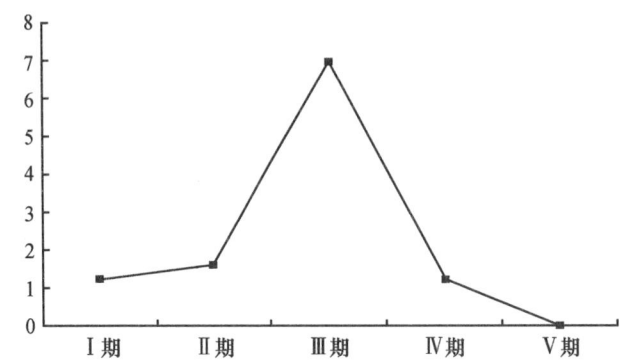

图一三一七　鱼化寨遗址不同文化类型野生哺乳动物/家养哺乳动物

环境做一分析。

从附表一四数据及图一三一七可看出，野生动物的相对数量和动物的种类在史家期都是最大的，说明这时生态环境的多样性，既有典型的森林动物中华竹鼠，又有在浓郁的灌木和草丛中生活的动物梅花鹿，是典型的以森林为主的森林灌木草原环境，先民们的肉食来源基本上是通过狩猎来满足的，野生动物占先民们肉食供给量的64.2%，家养动物仅占35.8%。其次是半坡期、北首岭期和半坡晚期，这三个时期野生动物仍然占据很大的比例，总体上来说，仍是以森林为主的森林灌木草原环境，野生动物占先民们肉食供给量的60%左右。家畜猪和农业的发展密不可分，人类有了农业剩余产品才会大量饲养家猪的。从家养动物猪所占的比例分析，农业在新石器时代史家期远比不上关中的半坡遗址、零口遗址、姜寨遗址、北首岭遗址，因为后者猪的比例几乎都在一半左右，说明该遗址在新石器时代不同时期的经济活动是不同的。

从附表一六数据及图一三一八可看出，在鱼化寨遗址中，不同文化类型所含的东洋界动物的种数和最小个体数是不同的，我们根据遗址中东洋界动物在不同文化类型中所占比例的变化来解释遗址中古环境的变化。东洋界的种类在该遗址共3种，分别是獐、中华竹鼠和金丝猴。在北首岭时期东洋界动物仅有獐，占总兽类个体数的11%；到半坡和史家时期时，东洋界动物为中华竹鼠和獐，分别占总兽类个体数的30.3%和29%；到半坡晚期时，东洋界动物为中华竹鼠、獐及金丝猴，占总兽类个体数22%。上述不同文化类型生物居群的变化主要是由于气候变化引起的，其次和人类的开垦和滥捕滥杀也有一定的关系，造成天然林减少，森林动物分布受到影响，草原面积相应扩大。到庙底沟二期时，发掘的灰坑数量较少，造成骨骼的数量及属种数都太少，因此，该文化层的

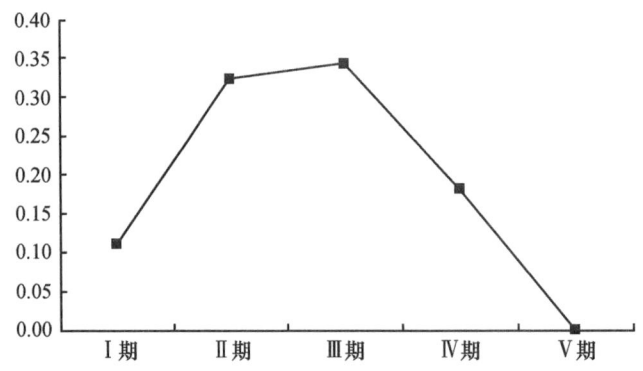

图一三一八　鱼化寨遗址不同文化类型东洋界动物/哺乳动物总数

动物骨骼不能真实地反映遗址周围此时的自然环境。一般说来，东洋界动物占的比例愈高，表明当时当地自然界的温度也愈高，现在该地区已不存在东洋界动物，说明和现在相比，除庙底沟二期时期，该遗址仰韶文化时期各阶段的气温比现在都高，属于全新世以来气候的大暖期，相比之下，半坡期气温最高，其次为史家期，再次为半坡晚期和北首岭期。

（五）经济类型和食物

从遗址中动物骨骼分布的空间和时间及出土的数量来看，鱼化寨人赖依生存的动物资源是非常丰富的，但主要是哺乳动物中的偶蹄类动物家猪、獐、梅花鹿等。猪2～3岁年龄段的比例稍高，这是由于鱼化寨遗址时代稍早，处于家猪饲养的初级阶段，驯养水平较低，将猪养到1～2岁时个别的猪还长不大，故一直养到2岁以上。獐大多年龄偏小，青年个体居多，其次分别为幼年和成年个体，没有老年个体，这说明獐不属于自然死亡（年幼和年老的个体占绝大部分），应为人类为了获取肉食狩猎造成的灾害性死亡。梅花鹿下颌骨较少，从仅有的3件下颌骨标本均为幼、青年个体分析，梅花鹿也不属于自然死亡（年幼和年老的个体占绝大部分），应为人类为了获取肉食狩猎造成的灾害性死亡。当哺乳动物为青年个体时，肉量的产出率相对较高且肉质鲜嫩。

了解当时人们对某种动物的依赖程度，一般认为肉量比例能更真实地反映当时人们对某种动物的依赖程度。下面我们对鱼化寨遗址各个时期的肉量消费分别做一统计。

北首岭时期可食用的动物仅有四种（鼠类未计算在内），分别为家猪、獐、梅花鹿和马鹿。其提供的相对肉量比例见下表（表三五三）及图（图一三一九）：

表三五三　北首岭期主要食用动物百分比表

项目 属种	最小个体数		MW纯肉量		附注		
	N	%	N（kg）	%	个体平均体重（kg）	出肉率（%）	个体平均肉量（kg）
家猪	4	57.1	200	52.3	70	70	50
獐	1	14.3	7.5	2.0	15	50	7.5
梅花鹿	1	14.3	50	13.1	100	50	50
马鹿	1	14.3	125	32.7	250	50	125
合计	7	100.0	382.5	100.0			

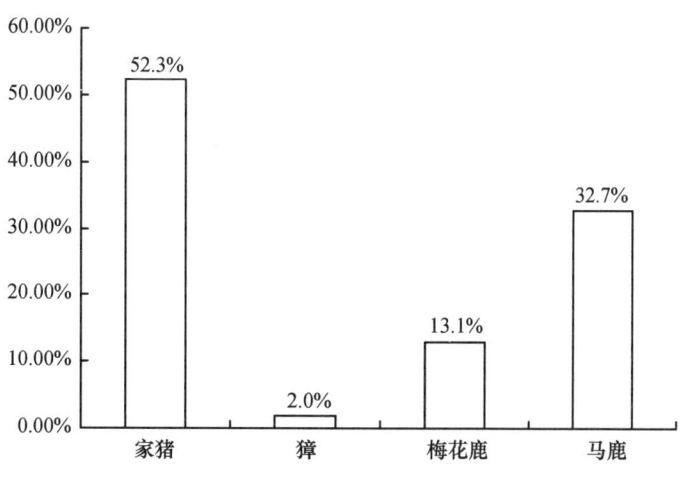

图一三一九　北首岭期主要食用动物百分比柱形图

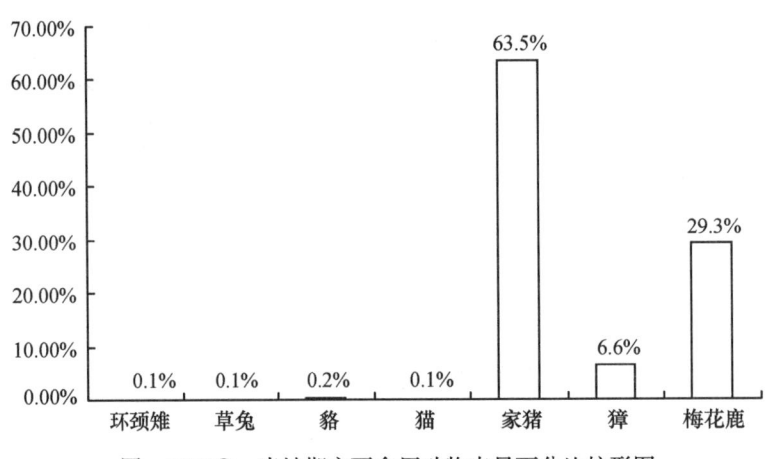

图一三二〇　半坡期主要食用动物肉量百分比柱形图

从上表可见，北首岭时期就哺乳动物所提供的肉量而言，家养动物猪与野生鹿科动物在数量上旗鼓相当。

半坡期可食用的动物种类明显增加，同时也变得多种多样，由原来单一的哺乳类增加为蚌类、鱼类、鸟类和哺乳类。其中可食用的哺乳类（鼠类未计算在内）由原有4种增加到7种。其提供的相对肉量比例见表三五四及图一三二〇。

表三五四　半坡期主要食用动物肉量百分比表

项目 属种	最小个体数		MW纯肉量		附注		
	N	%	N（kg）	%	个体平均体重（kg）	出肉率（%）	个体平均肉量（kg）
环颈雉	1	3.7	0.84	0.1	1.2	70	0.84
草兔	1	3.7	1	0.1	2	50	1
貉	1	3.7	2.5	0.3	5	50	2.5
猫	1	3.7	1.5	0.2	3	50	1.5
家猪	11	40.7	550	67.4	70	70	50
獐	8	29.6	60	7.4	15	50	7.5
梅花鹿	4	14.8	200	24.5	100	50	50
合计	27	99.9	815.84	100.0			

半坡类型时期，家猪所提供的肉量明显增加，占到67.4%，表明鱼化寨遗址先民们在半坡期对猪的倚重已相当突出，家猪大量的饲养也反映出该遗址当时农业较北首岭时期有了一定发展。

史家期可食用的动物种类明显增加，狗、狐、黄鼬、狗獾为新出现的动物种类。同时一些种类如鱼和猫也在此时消失。其中可食用的哺乳类（鼠类未计算在内）由原有7种增加到10种。其提供的相对肉量比例见表三五五及图一三二一。

从上表可见，到了史家期，两种家养动物猪和狗合起来仅占到35.8%。而这一时期无论是从动物的属种还是数量而言，鱼化寨先民的肉食来源都更依赖于野生动物，且动物资源非常丰富。这也与我们前面分析的环境相对应起来，从半坡期到史家期是一个大暖期，当野生资源能满足人们的肉食需要时，当然不必去饲养更多的家畜。

半坡晚期可食用的动物种类比史家时期明显减少，食肉动物仅有狗獾一种，狗、狐、貉、黄

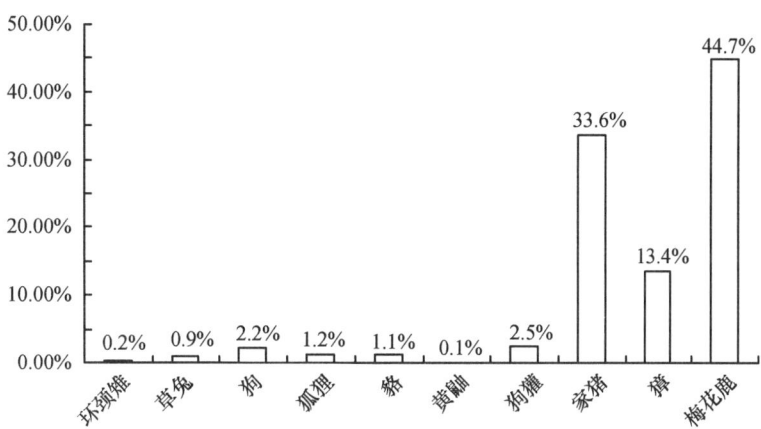

图一三二一　史家期主要食用动物肉量百分比柱形图

鼬、狗獾也在此时消失。其中可食用的哺乳类（鼠类和金丝猴未计算在内）由原有10种减为6种。其提供的相对肉量比例见表三五六及图一三二二。

表三五五　史家期主要食用动物肉量百分比表

项目 属种	最小个体数		MW纯肉量		附注		
	N	%	N（kg）	%	个体平均体重（kg）	出肉率（%）	个体平均肉量（kg）
环颈雉	1	3.4	0.84	0.2	1.2	70	0.84
草兔	4	13.8	4	0.9	2	50	1
狗	1	3.4	10	2.2	20	50	10
狐狸	2	6.9	5.4	1.2	5.4	50	2.7
貉	2	6.9	5	1.1	5	50	2.5
黄鼬	1	3.4	0.5	0.1	1	50	0.5
狗獾	3	10.3	11.25	2.5	7.5	50	3.75
家猪	3	10.3	150	33.6	70	70	50
獐	8	27.6	60	13.4	15	50	7.5
梅花鹿	4	13.8	200	44.7	100	50	50
合计	29	100.0	446.99	100.0			

表三五六　半坡晚期主要食用动物肉量百分比表

项目 属种	最小个体数		MW纯肉量		附注		
	N	%	N（kg）	%	个体平均体重（kg）	出肉率（%）	个体平均肉量（kg）
环颈雉	1	5.9	0.84	0.1	1.2	70	0.84
草兔	1	5.9	1	0.2	2	50	1
狗獾	1	5.9	3.75	0.6	7.5	50	3.75
家猪	9	52.9	450	72.5	70	70	50
獐	2	11.8	15	2.4	15	50	7.5
梅花鹿	3	17.6	150	24.2	100	50	50
合计	17	100.0	620.59	100.0			

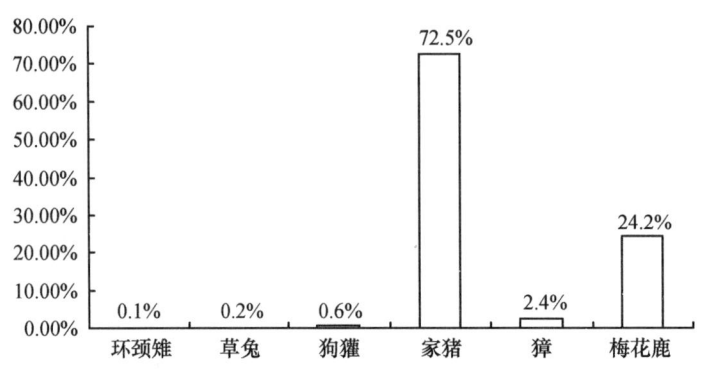

图一三二二　半坡晚期主要食用动物肉量百分比柱形图

半坡晚期时猪肉在当时人们的肉食结构中已占到72.5%以上，表明鱼化寨先民此时对猪的倚重已相当突出，家猪大量的饲养也反映出该遗址当时农业已相当发达。

最后到了庙底沟二期时，仅有家猪出土，可见人们对猪肉的突出依赖性不言而喻。

表三五七　鱼化寨遗址主要食用动物肉量百分比表

项目 属种	最小个体数		MW纯肉量		附注		
	N	%	N（kg）	%	个体平均体重（kg）	出肉率（%）	个体平均肉量（kg）
环颈雉	3	3.6	0.84	0.03	1.2	70	0.84
草兔	6	7.2	6	0.24	2	50	1
狗	1	1.2	10	0.41	20	50	10
狐	2	2.4	5.4	0.22	5.4	50	2.7
貉	3	3.6	7.5	0.31	5	50	2.5
黄鼬	1	1.2	0.5	0.02	1	50	0.5
狗獾	4	4.8	15	0.62	7.5	50	3.75
猫	1	1.2	1.5	0.06	3	50	1.5
家猪	29	34.9	1450	60.07	70	70	50
獐	19	22.9	142.5	5.90	15	50	7.5
梅花鹿	13	15.6	650	26.93	100	50	50
马鹿	1	1.2	125	5.18	250	50	125
合计	83	99.8	2414.24	99.99			

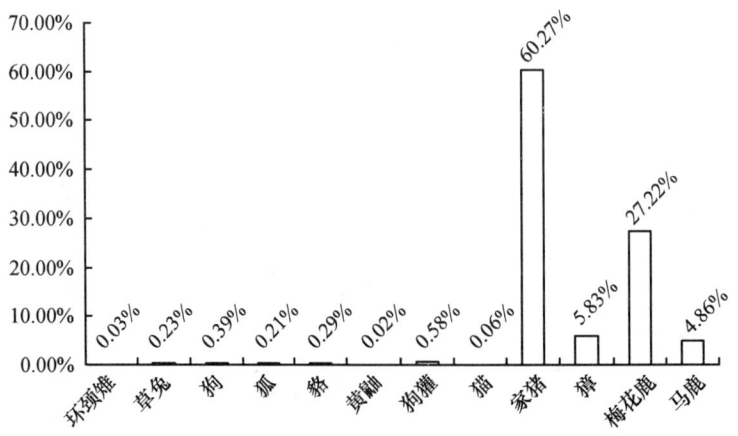

图一三二三　鱼化寨遗址主要食用动物肉量百分比柱形图

我们对鱼化寨遗址总体的肉食结构做一归整,总体而言,家猪在鱼化寨先民的肉食消费结构中占到了绝对的比重60.07%。从鱼化寨人对动物资源的利用情况可见他们同时从事农业、畜牧业、狩猎和捕捞业。结合遗址中出土的石质生产工具如石刀、斧、铲、锛、凿来看,当地居民从事大量的农业生产。

(六) 骨骼痕迹分析

1. 风化作用

风化作用对该遗址动物骨骼的破坏很轻,仅有个别骨骼较为疏松,比重降低,表面留下凸凹不平的痕迹,其余标本表面风化较轻甚至无风化,这一方面说明动物骨骼在地表暴露的时间较短就被埋起来,另一方面说明土壤的酸碱性适中。

2. 动物作用

动物的作用主要表现在两个方面:一是啮齿类动物的咬痕,标本ⅢF27D:14为猪的残左盆骨,在髋臼窝内外侧有大量的平行而短的啮齿类咬痕(图版二二一,5);ⅢF27D:5为猪的残右下颌骨,在下颌角的舌侧和M1处的舌侧缘上有大量平行而短的啮齿类咬痕(图版二二一,6);标本ⅢH107D:9为猪的左股骨骨干,其上有不明显的平行咬痕,是由于该表本风化稍严重。另一是肉食动物的咬痕,在该遗址中未发现。

3. 人工作用

在鱼化寨遗址中,发现梅花鹿有4件标本上遗留有砍痕。标本TG3H124D:1为基本完整的梅花鹿颅骨,两个鹿角均从角柄基部被砍断,砍的方向是从前向后,砍到一半时,为了省力,再折断(图版二一九,1);标本ⅢG2⑤D:7为带角盘、角干及残眉枝的梅花鹿右角基部1件,先从眉枝的一圈砍起,剩中间部分时再被折断;标本ⅢH55③D:50为带部分分枝的梅花鹿残角干1件,其上有5条短而粗的坎痕;T0909⑥D:21为梅花鹿鹿角尖1件,其上有明显的砍痕,见骨器部分。

另有108件标本经烧焦变黑炭化。虽然有烧痕的骨骼所占比例甚微,但不能排除当时人们有吃烤肉的可能。

(七) 病理学

在鱼化寨遗址中,有1件猪肩胛骨标本(ⅢTG1H112D:10)表现为明显的病态(图版二二一,7),在肩胛骨颈侧缘处有明显的骨质增生。

标本T0713⑥:22(该标本编号为骨器编号)为梅花鹿跖骨或掌骨近端外侧1件,远端骨壁增厚明显,属骨骼变形类疾病,图见骨器部分。

第六章 植物遗存报告*

鱼化寨遗址位于陕西省西安市内，是一处重要的新石器时代仰韶文化村落遗址，文化堆积的年代跨度自北首岭期至半坡晚期。2002~2005年西安市文物考古研究所对遗址进行了发掘，出土了大量的遗迹遗物。伴随着发掘过程，在鱼化寨遗址开展了浮选工作，系统获取遗址中埋藏的植物遗存，意图通过对浮选出土的植物遗存特别是农作物遗存的整理、分类、鉴定和量化分析，复原和探讨鱼化寨遗址各个文化时期的农业生产特点和发展规律。

一、采样与浮选

鱼化寨遗址浮选样品的采集是结合了"针对性采样"和"剖面采样"两种方法[①]。针对性采样方法是针对出土性质比较明确的各种遗迹单位，如房址、灰坑、灰沟等，在清理过程中及时采取适量土样作为浮选样品；剖面采样方法是在发掘结束后，选择一些探方，在其隔梁剖面上根据文化层的划分，采取系列地层的土样。应用这两种方法，在鱼化寨遗址先后采集到浮选样品103份（表三五八）。

表三五八 浮选样品采集情况表

		地层	灰坑	灰沟	房址	灶坑	合计
半坡类型	北首岭期	8	9		2		19
	半坡期	5	20		3		28
	史家期	6	4	27	3	1	41
半坡晚期类型			15				15
合计		19	48	27	8	1	103

鱼化寨遗址仰韶文化堆积分为四个不同的时期，即半坡类型的北首岭期、半坡期和史家期，以及半坡晚期类型。在各期堆积中采集到的浮选样品的数量略有不同，多则41份，少则15份。浮选样品的采集背景包括灰坑、灰沟、房址、灶坑等不同的遗迹，以及在探方隔梁上采取的地层土样。其中以采自灰坑的样品数量最多，计48份，占样品总数的47%；其次为灰沟和地层的样品，27份和19份，分别占样品总数的26%和18%；采自房址的样品数量较少，8份，占样品总数的8%；而灶坑的

---

* 本研究得到了国家文物局指南针计划项目"栽培大豆的起源和早期耕作技术研究"和文物保护科学和技术研究课题"北方旱作农业的形成过程——植物考古新资料及分析（课题号：20110221）"的共同资助。

① 赵志军：《植物考古学的田野工作方法——浮选法》，《考古》2004年第3期，80~87页。

样品数量最少，仅有1份。

采集到的浮选土样在发掘工地进行浮选，所使用的浮选设备是水波浮选仪，收取浮出炭化物质的分样筛的规格是80目（筛网孔径0.2毫米）。

经统计，103份浮选样品的土量总计为803升，平均每份样品的土量为7.8升。根据浮选工作现场的观察，鱼化寨遗址的浮选结果比较理想，从绝大多数样品中浮选出了炭化植物遗存。

浮选结果在当地阴干后被送交中国社会科学院考古研究所的植物考古实验室进行分类、植物种属鉴定和量化分析。植物种属的鉴定工作由杨金刚负责完成。

二、浮 选 结 果

通过实验室整理和显微镜观察，从鱼化寨遗址浮选出的炭化植物遗存可分为炭化木屑、坚果/核果、块茎残块、以及植物种子四类。

（一）炭化木屑

炭化木屑是指经过燃烧的木材的细小残存，其主要来源应该是未燃尽的燃料，或遭到焚烧的建筑木材以及其他用途的木料等。

一般而言，考古遗址浮选出土的炭化木屑很容易识别，在体视显微镜下观察，其细胞结构如导管、筛管和纤维等清晰可见。鱼化寨遗址的浮选样品所含的炭化木屑十分细碎，利用18目（网孔径1毫米）的分样筛，将每份样品浮选出土的大于1毫米的炭化木屑筛分出来，然后使用电子天平进行称重，103份浮选样品所含炭化木屑的总重是120克，平均每份样品含量为1.17克。但由于每份浮选样品的土量不同，实际平均含量需要进行等量换算。如果按照每份样品10升土量进行等量换算，鱼化寨遗址浮选样品中的炭化木屑的平均含量应该是1.16克/10升。

对出土炭化木屑的植物种属鉴定需要比较专业的植物解剖学的知识和技术，而鱼化寨遗址出土炭化木屑又非常细碎，因此没有进行进一步的鉴定。

（二）坚果/核果

坚果（nut）和核果（drupe）均属于植物果实。坚果的果壳和核果的果核都十分坚硬，即便未被炭化，也能够长期保存在遗址的文化堆积中，因此，在考古遗址的发掘过程中经常可以发现炭化的或未被炭化的坚果果壳和核果果核。鱼化寨遗址自然也不例外（表三五九）。

1. 坚果遗存

坚果是干果（dry fruits）的一种，其果皮木质化，形成十分坚硬的果壳。常见的坚果有板栗、榛子、栎果、菱角等。在鱼化寨遗址浮选结果中发现的坚果遗存大多是破碎的果壳，从中鉴定出了菱角。另外还发现一个比较完整的栎果仁。

表三五九　坚果和核果遗存出土统计表

	半坡类型			半坡晚期类型	合计
	北首岭期	半坡期	史家期		
样品数量	19	28	41	15	103
坚果					
菱角壳（*Trapa.* sp）	30	54			84
栎果壳（*Quercus*）		1			1
其他坚果壳（残块）	52	106			158
核果					
李属（*Prunus*）			1		1

菱角（*Trapa* sp.）

菱是一种水生植物，果实的形态特征十分明显，外有三角形的硬壳，硬壳上突出有两个角（*T. bispinosa*）或四个角（*T. quadrispinosa*），被称为菱角。在鱼化寨遗址浮选出土的菱角壳都是残块（彩版五一，1），大小共计84块，其中54块发现于半坡期的样品中，其他30块出土于北首岭期的样品。因为没有发现完整的菱角，无法进一步确定其究竟应该属于两角菱还是四角菱，或二者都有。

栎果（*Quercus* sp.）

栎果也被称之为橡子，是壳斗科（Fagaceae）栎属（*Quercus*）树种的果实的统称。栎果的形状一般呈圆形或长圆形，壳薄而光滑，顶部有小尖，底部有木质化的花序总苞，形似斗状，所以被称之为"壳斗"。在壳斗科所属植物中，不同树种的果实的壳斗各具特色，其形状和大小、包覆果实比例、表面的纹饰等都有所不同，因此壳斗成为鉴别壳斗科植物的重要依据。但是，在鱼化寨遗址浮选结果中发现是一个栎果仁（彩版五一，2），所以未能进一步鉴定到种。

另外，在鱼化寨遗址浮选结果中还发现了158块破碎的坚果果壳，由于破碎过甚，已经无法鉴定种属。值得注意的是，这些破碎的坚果果壳全部出土于早期样品，即采自北首岭期和半坡期的浮选样品中，这与菱角和栎果遗存的出土情况是一致的，我们怀疑这些破碎的坚果果壳有可能属于菱角或栎果的壳。

2. 核果遗存

核果是肉果（fleshy fruits）的一种，其种子被三层果皮所包裹，外果皮很薄，仍被称之为"果皮"，中果皮异常发达成为可食用的"果肉"，内果皮木质化变成了坚硬的"果核"。核果大多属于水果类，例如桃、李、杏、梅、枣等，都是人类喜爱的果品。在鱼化寨遗址浮选结果中仅发现一例核果遗存。经鉴定，应该属于蔷薇科（Rosaceae）的李属（*Prunus*）。

（三）植物种子

炭化植物种子是鱼化寨遗址浮选工作的最大收获，在103份浮选样品中共计出土各种炭化植物种子29万余粒。

经过鉴定和统计，鱼化寨遗址出土的植物种子中绝大多数是藜属植物（*Chenopodium*）的种子，总计23.8万余粒，占出土植物种子总数的81.8%。然而，这些藜属植物种子的出土点异常集中，主要出自一份浮选样品中，即属于北首岭期的灰坑H201样品中。从这一份浮选样品出土的藜属植物种子数量竟然多达23.5万余粒，占到了藜属植物种子总数的99%。在浮选结果中，如果某一类植物种子的出土点异常集中，其反映的应该是一种特殊的文化现象，鱼化寨遗址出土藜属植物种子的情况就是一个很好的例证，对此将在后面给予讨论。但是，由于灰坑H201出土的藜属植物种子的数量过于庞大，属于异常样品，在应用统计学方法进行量化分析时，势必对其他浮选样品或其他出土植物种子的数量比例关系造成干扰，因此，为了能够在量化数据上更加清楚地说明各种出土植物种子之间的相互关系，在进行数量统计和量化分析过程中，应该将异常样品暂时去除，单独讨论。据此，在以下的植物种子鉴定和数量统计的分析中将不包括灰坑H201样品，样品基数改为102份样品。

在不考虑H201样品的情况下，鱼化寨遗址102份浮选样品出土的炭化植物种子总数是55802粒。经鉴定，这些炭化植物种子分别属于20余个不同的植物种类，其中有些可以准确地鉴定到种（species），有些仅能鉴定到属（genus）。另外还有少数出土的植物种子由于形态特征不明显，或缺乏可参照的现代对比标本，暂时未能鉴定到种属，故称之为"未知"种子（表三六〇）。

表三六〇 植物种子统计（去除H201）

	半坡类型			半坡晚期类型	合计
	北首岭期	半坡期	史家期		
样品数量	18	28	41	15	102
农作物					
粟（*Setaria italica*）	295	6267	251	29740	36553
黍（*Panicum miliaceum*）	358	1087	172	12012	13629
稻谷（*Oryza sativa*）					
稻米（残破）	1	3		1	5
稻谷基盘			2		
小麦（*Triticum aestivum*）		1	1		2
非农作物					
禾本科（Poaceae）					
狗尾草属（*Setaira*）	12	1975	51	306	2344
马唐属（*Digitaria*）			2	19	21
野燕麦（*Avena fatua*）		2	7		9
豆科（Leguminosae）					
野大豆（*Glycine sojo*）					
完整豆粒	10	20	7	4	41
残破豆粒	19	63	13	2	97
草木犀（*Melilotus*）	5	3	8	5	21
胡枝子属（*Lespedeza*）			4	6	10

续表

	半坡类型			半坡晚期类型	合计
	北首岭期	半坡期	史家期		
黄芪（*Astragalus membranaceus*）		1			1
鸡眼草（*Kummerowia striata*）			1		1
藜科（Chenopodiaceae）					
藜属（*Chenopodium*）	141	54	2762	17	2974
猪毛菜属（*Salsola*）			1	1	2
莎草科（Cyperaceae）					
藨草属（(*Scirpus*）	7		1		8
唇形科（Lamiaceae）					
紫苏（*Perilla frutescens*）	2	17	18		37
水棘针（*Amethystea caerulea*）			1		1
葡萄科（Vitaceae）					
野葡萄（*Vitis* sp.）	1				1
猕猴桃科（Actinidiaceae）					
猕猴桃属（*Actinidia*）			6		6
蔷薇科(Rosaceae)					
悬钩子属（*Rubus*）	2		2	1	5
榆科（Ulmaceae）					
朴树（*Celtis sinensis*）	1		1		2
未知	13	14	4	1	32

浮选出土植物种子可分为农作物和非农作物两大类，其中以农作物的出土数量为大宗，包括粟（谷子）、黍（糜子）、稻和小麦四个品种的谷粒，合计数量是50189粒，占所有出土植物种子总数的89.9%。在非农作物植物种子中，出土数量较为突出的有禾本科、豆科和藜科的植物种子，三者合计数量为5521粒，占出土植物种子总数的9.9%。剩余的其他植物种子分别属于蓼科、莎草科、唇形科、蔷薇科等，但出土数量都很少，合计数量不足百粒，仅占出土植物种子总数的0.2%。下面择要给予介绍。

1. 农作物

粟（*Setaria italica*）

鱼化寨遗址浮选出土了36553粒炭化粟粒，占农作物总数的72.8%，出土植物种子总数的65.5%。这些炭化粟粒均呈长圆状，平均粒长1.2毫米、粒宽1毫米、粒厚0.9毫米。粟粒的表面较光滑，胚部因烧烤而爆裂呈深沟状（彩版五一，3）。

黍（*Panicum miliaceum*）

鱼化寨遗址浮选出土的炭化黍粒的数量也很突出，共计13629粒，占农作物总数的27.2%，出土植物种子总数的24.4%。这些炭化黍粒的形状为近球状，直径在1.4～1.7毫米。黍粒的表面较粗糙，胚部因烧烤而爆裂呈张开的凹口状（彩版五一，4）。

稻（*Oryza sativa*）

在鱼化寨遗址浮选结果中发现的稻谷遗存包括炭化稻米和稻谷基盘两类，但数量极少，在出土植物种子总数乃至农作物总数中所占的比例都是微不足道的。

炭化稻米发现了5粒，分别出土于北首岭期（1粒）、半坡期（3粒）和半坡晚期的样品（1粒）。遗憾的是，鱼化寨遗址出土的炭化稻米都是碎粒，而且破碎较甚，不具备测量条件（彩版五一，5）。

在属于史家期的浮选样品中没有发现炭化稻米，却出土了2粒稻谷基盘（彩版五一，6）。生长中的稻谷籽粒是通过小穗（spikelet）与稻穗相连接的，稻谷籽粒的底部与小穗连接的圆环部位称作"基盘"，小穗的顶端与基盘连接的相应部位被称作小穗轴。需要说明的是，虽然稻谷基盘和小穗轴都是重要的稻谷遗存，但不是种子，与其他出土植物种子在绝对数量上没有可比性，因此在表三六〇的出土植物种子总数中并没有统计这两粒稻谷基盘。但稻谷基盘或小穗轴在其他的量化统计方法中仍然是重要的数据依据，例如出土概率的统计。

小麦（*Triticum aestivum*）

在鱼化寨遗址浮选结果中发现了2粒炭化小麦，分别出土于半坡期和史家期的样品中。出土小麦粒的形态特征十分明显，均呈圆柱状，背部隆起，腹沟很深（彩版五一，7）。经过测量，这两粒小麦粒的粒长、粒宽和粒厚分别是3.17、2.77和2.28毫米，以及3.52、2.30和1.96毫米。

中国科学院遗传研究所李璠等学者曾经对甘肃民乐东灰山遗址出土的炭化小麦粒做过详细的形态学的观察和分析[①]，他们根据测量结果将东灰山小麦分为大粒型、普通型和小粒型，其中大粒型的平均粒长和粒宽分别是5.70和3.75毫米，普通型4.90和3.35毫米，小粒型4.05和2.95毫米。他们推断大粒型和普通型属于普通小麦（*T. aestivum*），小粒型属于密穗小麦（*T. compactum*）中的小粒型品种。可以看出，鱼化寨遗址出土小麦粒的测量数据不仅小于现代普通小麦粒，而且还明显小于东灰山遗址出土的小粒型。这些小麦究竟应该属于那个品种，有待于农学家的分析和判断。

2. 禾本科（Poaceae）

在鱼化寨遗址浮选出土的非农作物植物种子中，以禾本科的数量较多，总计2374粒，占出土植物种子总数的4.3%。根据鉴定，这些禾本科植物种子分别属于狗尾草属、马唐属和野燕麦属。

狗尾草属（*Setaria*）

鱼化寨遗址浮选出土的禾本科植物种子大多数属于狗尾草属，共计2344粒，占禾本科植物种子总数的98.7%。经过进一步鉴定，其中的绝大多数是狗尾草（*S. viridis*）的种子。狗尾草的种子呈扁圆形，背部微凸，腹部扁平，平均粒长1毫米、粒宽0.7毫米、粒厚0.4毫米。胚部显著，呈U型，胚长约占整个粒长的2/1以上（彩版五一，8）。狗尾草为一年生杂草，是秋熟旱田的主要杂草种类。

---

① 李璠等：《甘肃省民乐县东灰山新石器遗址古农业遗存新发现》，《农业考古》1989年第1期。

马唐属（*Digitaria*）

出土的马唐属植物种子的数量较少，计21粒。马唐属植物种子的个体较小，略显细长，长度多在1毫米以下，宽度在0.5毫米左右，胚部较短小，胚长约占粒长的1/3。马唐属的植物多为一年生杂草，也是秋熟旱田的主要杂草。

野燕麦属（*Avena*）

出土的燕麦属植物种子的数量很少，仅有9粒。经过进一步鉴定，都是野燕麦（*A. fatua*）种子。野燕麦种子呈圆柱形，粒长约3.5毫米，粒宽约1.3毫米（彩版五一，9）。野燕麦也称作铃铛麦。是夏熟作物麦田中常见的伴生杂草。

3. 豆科（Leguminosae）

鱼化寨遗址浮选出土的豆科植物种子共计173粒，占所有出土植物种子总数的0.3%。其中以野大豆的数量最多，其他种属有胡枝子属和草木犀属，以及黄芪和鸡眼草。

野大豆（*Glycine sojo*）

出土的野大豆共计138粒，占豆科植物种子总数的79.8%。这些出土野大豆的形态特征比较一致，呈长椭圆形，背部圆鼓，腹部微凹，豆脐呈窄长形，位于腹部偏上部，虽然经过炭化有些爆裂，但豆皮保存基本完好（彩版五二，1）。其中完整的有41粒，根据测量，豆粒的长、宽、厚的平均值分别是2.73、1.92、1.52毫米（表三六一），这个平均数值不仅明显低于现生栽培大豆的尺寸，而且也小于现生的野大豆的平均尺寸。如果仅从形态特征上判断，鱼化寨遗址出土的炭化大豆遗存应该属于野生品种。

表三六一　野大豆测量

出土单位	时代	粒长 mm	粒宽 mm	粒厚 mm
H155	北首岭期	3.09	2.19	2.06
H155	北首岭期	3.17	2.38	1.67
H155	北首岭期	3.55	2.71	1.87
H155	北首岭期	2.21	1.61	1.49
H155	北首岭期	3.3	1.9	1.49
H155	北首岭期	3.11	2.15	1.84
H155	北首岭期	2.62	1.73	1.47
H155	北首岭期	3.12	1.57	1.55
H155	北首岭期	2.93	2.61	1.46
H155	北首岭期	3.88	2.1	1.82
H152	半坡期	2.73	1.91	1.42
H152	半坡期	2.99	1.85	1.8
H152	半坡期	3.35	2.01	1.16
H152	半坡期	2.61	2.09	1.43
H152	半坡期	2.33	1.73	1.53
H152	半坡期	2.45	1.6	1.21
H152	半坡期	2.68	1.9	1.38

续表

出土单位	时代	粒长 mm	粒宽 mm	粒厚 mm
H152	半坡期	2.52	1.74	1.52
H152	半坡期	2.98	2.08	1.86
H152	半坡期	2.12	1.68	1.24
H190	半坡期	2.61	1.87	1.47
H190	半坡期	2.63	1.8	1.51
H190	半坡期	3.09	2.38	1.93
H190	半坡期	2.5	1.98	1.68
H190	半坡期	2.3	1.54	1.16
H190	半坡期	2.33	1.48	1.32
H190	半坡期	2.38	1.57	1.36
H190	半坡期	2.18	1.72	1.22
H190	半坡期	2.51	1.86	1.43
H190	半坡期	1.77	1.49	1.3
G2③	史家期	2.2	1.8	1.35
G2③	史家期	2.9	1.62	1.57
G2③	史家期	3.63	2.38	1.84
G2③	史家期	2.79	1.85	1.74
F13	史家期	2.05	1.88	1.16
F13	史家期	2.46	1.8	1.35
F13	史家期	2.76	2.35	1.71
H189	半坡晚期	2.96	1.91	1.39
H189	半坡晚期	2.71	1.76	1.36
H189	半坡晚期	2.73	1.81	1.52
H187	半坡晚期	2.56	2.13	1.53

草木犀属（*Melilotus*）

鱼化寨遗址出土的草木犀属豆粒的数量较少，计21粒，占豆科植物种子总数的12.1%。草木犀属植物的豆粒呈肾状，长约1.7毫米，宽约1.2毫米，豆脐呈环丘状，位于腹侧下部凹陷处。草木犀属是一种草本类豆科植物。草本类豆科植物与人类的生活关系十分密切，其中包括各种豆类作物以及牧草和杂草等。

胡枝子属（*Lespedeza*）

出土的胡枝子属豆粒的数量也不多，仅10粒，占豆科植物种子总数的5.8%。胡枝子属植物的豆粒尺寸较小，略显细长，长度多在1.8毫米左右，宽度在1毫米上下，豆脐微小也呈环丘状，偏于腹侧中下部。胡枝子属是一种灌木类豆科植物，叶子具有浓郁的香味，适口性好，营养价值高，是饲养家畜的优良饲料。

在鱼化寨遗址浮选样品中发现的黄芪（*Astragalus membranaceus*）和鸡眼草（*Kummerowia striata*）的数量非常少，各仅发现了一粒，很难讨论它们与人类生活的关系，因此不再细述。但需要指出的是，黄芪虽然是豆科植物，但可利用价值却是根部，现今仍然被人们采集食用。

4. 藜科（Chenopodiaceae）

除去H201样品，鱼化寨遗址其他浮选样品出土的藜科植物种子总数是2976粒。经鉴定，其中的大多数属于藜属，少量属于猪毛菜属。

藜属（*Chenopodium*）

藜属植物的种子共计2974粒，尺寸很小，扁圆形，呈双凸透镜状，腹部具有放射状网纹，胚根显著，直径多在0.6～1.0毫米（彩版五二，2）。藜属是个大属，包括有250余个种，在中国有近20个种，其中以灰菜（*C. album*）最为普遍。鱼化寨遗址出土的藜属植物的种子大多数可以鉴定为灰菜。灰菜是一种常见的杂草类植物，主要生长于田间路边，旷野宅旁，其枝叶可以食用。

猪毛菜属（*Salsola*）

猪毛菜属的植物种子仅2粒，扁圆形，胚的特征很明显，呈螺旋状，尺寸较小，直径在0.8毫米左右。

5. 莎草科（Cyperaceae）

藨草属（*Scirpus*）

鱼化寨遗址浮选出土的藨草属植物种子共8粒，其中7粒出土于北首岭期样品中。种子卵形，腹部扁平，背部隆起（彩版五二，3）。藨草属植物多生长在湿地上或沼泽中，全国各地都有分布。

6. 唇形科（Labiatae）

鱼化寨遗址浮选出土的唇形科植物种子数量很少，计38粒，包括紫苏和水棘针种子。

紫苏（*Perilla frutescens*）

紫苏种子共出土37粒，呈卵圆形，外皮有六边形的褶皱纹，直径在1.5毫米左右。紫苏是一年生的草本植物，叶、梗和籽粒均能食用，在古代可能被作为食物，在现代是一种常见的中草药。

水棘针（*Amethystea caerulea*）

水棘针种子仅发现了1粒，种子很小，呈三棱状卵形，表面密布网状纹。水棘针是一种常见的杂草。

7. 葡萄科（Vitaceae）

葡萄属（*Vitis* sp.）

在鱼化寨遗址浮选结果中仅发现了1粒葡萄属植物的种子，而且已经破碎，但特征仍在，背面中部有一个内凹的合点，腹部有两条并列的深槽（彩版五二，4）。葡萄属植物是落叶藤本植物，包含60余个种，中国有近30个种，多数分布在长江以南地区。葡萄属中的绝大多数其果实可以食用。

8. 猕猴桃科（Actinidiaceae）

猕猴桃属（*Actinidia*）

在鱼化寨遗址浮选结果中发现了6粒猕猴桃属植物的种子，长圆形，表面布满蜂窝状小坑，尺寸较小，长约1.7毫米，宽约1.2毫米（彩版五二，5）。猕猴桃属植物主要分布在以中国为主的东亚地区，包含有数十个种，都可以食用，其中最著名的是中华猕猴桃（*A.chinensis*），是一种营养丰富的水果。猕猴桃属植物主要生长在温暖湿润的气候条件下，耐旱性较弱，对土壤水分和空气湿度的要求比较严格。

9. 蔷薇科（Rosaceae）

悬钩子属（*Rubus*）

浮选出土的悬钩子属植物种子共5粒，呈肾形，表面有显著网纹，长约1.5毫米，宽约1毫米（彩版五二，6）。悬钩子属的植物以灌木为主，但也有草本，其中有许多品种属于药用植物，有些品种的果肉酸甜多汁，可以生食或制果酱和酿酒，如各种树莓（也被称作"马林"）等。

10. 榆科（Ulmaceae）

朴树（*Celtis sinensis*）

在鱼化寨遗址中发现了2粒朴树的种子，个体较大，直径在8毫米左右，呈圆球状，表面有凹纹（彩版五二，7）。朴树是一种常见的落叶乔木，在我国主要分布于淮河流域和秦岭以南地区，向南至华南各省区，散生于平原及低山区。朴树的木材可用于建筑，茎皮纤维可作绳索，根、皮、嫩叶入药。

三、分析讨论

（一）炭化木屑的问题

前面介绍到，鱼化寨遗址103份浮选样品出土炭化木屑的总重为120克，根据等量换算，平均每份样品的含量为1.16克/10升。但实际上，每份浮选样品的炭化木屑含量是不同的，各样品之间存在着很大的差异。根据统计计算，103份浮选样品炭化木屑含量的中值（median）是0.26克/10升（图一三二四）。平均值与中值相差如此悬殊，说明平均值并没有能够如实地反映出鱼化寨遗址浮选样品的炭化木屑含量的整体情况。这应该是由异常样品造成的，从图一三二四中可以看出，有两份样品飘离大多数样品的分布范围，其炭化木屑含量显著地高于中值，这两份样品均采自半坡晚期灰坑H186，其中H186②层样品的炭化木屑含量是29.05克/10升，H186③b层样品的是20.90克/10升。

一般而言，浮选样品炭化木屑的含量与样品采集背景的性质应该存在某种相应关系。考古遗址

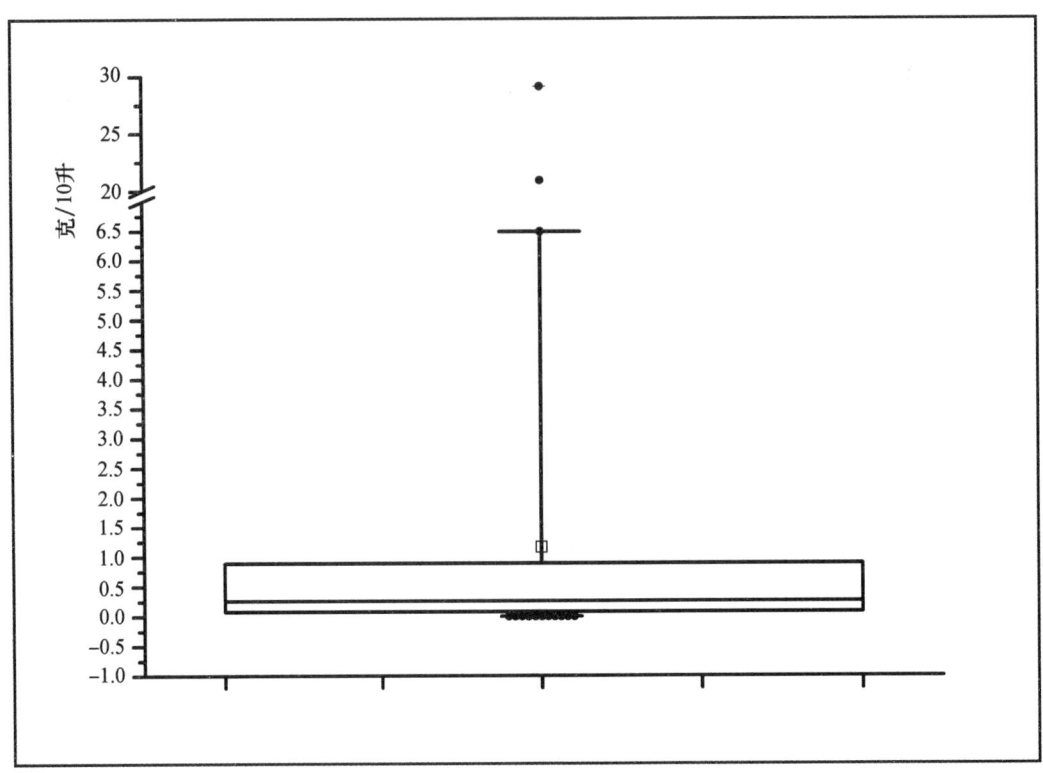

图一三二四 鱼化寨遗址浮选样品炭屑含量分析

中各种遗迹现象由于其功能的不同，埋藏炭化植物遗存的可能性和丰富程度相应地有所不同，例如，采自灰坑浮选样品的炭化植物遗存的含量一般都比较高，这是因为在考古遗址中发现的所谓灰坑其功能虽然是多种多样的，但大多数最终都成为了垃圾坑，即在其他原始功能丧失后被用作堆放垃圾的场所，所以出土的炭化植物遗存在种类上和数量上都比较丰富。

但是，鱼化寨遗址H186样品的炭化木屑的含量属于异常，高于平均值约20倍，高于中值近百倍。经过核查发现，采自H186的这两份浮选样品的植物种子出土情况也非常特殊，从中发现了大量的粟和黍两种小米的遗存，两份样品合计出土炭化粟粒29520粒，炭化黍粒11940粒，分别占鱼化寨遗址出土炭化粟粒总数的81%、炭化黍粒总数的88%。但是，除了数量巨大的粟和黍外，在这两份样品中没有发现任何其他植物种子。综合以上情况分析，灰坑H186应该是一处粮食窖藏，在使用期间不慎失火被焚烧，储藏的粮食无法再食用，所以被就地掩埋。如果这个分析是正确的，灰坑H186的浮选结果为探讨仰韶文化时期的粮食产量和储藏方式提供了重要信息和研究资料。

（二）农业生产特点的问题

一个地区的农业生产特点主要体现在耕作制度上，耕作制度又称为农作制度，包括农作物种植制度（cropping system）和与之相适应的农田管理制度（soil management），其中，种植制度是主体。种植制度是指一个地区在一定时期内的农作物组成及其种植方式，这是由当地自然条件、社会经济发展程度和农业生产技术水平决定的。据此，探讨古代农业生产特点可以从复原种植制度入手，即通过对考古遗址浮选出土的农作物遗存进行量化比较和分析，了解不同农作物品种在人们日常生活和生产活动中的地位和价值，进而判断当时的农作物种植制度以及农业生产特点。

鱼化寨遗址浮选出土了四种农作物遗存，但出土数量很不均衡，其中绝大多数是粟和黍两种小米，合计达5万余粒，稻和小麦的出土数量非常少，合计仅7粒。量化统计数据上的差距如此悬殊，这清楚地显示鱼化寨遗址古代先民的农业生产特点是以种植粟和黍两种小米为主，以及与之相应的旱作农业生产方式。

通过对鱼化寨遗址四个文化时期出土农作物的纵向比较可以看出，自北首岭期至半坡晚期当地的农作物种植制度相对比较稳定，始终都是以种植粟和黍两种小米为主，没有出现过显著的变化。粟和黍两种小米的农作物组合及其相应的种植方式是古代中国北方旱作农业的特点，有学者甚至将古代中国北方旱作农业称为"粟类作物农业"[1]。前面提到，鱼化寨遗址是一处非常典型的仰韶文化村落遗址，其文化面貌与同处关中地区的半坡、姜寨等仰韶文化村落遗址基本相同，因此，鱼化寨遗址的浮选结果具有一定的代表性。根据鱼化寨遗址浮选结果推断，在仰韶文化时期关中地区的农业生产特点始终都是属于典型的古代中国北方旱作农业传统，即以种植粟和黍两种小米为特点。

（三）稻谷遗存的问题

鱼化寨遗址浮选出土稻谷遗存的数量非常少，仅发现了5粒破碎的炭化稻米和2粒稻谷基盘，但提供的信息非常重要。

稻谷起源于长江中下游流域地区，是古代中国南方稻作农业传统的代表性农作物。20世纪的考古发现就已经揭示，稻谷有可能早在仰韶文化时期已经传播到了包括关中地区在内的黄河中游一带。根据当时的统计，共有7处属于仰韶文化时期的考古遗址发现了稻谷遗存[2]，但都属于偶然发现，而且主要是在红烧土上观察到的稻谷印痕，因此并没有引起学术界的广泛关注。自21世纪起，由于浮选法的应用，在中国北方地区不断发现新石器时代的稻谷遗存，特别是黄河中下游地区的龙山时代考古遗址，凡是开展过浮选工作的几乎都出土有稻谷遗存，这些新发现为探讨栽培稻和稻作农业北传的问题提供了重要的资料[3]。但是，属于仰韶文化时代的特别是仰韶文化早期的稻谷遗存仍然十分稀缺，鱼化寨遗址的发现弥补了这一缺憾。

鱼化寨遗址出土的仰韶文化时期稻谷遗存是通过系统的浮选法获得的实物资料，其中包括了属于仰韶文化早期阶段即北首岭期的炭化稻米遗存，这一发现不仅证实了北方地区仰韶文化存在稻谷的事实，而且还将稻谷传播到关中地区的时间向前推到距今7000年前后。

在鱼化寨遗址浮选结果中发现了两粒稻谷基盘。栽培稻和野生稻在生物特性上最根本的区别之一就是栽培稻丧失了成熟后自然脱粒的功能，所谓"脱粒"就是指基盘与小穗轴之间的分离，换句话说，基盘与小穗轴的连接面的特点是决定稻谷成熟后能否自然脱粒的关键，因此稻谷基盘及其特征也就成为了判别栽培稻与野生稻的重要标准。考古发现证实，稻谷的驯化过程起始于距今一万年

---

[1] 石兴邦：《中国新石器时代考古文化体系及其有关问题》，《亚洲文明论丛》第一集，四川人民出版社，1992年，28～50页。

[2] 吴耀利：《黄河流域新石器时代的稻作农业》，《农业考古》1994年第1期。

[3] 赵志军：《中华文明形成时期的农业经济发展特点》，《中国国家博物馆馆刊》2011年第1期。

前后①，而仰韶文化的年代最早在距今7000年前后；另外，鱼化寨遗址位于秦岭以北的关中地区，远离野生稻的自然分布范围，因此，鱼化寨遗址浮选出土的稻谷遗存应该属于栽培稻，不存在栽/野属性的鉴定问题。但是，基盘是稻壳的一部分，浮选出土的稻谷基盘说明鱼化寨遗址存在带有稻壳的稻谷，这对判断鱼化寨遗址稻谷遗存的来源问题应该有一定的帮助。

（四）小麦遗存的问题

小麦起源于西亚，后通过中亚传入中国。截至目前，在中国发现的年代比较可靠的最早的小麦遗存都属于龙山时代，其中通过浮选法发现有龙山时代小麦遗存的考古遗址有：山东的日照两城镇、烟台照格庄、胶州赵家庄、聊城校场铺，河南的博爱西金城、禹州瓦店，安徽的禹会村等②。胶州赵家庄遗址出土的小麦遗存经过碳十四年代测定，结果是2500~2270BC③。这些重要的发现对探讨小麦的传入中国的时间和传播路线提出了新的证据。

但是，鱼化寨遗址浮选出土的两粒小麦遗存的年代有些出乎意料，一粒发现于半坡期的灰坑H169，另一粒出土于史家期的壕沟G2。半坡期和史家期都属于仰韶文化的半坡类型，年代在距今6500~6000年。如果这两粒小麦的年代确实与其出土的堆积单位的年代一致的话，鱼化寨遗址的新发现就将小麦传入中国的年代整整提前了两千年，其学术意义十分重大。

然而，鱼化寨遗址出土小麦遗存的年代问题还存在另外一种可能性，即出土层位的混淆。考古发现的遗迹和遗物皆因埋藏在土壤中才得以保存，但土壤自身的特性以及自然界中各种因素对土壤的作用可能会扰动埋藏中的古代文化遗存，由于炭化植物遗存如植物种子的个体非常细小，在埋藏过程中受到扰动的可能性更为严重。例如，植物根系在生长过程中对周边土壤产生的机械挤压作用，以及植物死亡后其根系腐朽在土壤中造成空洞，都有可能改变炭化植物遗存的埋藏层位或位置。再例如，生活在土壤中的蚯蚓、蚂蚁等蠕虫或昆虫的活动也能够对埋藏的炭化植物遗存造成搬运作用。因此，对于鱼化寨遗址出土小麦遗存的年代不能过早下结论，应该有待于直接的碳十四年代测定结果，并参考更多的相关考古资料进行综合的分析和探讨。

（五）杂草种子的问题

在鱼化寨遗址浮选出土的非农作物类植物种子中，禾本科植物种子的数量较为突出，其中又以狗尾草属植物种子的数量最多。禾本科植物中有许多品种是常见的田间杂草，田间杂草之所以被人类视为危害，是因为它们在农田中与人类所种植的农作物争夺生存资源（光、水、土壤、养分等）。自然界植物的竞争主要发生在那些适于同等生存条件的植物品种之间，作为田间杂草，它们的竞争或危害对象主要是与其在生长习性上和对生态环境的需求上都十分相似的农作物品种。

鱼化寨遗址浮选出土农作物遗存以粟为主。粟在植物分类上也是归属于狗尾草属，因此，以种

---

① 赵志军：《中国古代农业的形成过程——浮选出土植物遗存证据》，《第四纪》2014年34卷第1期，73~84页。

② Zhao Zhijun. "Eastward Spread of Wheat into China—New Data and New Issues".Chinese Archaeology, Vol. 9, 2009. pp1-9.

③ 靳桂云等：《山东胶州赵家庄遗址发现龙山文化小麦遗存》，《中国文物报》2008年2月22日第7版。

植粟为主的农田中的伴生杂草应该以狗尾草属的品种为多。换句话说，鱼化寨遗址出土的狗尾草属种子很可能是当时农田中生长的杂草，混杂在被收获的谷物中被人带入遗址的，然后在脱粒和扬场的过程中被剔除出来，最后被当垃圾抛弃并埋藏在了鱼化寨遗址的文化堆积中。

（六）菱角的问题

鱼化寨遗址浮选出土的菱角遗存耐人寻味。菱角是一种水生植物，一般生长在温暖湿润的静水环境中，如南方地区的池塘、浅湖、沼泽等。菱角的种植现在主要分布在长江三角洲和珠江三角洲地区，在这些地区的史前考古遗址中也经常发现有菱角遗存，例如著名的河姆渡遗址和田螺山遗址就出土有大量的菱角遗存[①]。然而，菱角在北方地区的史前考古遗址中并不常见，此次在鱼化寨遗址出土了一定数量的菱角遗存，而且集中出土于早期的浮选样品中，即北首岭期和半坡期的浮选样品中，这一现象值得关注。

鱼化寨遗址出土菱角所反映的信息有可能是文化方面的，也有可能是环境方面的。仰韶文化恰处在全新世大暖期期间，当时关中地区的气候应该比现今更加温暖湿润，水源相对充足，鱼化寨遗址周边可能存在有利于菱角等水生植物生长的环境。菱角集中发现于早期的浮选样品中，这可能与遗址微环境的变化有关。即随着农业生产的不断开发，鱼化寨遗址周边地区的水生环境不断缩小，最终导致菱角等水生植物丧失了生存环境。

（七）藜属植物种子的问题

将鱼化寨遗址出土的藜属植物种子放在最后讨论，是因为情况过于特殊。如前所述，鱼化寨遗址浮选出土的藜属植物种子总计达23.8万余粒，而且其中的绝大部分（99%以上）出自一份浮选样品中，即属于北首岭期的灰坑H201样品中。鱼化寨遗址出土的藜属植物种子的数量如此巨大，而且出土的单位如此集中，不应该是一种偶然现象，这说明对于鱼化寨遗址的古代先民而言，藜属植物可能具有某种特殊的用途。

藜属植物包括有250余个种，分布在中国的约有20个种，其中有些品种可以用作家畜饲料，如市藜（*C. urbicum*），有些品种可用作中草药材，如土荆芥（*C. ambrosioides*），还有些品种的嫩叶人类可以食用，例如灰菜。除此之外，分布在中国的藜属植物中绝大多数品种都属于杂草类植物，对农田有一定的危害。然而，分布在美洲的藜属植物对人类却非常重要，其中包含有栽培作物。例如，生活在北美洲的古代印地安人曾经将某种野生的藜属植物驯化成为了栽培作物品种（*C. berlandieri*），考古发现证实，至迟在距今3500年前后，这种栽培藜成为美国中西部地区和东南部地区印第安人种植的主要谷物类作物。随着玉米从中美洲传入北美洲后，栽培藜逐渐退出了当地的农业生产。南美洲地区也有自己的栽培藜，目前在少数地区仍然继续种植这种栽培藜，被称之为藜麦（*C. quinoa*），其谷粒扁圆形，尺寸略小于粟和黍。

然而，藜属植物在美洲的辉煌历史是否在中国也曾出现过，换句话说，藜属植物在中国乃至东

---

① 傅稻镰等：《田螺山遗址植物考古分析》，北京大学中国考古学研究中心和浙江省文物考古研究所编：《田螺山遗址自然遗存综合研究》，文物出版社，2011年，47~96页。

亚地区是否有可能也属于一种被放弃的原始栽培作物，这是一个非常有趣的但需要认真考虑的问题。从这个意义上讲，鱼化寨遗址出土的异常丰富的藜属植物种子具有重要的学术价值，值得今后进一步的分析和研究。

四、结　　语

伴随鱼化寨遗址2002～2005年度的发掘，采集并浮选土样103份，从中出土了丰富的炭化植物遗存。在浮选出土的炭化植物种子中，藜属植物种子的出土情况比较特殊，除此之外，以农作物的数量最为突出，其中包括了粟、黍、稻和小麦四个不同的品种，对探讨鱼化寨遗址当时的农业生产特点提供了条件。

在浮选出土的四种农作物遗存中，绝大多数是粟和黍两种小米，稻和小麦的出土数量非常少，量化统计数据上的悬殊差距说明，鱼化寨遗址古代先民的农业生产特点是以种植粟和黍两种小米为主，当时的农业生产特点属于典型的古代中国北方旱作农业传统。

鱼化寨遗址浮选出土稻谷遗存的数量虽然很少，但提供的信息非常重要，不仅证实了北方地区仰韶文化存在稻谷的事实，而且还将稻谷传播到关中地区的时间向前推到距今7000年前后。小麦起源于西亚，后传入中国，目前在中国发现的年代比较可靠的最早的小麦遗存都属于龙山时代。鱼化寨遗址小麦的出土背景的年代在距今6500～6000年间，这就将小麦传入中国的年代又提前了两千年。但是，由于存在植物遗存出土层位混淆的可能性，对于鱼化寨遗址出土小麦遗存的年代不宜过早下结论，应该有待于直接的碳十四年代测定结果，并参考更多的相关考古资料进行综合的分析和探讨。

鱼化寨遗址浮选出土的非农作物遗存也很重要，例如，出土的狗尾草属种子很可能是当时旱作农田中生长的杂草，出土的菱角反映了鱼化寨遗址早期微环境的特点，出土的藜属植物种子为探讨中国是否存在属于藜属的原始栽培作物提供了重要线索。

第七章 出土仰韶文化早期彩陶的初步科学分析

彩陶是中华文化的重要组成部分，本文以陕西出土的部分彩陶为研究对象，运用自然科学方法和现代科技手段对彩陶的物理性能、表面的微观结构、颜料与胎体的化学组成进行了初步测试与分析。

1. 样品来源与描述

彩陶样品共15片，其中半坡期13片，史家期2片。样品概况见表三六二。

表三六二　彩陶样品概况

考古学编号	期别	样品描述	样品照片
T0816③：71	半坡	器物口沿，泥质胎，表面施黑彩	
G1⑥：52	半坡	器物口沿，泥质胎，表面由口沿往下呈橙红色、褐红色、棕红色	
T0311③：42	半坡	器物口沿，泥质胎，口沿与表面施黑彩	
T1214③：35	半坡	器物口沿，泥质胎，表面施黑彩	
G1⑥：51	半坡	器物口沿，泥质胎，表面施黑彩	
T0411③：35	半坡	器物口沿，泥质胎，表面呈橙红色和褐红色	
G1⑦：78	半坡	器物口沿，泥质胎，表面施黑彩（颜料层极薄）	
G2③：67	半坡	器物口沿，泥质胎，表面施灰白色彩	

续表

考古学编号	期别	样品描述	样品照片
G2③:67	半坡	器物口沿，泥质胎，表面施灰白色彩	
G1⑨:75	半坡	器物口沿，泥质胎，表面施黑彩	
G1⑥:53	半坡	器物口沿，泥质胎，表面由口沿往下呈现灰白色、橙红色	
T0810G2④:56	半坡	器物口沿，泥质胎，表面施黑彩	
G1⑥:54	半坡	器物口沿，泥质胎，表面由口沿往下呈现灰白色、橙红色和棕红色	
T1312⑤:35	半坡	器物口沿，泥质胎，表面施黑彩	
T1312④:26	史家	器物口沿，泥质胎，表面施黑彩	
T0816⑧:52	史家	器物口沿，泥质胎，表面施黑彩	

2. 实验部分

2.1 彩陶物理性能测试

为了减少对样品的损坏，选取了6个彩陶片做了物理性能（吸水率、显气孔率和体积密度）的测试。

在蒸馏水中利用真空清洗去除样品表面浮土及杂质后，放入烘箱中干燥至恒重（每隔三小时两次连续称量质量之差小于0.1%），称量样品干重，记为m_1；再将样品放入可抽真空的器皿中，样品之间互不接触，水面高于样品平面约1cm，用循环水真空泵抽真空，抽至无气泡冒出。然后将样品取出，用一块浸湿过但不滴水的毛巾轻轻将表面水珠蘸去，然后立即称重，记录每个样品的湿重，记为m_2；将饱和水的样品用细线绑好，挂在天平左边的吊环上，天平载物台上放置一个含适量蒸馏水的大烧杯，将样品整体没入水中，注意四周不与器壁接触，然后称重，记录每个样品的悬浮重，记为m_3；最后，根据公式计算：吸水率=$(m_2-m_1)/m_1*100\%$；显气孔率=$(m_2-m_1)/(m_2-m_3)*100\%$；体积密度=$m_1*D/(m_2-m_3)$计算结果（其中D为测量时水的密度，此为0.99681）。

根据上述实验步骤及计算原理，得到实验样品的吸水率、显气孔率和体积密度，结果见表三六三。

表三六三 彩陶物理性能测试结果

样品编号	干重m_1（g）	湿重m_2（g）	悬浮重m_3（g）	吸水率（%）	显气孔率（%）	体积密度（g/cm³）
T0816⑧：52	16.72	18.34	10.00	9.69	19.42	2.00
T1312④：26	19.55	22.05	12.30	12.79	25.64	2.00
G2③：67	17.32	19.47	11.55	12.41	27.15	2.18
G1⑦：78	30.26	35.26	18.35	16.52	29.57	1.79
G1⑥：54	16.37	18.57	10.20	13.44	26.28	1.95
G1⑥：51	14.76	16.64	8.85	12.74	24.13	1.89

2.2 显微结构的观察

为了解陶片的表面彩绘颜料和胎体微观结构情况，利用超景深三维视频显微系统进行了观察。观察结果见下图。

2.3 彩陶胎体和表面颜料的化学组成分析

测试仪器：德国布鲁克公司生产的ARTAX-400可移动式微区能量色散X射线荧光光谱仪。测试条件：Mo靶X射线，光管功率40w，分析元素范围11Na-92U，空间分辨率0.2~1.5mm。

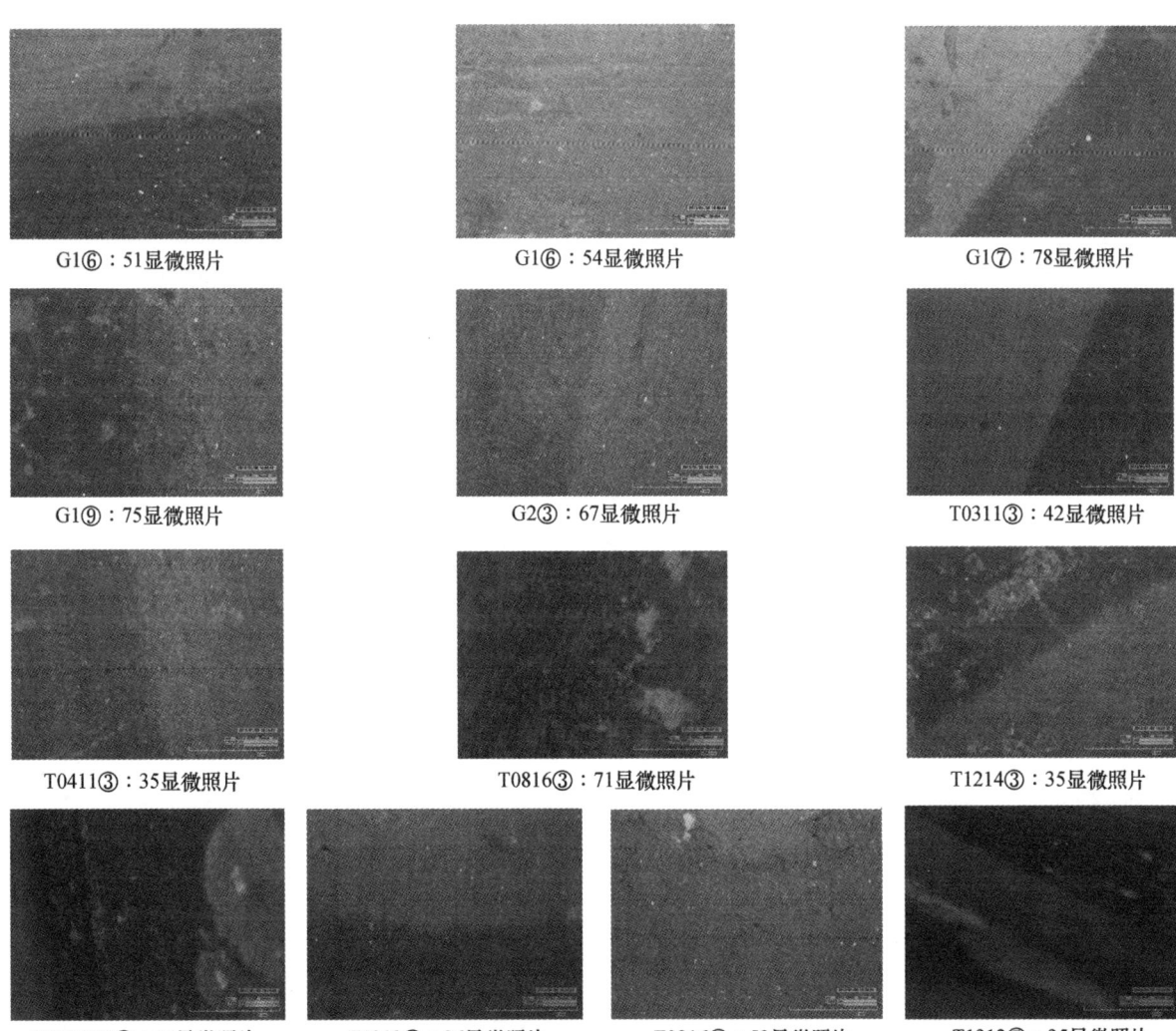

图一三二五 彩陶表面的显微结构照片

为减小误差，将彩陶胎体取样研成粉末，再在压片机上压成一圆片后，利用可移动微区X射线荧光光谱仪测定2-3个点，最后取其平均值；表面颜料采用直接原位进行测试。测试结果分别见下表三六四和表三六五。

表三六四　彩陶胎体的XRF分析结果

实验编号	化学组成（wt%）									
	Na_2O	MgO	Al_2O_3	SiO_2	P_2O_5	K_2O	CaO	TiO_2	MnO	Fe_2O_3
T0816⑧：52	0.08	3.00	17.61	73.07	0.05	1.81	0.71	0.56	0.07	3.72
T0816③：71	4.28	3.59	17.77	67.02	0.12	1.95	0.80	0.48	0.06	4.55
T0810G2④：56	0.08	3.10	17.35	73.20	0.04	1.58	0.98	0.49	0.06	3.78
T0411③：35	1.92	3.57	16.96	71.50	0.02	1.81	0.60	0.50	0.06	3.72
T0311③：42	0.07	3.80	17.40	72.51	0.05	1.90	0.58	0.49	0.07	3.76
T1312⑤：35	1.56	4.86	17.49	69.57	0.00	1.85	0.83	0.47	0.06	3.94
T1312④：26	4.13	4.40	15.57	70.09	0.14	1.43	1.02	0.43	0.06	3.35
T1214③：35	0.43	2.95	15.92	74.64	0.30	1.70	0.88	0.43	0.05	3.34
G2③：67	3.24	3.42	18.46	68.51	0.08	1.64	0.68	0.52	0.07	4.02
G1⑨：75	1.72	4.47	16.46	70.09	0.24	2.09	1.13	0.43	0.07	3.94
G1⑦：78	2.73	7.74	16.52	63.71	0.16	2.24	3.87	0.42	0.05	3.22
G1⑥：54	0.08	4.74	17.72	69.37	0.44	2.28	1.27	0.51	0.08	4.17
G1⑥：53	0.08	4.13	18.15	70.15	0.03	2.18	0.84	0.50	0.07	4.53
G1⑥：52	0.39	2.79	17.69	72.62	0.04	1.96	0.68	0.52	0.07	3.90
G1⑥：51	3.31	3.82	16.61	69.90	0.06	1.88	0.78	0.46	0.07	3.76

表三六五　彩陶颜料的XRF分析结果

考古编号	部位	化学组成（wt%）									
		Na_2O	MgO	Al_2O_3	SiO_2	P_2O_5	K_2O	CaO	TiO_2	MnO	Fe_2O_3
G1⑥：51	黑彩	2.92	6.16	14.98	64.71	0.36	2.13	2.05	0.66	1.50	5.21
G1⑦：78	黑彩	10.88	5.16	9.22	50.71	3.75	2.71	11.24	0.53	1.45	4.69
G1⑨：75	黑彩	10.39	6.19	13.29	55.52	0.77	2.85	3.41	0.70	0.57	7.20
G2③：67	灰白色彩	0.08	3.77	17.23	69.81	0.77	2.11	1.50	0.69	0.40	4.36
T0311③：42	黑彩	0.09	4.40	14.72	67.80	0.73	2.31	3.55	0.63	1.64	4.84
T1214③：35	黑彩	0.85	2.63	11.44	69.10	3.56	2.50	2.77	1.10	2.52	4.19
T1312⑤：35	黑彩	1.84	5.79	14.59	67.25	0.26	1.80	1.48	0.74	2.20	4.61
T0816⑧：52	黑彩	0.10	5.47	9.94	57.53	4.93	1.93	2.64	0.90	1.82	15.49
T0816③：71	黑彩	7.00	4.58	15.12	61.36	0.40	3.03	1.70	0.74	0.60	6.32
T0810G2④：56	黑彩	0.14	5.29	13.38	64.31	0.81	3.46	3.12	1.06	1.43	8.10
T0411③：35	橙红色	2.77	5.33	16.47	68.14	0.13	2.08	1.19	0.52	0.09	3.88
	褐红色	7.19	3.01	13.29	60.05	0.68	3.34	2.25	0.61	0.70	9.65
T1312④：26	黑彩	4.22	4.58	13.32	63.85	0.40	2.00	1.49	1.31	3.20	6.54

续表

考古编号	部位	化学组成（wt%）									
		Na_2O	MgO	Al_2O_3	SiO_2	P_2O_5	K_2O	CaO	TiO_2	MnO	Fe_2O_3
G1⑥：54	灰白色	4.38	11.02	15.00	57.82	0.92	3.26	4.10	0.42	0.09	3.59
	橙红色	4.60	6.72	16.60	63.17	0.32	2.29	1.84	0.52	0.30	4.24
	棕红色	0.09	11.51	14.24	61.26	0.72	4.77	3.32	0.51	0.31	4.01
G1⑥：53	橙红色	1.57	4.35	16.68	68.43	0.44	2.95	1.56	0.50	0.13	4.09
	灰白色	5.93	3.68	15.77	65.54	0.57	2.88	1.51	0.68	0.21	3.90
G1⑥：52	橙红色	4.48	4.53	16.43	66.51	0.53	2.41	1.21	0.48	0.09	3.94
	褐红色	3.00	3.42	13.84	54.04	1.84	2.62	3.72	3.10	2.05	13.33
	棕红色	1.82	4.71	16.88	68.84	0.78	2.03	1.11	0.55	0.08	3.97

2.4 彩陶胎体和表面颜料的物相分析

实验仪器：Smart LAB型X射线衍射仪（日本理学株式会社）。测试条件为铜靶，管电压：40KV，管电流：150mA，宽度：0.02°，扫描速度：30°/min。

2.4.1 彩陶胎体的物相分析

将彩陶胎体研磨成粉末，采用粉末衍射法测定胎体的物相组成。彩陶胎体的物相分析结果见图一三二六。

2.4.2 彩陶颜料的物相分析

由于彩陶表面的颜料量太少，无法利用粉末法进行测试，根据彩陶表面颜料分布的状况，选择了部分样品尝试采用原位测试的方法进行测试，测试结果如图一三二七所示。

3. 结果分析

图一三二五彩陶显微结构观察结果显示，彩陶表面主要以黑彩为主，部分形成橙红色或棕红色，颜料涂刷不均匀；陶器胎体外表面磨光，断面可见不均匀分布有一些细小的白色颗粒物质。

由表三六三彩陶物理性能结果可见，除了编号为T0816⑧：52的彩陶样品吸水率和显气孔率较低外，其他几个样品较为接近，平均值分别为13.44%和26.15%；彩陶的体积密度差别不显著，平均在2.00左右。

从表三六四和图一三二六中可见，陶器胎体的主要化学组成是SiO_2、Al_2O_3、K_2O、CaO、Fe_2O_3等化合物，物相组成主要是石英矿物和结晶程度较差的黏土类矿物，表明彩陶胎体的原料可能使用的是较为纯净的黏土类陶土。而且含有的Fe_2O_3量在4%左右，在氧化气氛中烧制时会形成铁红色，这也是造成彩陶胎体大多呈现红陶的原因。

从表三六五和图一三二七的XRF成分分析和XRD结果综合分析来看，彩陶表面的颜料里都含有石英矿物，橙红色或棕红色颜料的显色元素主要是Fe元素，显色物相可能是Fe_2O_3，黑色颜料的显色元素主要是Fe、Mn元素，显色物相可能是Fe_3O_4或铁锰的化合物。此外，表面颜色的深浅与涂刷的厚度也有一定的关系，颜料少的部位颜色偏淡、偏红，颜料较厚的部位颜色较深、较黑。

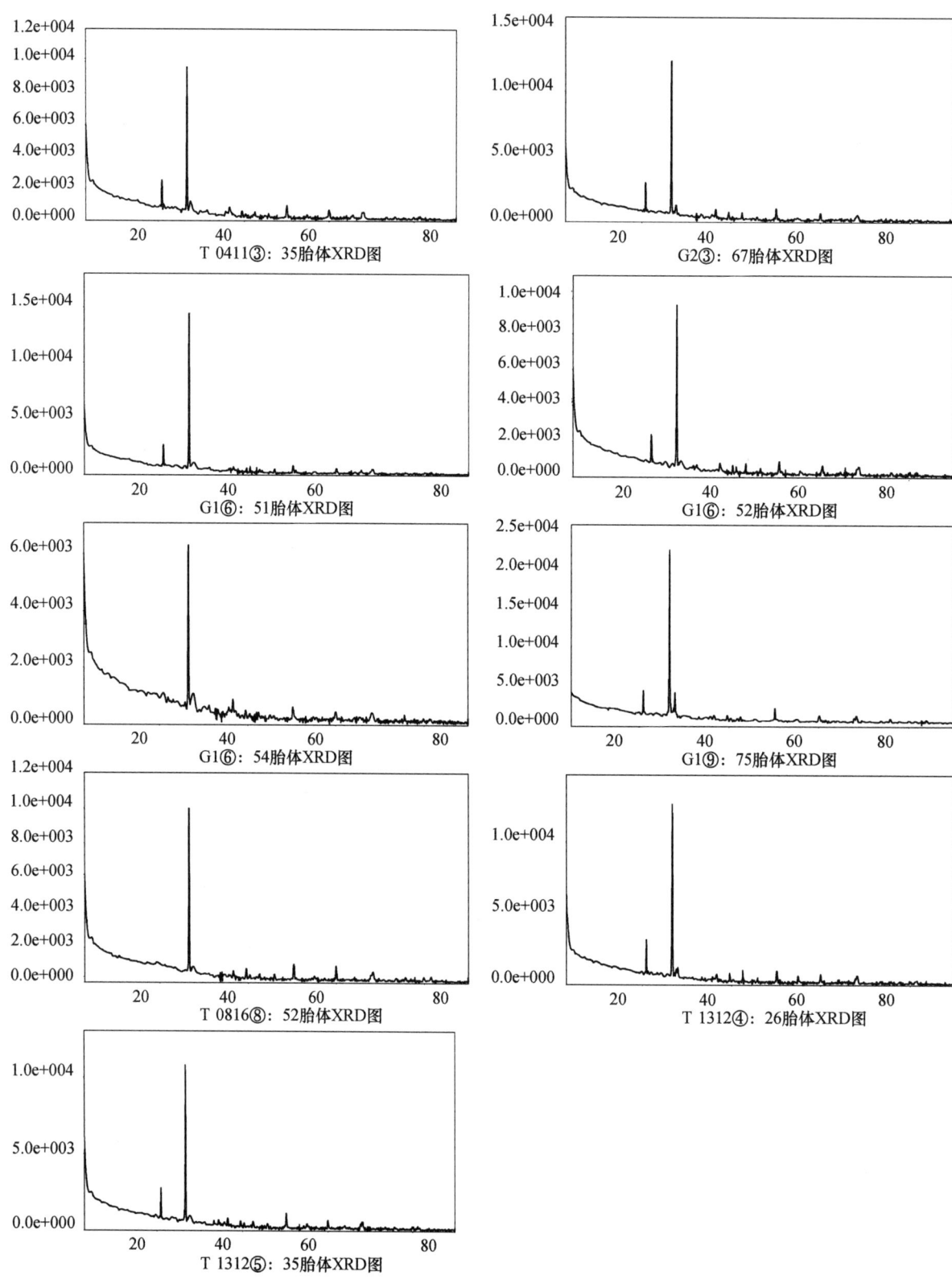

图一三二六　部分彩陶胎体的XRD图

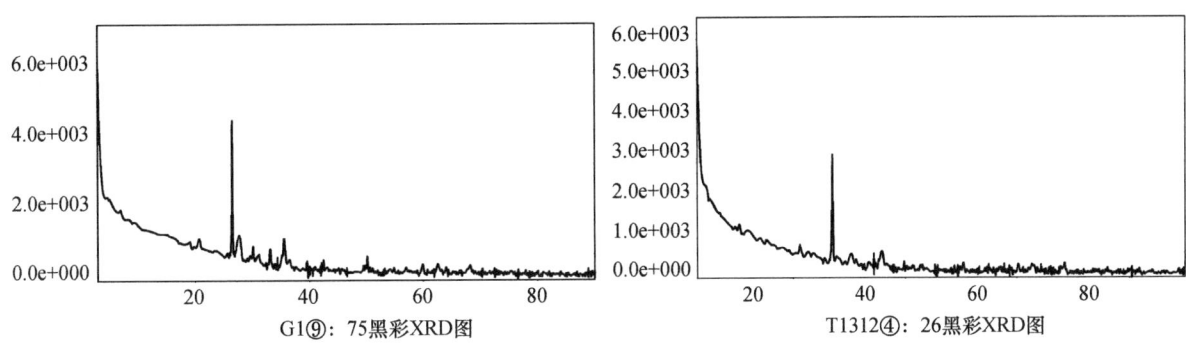

图一三二七 部分彩陶颜料的XRD图

结　　语

鱼化寨遗址的发掘资料十分丰富，大体的文化面貌与关中地区同时期的遗存基本保持一致，同时也具备一些自身的特点。总体说来，鱼化寨遗址的发掘有以下几个方面的意义：

第一，为"北首岭期"的确认提供了可靠的地层证据。近年来关于"北首岭期"的相关讨论一直比较热烈，鱼化寨遗址第⑨~⑫层即仰韶文化一期一段遗存就属于"北首岭期"，其年代应为仰韶文化早期的最早阶段。鱼化寨遗址不仅在地层方面提供了此类遗存早于传统观点中"半坡期"遗存的证据，而且陶器、遗迹等方面反映的特征，也说明此类遗存晚于老官台文化，与仰韶文化有着更为亲密的关系，应属于仰韶文化的范畴。除了大量遗物，鱼化寨遗址还发现有这一时期的房址、灰坑、灶址等遗迹单位，其中房址发现有10座，是目前此类遗存发现房址最多的，大大补充了这一时期有关房址的资料，对于我们全面、准确地认识此类遗存的面貌有重要意义。结合关中地区其他遗址已经发现的墓葬等资料，这一时期的文化面貌逐渐清晰起来。

第二，大量瓮棺墓的集中发现是此次发掘的一大收获。鱼化寨遗址发现的仰韶文化早期瓮棺墓数量多，分布密集，是关中地区继临潼姜寨遗址之后的又一次大规模发现。鱼化寨遗址瓮棺墓的分布颇具特色，除了具备分布在房址附近这一普遍特征之外，还出现了数座墓葬连成一片形成小型墓地和数十座墓葬连成一片形成大型墓地的情况，这一现象在其他已经发掘的遗址中还没有见到。特别是大型墓地的发现，说明墓地不仅仅只存在于成年人墓葬中，未成年人墓葬也有相似的情况，只是未成人的墓地中墓葬的排列和分布的规律并不明显。这批墓葬的发现，大大拓展了我们对于关中地区仰韶文化时期未成年人葬俗的认识。

第三，双重环壕聚落是鱼化寨仰韶文化早期聚落的主要特征。鱼化寨遗址的内、外环壕分别呈圆形、多边形，既保留有仰韶文化早期环壕的基本特征，也出现了仰韶文化中期环壕的多边形因素。与半坡遗址的双重环壕功能有所不同，鱼化寨遗址的双重环壕均具备防御的功能，这种双重环壕防御的聚落形态，在渭水流域还是首次发现。目前渭水流域发现的仰韶文化早期聚落的规模均较小，但各类遗迹的形态与聚落的整体形态都比较成熟；聚落的布局是凝聚的内向式，聚落周围一般有壕沟环绕，或者有防御功能的自然屏障；聚落内部区域有明确的划分，房屋、墓葬都可以分组，居住区与墓葬区相分离。鱼化寨聚落与渭水流域同期聚落的形态基本相同，不过其双重环壕的结构加上丰富的地层堆积，使得我们将其聚落形态进行更加细微的研究成为可能，这也是我们进行继续研究的一个方向。

受发掘面积与编者水平的限制，目前对于鱼化寨遗址的研究还颇为浅显。鱼化寨遗址显示出来的诸多特征，反映了关中地区仰韶文化遗存在文化面貌保持高度一致的同时，也存在着显著地多样性，这也促使我们在今后的工作中能够不断有新的发现，进而有新的认识。文中谬误，在所难免，敬请批评指正。

附 表

附表一 鱼化寨遗址遗迹统计表（共531座）

期别		房址（107）	灰坑（255）	灶（29）	窑（1）	土坑墓（14）	瓮棺葬（123）	壕沟（2）
北首岭期（36）		10座：F14、F32、F46、F49、F52、F69、F70、F72、F76、F86	25座：H143、H146、H147、H148、H154、H155、H157、H158、H166、H177、H181、H196、H197、H198、H200、H201、H202、H224、H225、H228、H229、H231、H235、H243、H253	1座：Z14				
仰韶文化半坡类型（257）	半坡期 5 4 2 5 7 9	71座：F2、F5、F6、F8、F15、F17、F20、F21、F22、F23、F24、F25、F26、F27、F28、F29、F30、F31、F33、F34、F35、F36、F37、F38、F39、F40、F41、F42、F43、F44、F45、F47、F48、F51、F53、F54、F55、F56、F57、F58、F59、F60、F61、F62、F63、F64、F65、F66、F67、F68、F71、F73、F74、F75、F78、F79、F80、F81、F82、F83、F84、F85、F87、F88、F89、F90、F100、F101、F102、F103、F107	72座：H5、H9、H10、H13、H17、H20、H22、H28、H30、H32、H80、H81、H88、H91、H97、H99、H106、H107、H108、H109、H111、H144、H145、H149、H150、H151、H152、H153、H156、H160、H161、H162、H163、H164、H165、H167、H168、H169、H170、H171、H172、H173、H174、H175、H176、H178、H179、H180、H182、H183、H185、H190、H191、H193、H194、H195、H199、H203、H205、H207、H210、H222、H230、H232、H236、H240、H241、H244、H248、H249、H252、H254	6座：Z5、Z6、Z7、Z15、Z25、Z27		12座：M2、M3、M4、M5、M7、M6、M8、M9、M10、M11、M12、M13、M14	96座：W1、W4、W6、W7、W8、W9、W10、W11、W12、W13、W14、W15、W16、W17、W18、W19、W21、W22、W23、W24、W25、W28、W32、W33、W34、W35、W36、W37、W38、W39、W40、W41、W42、W43、W44、W45、W46、W47、W48、W49、W50、W51、W52、W53、W54、W55、W56、W57、W58、W59、W60、W61、W62、W63、W64、W65、W66、W67、W70、W71、W72、W73、W74、W75、W78、W79、W80、W81、W82、W83、W84、W85、W86、W87、W88、W89、W90、W91、W92、W93、W94、W95、W96、W97、W98、W99、W112、W115、W116、W117、W118、W119、W120、W121、W122、W123	

续表

期别	房址（107）	灰坑（255）	灶（29）	窑（1）	土坑墓（14）	瓮棺葬（123）	壕沟（2）
仰韶文化（257）	半坡类型4、5、6期（166）	26座：F1、F3、F4、F7、F9、F10、F11、F12、F13、F16、F18、F19、F50、F77、F91、F92、F93、F94、F95、F96、F97、F98、F99、F104、F105、F106	89座：H6、H7、H8、H11、H14、H15、H16、H18、H21、H23、H25、H31、H33、H34、H38、H42、H43、H47、H48、H50、H51、H52、H53、H54、H55、H56、H57、H58、H60、H61、H62、H65、H66、H68、H70、H71、H73、H74、H77、H78、H79、H82、H85、H92、H93、H94、H95、H96、H98、H101、H102、H103、H105、H112、H114、H115、H116、H117、H121、H122、H127、H128、H133、H134、H135、H138、H141、H159、H188、H192、H206、H208、H209、H216、H217、H218、H219、H220、H223、H226、H227、H238、H239、H242、H245、H247、H250、H251、H255	22座：Z1、Z2、Z3、Z4、Z8、Z9、Z10、Z11、Z12、Z13、Z16、Z17、Z18、Z19、Z20、Z21、Z22、Z23、Z24、Z26、Z28、Z29	1座：Y1		26座：W2、W5、W20、W26、W27、W29、W30、W31、W68、W69、W76、W77、W100、W101、W102、W103、W104、W105、W106、W107、W108、W109、W110、W111、W113、W114	2条：G1、G2
	半坡晚期类型（68）		65座：H12、H19、H24、H26、H27、H29、H35、H36、H37、H39、H40、H41、H44、H45、H46、H49、H59、H63、H64、H67、H69、H72、H75、H76、H83、H84、H86、H87、H89、H90、H100、H104、H110、H113、H118、H119、H120、H123、H124、H125、H126、H129、H130、H131、H132、H136、H137、H139、H140、H142、H184、H186、H187、H189、H204、H211、H212、H213、H214、H215、H221、H233、H234、H237、H246			2座：M1、M6	1座：W3	

续表

期别		房址（107）	灰坑（255）	灶（29）	窑（1）	土坑墓（14）	瓮棺葬（123）	壕沟（2）
龙山文化	庙底沟二期类型（4）		4座：H1、H2、H3、H4					

附表二　鱼化寨遗址遗迹单位分区分层统计表（共531座）

层位	III区（482）							III区（39）			I区（4）	探沟（6）
	房址（104）	灰坑（211）	灶（29）	窑（1）	土坑墓（14）	瓮棺葬（121）	壕沟（2）	房址（3）	灰坑（34）	瓮棺（2）	灰坑（4）	灰坑（6）
②		53：H35、H36、H37、H39、H40、H41、H44、H45、H59、H63、H64、H67、H69、H72、H75、H76、H83、H84、H86、H87、H89、H90、H100、H104、H110、H113、H118、H119、H125、H126、H129、H130、H131、H132、H136、H137、H139、H140、H142、H184、H186、H187、H189、H204、H211、H212、H213、H214、H215、H221、H233、H237、H246			2：M1、M6	1：W3			8：H12、H19、H24、H26、H27、H29、H46、H49		4：H1、H2、H3、H4	4：H120、H123、H124、H234
③	25：F3、F4、F7、F9、F10、F11、F12、F13、F16、F18、F19、F50、F77、F91、F92、F93、F94、F95、F96、F97、F98、F99、F104、F105、F106	72：H42、H43、H48、H50、H51、H52、H53、H54、H55、H56、H57、H58、H60、H61、H62、H65、H66、H68、H70、H71、H73、H74、H77、H78、H79、H82、H85、H92、H93、H94、H95、H96、H98、H101、H102、H103、H105、H114、H115、H116、H117、H121、H122、H127、H128、H133、H134、H135、H138、H141、H159、H188、H192、H206、H208、H209、H216、H217、H218、H219、H220、H223、H226、H227、H238、H239、H242、H245、H247、H250、H251、H255	22：Z1、Z2、Z3、Z4、Z8、Z9、Z10、Z11、Z12、Z13、Z16、Z17、Z18、Z19、Z20、Z21、Z22、Z23、Z24、Z26、Z28、Z29	Y1		25：W5、W20、W26、W27、W29、W30、W31、W68、W69、W76、W77、W100、W101、W102、W103、W104、W105、W106、W107、W108、W109、W110、W111、W113、W114	2：G1、G2	1：F1	16：H6、H7、H8、H11、H14、H15、H16、H18、H21、H23、H25、H31、H33、H34、H38、H47	1：W2		1：H112

续表

层位	III区（482）						II区（39）			I区(4)	探沟(6)
	房址（104）	灰坑（211）	灶（29）	窑（1）	土坑墓（14）	瓮棺葬（121）	壕沟（2）	房址（3）	灰坑（34）	瓮棺（2）	灰坑（4）	灰坑（6）
④	17：F5、F6、F17、F20、F21、F22、F26、F28、F54、F57、F79、F80、F84、F88、F89、F101、F103	16：H88、H91、H106、H107、H108、H156、H193、H203、H207、H222、H232、H244、H248、H249、H252、H254	3：Z5、Z6、Z7		4：M4、M5、M7、M9	55：W4、W6、W7、W8、W9、W11、W12、W13、W14、W15、W16、W21、W23、W24、W25、W28、W32、W33、W34、W35、W36、W37、W38、W39、W40、W41、W42、W43、W44、W45、W46、W47、W48、W49、W50、W51、W52、W53、W55、W56、W60、W70、W73、W74、W83、W84、W112、W115、W116、W118、W119、W120、W121、W122、W123		2：F2、F8	10：H5、H9、H10、H13、H17、H20、H22、H28、H30、H32	1：W1		1：H111
⑤	10：F15、F23、F24、F25、F27、F29、F33、F100、F102、F107	7：H80、H81、H190、H191、H199、H230、H241	1：Z27		5：M2、M3、M8、M13、M14	17：W10、W17、W18、W19、W22、W57、W58、W59、W62、W63、W71、W72、W75、W85、W87、W97、W117						

续表

层位	III区 (482)							III区 (39)			I区 (4)	探沟 (6)
	房址 (104)	灰坑 (211)	灶 (29)	窑 (1)	土坑墓 (14)	瓮棺葬 (121)	壕沟 (2)	房址 (3)	灰坑 (34)	瓮棺 (2)	灰坑 (4)	灰坑 (6)
⑥	15: F34、F35、F41、F42、F53、F55、F58、F59、F63、F64、F67、F68、F78、F81、F85	7: H99、H109、H152、H153、H160、H165、H176	2: Z15、Z25		1: M11	12: W61、W64、W65、W66、W78、W86、W88、W89、W90、W91、W92、W96						
⑦	16: F30、F31、F36、F37、F39、F44、F45、F47、F51、F56、F60、F65、F66、F73、F83、F90	9: H97、H144、H145、H163、H194、H195、H205、H236、H240				7: W54、W79、W80、W81、W82、W93、W94						
⑧	11: F38、F40、F43、F48、F61、F62、F71、F74、F75、F82、F87	22: H149、H150、H151、H161、H162、H164、H167、H168、H169、H170、H171、H172、H173、H174、H175、H178、H179、H180、H182、H183、H185、H210			2: M10、M12	4: W67、W95、W98、W99						
⑨		10: H143、H177、H198、H224、H225、H228、H229、H231、H243、H253										
⑩	3: F69、F72、F76	5: H146、H147、H196、H197、H200										
⑪	3: F49、F70、F86	6: H148、H154、H166、H181、H201、H202										

续表

层位	Ⅲ区（482）						Ⅱ区（39）			Ⅰ区（4）	探沟（6）
	房址（104）	灰坑（211）	灶（29）	窑（1）	土坑墓（14）	瓮棺墓（121）	壕沟（2）	房址（3）	灰坑（34）	瓮棺（2）	灰坑（4）	灰坑（6）
⑫	4：F14、F32、F46、F52	4：H155、H157、H158、H235	1：Z14									

附表三 鱼化寨遗址房址登记表

编号	位置	开口层位	地层关系	建筑形式	平面形状	长(m)	宽(m)	面积(㎡)	壁高(m)	居住面	门向	门道	灶	柱洞墙柱	柱洞室内柱	出土遗物	时代	备注
F1	ⅡT0205、T0206	③层下		半地穴式	方形	2.94		8.64	0.2	黄土硬面	北	长方形、斜坡	圆形、灶坑、火种洞	5		陶盆、罐、钵、瓮	仰韶一期三段	
F2	ⅡT0105、T0106及扩方	④层下	H29、H38→F2	地面式	长方形	4.76	4.06	19.98		黄土硬面，厚0.05米	北	长方形	椭圆形、灶坑	73		陶瓶、盆、罐、钵、瓮、壶、器耳、器底、彩陶片、圆陶片、球、刀、石凿、骨料	仰韶一期二段	
F3	ⅢT0816、T0817、T0916	③层下	H40→F3	半地穴式	椭圆形	5	4	15.9	0.46	黄土硬面	东南	长方形、斜坡	椭圆形、灶台	3	1	陶盆、甑、器底、圆陶片、锉、球、石斧、雕刻器、骨锥、兽骨	仰韶一期三段	
F4	ⅢT0916	③层下		半地穴式	椭圆形	3.22	2.7	7.63	0.8	三层处理，厚0.24米，表层为黄土硬面	东北	长方形、斜坡	椭圆形、灶面、灶圈		3	无	仰韶一期三段	

续表

编号	位置	开口层位	地层关系	建筑形式	平面形状	尺寸 长(m)	尺寸 宽(m)	面积(m²)	壁高(m)	居住面	门向	门道	灶	柱洞 墙柱	柱洞 室内柱	出土遗物	时代	备注
F5	ⅢT0917	④层下	H50→F5	地面式	长方形	2.12	1.8	3.82		火烧土硬面	东？	不详				陶盆、罐、钵、锉	仰韶一期二段	房内中部有一道东西向隔墙
F6	ⅢT0616	④层下	H42→F6	半地穴式	圆形	口2.3 底2.62		4.86	1.24	黄土硬面	东南	梯形，斜坡				陶罐、罐、钵、器底、圆陶片、研磨器、骨锥	仰韶一期二段	
F7	ⅢT0516	③层下		半地穴式	圆形	口2.6、底2.74		6.7	1	黄土硬面	北	长方形，台阶				陶盆、罐、钵、瓮、器底	仰韶一期三段	
F8	ⅡT0201、T0301及扩方	④层下		半地穴式	方形	2.8		8.67	0.32	火烤黄土硬面	南	长方形，斜坡		28		陶瓶、壶、盆、瓮、彩陶钵、罐、圆陶片、石斧、砧、石片、骨镞	仰韶一期二段	
F9	ⅢTT0912、T0913、T1012、T1013、T1113	③层下	H69、H67→F9	地面式	长方形	5.5	5.2	29.56		草拌泥面	东	长方形	椭圆形，灶台		1	陶罐、钵、瓮、器耳、器底、圆陶片	仰韶一期三段	

续表

编号	位置	开口层位	地层关系	建筑形式	平面形状	长(m)	宽(m)	面积(m²)	壁高(m)	居住面	门向	门道	灶	墙柱	室内柱	出土遗物	时代	备注
F10	Ⅲ T0313、T0412、T0413	③层下		地面式	圆形	4.5		16.79		灰褐色硬面，厚0.05米	南	梯形	圆形，灶坑，灶圈	36	2	无	仰韶一期三段	
F11	Ⅲ T0412、T0413	③层下	H68、F10→F11	半地穴式	圆角长方形	4.7	4.1	20.42	0.32	火烧黄土硬面	南	梯形，斜坡	椭圆形，灶坑，灶圈，火种罐	12	6	陶盆、钵、罐、瓮、器耳、圆陶片、残石器	仰韶一期三段	房内西部有平台
F12	Ⅲ T0611、T0612	③层下	H48→F12	半地穴式	长方形	5.12	4	21.8	残0.4	草拌泥面	南	梯形，斜坡，门槛	椭圆形，灶坑，灶圈		2	陶瓶、盆、瓮、钵、罐、器底、器耳、圆陶片、兽骨、石块	仰韶一期三段	房内西南角有一梯形平台
F13	Ⅲ T0412、T0413、T0512、T0513	③层下	H64、H159、Z12、F10、F11→F13	地面式	椭圆形	6.6	6	26.4		草拌泥面	南	长方形	椭圆形，灶坑	3		陶盆、罐、钵、圆陶片	仰韶一期三段	
F14	Ⅲ T0511、T0512、T0611、T0612	⑫层下		地面式	长方形	4	3.4	13.6		黄土硬面	北			58			仰韶一期一段	

续表

编号	位置	开口层位	地层关系	建筑形式	平面形状	尺寸 长(m)	尺寸 宽(m)	尺寸 面积(m²)	壁高(m)	居住面	门向	门道	灶	柱洞 墙柱	柱洞 室内柱	出土遗物	时代	备注
F15	ⅢT1212、T1213、T1312、T1313	⑤层下	H90、W25→F15	半地穴式	方形	4.3		19.33	0.3~0.4	火烧暗红色硬面	北	长方形、斜坡				陶盆、罐、瓮、圆陶片、石锤、磨石、研磨器、牙饰、蚌刀	仰韶一期二段	
F16	ⅢT1112、T1113、T1212、T1213	③层下	H90、H98→F16	地面式	圆角方形	4.55		22.97		略经加工，较为平整	北	长方形、斜坡	圆形，灶面	21	3	陶盆、罐、钵、耳、圆陶片、锉、石球、骨锥、芧、针、石块、兽骨	仰韶一期三段	
F17	ⅢT0811、T0812、T0911、T0912	④层下		半地穴式	椭圆形	5	4.25	17.33	0.4	火烧红褐色硬面，周围高，中心低	北	长方形、斜坡			2	陶瓶、盆、罐、瓮、钵、圆陶片、陶拍、石核	仰韶一期二段	房外围有一周黄土与料礓石掺和料硬面
F18	ⅢT0314、T0414	③层下		地面式	长方形	3.98	2.44	9.7	0.3	略经加工，较平整	东		椭圆形，灶坑	9	10	陶盆、罐、钵、石块、兽骨	仰韶一期三段	房内北部有一平台
F19	ⅢT0410、T0411、T0510、T0511	③层下	H63、H125→F19	半地穴式	圆角方形	口5.7、底5.2		31.8		黄褐色土硬面，厚0.1米	东	长方形、斜坡	圆形，灶坑		3	陶罐、钵	仰韶一期三段	

续表

编号	位置	开口层位	地层关系	建筑形式	平面形状	尺寸 长(m)	尺寸 宽(m)	尺寸 面积(m²)	壁高(m)	居住面	门向	门道	灶	柱洞 墙柱	柱洞 室内柱	出土遗物	时代	备注
F20	ⅢT0212、T0213、T0312、T0313	④层下	H130、H137→F20	地面式	圆形	6		30	0.2~0.3	三层处理，厚0.15~0.18米，表层硬面	北？		椭圆形，灶面		6	陶瓶、盆、罐、钵、瓮、器底、圆陶片、锉、石铲	仰韶一期二段	
F21	ⅢT1311、T1312、T1411	④层下	近代沟、H100→F21	地面式	圆形	6		31.16		不甚平整，周围高，中心低	南	长方形		42	1	陶盆、罐、钵、器底、圆陶片	仰韶一期二段	居住面北部有一半圆形小沟
F22	ⅢT1111、T1112、T1211、T1212	④层下		地面式	椭圆形	8.5	7.5	50.04		黄土硬面	北	长方形	椭圆形，灶面	96	3	兽骨	仰韶一期二段	
F23	ⅢT0810、T0811、T0910、T0911	⑤层下	F27→F23	地面式	圆形	5.4		22.89		二层处理，0.04米，表层黄土硬面	东北	长方形	椭圆形，灶坑	86	7	陶罐、钵、圆陶片、锉	仰韶一期二段	
F24	ⅢT0711、T0811	⑤层下	H121、H122→F24	地面式	圆形	3.7		10.75		黄土硬面	北	长方形		38		陶钵、瓮	仰韶一期二段	

续表

编号	位置	开口层位	地层关系	建筑形式	平面形状	尺寸 长(m)	尺寸 宽(m)	尺寸 面积(m²)	壁高(m)	居住面	门向	门道	灶	柱洞 墙柱	柱洞 室内柱	出土遗物	时代	备注
F25	ⅢT0212、T0213、T0312、T0313	⑤层下	H130、H137→F25	地面式	椭圆形	7.2	6.28	36.36		黄土硬面，中间高，周围低	北	长方形		89	5	陶盆、罐、钵、圆陶片、锉、石球	仰韶一期二段	房内东南部有三段小沟
F26	ⅢT0913、T1012、T1013、T1014、T1112、T1113、T1114	④层下	H127、H67→F26	地面式	圆形	6.4		32.16		黄土硬面	南	长方形	圆形，灶坑	69	4		仰韶一期二段	房外有一周硬面
F27	ⅢT0811、T0911	⑤层下	F17→F27	地面式	长方形	4.84	4.2	20.33		黄土硬面	北			64	9	陶瓶、盆、罐、钵、瓮、器盖、圆陶片、骨头	仰韶一期二段	
F28	ⅢT0714、T0715、T0814、T0815	④层下		地面式	椭圆形	4.9	4.6	17.71		黄土硬面	北	长方形	圆形，灶坑，灶圈	3		陶瓶、罐、钵、瓮、器盖、陶片、器耳、锉、磨石	仰韶一期二段	房外有一周垫土
F29	ⅢT0714、T0814	⑤层下		地面式	圆形	4.8		18.09		黄土硬面	北			73		陶盆、钵、圆陶片	仰韶一期二段	

续表

编号	位置	开口层位	地层关系	建筑形式	平面形状	尺寸 长(m)	尺寸 宽(m)	尺寸 面积(m²)	壁高(m)	居住面	门向	门道	灶	柱洞 墙柱	柱洞 室内柱	出土遗物	时代	备注
F30	ⅢT0311、T0312、T0411、T0412	⑦层下		地面式	方形	4.4		19.59		火烧料姜石末，厚0.01米	南	长方形		104		陶片、骨头	仰韶一期二段	
F31	ⅢT0511、T0611	⑦层下	F36→F31	地面式	长方形	4.94	4.2	复原20.75 残存9.6		料姜石末硬面	不详			25		陶盆、罐、钵、瓮、器耳	仰韶一期一段	
F32	ⅢT0611、T0612、T0711、T0712、T0811、T0812	⑫层下		地面式	长方形	7.35	3.85	28.3		黄土硬面	北			92	12	陶瓶、盆、罐、钵、器底、圆陶片、残石器	仰韶一期一段	
F33	ⅢT0810、T0811、T0910、T0911	⑤层下	F23、F27→F33	地面式	圆形	5.2		23.95		黄土硬面	东	长方形		46	4	陶钵、瓮、骨针	仰韶一期二段	

续表

编号	位置	开口层位	地层关系	建筑形式	平面形状	尺寸 长(m)	尺寸 宽(m)	尺寸 面积(m²)	壁高(m)	居住面	门向	门道	灶	柱洞 墙柱	柱洞 室内柱	出土遗物	时代	备注
F34	ⅢT0811、T0812、T0911、T0912	⑥层下		地面式	圆形	6.6		34	0.2~0.4	二层处理，厚0.1米，分别为黄土硬面与料姜石末硬面	西	梯形	圆形，灶坑，灶圈			陶盆、罐、钵、瓮、器盖、圆陶片、饰件、研磨器	仰韶一期二段	房外有一周料姜石末硬面
F35	ⅢT1011、T1012	⑥层下	H126→F35	地面式	圆角长方形	3.5	2.92	10.45	0.2~0.5	料姜石末硬面	北	长方形		22	6	陶盆、钵	仰韶一期二段	房内西北部有不规则形火烧硬面
F36	ⅢT0511、T0512、T0611、T0612	⑦层下		地面式	圆角方形	4		16		黄土硬面，周围高，中心低	北				2		仰韶一期二段	
F37	ⅢT1110、T1111、T1210、T1211	⑦层下	G2→F37	地面式	椭圆形	6.4	6	33		料姜石末硬面，西南高，东北低	北			53	4	陶盆、罐、钵、石核、刮削器	仰韶一期二段	
F38	ⅢT1311、T1411	⑧层下	H100→F38	地面式	圆角方形	3.7		13.69		黄土硬面，南高北低	北			63	5	陶片、骨头	仰韶一期二段	

续表

编号	位置	开口层位	地层关系	建筑形式	平面形状	尺寸 长(m)	尺寸 宽(m)	尺寸 面积(m²)	壁高(m)	居住面	门向	门道	灶	柱洞 墙柱	柱洞 室内柱	出土遗物	时代	备注
F39	ⅢT1212、T1213、T1312、T1313	⑦层下		地面式	圆角长方形	4.9	4.3	21.93	0.26	黄土硬面	北	长方形	圆形、灶坑	75	5	陶罐、瓮、石斧	仰韶一期二段	
F40	ⅢT1212、T1213、T1312、T1313	⑧层下		地面式	椭圆形	5.35	4.5	18.66		黄土硬面	北			56		陶钵、圆陶片	仰韶一期二段	
F41	ⅢT0811、T0812、T0911、T0912	⑥层下	F34→F41	地面式	圆形	6		31.71	0.15	料姜石末硬面，西北高，东南低	西南	梯形		78	2	陶瓶、盆、罐、钵、器底、圆陶片、骨头	仰韶一期二段	房外有一周小沟，房内有4个方形排列的柱础
F42	ⅢT0811、T0812、T0911、T0912	⑥层下	F41→F42	地面式	椭圆形	6.14	5.84	28.8		料姜石末硬面，西北高，东南低	西南	梯形		84	8	陶盆、罐、钵、瓮、锉、研磨器、残石器	仰韶一期二段	

续表

编号	位置	开口层位	地层关系	建筑形式	平面形状	尺寸 长(m)	尺寸 宽(m)	尺寸 面积(m²)	壁高(m)	居住面	门向	门道	灶	柱洞 墙柱	柱洞 室内柱	出土遗物	时代	备注
F43	ⅢT0710、T0711、T0810、T0811	⑧层下		地面式	方形	3.2		10.66		灰褐色硬面，南高北低	东	长方形		57	3	骨头	仰韶一期二段	
F44	ⅢT0712、T0812、T0813	⑦层下	F64→F44	地面式	圆形	4.1		复原16.81 残存13.2		黄土硬面	北?			60	1	陶盆、钵、瓮、器耳、圆陶片、研磨器	仰韶一期二段	
F45	ⅢT0911、T0912、T1011、T1012	⑦层下		地面式	长方形	3.35	3.1	10.39		黄土硬面，西高东低	北			34	2		仰韶一期二段	
F46	ⅢT1012	⑫层下		半地穴式	不规则形	2.2	1.26	2.77	0.32	稍有加工，不甚平整	不详						仰韶一期	
F47	ⅢT1110、T1111、T1210、T1211	⑦层下	G2、F37→F47	地面式	椭圆形	6.7	6.1	31.65		黄土硬面，中间高，四周低	北		椭圆形，灶面	51	1	陶钵、器底、锉、兽骨	仰韶一期二段	

续表

编号	位置	开口层位	地层关系	建筑形式	平面形状	尺寸 长(m)	尺寸 宽(m)	尺寸 面积(m²)	壁高(m)	居住面	门向	门道	灶	柱洞 墙柱	柱洞 室内柱	出土遗物	时代	备注
F48	ⅢT1110、T1111、T1210、T1211	⑧层下	G2→F48	地面式	椭圆形	6.5	6.1	31.16		料姜石末硬面，西南高，东北低	北			57		陶盆、罐、钵、瓮、器底、圆陶片、锉、雕刻器、骨锥	仰韶一期二段	
F49	ⅢT0511、T0512	①层下		地面式	梯形	5	南3.6 北4.14	19.35		略经加工，较平整	东	长方形		90	2	陶瓶、盆、罐、钵、器盖、圆陶片、锉、牙锥、兽骨	仰韶一期一段	
F50	ⅢT0514内	③层下		地面式	长方形	2.3	2.1	4.9		黄土硬面	南	长方形					仰韶一期三段	
F51	ⅢT1111、T1112	⑦层下	F37→F51	地面式	长方形	4.6	4.1	18.86		黄土硬面	东			51		陶瓶、盆、罐、钵、器耳、圆陶片、雕刻器、蚌刀	仰韶一期二段	
F52	ⅢT0811、T0911	⑫层下		半地穴式	不规则形	5.4	3	16.2	残0.75	黄土硬面	西南	门内侧有一台阶			11	陶瓶、盆、罐、钵、器耳、圆陶片、雕刻器、角锥、石研磨器、石块、兽骨。	仰韶一期一段	房内东北部有一曲尺状平台

续表

编号	位置	开口层位	地层关系	建筑形式	平面形状	尺寸长(m)	尺寸宽(m)	面积(m²)	壁高(m)	居住面	门向	门道	灶	柱洞墙柱	柱洞室内柱	出土遗物	时代	备注
F53	ⅢT1113、T1114、T1213、T1214	⑥层下		地面式	椭圆形	6.2	6	29.43		青灰色火烧草拌泥硬面，西高东低	北	梯形		4		陶钵、骨头	仰韶一期二段	基槽底部发现4个长方形土台
F54	ⅢT0314内	④层下	F79→F54	地面式	方形	3.4		11.16		黄土硬面	东	长方形	圆形，灶坑，灶圈	44	1		仰韶一期二段	
F55	ⅢT1013、T1014、T1113、T1114	⑥层下		地面式	椭圆形	5.8	5	22.89		二层处理，均为火烧硬面，北高南低	东北	长方形	椭圆形，灶台	58	3	陶瓶、盆、罐、钵、器底、残石器、圆陶片、锉、骨锥、针	仰韶一期二段	房外有一周硬面，室内北部有一段基槽
F56	ⅢT0411、T0511	⑦层下	F31→F56	地面式	长方形	2.3	1.8	4.14		料姜石末硬面	西			3	5	陶罐、钵、圆陶片、锉	仰韶一期二段	
F57	ⅢT0412、T0413、T0512、T0513	④层下	H64、H159→F57	地面式	圆形	6.3		32.73		料姜石末硬面	北	长方形	椭圆形，灶坑	33	3	陶罐、钵、瓮、器耳、圆陶片	仰韶一期二段	墙外有少量踩踏面
F58	ⅢT0314	⑥层下	第⑤层→F58	地面式	圆角长方形	3.64	残3	残10.92		黄褐色土硬面	东南	门槛		15	1		仰韶一期二段	

续表

编号	位置	开口层位	地层关系	建筑形式	平面形状	尺寸 长(m)	尺寸 宽(m)	面积(㎡)	壁高(m)	居住面	门向	门道	灶	柱洞 墙柱	柱洞 室内柱	出土遗物	时代	备注
F59	ⅢT0314、T0315	⑥层下	F58→F59	地面式	圆形	6.2	残2.35	复原30.18 残存15.4		粗糙加工，不甚平整	不详			40	4		仰韶一期二段	
F60	ⅢT0314、T0414	⑦层下		地面式	长方形	3.2	2.08	6.66		火烧黄土黑褐色硬面	西北	长方形		11	1		仰韶一期二段	
F61	ⅢT0313、T0314	⑧层下		地面式	长方形	4.24	3.44	14.79		料姜石末和黄土掺合料硬面	北	长方形			5		仰韶一期二段	
F62	ⅢT0613、T0614、T0713、T0714	⑧层下		地面式	方形	4.1		15.81		略经加工，不甚平整	北	长方形		58	4	陶盆、钵、器底、圆陶片	仰韶一期二段	
F63	ⅢT0714、T0814、T0815	⑥层下	Z15→F63	地面式	圆角方形	4		16.18		黄土硬面	西	长方形	圆形，灶面	51	1	陶瓶、罐、钵、陶片	仰韶一期二段	房外有一周小沟
F64	ⅢT0712、T0713、T0812、T0813	⑥层下		地面式	梯形	3.3、3.86	2.8	10.02		黄土硬面，厚0.07~0.15米，东北高西南低	东北		椭圆形，灶坑、灶圈	33	1	陶瓶、罐、钵、瓮、器耳、圆陶片、残石器	仰韶一期二段	

续表

编号	位置	开口层位	地层关系	建筑形式	平面形状	尺寸 长（m）	尺寸 宽（m）	尺寸 面积（m²）	壁高（m）	居住面	门向	门道	灶	柱洞 墙柱	柱洞 室内柱	出土遗物	时代	备注
F65	ⅢT0413、T0513	⑦层下		地面式	长方形	2.83	2.3	6.63		黄土硬面	北	长方形		28		陶瓶、盆、罐、钵、圆陶片、残石器	仰韶一期二段	
F66	ⅢT0413	⑦层下		地面式	长方形	1.76	1.4	2.46		料姜石末硬面，厚0.02米	南			8			仰韶一期二段	
F67	ⅢT0613、T0614、T0713、T0714	⑥层下	H80、H118→F67	半地穴式	圆形	4.9		19.31	0.08		东	长方形斜坡	椭圆形，灶面		10	陶球、骨镞、针、匕	仰韶一期二段	
F68	ⅢT0714、T0814、T0815	⑥层下	F63→F68	地面式	圆角方形	4.3		18.49		黄土硬面	西	长方形	圆形，灶面	57	2	陶瓶、盆、罐、钵、圆陶片	仰韶一期二段	
F69	ⅢT0712、T0713、T0812、T0813	⑩层下		地面式	长方形	3.6	2.98	10.73		黄土火烧黑褐色硬面	东			41		陶罐、钵、器底、兽骨	仰韶一期一段	

续表

编号	位置	开口层位	地层关系	建筑形式	平面形状	长(m)	宽(m)	面积(m²)	壁高(m)	居住面	门向	门道	灶	墙柱	室内柱	出土遗物	时代	备注
F70	ⅢT0312、T0313、T0412、T0413	①层下		半地穴式	椭圆形	5	4.55	18.1	0.6~1	黄褐色土与深灰色土硬面，周围高，中心低	南	长方形，斜坡		11	3	陶钵、器耳、骨镞、蚌壳	仰韶一期一段	居住面内有三个平台，表面均为硬面
F71	ⅢT0714、T0814、T0815、T0914、T0915	⑧层下	W79、W81、H190→F71	地面式	长方形	6.3	5.5	34.65		黄土硬面	东		2个灶，均圆形灶面	48	5	陶罐、钵、圆陶片	仰韶一期二段	房内东南部有1个柱础
F72	ⅢT0712、T0713、T0812、T0813	⑩层下	F69→F72	地面式	长方形	5.4	4.5	24.3		青灰色土硬面	东					陶盆、陶片、石磨器、残石器	仰韶一期二段	
F73	ⅢT0713、T0813	⑦层下	F44、F64→F73	地面式	圆形	4.2		复原13.85 残存5.87		黄土硬面	不详			31		陶瓶、钵、骨镞	仰韶一期一段	
F74	ⅢT0814、T0815	⑧层下	F71→F74	地面式	方形	3.96		16.1		黄土硬面	东	长方形	长方形，灶面	52	5	陶盆、钵、瓮、器耳、锉	仰韶一期二段	

续表

编号	位置	开口层位	地层关系	建筑形式	平面形状	尺寸 长(m)	尺寸 宽(m)	尺寸 面积(m²)	壁高(m)	居住面	门向	门道	灶	柱洞 墙柱	柱洞 室内柱	出土遗物	时代	备注
F75	ⅢT0514、T0614、T0615	⑧层下	H175、H178→F75	地面式	圆形	3.2		8.29		略经加工，较平整	北	长方形		20		陶盆、罐、钵、圆陶片	仰韶一期二段	
F76	ⅢT0713、T0714、T0813、T0814、T0913	⑩层下	H182→F76	半地穴式	长方形	5.3	3.76	19.93	0.6	火烧黄土青灰色硬面	东偏南	长方形、斜坡		3	2	陶盆、罐、钵、瓮、器底、锉、陶片、兽骨	仰韶一期一段	
F77	ⅢT0614、T0615、T0715	③层下	H188→F77	半地穴式	圆角方形	4.7		23.37	0.35	中部略低，黄土火烤硬面，0.03-0.05米	南	长方形、斜坡	椭圆形，灶坑，灶圈	38	4	陶盆、瓮、钵、石锛、石块、兽骨	仰韶一期三段	
F78	ⅢT0813、T0814、T0913、T0914	⑥层下		地面式	长方形	4.22	3.36	14.7		黄土硬面	东南	长方形	圆形，灶面	71	1	陶罐、钵、器耳、圆陶片、锉	仰韶一期二段	

续表

编号	位置	开口层位	地层关系	建筑形式	平面形状	长(m)	宽(m)	面积(㎡)	壁高(m)	居住面	门向	门道	灶	柱洞墙柱	柱洞室内柱	出土遗物	时代	备注
F79	ⅢT0314、T0315、T0316、T0414、T0415	④层下	H186、H192、H193→F79	地面式	椭圆形	6.7	5.86	31.66	0.6	火烧黄土红褐色硬面，厚0.02米	南	长方形	长方形，灶坑，东、北两侧有灶圈			陶瓶、盆、罐、钵、瓮、盂、器底、圆陶片、锉、石砾、球、骨笄、角饰	仰韶一期二段	门道伸入房内，与灶相连
F80	ⅢT0615、T0616、T0715、T0716	④层下	H42、H136、F6→F80	地面式	椭圆形	6.35	5.9	30.03		黄土硬面，东南高、西北低	北	长方形		37		陶盆、罐、钵、瓮、盂、器盖、骨笄	仰韶一期二段	
F81	ⅢT0813、T0814、T0913、T0914	⑥层下	F78→F81	地面式	方形	4		16.56		黄土硬面	东	长方形	椭圆形，灶面	56	4	陶盆、罐、钵、器底	仰韶一期二段	房外有一周灰褐色硬面
F82	ⅢT0913、T0914、T1013、T1014	⑧层下		地面式	长方形	3.85	3.5	14.67		黄土硬面	西南	长方形		45	3	陶盆、罐、瓮、圆陶片	仰韶一期二段	房外有一周硬面
F83	ⅢT1113、T1114、T1213、T1214	⑦层下		地面式	圆形	3.7		10.75	0.6	黄土硬面	东北			66		陶瓶、盆、罐、钵、器耳、器底、雕刻器、骨笄	仰韶一期二段	柱洞分为内、外二排，相同排列

续表

编号	位置	开口层位	地层关系	建筑形式	平面形状	尺寸 长（m）	尺寸 宽（m）	尺寸 面积（m²）	壁高（m）	居住面	门向	门道	灶	柱洞 墙柱	柱洞 室内柱	出土遗物	时代	备注
F84	ⅢT0414、T0415、T0514、T0513、T0515、T0514、T0614、T0615	④层下		地面式	圆形	7.55		44.75	0.15~0.35	黄土硬面	北	长方形	连通灶，两个长方形灶坑相连，南端有斜坡火道	61	1	陶瓶、罐、钵、瓮、器盖、石锤	仰韶一期二段	
F85	ⅢT0515、T0516、T0615、T0616	⑥层下	G1→F85	地面式	圆角长方形	6.3	残5	残31.5		黄土硬面	北?			23	4	陶罐、钵、圆陶片、锉	仰韶一期二段	
F86	ⅢT0515、T0516、T0615、T0616	⑪层下		地面式	圆形	4.8		18.43		略经加工，较平整	北	长方形		35	1		仰韶一期二段	
F87	ⅢT0615、T0616、T0715、T0716	⑧层下		地面式	长方形	4.9	4.7	23.55		黄土硬面	北	长方形		15		陶盆、罐、钵、瓮、圆陶片、残石器、骨锥	仰韶一期二段	房外有一周红色火烤硬面

续表

编号	位置	开口层位	地层关系	建筑形式	平面形状	尺寸 长（m）	尺寸 宽（m）	尺寸 面积（㎡）	壁高（m）	居住面	门向	门道	灶	柱洞 墙柱	柱洞 室内柱	出土遗物	时代	备注
F88	ⅢT0315、T0316、T0415、T0416	④层下	F79→F88	地面式	圆角方形	5.65		31.92	0.25	黄土硬面，厚0.13米	北	长方形	不规则形，灶坑	51		无	仰韶一期二段	
F89	ⅢT0617、T0618、T0717、T0718	④层下	G1→F89	地面式	长方形	3.7	残1.5	残存5		黄土火烤硬面	不详			19		陶盆、罐、钵、瓮、圆陶片、残石器	仰韶一期二段	
F90	ⅢT0617、T0618、T0717、T0718	⑦层下	G1→F90	地面式	圆角长方形	5.15	残2.25	残存11.59		黄土硬面	南？			44		陶瓶、盆、罐、瓮、研磨器、骨镞	仰韶一期二段	
F91	ⅢT0419、T0420、T0519、T0520	③层下	H212、W107、W108→F91	半地穴式	圆角方形	5.5		30.41	0.2	黄土硬面	北	长方形，斜坡	椭圆形，灶坑，灶圈		7	陶瓶、盆、罐、钵、瓮、器耳、石锤	仰韶一期三段	

续表

编号	位置	开口层位	地层关系	建筑形式	平面形状	尺寸 长(m)	尺寸 宽(m)	尺寸 面积(m²)	壁高(m)	居住面	门向	门道	灶	柱洞 墙柱	柱洞 室内柱	出土遗物	时代	备注
F92	ⅢT0618、T0619、T0718、T0719、T0818、T0819	③层下	近代沟、H208、H209、H215、W100、W103、W104、W106→F92	半地穴式	长方形	7.8	7.2	50.55	0.4	黄褐土硬面	南		圆形，竖井，灶圈。烟道，灶台。	37	3	陶盆、罐、钵、瓮、器盖、圆陶片、笄、锉、石球、骨镞、石块、兽骨	仰韶一期三段	半地穴外侧有一周踩踏面。房内东南角有一长方形平台。
F93	ⅢT0620、T0621	③层下	Z21→F93	半地穴式	圆角长方形	4.6	2.95	13.57	0.44	草拌泥与料姜石末掺和料火烤硬面	不详					陶盆、罐、钵、瓮、器耳、石球、石块	仰韶一期三段	
F94	ⅢT0618、T0619	③层下	F92→F94	地面式	圆角长方形	残3	2.6	残存7.8		略经加工，较为平整	南			26		陶盆、罐、钵、盖、圆陶片、石斧、研磨器、锥、坯、石块、骨、兽骨	仰韶一期三段	
F95	ⅢT0419、T0519	③层下	H216→F95	地面式	长方形	3	2.6	7.8		黄土硬面，北高南低	南	长方形	圆形，灶坑	7		陶盆、瓮、彩陶片、锉、石片、石料、骨饰、石块、兽骨	仰韶一期三段	房内东北部有一长方形平台

续表

编号	位置	开口层位	地层关系	建筑形式	平面形状	尺寸 长(m)	尺寸 宽(m)	尺寸 面积(㎡)	壁高(m)	居住面	门向	门道	灶	柱洞 墙柱	柱洞 室内柱	出土遗物	时代	备注
F96	ⅢT0619、T0620	③层下	H214、H217→F96	半地穴式	圆角长方形	4.2	3.92	16.74	0.2	黄土硬面	南	长方形、斜坡	椭圆形、灶坑、灶圈		2	陶瓶、盆、罐、钵、瓮、器盖、彩陶片、圆陶片、球、锉、石球、石器、骨针	仰韶一期三段	
F97	ⅢT0419、T0420、T0519、T0520	③层下	F91、F95、H211、H216、W107→F97	半地穴式	圆角长方形	4.9	4.13	21.32	0.2	草拌泥火硬面	南	长方形、斜坡、门槛	椭圆形、灶坑、东、西、北三面灶圈		4	陶盆、罐、钵、瓮、甑、器盖、球、石球、石核、石块	仰韶一期三段	房内西部有一长方形平台
F98	ⅢT0618、T0619、T0718、T0719	③层下	F92、F94、F96、H214、H220→F98	半地穴式	圆角长方形	4.35	3.5	15.58	0.48	草拌泥火烤硬面、西高东低	南	长方形、斜坡	桃形、灶坑、灶圈、火种罐		2	陶盆、罐、钵、瓮、器盖、锉	仰韶一期三段	
F99	ⅢT0618、T0718	③层下	H223、F92、F94→F99	地面式	圆形	4	2.6	复原12.56 残存7.96		黄土硬面、厚0.06-0.08米，西南高，东北低	不详					陶罐、钵、器耳、研磨器、石料、石块	仰韶一期三段	

续表

编号	位置	开口层位	地层关系	建筑形式	平面形状	尺寸 长(m)	尺寸 宽(m)	面积(m²)	壁高(m)	居住面	门向	门道	灶	柱洞 墙柱	柱洞 室内柱	出土遗物	时代	备注
F100	ⅢT0412、T0413、T0414、T0512、T0513、T0514	⑤层下	F57→F100	半地穴式	椭圆形	7.25	6.95	39.96	0.3	黄土草拌泥火烤硬面，厚0.1米	北	长方形，斜坡				陶罐、钵、锉、骨笄	仰韶一期二段	
F101	ⅢT0810	④层下	G2→F101	地面式	圆形	残4	残1.6	复原12		黄土硬面	北	长方形				陶盆、罐、钵、瓮	仰韶一期二段	
F102	ⅢT0718、T0719	⑤层下	H206→F102	地面式	圆角方形	4		16		黄土硬面	北	梯形	椭圆形，灶面		4	陶盆、罐、钵、瓮、盂、器底、圆陶片、锉、石铲	仰韶一期二段	房内西南部有一个柱础
F103	ⅢT0812	④层下		地面式	椭圆形	3	2.25	5.3		黄土硬面	北					陶瓶、罐、钵、瓮、陶片、圆陶片	仰韶一期二段	
F104	ⅢT0314、T0414	③层下	H132、H133→F104	地面式	长方形	4.8	3.75	18		黄土硬面	东南	长方形			2	陶盆、钵	仰韶一期三段	

续表

编号	位置	开口层位	地层关系	建筑形式	平面形状	尺寸 长(m)	尺寸 宽(m)	尺寸 面积(m²)	壁高(m)	居住面	门向	门道	灶	柱洞 墙柱	柱洞 室内柱	出土遗物	时代	备注
F105	ⅢT0414、T0415、T0514、T0515	③层下	F18、H116→F105	半地穴式	圆角长方形	4.5	3.6	16.2	0.2	黄土铺垫，不甚平整，东西高，中间低	东	长方形，斜坡		10	1	陶盆、罐、钵、瓮、锉、角锥	仰韶一期三段	
F106	ⅢT0717、T0718、T0817、T0818	③层下	H204→F106	半地穴式	圆角长方形	3.75	3.1	11.63	0.4	黄土硬面，周围高，中间低	东北	长方形，斜坡		2	1	陶瓶、盆、罐、钵、瓮、盂、器盖耳、圆陶片、骨锥、兽骨	仰韶一期三段	
F107	ⅢT0712、T0812	⑤层下		地面式	圆角长方形	3.9	2.9	11.52		灰褐土硬面	北	长方形				陶罐	仰韶一期二段	

附表四　鱼化寨遗址灶址登记表

编号	位置	开口层位	地层关系	平面形状	结构	尺寸（m） 长	尺寸（m） 宽	尺寸（m） 深（高）	出土遗物	时代	备注
Z1	ⅢT0619	F96下	F96→Z1	圆角长方形	筒状	1	0.8	0.27		仰韶一期三段	有灶圈
Z2	ⅢT1012	③层下		三角形	筒状	1.5	0.88	0.6	陶罐、瓮	仰韶一期三段	
Z3	ⅢT1213	③层下		不规则形	锅底状	0.98	0.86	0.26		仰韶一期三段	
Z4	ⅢT1213	③层下		圆形	锅底状	0.9		0.24	陶罐、钵、瓮、器底	仰韶一期三段	
Z5	ⅢT1012、T1013	F26下	F26、H67→Z5	椭圆形	锅底状	口0.76 底0.6	口0.7 底0.58	0.8		仰韶一期三段	
Z6	ⅢT1012、T1013	F26下	F26、H67、Z5→Z6	圆角方形	筒状	1.02	0.84	0.6		仰韶一期三段	
Z7	ⅢT1013	F26下	F26、H67、Z6→Z7	圆形	筒状	0.7	0.42	0.4		仰韶一期三段	
Z8	ⅢT1213	③层下	Z3→Z8	圆角长方形	筒状	1.3	0.96	0.64	陶罐	仰韶一期三段	底有硬面
Z9	ⅢT1312	③层下		椭圆形	筒状	0.9	0.72	0.66	陶钵、瓮、器盖、器底、研磨器	仰韶一期三段	东侧有烧火道，有灶圈
Z10	ⅢT1213	③层下	Z3、Z4、Z8→Z10	椭圆形	筒状	口1.36、底0.9	口1.12、底0.9	0.75	陶罐、器底、器盖	仰韶一期三段	
Z11	ⅢT0914	③层下		圆形	筒状	0.8		0.08	陶罐、钵、瓮、器盖	仰韶一期三段	
Z12	ⅢT0513、T0514	③层下		圆角长方形	锅底状	口1.15、底0.56	口1.04、底0.32	0.32		仰韶一期三段	有灶圈

续表

编号	位置	开口层位	地层关系	平面形状	结构	长	宽	深（高）	出土遗物	时代	备注
Z13	ⅢT0312	③层下		不规则形	锅底状	口1.06 底0.9	口0.88 底0.8	0.45		仰韶一期三段	
Z14	ⅢT1011	⑫层下		椭圆形	筒状	0.82	0.62	0.36		仰韶一期一段	底部西侧有烟道
Z15	ⅢT0814	⑥层下		不规则形	筒状	口1.4	口0.2~0.48	0.16~0.2		仰韶一期三段	
Z16	ⅢT0415	③层下		圆形	锅底状	0.84		0.38		仰韶一期三段	
Z17	ⅢT0517	③层下		长方形	不详	0.85	0.5	0.1		仰韶一期三段	
Z18	ⅢT0619	F96下	F96→Z18	圆角长方形	锅底状	1.2	1.08	0.15		仰韶一期三段	
Z19	ⅢT0618	③层下		圆形	筒状	0.7		0.75	陶罐、钵、圆陶片	仰韶一期三段	有灶圈
Z20	ⅢT0619	F96下	F96→Z20	椭圆形	筒状	1	0.84	0.28		仰韶一期三段	有灶圈
Z21	ⅢT0620	③层下		圆形	锅底状	0.9		0.32		仰韶一期三段	有灶圈
Z22	ⅢT0812	③层下		圆形	筒状	1		0.22~0.25		仰韶一期三段	
Z23	ⅢT0813	③层下		圆形	筒状	0.84		0.28		仰韶一期三段	
Z24	ⅢT1011	③层下		圆形	锅底状	0.3		0.13		仰韶一期三段	有灶圈
Z25	ⅢT0620	⑥层下		圆角长方形	筒状	口1.12、底1	口1 底0.92	0.2		仰韶一期三段	
Z26	ⅢT0415	Z16下	Z16→Z26	圆形	锅底状	0.64		0.27		仰韶一期三段	

续表

编号	位置	开口层位	地层关系	平面形状	结构	尺寸（m）			出土遗物	时代	备注
						长	宽	深（高）			
Z27	ⅢT0619	⑤层下		椭圆形	锅底状	0.94	0.76	0.11		仰韶一期二段	
Z28	ⅢT0313	③层下		椭圆形	筒状	1.02	0.8	0.1	陶罐、圆陶片，石核	仰韶一期二段	有灶圈
Z29	ⅢT1212	③层下		圆形	筒状	1.46		0.1		仰韶一期三段	

附表五　鱼化寨遗址灰坑登记表

编号	位置	开口层位	地层关系	平面形状	结构	尺寸（m）			出土遗物	时代	备注
						长	宽	深			
H1	ⅠT0415	②层下	H3→H1	不规则形	筒状	3.04	1.84	0.98	陶盆、罐、缸、器底、器耳、环	龙山早期	
H2	ⅠT0415	②层下		圆形	锅底状	1.34	0.86	0.62	陶罐	龙山早期	
H3	ⅠT0415、T0416	②层下	H4→H3	椭圆形	锅底状	3.58	3.02	0.8	陶盆、罐、缸、瓮、杯、器盖、石锤、兽骨	龙山早期	
H4	ⅠT0416	②层下		椭圆形	锅底状	口4 底3.2	口1.68 底0.96	0.8	陶瓶、盆、钵、瓮、器足、圆陶片、石块	龙山早期	
H5	ⅡT0201	④层下		圆形	锅底状	1.2		0.7	陶盆、罐、钵、瓮	仰韶一期二段	
H6	ⅡT0203	③层下		圆形	筒状	1		0.5	陶盆、罐、钵、石块	仰韶一期二段	
H7	ⅡT0102	③层下		椭圆形	锅底状	1.74	0.76	0.92～1.12	陶罐、钵、器盖、圆陶片、磨石、蚌刀、石块、兽骨	仰韶一期三段	
H8	ⅡT0106	③层下		椭圆形	锅底状	口1.1、底0.6	口1、底0.5	0.5	陶罐	仰韶一期三段	
H9	ⅡT0106	④层下		圆形	锅底状	1.1		0.6	陶罐、钵、器底	仰韶一期三段	
H10	ⅡT0106	④层下	F2→H10	椭圆形	锅底状	口2.38、底2.14	口1.4、底1.18	0.4	陶罐、钵、瓮	仰韶一期三段	
H11	ⅡT0202	③层下		椭圆形	袋状	口0.76、底1.3	口0.6、底0.8～1.12	1.2	陶瓶、盆、罐、钵、瓮、器盖、彩陶片、兽骨	仰韶一期三段	底部有一小坑
H12	ⅡT0105	②层下		椭圆形	袋状	口1.5、底1.66	口1.1、底1.28	0.68～0.84	陶盆、罐、缸、器盖、圆陶片、石块、兽骨	仰韶三期	
H13	ⅡT0103	④层下		不规则形	锅底状	口1.28、底1.1	口1.1、底1	0.3	陶盆、罐、钵	仰韶一期二段	
H14	ⅡT0103	③层下		不规则形	锅底状	2	1.2	0.26	陶罐、钵、器盖、石块	仰韶一期二段	

续表

编号	位置	开口层位	地层关系	平面形状	结构	尺寸（m）长	尺寸（m）宽	尺寸（m）深	出土遗物	时代	备注
H15	ⅡT0202	③层下		不规则形	筒状	1.2	0.8	0.28	陶盆、罐、钵、瓮、器底、圆陶片、纺轮	仰韶一期二段	底部一级台阶
H16	ⅡT0104、T0105	③层下		椭圆形	袋状	口1.46、底1.66	口1.1、底1.28	0.6	陶盆、罐、钵、圆陶片、石块、兽骨	仰韶一期二段	底部一级台阶
H17	ⅡT0102	④层下		圆形	锅底状	口1.42、底1.1	1.08	0.18	陶片、兽骨	仰韶一期二段	
H18	ⅡT0202、T0203	③层下	H27→H18	椭圆形	筒状	1.5		0.3	陶瓶、盆、罐、钵、瓮、陶钵耳、圆陶片、磨石、石器	仰韶一期二段	
H19	ⅡT0105	②层下		圆形	筒状	1.8		0.66～0.7	陶瓶、盆、罐、钵、瓮、圆陶片、锉、骨镞、石块、兽骨	仰韶三期	
H20	ⅡT0202	④层下	H11、G1→H20	椭圆形	筒状	4.2	3.44	1	陶罐、盆、钵、瓮、圆陶片、锉、石球、石块	仰韶一期二段	底部一级台阶
H21	ⅡT0202	③层下		不规则形	锅底状	1.1	0.28～0.56	0.6～0.7	陶罐、钵、瓮、圆陶片、锉、石块、兽牙	仰韶一期二段	
H22	ⅡT0106	F2下	F2→H22	圆形	锅底状	1.4	1	0.8	陶罐、钵	仰韶一期二段	
H23	ⅡT0202	③层下		不规则形	锅底状	口0.9、底0.7	口0.86、底0.6	0.5	陶片	仰韶一期二段	底经火烤
H24	ⅡT0203、T0204	②层下		圆形	袋状	口2.8、底3.28		1.6	陶罐、盆、钵、瓮、器盖、器座、石块、兽骨	仰韶三期	
H25	ⅡT0206	③层下		圆形	锅底状	口1.43、底1.3		0.44	陶盆、罐、钵、彩陶片、圆陶片、骨锥、兽骨	仰韶三期	
H26	ⅡT0202、T0203	②层下		圆形	袋状	口1.2、底2.2		2.1	陶盆、罐、钵、瓮、缸、瓶、器盖、锉、玉球、刮削器、石块、兽骨	仰韶三期	壁经火烤

续表

编号	位置	开口层位	地层关系	平面形状	结构	尺寸（m）长	尺寸（m）宽	尺寸（m）深	出土遗物	时代	备注
H27	ⅡT0103、T0203	②层下		圆形	袋状	口1.4、底2.2		1.5	陶盆、钵、罐、盂、圆陶片、纺轮、环、骨锥、镞、兽骨	仰韶三期	
H28	ⅡT0103、T0203	④层下		圆形	筒状	1.2		0.4	陶片	仰韶一期二段	
H29	ⅡT0106	②层下		圆形	锅底状	口1.96、底1.4		0.6	陶盆、罐、缸、圆陶片、石铲、磨石	仰韶三期	口经火烧
H30	ⅡT0202	④层下		方形	锅底状	口0.45、底0.35		0.2	瓮、钵、器底	仰韶一期二段	
H31	ⅡT0104	③层下		圆形	袋状	口1.3、底1.4		0.3	陶罐、钵、缸、器耳、石块	仰韶一期二段	
H32	ⅡT0105	④层下		椭圆形	袋状	口1.84、底1.96	口1.4、底1.52	0.5~0.56	陶瓶、盆、钵、瓮、骨头	仰韶一期二段	
H33	ⅡT0103、T0104、T0203、T0204	③层下		圆形	袋状	口2.6、底3.2		1.5	陶盆、罐、钵、瓮、圆陶片、环、石块、兽骨	仰韶一期二段	
H34	ⅡT0102	③层下	H7→H34	圆形	袋状	口1.3、底1.6		0.34~0.4	陶瓶、盆、罐、钵、缸、石块、兽骨	仰韶一期二段	
H35	ⅢT0717	②层下		圆形	袋状	口1.2、底2.14		1.2	陶瓶、盆、盂、玉锥、石锥、磨石、器底、刀、罐、瓮、兽牙	仰韶三期	
H36	ⅢT0716	②层下		圆形	袋状	口1.8、底2		0.52~0.59	陶盆、罐、钵、瓮、磨光陶片、环、罐、器盖、陶塑、雕刻器	仰韶三期	底有一层硬面
H37	ⅢT0617	②层下		圆形	袋状	口1.2、底1.8		1.4	陶瓶、盆、钵、瓮、器耳、环	仰韶三期	壁经火烤
H38	ⅡT0106及扩方	③层下		圆形	袋状	口1、底1.06		0.3	陶片	仰韶一期二段	
H39	ⅢT1011	②层下		圆形	筒状	0.6		0.4	陶罐、钵、缸	仰韶三期	

续表

编号	位置	开口层位	地层关系	平面形状	结构	尺寸（m）长	尺寸（m）宽	尺寸（m）深	出土遗物	时代	备注
H40	ⅢT0816、T0817	②层下		圆形	袋状	口1.6、底2.52		1.6	陶盆、罐、钵、器底、球、环、纺轮、石镞、砺磨器、残石器、骨锥、镞、石块、兽骨	仰韶三期	
H41	ⅢT0817	②层下		圆形	筒状	1.8		1.52	陶瓶、盆、罐、钵、笄、髻、器盖、器耳、环、玉笄、石环、骨笄、兽骨	仰韶三期	
H42	ⅢT0616	③层下	H42→G1	不规则形	锅底状	口1.38、底0.7	口1.02、底0.3	1	陶罐、盆、罐、瓮、器盖、器耳	仰韶一期三段	
H43	ⅢT0515、T0516	③层下		椭圆形	袋状	口0.8、底1	口0.48、底0.72	0.5	陶瓶、盆、罐、钵、瓮、壶、盖、镞、环、骨镞	仰韶三期	
H44	ⅢT0916	②层下		圆形	袋状	口1.6、底2		0.9	陶瓶、盆、罐、钵、缸、环、兽骨	仰韶三期	
H45	ⅢT0516	②层下		圆形	筒状	1.5		1	陶瓶、盆、罐、钵、缸、瓮、器耳、圆陶片、骨锥	仰韶三期	
H46	ⅢT0201	②层下		圆形	袋状	口1.76、底1.95		1.5	陶罐、缸、刀、环、石块	仰韶三期	底有一层硬面
H47	ⅢT0101	③层下		圆形	袋状	口1.3、底1.38		1	陶瓮	仰韶一期三段	底有一层硬面
H48	ⅢT0612	③层下		圆形	筒状	0.96		1.6	陶罐、钵、器盖、器耳、石球、兽骨	仰韶一期三段	
H49	ⅡT0301	②层下		圆形	袋状	口1.5、底2.12		1.2	陶钵、石块、兽骨	仰韶三期	
H50	ⅢT0917	③层下		椭圆形	袋状	口2.7、底2.9	口1.8、底2	0.94~1	陶盆、罐、钵、瓮、器盖	仰韶一期三段	

续表

编号	位置	开口层位	地层关系	平面形状	结构	尺寸(m) 长	尺寸(m) 宽	尺寸(m) 深	出土遗物	时代	备注
H51	ⅢT0912	③层下		椭圆形	袋状	口1.36、底1.56	口1.2、底1.3	0.4	陶钵、石块、兽骨	仰韶一期三段	
H52	ⅢT0812、T0912	③层下		椭圆形	袋状	口1.02、底1.12	口0.8、底0.88	0.2	陶罐、兽骨	仰韶一期三段	
H53	ⅢT0912	③层下		不规则形	锅底状	口1.24、底1.14	口0.6、底0.5	0.3～0.34	陶钵	仰韶一期三段	
H54	ⅢT0912	③层下		梯形	筒状	0.9～1.16	0.6～0.76	0.32	陶片	仰韶一期三段	
H55	ⅢT0712	③层下		圆形	袋状	口1.3、底2.2		1.3	陶盆、罐、钵、瓮、圆陶片、笋、兽骨、蚌壳、田螺壳、鹿角	仰韶一期三段	
H56	ⅢT0913	③层下		椭圆形	袋状	口1.2、底1.4	口1、底1.2	0.6	陶盆、罐、钵、瓮、器盖、兽骨	仰韶一期三段	壁经火烤，底有一层硬面
H57	ⅢT0712	③层下		椭圆形	袋状	口1.06、底1.12	口0.72、底0.83	0.49	陶罐、钵	仰韶一期三段	
H58	ⅢT0913	③层下		椭圆形	袋状	口0.88、底1.22	口0.75、底1.2	0.96	陶盆、罐、钵、瓮、圆陶片、蚌壳、兽骨	仰韶一期三段	
H59	ⅢT0613	②层下		圆形	袋状	口0.7、底2.2		1.3	陶瓶、盆、罐、钵、缸、杯、片、锉、坯、器耳	仰韶三期	
H60	ⅢT0813、T0913	③层下		椭圆形	袋状	口1.16、底1.48	口0.96、底1.25	0.5	陶盆、罐、钵、圆陶片、兽骨、蚌壳、兽骨	仰韶一期三段	
H61	ⅢT0913	③层下		椭圆形	袋状	口0.68、底0.8	口0.6、底0.74	0.44	陶钵	仰韶一期三段	
H62	ⅢT0913	③层下	H61→H62	长方形	筒状	1.45	0.9	0.36～0.4	陶钵、瓮	仰韶一期三段	

续表

编号	位置	开口层位	地层关系	平面形状	结构	尺寸（m） 长	尺寸（m） 宽	尺寸（m） 深	出土遗物	时代	备注
H63	ⅢT0411、T0412	②层下		圆形	袋状	口1.35、底2		1.58	陶盆、罐、钵、缸、器盖、器耳、圆陶片、锛、石锤、骨坯料	仰韶三期	
H64	ⅢT0413、T0513	②层下		圆形	袋状	口1.92、底2.32		1.06	陶盆、罐、钵、缸、漏斗形器、陶片、瓮、兽骨	仰韶三期	底有一层硬面
H65	ⅢT0613	③层下	H59→H65	圆形	筒状	1		0.28~0.45	陶罐、盆、钵、瓮、蚌壳、兽骨	仰韶一期三段	
H66	ⅢT0712	③层下		椭圆形	袋状	口0.66、底0.84	口0.56、底0.92	0.7	陶瓮、兽骨	仰韶一期三段	
H67	ⅢT0912、T0913、T1012、T1013	②层下		圆形	袋状	口1.7、底2		1.4	陶瓶、盆、罐、钵、缸、瓮、器盖、圆陶片、锛、石铲	仰韶三期	
H68	ⅢT0412	③层下		不规则形	筒状	1.58	1.26	0.3	陶瓶、盆、罐、钵、瓮、器耳、圆陶片、锛、石铲	仰韶一期三段	
H69	ⅢT1012、T1013	②层下		圆形	袋状	口2.1、底2.5		0.74	陶盆、罐、钵、瓮、骨锥、兽骨	仰韶三期	
H70	ⅢT0713	③层下		圆形	袋状	口1.06、底1.92		1.3	陶瓶、盆、罐、钵、缸、杯	仰韶一期三段	
H71	ⅢT0712	③层下	H57→H71	圆形	筒状	1.24		0.5	陶盆、钵、兽骨	仰韶一期三段	
H72	ⅢT0812	②层下		圆形	袋状	口2.2、底2.48		0.56	陶罐、罐、缸、器盖	仰韶三期	
H73	ⅢT1012	③层下		长方形	筒状	1.6	0.64	0.7	陶盆、罐、钵、杯	仰韶一期三段	
H74	ⅢT0612、T0712	③层下		椭圆形	筒状	0.66	0.6	0.4	器耳、盆、石块、钵、兽骨	仰韶一期三段	
H75	ⅢT0713、T0813	②层下		椭圆形	袋状	口1.54、底2	口1.4、底1.9	0.96	陶瓶、盆、罐、缸、器耳、环、兽骨	仰韶一期三段	
H76	ⅢT0413	②层下		圆形	袋状	口0.88、底1.5		0.94	陶瓶、盆、罐、钵、器底	仰韶三期	

续表

编号	位置	开口层位	地层关系	平面形状	结构	尺寸（m） 长	尺寸（m） 宽	尺寸（m） 深	出土遗物	时代	备注
H77	ⅢT0813	③层下		圆形	袋状	口0.9、底1.2		0.6	陶盆、罐、钵、瓮、器底、器耳、锉、骨针、兽骨	仰韶一期三段	
H78	ⅢT0813	③层下		椭圆形	筒状	1.22	0.84	0.5	陶盆、罐、钵、圆陶片	仰韶一期三段	底有一层硬面
H79	ⅢT0813	③层下	H60→H79	圆形	筒状	1.36		0.4	陶片、骨镞	仰韶一期三段	底有一层硬面
H80	ⅢT0613	⑤层下		不规则形	锅底状	1.9	0.64	0.1	陶盆、罐、钵、圆陶片、雕刻器、骨头	仰韶一期三段	
H81	ⅢT0613	⑤层下		不规则形	筒状	1.1	0.68	0.16	陶瓶、盆、罐、钵、圆陶片、锉、骨头	仰韶一期二段	
H82	ⅢT1013	F9下	F9→H82	圆形	筒状	1.4		0.2	陶瓶、盆、罐、瓮、兽骨	仰韶一期三段	
H83	ⅢT1113	②层下		圆形	袋状	口1.7、底2.1		1.05	陶瓶、盆、罐、钵、缸、瓮、盖、器耳、圆陶片、锉、环	仰韶三期	
H84	ⅢT0712	②层下		椭圆形	筒状	0.64	0.6	0.7	陶盆、罐、钵、石块	仰韶三期	
H85	ⅢT0712	③层下		不规则形	筒状	0.86	0.62	0.63	陶瓶、盆、罐、瓮、缸、圆陶片、环、笄、石块、兽骨	仰韶一期三段	
H86	ⅢT0809	②层下		圆形	袋状	口1、底2		1.2	陶钵	仰韶三期	底为火烤硬面
H87	ⅢT1113	②层下		圆形	筒状	1.2		0.66	陶片	仰韶一期三段	
H88	ⅢT0712、T0713	④层下		不规则形	锅底状	1.4	1.12	0.57	陶盆、罐、钵、圆陶片、残石器、骨头	仰韶三期	
H89	ⅢT0613、T0713	②层下		圆形	袋状	口1.8、底2.1		1.16	陶盆、罐、钵、缸、盂、器底、圆陶片、兽骨	仰韶三期	
H90	ⅢT1212	②层下		圆形	袋状	口2、底2.7		1.36	陶瓶、盆、罐、钵、缸、瓮、器底、玉笄、石块、兽骨	仰韶三期	壁、底均火烤

续表

编号	位置	开口层位	地层关系	平面形状	结构	尺寸（m）长	尺寸（m）宽	尺寸（m）深	出土遗物	时代	备注
H91	ⅢT1012、T1112	④层下		椭圆形	筒状	0.96	0.93	1.06	陶盆、罐、钵、瓮、圆陶片、锉、骨镞、骨头	仰韶一期二段	
H92	ⅢT1113	③层下	H83→H92	圆形	袋状	口1、底1.3		0.6	陶片	仰韶一期二段	底为火烤硬面
H93	ⅢT1113	③层下		椭圆形	袋状	口0.76、底0.86	口0.46、底0.56	0.82	陶盆、罐、钵、圆陶片、兽骨	仰韶一期二段	
H94	ⅢT0812、T0813	③层下		椭圆形	袋状	口1.28、底1.52	口0.98、底1.2	0.8	陶盆、罐、钵、兽骨	仰韶一期二段	
H95	ⅢT1012	③层下		圆形	袋状	口1.16、底1.36		0.8		仰韶一期二段	
H96	ⅢT0912、T1012	③层下		不规则形	筒状	1.4	1.2	1.1	陶片	仰韶一期二段	底有一层硬面
H97	ⅢT1012	⑦层下		长方形	筒状	0.96	0.44~0.48	0.3	陶片、骨头	仰韶一期二段	
H98	ⅢT1212	③层下	H90→H98	圆形	袋状	口0.8、底残0.5		0.8	陶瓶、盆、罐、钵、瓮、彩陶片、兽骨	仰韶一期二段	
H99	ⅢT1012	⑥层下	F35→H99	椭圆形	筒状	1	0.8	1.1	陶罐、钵	仰韶一期二段	底有一层硬面
H100	ⅢT1311、T1312	②层下		圆形	袋状	口1.32、底2.04		1.5	陶瓶、盆、罐、钵、缸、瓮、盖、圆陶片、石块、兽骨	仰韶三期	
H101	ⅢT0914	③层下		梯形	袋状	口0.8、底1.4		0.9	陶罐、钵、圆陶片、砍砸器、残石器、骨鱼叉	仰韶一期二段	底为火烤硬面
H102	ⅢT0915	③层下		圆形	筒状	1.48	0.7~0.8	0.6	陶罐、钵	仰韶一期二段	
H103	ⅢT0914	③层下		圆形	袋状	口0.8、底1.6		1	陶盆、罐、钵	仰韶一期二段	

续表

编号	位置	开口层位	地层关系	平面形状	结构	尺寸（m）长	尺寸（m）宽	尺寸（m）深	出土遗物	时代	备注
H104	ⅢT0714、T0814	②层下		椭圆形	筒状	2.42	1.4	0.6~0.66	陶罐、钵	仰韶三期	底为火烤硬面
H105	ⅢT0915	③层下		圆形	袋状	口0.76、底0.96		0.6	陶罐、钵	仰韶一期三段	
H106	ⅢT0712	④层下		圆形	锅底状	口0.9、底0.56		0.5	陶瓶、罐、钵	仰韶一期二段	
H107	ⅢT1212	④层下		椭圆形	锅底状	口0.64、底0.46	口0.6、底0.42	0.35	陶瓮、骨头	仰韶一期二段	
H108	ⅢT1212	F22下	F22→H108	椭圆形	锅底状	口0.62、底0.32	口0.48、底0.2	0.35	陶片、骨头	仰韶一期二段	
H109	ⅢT1211、T1212	⑥层下		方形	袋状	口1.26、底1.4		1.6	陶瓶、罐、钵、骨锥、骨头	仰韶一期二段	口部三层台阶
H110	ⅢT0714、T0814	②层下		圆形	袋状	口1.8、底2.2		0.94	陶片	仰韶三期	底为火烤硬面
H111	TG1	④层下		不规则形	锅底状	2.58	1.36	1.12	陶盆、罐、钵、瓮、圆陶片、锉、石锤、研磨器、石核、残石器、角器、骨头、田螺壳	仰韶一期三段	
H112	TG1	③层下	G2→H112	圆形	筒状	2.84	2.06	0.66~1.58	陶盆、罐、钵、瓮、器盖、器耳、锉、研磨器、残石器、骨镞、石块、兽骨	仰韶一期二段	
H113	ⅢT0514	②层下		圆形	袋状	口1.02、底1.62		1.12	陶瓶、盆、钵、缸、釜、器盖、罐、纺轮、环、石核	仰韶三期	

续表

编号	位置	开口层位	地层关系	平面形状	结构	尺寸（m）长	尺寸（m）宽	尺寸（m）深	出土遗物	时代	备注
H114	ⅢT0714	③层下		不规则形	锅底状	口2.05、底1.76	口1.1、底0.86	0.32	陶瓶、罐、钵	仰韶一期三段	
H115	ⅢT0613、T0614	③层下		圆形	袋状	口1.12、底1.34		1	陶盆、罐、钵、器盖、器耳、器底、锉、兽骨	仰韶一期三段	
H116	ⅢT0414、T0514	③层下		椭圆形	筒状	1	0.9	1	陶盆、罐、钵	仰韶一期三段	
H117	ⅢT0714	③层下		椭圆形	袋状	口1.6、底1.7	口1.4、底1.52	0.62	陶盆、罐、钵、瓮、器耳	仰韶一期三段	
H118	ⅢT0614	②层下		圆形	锅底状	口1.68、底1.26		0.74	陶盆、罐、器耳	仰韶三期	
H119	ⅢT0614	②层下		圆形	袋状	口1.88、底2		1.1～1.3	陶瓶、盆、罐、钵、缸、器盖、石块、兽骨	仰韶三期	
H120	TG2	②层下		圆形	袋状	口2、底2.28	口1.66、底1.8	1	陶盆、钵、盘、纺轮	仰韶三期	
H121	ⅢT0711	③层下	H120→H123	圆形	袋状	口1.14、底1.56		0.9	陶罐、钵、瓮、彩陶片、圆陶片、兽骨、田螺壳	仰韶一期三段	
H122	ⅢT0711	③层下		圆形	袋状	口1.3、底1.16		0.6	陶瓶、盆、罐、钵、圆陶片、锉、饰件	仰韶一期三段	
H123	TG2	②层下		圆形	袋状	口1.5、底1.9		2	陶罐、缸、刀、环、石块	仰韶三期	
H124	TG3	②层下		圆形	袋状	口2.12、底2.2		0.94	陶瓶、罐、钵、缸、石锥、锉、环、石块、兽骨	仰韶三期	
H125	ⅢT0411	②层下		圆形	袋状	口1.4、底2		1.25	陶盆、罐、钵、缸、残石器、斧、兽骨	仰韶三期	底为一层硬面

续表

编号	位置	开口层位	地层关系	平面形状	结构	尺寸（m）长	尺寸（m）宽	尺寸（m）深	出土遗物	时代	备注
H126	ⅢT1011	②层下		椭圆形	袋状	口1.4、底1.9	口1.16、底1.66	1.42	陶瓶、盆、罐、钵、缸、瓮、杯、器耳、器底、圆陶片、锉、石网坠、骨锥	仰韶三期	
H127	ⅢT1014	③层下		圆形	袋状	口1.24、底1.6		1.3	陶片	仰韶一期三段	
H128	ⅢT0911、T1011	③层下	H139→H128	椭圆形	袋状	口0.92、底1.32	口0.76、底1.12	0.96	陶瓶、盆、罐、钵、瓮、器盖、兽骨	仰韶一期三段	
H129	ⅢT0311	②层下		圆形	袋状	口0.64、底1.36		1.28	陶罐、钵	仰韶三期	
H130	ⅢT0313	②层下		椭圆形	袋状	口1.74、底2.2	口1.6、底2	1.34	陶瓶、盆、罐、钵、缸、瓮、器盖、器耳、器座、圆陶片、刀、环、球、骨锥	仰韶三期	
H131	ⅢT0511	②层下		圆形	袋状	口2、底2.47		0.7~0.8	陶瓶、盆、罐、钵、缸、瓮、杯、环、笋、刀、兽骨	仰韶三期	
H132	ⅢT0314	②层下		圆形	筒状	2.2		0.7	陶片、兽骨	仰韶三期	底为火烤硬面
H133	ⅢT0314	③层下		椭圆形	筒状	1.18	0.68	0.34~0.58	陶瓶、盆、罐、钵、瓮、器盖	仰韶一期三段	底为一层硬面
H134	ⅢT0311、T0411	③层下	F19→H134	圆形	筒状	1.04	0.68	0.4	陶盆、罐、钵、器底、器盖	仰韶一期三段	
H135	ⅢT0411	F19下	F19、H63→H135	椭圆形	筒状	1.26		0.86	陶罐、盆、罐、钵、器底、锉骨兽骨	仰韶一期三段	
H136	ⅢT0715	②层下		圆形	袋状	口1.6、底2.1		1.24	陶盆、罐、缸、瓮、杯、玉笋、环	仰韶三期	
H137	ⅢT0312、T0313	②层下		圆形	袋状	口1.6、底2.34		1.45	陶瓶、盆、罐、缸、甑、杯、纺轮、砑磨器、残石器	仰韶三期	

续表

编号	位置	开口层位	地层关系	平面形状	结构	尺寸（m）长	尺寸（m）宽	尺寸（m）深	出土遗物	时代	备注
H138	ⅢT0614	③层下	H119→H138	圆形	袋状	口1.04、底1.66		0.8	陶瓶、罐、钵、瓮、器底	仰韶一期三段	
H139	ⅢT0910、T0911、T1011	②层下		圆形	袋状	口1.8、底2.1		1.45	陶罐、瓮	仰韶三期	
H140	ⅢT0810	②层下		圆形	袋状	口1.56、底2.16		1.28	陶罐、器底、研磨器、骨笄	仰韶三期	
H141	ⅢT0812、T0912	③层下		圆形	袋状	口0.9、底1.05		0.36	陶罐、钵、石片	仰韶一期三段	
H142	ⅢT0810	②层下	H140→H142	方形	袋状	口1.52、底1.86		0.62~0.8	陶盆、罐、钵、瓮、缸	仰韶三期	
H143	ⅢT0311、T0312	⑨层下		椭圆形	筒状	1.7	1.54	0.4~0.5	陶片	仰韶一期一段	
H144	ⅢT0811、T0812、T0911、T0912	⑦层下		椭圆形	袋状	口1.52、底2.04	口1.4、底1.96	0.6~0.72	陶瓶、盆、罐、钵、瓮、器盖、器底、圆陶片、骨头	仰韶一期二段	
H145	ⅢT0912	⑦层下		圆形	袋状	口1.6、底2		0.66~0.7	陶瓶、盆、罐、钵、瓮、器盖、圆陶片、锉、兽骨	仰韶一期二段	
H146	ⅢT0912	⑩层下		圆角长方形	锅底状	1.68	1.5	0.8	陶盆、罐、钵、瓮、圆陶片、石块、研磨器、石块	仰韶一期一段	底有一层硬面
H147	ⅢT0912	⑩层下	H146→H148	不规则形	袋状	口1.68、底1.8	口1.46、底1.58	0.42~0.7	陶盆、罐、钵、器底、圆陶片、研磨器、石块	仰韶一期一段	
H148	ⅢT0912	⑪层下		不规则形	袋状	口1.66、底1.76	口1.56、底1.58	0.52~0.7	陶罐、钵、器底、圆陶片、雕刻器、锉	仰韶一期一段	
H149	ⅢT0711、T0811	⑧层下	F43→H149	椭圆形	袋状	口1.4、底1.68	口1、底1.52	0.5	陶瓶、罐、钵、瓮、圆陶片、石斧、残石器	仰韶一期二段	
H150	ⅢT0811	⑧层下		椭圆形	筒状	1.78	1.6	0.5	陶罐、钵、瓮、圆陶片、研磨器、残石器	仰韶一期二段	

续表

编号	位置	开口层位	地层关系	平面形状	结构	尺寸（m）长	尺寸（m）宽	尺寸（m）深	出土遗物	时代	备注
H151	ⅢT0811	⑧层下	H150→H151	不规则形	袋状	口1.5、底1.82	口1.48、底1.7	0.42	陶钵、瓮、骨头	仰韶一期二段	底有一层硬面
H152	ⅢT1014	⑥层下		长方形	袋状	口0.8、底1.3	口0.72、底1.39	1.7	陶盆、罐、圆陶片、骨头	仰韶一期二段	底部一级台阶
H153	ⅢT1014	⑥层下		方形	袋状	口0.82、底1.04		1.14	陶罐、钵、瓮、圆陶片	仰韶一期二段	
H154	ⅢT0912、T1012	⑪层下		圆形	袋状	口1.94、底2.14		0.72	陶锉	仰韶一期二段	底部三级台阶
H155	ⅢT0312	⑫层下		椭圆形	锅底状	口2.2、底1.84	口1.84、底1.44	1	陶盆、罐、钵、圆陶片、磨石、砍砸器	仰韶一期二段	
H156	ⅢT0414	④层下	F84→H156	椭圆形	锅底状	1.9	1.3	0.46	陶罐、钵、圆陶片	仰韶一期二段	
H157	ⅢT0311、T0411	⑫层下		不规则形	锅底状	1.8	1.4	0.4~0.5	陶罐、钵、圆陶片、石块	仰韶一期二段	
H158	ⅢT0311	⑫层下		椭圆形	锅底状	口1.68、底1.1	口1.2、底0.7	0.3	陶盆、罐、钵、器底、圆陶片、锉	仰韶一期三段	
H159	ⅢT0413、T0513	③层下	H64→H159	椭圆形	袋状	口1.48、底1.74	口1.2、底1.6	1.4	陶片	仰韶一期二段	
H160	ⅢT0414	⑥层下		圆形	袋状	口0.74、底1.7		2.14	陶盆、罐、钵、瓮、骨镞、匕	仰韶一期二段	底部三级台阶
H161	ⅢT0213、T0313	⑧层下		梯形	袋状	口1.6~1.9、底1.6~2.2	口1.32、底1.66	0.4~0.5	陶瓶、盆、罐、瓮、盂、锉、石球	仰韶一期二段	
H162	ⅢT0314	⑧层下	H165→H162	圆角长方形	筒状	1.68	1.62	0.4	陶罐、钵、盂、彩陶片、圆陶片、石块、骨头、蚌壳	仰韶一期二段	

续表

编号	位置	开口层位	地层关系	平面形状	结构	尺寸（m）长	尺寸（m）宽	尺寸（m）深	出土遗物	时代	备注
H163	ⅢT0514	⑦层下		椭圆形	袋状	口1.06、底1.26	口0.88、底1.08	1.32	陶钵、瓮、盂、圆陶片、锉、球	仰韶一期二段	底有一层硬面，二级台阶
H164	ⅢT0414	⑧层下		椭圆形	袋状	口0.8、底1.28	口0.6、底1.16	0.95	陶瓶、盆、钵、瓮、圆陶片、锉、骨镞	仰韶一期二段	
H165	ⅢT0314	F58下	F58、F59→H165	长方形	筒状	1.14	0.9	0.4	陶钵、罐、圆陶片、锉、残石器	仰韶一期二段	
H166	ⅢT0314	⑪层下	H165→H166	圆形	袋状	口1.32、底1.72		1.04	陶瓶、钵、器底、器耳、圆陶片、兽骨、蚌壳	仰韶一期二段	
H167	ⅢT0514	⑧层下		圆形	袋状	口0.76、底1.06		0.5	陶瓶、盆、瓮、圆陶片、骨针、锉、饰件	仰韶一期二段	
H168	ⅢT0414	⑧层下		不规则形	锅底状	口0.99、底0.85		0.19	陶罐、钵、瓮、圆陶片、骨头	仰韶一期二段	
H169	ⅢT0514	⑧层下		圆形	袋状	口1.36、底1.56	口0.5、底0.36	1.3	陶罐、钵、圆陶片、骨头	仰韶一期二段	底部一级台阶
H170	ⅢT0413	⑧层下		椭圆形	袋状	口0.56、底1.28	口0.52、底1.2	1.25	陶瓶、盆、罐、瓮、圆陶片	仰韶一期二段	底部二级台阶
H171	ⅢT0514	⑧层下	H167→H171	椭圆形	袋状	口1.7、底1.9	口1.5、底1.7	0.96	陶瓶、钵、瓮、圆陶片、田螺壳、角锥、骨头	仰韶一期二段	底部二级台阶
H172	ⅢT0413	⑧层下		梯形	袋状	口0.7~0.84、底1.4	口0.66~0.76、底1.38	0.9	陶罐、钵、圆陶片	仰韶一期二段	底部二级台阶

续表

编号	位置	开口层位	地层关系	平面形状	结构	尺寸（m）长	尺寸（m）宽	尺寸（m）深	出土遗物	时代	备注
H173	ⅢT0713、T0714	⑧层下		方形	袋状	口1.52、底1.26		1.6	陶罐、钵、圆陶片、骨锥、匕、田螺壳	仰韶一期二段	底部二级台阶
H174	ⅢT0714	⑧层下		方形	袋状	口0.76、底1.22		1.1	陶罐、钵、圆陶片、锉、骨头	仰韶一期二段	
H175	ⅢT0614	⑧层下		圆角长方形	袋状	口0.74、底0.85	口0.69、底0.83	1.11	陶盆、罐、钵、器底、圆陶片、石器、坠饰、骨锥	仰韶一期二段	底部二级台阶
H176	ⅢT1311	⑥层下		圆角方形	袋状	口0.76、底1.16		1.2	陶片	仰韶一期二段	
H177	ⅢT0414	⑨层下	M10→H177	椭圆形	袋状	口1.28、底1.84	口0.92、底1.64	1.16	陶罐、钵、圆陶片、石斧、残石器、锉、骨锥	仰韶一期二段	底部三级台阶
H178	ⅢT0614	⑧层下	H175→H178	梯形	袋状	口0.9、底1.36	口0.76~0.88、底1.36	1.78	陶瓶、钵、瓮、圆陶片、骨头	仰韶一期二段	底部二级台阶
H179	ⅢT0614	⑧层下		圆角方形	袋状	口0.92、底1.5		1.2	陶钵、罐、圆陶片、锉、骨镞、石锤、研磨器	仰韶一期二段	底部二级台阶
H180	ⅢT0613	⑧层下		梯形	袋状	口0.58~0.8、底1.18	口0.66、底1.18	1	陶瓶、罐、钵、圆陶片、残石器、骨头	仰韶一期二段	底部二级台阶
H181	ⅢT0714	⑪层下	H243→H181	椭圆形	袋状	口1.12、底1.42	口0.8、底1.1	0.33~0.38	陶盆、罐、钵、瓮、圆陶片	仰韶一期二段	
H182	ⅢT0813	⑧层下		圆形	袋状	口1、底1.6		1.3	陶罐、钵、瓮、圆陶片	仰韶一期二段	底部二级台阶
H183	ⅢT0813	⑧层下		圆形	袋状	口1.02、底1.7	底1.4	1.72	陶盆、罐、瓮、器盖、圆陶片、锉	仰韶一期二段	底部二级台阶

续表

编号	位置	开口层位	地层关系	平面形状	结构	尺寸（m）长	尺寸（m）宽	尺寸（m）深	出土遗物	时代	备注
H184	ⅢT0816	②层下		圆角长方形	筒状	1	0.6	0.8	陶瓶、罐、钵、缸、盂、器盖、器底、锉	仰韶三期	
H185	ⅢT0313、T0413	⑧层下		长方形	袋状	口1.1、底1.46	口1、底1.22	0.95	陶盆、钵、圆陶片、研磨器	仰韶一期二段	底部二级台阶
H186	ⅢT0315、T0415	②层下		圆形	袋状	口1.54、底2		1.44	陶盆、罐、钵、缸、瓮、甑、器盖、器耳	仰韶三期	
H187	ⅢT0515	②层下		圆形	筒状	2.04		1.1	陶盆、罐、钵、缸、瓮、甑、盖、圆陶片、锉、残石器	仰韶三期	
H188	ⅢT0615	③层下		圆形	袋状	口1.7、底2		1.4	陶瓶、钵、瓮	仰韶三期	
H189	ⅢT0415	②层下		圆形	袋状	口1.44、底2.4		1.64	陶瓶、罐、钵、瓮、甑	仰韶三期	底有一层硬面
H190	ⅢT0815	⑤层下		方形	袋状	口0.6、底1.8	底1.6	2	陶盆、罐、钵、瓮、器底、器耳、圆陶片、骨头、兽牙、鹿角	仰韶一期二段	底部二级台阶
H191	ⅢT0715	⑤层下		椭圆形	袋状	口2、底1.38	口1.18、底1.38	2.5	陶罐、钵、圆陶片、瓮、骨锥	仰韶一期二段	底部二级台阶
H192	ⅢT0315、T0415	③层下		圆形	袋状	口0.74、底1.24		0.8	陶瓶、盆、罐、钵、瓮、器盖、彩陶片、锉、石铧、铲	仰韶一期二段	
H193	ⅢT0415	④层下	H186→H193	圆形	袋状	口0.88、底1.4		0.76	陶盆、钵、圆陶片、石铧、瓮、骨笄	仰韶一期二段	
H194	ⅢT0914	⑦层下		方形	袋状	口0.82、底1.5	底1.36	1.5	陶片	仰韶一期二段	底部二级台阶

续表

编号	位置	开口层位	地层关系	平面形状	结构	尺寸（m）长	尺寸（m）宽	尺寸（m）深	出土遗物	时代	备注
H195	ⅢT0914	⑦层下		长方形	袋状	口0.81、底1.34	口0.7、底1.2	1.5	陶瓶、罐、盆、钵、器底、圆陶片、锉、残石器、骨锥	仰韶一期二段	底有一层硬面，二级台阶
H196	ⅢT0913	⑩层下		圆形	袋状	口1、底1.46		0.8	石斧、酱	仰韶一期二段	
H197	ⅢT0814、T0815、T0914、T0915	⑩层下		不规则形	锅底状	口4.25、底2.25	口3.2、底1.5	0.8	陶盆、罐、钵、圆陶片	仰韶一期二段	底有一层硬面
H198	ⅢT0715	⑨层下		圆形	袋状	口1.36、底1.5		0.94~0.98	陶片、骨头	仰韶一期二段	
H199	ⅢT0912、T0913、T1012、T1013	⑤层下		圆形	袋状	口0.56、底1.6		1.53	陶盆、罐、钵、盆、圆陶片、锉、球、刮削器、石锤、残石器	仰韶一期二段	底部一级台阶
H200	ⅢT0914	⑩层下		圆形	筒状	口1.8、底2.2	1.18	1	陶罐、盆、钵、盆、圆陶片、锉、器盖、石锤、研磨器、残石器	仰韶一期二段	底有一层硬面
H201	ⅢT0715	⑪层下	H191→H201	梯形	袋状	1.98~2.2		0.5~0.66	陶瓶、盆、罐、钵、盆、圆陶片、骨笄	仰韶一期二段	
H202	ⅢT0715	⑪层下	H191、H198→H202	圆形	袋状	口1.32、底1.88		0.92	陶罐、钵、盆、器耳	仰韶一期二段	
H203	ⅢT0515	F84下	F84→H203	圆形	袋状	口1.06、底1.2		0.6	陶瓶、盆、钵、盆	仰韶一期二段	
H204	ⅢT0718、T0818	②层下		圆形	袋状	口1.2、底2.5		1.5	陶盆、罐、钵、盆、石块、兽骨	仰韶三期	底部一个小坑

续表

编号	位置	开口层位	地层关系	平面形状	结构	尺寸（m）长	尺寸（m）宽	尺寸（m）深	出土遗物	时代	备注
H205	ⅢT0516	⑦层下		方形	袋状	口0.8、底1.4		1.66	陶罐、钵、器耳、圆陶片	仰韶一期二段	底有一层硬面
H206	ⅢT0718	③层下	H204→H206	圆形	锅底状	口1.6、底1.5		0.8	陶片	仰韶一期三段	
H207	ⅢT0716	④层下		方形	袋状	口1.04、底1.7		2.56	陶罐、钵、圆陶片、砍砸器	仰韶一期三段	
H208	ⅢT0718	③层下		圆形	袋状	口0.7、底1.7		1.04	陶瓶、罐、瓮、磨石	仰韶一期三段	
H209	ⅢT0718	③层下	H208→H209	圆形	袋状	口1.2、底1.5		0.8	陶盆、钵、瓮、器盖	仰韶一期三段	
H210	ⅢT0815、T0816	⑧层下		方形	袋状	口0.5、底1.2		1.2	陶钵、瓮	仰韶一期二段	底有一层硬面
H211	ⅢT0419	②层下		圆形	袋状	口1.26、底1.66		1.26	陶瓶、盆、罐、钵、器底、环、锉、瓮、兽骨	仰韶三期	
H212	ⅢT0520	②层下	H213→H212	圆形	袋状	口1.52、底2.32		1.8	陶盆、罐、钵、缸、骨锥、瓮、兽骨	仰韶三期	
H213	ⅢT0520、T0620	②层下		椭圆形	袋状	口1.52、底2.3	口1.28、底2.08	1.9	陶盆、罐、瓮、器耳、锉、兽骨	仰韶三期	
H214	ⅢT0619	②层下		圆形	袋状	口1.3、底2.3		1.6	陶盆、罐、钵、石核	仰韶三期	
H215	ⅢT0719、T0819	②层下		圆形	袋状	口1.4、底2.3		1.36	陶盆、罐、钵、缸、圆陶片、骨匕、石块、兽骨	仰韶三期	
H216	ⅢT0419	③层下		圆形	袋状	口1.32、底1.5		1	陶盆、罐、钵、瓮、器盖、圆陶片、石球、骨针	仰韶一期三段	
H217	ⅢT0620	③层下		圆形	袋状	口0.8、底2		1.4	陶罐、盆、钵、瓮、彩陶片、兽骨	仰韶一期三段	
H218	ⅢT0620	③层下	F96→H218	不规则形	锅底状	口2.28、底1.7	口1.3～1.8、底0.6	0.8	陶罐、盆、钵、彩陶片、圆陶片	仰韶一期三段	

续表

编号	位置	开口层位	地层关系	平面形状	结构	尺寸（m）长	尺寸（m）宽	尺寸（m）深	出土遗物	时代	备注
H219	ⅢT0620	③层下		圆形	袋状	口0.9、底1.1		0.95	陶盆、罐、钵、瓮、盘状器、盖、锉、圆陶片、兽骨	仰韶一期三段	
H220	ⅢT0719	F92下	F92→H220	椭圆形	袋状	口1.1、底1.52	口1、底1.4	0.9	陶罐、钵、瓮、圆陶片、锉、研磨器	仰韶一期三段	
H221	ⅢT0617、T0618	②层下		圆形	袋状	口1.2、底1.6		1.05	陶罐、钵、瓮	仰韶三期	
H222	ⅢT0620	④层下		椭圆形	袋状	口0.98、底1.18	口0.72、底0.9	0.85	陶盆、罐、钵、瓮、甑、圆陶片、锉、骨锥、角锥	仰韶一期三段	
H223	ⅢT0618	③层下		圆形	袋状	口0.66、底1.16		0.78	陶盆、罐、瓮、甑、圆陶片	仰韶一期三段	
H224	ⅢT0619	⑨层下		长方形	筒状	0.8	0.7	0.4	陶罐、钵、瓮、器耳、圆陶片、锉、残石器	仰韶一期一段	
H225	ⅢT0619	⑨层下		圆形	袋状	口1.05、底1.09		0.3	陶钵、圆陶片、锉、石铲、管状器	仰韶一期一段	
H226	ⅢT0618	③层下		不规则形	筒状	1.2	0.5~0.6	0.4	陶盆	仰韶一期三段	
H227	ⅢT0618	③层下		椭圆形	袋状	口0.8、底1.3	口0.75、底1.24	0.66	陶盆、罐、钵、瓮	仰韶一期三段	
H228	ⅢT0519、T0619	⑨层下		圆形	袋状	口1、底1.33		0.65	陶盆、罐、钵、圆陶片、雕刻器、骨饰	仰韶一期一段	
H229	ⅢT0618、T0619、T0718、T0719	⑨层下	H225→H229	椭圆形	筒状	4	3.88	0.5~1.8	陶瓶、盆、罐、锉、石砧、骨锥、残石器、罐、石块、兽骨	仰韶一期一段	
H230	ⅢT0617、T0618	⑤层下		圆形	袋状	口1.18、底1.78		1.7	陶瓶、盆、钵、瓮、圆陶片、器底、砥磨器、残石器、骨锥	仰韶一期二段	
H231	ⅢT0618	⑨层下		圆形	袋状	口1.16、底1.3		0.7	陶钵、盆、圆陶片	仰韶一期一段	
H232	ⅢT0618	④层下		圆角方形	锅底状	口0.8、底0.5		0.3	陶钵、瓮、刮削器	仰韶一期二段	

续表

编号	位置	开口层位	地层关系	平面形状	结构	尺寸（m）长	尺寸（m）宽	尺寸（m）深	出土遗物	时代	备注
H233	ⅢT1014	②层下		圆形	锅底状	口1.5、底0.9		0.84	陶瓶、盆、罐、钵、缸、杯、器足、圆陶片、环	仰韶三期	
H234	TG5	②层下		圆形	袋状	口0.8、底2		1.96	陶瓶、罐、缸、圆陶片、石铁、兽骨	仰韶三期	
H235	ⅢT0413	⑫层下		圆形	筒状	1		0.6	陶瓶、盆、罐、钵、器底、圆陶片、锉、石斧	仰韶一期一段	
H236	ⅢT0413	F66下	F66→H236	圆形	筒状	1		0.7	陶盆、罐、钵、瓮、器耳、圆陶片、锉、球、残石器	仰韶一期一段	
H237	ⅢT0511	②层下		圆形	筒状	0.5		0.15	陶瓶、钵、缸、竽、环、陶片、蚌刀	仰韶一期二段	
H238	ⅢT0611	③层下		椭圆形	筒状	1.1	0.7	0.5	陶钵	仰韶一期二段	
H239	ⅢT0611	③层下		圆角长方形	筒状	1.55	0.8	0.35	陶钵、盆、锉	仰韶一期一段	
H240	ⅢT0712	⑦层下		长方形	筒状	1.8	0.8	0.5	陶钵、瓮、圆陶片、残石器	仰韶一期一段	
H241	ⅢT0611、T0612、T0711、T0712	⑤层下		圆形	筒状	0.9		0.5	陶瓮、甑	仰韶一期二段	
H242	ⅢT0713	③层下		长方形	筒状	0.56	0.36	0.15	陶瓶、盆、罐、钵、器底、器盖	仰韶一期二段	
H243	ⅢT0714	⑨层下		不规则形	锅底状	1.74	1.62	0.2～0.36	陶盆、罐、钵、器盖、器耳、圆陶片	仰韶一期一段	
H244	ⅢT0916、T0917	④层下		圆形	袋状	口1.46、底2.84		0.98	陶瓶、盆、罐、钵、瓮、圆陶片	仰韶一期二段	
H245	ⅢT1011	③层下		圆形	袋状	口0.76、底1		0.9	陶盆、罐、钵	仰韶一期二段	
H246	ⅢT1011	②层下		圆形	筒状	0.5		0.3	陶瓶、盆、钵、缸、环	仰韶三期	

续表

编号	位置	开口层位	地层关系	平面形状	结构	尺寸（m）长	尺寸（m）宽	尺寸（m）深	出土遗物	时代	备注
H247	ⅢT1012	③层下		圆形	筒状	0.8		0.2	陶钵、石锤	仰韶一期三段	
H248	ⅢT1014	④层下		椭圆形	筒状	0.76	0.72	0.8	陶罐、钵、陶片	仰韶一期二段	
H249	ⅢT1014	④层下		圆形	筒状	1.4		1	陶盆、罐、器耳、石片、角锥	仰韶一期二段	
H250	ⅢT1014	③层下		椭圆形	袋状	口1.4、底1.69	口1、底1.3	0.6	陶钵、罐、瓮、器盖、圆陶片、残石器	仰韶一期三段	
H251	ⅢT1014	③层下		圆形	锅底状	口0.8、底0.3		0.4	陶盆、瓮、器底、器耳	仰韶一期三段	
H252	ⅢT1114	④层下		圆形	筒状	0.9		1.4	陶盆、罐、器底、器耳	仰韶一期二段	
H253	ⅢT1111、T1112、T1211、T1212	⑨层下		圆角方形	筒状	0.5		0.3	陶钵、研磨器	仰韶一期一段	
H254	ⅢT0617、T0618	④层下		圆角方形	袋状	口0.8、底1		0.66	陶钵	仰韶一期二段	
H255	ⅢT1113	③层下		圆形	袋状	口0.72、底1.1		0.72	陶片、兽骨、兽牙	仰韶一期三段	

附表六　鱼化寨遗址土坑墓登记表

编号	位置	开口层位	地层关系	平面形状	墓坑尺寸（m） 长	墓坑尺寸（m） 宽	墓坑尺寸（m） 深	葬式	方向（°）	随葬品	年代	备注
M1	ⅢT0818	②层下		椭圆形	口1.84，底1.76	口1.5，底1.42	0.8	三人合葬，1号俯身直肢，2号仰身屈肢，3号仰身直肢	1号向西南，2号向北，3号向东	无	仰韶三期	
M2	ⅢT0913	⑤层下		长方形	1.16	0.46	0.3	仰身直肢	280	4件：尖底瓶1，罐1，钵2	仰韶一期二段	
M3	ⅢT0813、T0913	⑤层下		长方形	1.3	0.46	0.5	仰身屈肢	280	4件：尖底瓶1，罐1，钵2	仰韶一期二段	
M4	ⅢT0713	④层下		长方形	1	0.5	1	仰身直肢	290	1件：壶1	仰韶一期二段	
M5	ⅢT0713	④层下		长方形	1.13	0.5	0.86	仰身直肢	280	3件：尖底瓶1，罐1，钵1	仰韶一期二段	
M6	ⅢT0610、T0611	②层下		长方形	2	0.66~0.8	0.34	仰身直肢	270	无	仰韶三期	
M7	ⅢT0612	④层下	W51→M7	圆角长方形	1.1	0.68	0.13	仰身直肢	290	5件：尖底瓶1，盂1，石球1，骨珠2	仰韶一期二段	
M8	ⅢT0612、T0712	⑤层下		长方形	1.4	0.7	0.21	仰身直肢	290	31件：罐2，钵2，石砵1，石球2，骨珠24	仰韶一期二段	
M9	ⅢT0610、T0611	④层下		长方形	0.95	0.4	0.38	仰身直肢	260	3件：罐1，钵1，盂1	仰韶一期二段	
M10	ⅢT0414	⑧层下		长方形	1.14	0.44	0.4	仰身直肢	275	9件：罐1，钵2，壶1，圆陶片3，陶球1，石块1	仰韶一期二段	墓底北侧有一个二层台，随葬品置于其上。
M11	ⅢT0713、T0714	⑥层下		长方形	1.2	0.5	0.5	仰身直肢	276	1件：盂1	仰韶一期二段	

续表

编号	位置	开口层位	地层关系	平面形状	墓坑尺寸（m）			葬式	方向（°）	随葬品	年代	备注
					长	宽	深					
M12	ⅢT1014	⑧层下		长方形	1.22	0.58	0.52	仰身直肢	246	4件：罐1，钵2，壶1	仰韶一期二段	
M13	ⅢT0415	⑤层下		长方形	1.1	0.4	0.14	仰身直肢	290	2件：罐1，钵1	仰韶一期二段	
M14	ⅢT0619	⑤层下		长方形	1.1	0.35~0.5	0.15	仰身直肢	180	4件：罐1，钵2，壶1	仰韶一期二段	

附表七 鱼化寨遗址瓮棺葬墓登记表

编号	位置	开口层位	地层关系	平面形状	结构	墓坑尺寸（m）			葬具			葬具放置	随葬品	年代	备注
						长	宽	深	棺	瓮	盖				
W1	ⅡT0102、T0103	④层下		圆形	筒状	口0.66 底0.58		1		瓮	盆	竖置		仰韶一期二段	
W2	ⅡT0205	③层下		椭圆形	筒状	0.75	0.6	0.4		瓮	钵	横置		仰韶一期三段	瓮口朝西
W3	ⅢT0917	②层下		椭圆形	锅底状	口1.01 底0.62	口0.84 底0.45	0.4		瓮	钵	竖置		仰韶三期	
W4	ⅢT0516	F7下	F7→W4	圆形	筒状	0.3		0.5		瓮	钵	竖置		仰韶一期二段	
W5	ⅢT0613	③层下		圆形	锅底状	口0.69 底0.55		0.23		瓮	钵	不详		仰韶一期三段	
W6	ⅢT0713	④层下		圆形	锅底状	0.42		0.6		瓮	钵	竖置		仰韶一期二段	
W7	ⅢT0913	④层下	H56→W7	圆形	锅底状	口0.48 底0.32		0.58		瓮	钵	竖置	圆陶片2	仰韶一期二段	
W8	ⅢT0913	④层下	W9、H56→W8	圆形	锅底状	口0.6 底0.46		0.61		瓮	钵	竖置		仰韶一期二段	
W9	ⅢT0913	④层下	W9、W8→W10	圆形	锅底状	口0.45 底0.3		0.6		瓮	钵	竖置		仰韶一期二段	
W10	ⅢT0913	⑤层下		圆形	筒状	口0.48 底0.43		0.56		瓮	瓮底	竖置		仰韶一期二段	
W11	ⅢT0712	④层下		圆形	锅底状	0.42		0.58		瓮	钵	竖置		仰韶一期二段	
W12	ⅢT0612	④层下	W55→W12	椭圆形	锅底状	口0.59 底0.37	口0.47 底0.26	0.72		瓮	钵	竖置		仰韶一期二段	

续表

编号	位置	开口层位	地层关系	平面形状	结构	墓坑尺寸（m）长	宽	深	葬具 棺	盖	葬具放置	随葬品	年代	备注
W13	ⅢT0711	④层下		不规则形	锅底状	口0.6 底0.46	口0.48 底0.33	0.6	瓮	钵	竖置		仰韶一期二段	
W14	ⅢT0713	④层下	H70→W14	圆形	锅底状	口0.51 底0.2		0.49	瓮	钵	竖置		仰韶一期二段	
W15	ⅢT0713	④层下		圆形	锅底状	0.59		0.69	瓮	钵	竖置		仰韶一期二段	
W16	ⅢT0713	④层下		圆形	锅底状	0.42		0.68	瓮	钵	竖置		仰韶一期二段	
W17	ⅢT0913	⑤层下		圆形	锅底状	口0.4 底0.3		0.5	瓮	钵	竖置	圆陶片1	仰韶一期二段	
W18	ⅢT0913	⑤层下		圆形	锅底状	口0.5 底0.32	口0.3 底0.16	0.56	瓮	钵	竖置	石坠饰1	仰韶一期二段	石饰位于钵底上
W19	ⅢT0913	⑤层下		椭圆形	锅底状	口0.36 底0.28		0.4	瓮	钵	竖置		仰韶一期二段	
W20	ⅢT0712	③层下	H55→W20	圆形	锅底状	口0.48 底0.41		0.3	瓮		不详		仰韶一期二段	
W21	ⅢT0712	④层下		圆形	锅底状	口0.4 底0.31		0.17	瓮		不详		仰韶一期二段	
W22	ⅢT0712	⑤层下		圆形	锅底状	0.4		0.41	瓮	钵	竖置		仰韶一期二段	
W23	ⅢT0713	④层下		圆形	锅底状	口0.63 底0.35		0.72	瓮	钵	竖置		仰韶一期二段	
W24	ⅢT0712	④层下		椭圆形	锅底状	口0.68 底0.46	口0.6 底0.38	0.78	瓮	盆	竖置		仰韶一期二段	
W25	ⅢT1312	④层下		椭圆形	锅底状	口0.7 底0.5	口0.67 底0.45	0.75	瓮	钵	竖置		仰韶一期二段	

附　表

续表

编号	位置	开口层位	地层关系	平面形状	结构	墓坑尺寸（m）长	宽	深	葬具 棺	葬具 盖	葬具放置	随葬品	年代	备注
W26	ⅢT0815	③层下		圆形	锅底状	口0.54 底0.32		0.56	瓮	钵	竖置		仰韶一期二段	
W27	ⅢT0815	③层下		圆形	锅底状	口0.55 底0.4		0.2	瓮	钵	竖置		仰韶一期二段	
W28	ⅢT1112、T1212	④层下		圆形	锅底状	口0.7 底0.33		0.8	瓮	钵	竖置		仰韶一期二段	
W29	ⅢT1014	③层下		椭圆形	筒状	0.73	0.65	0.4	瓮	钵	横置		仰韶一期二段	瓮口朝西
W30	ⅢT0715	③层下		椭圆形	筒状	0.87	0.67	0.2	瓮	盆	竖置		仰韶一期二段	
W31	ⅢT0715	③层下		椭圆形	筒状	0.8	0.65	0.2	瓮	钵	竖置		仰韶一期二段	
W32	ⅢT0911	④层下		椭圆形	锅底状	0.53	0.48	0.65	瓮	钵	竖置		仰韶一期二段	
W33	ⅢT0911	④层下	H48→W34	圆形	锅底状	口0.4 底0.31		0.44	瓮	钵	竖置		仰韶一期二段	
W34	ⅢT0612	④层下		圆形	筒状	口0.52 底0.37		0.58	瓮	钵	竖置		仰韶一期二段	
W35	ⅢT0611、T0612	④层下		圆角方形	筒状	0.58	0.5	0.62	瓮	钵	竖置		仰韶一期二段	
W36	ⅢT0612	④层下	W37→W36	不规则形	筒状	0.78	0.35	0.66	瓮	钵	竖置		仰韶一期二段	
W37	ⅢT0612	④层下		不规则形	筒状	0.37		0.67	瓮	钵	竖置		仰韶一期二段	
W38	ⅢT0612	④层下		圆形	锅底状	口0.44 底0.25		0.67	瓮	钵	竖置		仰韶一期二段	

续表

编号	位置	开口层位	地层关系	平面形状	结构	墓坑尺寸（m）长	墓坑尺寸（m）宽	墓坑尺寸（m）深	葬具 棺	葬具 盖	葬具放置	随葬品	年代	备注
W39	ⅢT0612	④层下	W38→W39	不规则形	锅底状	口0.6 底0.37	口0.53 底0.3	0.61	瓮	钵	竖置		仰韶一期二段	
W40	ⅢT0612	④层下		圆形	筒状	0.57		0.7	瓮	钵	竖置	陶瓶1、罐1、钵1	仰韶一期二段	
W41	ⅢT0612	④层下		圆形	锅底状	口0.48 底0.4		0.59	瓮	钵	竖置		仰韶一期二段	
W42	ⅢT0612	④层下		不规则形	锅底状	0.47	0.45	0.67	瓮	盆	竖置		仰韶一期二段	
W43	ⅢT0612	④层下		圆形	筒状	0.6		0.8	瓮	盆	竖置		仰韶一期二段	
W44	ⅢT0612	④层下		圆形	锅底状	0.55		0.78	1瓮2罐	2钵	竖置		仰韶一期二段	多重棺
W45	ⅢT0612	④层下		圆形	筒状	0.3		0.69	瓮	钵	竖置		仰韶一期二段	
W46	ⅢT0612	④层下		圆形	锅底状	口0.5 底0.43		0.52	瓮	钵	竖置		仰韶一期二段	
W47	ⅢT0612	④层下		圆形	锅底状	口0.6 底0.45		0.65	瓮	钵	竖置		仰韶一期二段	
W48	ⅢT0612	④层下		圆形	锅底状	口0.5 底0.28		0.81	瓮	钵	竖置		仰韶一期二段	
W49	ⅢT0612	④层下		圆形	锅底状	0.4		0.57	瓮	钵	竖置		仰韶一期二段	
W50	ⅢT0612	④层下		不规则形	锅底状	口0.55 底0.48		0.78	瓮	钵	竖置		仰韶一期二段	
W51	ⅢT0612	④层下		圆形	锅底状	口0.54 底0.44		0.64	瓮	钵	竖置		仰韶一期二段	

续表

编号	位置	开口层位	地层关系	平面形状	结构	墓坑尺寸（m） 长	墓坑尺寸（m） 宽	墓坑尺寸（m） 深	葬具 棺	葬具 盖	葬具放置	随葬品	年代	备注
W52	ⅢT0612	④层下		椭圆形	锅底状	口0.48 底0.3	口0.45 底0.28	0.52	瓮	钵	竖置		仰韶一期二段	
W53	ⅢT0611	④层下	F12→W53	圆形	锅底状	0.51		0.63	瓮		竖置		仰韶一期二段	
W54	ⅢT1312	⑦层下		圆形	锅底状	口0.44 底0.35		0.47	瓮	盆	竖置		仰韶一期二段	
W55	ⅢT0612	④层下		椭圆形	锅底状	0.61	0.55	0.72	瓮	钵	竖置		仰韶一期二段	
W56	ⅢT0612	④层下		圆形	锅底状	0.61		0.7	瓮	盆	竖置	石球1	仰韶一期二段	
W57	ⅢT0611	⑤层下		圆形	锅底状	口0.5 底0.35		0.67	瓮	钵	竖置		仰韶一期二段	
W58	ⅢT0611	⑤层下	W57→W58	圆形	锅底状	0.48		0.73	瓮	钵	竖置		仰韶一期二段	
W59	ⅢT0611	⑤层下		椭圆形	锅底状	0.53	0.44	0.63	瓮	钵	竖置		仰韶一期二段	
W60	ⅢT0611	④层下		圆形	锅底状	0.5		0.66	瓮	钵	竖置		仰韶一期二段	
W61	ⅢT0813	⑥层下		圆形	锅底状	0.5		0.47	瓮	钵	竖置		仰韶一期二段	
W62	ⅢT0714	⑤层下		不规则形	锅底状	口0.72 底0.52	口0.53 底0.32	0.6	瓮	钵	竖置		仰韶一期二段	
W63	ⅢT0714	⑤层下		椭圆形	锅底状	口0.65 底0.53	口0.55 底0.42	0.61	瓮	盆	竖置		仰韶一期二段	
W64	ⅢT0614	⑥层下	H119→W64	圆形	锅底状	口0.42 底0.23		0.5	瓮	钵	竖置		仰韶一期二段	
W65	ⅢT0714	⑥层下		圆形	锅底状	口0.42 底0.32		0.39	瓮	钵	竖置		仰韶一期二段	

续表

编号	位置	开口层位	地层关系	平面形状	结构	墓坑尺寸（m）长	宽	深	葬具 棺	葬具 盖	葬具放置	随葬品	年代	备注
W66	ⅢT0714	⑥层下		不规则形	锅底状	口0.55 底0.41		0.55	瓮	钵	竖置		仰韶一期二段	
W67	ⅢT0514	⑧层下		圆形	锅底状	0.5		0.47	瓮	钵	竖置		仰韶一期二段	
W68	ⅢT0212	③层下		椭圆形	锅底状	0.57	0.5	0.48	瓮	盆	竖置		仰韶一期二段	
W69	ⅢT0814	③层下		圆形	锅底状	口0.5 底0.32		0.5	瓮	钵	竖置		仰韶一期二段	
W70	ⅢT0512、T0612	④层下		圆形	锅底状	口0.7 底0.3		0.8	瓮	盆	竖置	陶瓶1、罐1、钵1	仰韶一期二段	
W71	ⅢT0712	⑤层下		圆形	锅底状	口0.55 底0.25		0.61	瓮	钵	竖置		仰韶一期二段	
W72	ⅢT0712	⑤层下		圆形	锅底状	口0.34 底0.22		0.43	瓮	钵	竖置	陶瓶1、罐1、钵2	仰韶一期二段	
W73	ⅢT0713	④层下		圆形	锅底状	口0.8 底0.45		0.91	瓮	钵	竖置	圆陶片	仰韶一期二段	钵底部盖圆陶片
W74	ⅢT0713、T0714	④层下		圆形	锅底状	口0.8 底0.6		0.85	瓮	钵	竖置		仰韶一期二段	
W75	ⅢT0713	⑤层下	H89→W75	圆形	锅底状	口0.46 底0.27		0.62	瓮	钵	斜置	陶锉	仰韶一期二段	
W76	ⅢT0415	③层下		椭圆形	锅底状	0.44	0.4	0.4	瓮	钵	斜置		仰韶一期二段	瓮口朝西
W77	ⅢT0415	③层下		椭圆形	锅底状	0.58	0.5	0.48	瓮	钵	横置		仰韶一期二段	瓮口朝西
W78	ⅢT0913	⑥层下		圆形	锅底状	口0.5 底0.4		0.19	瓮	钵	竖置		仰韶一期二段	

续表

编号	位置	开口层位	地层关系	平面形状	结构	墓坑尺寸（m）长	宽	深	葬具 棺	葬具 盖	葬具放置	随葬品	年代	备注
W79	ⅢT0815	⑦层下		椭圆形	锅底状	口0.55 底0.44	口0.4 底0.32	0.57	瓮	钵	竖置		仰韶一期二段	
W80	ⅢT0715	⑦层下		圆形	锅底状	口0.5 底0.38		0.62	瓮	钵	竖置		仰韶一期二段	
W81	ⅢT0815	⑦层下		圆形	筒状	口0.5 底0.43		0.66	瓮	钵	竖置		仰韶一期二段	
W82	ⅢT0315	⑦层下		椭圆形	锅底状	0.56	0.5	0.58	瓮	钵	竖置		仰韶一期二段	
W83	ⅢT0415	④层下		圆形	锅底状	0.5		0.62	瓮	盆	竖置		仰韶一期二段	
W84	ⅢT0415	④层下		椭圆形	锅底状	口0.49 底0.35	口0.44 底0.3	0.52	瓮	钵	竖置		仰韶一期二段	
W85	ⅢT0415	⑤层下		椭圆形	锅底状	口0.45 底0.31		0.51	瓮	盆	竖置		仰韶一期二段	
W86	ⅢT0415	⑥层下		圆形	锅底状	0.42		0.5	瓮	钵	竖置		仰韶一期二段	
W87	ⅢT0615	⑤层下		圆形	锅底状	口0.45 底0.18		0.48	瓮	钵	竖置		仰韶一期二段	
W88	ⅢT0415	⑥层下		圆形	锅底状	口0.4 底0.25		0.57	瓮	钵	竖置		仰韶一期二段	
W89	ⅢT0415	⑥层下		圆形	锅底状	口0.6 底0.45		0.71	瓮	盆	竖置		仰韶一期二段	
W90	ⅢT0415	⑥层下		圆形	锅底状	口0.52 底0.33		0.71	瓮	钵	竖置		仰韶一期二段	
W91	ⅢT0415	⑥层下		圆形	锅底状	口0.3 底0.15		0.31	瓮	钵	竖置	残石器1	仰韶一期二段	

续表

编号	位置	开口层位	地层关系	平面形状	结构	墓坑尺寸（m）长	宽	深	葬具 棺	葬具 盖	葬具放置	随葬品	年代	备注
W92	ⅢT0415	⑥层下		圆形	锅底状	口0.6 底0.47		0.64	瓮	钵	竖置		仰韶一期二段	
W93	ⅢT0315	⑦层下		椭圆形	锅底状	0.6	0.5	0.52	瓮	瓶	竖置		仰韶一期二段	
W94	ⅢT0315	⑦层下		圆形	锅底状	口0.34 底0.21		0.49	瓮	钵	竖置		仰韶一期二段	
W95	ⅢT0914	⑧层下		圆形	锅底状	口0.5 底0.3		0.52	瓮	钵	竖置		仰韶一期二段	
W96	ⅢT0414、T0415	⑥层下		圆形	锅底状	口0.4 底0.32		0.61	瓮	钵	竖置		仰韶一期二段	
W97	ⅢT0914、T1014	⑤层下		圆形	锅底状	口0.4 底0.25		0.51	瓮	钵	竖置		仰韶一期二段	
W98	ⅢT1213	⑧层下		圆形	锅底状	口0.36 底0.25		0.64	瓮	盆	竖置		仰韶一期二段	
W99	ⅢT0516	⑧层下		圆形	锅底状	0.36		0.5	瓮	钵	竖置		仰韶一期二段	
W100	ⅢT0719	③层下		圆形	锅底状	口0.51 底0.4		0.45	瓮	钵	横置		仰韶一期三段	瓮口朝西
W101	ⅢT0519	③层下		不规则形	锅底状	口0.73 底0.63	口0.46 底0.36	0.5	瓮	钵	横置		仰韶一期三段	瓮口朝西
W102	ⅢT0419	③层下		圆形	锅底状	口0.6 底0.47		0.22	瓮	钵	横置	圆陶片	仰韶一期三段	瓮口朝西
W103	ⅢT0719	③层下		椭圆形	锅底状	口0.76 底0.7	口0.5 底0.47	0.2	瓮	钵	横置		仰韶一期三段	瓮口朝西

续表

编号	位置	开口层位	地层关系	平面形状	结构	墓坑尺寸（m）长	墓坑尺寸（m）宽	墓坑尺寸（m）深	葬具 棺	葬具 瓮	葬具 盖	葬具放置	随葬品	年代	备注
W104	ⅢT0619、T0719	③层下		圆形	锅底状	0.6		0.33		瓮	盆	竖置		仰韶一期三段	
W105	ⅢT0419	③层下		椭圆形	锅底状	口0.98 底0.65	口0.7 底0.38	0.3		瓮	瓮	横置		仰韶一期三段	棺瓮口朝西
W106	ⅢT0719	③层下		圆形	锅底状	0.54		0.3		瓮	钵	竖置		仰韶一期三段	
W107	ⅢT0520	③层下		圆形	锅底状	口0.63 底0.4		0.6		瓮	钵	斜置		仰韶一期三段	瓮口朝西
W108	ⅢT0520	③层下		不规则形	锅底状	口0.9 底0.8	口0.86 底0.7	0.58		2件瓮	瓮	竖置		仰韶一期三段	盖瓮口朝西横扣
W109	ⅢT0620	③层下		椭圆形	锅底状	0.6	0.47	0.4		瓮	钵	竖置		仰韶一期三段	
W110	ⅢT0419	③层下		圆形	袋状	口0.5 底0.7		0.63		瓮	钵	竖置		仰韶一期三段	
W111	ⅢT0621	③层下		椭圆形	锅底状	0.71	0.52	0.45		瓮	钵	横置		仰韶一期三段	瓮口朝西
W112	ⅢT0620	④层下		椭圆形	锅底状	口0.81 底0.7	口0.72 底0.61	0.58		瓮		横置		仰韶一期二段	瓮口朝西
W113	ⅢT0519	③层下		圆形	锅底状	口0.78 底0.66		0.62		瓮	钵	斜置		仰韶一期二段	
W114	ⅢT0519	③层下		椭圆形	锅底状	0.55		0.45		瓮	钵	横置		仰韶一期二段	瓮口朝西
W115	ⅢT0620	④层下		圆形	锅底状	0.44		0.83		瓮	钵	竖置		仰韶一期二段	瓮口朝西
W116	ⅢT0619	④层下		圆形	锅底状	口0.25 底0.2		0.32		瓮	钵	竖置		仰韶一期二段	

续表

编号	位置	开口层位	地层关系	平面形状	结构	墓坑尺寸（m）			葬具		葬具放置	随葬品	年代	备注
						长	宽	深	棺	盖				
W117	ⅢT0719	⑤层下		圆形	锅底状	0.6		0.62	瓮	钵	竖置		仰韶一期二段	
W118	ⅢT0618	④层下		圆形	锅底状	口0.38 底0.29		0.62	瓮	钵	竖置		仰韶一期二段	
W119	ⅢT0618	④层下		圆角方形	锅底状	口0.7 底0.38		0.72	瓮	钵	竖置		仰韶一期二段	
W120	ⅢT0618	④层下		圆角方形	筒状	口0.4 底0.38		0.61	瓮	钵	竖置		仰韶一期二段	
W121	ⅢT0618	④层下		椭圆形	锅底状	口0.4 底0.31	口0.35 底0.26	0.41	瓮	钵	竖置		仰韶一期二段	
W122	ⅢT0618	④层下		圆形	锅底状	口0.4 底0.33		0.5	瓮	钵	竖置		仰韶一期二段	
W123	ⅢT0612	④层下	W44→W123	圆形	锅底状	口0.25 底0.21		0.49	瓮	钵	倒置		仰韶一期二段	

附表八　鱼化寨遗址遗迹单位出土陶质工具与装饰品统计表

期别		单位	圆陶片	锉	球	纺轮	刀	环	锥	铲	拍	笒	饰件	刮削器	陶塑	陶钏
半坡类型	北首岭期	F32	3													
		F46		1												
		F49	6	2												
		F52	2	2												
		F72	2													
		F76	7	1												
		H146	4													
		H147	2													
		H148	1													
		H154		1												
		H155	3													
		H157	4													
		H158	4	2												
		H166	2													
		H177	4													
		H181	2													
		H197	7													
		H198	1													
		H200	4	3	1											
		H201		1												
		H202	3	1												
		H224	21	2												
		H225	1	1												
		H228	3													
		H229	6	1												
		H231	3													
		H235	4													
		H243	11													
	半坡期	F2	3	1												
		F5		1												
		F6	3													
		F8	2	2												
		F15	5	1												
		F17	1									1				
		F20	9	1												

续表

期别		单位	圆陶片	锉	球	纺轮	刀	环	锥	铲	拍	笄	饰件	刮削器	陶塑	陶钏
半坡类型	半坡期	F21	5													
		F23	2	1												
		F25	1	1												
		F27	2													
		F28		1												
		F29	1													
		F31	6													
		F34	6										1			
		F36	2													
		F37	1	1												
		F40	7													
		F41	3													
		F42		1												
		F44	1													
		F48	6	1												
		F51	6													
		F55	9	2												
		F56	1	1												
		F57	3													
		F63	3													
		F64	2													
		F65	3													
		F67			1											
		F68	9													
		F71	2													
		F74		1												
		F75	6													
		F78	2	1												
		F79	2	4												
		F82	3													
		F85	1	1												
		F87	3													
		F90	8													
		F100		1												
		F102	2	4												

续表

期别		单位	圆陶片	锉	球	纺轮	刀	环	锥	铲	拍	笄	饰件	刮削器	陶塑	陶钏
半坡类型	半坡期	F103	1													
		H20	4	2												
		H81	3	1												
		H88	6													
		H91	5	4												
		H111	4	3												
		H144	1													
		H145	5	1												
		H149		1												
		H150	1													
		H152	2													
		H153	1													
		H156	2													
		H160	1													
		H161	11	2												
		H162	4													
		H163	4	1	1											
		H164	9	1												
		H165	3	1												
		H167	1													
		H168	5													
		H169	1													
		H170	12													
		H171	2													
		H172	6													
		H173	1													
		H174	1	1												
		H175	7													
		H178	5													
		H179	2	1												
		H180	5													
		H182	1													
		H183	2	1												
		H185	5													
		H190	1													
		H191	1	1												

续表

期别		单位	圆陶片	锉	球	纺轮	刀	环	锥	铲	拍	笄	饰件	刮削器	陶塑	陶钏
半坡类型	半坡期	H193	4													
		H195	8	2												
		H205	2													
		H207	2	1												
		H222	1	1												
		H230	1													
		H236	2	1												
		H240	1													
		H244	2													
		M10	3		1											
		W7	2													
		W17	1													
		W74	1													
		F3	1	2	1											
		F9	1													
		F11	3													
		F12	3													
	史家期	F13	1													
		F16	2	1												
		F92	1	4												
		F93		1												
		F94	1													
		F95		1	1											
		F96	1	1	1											
		F97			1											
		F98		1												
		F105		2												
		F106	1													
		Z9														
		Z19	1													
		Z28	1													
		H7	4													

续表

期别		单位	圆陶片	锉	球	纺轮	刀	环	锥	铲	拍	笄	饰件	刮削器	陶塑	陶钏
半坡类型	史家期	H15	1			1										
		H16	1													
		H18	1													
		H21	1	1												
		H23	1													
		H25	1													
		H33	1					1								
		H43		1				1								
		H55	1													
		H58	2	2												
		H68	8	1												
		H70	2													
		H77		1												
		H78	1													
		H82														
		H93	1													
		H101	1													
		H112		1												
		H115		1												
		H121	2										1			
		H122	2	1												
		H135		1												
		H192		1												
		H216	2													
		H218	2													
		H219		1												
		H220		1												
		H223	2													
		H239		1												
		H250	1													
		Z9		1	1											
		Y1	1	1	1											
		W76		1												
		W102	1													
		T0203G1②														
		T0204G1①	6	1												

续表

期别		单位	圆陶片	锉	球	纺轮	刀	环	锥	铲	拍	笄	饰件	刮削器	陶塑	陶钏
半坡类型	史家期	T0204G1②	1													
		T0204G1③	2													
		T0204G1⑤	3	2												1
		T0204G1⑦	2	1												
		T0205G1⑤	4					1								
		T0206G1③	2					1								
		T0206G1⑤		6												
		T0206G1⑦														
		T0206G1⑧	4													
		T0417G1⑧	1													
		T0417G1⑨	2													
		T0417G2⑥	2	1												
		T0417G2⑦	7	1												
		T0516G2①	1	1												
		T0517G2①		1												
		T0616G1④					1									
		T0618G1①			1											
		T0716G1②		1												
		T0716G1③	3													
		T0716G1④	1	1												
		T0716G1⑤	1													
		T0716G1⑧	1													
		T0716G1⑨	1													
		T0716G1⑩	1													
		T0716G1⑪		1												
		T0716G1⑫				1										
		T0717G1②		1			1									
		T0717G1③	4													
		T0717G1④	1	1												
		T0717G1⑤	2													
		T0717G1⑨	1													
		T0717G1⑪	2													
		T0717G11⑬	1													
		T0718G1⑩	4													
		T0816G1①	1	2												

续表

期别		单位	圆陶片	锉	球	纺轮	刀	环	锥	铲	拍	笄	饰件	刮削器	陶塑	陶钏
半坡类型	史家期	T0816G1②	1													
		T0816G1③	1													
		T0816G1④	1													
		T0816G1⑥	1													
		T0816G1⑤	1	1												
		T0816G1⑧	1	1												
		T0816G1⑨	4	1												
		T0816G1⑩	3													
		T0816G1⑪	4		1											
		T0816G1⑫	1													
		T0915G1①		1												
		T0915G1③	2	1												
		T0915G1⑤	3	1			1									
		T0916G1②	1				1	1								
		T0916G1⑤	1													
		T0916G1⑦	1				1									
		T0916G1⑧	1	1												
		T0916G1⑨	2													
		T0916G1⑩	4													
		T0916G1⑪	1													1
		T0917G1③	1	1												
		T0917G1⑥	1				1									
		T0917G1⑦	2	1												
		TG1G1③	3													
		TG1G1⑤	4													
		T0809G2⑤		1												
		T0809G2①	1	3												
		T0809G2②	1		1											
		T0809G2③	2	2			1									
		T0809G2④	1				1									
		T0809G2⑤								1				1		
		T0809G2⑥	2													
		T0809G2⑦	1													
		T0809G2⑧	3													
		T0909G2①	1													
		T0909G2③		2												

续表

期别		单位	圆陶片	锉	球	纺轮	刀	环	锥	铲	拍	笄	饰件	刮削器	陶塑	陶钏
半坡类型	史家期	T0909G2④		2												
		T0909G2⑤		1												
		T0909G2⑥										1				
		T0909G2⑦			1											
		T0909G2⑧														
		T0910G2⑤			1											
		T1109G2①		3												
		T1110G2②	3													
		T1210G2②		1												
半坡晚期类型		H12	1			1										
		H19	1	1												
		H26		2	1											
		H27	1		1			1								
		H29	1													
		H35					2									
		H36						6							1	
		H37						2								
		H40			1	1		1								
		H41						2				1				
		H44						1								
		H45	2					2								
		H46					1	2								
		H59	1	1				3								
		H63	1													1
		H64	4	1												
		H67	1	1								1				
		H69		1												
		H75						1								
		H83	4	1				1								
		H86	1					2				1				
		H89	1													
		H100	1													
		H113				1		1								
		H120				1										
		H123					3	3								
		H125		1				6								

续表

期别	单位	圆陶片	锉	球	纺轮	刀	环	锥	铲	拍	竿	饰件	刮削器	陶塑	陶钏
半坡晚期类型	H126	1	1												
	H130	2				1	1								
	H131		1	1		1	2								
	H132						5					1			
	H137				1		3								
	H184		1												
	H187	1	1												
	H211		1				1								
	H213		1												
	H214			1											
	H215	1										1			
	H233	1					1								
	H234	1													
	H237	1		1			2					1			
	H246						1								
龙山早期	H1						1								
	H4	1													

附表九 鱼化寨遗址遗迹单位出土玉、石质工具与装饰品统计表

期别		单位	斧	锛	锤	铲	磨棒	镞	凿	球	锥	磨石	纺轮	刀	网坠	环	坠饰	砍砸器	研磨器	雕刻器	刮削器	管状器	石核	石钻	石片	石料	石块	残石器	玉笄	玉坠饰
半坡类型	北首岭期	F32																										1		
		F52																	1	2										
		F72							1										1	1								1		
		H147																												
		H148										1						1	2											
		H155																												
		H177	1																											
		H196	1						1																			1		
		H200			1																									
		H201			1																2							5		
		H224								1												1		1				1		
		H225																	1	1								4		
		H228				1												1	1	1										
		H229																												
		H235	1							1									1											
		H253																												
	半坡期	F2										1																		
		F6																	1											
		F8	2																1	1										
		F15			1																									
		F17				1																								
		F20																					1		1	1				
		F25								1																				
		F28										1																		

续表

期别		单位	斧	锛	锤	铲	磨棒	镞	凿	球	锥	磨石	纺轮	刀	网坠	环	坠饰	砍砸器	研磨器	雕刻器	刮削器	管状器	石核	石砧	石片	石料	石块	残石器	玉笄	玉坠饰
半坡类型	半坡期	F34																												
		F36																					1							
		F37																			1									
		F39	1																											
		F42																	1									1		
		F44																	1											
		F48																	1	1										
		F55																												
		F64																										2		
		F65																										1		
		F79		1	2					2																		1		
		F83		1																2										
		F84			1																									
		F87			1														1											
		F90								1																		4		
		F102		1																								1		
		H20																												
		H81																										2		
		H88			1														1											
		H99																		1				1						
		H111																										1		
		H149	1																									2		

续表

期别		单位	斧	锛	锤	铲	磨棒	镞	凿	球	锥	磨石	纺轮	刀	网坠	环	坠饰	砍砸器	研磨器	雕刻器	刮削器	管状器	石核	石砧	石片	石料	石块	残石器	玉笄	玉坠饰
半坡期	半坡类型	H150								2									1									1		
		H161																												
		H165																										2		
		H175																										1		
		H179			1												1		1											
		H180																												
		H185																	1									1		
		H193																1												
		H195																												
		H207																			1							1		
		H230																												
		H232																	1											
		H236																							1			2		
		H240																									1	1		
		H249																												
		M7								1																				
		M8		1						2																				
		M10																												
		W18								1																				
		W56																												1
		W91																										1		

续表

期别	单位	斧	锛	锤	铲	磨棒	镞	凿	球	锥	磨石	纺轮	刀	网坠	环	坠饰	砍砸器	研磨器	雕刻器	刮削器	管状器	石核	石砧	石片	石料	石块	残石器	玉笄	玉坠饰
半坡类型 史家期	F3	1						1																			1		
	F11		1																										
	F13								2																				
	F16		1																										
	F77			1																									
	F91		1						2																				
	F92	1							2																				
	F93								1									1											
	F94								1													1					1		
	F95								1																				
	F96										1											1							
	F97										1														1				
	F99								1																				
	Z9	1							2								1												
	Z28				1													1											
	H7																												
	H15																												
	H18																							1			1		
	H48																											1		
	H68																													
	H101																													
	H112																													
	H141																													

续表

期别		单位	斧	锛	锤	铲	磨棒	镞	凿	球	锥	磨石	纺轮	刀	网坠	环	坠饰	砍砸器	研磨器	雕刻器	刮削器	管状器	石核	石砧	石片	石料	石块	残石器	玉笄	玉坠饰
半坡类型	史家期	H192	1			1																								
		H208																												
		H216								1																				
		H220																												
		H247			1														1											
		H250																												
		Z9																	1									1		
		T0203G1②				2										1														
		T0204G1①																										1		
		T0204G1③								1						1											1			
		T0417G1①			1											1														
		T0417G1②										1																1		
		T0417G1⑤		1																										
		T0417G2⑦																									1			
		T0617G1⑤										1																		
		T0617G1⑮	1				1																							
		T0716G1⑱														1														
		T0716G1①										1																		
		T0716G1④																												
		T0716G1⑤																									1			
		T0716G1⑩																										3		
		T0716G1⑪																							1			1		
		T0716G1⑫																												
		T0717G1①																										1		

续表

期别		单位	斧	锛	锤	铲	磨棒	镞	凿	球	锥	磨石	纺轮	刀	网坠	环	坠饰	砍砸器	研磨器	雕刻器	刮削器	管状器	石核	石砧	石片	石料	石块	残石器	玉笄	玉坠饰
半坡类型	史家期	T0717G1②					1																							
		T0717G1③								1																				
		T0717G1⑤										1									1						2	1		
		T0816G1②	1																											
		T0816G1③			1																							1		
		T0816G1④																										5		
		T0816G1⑤								1																		1		
		T0816G1⑦																										1		
		T0816G1⑧	1																	1		1					1	2		
		T0816G1⑨				1																						1		
		T0816G1⑪																	1											
		T0817G1⑤																							1					
		T0915G1①																												
		T0915G1③																												
		T0915G1⑤																												
		T0916G1②	1									1																		
		T0916G1③																												
		T0916G1④	1																											
		T0916G1⑤			1																									
		T0916G1⑦					1																				1			
		T0916G1⑫																												
		T0917G1②	1																											
		T0917G1④																												
		T0917G1⑦																									2	2		

续表

期别		单位	斧	锛	锤	铲	磨棒	镞	磬	球	锥	磨石	纺轮	刀	网坠	环	坠饰	砍砸器	研磨器	雕刻器	刮削器	管状器	石核	石钻	石片	石料	石块	残石器	玉笄	玉坠饰
史家期半坡类型		T0809G2②	1														1										6	2		
		T0809G2③		1												1															
		T0809G2④			1																										
		T0809G2⑤				1				1																					
		T0809G2⑥																					1								
		T0809G2⑦				1						1																			
		T0809G2⑧																1													
		T0909G2②														1			1		1							2		
		T0909G2⑥								1		1								1											
		T1209G2②											1						1				1								
半坡晚期类型		H26																											1	
		H29		1																			1					1		
		H35		1																										
		H40									1																			
		H41			1																								1	
		H63													1															
		H90											1																1	
		H113								1																				
		H119																										1		
		H124																												
		H125	1																											
		H126																											1	
		H137																	1									1	1	
		H140																	1									1		

续表

期别	单位	斧	锛	锤	铲	磨棒	镞	凿	球	锥	磨石	纺轮	刀	网坠	环	坠饰	砍砸器	研磨器	雕刻器	刮削器	管状器	石核	石砧	石片	石料	石块	残石器	玉笄	玉坠饰
半坡晚期类型	H187																										1		
	H212																								1				
	H214		1																			1							
	H234																												
庙底沟二期类型	H3			1																									

附表一〇 鱼化寨遗址遗迹单位出土骨质工具与装饰品统计表

期别		单位	锥	笄	镞	针	铲	匕	刀	鱼叉	鱼钩	珠	凿	饰件	骨料	骨器	牙锥	牙饰
北首岭期		F49															1	
		H177	1															
		H202		3														
		H228	1															
		H229																
半坡类型	半坡期	F2																
		F6	2															
		F8			1													
		F15												1				
		F33				1												
		F48	1		1													
		F55	1		1	1									1			
		F67			3	1		2										
		F73			1													1
		F79		1														
		F80		1														
		F83		1														
		F87	2															
		F90			1													
		F100		1														
		H88																
		H91			1													
		H109	1															
		H160			1			1										

续表

期别		单位	锥	笄	镞	针	铲	匕	刀	鱼叉	鱼钩	珠	簪	饰件	骨料	骨器	牙锥	牙饰
半坡类型	半坡期	H164			1													
		H167			1	2								1				
		H173	1					1										
		H175	1															
		H179			1			1										
		H191	1	1														
		H193																
		H195	1															
		H222	1															
		H230	1															
		M7										2						
		M8										24						
	史家期	F3	1	1														
		F13	1															
		F16	1	1		1												
		F92	1	2	1													
		F94	1													1		
		F95				1								1				
		F96	1															
		F106	1															
		Z10						1										
		H15					1											
		H21	1	1														
		H25	1															1
		H43			1													

续表

期别		单位	锥	笄	镞	针	铲	匕	刀	鱼叉	鱼钩	珠	簪	饰件	骨料	骨器	牙锥	牙饰
半坡类型	史家期	H55		1														
		H70	1															
		H77			1	1												
		H79								1								
		H101			1													
		H112				1												
		H216																
		T0204G1①	8	3	2											1		
		T0204G1③			2														
		T0205G1⑤																
		T0417G1②																
		T0417G1⑤			1											1		
		T0617G1⑨		1	1			1								1		
		T0617G1⑬			1													
		T0716G1①		1														
		T0716G1⑦	1															
		T0717G1③	2															
		T0717G1⑥		1														
		T0717G1⑧															1	
		T0717G1⑨	1															
		T0717G1⑩	1		1													
		T0717G1⑪		1														
		T0718G1⑩	1															
		T0816G1③	1															
		T0816G1⑤	1															

续表

期别		单位	锥	笄	镞	针	铲	匕	刀	鱼叉	鱼钩	珠	凿	饰件	骨料	骨器	牙锥	牙饰
半坡类型	史家期	T0816G1⑱		1														
		T0816G1⑲															1	
		T0816G1⑪														1		
		T0915G1⑬	1															
		T0916G1②		1														
		T0916G1⑱	1															
		T0916G1⑲		1														
		T0916G1⑪	1			1												
		T0917G1⑱		2	1			1										
		T0917G1④		1														
		T0709G2⑦	2																
		T0809G2①		2	1													
		T0809G2③		1		1												
		T0809G2④	1	2	1	1												
		T0809G2⑤	1			1												
		T0809G2⑥			1											1		
		T0809G2⑦																
		T0810G2③																
		T0909G2④																
		T0909G2⑤	1	1		1												
		T0909G2⑦																
		T0910G2⑧	1																
		T0910G2②	1																
		T0910G2⑥						1										
		TG1G1⑪																
半坡晚期类型		H19			1													
		H27	1		1													

续表

期别	单位	锥	笄	镞	针	铲	匕	刀	鱼叉	鱼钩	珠	凿	饰件	骨料	骨器	牙锥	牙饰
半坡晚期类型	H40	2		1													
	H41		1														
	H45	1															
	H126	1															
	H132	1															
	H140		1														
	H212	1					1										
	H215																

附表一一 鱼化寨遗址遗迹单位出土角、蚌质工具装饰品统计表

期别		单位	蚌		角质		
			饰件	刀	锥	角器	角饰
半坡类型	北首岭期	F52			1		
	半坡期	F15		1			
		F51		1			
		F79					1
		H111				1	
		H171			1		
		H179			1		
		H222			1		
		H249			1		
	史家期	F13					
		F105			1		
		H7		1			
		T0206G1③	1				
		T0416G1①			1	1	
		T0716G1①			2		
		T0717G1⑧		1			
		T0809G2②	1				
		T0809G2③	1				
		T0809G2⑤	1				
		T0809G2⑥			1		
半坡晚期类型		H237		1			

附表一二　鱼化寨遗址出土炭化植物遗存统计表

遗迹单位	注明	土量(L)	木炭屑	粟	黍	小麦	稻米	黍亚科	早熟禾亚科	藜属	蓼属	芸苔属	野豌豆	豆科	茄科	菱角?	块茎	坚果壳	其他	待查
T0813⑨		7	1.015	7									2	1					紫苏1	
T0517⑨		8	0.796	9	4													0.04		
T1011⑨		7	0.1	1	1															
T1013⑨		7	1.577	156	4		1	7			1				5	0.076		0.068	紫苏1	3
T0415⑨		5	0.321	64						2			3			0.024			欧李1	
T1014⑨		7	0.143	2	1													0.127		
T0313⑩		9	0.273		3															
T0313⑪		10	0.65		2								1							
F70	北首岭期	8	0.568	20									7							
H155		5	1.51	12	203															
H155		8	0.698	16	33						1		16	1		0.043		1	野葡萄1	
H155		8	0.02																	
H157		7	0.001	1																
H166		8	0.816	2	12															6
H177		8	0.246																	1
H181		9	0.065																	1
H198		8	0.568	7	25											0.073		0.021		
H201		9	0.637		3					23500		1		3						
H202		8	0.158		4			8		108										
T0813⑥	半坡期	7	1.533	1	5															
T0413⑦		7	0.016																	
T0311⑧		9	0.049		1															
T0413⑧		8	0.032	3																1

续表

遗迹单位		注明	土量(L)	木炭屑	粟	黍	小麦	稻米	黍亚科	早熟禾亚科	藜属	蓼属	苣苔属	野豌豆	豆科	茄科	菱角?	块茎	坚果壳	其他	待查
半坡期	T0313⑧		6	0.037		1															
	F20		9	0.597	25	24			7		5	7		1	2						2
	F79		4	0																	
	F81		6	0.245	8	3											0.022		0.056		
	F83	灰土	7	1.482	25	22	?1							1	1		0.194				
	H89		7	0.206	8				2												
	H152	灰土	9	5.841	2437	871			263				8	60							
	H153		6	1.911	498	2			74				4			1	0.09	0.038	1		
	H160		10	2.221	128	18			4					1							
	H161		10	0.628	345	102		1	14					1	2		0.012	0.047	0.171		1
	H167		5	0.045															0.007		
	H169		7	6.076	5	6															
	H169		4	0															1		
	H171		8	0																	
	H173		9	0.809	5	1					1										
	H174		8	0.076	30	6															
	H178		6	0.225																	
	H179		7	0.222		1															
	H180		7	0.116																	
	H190		6	2.792	1408	3			768					14							
	H195		7	0.373							3										
史家期	H199		10	3.103	875	24		1	1160				1	7	2	2			0.063	紫苏2	8
	H203		7	0.097	4	4															
	H205		8	0.069																	

续表

遗迹单位	注明	土量(L)	木炭屑	粟	黍	小麦	稻米	黍亚科	早熟禾亚科	藜属	蓼属	芸苔属	野豌豆	豆科	茄科	菱角?	块茎	坚果壳	其他	待查
H207		8	0.68	83	4			16											紫苏1	
H210		5	0.103	4	8		1					1								
T0415③		9	0																	
T0315③		3	0							9										
T0613③		7	0																	
T0619③		7	0																	
T0619③		6	0																	
T0620③		9	0																	
T0719③		6	0																	
F13		7	0.267	88	6			4		7			3	1						
F92		8	0.014	3									1							
F93		7	0.331	9	1															
Z16		7	0	1																
H48	灰土	10	0.225	8	1															
H188		7	1.147	3																
H217		7	0.063	9	6								1							
T0417G1①		9	0.075	7	21					25										
T0417G1②		8	0.398	1	4					5										
T0417G1③		8	0.194	8	7					3										
T0417G1④		7	0.758	3	7															
T0417G1⑤		10	1.163	6	5															1
T0417G1⑤		9	1.293	4																1
T0417G1⑦		9	0.829	18	5															
T0417G1⑧		10	1.114		5															

史家期

附　表

续表

遗迹单位	注明	土量(L)	木炭屑	粟	黍	小麦	稻米	黍亚科	早熟禾亚	藜属	蓼属	苦苣属	野豌豆	豆科	茄科	菱角?	块茎	坚果壳	其他	待查
T0417G1⑨		9	0.805	27	1					7										
T0909G2①		7	0																	
T0909G2①	灰样	?																		
T0709G2②	黑灰土	9	0.099	7	19			6		7	1	2	5	2						1
T0909G2②		9	2.293	5	6				6				1							
T0709G2③		9	0.812	3	9			43	1	2311		10	7	2					土荆芥1	1
T0909G2③	浅灰黑杂土	10	0.505		5															
T0709G2④		9	1.458	3	8						1			1						
T0909G2④		8	0.384							3										
T0909G2⑤		10	0.322	6	33			6			4		3							4
T0709G2⑤		10	0.249	8	21															
T0709G2⑥		6	0.154	3	1															
T0909G2⑥		8	0.063	3	1															
T0909G2⑦	灰土	8	0.201	2	3													1		
T0709G2⑦		9	0.252	2	2															
T0809G2⑧		10	0.146	2		1														
T0709G2⑧		7	0.066	2	1															
T0809G2⑧		10	0.085	4										2						
T0909G2⑧		9	0.028																	
T0909G2⑧		6	0.075	3																

史家期

续表

遗迹单位	注明	土量(L)	木炭屑	粟	黍	小麦	稻米	黍亚科	早熟禾亚	藜属	蓼属	芸苔属	野豌豆	豆科	茄科	菱角?	块茎	坚果壳	其他	待查
H63		7	0.315	5	5			29		2				3						
H83	灰土	5	0.015	2	2															1
H113		6	0.003	2	1															
H118		5	0.013	1	3															
H125		5	0.004		3			3												
H125		8	0.016											4						
H129		8	0.142	103	35															
H137		10	0.078	76	2			255	15											
H186		8	21.911	9944	3748															
H186		8	16.72	15616	4632									1						
H186		8	24.571	3960	3560					2										
H187		5	0.08	18	6			6		3	1		4							
H189		7	0.124	4	1															
H213		5	0.097	1	5								1	1						
H214		9	0.245	6	2															
H204		5	0.082	3	5															

半坡晚期

附表一三　鱼化寨遗址出土的动物群统计表（21种）

中文	拉丁文/英文
无脊椎动物	Invertebrate
腹足纲	Gastropoda
中腹足目	Mesogastropoda
田螺科	Viviparidae
中华圆田螺	*Cipangopaludina cathayensis*
瓣鳃纲	Lamellibranchia
真瓣鳃目	Eulamellibranchia
蚌科	Unionidae
圆顶珠蚌	*Unio douglasiae*
蚌	*Unionidae* sp.
脊椎动物	vertebrate
鱼纲	Pisces
骨鳔目	Ostariophysi
鲤科	Cyprinidae
鲤鱼	*Cyprinus carpio*
鸟纲	Aves
鸡形目	Galliformes
雉科	Phasianidae
环颈雉	*Phasianus colchicus*
哺乳纲	Mammalia
灵长目	Primates
猴科	Cercopithecidae
金丝猴	*Rhinopithecus roxellana*
啮齿目	Rodentia
鼠科	Muridae
褐家鼠	*Rattus norvegicus*
仓鼠科	Cricetidae
中华鼢鼠	*Myospalax fontanierii*
竹鼠科	Rhizomyidae
中华竹鼠	*Rhizomys sinensis*
兔形目	Lagomorpha
兔科	Leporidae
草兔	*Lepus capensis*
食肉目	Carnivora
犬科	Canidae

续表

狗	*Canis familiaris*
貉	*Nyetereutes proycyonoides*
鼬科	Mustelidae
黄鼬	*Mustela sibirica*
狗獾	*Meles meles*
猫科	Felidae
猫	*Felis* sp.
偶蹄目	Artiodactyla
猪科	Suidae
家猪	*Sus domesticus*
鹿科	Cervidae
獐	*Hydropotes inermis*
梅花鹿	*Cervus nippon*
马鹿	*Cervus elaphus*

附表一四　鱼化寨遗址各文化层遗址单位中骨骼数量、种属统计表

文化类型	遗迹编号	动物属种数	骨骼总数量	属种的骨骼数量
北首岭期	ⅢF46	4	6	褐家鼠2、猪2、獐1、梅花鹿1
	ⅢF49	1	3	梅花鹿3
	ⅢF69	1	1	猪1
	ⅢF76	1	1	猪1
	ⅢH148	1	1	猪1
	ⅢH166	2	9	猪8、獐1
	ⅢH177	1	2	梅花鹿2
	ⅢH198	1	1	梅花鹿1
	ⅢH201	1	1	猪1
	ⅢH229	2	2	猪1、梅花鹿1
	ⅢH253	2	2	猪1、梅花鹿1
	ⅢT0816⑪	1	1	马鹿1
	ⅢT0311⑨	1	1	梅花鹿1
	ⅢT0713⑨	1	1	梅花鹿1
小计	14	5	32	褐家鼠2、猪16、獐2、梅花鹿11、马鹿1
半坡期	ⅡF2	5	11	蚌1、中华竹鼠1、猪5、獐3、梅花鹿1
	ⅢF15	4	27	蚌13、猪10、獐3、梅花鹿1
	ⅢF25	3	6	猪2、獐1、梅花鹿3
	ⅢF27	5	28	草兔1、貉1、猪14、獐6、梅花鹿6
	ⅢF34	3	3	猪1、獐1、梅花鹿1
	ⅢF35	2	17	猪8、獐9
	ⅢF36	2	6	猪5、獐1
	ⅢF41	2	2	獐1、梅花鹿1
	ⅢF43	1	2	猪2
	ⅢF44	1	1	猪1
	ⅢF53	2	3	猪1、獐2
	ⅢF55	2	10	鲤鱼1、猪9
	ⅢF62	4	45	鲤鱼1、猪14、獐25、梅花鹿5
	ⅢF64	4	12	鲤鱼1、中华竹鼠1、猪5、獐5
	ⅢF81	1	1	猪1
	ⅢZ5	3	9	草兔1、獐7、梅花鹿1
	ⅡH5	1	1	猪1
	ⅡH20	3	5	中华竹鼠1、家猪1、獐3
	ⅢH80	1	1	猪1
	ⅢH81	1	2	猪2

续表

文化类型	遗迹编号	动物属种数	骨骼总数量	属种的骨骼数量
半坡期	ⅢH88	2	5	獐3、梅花鹿2
	ⅢH91	1	1	猪1
	ⅢH97	3	11	猪5、獐3、梅花鹿3
	ⅢH99	1	1	獐1
	ⅢH107	3	12	蚌2、猪8、獐2
	ⅢH108	2	4	猪3、獐1
	ⅢH109	7	37	圆顶珠蚌1、环颈雉1、中华竹鼠1、猫1、草兔1、獐30、梅花鹿2
	TG1H111	3	9	蚌6、猪1、梅花鹿2
	ⅢH152	3	5	蚌1、猪2、梅花鹿2
	ⅢH173	1	1	猪1
	ⅢH174	1	7	梅花鹿7
	ⅢH178	4	7	环颈雉1、猪1、獐2、梅花鹿3
	ⅢH180	2	6	猪4、梅花鹿2
	ⅢH190	2	3	猪1、梅花鹿2
	ⅢH222	2	3	猪2、梅花鹿1
	ⅡT0103④	2	2	中华竹鼠1、猪1
	ⅢT0613④	1	1	中华竹鼠1
	ⅢT0413⑤	1	1	猪1
	ⅢT0511⑤	1	1	獐1
	ⅢT0615⑤	1	1	梅花鹿1
	ⅢT0713⑤	1	1	猪1
	ⅢT0613⑥	1	2	猪2
	ⅢT0714⑥	1	1	獐1
	ⅢT1012⑦	1	2	獐2
	ⅢT0909⑦	1	1	梅花鹿1
	ⅢT1014⑧	1	1	环颈雉1
小计	60	12	318	圆顶珠蚌1、蚌23、鲤鱼3、环颈雉3、褐家鼠1、中华竹鼠7、草兔3、貉1、猫1、猪139、獐122、梅花鹿86
	ⅡG1①	2	6	猪3、梅花鹿3
	ⅢG1①	1	1	猪1
	ⅢG1②	1	2	梅花鹿2
	ⅢG1③	2	2	猪1、梅花鹿1
	ⅡG1⑤	1	1	猪1
	ⅢG1⑦	2	6	獐2、梅花鹿4

续表

文化类型	遗迹编号	动物属种数	骨骼总数量	属种的骨骼数量
史家期	ⅢG1⑨	3	3	褐家鼠1、中华竹鼠1、獐1
	ⅢG2①	3	6	猪2、獐1、梅花鹿3
	ⅢG2②	1	1	梅花鹿1
	ⅢG2③	2	6	猪1、梅花鹿5
	ⅢG2④	3	7	猪2、獐2、梅花鹿3
	ⅢG2⑤	3	19	猪4、獐3、梅花鹿12
	ⅢG2⑥	2	4	猪1、梅花鹿3
	ⅢG2⑦	3	8	猪5、獐1、梅花鹿2
	ⅢF3	1	1	獐1
	ⅢF92	1	6	猪6
	ⅢZ9	2	2	草兔1、狐狸1
	ⅡH7	3	3	中华竹鼠1、貉1、猪1
	ⅡH15	4	4	草兔1、猪1、獐1、梅花鹿1
	ⅡH21	1	1	猪1
	ⅡH33	1	1	獐1
	ⅢH48	3	3	黄鼬1、猪1、梅花鹿1
	ⅢH51	3	7	中华竹鼠1、猪5、獐1
	ⅢH55①	3	38	猪1、獐32、梅花鹿5
	ⅢH55②	3	52	猪2、獐32、梅花鹿18
	ⅢH55③	6	51	中华圆田螺1、中华竹鼠2、草兔1、狗獾1、獐43、梅花鹿3
	ⅢH55④	1	9	梅花鹿9
	ⅢH58	4	8	蚌1、草兔1、獐5、梅花鹿1
	ⅢH60	1	1	獐1
	ⅢH65	1	4	猪4
	ⅢH66	2	3	猪1、獐2
	ⅢH70①	5	8	中华竹鼠1、猪1、獐1、梅花鹿5
	ⅢH70②	4	5	草兔1、貉1、猪1、獐1
	ⅢH70③	1	1	狐狸1
	ⅢH74	2	2	猪1、獐1
	ⅢH77	9	55	鸟1、环颈雉2、中华竹鼠4、草兔5、貉23、狗獾2、猪2、獐13、梅花鹿3
	ⅢH82	1	5	草兔5
	ⅢH93	1	3	猪3
	ⅢH94	2	4	猪3、獐1
	ⅢH98	1	3	猪3
	TG1H112	1	2	猪2
	ⅢH128	1	1	獐1
	ⅢH135	2	3	狗2、獐1

续表

文化类型	遗迹编号	动物属种数	骨骼总数量	属种的骨骼数量
史家期	ⅢH255	5	7	中华鼢鼠1、中华竹鼠1、草兔2、猪2、獐1
	ⅡT0104③	1	1	中华竹鼠1
	ⅢT0311③	1	1	猪1
	ⅢT0517③	1	1	猪1
	ⅢT0519③	1	1	梅花鹿1
	ⅢT1212③	1	32	猪2
小计	35	15	371	中华圆田螺1、蚌1、环颈雉2、鸟1、中华鼢鼠1、中华竹鼠11、草兔18、狗2、狐2、貉25、黄鼬1、狗獾3、猪46、獐139、梅花鹿48
半坡晚期	ⅡH12	1	1	梅花鹿1
	ⅡH27	3	3	中华鼢鼠1、中华竹鼠1、猪1
	ⅢH35	1	1	獐1
	ⅢH41	2	4	猪3、梅花鹿1
	ⅢH44	5	16	中华竹鼠1、狗獾2、金丝猴1、猪11、獐1
	ⅢH59	3	6	猪1、獐2、梅花鹿3
	ⅢH63	4	4	环颈雉1、草兔1、獐1、梅花鹿1
	ⅢH69	1	1	褐家鼠1
	ⅢH75	2	4	猪3、梅花鹿1
	ⅢH84	2	2	中华鼢鼠1、中华竹鼠1
	ⅢH86	2	12	猪5、梅花鹿7
	ⅢH89	2	9	猪8、梅花鹿1
	ⅢH100	2	3	猪2、獐1
	TG3H124	1	1	梅花鹿1
	ⅢH211	1	3	猪3
	TG5H234	1	3	梅花鹿3
	ⅡT0102②	1	1	猪1
	ⅡT0103②	1	1	猪1
	ⅡT0106②	1	1	猪1
	ⅡT0817②	1	2	猪2
小计	20	10	78	环颈雉1、金丝猴1、褐家鼠1、中华鼢鼠2、中华竹鼠3、草兔1、狗獾2、猪42、獐6、梅花鹿19
庙底沟二期	ⅠH3	1	9	猪9
小计	1	1	9	猪9

附表一五 鱼化寨遗址动物群在各期文化层中的分布情况统计表

动物属种 \ 文化类型	北首岭期	半坡期	史家期	半坡晚期	庙底沟二期
中华圆田螺 Cipangopaludina cathayensis			●		
圆顶珠蚌 Unio douglasiae		●			
蚌 Unionidae		●	●		
鲤鱼 Cyprinus carpio		●			
环颈雉 Phasianus colchicus		●	●	●	
鸟纲 Aves			●		
猴 Cercopithecidae				●	
褐家鼠 Rattus norvegicus	●	●	●	●	
中华鼢鼠 Myospalax fontanierii			●	●	
中华竹鼠 Rhizomys sinensis		●	●	●	
草兔 Lepus capensis		●	●	●	
狗 Canis familiaris			●		
狐 Vulpes vulpes			●		
貉 Nyetereutes proycyonoides		●			
黄鼬 Mustela sibirica			●		
狗獾 Meles meles			●	●	
猫 Felis sp.		●			
家猪 Sus domesticus	●	●	●	●	●
獐 Hydropotes inermis	●	●	●	●	
梅花鹿 Cervus nippon	●	●	●	●	
马鹿	●				
种数合计	5	12	15	10	1

附表一六　鱼化寨遗址各期文化层动物骨骼的数量及对应的最小个体数统计表

动物种类	标本数量NISP 文化分期						最小个体数MNI 文化分期					
	I	II	III	IV	V	总数	I	II	III	IV	V	总数
中华圆田螺　Cipangopaludina cathayensis			1			1			1			1
圆顶珠蚌　Unio douglasiae		1				1		1				1
蚌　Unionidae		23	1			24		1	1			2
鲤鱼　Cyprinus carpio		3				3		2				2
环颈雉　Phasianus colchicus		3	2	1		6		1	1	1		3
鸟　Aves			1			1			1			1
金丝猴　Rhinopithecus roxellana				1		1				1		1
褐家鼠　Rattus norvegicus	2	1		1		4	2	1		1		4
中华鼢鼠　Myospalax fontanierii			1	2		3			1	1		2
中华竹鼠　Rhizomys sinensis		7	11	3		21		2	3	1		6
草兔　Lepus capensis		3	18	1		22		1	4	1		6
狗　Canis familiaris			2			2			1			1
狐　Vulpes vulpes			2			2			2			2
貉　Nyetereutes proycyonoides		1	25			26		1	2			3
黄鼬　Mustela sibirica			1			1			1			1
狗獾　Meles meles			3	2		5			3	1		4
猫　Felis sp.		1				1		1				1
家猪　Sus domesticus	16	139	46	42	9	252	4	13	3	9	2	31
獐　Hydropotes inermis	2	122	139	6		269	1	9	8	2		20
梅花鹿　Cervus nippon	11	86	48	19		164	1	6	4	3		14
马鹿　Cervus elaphus	1					1	1					1
动物总计	32	390	301	78	9	810	9	39	36	21	2	107
哺乳动物合计	32	360	296	77	9	774	9	34	32	20	2	97
野生哺乳动物	16	222	247	35	0		5	21	28	11	0	65
家养哺乳动物	16	138	49	42	9		4	13	4	9	2	32
野生哺乳动物（NMI）/家养哺乳动物							1.25	1.62	7	1.22	0	
东洋界哺乳动物的种数、NMI							1、1	2、11	2、11	3、4	0、0	
东洋界哺乳动物（NMI）/总哺乳动物							0.11	0.28	0.34	0.18	0	

注：表中I、II、III、IV、V分别代表北首岭期、半坡期、史家期、半坡晚期、庙底沟二期。

附表一七　鱼化寨遗址不可鉴定动物骨骼统计表

遗迹单位	脊椎骨数量	肋骨数量	碎骨	备注	小计
			片状骨	烧、切痕等	
ⅢG1⑦	1		1		2
ⅢG2①	1		3		4
ⅢG2②	1		1		2
ⅢG2③	1				1
ⅢG2⑤	1				1
TG1H111		4			4
TG5H234		1	2		3
ⅡF2			27		27
ⅢF15		2	5		7
ⅢF22	1		1		2
ⅢF27	3	3	13		19
ⅢF35	1		2		3
ⅢF36			1		1
ⅢF41	2		2		4
ⅢF43			1		1
ⅢF46	1	1	4		6
ⅢF53	4	1	18		23
ⅢF55		1	2		3
ⅢF62	10		14		24
ⅢF64		1	15		16
ⅢF92			25		25
ⅢZ5	2		2		4
ⅢZ9			1		1
ⅠH3			15		15
ⅡH20		1	5		6
ⅡH27	1				1
ⅡH15	1				1
ⅢH44		3	14		17
ⅢH51			6		6
ⅢH64			1		1
ⅢH82	1		2		3
ⅢH93	1				1
ⅢH98	1		11		12
TG1H111		4			4
ⅢH207	2				2
ⅢH107		6			6

续表

遗迹单位	脊椎骨数量	肋骨数量	碎骨	备注	小计
			片状骨	烧、切痕等	
ⅢH128	3		1		4
ⅢH166		2			2
ⅢH135		5	1		6
ⅢH173	3	13	9		25
ⅢH178	1	22	46		69
ⅢH86	2		1		3
ⅢH97			9		9
H152			5		5
ⅢH69	2	1			3
ⅢH19			1		1
ⅢH66		1	2		3
ⅢH44		3	14		17
ⅢH89	9	7			16
ⅢH77	13	4	7		24
ⅢH109	6	31	71	108件烧痕	108
ⅢH48			5		5
ⅢH58		8	14		22
ⅢH211		11	7		18
ⅢH75			8		8
ⅢH255	1	3	4		8
ⅢH65	1				1
ⅢH84	6	10	13		29
ⅢH70①			3		3
ⅢH70③	3	9	2		14
ⅢH55①	16	36	35		87
ⅢH55②	7	13	9		29
ⅢH55③	51	38	61		150
ⅢH55④	1				1
ⅢH130		1			1
T0206②			1		1
T0613⑥			1		1
总计	161	245	522		931

附表一八　鱼化寨遗址仰韶文化各个时期骨器选料鉴定一览表

期别		标本号	名称	属种	解剖位置	备注
	北首岭期	F49∶18	牙锥	猪	下犬齿	
		F52∶18	角锥	梅花鹿	鹿角	
		H177∶10	骨锥	梅花鹿	左掌骨近段背面	
半坡类型	半坡期	F15∶24	牙饰	獐	左上犬齿	
		F79∶72	角饰	梅花鹿	鹿角	
		F87∶18	骨锥	梅花鹿	掌骨近段	
		H109∶7	骨锥	梅花鹿	右掌骨近段外半侧	
		H111∶19	角器	梅花鹿	鹿角残段	
		H171∶7	角锥	梅花鹿	鹿角角尖	
		H175∶17	骨锥	獐	右跖骨近段掌外侧	
		H179∶13	角锥	梅花鹿	鹿角角尖	
		H222∶23	角器	梅花鹿	带角柄的右鹿角基部	
		H230∶13	骨锥	梅花鹿	鹿角残段	
		H249∶5	角锥	梅花鹿	鹿角角尖	有啮齿类的咬痕
		T0205④∶11	骨铲	梅花鹿	左桡骨近段	
		T0619④∶22	骨凿	梅花鹿	左跖骨近段掌面	
		T1112④∶29	角锥	梅花鹿	鹿角角尖1段	
		T0511⑤∶2	骨锥	梅花鹿	右跖骨近段右掌面	
		T1312⑤∶18	骨刀	猪犬齿	牙皮	
		T0912⑤∶24	角锥	梅花鹿	鹿角角尖1段	
		T0912⑥∶12	骨锥	獐	右跖骨近段掌外侧	
		T0909⑥∶21	角锥	梅花鹿	鹿角角尖1段	有砍痕
		T0713⑥∶22	骨锥	梅花鹿	跖骨或掌骨近段外侧1段	远端骨壁增厚明显，属病态
		T0619⑦∶2	角锥	梅花鹿	鹿角角尖	
		T0719⑦∶11	骨匕	梅花鹿	跖骨近段掌面	加工很薄，孔为自然孔
		T0913⑦∶19	角锥	梅花鹿	完整的幼年鹿角	未分岔，尖部有11道砍痕
		T0512⑦∶24	骨镞	鱼（？）		
		T0512⑧∶1	骨锥	梅花鹿	左掌骨近段	
		T0611⑨∶15	骨锥	獐	左跖骨近段掌面	
		T0414⑨∶21	骨锥	梅花鹿	掌骨或跖骨骨干段	
		T0512⑨∶22	骨锥	獐	掌骨骨干1段	
		T0313⑪∶18	骨锥	梅花鹿	掌骨掌面骨干1段	
		T0816⑪∶23	骨铲	马鹿	右跖骨远段背面	
	史家期	F13∶9	角锥	梅花鹿	鹿角角尖	
		F94∶16	骨锥	梅花鹿	跖骨近段	
		F94∶17	骨坯料	梅花鹿	鹿角角段	
		F105∶17	角锥	梅花鹿	鹿角角尖	

续表

期别		标本号	名称	属种	解剖位置	备注
半坡类型	史家期	H15：9	骨铲	梅花鹿	右桡骨远段后面1段	远端骨骺脱落
		H21：13	牙饰	獐	左上犬齿	
		H79：1	骨镞	梅花鹿	鹿角残段	
		H101：12	骨鱼叉	梅花鹿	鹿角残段	
		T0916G1②：20	骨笄	梅花鹿	鹿角残段	
		T0717G1⑧：11	牙锥	獐	左上犬齿	
		TG1G1⑪：4	骨匕	梅花鹿	左跖骨掌面近段	
		T0617G1⑬：7	骨笄	梅花鹿	鹿角残段	
		T0909G2④：11	骨镞	梅花鹿	鹿角残段	
		T0809 G2④：18	骨锥	梅花鹿	鹿角残段	
		T0909G2⑦：24	骨匕	梅花鹿	右跖骨背面骨干残段	
		T0201③：20	骨锥	梅花鹿	掌骨背面1段	
		T0809③：1	骨锥	獐	掌骨	
		T0810③：1	角锥	梅花鹿	鹿角角尖	
		T0719③：2	骨料	梅花鹿	左掌骨远段	
		T0620③：24	骨铲	梅花鹿	掌骨近段背侧	
		T0519③：28	骨锥	梅花鹿	左跖骨近段掌外侧	
		T0913③：30	角锥	梅花鹿	角尖1段	
		T0314③：31	骨凿	梅花鹿	左跖骨近段掌面	
		T0315③：44	骨锥	梅花鹿	左掌骨近段掌外侧	
		T0315③：49	骨凿	梅花鹿	右胫骨近段胫骨粗隆	
半坡晚期类型		H19：23	骨镞	梅花鹿	鹿角段	
		H126：48	骨锥	梅花鹿	鹿角角段	
		H132：37	骨锥	梅花鹿	右胫骨近段胫骨粗隆	

附表一九　鱼化寨骨样品测年结果

序号	实验室编号	单位		碳十四年代（BP, 5568）	树轮校正年代（OxCal 3.9）
1	ZK6634	FX 013 T1014⑥层下 H153 6升重	⑥层下	5386±26	4330BC (37.9%) 4280BC
				5404±29	4260BC (27.9%) 4220BC
					4180BC (2.4%) 4170BC
2	ZK6646	FX061 T0614⑧层下 H179 7升重	⑧层下	5485±27	4360BC (63.8%) 4330BC
				5506±33	4270BC (4.4%) 4260BC
3	ZK6652	W89 2004XYH Ⅲ T0415 ⑥下	⑥下，人骨	5412±34	4340BC (20.4%) 4320BC
				5475±26	4285BC (47.8%) 4255BC
4	ZK6658	2003XYH Ⅲ T0712 W71瓮底	⑤层下，人骨	5391±31	4325BC (40.8%) 4285BC
				5398±22	4255BC (27.4%) 4225BC
5	ZK6661	2003XYH Ⅲ T1014 ⑧下 M12 中部	⑧层下，人骨	5577±26	4450BC (22.9%) 4430BC
					4425BC (1.3%) 4415BC
				5569±25	4405BC (44.0%) 4360BC
6	ZK6663	2004XYH Ⅲ T0619⑤下 M14探方东南部	⑤层下，人骨	5414±31	4330BC (39.3%) 4280BC
					4260BC (28.0%) 4220BC
				5383±24	4180BC (0.9%) 4170BC
7	ZK6664	W37 罐内灰色填土内	④层下，小孩残骨	5365±27	4320BC (15.7%) 4290BC
					4260BC (33.2%) 4220BC
				5378±25	4190BC (19.3%) 4160BC
8	ZK6665	2003XYH Ⅲ T0612 W44 罐内	④层下，小孩残骨	5336±28	4250BC (12.4%) 4210BC
					4200BC (27.0%) 4160BC
				5362±33	4130BC (28.7%) 4050BC
9	ZK6666	2003XYH Ⅲ T0913 W19瓮底	⑤层下，骨	5397±30	4325BC (43.1%) 4280BC
				5401±27	4260BC (25.1%) 4225BC
10	ZK6667	2003XYH Ⅲ T0713 W6瓮底	④层下，骨骼	5440±31	4330BC (49.7%) 4280BC
				5379±24	4260BC (18.5%) 4225BC

附表二〇

REPORT ON AMS ANALYSIS (NMES; RUN 380)

13 April 2012

Dr Pia Atahan
ANSTO

RADIOCARBON RESULTS

ANSTO code	Sample Type	Submitter ID	$\delta(^{13}C)$ per mil	percent Modern Carbon pMC 1σ error	Conventional Radiocarbon age yrs BP 1σ error
OZO871	Bone collagen	Fenggeling site – stage 1 – M2	−8.1 +/− 0.4	74.78 +/− 0.28	2,335 +/− 30
OZO872	Bone collagen	Fenggeling site – stage 2 – M10	−8.0 +/− 0.3	74.52 +/− 0.27	2,360 +/− 30
OZO873	Bone collagen	Fenggeling site – stage 2 – M11	−7.7 +/− 0.2	74.78 +/− 0.27	2,335 +/− 30
OZO874	Bone collagen	Fenggeling site – stage 3 – M12	−8.4 +/− 0.1	74.78 +/− 0.27	2,335 +/− 30
OZO875	Bone collagen	Yuhuazhai – M2 – diaphysis	−7.8 +/− 0.1	56.23 +/− 0.24	4,625 +/− 35
OZO876	Bone collagen	Yuhuazhai – M3 – diaphysis	−10.9 +/− 0.1	50.72 +/− 0.25	5,455 +/− 40
OZO877	Bone collagen	Yuhuazhai – M6 – diaphysis	−8.5 +/− 0.4	54.04 +/− 0.20	4,945 +/− 30
OZO878	Bone collagen	Yuhuazhai – M9 – diaphysis	−7.7 +/− 0.1	50.37 +/− 0.21	5,510 +/− 35
OZO879	Bone collagen	Yuhuazhai – M10 – diaphysis	−8.8 +/− 0.4	51.03 +/− 0.21	5,405 +/− 35
OZO880	Bone collagen	Yuhuazhai – W16 – proximal metaphysis	−8.4 +/− 0.2	51.36 +/− 0.20	5,350 +/− 35
OZO881	Bone collagen	Yuhuazhai – W24 – diaphysis	−7.5&	51.01 +/− 0.20	5,410 +/− 35
OZO882	Bone collagen	Yuhuazhai – W25 – distal metaphysis	−6.5 +/− 0.1	50.94 +/− 0.17	5,420 +/− 30

Note:

1. $\delta(^{13}C)$ values relate solely to the graphite derived from the fraction that was used for the radiocarbon measurement. It is sometimes the case that the $\delta(^{13}C)$ of this fraction is not the same as that of the bulk material. Measurements are determined using EA–IRMS (except for those, if present, marked with '$' which are accelerator based). Some $\delta(^{13}C)$ values may not have an associated uncertainty due to the

limited number of determinations.

2. The ages quoted are radiocarbon ages, not calendar ages.

3. The ages have been rounded according to M. Stuiver and A. Polach (1977). The definition of percent Modern Carbon and Conventional Radiocarbon age can also be found in this publication.

4. Please use the ANSTO Code number in publications. The AMS facility should be referenced as Fink *et al*. (2004).

References:

D. Fink, M. Hotchkis, Q. Hua, G. Jacobsen, A. M. Smith, U. Zoppi, D. Child, C. Mifsud, H. van der Gaast, A. Williams and M. Williams (2004) The ANTARES AMS facility at ANSTO, NIM B 223–224, 109–115.

M. Stuiver and A. Polach (1977) Reporting of ^{14}C data, *Radiocarbon* 19(3), 355–363. Available online at: https://journals.uair.arizona.edu/index.php/radiocarbon/article/view/493/498.

附　录

長安城外魚化寨新石器時代之遺址

何士驥

魚化寨新石器時代遺址，在長安城外西南約十二里。斷面灰土極大，在數百步外，即可望見之。遺址所佔地面，略作不規則之台地長方形，東西寬約1900公尺，南北長約8150公尺。如插圖叁即為遺址東邊由南而北，斷面也。北而東經土人挖取灰土後所成之折尺形（南芒）0.65公尺之耕種土以下，均為極純粹之灰白土與灰黑土。灰土之已暴露於外者，厚約1.90公尺。除最上層厚約（插圖叁，又圖版1.2）。

余赴彼處調查時，當廿六年八月中旬，遺址上高粱半熟，采取遺物，頗感困難，故均由斷陂下地面，及斷陂灰層中取得之。

在耕種土層中，有似墓穴者一二，略見漢代繩紋陶瓦片，及繩紋磚，方格紋磚等。除此以下，則全為石器時代之遺物矣。吾人近年在陝西各縣及其他各地調查，史前遺址，尚未見有較此更大或更純粹者，實堪欣慰。本擬商請理事長張扶萬先生作一小規模之發掘，詳細考察，以報告於學術界。祗因國難日趨嚴重，有此心無此力矣！

案我國民族來原，迄今尙分東來與西來兩說，然此間起于豐水入渭處。東會潏滈合渭而注于河。）即禹貢錐指水志水道圖證之，（插圖貳）稱疑宋圖之所謂漕渠，（案圖中此遺址，北距渭河尚遠，以葦竹臣所怪之長安縣志宋敏求民濟，禹時悉合豐以入渭，故豐得成其大。今得此偉大之先『芦云「豐水攸同」，詩云「豐水東注」，若從胡渭禹貢錐指兩京。更足見此區域為先民生養繁殖之要地也。（凡史前遺址，大都背山臨水，即迄今亦然。）張扶萬先生謂余曰：○且去遺址之西北不遠，即為後代周民族繁盛發旺之豐鎬圖壹）以資參考。）背山臨水，于先民生活居處，最為適宜細柳原，高陽原諸高地之間。（茲節繪長安縣志山川圖（插（水經注作沴水）之西。龍首原，少陵原，神禾原，畢原，魚化寨之遺址，居渭河之南，豐水之東，皂河，滈水流域之早于漢水流域，似已無大問題矣。之結果，則我民族繁殖於黃河流域之早于長江流域，與漢水流域相比，據年來國內外考古學者與吾人調查所得題過大，茲姑不論。即以黃河流域與長江流域，渭水

---

* 原刊于《西北史地》1938年第1期。为了研究方便，本书对这篇关于鱼化寨遗址的最早调查报告进行影印附后。

之所謂「引酆水為漕渠」，亦即最初酆水之故道也。（按酆水之改道，當始於漢鴻嘉中王商穿長安城引內酆水注第中。（見漢書王商傳）其後歷代建都，輾轉相承，遂相沿而成今狀，由南而北，直入于渭矣。惟長安縣志之宋志水道圖，雖名漕渠却東合潏滻，會渭而注于河，實得酆水故道之遺蹟。）如此，與禹貢「酆水攸同」之說正合。其遺址當時蓋濱于酆水北岸，（見宋圖）較諸利用渭水更為方便。且余因此徵足以明遺址之時代矣。詩云：『酆水東注，維禹之績』。疏云，『昔堯時洪水，而酆水亦汎濫為害，禹治之使入渭，東注于河，禹之功也』。禹貢『酆水攸同』，亦以酆水會築眾流，同注于河，歸功于禹。八禹貢當為後人作。至禹之後有其人，證之銅器秦公敦之「虩事蠻夏」，（案夏即踕字），郗侯餺鐘之「虩虩成唐」，（案成唐即成湯）處禹之堵，〈案堵即都字，或緒字〉，與經史子集之上材料與地下史實之二項證據立足者，非同空言泛泛也。

層載禹事，已毫無問題。）則遺址之左右，沿酆渭兩河一帶，在夏時及夏以前，必為居民眾多，部族繁榮，不然，酆水汛濫，於人無害，禹何必治之，書詩何必大叙而特叙也。今案諸遺址所出器物紅色細素陶片之多，當為新石器時代中期以後之物，即考古學者所通稱為仰韶期者也。案仰韶期之說，瑞典人安特生（Andersson）氏謂在公元前三千年，約當黃帝以前；阿爾納（Arne）（亦瑞典人）氏，謂在二千年至二千五百年前，約當黃帝少昊顓頊之世；國人李濟之謂在一千八百年前，約當殷商以前；徐中舒謂約當二千二百年至一千八百年前，約當虞夏時代：莫中舒堂謂之物，證諸詩書所記夏禹之事，時代可謂悉合。今以魚化寨遺址所出之器之學，留於猜謎，今有此發現，得知吾人今日治學之由紙上材料與地下史實之二項證據立足者，非同空言泛泛也。

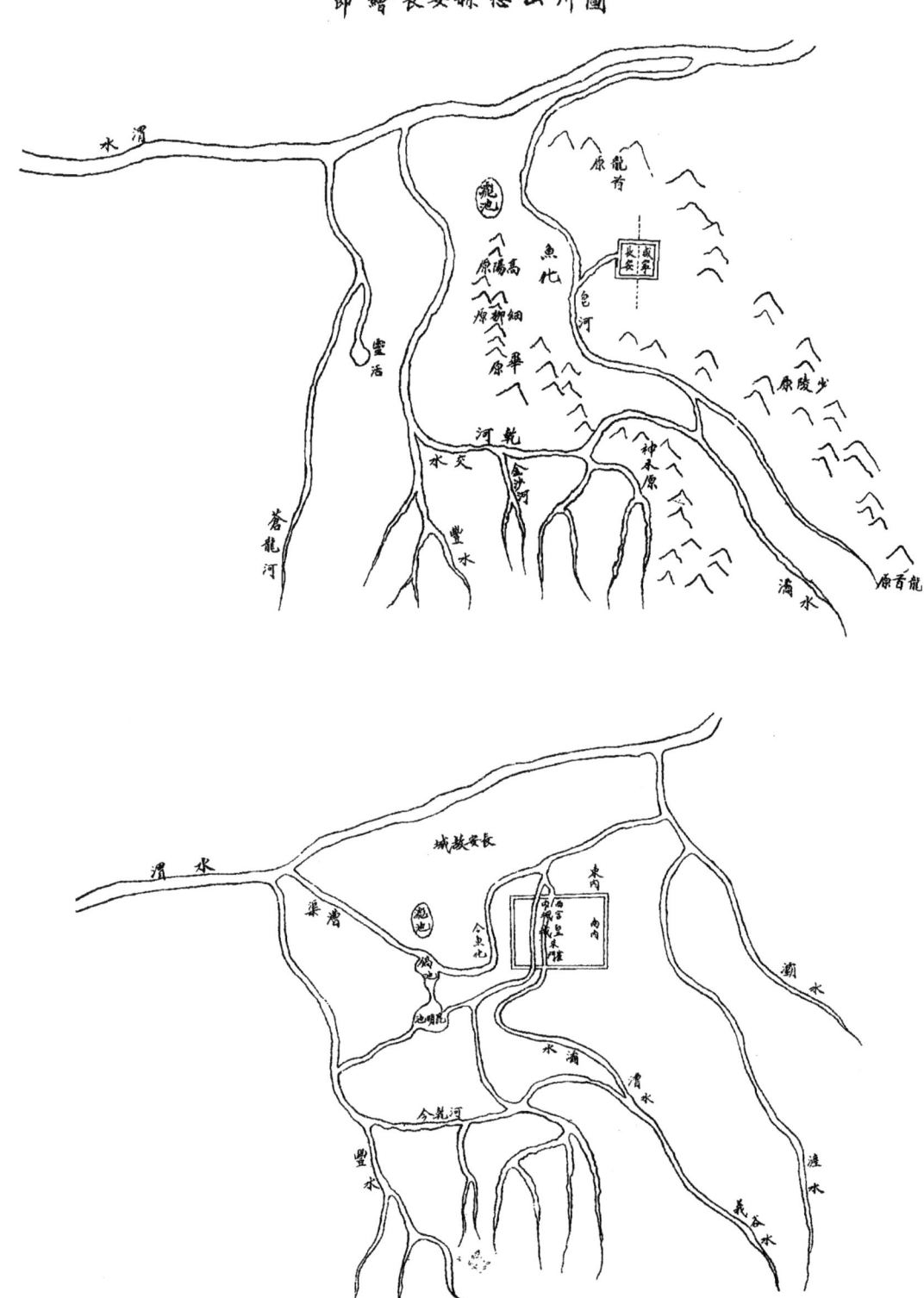

插圖壹
節繪長安縣志山川圖

節繪董修長安縣志宋敏求志水道圖
插圖貳

附录 1447

以下分別敍述所采得之陶片，石器，骨器，角器，蚌器等。

魚化寨之陶片，依色質之不同，約可分為下列之兩大類：

甲、素面　表面有全部磨光者，有粗略磨光者，有竹磨光因剝蝕而似未磨光者。磨光之法，視其隱約可見與口緣平行之細痕，蓋以磨具緊壓陶器之面，由陶器在輪上之旋轉而發生磨擦。但因質料極細，故表面最平滑之陶片，類多發生閃光。此類陶片，與仰韶紅陶相似。即在陝西西自寶雞起，沿渭水兩岸東行，亦所在多有。

此類陶片之采自魚化寨者，由其色質言之，復可分為下列九種：

（一）紅色陶片

（一）表裏肉均紅，質細而薄，無砂，輪製，略有閃光。厚度九·〇〇～四·〇〇公厘。

（二）表紅褐裏紅，肉紅黃，質細而薄，無砂，輪製，略有閃光，厚度八·〇〇～五·〇〇公厘。

（三）表紅裏紅黃，肉灰黃，質細而薄，無砂，輪製，略有閃光。厚度同上。

（四）表裏，肉均紅黃，質細而薄，無砂，輪製，無閃光。厚度同上。

（五）表裏，肉均灰黃，質細而略粗，無砂，輪製，無閃光。厚度一·〇〇～〇·七〇公分。

（六）表面紅黃，裏灰褐，肉半灰半微灰褐，質細，無砂，輪製，無閃光。厚度八·〇〇～三·〇〇公厘。

（七）表裏，肉均灰紅，質粗鬆，含砂，輪製，面粗糙。厚度一·三〇～〇·八〇公分。

（八）表灰紅，肉，裏紅黃，質較（七）略細，含砂，輪製，面雖粗糙而較（七）略細。厚度一·一〇～〇·五〇公分。

（九）表灰黃，肉，裏紅，質細而略含細砂，輪製，面不光滑。厚度一·〇〇～〇·六〇公厘。

乙、彩紋　魚化寨紅陶表面施以彩色而成文飾者，據此次采集所得，僅有三種，質料均極細緻：

（一）黑色彩紋（圖版3、4、5）是紋蓋經塗抹黑色彩釉加以燒烤而成。地位近器之口緣，圍繞口緣而成寬狹不同之帶狀紋。寬度三·七〇～一·四〇公分。

（二）紅色彩紋（圖版6、7、8。）情狀與上同。唯為深紅之彩色，似非烘燒時火候不同所致。寬度六〇〇一五、〇〇公分。

（三）白色彩紋（圖版9。）情狀亦與上同。維為白之彩色，惜僅一殘片，其寬度不知。

丙、繩紋 紋分粗細兩種。在此次采集中，數以最多。質料多粗鬆而含砂，細緻者少。（圖版10、11）

丁、旋紋 紋成凹凸平行之線狀或帶狀，圍繞器身，及口邊。其製法，蓋用堅銳之工具，緊壓陶器之面，藉陶器在輪上旋轉之力而成。質料在粗細之間，無砂。（圖版12。）

戊、刻紋 質料在粗細之間，無砂。刻紋式樣可分兩種：

（一）在已磨光之陶器面上，用尖銳之器，任意畫成不規則之方格紋者。（圖版13。）

（二）在範製之陶器面上，用尖銳之器，任意畫成不規則之多數平行線因而與陶器面上之原有範紋（如繩紋等。）交互錯綜而成網狀紋者。（圖版14。）

己、印紋 此次采集所得，僅方格紋一片。線為凹紋，方格內均成窪下之方窊。蓋其印模上為刻成凹線凸方塊而在未乾陶器面上印壓而成。質料亦細，惟間有極細之砂礫。（圖版15。）

庚、指頭紋 僅得一殘片，在略經磨光之未乾陶器面上，用指頭裝捺而成凹凹相間之紋。今雖未得整器，以平日經驗推之，當多在口邊相近之處，每器不過彼此對稱之四節，或三節而已。質料極細，無砂。（圖版16。）

辛、黏條紋 在略經磨光而未乾陶器表面，用泥捏成之長土條纏黏貼於其上，成為若干平行圍繞於器外之浮凸紋。此浮凸紋大都區平。復於文上，用繩紋狀之印模，逆擊或印壓而成飾美觀。又有將此黏貼器上之土條纏，以下指捏成凹趣之稜而成文飾美觀者。然此等土條纏於器身上用細繩纏繞而成凹凸狀之印模壓印之，使成粗繩紋狀，復於此繩上用細繩纏繞團繞於器之堅固，亦可增強也。質料粗鬆，所含砂礫，大而且多。（圖版17、44又插圖伍：8。）

甲、素面 此類陶片之質料，硬度製法，與上所述（一）

類之紅陶相似，特此為灰色而已。惟據此次采集所得，種類不如（二）類之多，約可分下列五種述之：

（一）表，裏，肉金灰，（裏稍淡）質細而薄，無砂，輪製，無閃光。厚度六、〇〇—五、〇〇公厘。

（二）表，裏，肉灰黑，肉灰，質細，無砂，輪製，無閃光。厚度八、〇〇—六、〇〇公厘。

（三）表，裏，肉均棕灰，質細而薄，無砂，輪製，無閃光。厚度六、〇〇公厘。

（四）（僅一片）表，裏，肉均灰，略帶青綠色。質細，略含細砂，輪製，無閃光（僅一片）厚度八、〇〇公厘。

（五）表，裏，肉均灰黑，質細，無砂，輪製，內外均有閃光，施若黑陶。厚度八、〇〇—五、〇〇公厘。

乙、繩紋　致有粗細四種：

（一）最粗　表裏肉均灰，質粗，含砂，範製。厚度七、〇〇公厘。（圖版18）。

（二）次粗　情狀同上。厚度同上。（圖版19）。

（三）再次粗　表，裏灰，肉紅棕，質較細，無砂，輪製。厚度八、〇〇公厘。（圖版20）。

（四）最細　表深灰，肉，裏淺灰。餘同上。厚度四、〇〇公厘。（圖版21）。

丙、旋文　情狀與上述紅陶片同。厚度七、〇〇公厘。（圖版22）。

總括以上所述，僅就采集所得之陶片言之，有下列四種特點：

（一）質料有細，粗，粗細之間，砂，四種。

（二）顏色（以外表為主）有紅，灰，灰紅，灰黃，黑，黃，六種。

（三）製作以輪製，範製，為多。間有手製。

（四）文飾有彩色，繩紋，旋紋，刻紋，印紋，指捺紋，黏條紋，七種。以繩狀紋為最多。

至於陶器之形制，因僅采得粗，紅，砂之殘陶器一件，（圖版4文插圖伍：8，）完整之器，未能采得。詢諸村人，雖謂出土之紅尾罐甚多，但欲購買一器，屢求不得。茲僅將所見之各種口邊與底片之式樣，圖列於下。並附質料，顏色，制作，紋飾，半徑長度表，以當說明。

口邊之式樣有下列之三十四種：

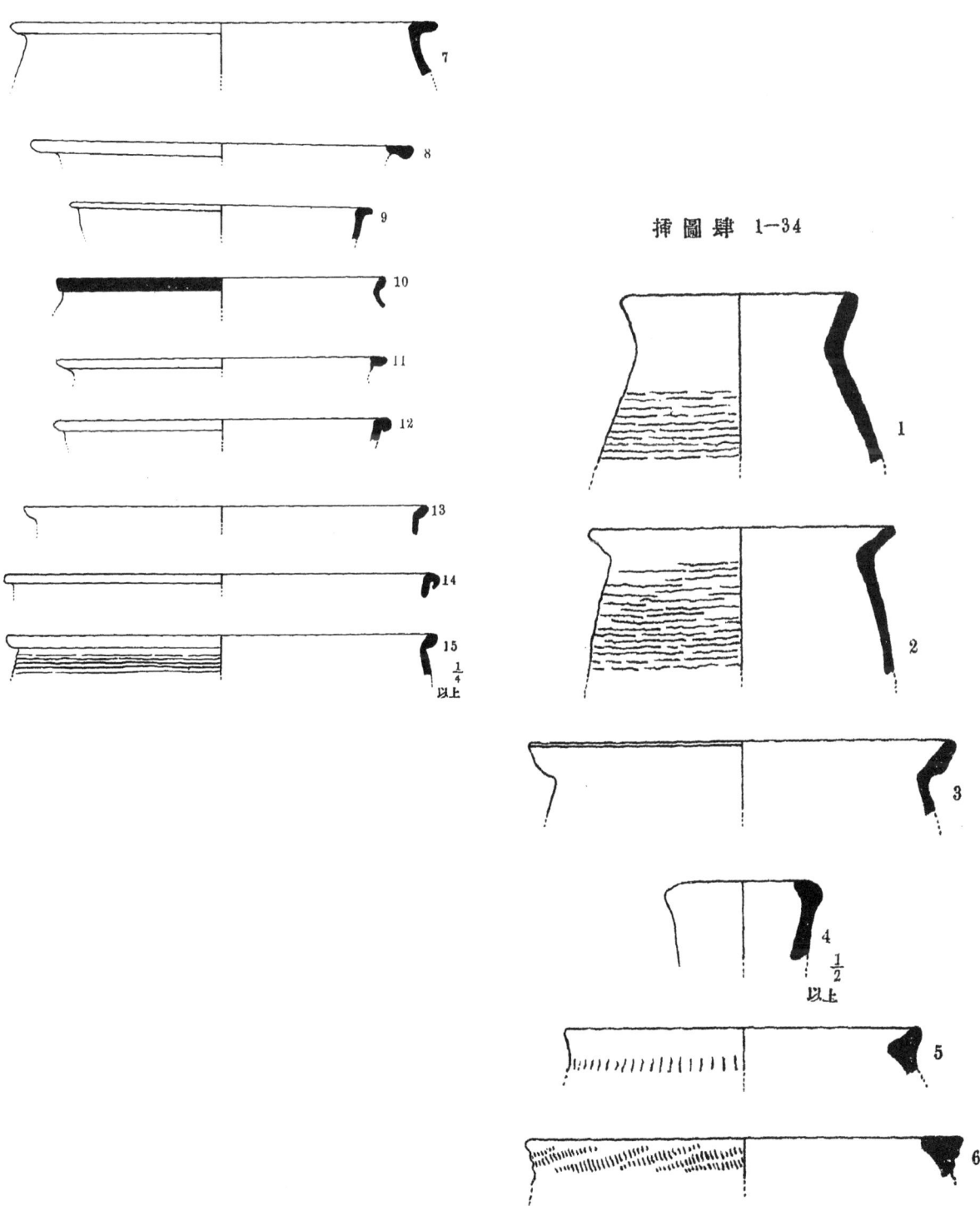

插圖肆 1—34

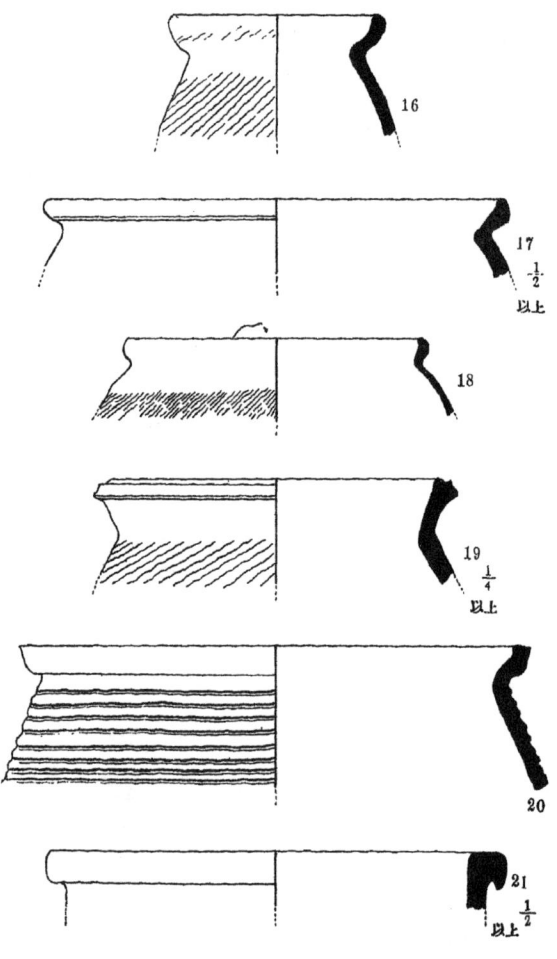
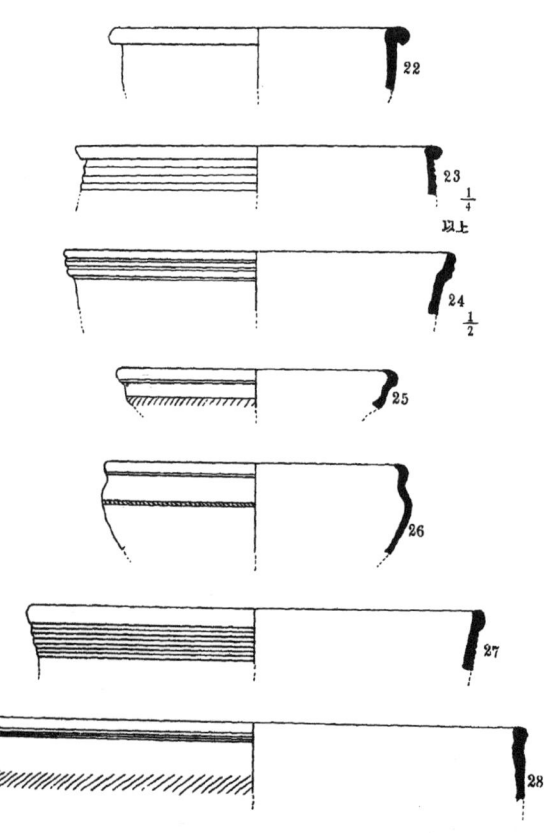

附 录 1453

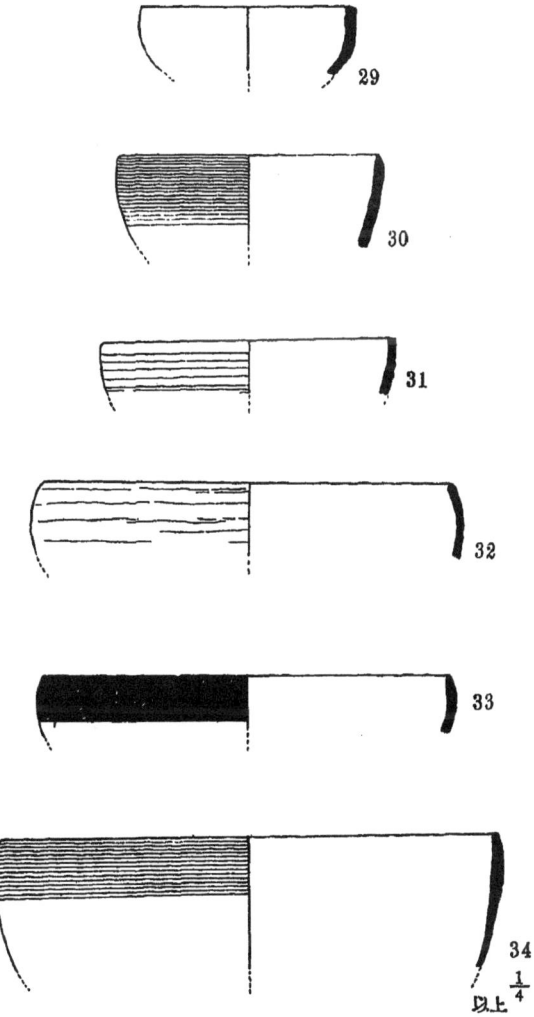

以上 $\frac{1}{4}$

插圖肆	質	色	製	紋	半徑長度(公分)	形　　制
1	砂	灰紅	輪	繩	5.50	外折唇侈口
2	砂	灰紅	輪	繩	7.20	同　　上
3	砂	灰紅	輪	素	10.00	同　　上
4	細砂	紅	輪	素	3.70	內彎唇直口
5	砂	紅	範	繩	16.70	外折唇侈口
6	砂	紅	範	黏條	20.40	內彎唇侈口
7	細	紅	輪	素	27.25	外折唇侈口
8	細	灰	輪	素	24.40	外彎唇敞口
9	細	紅	輪	素	19.30	外折唇侈口
10	細	紅	輪	黑彩	21.00	外彎唇侈口
11	細	灰紅	輪	素	21.20	外彎唇侈口
12	細	灰	輪	素	21.60	外捲唇侈口
13	細	黑	輪	素	26.20	外彎唇直口
14	細	灰	輪	素	27.70	外捲唇直口
15	砂	紅	範	旋	27.60	外彎唇侈口
16	砂	灰黃	範	繩	5.60	外折唇侈口
17	砂	炭黃	輪	素	12.10	同　　上
18	砂	灰黃	範	繩	15.60	外彎唇侈口
19	砂	紅	範	繩	18.95	外折唇侈口
20	砂	紅	輪	旋	13.30	同　　上
21	細	紅	輪	素	11.90	外捲唇直口
22	砂細	灰紅	輪	素	16.50	外折唇侈口
23	砂細	紅	輪	旋	20.20	外彎唇侈口
24	砂	灰黃	輪	素	10.80	直唇敞口
25	砂	灰黃	範	繩	15.40	內彎唇敞口
26	砂	灰紅	範	繩	16.60	內彎唇侈口
27	砂	灰	輪	旋	25.00	直唇侈口
28	砂	灰	範	繩	29.40	直唇直口
29	細	紅	輪	素	9.00	直唇侈口
30	細	紅	輪	紅彩	11.10	同　　上
31	粗細間	灰黃	輪	旋	12.20	同　　上
32	同上	灰黃	輪	旋	17.30	同　　上
33	細	紅	輪	黑彩	17.30	同　　上
34	細	紅	輪	紅彩	20.90	同　　上

總上式樣觀之，魚化寨之陶器，侈口最多，侈口次之，直口又次之，斂口最少。其頸部雖有長短之不同；但以短頸為最多。至口徑之最大者，長五八、八〇公分；最小者七、四〇公分。

底之式樣，凡八種，茲復圖表如下：

插圖伍 1—8

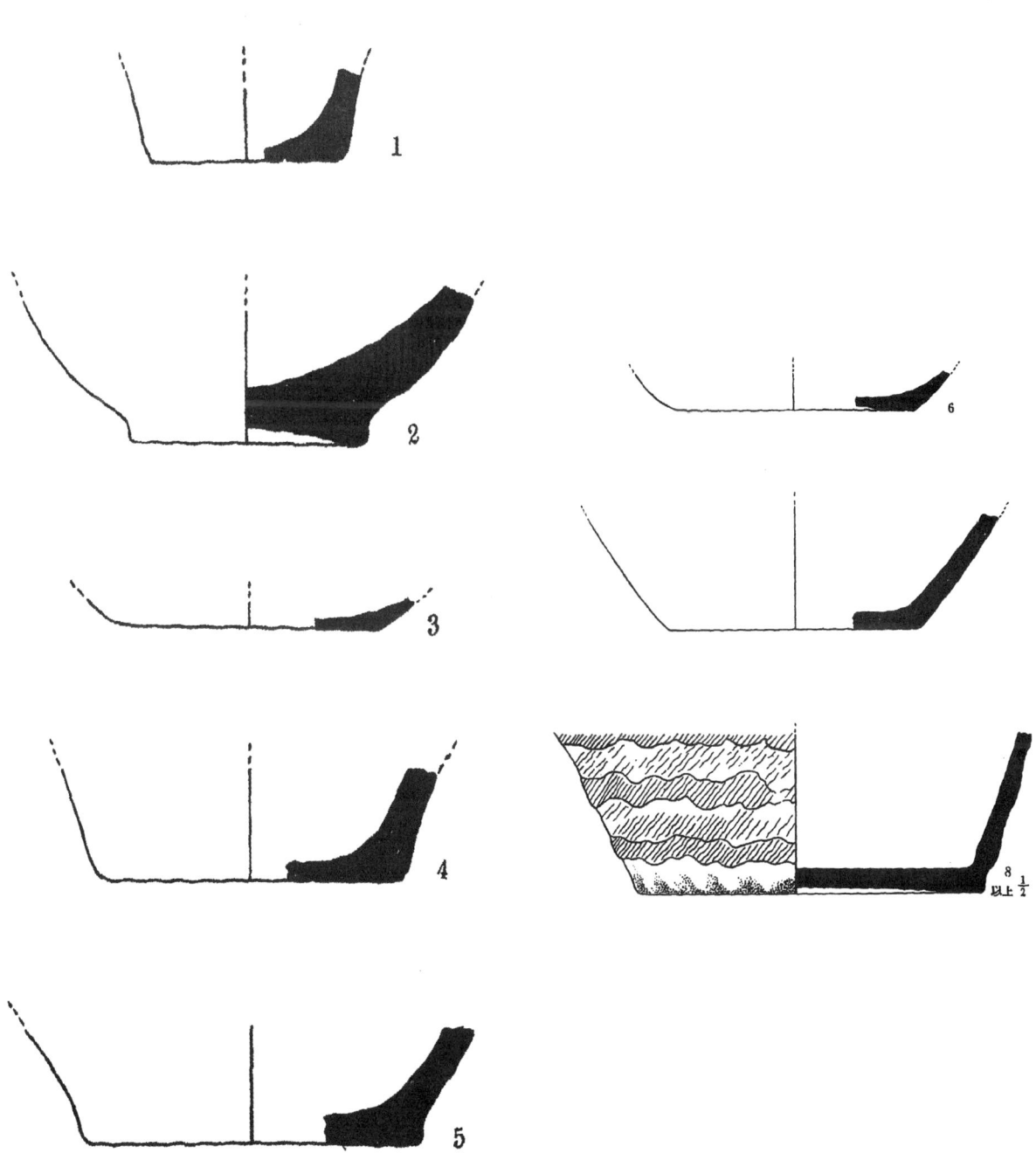

形制	底腹角	半徑長度(公分)	紋	製	色	質	插圖伍
平小	105°	3.70	素	輪	灰	砂	1
小	125°	3.80	素	輪	灰	砂	2
微凸	142°	4.10	素	輪	紅	細	3
平平	112°	4.90	素	範	灰	砂	4
平平	118°	5.40	素	範	灰紅	砂	5
微凸	136°	7.90	素	輪	紅	細	6
平平	127°	8.30	素	範	紅	粗	7
	110°	10.50	粘條	範	紅	砂	8

蓋亦有失底者。(詳下)。底面不見任何紋樣,全係素面,或因年久剝落不見之故。

底徑最大者,長二一、〇〇公分;最小者,長七、四〇公分。

底腹角最大者,約一四二度;最小者約一〇五度。

除以上所述之外,復得與紡輪類似之紅色陶片七,(質細無砂)與仰韶陶片同如圖版41、42)。灰色陶片一,(質粗含砂)。但均無孔。視其邊緣,均由捶擊而成,未經磨光手續。又有紅色小方陶片一,(質細,略含細砂,如圖版43)。邊緣稍光,似曾經打磨者。又得陶器足一,(圖版40),又插圖陸:1)作圓錐狀,中實。(圖版39,又插圖陸:2)色紅,質細,無砂,試與陝西考古會陳列室之尖底紅陶罐之耳比之,正相吻合,可知為醫鼻,設置于器身之上,用以穿繩或握持者。

石器

石器共得八件：

石鏨 石鏨共三器,其一頗精緻,尚完整,為西京籌備委員會所采得。其二已殘。如圖版23、24、25,並插

由上列圖表,可知魚化寨所出之陶器,僅有平底與微凸底兩種。(但另得一耳,似為平日所見紅尖底罐之物,

圜陸：6、7、

石斧 石斧僅一器，已殘，視其形制頗大，惟不知其原形如何。如圖版26，並插圖陸：3、

石磋 石磋共二器，亦已殘。於其斷面以放大鏡察之，質頗粗，又似圓製者。如圖版27、28，並插圖陸：4、5、

石刀 權一器、亦已殘，存半扎。當為雙孔或單扎石刀之殘部，用作切、削、刮、削之正具者。如圖版29，並插圖陸：8、

圓石片 僅一器，略成橢圓形，兩面及邊均磨光，厚約二、○○公厘。如圖版30，並插圖陸：9、

角器 角器僅應角製之二件，長約二三、○○公分，成圓錐狀，似作鑽孔之用。因經久用之故，四潤光滑異常。（圖版36，插圖陸：10）。

骨器 采得獸骨共十八件，但均為小形。其有人工刀切痕者，共十器。然九器未成，僅可謂之骨料，（如圖版31閡34）其一器似為製骨鏃而未成者，然器形已清楚可辨。長七、○○公分。如圖版35，並插圖陸：11。至其餘諸獸骨，多有火燒，但無刻紋等。

蚌器 蚌器之完整者，未見，僅殘片二。如圖版37、38，並插圖陸：12、13、

挿圖陸 (全 $\frac{1}{1}$)

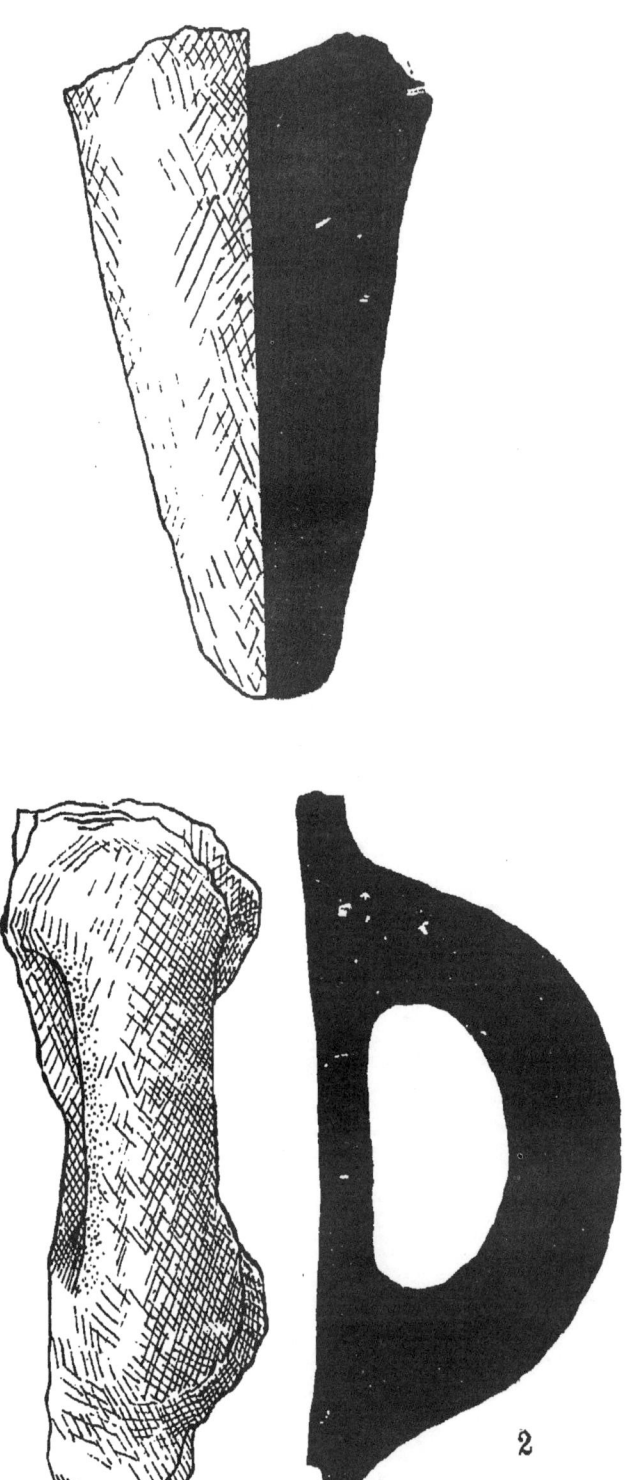

附 录

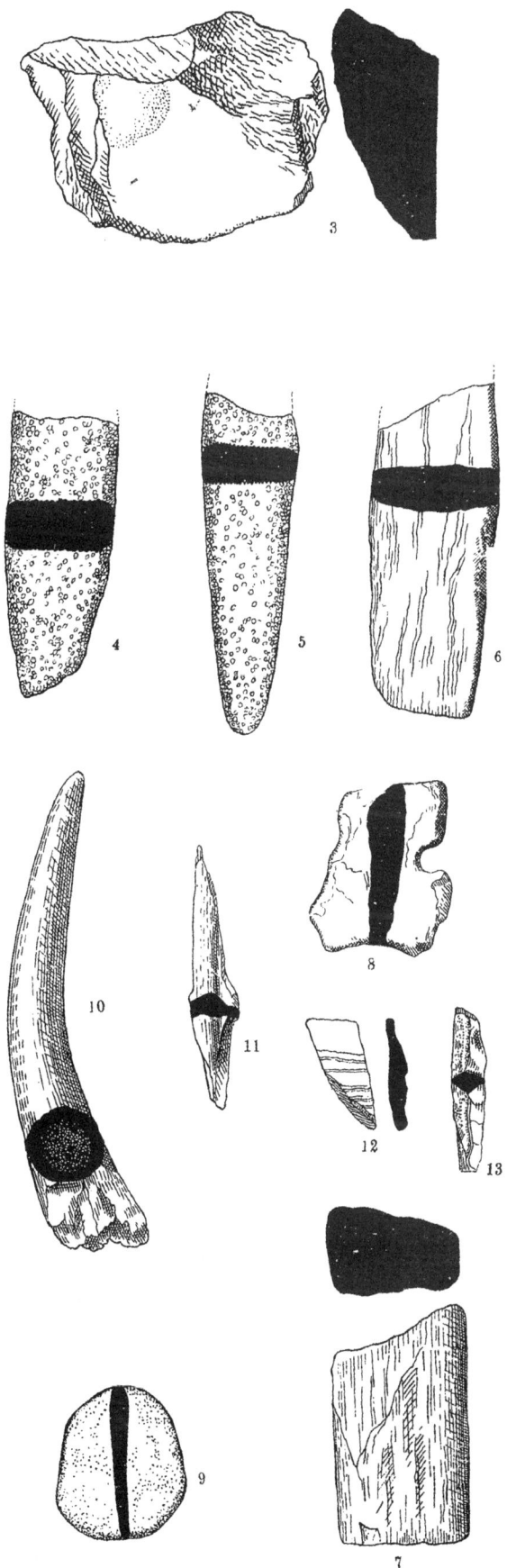

圖 版

1 —— 44

(1) 西望中之魚化寨新石器時代遺址全景

(2) 魚化寨遺址斷陂之最厚灰層

附 录

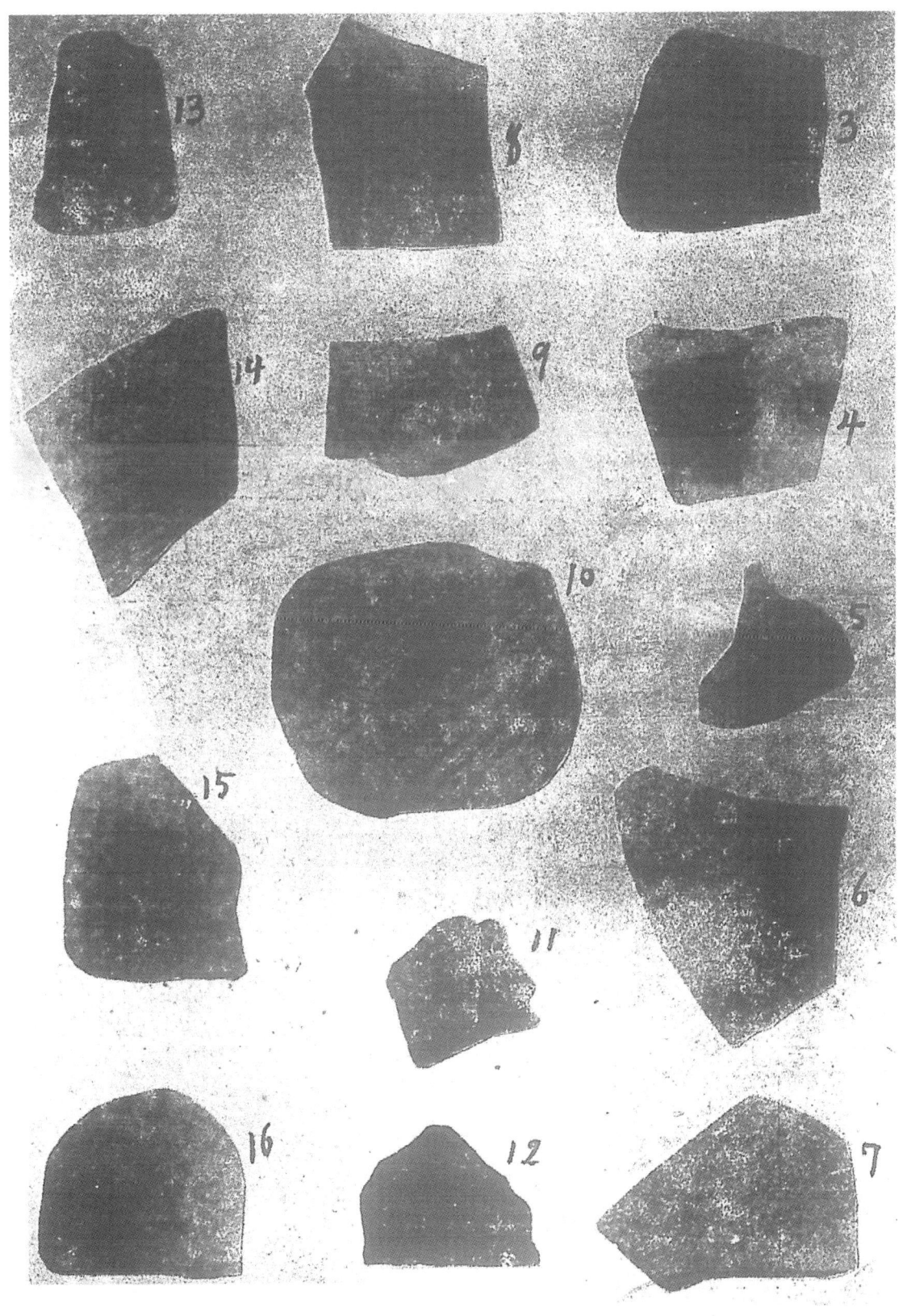

图版比例：全缩成 $\frac{1}{2}$.

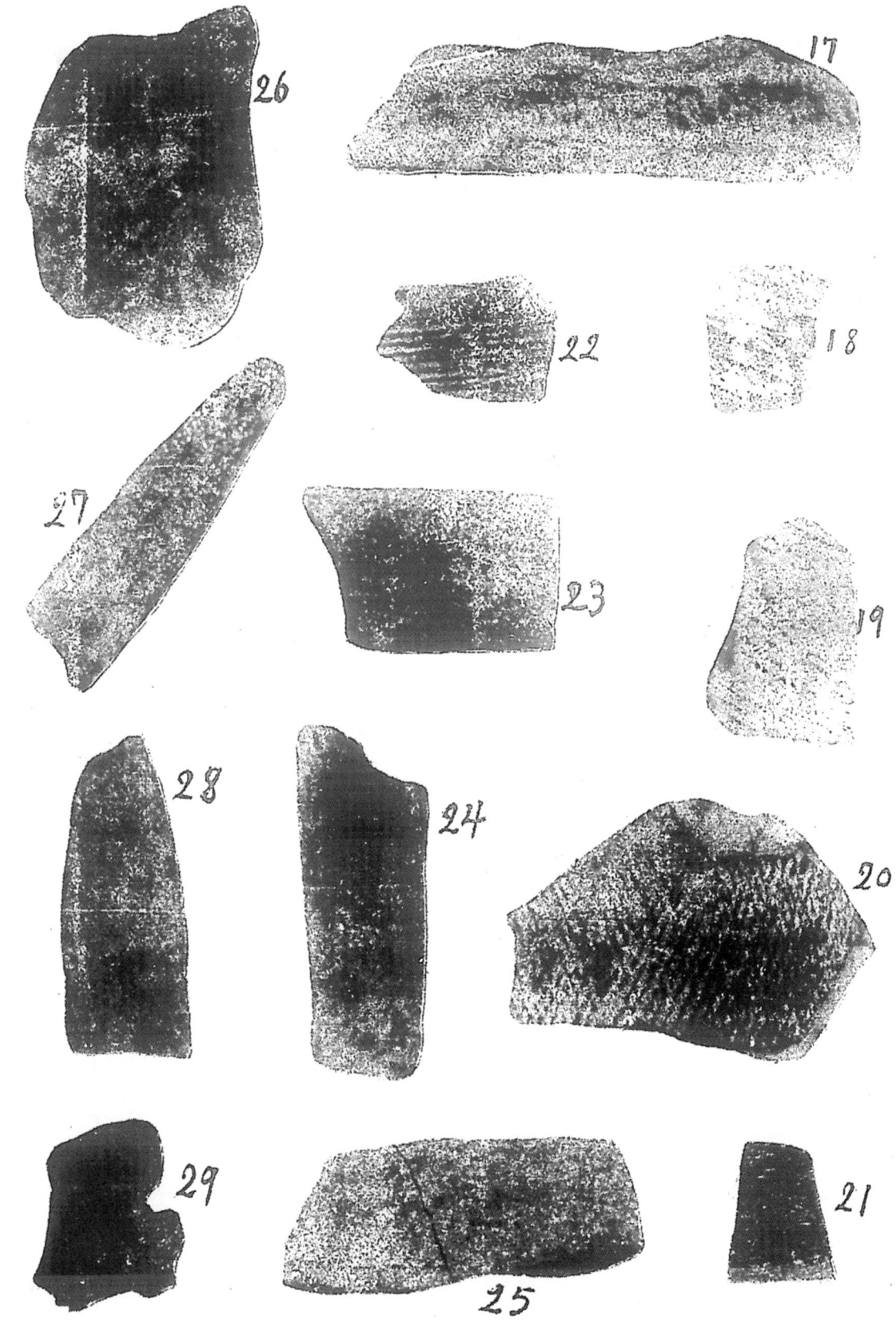

圖版比例： 全縮成 1/2

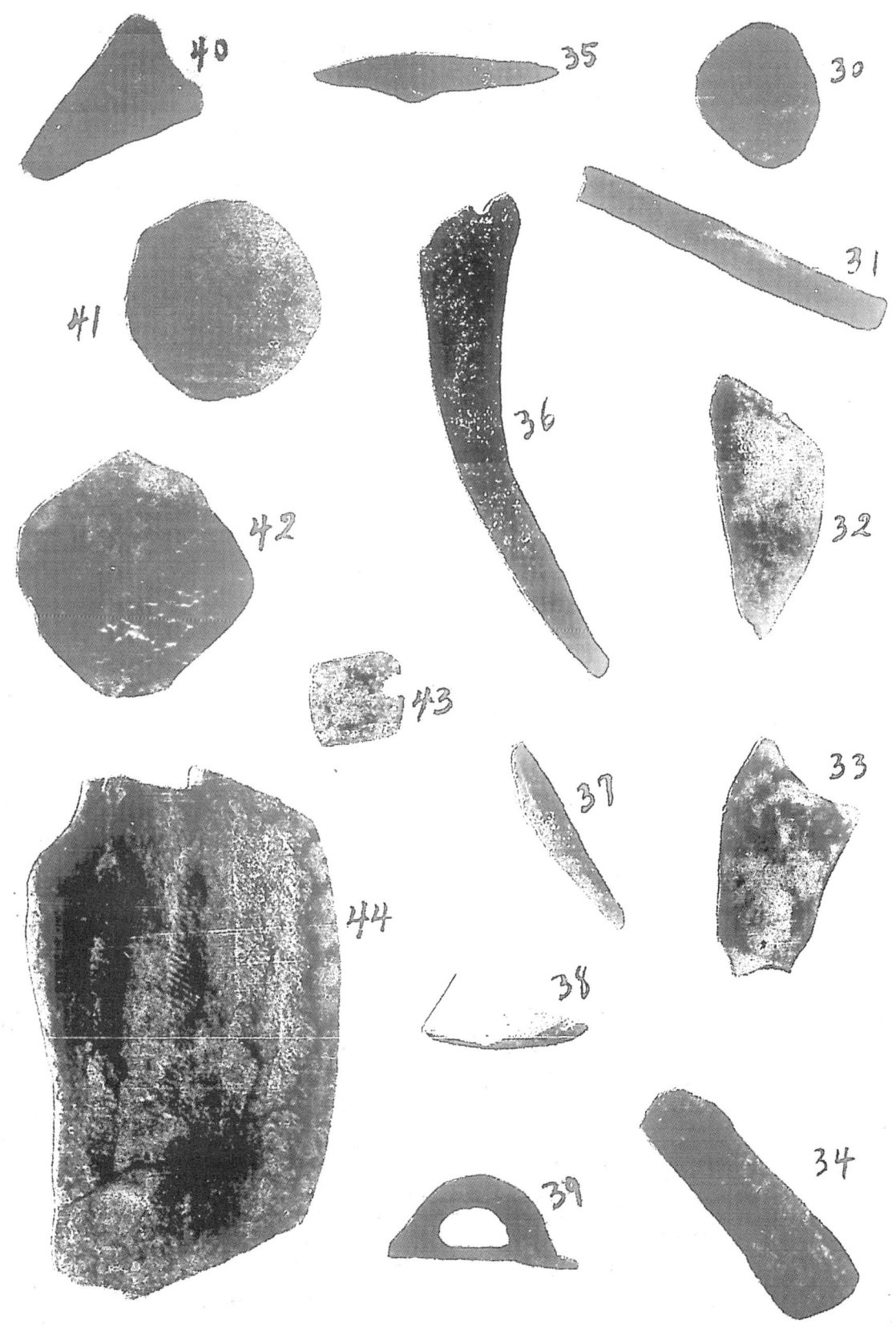

图版比例： 39, 40, 44. 缩成 $\frac{1}{3}$.　　余全缩成 $\frac{1}{2}$.

Abstract

Yuhuazhai Site is located on the secondary terrace of the western bank of Zaohe River, northwest of the northern campus of Xi'an International University in the northwest of Yuhuazhai village, Yuhuazhai street, Yanta district, Xi'an. The site is flanked by Zaohe River on the east and west. It is high in the middle and low on the periphery at an altitude of 400 meters. Discovered in 1937, the site is one of the earlier prehistoric sites unearthed in central Shaanxi. Seeing the construction request of the University's northern campus, Xi'an Institute for Cultural Heritage Preservation and Archaeology organized a team of archaeologists into the site in October 2002 and conducted comprehensive explorations and focused excavations. Based on excavation order, the site was divided into area I, area II, and area III, which lie to the southern end, southwest, and south of the terrace respectively. Grids in each area were distributed and numbered according to quadrant method. The excavation lasted two and a half years from October, 2002 to May, 2005. The site covers an area of 2861 square meters. In total, 531 remains of different types were found, including 107 dwellings, 255 waste pits, 29 stoves, 1 kiln, 2 moats, 14 earthen-pit tombs, and 123 funerary urns. The remains show rich culture with a wide span of time.

Few archaeological finds of Laoguantai culture are unearthed on the site, with only pottery shards scattered in cultural layers and remains of later period. No heritage units of exact Laoguantai culture are discovered. This means that heritage of Laoguantai culture is scarcely distributed on the site, most of which could have been damaged. The shards, which are made of grey or red brownish clay in conical shape, show merely the feet of objects. All in plain face, the feet are either pointed or flat. Judged from the shape, the vessel could be a tripod jar or pot, etc. With explicit dating characteristics, those objects should be associated with Laoguantai rather than Yangshao culture.

Remains of Yangshao culture could be split into three phases. Phase I is widely distributed with rich remains and artifacts. 459 remains are unearthed, including 107 dwellings, 186 waste pits, 29 stoves, 1 kiln, 12 earthen-pit tombs, 122 funerary urns, and 2 moats. Dwellings of phase I are either semi-subterranean or ground-based, with the latter more predominant. The ground dwellings are erected with posts on an earthen foundation. In plane, the structures are mostly square and rectangular and then circular and oval, with a few in irregular shape. The dwellings are mostly medium-sized at approximately 30 square meters; some are smaller at less than 10 square meters; larger houses are not identified measuring over 60 square meters. The dwelling surface is processed in most cases. Reinforcing the surface with loess is the most common practice. Some surfaces are processed with ginger nut powder, grass and mud mixture, and firing.

And the more elaborated examples are processed twice. The housing doors are arranged toward the stove inside the dwelling or connected with the stove. Doors of the square dwellings are placed in the middle of a wall, while doors of the semi-subterranean dwellings are erected on a ramp. The direction of doors is not consistent. Doors are primarily oriented toward the north and then the south. Some are aligned with the east or west. Stoves are found in nearly half of the dwellings, mostly assuming a circular and square shape. In structure, most stoves are built in shallow pits. The rings of stoves are pretty common, but few elaborated connecting stoves are also found. The stoves generally appear red brownish or green brownish owing to the continual firing. Stoves are also found outside of dwellings in similar structures to those inside. Waste pits of phase I are mostly distributed around the dwellings with varied density. Most take up a circular or square-bag shape. Few are tubular and pot bottom-shaped. Generally speaking, bag-shaped waste pits are quite regular in shape. Some are built up with 1-3 steps on the bottom; some are identified with marks of deliberate processing on the mouth, wall and bottom. The primary processing method is firing; an additional practice is hardening the bottom. Additionally, some are detected with posting holes on the mouth or bottom. A bag-shaped waste pit could be the storage cellar of the inhabited settlement. Only 1 kiln is excavated, which is structured in a horizontal pit. It comprises a chamber, fire stove, tunnel, and operation room, etc. The chamber lies to the east of the kiln, which is characteristic of the contemporary kiln structures. Tombs of phase I are either arranged in an earthen pit or a funerary urn and are universally distributed on the living quarter and thus intersected with the contemporary housing structures and waste pits, etc. The earthen-pit tombs are small in number and scattered in distribution, failing to create a large graveyard. The pits are all in rectangular shape and small in size, measuring 1.4 meters long and 0.68 meters wide in the maximum. In terms of funerary practice, earthen-pit tombs are all occupied by one occupant in a lying posture. The head of the deceased is mostly oriented toward the west. In one exception case, the head of the deceased faces the south. All the occupants are adults. The grave goods include pointed-bottom jar, jar, bowl, pot, *yu* vessel, stone balls, stone adze, and bone beads, etc.; the composite objects contain jar/pot/bowl, jar/pot, pot/*yu* vessel, jar/bowl, jar/bowl/*yu* vessel, jar/bowl/pot or *yu* vessel, etc. The composite jar/pot/bowl and jar/bowl/pot (*yu* vessel) are numbered the most. The funerary urns are large in quantity and scattered in distribution. A funerary urn is either distributed around the dwellings or clustered in a given area into a small cemetery or even arranged in dozens into a necropolis. The pits of funerary urns are mostly in tubular or circular pot-bottom shape. Occupants are all children who are buried alone or in unusual cases in groups. The funerary utensils vary in number from 1, 2 (the most common) to even more. The one utensil has a singular coverless urn. The double utensils include mostly a composite urn and bowl apart from urn/basin, urn/pot, and urn/urn, etc. The multiple utensils are both rare and special. For example, W44 has 5 funerary utensils in 3 layers. The inner 2 layers are a composite urn and bowl; the outer layer is a singular urn. Another example is W108 which is a communal tomb with 3 funerary utensils. 1 big urn is horizontally placed on 2 small urns to create a communal tomb inside one pit. The funerary utensil is vertically or horizontally placed and in some unusual cases arranged in the upside-down or beveled, etc., direction. Some bowls and basins, etc., functioned as lids of the utensil, are drilled or pierced on the bottom. Funerary goods are not identified from most of funerary urns except in some where a pointed-bottom jar, bowl, pot, circular pottery shards, broken stone object, and stone pendant, etc., are located. Most artifacts show traces of use on the surface. Stone objects show depressions or damages from continual use; pottery pots and jars show marks of sootiness on the surface; bowl and basin vessels are perforated symmetrically below the mouth and on the shoulder, etc.; pointed-bottom jars are deliberately removed on the mouth. These objects are fundamentally similar to those inside a dwelling in type and use traces. It could be concluded these funerary vessels are initially used for a pragmatic purpose instead of manufactured as funerary or spirit objects. Remains of phase I include 2 moats, similar in size and nature. They are composed of an inner and outer ring and erected as defense structures. The moat G1 is circular in plane and similar to those of early Yangshao excavated at Banpo and Jiangzhai, etc. Judged from the remains, moat G2 could be polygonal in plane distinct from the unearthed moats of early Yangshao culture. However, it is quite similar to the trapezoidal moats of middle Yangshao found at Yangguanzhai site. It suggests moats of early Yangshao could be diversified in layout. On the other hand, it indicates the inherent associations of moats of early Yangshao with those in the middle period. Based on the cultural layer and artifacts, etc., the two moats could be similarly dated back to the late period of phase I.

Artifacts of phase I are mainly daily pottery vessels and a few farming implements and decorative objects, including circular pottery shards, pottery file, pottery balls, stone axe, stone azde, stone spade, stone chisel, stone balls, stone roller, bone drill, bone hairpin, bone needle, bone arrowhead, clam knife, and horn ornament, etc. Potteries are more made of clay-sand mixture than of clay. There are more orange and red brownish potteries than grey, black and orange yellowish ones. Except for plain ones, potteries are primarily decorated with cord patterns. The painted black potteries come the second. And there are a few adorned with string, impressed, nail, incised, scratched, mat, and coiled patterns, etc. Painted potteries of this phase are small in quantity accounting for less than 3%. The painted patterns include a fish, triangle, band, linear line, parallel line, fold line, arc line, dot, bird and grid. Potteries are all hand-made showing explicit strip coiling traces. Some potteries show refined wheeling traces on the mouth and surface. The incised patterns, which are rare both in number and type, are made after firing on the black band beneath the mouth of pottery bowl or on the surface of an object. The incised objects include jar, basin, bowl, urn, pot, *yu* vessel, *zeng* steamer, vessel lid, vessel bottom and cup, etc. There are more jars, bowls, basins, pots, and urns than the rest. Pottery bowls are primarily circular on the bottom. In some unusual cases, the bottom is flat. Pottery bowls are uneven in depth on the belly, deep brownish and light grey from up-stacked firing or adorned with a black band on the mouth. Pottery basins include ridged-rim arch-body basins and rolled-rim and ridged-body basins. Ridged-rim arch-body basins are generally painted on the rim with short black lines alternated with arched triangles, while rolled-rim and ridged-body basins are decorated with black fish or fish variations on the upper belly. Pottery pots are primarily flared on the mouth, with a globular body, and adorned with beveled robe patterns on the surface. Pointed-bottom jars are circular, cup-shaped, and gourd-shaped, etc., on the rim, flat or pointed, etc., on the bottom, globular or slanted on the shoulder, attached with semi-circular loops on two ends of the shoulder, decorated with fine cord patterns on the body, and polished on the lower belly and the bottom. Pottery urns are mainly globular in body and everted on the mouth or in some cases globular on the shoulder and contracted on the rim and decorated with beveled cord patterns. Those potteries are similar in type to those of early Banpo at Xi'an, Jiangzhai Phase I and II at Lintong, Yuanjun Temple at Huaxian, and Beishouling at Baoji, Shaanxi province. Dating from early Yangshao, those artifacts are of the Banpo type. Among the implements and ornaments, circular shards rank the first, including bowl, basin and jar fragments. Fragmented rim of pottery bowls are widely found. All in clay, the fragments show black slips or up-stacked firing traces above or beneath the rim. Pot shards are made of sand and clay in inferior quality and often decorated with cord motifs. Circular shards are circular, oval, and semi-circular. Circular shards number the most and semi-circular shards, the least. The shards are generally sharp on the edge with depressions from continual use. Some circular shards are relatively blunt on the edge or edgeless. Pottery files are large in number. Files are fired in fine red clay, adorned unevenly with hemp dots on the surface, and manipulated into spindle, diamond, triangular, oblong, and circular, etc., shapes. Spindle-shaped files are most numerous. An intact spindle-shaped file is sharp on two ends, wide in the middle, and rounded oblong or oblong in plane. The diamond-shaped file is similar to spindle-shaped file except it has a ridge on the widest section in the middle. The triangular file is either manufactured in a triangle or reprocessed with the broken spindle- or diamond-shaped file. Oblong and circular pottery files are quite small in number. Pottery spinning wheels are relatively small in number and processed with pottery bowl or basin fragments. They are mostly circular on the whole, perforated in the middle, coarsely polished on the edge and thin on the surface. Stone axes are relatively numerous. Axes are polished on the edge and polished or coarse on the body. In plane, they are mostly strip-shaped and occasionally oblong and trapezoidal, etc.; in cross-section, stone axes could be in oval and rounded oblong shapes. Stone adzes are relatively large in quantity, flattened on the body, polished on the edge, and partially polished on the surface. In plane, they are strip-shaped in addition to being flat strip-shaped, trapezoidal, and oblong, etc.; in cross section, adzes are rounded oblong. Stone hammers are small in number and string-shaped and bigger on one end. They are crammed on the surface or on one end with depressions from continual use. Stone spades are scarce in number, flattened on the body, often polished on the surface, plough-shaped or oblong in shape, and quite sharp on the edge. Stone chisels are less numerous, often oblong in shape, and ground on two rear ends into a relatively sharp edge. Bone drills are small in quantity. They are ground in long animal bones, slender on the body, and bulky on the rear. Joints are either retained or polished. Drills are sharp on edge and circular or triangular in cross section. Bone hairpins are rich in number. Ground in long animal bones, bone hairpins are slender on the body, pointed on two ends and mostly circular in cross section. Bone arrowheads are found in large quantity with or without wings. Most are excavated without wings. Unwinged arrowheads have a flattened body, unidentifiable arrowhead and socket boundary, inexplicit ridge, and flat and sharp edge. Winged arrowheads have a relatively thick body, identifiable arrowhead and socket boundary, prominent ridge, and rounded and sharp edge. Bone needles are rich in number, slender on the body, relatively flat and perforated on the rear end, and incredibly sharp on the edge. Bone spades are less rich and ground in long animal bones. Joints are retained on one end and edges are polished on the other. Spades assume an oblong and semi-tubular shape. Their edges are either beveled or arched, all in relatively sharp condition. Bone knives are in small quantity and ground in long animal bone sheets. Often in a strip shape, those knives are flat and thin on the body and beveled and arched on the relatively sharp edge. Bone harpoons are relatively scarce and ground in long animal bones. With a flat body, harpoons are uneven in length on rear end and flat and pointed on the edge. Edges are attached to the two ends of a harpoon upside down, including singular or double hooks.

The settlement of phase I is widely distributed on the excavation area. It is assumed the settlement should be scattered around the whole site. Besides, the terrace on which the site is located is circular. The settlement could also be in a circular layout. Covering approximately 70,000 square meters, the settlement comprises densely distributed dwellings. Thus the settlement could be nucleus-based. Most dwelling doors are oriented toward north, facing the center of the settlement. In this sense, the settlement could be concentric. Among 107 dwellings, 6 (F5, F6, F46, F50, F56, F66) have extremely small spaces with an architectural area below 5 square meters. Some are less than 3 square meters with even smaller interiors. Apparently, these extremely small dwellings are not inhabitable and could be used for storage rather than inhabitation. The rest of 101 dwellings, however, should serve the inhabitation purpose. The layout of the settlement is quite sophisticated, which is explicitly arranged into residential, funerary, storing and pottery-making areas. The settlement is equipped with double-ring moats for defense. And no adult graves are identified. Storages and storage pits etc are located around some dwellings while children's tombs are found around most houses; these tombs are all occupied by children and arranged in three ways: scarcely distributed around dwellings, clustered around several tombs into a small graveyard, and scattered around dozens of tombs into a cemetery. To the south of the settlement is a large children's graveyard, which could be a communal necropolis. Complex cultural layers could be identified among remains on the settlement. It indicates that the remains develop chronologically instead of simultaneously. And it further demonstrates that the phase I settlement itself has an evolution process requesting further examination. The excavation area of phase I settlement lies between the two moats, where large quantities of dwellings, waste pits, and children's tombs are discovered. Apparently, the area should be the residential quarter of the whole settlement. The area beyond the outer moat has almost been in ruins, leaving little identifiable information. Inside the inner moat, only a small area has been excavated with a few remains. On the whole, the function and the relationship of the 2 moats with the settlement are not discussed in this report since the inner moat interiors, especially the center of the settlement, is not yet excavated.

Yuhuazhai phase I remains have distinctive features. First of all, the excavated structures are characteristic. At Yuhuazhai, the semi-subterraneous houses coexist with the ground-based ones and vice versa. They are in complete similarity to those found at the neighboring Jiangzhai and Banpo and distinguished from those at Beishouling and Yuanzitou west of central Shaanxi. Houses are square and semi-subterraneous in the west of central Shaanxi, where alternative forms are seldom identified. This suggests that Yuhuazhai phase I remains are more aligned with those in east of central Shaanxi. Of the Yuhuazhai phase I remains is a double-ring moat, which is different from that at Banpo: the outer moat on both sites serves defense purpose. Nevertheless, the inner moat at Banpo is not for this purpose in that it could be used to mark the geographic division or residents' status, while the inner moat at Yuhuazhai serve the same defense purpose as the outer one does. Moats at the two sites adopt a double-ring form yet serve distinctive functions. 122 children's tombs in urns are discovered at Yuhuazhai phase I. Most of those tombs are densely arranged into a large graveyard, which is rather rare at the early Yangshao sites. Secondly, potteries are also distinctive. The gourd-shaped pots and covered small jars, which are characteristic of early Yangshao, have been found in many sites elsewhere. But at Yuhuazhai they are hardly identified because, it is assumed, adult tombs are not found. The painted potteries are smaller in quantity, less varied in type and simpler in style. Compared with potteries of the contemporary period, they are discrepant both in quantity and quality. A certain number of black potteries are unearthed at Yuhuazhai, which is hardly seen at the sites elsewhere. The difference could demonstrate the individual discrepancy of different sites at central Shaanxi. In addition, Yuhuazhai phase I remains could be divided into three phases based on cultural layers and characteristics of pottery evolution.

Yuhuazhai phase II finds are small in number. Structures of this period are not excavated. Only a number of pottery shards are unearthed from H113 and the second cultural layer of phase III showing distinctive characteristics. The primary potteries include double-rim pointed-bottom jar, arc-and ridged-rim basin, overlapped-rim basin, flared-mouth overlapped-rim jar, etc., which are noticeably similar to those at Miaodigou phase I at Shanxian, Henan province, and Quanhucun phase I at Huaxian, Jiangzhai phase III at Lintong, and Anban phase I at Fufeng, Shaanxi province. Dating to the middle Yangshao period, they all belong to the Miaodigou type. The pointed-bottom jar show small height difference between the upper and lower borders on the mouth and reveal traces of deterioration; the ridged-rim basin is manipulated into an arc form on the rim and decorated with black painted motifs comprising arc triangles and dots. According to analysis results of Quanhucun, Anban and Shuibei sites, etc., Yuhuazhai phase II of Yangshao culture should date from the latter half of middle Yangshao.

The settlement of phase II is in a period of drastic decline. No typical artifacts are found about the phase II settlement. But archaeologists discovered such artifacts as pottery shards from remains of later period. Scarce as it is, the phase II settlement couldn't be ignored. With a small area, the remains of phase II are mainly scattered in the south of the settlement. Given the scarce artifacts, discussions on layout and type of the settlement couldn't be made. The size of the phase II settlement is far smaller than that of phase I. The settlement is also less thriving than its counterpart of phase I. It suggests dramatic changes could have occurred in society, for example, the dramatic decrease in population and migration resulting from inhabitable dwellings, when phase I settlement reached the late period. In a word, the settlement of this phase is on a recession and contraction status and could have experienced turbulences in its evolution process.

Artifacts of phase III are in rich number and widely distributed. They are either same as or similar to those of late Banpo at Xi'an, Jiangzhai phase IV at Lintong, Anban phase II at Fufeng, Shaanxi province and late Xiwangcun at Ruicheng, Shanxi province. They are dated to late Yangshao, of late Banpo type. The potteries of this phase include pointed-bottom jar with flat or trumpet/gourd-shaped rim, flared-rim basin with shallow/deep belly, ridge-rimmed jar with globular body, flat-bottom bowl with shallow belly, flat-rimmed jar and thick-mouthed jar, *zeng* steamer with coiled patterns, and lid with trumpet-shaped mouth etc. Painted potteries are scarcely found. There are a few painted black potteries with simple motifs. Coiled patterns emerge in large quantities on painted potteries of this phase.

It's worthwhile to mention that 3 tombs are found in this phase in addition to waste pits. Up to now, not more than 30 tombs of late Yangshao have been excavated from such sites as Beishouling, Yuhuazhai and Yangguanzhai, etc., at central Shaanxi. Due to the limited reports, the knowledge on tombs of late Yangshao is not informative. The three tombs found at Yuhuazhai include two earthen-pit tombs and one urn tomb. Of the earthen-pit tombs, one is with an occupant in a lying posture; the other is a communal tomb with three occupants including both adult and children. For the urn tomb, the funerary utensil comprises a single urn. Though small in number, the tombs of late Yangshao at Yuhuazhai undoubtedly contribute to the scholarship on tombs of this period.

Settlement of phase III is relatively widely scattered. Artifacts of this phase can't match those of phase I in quantity, type, and density of distribution. However, the scope of distribution of phase III is on a bar with that of phase I, i.e., covering the whole site. Remains of phase III have 68 heritage units, the types of which are merely waste pits and tombs. There are more waste pits than tombs, only 3 in number, posing a challenge to our study of the settlement in this phase. Yet on the whole, phase III show renewed development. Compared with phase II settlement, phase III settlement is more numerous in remains, more expanded in distribution, and richer in artifacts. But it doesn't attain the same sophistication as phase I. The remains are unevenly distributed; the settlement is disorderly laid out; and the settlement is inexplicitly arranged by function. The reasons could be multifold: the settlement doesn't reach a sophisticated level. In addition, remains like dwellings, etc., could have been ruined since they were erected on a shallower ground.

A few remains of Longshan culture are discovered and dug out of excavation area I, namely the south of the terrace. Remains include waste pits only, numbering 4. The waste pits are circular, oval and irregular in plane and tubular and pot-bottom shaped in structure. The unearthed pottery shards are mainly made of coarse grey brownish clay with sand and then of fine grey clay & coarse red brownish clay with sand. Some are made of fine grey brownish clay with sand, fine grey clay with sand and fine orange clay; the pottery is primarily adorned with cords, then coils, and plain face, and few nail and basket patterns. The pottery objects are wheel-made with identifiable traces of coiled clay strips. Some pottery vessels show traces of refined wheeling on the mouth and surface. The primary objects include trumpet shaped-mouth jar, ridged-rim basin, wide-mouth jar, and ding tripod, etc. Similar to artifacts of Miaodigou phase II at Shanxian, Henan province and Hengzhen site of early Longshan at Huayin, and Anban phase III at Fufeng, Shaanxi province, these vessels are associated with early Longshan culture.

要　約

　　魚化寨遺跡は西安市雁塔区魚化寨街道魚化寨村西北側にあり、皂河の西岸の二級台地に属している。現在の西安外事学院北教学区の西北部にある。遺跡の東と北兩側は皂河に環繞し、地形は中心が高い、周圍が低いである。中心の標高は400メートル。遺跡は1937年に発現され、中国の関中地区では早く発現した史前遺跡の一つである。2002年10月、西安外事学院北教学区の建設工事によって、西安市文物保護考古研究所の考古隊は工地に進駐し、魚化寨遺跡の全面勘探と重點発掘を行った。発掘の先後順序により、発掘工作は三か所に分かれて、第Ⅰ、Ⅱ、Ⅲを区別にした。その中にⅠ区は台地西南側にあり、Ⅱ区は台地西南部にあり、Ⅲ区は台地南部にある。一つずつの発掘区内の探方に対して、照象限法によって、各自に統一して布方され、統一に編号する。考古発掘は2002年10月から、2005年5月まで続けていた。前後、兩年半の時間をかけた。全部の発掘面積は2861平方米、各種類の遺迹は合計531處が発見され、その中に房址107座、灰坑255座、竈址29座、窯址1座、壕溝2條、土坑墓14座、甕棺葬墓123座であった。文化内涵は大変豊富で、時間跨度は大きかった。

　　老官台文化遺存の発見は少ない。遺物の中に陶片だけが後期の地層や遺迹などの中に見つけられた。純粋なな老官台文化の遺迹を見つかれていない。これによって、老官台文化時期の遺存は魚化寨遺跡の中に分布位置は少ない。しかも、後代遺存に破壊されてしまった。陶片は僅かに器足しかを残されていない。残された陶器の破片は全部は灰褐あるいは紅褐陶であり、尖錐状であり、足尖には尖鋭と抹平兩種であり、両方は素面である。器足の形態により、器形は三足罐或三足鉢等であるはずと推測した。時代の特徴は十分明確していて、仰韶文化の範囲に属していなくて、老官台文化遺存に属していると推測した。

　　仰韶文化遺存は三期に分かれる。第一期は遺存の分布面積が広くて、遺迹の内容は豊富で、出土遺物の数は大変多い。この時期の遺迹は全部で459座を発見されていた。その中に房址107座、灰坑186座、竈址29座、窯址1座、土坑墓12座、甕棺葬墓122座、壕溝2條である。第一期房址の建築方式は半地穴式と地面式兩種であり、地面式は主な様式で、地面式房址は一般的に挖基槽立柱の建造方式である。平面形状は方形と長方形の場合が多い、圓形と楕圓形もあり、他の不規則形の時にもある。房址の面積は30平方米前後の中型の場合が多い。10平方米以下の小型房址の場合もある。60平方米以上の大型房址は今まで発見されていない。居住面は殆ど加工され、黄土を使って加工されるため、硬面はよく見られる。料礓石末を鋪設され、草と泥を混ざって表面に塗る場合もある。火で焼き立ていた硬面もあり、また二層以上加工されてできた硬面はとっても究極である。門の正面は一般のに房内の竈とちょうどあって、それとも直接竈と繋がって、方形房址の門は一般のに壁の中間位置にあり、半地穴房址の門道は斜坡状の状態は最も多いである。門の方向は統一ではなく、北に向いている場合は最も多くて、二番目数多いのは南向である。たまに東、西方面の場合もある。半分ぐらいの房址内には竈が発現され、竈の平面形は圓形と方形のが最も多いである。形製は淺穴式竈坑が最も普遍にされ、竈圈はよく置かれて、複雑な連通竈がたまに発現される場合もある。一般のに竈面は火で長く焼くと、紅褐或青褐色を呈現された。竈は房の中に発現された以外、房の外にもたくさん單獨のな無房竈址も発見された。形製には房内竈と基本のには同じである。第一期の灰坑は殆どに房址附近に分布され、疏密違いである。形製は圓形或方形袋状主として、筒状と鍋底状のは少ない。袋状灰坑は一般のには形製が非常に規整である。台階は底部に設置され、数は一級から三級までをある；一部分の灰坑の口、壁、底等の部位には加工の痕迹をわざと保留された。加工方式は主に火烤或いは底部を加工して硬面になる。ある灰坑口部あるいは底部発には少し柱洞を見つけた。形製規整の袋状灰坑は聚落居民が儲藏用の窖穴として使われていた可能性は高いと推測した。今発見された窯址は一座であり、形製は横穴式で、窯室、火膛、火道、操作間等部分を組み立てられた。窯室は東側にあり、他の同期の窯址の特徴とほぼ同じである。第一期の墓葬は土坑墓と甕棺葬墓両種であり、全部は居住区に分布されて、同期の房址、灰坑等遺迹と混合分布されていた。土坑墓の数は少ないし、分布は集中ではないので、大規模の墓地に形成されていない。墓坑は殆ど長方形の豎穴で、規模は小さく、長は1.4メートルの以下、寬は0.68メートルの以下である。葬式は全部單人仰身直肢で、頭向きはほぼ偏西方向である。1座だけは南向きである。葬者はみんなが未成年人である。隨葬品種類は尖底瓶、罐、鉢、壺、盂、石球、石锛、骨珠等、組合は瓶罐鉢、罐壺、瓶盂、罐鉢、罐鉢盂、罐鉢壺、盂等であり、瓶罐鉢、罐鉢壺（盂）の組合は一番多い。甕棺葬墓の数量は較多で、分布の疏密が均一ではない。房址附近に單獨分布の場合もあり、数座分布で、一處繋がって小型墓地の場合もある。また十座ぐらいの墓地が集中分布され、大型墓地の情況を形成された。甕棺葬墓の墓坑は圓形鍋底状と筒状が最も多く見られてる。葬者は全部未成年人であり、單人葬は半分以上多くて、合葬は僅かしかない。葬具の数はそれぞれ違って、1件葬具の場合もあり、2件葬具と多件葬具の場合もある。2件葬具の場合は多数である。1件葬具の場合はだいだい單甕であり、甕口は蓋がない。2件葬具の場合は甕鉢組合が最も多く、甕盆、甕瓶、甕甕などもある。多件葬具の場合はとても少なく見られて、特例である。例えば、W44の葬具は全部で5件であり、三重棺結構であり、内部には二重とも甕鉢組合であり、最外重は單甕である；またW108の例で、合葬墓であり、全部3件葬具があり、1件大甕横は2件小甕の上に覆われて、同穴合葬になっていた。葬具の放置方式はよく見られる豎置、横置の置き方以外、斜置、倒置等の特別の置き方もある。一部分の棺蓋の鉢、盆等器の底部として小孔をあけられた。たくさんの甕棺葬墓の中に隨葬品を発見されていない。少しの墓の中に発現有尖底瓶、鉢、罐、圓陶片、殘石器、石墜飾等隨葬品を発見されていた。墓葬中に出土された各種器物は在大部分器物の表面にたくさん使われた痕迹を残されていた。石器の表面にはたくさん使用されたために残された坑疤あるいは破損の痕迹は残された；陶器中の罐、甕類器の表面一般のに煙熏痕迹を残され、鉢、盆類器の口の下の腹部等部位に成對の穿孔があり、尖底瓶の口部はわざと壊された。これらの器物の形製、器にも存留された痕迹と房址内には出土された同類器は基本のに同じである。無論、墓葬中

要　　約　　　　　　　　　　　　　　　　　　1473

に出土された器物は最初應當都是實用器としては使われていたはずである。專門のに製作された葬具あるいは明器ではない。第一期に発現さらた兩條壕溝は規模が相近、平面上に内外兩重分布になっている、兩條壕溝の性質は同じはずで、両方ともは防禦設施である。G1平面は圓形と半坡であり、姜寨等の発現仰韶文化早期壕溝形製は一致である。G2殘存部分の推測により、G2の平面形狀は多邊形の可能性は高い。以往発現の仰韶文化早期壕溝の形製と違って、楊官寨遺跡に発現された仰韶文化中期壕溝平面呈梯形の形製と近い。これらのことは仰韶文化に関する早期壕溝の形製が多樣性があると証明されて、仰韶文化中期の壕溝と早期の壕溝は繋がっている可能性が高いである。地層関系、出土遺物により判斷して、兩條壕溝の年代はほぼ相同、第一期偏晩階段に属されている。

　　第一期の遺物は主として日常生活用の陶器があり、少量な圓陶片もある。陶锉、陶球、石斧、石锛、石鏟、石鑿、石球、石磨棒、骨錐、骨笄、骨針、骨鏃、蚌刀、角飾等の生産工具と裝飾品もある。陶器中に砂陶が多い、泥質陶がすこし少ない。陶色は桔紅陶及紅褐陶が主として、少量な灰陶、黒陶及橙黄陶もある。素面以外、紋様は繩紋が代表で、その次は黒色彩繪、その以外はまた少量な弦紋、戳印紋、指甲紋、剔刺紋、劃紋、席紋、附加堆紋等がもある。這一時期の彩陶は3%ぐらいに未満、数量が少ない。彩繪圖案は魚紋、三角紋、寬帶紋、直線紋、平行線紋、折線紋、弧線紋、圓點紋、鳥紋、網紋である。陶器製法はほぼ手作りで、泥條盤築の痕跡は明顯である。部分陶器の口沿、器表が慢輪修整の痕跡がみえる。陶器上の刻劃符号は発現が少ない、種類が多くなく、代々陶器燒製成した後で彫刻された。陶鉢口沿の下の黒色寬帶紋上には刻された場合は多い。器身に彫刻された場合もある。器形は瓶、盆、罐、鉢、甕、壺、盂、甑、器蓋、器座、杯等、特に罐、鉢、盆、鉢、瓶、甕の數量は多く、放火の数が少ない。陶鉢は圈底が主として、平底や腹部深淺違いの場合もある。口下に一般のに深褐色或いは淺灰色の疊燒痕跡や飾黒色寬帶紋がある。陶盆は折沿弧腹盆と卷沿折腹盆がある。弧腹盆は一般のに沿面に黒色短線與弧邊三角相間の彩繪が飾られて、折腹盆の上腹部には黒色魚紋或いは變體魚紋圖案が飾られた。陶罐は侈口鼓腹が多くて、體外には右上至左下の斜向繩紋が飾られた場合は多い。尖底瓶の口部の形態は環形口、杯形口、葫蘆形口等の何種類があり、底部には小平底、尖底等の形態がある。鼓肩或いは溜肩、腹部の兩側には對稱の半環狀豎耳、體飾細繩紋があり、下腹と尖底には研磨された。陶甕は侈口鼓腹が多くて、部分のには斂口鼓肩である。體多飾は右上から左下までの斜向繩紋がある。これらの陶器の器形は陝西西安半坡遺跡早期、臨潼姜寨遺跡第一、二期、華縣元君廟遺跡、寶雞北首嶺遺跡中層等に遺存されたものが多くの相似性があり、仰韶文化早期遺存に属されて、或いは半坡類型と呼ばれている。工具と裝飾品の中には、圓陶片が數量が最も多くて、だいだい鉢、盆、罐類器の殘片を利用して打製された。陶鉢の口部の殘片が最もよく見られた。泥質陶の場合は多い。口沿、或いは口沿下側の黒色彩繪及疊燒痕跡がよく残された。罐の殘片は一般のには夾砂陶で、質地が良くなく、器の表面には繩紋が良く殘されている。圓陶片の形製は圓形、橢圓形、半圓形で、圓形のほうがよく見られて、半圓形が最も少ない。刃部には一般のにはうち作り上げて、鋭くて、有良く使われた坑疤の痕跡が分かる。部分のに圓陶片の刃部には鈍い或いは全然刃がない場合はある。陶锉の數量が多く、細泥紅陶を利用して焼き立てられた。表面には全部麻點を見られて、均一致ではない。形製は梭形、菱形、三角形、長方形近い、圓形等である。梭形は最もよく見られて、数は最多で、完整のな梭形陶锉は兩端尖鋭で、中部が最寬で、横斷面が一般のには圓角長方形或いは長方形である。菱形陶は锉が梭形と似って、中部の最寬處だけには棱がある。三角形陶锉には兩種情形があり、一つの種類は製作時には三角形になっていたはずで、もう一つの種は梭形或いは菱形陶锉で、殘斷された後には二次加工されて作られた。長方形近いや圓形陶锉などの数は極めて少ない。陶紡輪の数が少なく、陶鉢或盆の殘片を利用して加工された場合は多い。形製には圓餅狀の場合は多い。中部には圓孔があり、周縁には粗糙で、器體が薄い。石斧の数は多く、刃部には研磨されて光った。一部分のな器の身には研磨され光って、一部分のな器には粗糙されざらざらである。形製には長條形、長方形、梯形等で、長條形の場合は多い。横斷面には橢圓形や圓角長方形である。石锛の数は多くて、器身は扁平の場合は多く、刃部にはだいだい鋭く研磨された。部分のな器物の器身が研磨された後、形製には長條形、扁條形、梯形、長方形等で、長條形にはよく見られる。横斷には圓角長方形の場合は多い。石錘のかずは少なく、長條形の形は多い。一つ端には少し大きい。器身或いは片端には使われて残された坑疤がある。石鏟は数が少なく、器身には扁平になって、一般のには全體のに研磨されて、器身は犁形或いは長方形になり、刃部は鋭い。石鑿のかずは少なく、長條形の形は多くて、下端の兩側には研磨されて刃になっている、鋭い。骨錐の数が多く、動物の長骨を利用して研磨して、作り上げられた場合は多い。器身は細長く、尾端は粗大きく、関節面を保留されたものもある。磨製は平齊で、尖部は鋭利で、横斷面は圓形或いは三角形になる。骨笄の数は多く、動物の長骨を利用して研磨されて出来上がれたものが多い。器身は細長くて、兩端が鋭く、最大径は一つ端の近くにあり、横斷面は圓形の場合は多い。骨鏃の数は多く、形製は翼があるものと翼がないものが兩種あり、翼がない者は多い。翼ない者の器身は扁平の形が多く、體部と鋌部の分界が顯著ではない。脊は明顯ではなく、鋒部が扁尖で。翼がある者の器身は少し厚く、體部と鋌部が分界が明顯で、脊部が顯著であり、鋒部は圓尖の形が多い。骨針の数が多く、器身が十分細長で、端の部分は少し扁で、一つ圓孔があり、尖部は鋭い。骨鏟の数が少なく、動物の長骨を利用して研磨してできあがった場合は多い。研磨されてできた。一つの端に関節面を保留されて、もう一つの端に刃の形を研磨された。形製は長條形、半管狀等になっている。斜刃と弧刃になって、鋭い。骨匕は数少なく、動物長骨の骨片を利用して磨製出来上がった場合は多い。一般のに長條形になっている。器身は扁平し薄くて、斜刃と弧刃があり、鋭い。骨魚叉は数が少なく、動物長骨を利用して磨製され出来上がったものが多い。器身は扁平で、叉頭は長短違い、鋒部が扁尖で、倒鉤は器身の兩側にある。單鉤と雙鉤の兩類がある。第一期の聚落は発掘区の全體に発見されていた。全體のな遺跡の範囲にあるはずと判斷した。遺跡にある台地は大體呈圓形で、聚落の平面形態はほぼ圓形に近い。聚落の面積は約7万平方米で、房址の密度は非常に大きく、聚落全體は凝聚式になっていた。房址門向の北向には朝向聚落中心方向に向くの場合は多く、聚落は向心式になる。107座房址の中に、6座房址（F5、F6、F46、F50、F56、F66）の面積は特に小さく、建築面積は5平方米以下になり、個別房址は3平方米により小さくて、室内面積はもっと小さい。この房址の空間は小さく、一般のな人の居住には不適合であり、性質は居住房屋としてはなく、儲蔵室として使用されていた可能性がある。101座房址の用途は住屋として使われていた。聚落の形態は十分成熟で、聚落の布局には有著較為明確の分区規劃があり、分為居住区、墓葬区、儲藏区、製陶区等に分かれていた、聚落の雙重環壕が防禦設施として使われていた。成年人の墓地は発見されていない。部分の房址の周囲には儲藏室、儲藏坑等設施を設置されて、房址の周囲には未成年人墓葬は発見されていた；墓葬は殆ど未成年人墓であり、分布の情況は三種があり：墓葬は一つの房址の周囲にバラバラで置かれて、幾つの墓葬は集中的に分布し小型墓地に形成した、数十個墓葬が集中し大型公共墓地である。聚落南部に一つ大規模の未成年人墓地がある、未成年人の公共墓地と想定している。聚落の遺迹の間に複雑の地層関係が存在し、遺迹は同時期ではなく、早期と晩期のものがある現象を示している。そして、第一期聚落は小階段の発展演變が存在している可能性があると推測できる。この判断について、今後の深く研究が必要である。第一期聚落の発掘調査が完成した部分は主に二つの壕溝の間にある。密集的に、房址、灰坑、未成年人墓葬が発見し、聚落の居住区であると推測できる。外壕以外の部分は完全に破壊され、情況は不明である。内壕以内の部分は一部分しか発掘していない、少量の遺迹が見つかれていた。しかい、總體的に見ると、内壕以内の部分、特に聚落の中心部分が発掘していない、情況が不明であるので、2つの壕溝の機能、そして聚落との関係は不明である。魚化寨一期遺存は自分なりの特徴がある。先ずは遺迹の特徴である。魚化寨遺跡の房址の中に、半地穴式と地面式が並存して、地面式と半地穴式が並存することは鄰近の姜寨、半坡遺跡と相同している、関中西部の北首嶺、原子頭等の遺跡の房址を違う。関中西部は基本的には全部方形の半地穴式で、他の形製を殆ど見られない。魚化寨一期の遺存物は関中東部の特徴ととっても近い。魚化寨の一期の発現は雙重環壕があるが、半坡遺跡の雙重環壕の情況と比べたら、違いがあり：二つの遺跡中の外壕ともは防禦のために作られた。この特点は相同で、半坡遺跡の内壕は区域或いは居民階層に分かれる可能性がある。防禦功能を備えていないので、魚化寨遺跡の内壕の規模と外壕は似ている。明顯に防禦功能を備えている。同じく雙重環壕になっているが、具体的に功能は違っている。魚化寨の一期の発現は122座未成年人の甕棺葬墓であり、これらの墓葬の中にはたくさんな甕棺葬墓は密集に分布している。大規模の墓地に形成されている。これたの未成年人の墓地は仰韶文化早期の遺跡の中に大変珍しい。次は陶器方面の特徴である。仰韶文化の早期の典型的な器の葫蘆瓶、帶蓋小罐等としては、他の遺跡の中にはよく発現されていた。魚化寨の遺跡は殆ど見られない。その原因、魚化寨遺跡に成年人の墓葬を見つかれない原因と関係があるかも知れない。彩陶の量は比例は低くて、彩繪の種類も少なく、彩繪の風格は全体的に単一で、他の同期の遺存と比べたると、数量と質量方面とは明顯の差距がある。魚化寨の遺跡中には黒陶を一部分発見されていたが、他の遺跡にはほとんど黒陶を見つかれなかった。これらの違いの中から、関中地区の違う遺跡の間の個性差異が現れることはできた。その以外、地層関係と陶器の演變特徴によって、魚化寨の一期遺存は三つの発展階段を分かれている。第二期の遺存に発現は少なく、この時期の遺迹を発見されていない、ただ第三期の遺存のH113及び遺跡の第二層堆積の中に少量陶片が出土されて、特徴は非常に明顯である。陶器の主要器形は重唇口尖底瓶、弧折沿盆、疊唇盆、大口疊唇缸等であり、河南陝縣廟底溝遺跡の第一期遺存と、陝西華縣泉護村遺跡の第一期遺存と、臨潼姜寨遺跡の第三期と、扶風案板遺跡の第一期遺存等と多くの相似性がある。これらの遺跡は仰韶文化中期遺存に属されて、つまり廟底溝類型である。尖底瓶の口部兩層台の之間には高差が少なく、退化の形態を呈現されている；折沿盆の沿部弧折、器表飾が弧邊三角形と圓點を構成された黑色彩繪圖案になる。泉護村遺跡、案板遺跡、水北遺跡等の相関の分期結果により、魚化寨仰韶文化の第二期遺存は仰韶文化中期偏晩階段に属されている。

　　第二期聚落は衰落期になる。第二期聚落には典型的な遺迹を発見されていない、ただ個別な晩期遺迹の中にこの時期の陶片等遺物を発見されていた。第二期の遺存は大変少なくても、無視しないほうがよい。この時期の遺存の分布は範囲が小く、主として遺跡の南部に位置されている。遺存は大変少ないため、この時期の聚落の形態と布局を検討できない。這一時期の聚落の規模は第一期より小さい。繁榮の程度は第一期より追いかけられない。したがって、第一期の聚落は末期の時に発展してきたとき、社會は明らかな変化を発生されていた。人口は大変減少して、或いは住みにくいために遷徒されていた。そして、この時期の聚落は衰退和収縮の状態になっていて、聚落発展の過程の中に浮き沈みがあった。第三期遺存の発現は多く、分布範囲は広くて、陝西西安半坡遺跡晩期と、臨潼姜寨遺跡第四期と、扶風案板遺跡第二期と、山西芮城西王村遺跡晩期等遺存と比較して、同じと似ているところが多くて、仰韶文化晩期遺存になる。つまり半坡晩期類型である。この時期の遺存の陶器は平唇口、喇叭口或いは葫蘆口になり、鈍尖尖底瓶、寛沿淺腹和深腹盆、折沿鼓腹罐、淺腹平底鉢、平沿缸と厚唇缸、附加堆紋の甑、喇叭口器蓋等の物は主要な器形としては、彩陶が少なく、わずか少量な簡単な黒彩を見つかり、附加堆紋が大量に発見された。

　　言わないといけないものがあり、この時期の遺迹は灰坑之外に三座墓葬がある。今、関中地区はただ北首嶺、魚化寨、楊官寨等の幾つの所の遺跡中に発仰韶文化晩期墓葬を発見された。總数は僅かに30余座があり、報道された情報は少ないために、我々に仰韶文化晩期の墓葬の特徴の認識は少なく、またはっきり明白されていない。魚化寨の遺跡の発現には這三座墓葬の中に兩座は土坑墓で、一つは甕棺葬墓で、土坑墓中には一つは單人仰身直肢葬で、もう一つは成年人と未成年人の三人合葬で、甕棺葬墓の葬具は單甕である。魚化寨の遺跡発現の中には仰韶文化晩期墓葬は数が少ないが、この時期の墓葬の研究貴重な材料になることは間違っていない。

　　第三期聚落の分布の範囲は大変広い。この時期の遺迹の数量、種類、分布の密度は第一期よりよくないが、分布の範囲は第一期とほぼ同じくで、全体的な遺跡の範囲にもなっていた。第三期遺跡の数は全部で68個あり、種類は僅かに灰坑與墓葬であり、その中に殆ど灰坑である。墓葬は僅かに3座で、他の種類の遺迹はない。我々がこれらの聚落の研究に対して、大変困難になっている。でも、第三期聚落は再発展期になっていて、この前の第二期聚落、第三期の遺迹より数が増加して、分布範囲も擴大して、遺物は大変豊富である。でも第一期聚落のレベルには発達されていない。遺迹の分布は明らかな規律はなく、聚落の布局は大変雑亂で、聚落内部にははっきり功能区を割分されていない。この状態になった原因は多いで、聚落の本身発展のレベルは高くない原因以外、この時期の房址等の遺迹は距離現在の地表まで近いために、破壊された可能性もある。

　　龍山文化の遺存の発現は多くではなく、全部には第I発掘区に分布されている。あるいは全部台地の南端にある。遺跡は僅かに灰坑の一つの種類があり、全部で4座である。平面形状は圓形、橢圓形及び不規則形があり、結構は筒状、鍋底状がある。出土の陶片は粗夾砂灰褐陶が主として、細泥質灰陶と粗夾砂紅褐陶もあり、少量な細夾砂灰褐陶、細夾砂灰陶及び細泥質桔紅陶もある；紋飾は縄紋の模様として飾られ、附加堆紋もあり、素面はそれより少なくあり、少量な指窩紋、籃紋もある。陶器製法は手作りで、泥條盤築痕跡は明顯で、部分陶器の口沿、器表には慢輪修整痕迹を見られる。主要器類は喇叭口瓶、折沿盆、大口罐、鼎等があり、河南陝縣廟底溝遺跡の第二期遺存と、陝西華陰横陣遺跡龍山文化の早期遺存と、扶風案板の第三期遺存とは多く相似性があり、全員には龍山文化早期遺存になっている。

后　记

　　本报告是西安考古院鱼化寨项目团队共同劳动的成果，是全体队员多年辛勤汗水的结晶。

　　考古发掘工作，由尚民杰书记（时任副所长）担任领队，张翔宇、郭永淇现场负责。资料整理工作，由张翔宇主持，翟霖林负责。遗迹照片主要由张翔宇、郭永淇拍摄，高博完成器物照相。杨永岗、王志勇、王凤娥等完成器物修复。遗迹、遗物线图主要由王凤娥、呼安林、张星等完成。

　　报告编写主要由张翔宇、翟霖林、郭永淇执笔。其中，第三编第四、五、六、七章分别由西北大学陈靓副教授与我院郭辉同志、陕西省考古研究院胡松梅研究员与杨苗苗、中国社会科学院考古研究所赵志军研究员、西北大学凌雪副教授完成。西北大学张宏彦先生通阅全稿，并为之赐序。英、日文摘要分别由西安交通大学国际合作与交流处张力之女士、西安旅游设计研究院邵振宇先生完成。由张翔宇最后完成统稿工作。

　　考古发掘期间，省、市文物局领导给予了很大支持与帮助，原考古所孙福喜所长、程林泉副所长、王磊副所长多次到工地现场指导工作、慰问队员。资料整理与报告编写期间，尚民杰书记、冯健院长、王自力副院长及单位的同事们给予了极大支持与帮助。尤其是尚民杰先生对考古发掘与报告编写提出了很多宝贵建议，我们也将这部报告作为礼物献给即将退休的尚先生。

　　本报告的整理曾得到国家社会科学基金资助，后因未能按时结项而被中止。尽管如此，我们还是非常感谢国家社科办给予的精神鼓励，让我们有勇气和毅力最终完成该报告的编写与出版工作。

　　科学出版社文物考古分社闫向东为本报告的编辑出版提供了极大的方便，尤其是责任编辑张亚娜女士认真负责的态度和辛勤的劳动，才使得本书能够顺利出版。

　　在此，我们谨代表编者，向关心、支持、帮助我们这个团队工作的各位领导、老师和朋友们表示最诚挚的感谢，也向为本报告的编写与出版付出艰辛劳动的同志们致以深深的敬意。

　　由于编者能力的局限，报告当中肯定还有不少不妥甚至是错误的地方，还请学界同仁多多批评、指正、谅解！

编　者
2017年2月3日